Geert Mak
Die vielen Leben des Jan Six

Geert Mak

Die vielen Leben des Jan Six

GESCHICHTE EINER
AMSTERDAMER DYNASTIE

Aus dem Niederländischen von
Gregor Seferens
und Andreas Ecke

Siedler

Die Originalausgabe erschien 2016 unter dem Titel *De levens van Jan Six.*
Een familiegeschiedenis bei Uitgeverij Atlas Contact, Amsterdam/Antwerpen.

Der Verlag weist ausdrücklich darauf hin, dass im Text enthaltene externe Links vom Verlag nur bis zum Zeitpunkt der Buchveröffentlichung eingesehen werden konnten. Auf spätere Veränderungen hat der Verlag keinen Einfluss.
Eine Haftung des Verlags ist daher ausgeschlossen.

Verlagsgruppe Random House FSC® N001967

Erste Auflage
Oktober 2016

Copyright © 2016 Geert Mak
Copyright © 2016 der deutschsprachigen Ausgabe bei Siedler Verlag, München,
in der Verlagsgruppe Random House GmbH,
Neumarkter Straße 28, 81673 München

Umschlaggestaltung: Rothfos + Gabler, Hamburg,
unter Verwendung einer Fotografie von © Leo Erken/LAIF
Lektorat: Jonas Wegerer, Freiburg
Satz: Ditta Ahmadi, Berlin
Abbildungen: © 2016, Collectie Six, Amsterdam
Reproduktionen: Aigner, Berlin
Druck und Bindung: GGP Media GmbH, Pößneck
Printed in Germany 2016
ISBN 978-3-8275-0087-8

www.siedler-verlag.de

Es gibt kein Leben, das nicht,
Und sei es auch nur für einen Moment,
Unsterblich gewesen ist.
   WISŁAWA SZYMBORSKA

INHALT

I Amstel
9

II Anna
21

III »Schöne Chloris, die ich beminne ...«
43

IV »Das Schicksal wirbelt wie ein Kreisel ...«
67

V Jans Kunstkammer
87

VI Zwei Gesichter
105

VII Splitter einer Freundschaft
127

VIII Unsere ewige Seele
147

IX Junker Jan
177

X Katastrophenjahr
191

XI Blutband
209

XII »Omnia Orta Occidunt«
227

XIII Die ferne Zukunft
245

XIV Liberté, Égalité, Fraternité
275

XV »Scherze, üble Scherze«
297

XVI Lucretia
319

XVII »Elektrizität, Industrie, Dampf«
357

XVIII Revanche
385

XIX Doppelleben
423

XX Epilog
463

Dank
477

Kommentierte Bibliographie
479

Literatur
497

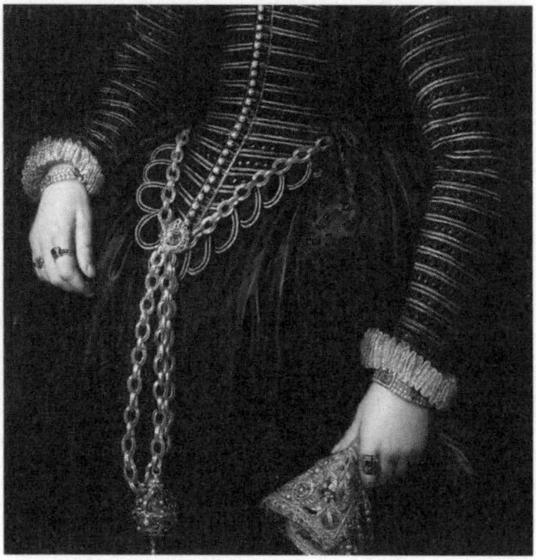

I
AMSTEL

Jetzt, nachdem ich schon seit so langer Zeit durch diese Flure und Zimmer gehe, mir die Porträts vertraut sind wie alte Freunde, jetzt, da ich ihre viele Kartons füllenden Briefe lese, Tag für Tag, jetzt fangen sie an, zu mir zu sprechen. Ich wusste, dass dieser Moment kommen würde. Ich höre sie von den Wänden und aus der Bibliothek, oft flüsternd, manchmal auch schrill, einer lispelt, mit seinem goldenen Gebiss aus dem Jahr siebzehnhundertirgendwas.

Sie sehen mich an, ich spüre ihre Blicke, und aus dem Archiv auf dem Dachboden höre ich ihre Stimmen, aus Tausenden von Briefen und Notizen:

»Um Mangold zuzubereiten, nimmt man Kerbel, den ersten Schnitt. Rübchen, Petersilie, Zwiebeln, dahinein streut man Weizenmehl, während man das Ganze hackt. Die Masse in kochendes Wasser geben, etwas Salz hinzufügen, dazu am besten Reis, etwas Weizenbrot und etwas Butter.«

»Und ich änd're die häuslichen Sitten
Um Euretwillen allein
Ich hatt' geschworen, nimmermehr zu minnen
Doch als ich Euch sah, änderte sich mein Sinnen ...«

»Der Staatsrat wird wahrscheinlich meinem Mann zufallen, die Generalität dem Bürgermeister Sautijn. Witsen hat die Hälfte seiner Posten für Bürgermeister Munter niedergelegt.«

»Es gefällt uns bisher recht gut hier, obwohl wir nicht zu größeren Festen gehen, wir sind einmal bei Hofe gewesen, und dieses Fest war sehr schön.«

»Nach den vielen Unannehmlichkeiten, die Ihr mir gestern und vorgestern erneut bereitet habt (…), indem Ihr Euch überhaupt nicht in das fügen wolltet, was Euch Eure Pflicht als Frau gebietet, nämlich das Haus für Euren Mann angenehm zu machen, während der Zeit, die er da ist …«

»Liebe Kinder, Knuddelchen. Mir bleiben fünf Minuten, um mit Euch zu reden und Euch zu fragen, wie es Euch bei dem schlechten Wetter geht. Heute Morgen hat es hier so furchtbar geregnet, dass wir im Kontor nicht genug sehen konnten, um unsere Arbeit zu erledigen …«

»Wann werde ich Euch hier sehen, danach sehne ich mich sehr, denn schon seit drei Wochen habe ich Euch nicht gesehen? Wie viele Drosseln habt Ihr schon gefangen? Die Drosseln, die Papa uns geschickt hat, waren sehr gut.«

»Geht Ihr so zu Bett, ohne mich zu küssen? Und soll ich Euch dann mal küssen?«

Im Salon, am Klavier aus der Zeit Napoleons, höre ich eine leise Stimme singen, nach den Noten, die dort stehen, *Rondeau de Gulnare*:

> Sexe charmant, j'adore ton Empire,
> mon bonheur est de te céder …

Ich habe ihre Bücher in den Händen gehalten, ihre Gedichte, ihre Spielsachen, ihre ersten Briefentwürfe an eine liebe Tante, in großen, zögerlichen Buchstaben geschrieben:

Liebe Tante,
ich habe ein schönes Service von Großmama bekommen und kleine Bälle und ich bin in Meer en Berg gewesen als Papa Geburtstag hatte hat er ein Feuerwerk entzündet und ich habe eine Zeichnung gemacht und meine Börse ist fertig. Auf Wiedersehen liebe Tante ich bin Eure Euch liebende Nichte Anna van Lennep
20. Juli 1814

Nie werde ich vergessen, wie ich das erste Mal hier vor der Türe stand und hinaufsah. Es hatte ein vornehmes Gesicht, dieses Haus. Mit Wangen aus Stein, einem hohen Treppenpodest mit zwei Mündern und mindestens zwölf Augen. Es strahlte eine gewisse Strenge aus, doch rund um die Haustür schien ein ständiger Tanz stattzufinden. Die Tür, das Muschelrelief darüber, die beiden Laternen links und rechts, alles wogte und wirbelte. Auf dem Dach war es dann auf einmal wieder so, wie es sein muss. Entschlossen überragten die beiden quadratischen Schornsteine alles. Unterdessen strömte die Amstel am Ufer entlang, träge und gelangweilt.

Drinnen duftete es nach Kaffee, vermischt mit einem Hauch von Bohnerwachs. Ich betrat einen breiten Flur, unten im Haus. An der gefliesten Wand hörte ein Bauer nicht auf, friedlich zu pflügen, Papageien kreischten und plapperten, die Uhr stand für alle Zeit auf halb elf, die schwarzen Hände einer Lampe hielten das Licht empor. An den Wänden, ein Stück weiter, querformatige Stiche. Da war das IJ, der Meeresarm im Norden Amsterdams, und dahinter die Stadt in ihren goldenen Jahren, all ihre Fassaden, Türme und Schiffsmasten detailgetreu abgebildet. Dort galoppierte ein Edelmann, neben der Kutsche eines fürstlichen Paars, wacker auf seinem sich aufbäumenden Pferd. Eine Jahreszahl: 1660.

Bei meinem ersten Besuch führte mich der Hausherr herum. In einer Rumpelkammer standen Archivschränke voller Unterlagen aus dem 18. Jahrhundert: Katasterpläne, Quittungen, Dokumente von

Nachbarschaftsstreitigkeiten. Es ging dabei um ein Landgut in Hillegom, irgendwann um 1730 oder 1740, doch niemand hatte sich jemals die Mühe gemacht, die Papiere zu ordnen. Überall hingen Porträts: stolze Männer, gleichsam erstarrte Frauen, Kinder als Draperie, still sehen sie den Maler an. Daneben, nachlässig, eine Winterszene aus dem 19. Jahrhundert.

Eine vornehme Familie schleppt einiges mit durch die Zeiten. In diesem Haus gab es Schrankbretter voll von silbernen Eierbechern, Trinkgläsern, antiken Pfeifenköpfen und Zahnbürsten aus Elfenbein – mit lauter kleinen Löchern, die Borsten mussten vermodert sein. Dort stand venezianisches Glas, und so manche schmalen Trinkgläser der Vorfahren aus dem 17. Jahrhundert waren auch noch da, schlank und hoch, um die riesigen Krägen jener Epoche zu schonen. Hier hing ein Bisamapfel, eine zierliche Kapsel gefüllt mit Ambra, die vornehme Damen früher an einem Kettchen zwischen den Rockfalten trugen, um Läuse und »böse Gerüche« zu vertreiben. Gedenkmünzen und Reiterorden lagen ein wenig ungeordnet aufeinander, neben einem Diamantring von Zar Alexander I., ein Geschenk, das er zu einem Besuch mitbrachte: »L'empereur Alexandre à M. Van Winter, 4 Juillet 1814«. In der Bibliothek stapelten sich Tausende Zeichnungen, Tagebücher, Notizen und Briefe, gesammelt über viele Jahrhunderte, und alles immer noch quicklebendig.

Am Treppenaufgang schaute ein Mädchen schüchtern in die Welt, das irgendwann in der Mitte des 18. Jahrhunderts geboren wurde. Fest geschnürt war es, und auf dem Kopf trug es einen dick wattierten Sturzhut. Damit lernten reiche Kinder damals laufen. In der Hand hielt es eine Puppe, ein Püppchen mit einer Puppe.

Oben stieß ich dann auf den Salon, das große Wohnzimmer, das es in jedem Grachtenhaus gibt. Die Fenster waren hoch und hell und gaben den Blick frei in einen Garten mit hohen Bäumen, Taxushecken, Rosenbeeten, Hortensien und Rhododendren. Mit dem uralten Spielhaus für die Kinder und der Sonnenuhr in der Mitte, durch die hin und wieder ein grüner Schwarm von zwitschernden Sittichen flog, war er eine Oase der Stille.

Von hier oben sah der Garten aus wie ein Modell: Einst hatte man die Bäume so kunstvoll gruppiert, mit viel Gespür für Achsen und Perspektiven, dass der Betrachter sich auf einem Landgut wähnt, hier, inmitten der Straßen von Amsterdam. An den orangegelben Wänden herrschte indes ein ziemliches Gedränge. »Hier haben wir Nicolaes Tulp«, sagte der Hausherr. Tulp, einer seiner Vorfahren, ist die zentrale Figur in Rembrandts berühmtem Bild *Die Anatomie des Dr. Tulp*. Er sollte einer der mächtigsten Männer der Stadt werden. Auf einem ersten Porträt, das der Hausherr mir zeigte, ist Tulp noch jung, mit einem Bärtchen und einem hitzköpfigen Gesichtsausdruck. Später, 1658, entstand dann ein weiteres Porträt von Tulp, der nun in einem großen Stuhl sitzt und in feierliches Schwarz gekleidet ist. In seinem Blick funkelt so etwas wie Ironie – vielleicht weil sein Sohn sich, im Gegensatz zu seinem genügsamen Vater, schon seit Jahren in den farbigsten Stoffen kleidete; das Haar seiner gewaltigen Perücke fällt bis über seine Brust herab.

Da hing auch Großmutter Tulp; sie hatte an einer Seitenwand ihren Platz gefunden. Friedlich sitzt sie unter einem Baum und beobachtet das Spiel ihrer Enkel, daneben steht die Arztkutsche ihres berühmten Sohns. Doch was für seltsame Familienwappen hatte man später darübergemalt, fast wie Aufkleber, die man auf einem Kühlschrank anbringt. Das war, so erfuhr ich, das Werk eines traurigen Onkels, irgendwann im 19. Jahrhundert, ein verdorrter Zweig der Familie, der Onkel blieb ledig. Er hatte einen Buckel und sei, so erzählt man sich, als Kind mit einem Auge in eine Schere gefallen. Ruhig war es hier nie, alle schauten sie mir ständig über die Schulter. Hinter mir hing ein früher Lord Byron, mit feurigem Blick, einer dunklen Perücke, Stoppelbart und üppigem Brusthaar. »Das ist der *womanizer* des Hauses, Jan van den Bempden, Ende des 17. Jahrhunderts.« Ein kleines, aus dem 16. Jahrhundert stammendes Bild von Pieter Bruegel dem Älteren – das einen Advokaten zeigt. Ein Verlobungsporträt, dem Augenschein nach ein Jahrhundert später. Ach, wie traurig sie guckt, für immer festgehalten, nur wegen des Geldes und der Familie.

Dieses Haus hat mehr als vierzig Zimmer, es beherbergt rund zweitausend Stiche und Gemälde, und im Archiv lagern, wie man mir sagte, mindestens hunderttausend Dokumente. Es gibt Schränke voll von silbernen Kerzenständern, Damasttischdecken und vollständigen Services – vor allem das »Kornblümchen« war beliebt, »wenn man vornehm war, aß man von nichts anderem«. Hinzu kommen all die Kuriositäten, die dazugehörten, wie etwa die silbernen Becher in Mühlenform und andere Gerätschaften, deren es bedurfte, um eine Gesellschaft des 17. Jahrhunderts im Eiltempo unter den Tisch zu trinken.

Die Küche im Souterrain, das habe ich bei meinen vielen Besuchen, die meinem ersten Rundgang folgten, gelernt, ist das Herz des Hauses. Die Balken sind niedrig, der Rauchfang ist groß und geräumig, die Atmosphäre changiert zwischen dem 19. und 21. Jahrhundert. Hier wird auch heute noch Tag für Tag Kaffee getrunken, zu Mittag gegessen – Milch, Käse, Schokoladenstreusel, Marmelade in allen möglichen Varianten –, und alle versammeln sich am Tisch: Annabelle, die Frau des Hauses, die Söhne Jan und Bas, die Restaurateure, die Mitarbeiter aus dem Archiv und dem Sekretariat und wer sonst noch gerade da ist. Die Gespräche wechseln munter hin und her. »Die Kupferplatte von Rembrandt ist auch wieder da, hast du jemals so etwas in den Händen gehabt?« – »Ja, das ist wirklich ein interessantes Ding.« – »Gütiger Gott, hat Tante Totie darauf auch rumgekritzelt?«

Es ist und bleibt ein Familienhaus, das Haus der Familie Six an der Amstel. Six van Hillegom heißen sie offiziell, und die ältesten Söhne tragen – fast – alle den Namen Jan. Das ist eine Tradition, die 1618 mit dem Stammvater begann, mit Jan Six – Tuchfärber, Dichter, Kunstliebhaber, Bürgermeister der Stadt Amsterdam, ein Freund Rembrandts und des Dichters Joost van den Vondel. Der heutige Hausherr ist der zehnte Jan Six. Sein Sohn, Kunsthändler, ist der elfte, und den zwölften Jan Six gibt es auch schon, ein strahlendes Bürschchen in einem Buggy.

Als ich vor rund zehn Jahren Bekanntschaft mit dem Haus und der Familie machte, stand die große Restaurierung des Gebäudes noch bevor. Alles zeigte Spuren jahrelangen Gebrauchs, der Zahn der Zeit hatte an jeder Teppichfaser und -falte genagt. Es war ein Haus voller Kunst und Geschichte, und zugleich war es ein Haus, in dem Kinder herumgetobt hatten, in dem gelacht und gestorben worden war, in dem man Gäste empfangen und Streit ausgetragen hatte.

Es war ein Haus, in dem man die traditionellen Feste – Nikolaus, Weihnachten, Neujahr, Ostern – bis vor kurzem als große Familienrituale begangen hatte, in dem man stets korrekt gekleidet war – die Jungen früher immer in Matrosenanzügen –, in dem ein jeder seinen oder ihren Platz kannte. In dem aber der Hausherr auch schon mal einen Eimer Wasser über einen allzu heftig brennenden Weihnachtsbaum gegossen hatte. Und wenn dabei unglücklicherweise ein Schwall Wasser auf diesem oder jenem ehrwürdigen Vorfahren gelandet war: *soit*.

Dieses Haus hat etwas Bezauberndes. Das liegt, wie mir mit der Zeit bewusst wurde, vor allem an der großen Kontinuität, die in dieser Familie herrscht, Generation um Generation. Man stelle sich vor: Es gab einen Jan Six im 17. Jahrhundert, der als Jan Six im Amsterdam des 18. Jahrhunderts weiterlebte, in seinem Sohn, seinem Enkel, seinem Urenkel. Als es mit der Stadt bergab ging, ging es auch mit der Familie bergab, doch im 19. Jahrhundert knüpfte Jan Six an die alten Zeiten an und machte große Karriere: als Kunsthistoriker, als Universitätsrektor, als Mitgründer des Rijksmuseums. Im 20. Jahrhundert machte er dann Geschäfte: als Direktor einer Brauerei, als Werbefachmann. Jetzt ist er wieder in der Kunst tätig.

Auf dem oberen Flur und in den Nebenzimmern hängen sie noch immer, all die Inkarnationen des Jan Six. Der erste Jan, auf dem Höhepunkt seines Lebens brillant gemalt von seinem Freund Rembrandt, weise und melancholisch zugleich. Sein Sohn, lange Zeit Bürgermeister, ein typischer Regent des 18. Jahrhunderts, aufgedunsen und mit schwerer Perücke. Ein Kinderporträt des Enkels, ebenfalls ein Jan, als kleiner Kaiser ausstaffiert, von Symbolen umgeben: eine Flöte, Blumen – ach, der kleine Kerl hat nur ein paar Jahre gelebt. Ein zweiter Enkel namens Jan, eine arrogante Person aus dem 18. Jahrhundert. Ein kleiner Scherenschnitt von dessen Sohn Jan, ein glückloser Diener Napoleons – seine Tochter brannte mit einem Gehilfen des Schulzen durch, noch ein Jahrhundert später sprach man Schimpf und Schande über sie. Sein Sohn Hendrik, der die Familie wieder nach oben brachte, indem er die Tochter eines steinreichen Holzhändlers heiratete. Der Jan Six aus dem 19. Jahrhundert, ein grauer, etwas wehmütiger Mann und ein berühmter Münzsammler. Sein Sohn, Professor, ein schöner Mann mit Sean-Connery-Bart – und jetzt sind wir bereits im 20. Jahrhundert.

Und da sind die Frauen: die robuste Urmutter Anna Wijmer, von Rembrandt gemalt, die sanfte, schwangere Margaretha Tulp, die mit dem ersten Jan verheiratet wurde, die harten Gesichter ihrer Schwiegertöchter, die ungestüme Lucretia van Winter, die sich 1822 des Geldes und des Status von Hendrik wegen in einen goldenen Käfig sperren ließ, die hübsche Hieronyma Bosch Reitz, die jahrzehntelang, bis ins Jahr 1951, die vielköpfige Familie regierte.

Die Sixe sind eine Familie von Sammlern und Hütern. Familienporträts wurden grundsätzlich nicht verkauft, das war – und ist – in diesen Kreisen nicht üblich. Sie gingen meist auf den ältesten Sohn über. Deshalb ist dies das einzige von einer Familie bewohnte Haus der Welt, in dem noch zwei Porträts von Vorfahren hängen, die Rembrandt gemalt hat. Dieses Prinzip des Sammelns und Bewahrens galt in der Familie Six allerdings auch für das Porzellan, das Silber, die Gläser und Tausende andere Gebrauchsgegenstände, große wie kleine. Ein Familienmitglied schrieb: »Es ist faszinierend, sich bewusst zu machen, dass man sich heute den Mund mit einer Damastserviette abwischt, in die schon die Großmutter deines Urgroßvaters ihr freundliches Gesicht gedrückt hat.«

Jeder dieser Gegenstände bildet eine Art Brücke. Sie alle sind Brücken in die Zeit, wie die Münze, die den Amsterdamer Bürgermeistern am 29. Juli 1655 anlässlich der Einweihung des Rathauses – dem späteren Paleis op de Dam – überreicht wurde. Sie sind Brücken in den Raum, wie die dunkelgrüne Jaspisschale, die der erste Jan irgendwann um 1643 mit über die Alpen gebracht hat, als er aus Italien zurückkehrte. Sie sind, fast wie Reliquien, Brücken zwischen Himmel und Erde, zwischen Sterblichkeit und Unsterblichkeit, wie die wunderbar verzierte Dose, die vergessen in einer Vitrine liegt und in der sich zwei Haarlocken befinden – wem die gehören, weiß niemand mehr.

Jeder einzelne Six war ein Kind seiner Zeit. Während all der Jahre waren die Sixe ein Teil der Stadtmaschinerie, oft hielten sie sogar, zusammen mit anderen, das Steuer in der Hand. Sie gingen mit der Zeit und den Moden, sie mussten sich politischen Veränderungen und technischen Revolutionen und einer sich permanent erneuernden Stadt anpassen, manchmal drehten sie sich wie eine Wetterfahne im Wind. Und dennoch trugen sie, Generation um Generation, diese angehäufte Vergangenheit mit sich. Einerseits indem sie dieses Haus mit all seinen Porträts, Briefen, Pfeifenköpfen, Zahnbürsten und Taschentüchern aus dem 17. Jahrhundert über die Jahrhunderte hinweg unterhielten. Und andererseits indem sie gewisse Eigenschaften und Talente, entweder angeboren oder durch Tradition anerzogen, fortführten und kultivierten. Die kunstsinnigen Qualitäten des Jan Six aus dem 17. Jahrhundert treten in späteren Generationen immer wieder zutage, bis heute. Und auch dem geschäftlichen Talent des Jan Six aus dem 18. Jahrhundert begegnet man häufiger.

»So empfinde ich das auch«, sagt der elfte Jan Six. »Ich habe Eigenschaften meines Ururgroßvaters, des Kunsthistorikers, das weiß ich genau. Und vielleicht auch welche des ersten Jan. Aber ich habe auch Teile all der anderen Jans in mir und der vielen Nebenzweige. So lebt die Familie in einem weiter.«

»Und doch«, fügt er hinzu, »bin ich ich selbst.«

In einem Wohnzimmer stoße ich auf das Porträt einer jungen Frau. Sie ist etwa neunzehn Jahre alt und schaut still und schüchtern. Es handelt sich um ein Brautbild: das schwarze Brautkleid – weiß wurde erst im 19. Jahrhundert modern – ist aufwendig gearbeitet, die junge Dame trägt den Ehering am rechten Zeigefinger, um die Taille hat sie eine große Kette – das übliche Hochzeitsgeschenk – für die Schlüssel zu den Schränken im ehelichen Haus. Und, tatsächlich, sie trägt exakt einen solchen Bisamapfel, wie hier einer aufbewahrt wird.

Sie war ganz offensichtlich ein Mädchen aus reichem Hause: In der Linken hat sie ein Paar wunderbar bestickte Brauthandschuhe, auf denen Perlen und goldene Fäden glitzerten.

»Nicht mal ein Jahr später war sie tot«, sagt der Hausherr. Sie überlebte die Geburt ihres ersten Kindes nicht. Er öffnet eine Schublade. »Möchtest du die Handschuhe, die sie auf diesem Bild hält, einmal sehen?«

Plötzlich habe ich die Brauthandschuhe in der Hand, mit den Perlen und den festen Goldfäden, dem etwas steifen Stoff.

Für einen Moment ist es 1612.

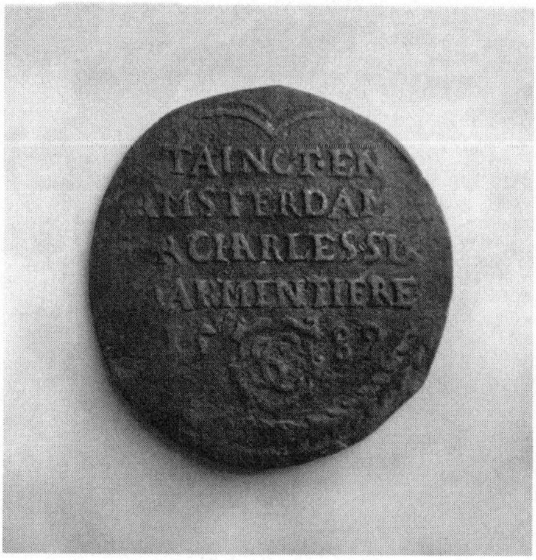

II
ANNA

In gewisser Weise ist es ein mysteriöses Gemälde, das Porträt von Anna Wijmer, der Frau von Jean Six und der Mutter des ersten Jan. Es hängt in einem der oberen Zimmer, stammt aus dem Jahr 1641 und wurde von Rembrandt gemalt. Anna wirkt auffällig jung für eine Frau von Mitte fünfzig, nur an den Rändern ihrer Haube lugen ein paar graue Haare hervor.

Eines Morgens, als ich kurz im Hause Six vorbeischaute, herrschte ziemliche Aufregung am Küchentisch. Eine schwedische Fotografin, Margareta Svensson, war zu Besuch gewesen, um Bilder von den Rembrandts zu machen, die hier hängen. Es waren Hightech-Aufnahmen, genauer und schärfer als je zuvor. Und ja, die Rückseite musste mit derselben Genauigkeit abgelichtet werden. So wurde Anna Wijmer bis ins kleinste Detail fotografiert, und anschließend musste man das Gemälde umdrehen.

Nun wurde Anna Wijmer nicht auf Leinwand gemalt, sondern auf eine bleischwere hölzerne Tafel. Umdrehen war also gar nicht so einfach. Als sie dann wieder an der Wand hing, machten die Experten mit ihren ultrascharfen Kameras eine überraschende Entdeckung: Der Schnitt am unteren Rand des Bildes sah ein klein wenig anders aus als die anderen drei. Sagen wir es so: Anna Wijmer wurde abgesägt, und zwar von Rembrandt persönlich, der auf diese Weise das Porträt einer stehenden Frau in das einer sitzenden umarbeitete. Der Restaurator des Gemäldes, Laurent Sozanni, hatte so etwas bereits geahnt. Unter dem alten Firnis schien es an sehr vielen Stellen Korrekturen und Übermalungen zu geben. Und jetzt hatte man Gewissheit!

»Komm mit«, sagte der Herr des Hauses, »dann kannst du es selbst sehen.« Wir gingen nach oben und drehten Anna um. Das dicke Tropenholz ließ sich tatsächlich nur schwer anheben. »Siehst du dort die quadratische Aussparung? Das sind die Reste der Scharniere. Wahrscheinlich handelt es sich um den Deckel einer Kiste, in der allerlei Sachen aus Brasilien nach Amsterdam transportiert wurden. Und schau, da ist der Schnitt. Vollkommen anders, oder nicht?«

Wir drehten das Gemälde erneut um. »Als die alte Firnisschicht herunter war, sahen wir sofort Rembrandt bei der Arbeit. Die Korrekturen wurden all die Jahrhunderte lang von dieser bräunlichen Schicht verdeckt. Jetzt konnte man plötzlich sehen, dass an dem schwarzen Kleid ein Stück hinzugemalt wurde. Das gilt auch für den Stuhl, der steht so merkwürdig hinter ihr, und wenn du genau hinsiehst, stellst du fest, dass Rembrandt ihn mindestens dreimal übermalt hat. So machte er aus einem stehenden Porträt ein sitzendes. Dieses Suchen, dieses immer wieder Ändern, das ist typisch für ihn.«

Warum aber musste Anna sitzen? »Die Komposition ist jetzt stimmiger, die Betonung liegt nun viel stärker auf dem Gesicht. Und außerdem: Stehend wäre sie irgendeine Frau gewesen. Sitzend wurde sie eine Herrin, eine würdevolle Dame, die mächtige Kauffrau, zu der sie im Laufe der Jahre geworden war.«

Viel weiß man nicht über diese Anna Wijmer. Bereits in jungen Jahren war sie Witwe geworden, ihr Mann, der Färber und Tuchhändler Jean Six war 1617 gestorben, und sie hatte sein Geschäft weitergeführt. Im Amsterdam des 17. Jahrhunderts entpuppten sich einige Frauen – häufig waren es Witwen – als hervorragende Unternehmerinnen, und Anna war eine von ihnen. Der Dichter Joost van den Vondel schien die Familienverhältnisse gut zu kennen, als er in einem Gedicht schrieb:

Welch ein Vergnügen war's für die bejahrte Witwe,
dass ihr gehorsam Blut ihr so zu Diensten war.

Anna muss eine starke und zupackende Frau gewesen sein. Sie war die treibende Kraft der Familie Six, jahrzehntelang. Ihre Eltern stammten aus der nordfranzösischen Stadt Saint-Omer – »Wijmer« ist wahrscheinlich eine Verballhornung von »Omer«. Anna gehörte einer protestantischen Familie an, die um 1585 herum in den Norden geflohen war, als die Verfolgung der »Ketzer« und Andersdenkenden unerträglich wurde.

Ein ähnliches Schicksal ereilte auch die Familie Six. Sie stammte ursprünglich aus der Gegend von Kamerijk, dem heutigen Cambrai in Nordfrankreich. In der Bibliothek gibt es Stammbäume, Urkunden und anderes Material über die ersten Sixe, und aus diesen Dokumenten ergibt sich das Bild einer führenden Familie, die schon seit dem 11. Jahrhundert dem – niederen – Adel angehörte.

Die Sixe waren früh eine vermögende Familie: Ein gewisser Alexandre Six kämpfte 1415 in der Schlacht von Azincourt, dem historischen Aufeinandertreffen von Karl VI. von Frankreich und Heinrich V. von England. Alexandre wurde von den Engländern gefangen genommen und konnte sich gegen ein hohes Lösegeld freikaufen. Für die übrige französische Aristokratie war die Schlacht zu einem regelrechten Gemetzel geworden. Mit ihren schweren Helmen und Rüstungen waren die Grafen und Ritter den beweglichen englischen Bogenschützen hoffnungslos unterlegen. Hunderte von Edelleuten wurden gnadenlos getötet.

Auf die Dauer konnte sich die Familie in dem ritterlichen Umfeld jedoch nicht behaupten. 1511, so vermerkt der örtliche Chronist, zog sich ein Jean Six, ein »geachteter Edelmann und ehrenwerter Schildknappe«, nach Flandern zurück, »weil er sah, dass der Adel viele seiner alten Privilegien verlor und dieser Stand keinen Vorteil mehr bot«. Über Armentiers und Lille kam die Familie nach Saint-Omer, wo Jeans Sohn Charles, der Großvater des ersten Jan, »sich dem Handel widmete«.

Wann die Familie Six dazu überging, mit Tuchen und kostbaren Farben zu handeln, weiß man nicht genau, doch es ist wahrscheinlich, dass sie ihr Glück sehr bald damit versuchte. Saint-Omer ist heute eine etwas heruntergekommene Stadt; die Abtei Saint-Bertin, früher einmal eine der größten Kirchen Nordfrankreichs, befindet sich in einem elenden Zustand und ist halb eingestürzt. Doch die Wände des örtlichen Museums zeugen noch immer von dem überwältigenden Reichtum der Farben, der dieses alte Handelszentrum auszeichnete. Saint-Omer war ein dynamischer Vorposten von Brügge und Gent, eine wichtige Station auf dem Handelsweg von Venedig nach Antwerpen, den städtischen Zentren des damaligen Europas.

Farben gehörten zum reichen Leben in der Stadt. Sie waren die leuchtenden Ausnahmen in einer Welt, die ansonsten meist grau und verschlissen aussah. Wer früher Farben brauchte – zum Malen, um Stoffe zu färben, um Kirchen auszuschmücken oder um buntes Glas zu gestalten –, benötigte dafür natürliche Grundstoffe, etwas anderes gab es nicht. Für Ölfarben wurden manchmal farbige Steine und Mineralien chemisch bearbeitet. Sie wurden gemahlen und mit Bindemitteln wie Zitrone oder Urin gemischt. Deutsches Blau zum Beispiel wurde aus dem bläulichen Belag von Kupfer gemacht, Bleiweiß aus Blei und Essig, Kupfergrün aus Kupfer und Essig, Grün wurde aus den Beeren von Geißblattgewächsen gewonnen, Goldgelb aus den Stempeln einer Krokusart, roter Lack aus dem Saft des Efeus, in Urin gekocht.

Überseeblau machten die Maler – man frage nicht wie – aus dem tiefblauen Edelstein Lapislazuli, der nur an einem einzigen Ort auf der Erde zu finden war, in einem Tal im Nordosten Afghanistans. Ein Gramm Lapis war jahrhundertelang ebenso teuer wie ein Gramm Gold. Einfaches Blau stellten die Farbenmacher aus Kobalt her. Aus gemahlenen Schildläusen gewannen sie eine Farbe wie Karmesin; oder sie benutzten das Sägemehl tropischer Holzarten. Auch für das Färben von Kleidung verwendete man die merkwürdigsten Ausgangsmaterialien. Pflanzensaft etwa eignete sich für grüne Farbtöne. Blau in allerlei Spielarten gewann man aus den Blättern von Färberwaid, einer heute seltenen Pflanze. Später kam noch ein Blauschwarz in Mode, das sehr viel farbechter war. Es wurde in einem komplizierten Verfahren, unter Verwendung von Indigo, Gallapfel und Eisenerz, hergestellt. Schönes Schwarz war exorbitant teuer. Tyrischer Purpur wurde aus Purpurschnecken gewonnen. Als sich Forscher Jahrhunderte später an der traditionellen Herstellungsweise versuchten, wurde ihnen bald bewusst, wie unwahrscheinlich aufwendig dieser Prozess gewesen sein muss: Für 1,4 Gramm Farbstoff brauchte man nicht weniger als zwölftausend Purpurschnecken.

Vor allem auf dem Land blieb die Kleidung meist ungefärbt. Die Menschen hatten weder das nötige Geld für Farben, noch verfügten sie über die Technik, um diese herzustellen. Alles war braun, naturfarben oder irgendwie blassgrün. Die »graue Masse« als Bezeichnung für die einfachen Leute, spiegelte weit über das Mittelalter hinaus schlicht die Realität wider. Gefärbte Kleidung gehörte zur Kaufmannsstadt. Dorthin kamen die Händler, die über die seltenen Rohstoffe wie Lapislazuli und Indigo verfügten. Dort lebten reiche Kaufleute und mächtige Regenten, dort war das Geld, dort war die Kleidung Ausdruck der sozialen Position, die sich auch in den Farben zeigte. Nicht der Stoff und der Schnitt eines Mantels waren wichtig, sondern die Farbe, und das einzig und allein, weil Farben so unglaublich viel kosten konnten.

Rang, Stand, Alter, all das ließ sich an Farben ablesen. Blau zum Beispiel war die Farbe des Himmlischen, Schwarz stand für Einfachheit, Demut und Distanz zu allem Irdischen, bunte Farben verwiesen auf volkstümliche Vergnügungen.

Der Advokat auf dem kleinen, aus dem 16. Jahrhundert stammenden Gemälde von Bruegel im Hause Six trägt einen knallroten Mantel: »Wem das Recht steht zu Gebot, der darf tragen Scharlachrot.« Der fromme alte Tulp ist immer ganz schlicht in Schwarz gekleidet. Stammvater Jan Six trägt auf einem Porträt Schwarz, auf den beiden anderen hat er einen wertvollen roten Umhang an. Den mochte er offenbar sehr gerne, und ein solcher Umhang konnte ein Leben lang halten.

Kurzum, es ist kein Zufall, dass das aus gelben Backsteinen errichtete Siegelhaus der Tuchmachergilde den Großen Markt von Saint-Omer dominiert: Mit der Fertigung von Tuchen und Farben wurde sehr viel Geld verdient.

Auch das Färben als solches gehörte zum reichen Stadtleben. Maler und Tuchfärber befanden sich in einem fortwährenden Wettstreit, mit Tausenden von Farbrezepten, eines komplizierter als das andere. Den Färbern wurde ein unfehlbares Auge für Farbtöne und Mengenverhältnisse abverlangt. Weil die Farbe rasch eintrocknete, mussten Tag für Tag neue Mengen der exakt gleichen Mischung hergestellt werden. Die Färbereien, und ganz besonders die Seiden- und Tuchfärbereien, waren daher ein Handwerkszweig, der von Scharfsinn geprägt und von Geheimnissen umgeben war. Farbenmacher waren so etwas wie Alchemisten.

Saint-Omer genoss einen besonderen Ruf. Die Stadt war schon seit dem 13. Jahrhundert berühmt wegen der Güte der Stoffe, die dort gewoben und gefärbt wurden. Die Tuchherstellung war straff organisiert, es gab eine Reihe von Qualitätsstandards – »Kategorien« –, die, mit Hilfe von Inspektionen, exakt eingehalten wurden. Das galt auch für die Farben. In ganz Frankreich trugen Fürsten, Herzöge, Grafen und Höflinge Farben aus Saint-Omer.

Es ist, angesichts der wenigen Quellen, die uns nicht mehr als einige Namen, ein Geburtsdatum und ein paar Hinweise wie »Bürger von Saint-Omer« oder »Tuchhändler« verraten, schwierig, einen Eindruck von der damaligen Familie Six zu gewinnen.

Auch von Charles Six, dem Großvater von Jan, ist fast nichts erhalten geblieben. Er lebte von 1535 bis 1595 und muss unweigerlich von den großen gesellschaftlichen und religiösen Entwicklungen mitgerissen worden sein. Fremde Welten öffneten sich in Amerika und im Fernen Osten, mit ihren bis dahin nicht gekannten Gütern und Kulturen. Dank der Erfindung des Buchdrucks konnten sich Laien wie Charles ein Wissen aneignen, das früher nur der Geistlichkeit und einer Handvoll Wissenschaftlern zugänglich war. Das ging alles sehr schnell, vor allem in den Niederlanden: Als der spanische Thronfolger Philipp II. 1549 durchs Land reiste – er besuchte unter anderem Saint-Omer –, da wunderten sich seine Höflinge darüber, dass bis in die fernsten Winkel der Provinz fast alle Menschen lesen konnten, selbst die Frauen. Die ewigen Wahrheiten des Mittelalters wurden seit dem Beginn des 16. Jahrhunderts überall in Europa hinterfragt, der allgegenwärtigen Autorität von Kirche und Staat stand vermehrt eine freigeistige Atmosphäre gegenüber. Was Fürsten und Päpste lehrten und was man selbst dachte, war nicht länger identisch. So wurde der Weg für die Trennung von Staat und Kirche und für einen persönlicheren Glauben geebnet. Individuelle Freiheit erhielt einen immer höheren Stellenwert, und der Ruf nach Grundrechten wurde laut. Dies war der Beginn des Rechts auf Individualität und Gewissensfreiheit.

Währenddessen diskutierte man auf dem ganzen Kontinent über die Reformation. In den Niederlanden und den umliegenden Teilen Europas wurden die meisten Reformierten, auch die Familien Six und Wijmer, vor allem durch den Genfer Reformator Johannes Calvin inspiriert. Verwunderlich war das nicht. Calvins Familie stammte aus dieser Gegend, seine fromme Mutter kam wie die Sixe aus Kamerijk.

Ein endgültiger Bruch mit der katholischen Kirche konnte weitreichende Folgen haben und einen Umzug in eine Stadt oder Gegend, in der die eigene Konfession vorherrschend war, nach sich ziehen. So wurde zum Beispiel ein gewisser Salomon Six 1593 für zehn Jahre verbannt, weil er eines seiner Kinder von einem Prediger hatte taufen lassen. Er ging nach England, sein Name findet sich später unter den protestantischen Predigern in Sandwich.

Die Konsequenzen konnten jedoch auch sehr viel gravierender sein: Gefängnis, Verbannung, Verstümmelung und nicht selten der Scheiterhaufen. So wurde zum Beispiel im nahegelegenen Menen während einer der vielen Ketzerverfolgungen Claudine le Vettre, eine fromme Mennonitin, zusammen mit ihrem Baby und ihrem Bruder gefangen genommen. Ihr Mann, von einem Freund gewarnt, konnte mit dem dreijährigen Sohn im letzten Moment flüchten. Das Kind, das sie noch stillte, wurde ihr weggenommen und verschwand. Ihr Bruder wurde verbrannt. Nach einem Schauprozess in Ypern, bei dem sie sich standhaft zu ihrem Glauben bekannte, wurde sie lebendig begraben.

Für Charles Six muss die Glaubensfrage eine sehr ernste Angelegenheit gewesen sein: Er ließ seine Tochter Chrétienne später in die äußerst fromme Familie von Claudine le Vettre einheiraten. Sie nahm den Jungen, der mit seinem Vater entkommen konnte, zum Mann.

Es gibt im Haus an der Amstel einen Gegenstand, der an Charles Six erinnert: ein rotes Stück Blei. Es ist recht grob und unregelmäßig ausgestanzt, unten das Wappen von Amsterdam, darüber der Text »Gheverft Amsterdam door Charles Six van Armentier« (Gefärbt Amsterdam von Charles Six van Armentier) und dann die Jahreszahl: 1589. Es handelt sich um ein Bleisiegel, mit dem die Tuchprüfer, welche die Qualität und die Farbe der angebotenen Tuche kontrollierten, die für gut befundene Ware versahen. Solche Siegel wurden zu Hunderten geschlagen, und vermutlich wurde dieses Exemplar einst aufbewahrt, weil es eine besondere Bedeutung hat: Es ist das erste Prüfsiegel, das in Amsterdam für die Familie Six gefertigt wurde. Bereits der erste Jan Six erwähnt es in seinen Notizen, und auch die Jahreszahl könnte stimmen. Denn tatsächlich operierte die Familie Ende des 16. Jahrhunderts plötzlich von Amsterdam aus. Wie zahlreiche andere Familien auch hatte sie das reiche Saint-Omer verlassen.

Der Exodus begann gut zwanzig Jahre zuvor. Als es 1565 Missernten gab und der Import von Getreide aus dem Ostseeraum zum Erliegen kam, schossen die Getreide- und Brotpreise in die Höhe. Hier wie dort brachen Hungersnöte aus. Die sowieso schon angespannte Stimmung in den Niederlanden – der neue König

Philipp II. hatte nach dem Tod seines Vaters die Ketzerverfolgung verschärft wieder aufgenommen – war jetzt denkbar schlecht.

Philipp II. regierte über ein gewaltiges Weltreich, das von der Iberischen Halbinsel bis nach Kalifornien, Chile und zu den Philippinen reichte. Zu den Niederlanden hatte er keinerlei Bindung, des Niederländischen war er nicht mächtig, und nicht einmal die Sprache des Adels, Französisch, beherrschte er. Die Regierungsgeschäfte in der fernen Provinz überließ er seiner Halbschwester Margarethe von Parma, die als Statthalterin in Brüssel residierte.

1566 kam alles, was gärte – Protestantismus, Humanismus, der Machtverlust des Adels, extrem hohe Steuern, religiöse Verfolgung, Hunger und ein immer stärker werdendes bürgerliches Bewusstsein –, zur Explosion. Rund fünfhundert Mitglieder des niederen Adels überreichten der Statthalterin eine Petition, in der sie um ein weniger strenges Auftreten den Protestanten gegenüber baten. Von manchen Angehörigen des Hofes wurden die Überbringer der Forderungen verhöhnt – »Ils ne sont que des gueux!« (Sie sind nichts als Bettler!), spottete der königstreue Graf Charles de Barlaymont –, doch von der Bevölkerung wurden diese Edelmänner bejubelt: »Es leben die Geusen!« So wurde ein Schimpfwort im Handumdrehen zum Ehrentitel, und die Rebellen hatten einen Namen: Geusen.

Die Statthalterin musste die Bittschrift, wohl oder übel, ernst nehmen. Sie stoppte die Ketzerverfolgung, doch weiterreichende Maßnahmen blieben aus. Nun begann auch das Bürgertum, die Autoritäten herauszufordern: Die calvinistischen Prediger nutzten die neuen Freiheiten und hielten noch im selben Sommer außerhalb der Städte Gottesdienste unter freiem Himmel ab, sogenannte Heckenpredigten. Diese Gottesdienste, in denen die Prediger gegen den Luxus und die »weltlichen Lüste« der »papistischen Götzendiener« wetterten, hatten einen gewaltigen Zulauf. Gleichzeitig stiegen die Preise immer weiter.

Ausgerechnet in der Umgebung von Saint-Omer kam es zu ersten Gewalttaten. Am 1. August 1566 erschien ein gewisser Sebastian Matte, ein aus der englischen Verbannung zurückgekehrter Protestant, mit zweitausend Mann vor den Toren der nahegelegenen Stadt Veurne. Der Angriff wurde zurückgeschlagen, doch am 10. August gelang es seinen Anhängern nach einer aufwiegelnden Predigt vor den Mauern von Steenvoorde, ein Kloster zu erstürmen. Alles, was heilig und wertvoll war, wurde zerstört oder gestohlen. Danach gab es kein Halten mehr: Innerhalb einer Woche wurden mehr als einhundert Kirchen geplündert und zerstört. In Ypern hausten die protestantischen Rebellen zwei Tage lang, nicht eine einzige Kirche blieb verschont. In Antwerpen zog eine große Menge raubend und plündernd von Kirche zu Kirche. In Amsterdam wurde ein Priester während der Messe von Kirchenbesuchern niedergebrüllt: »Du Papist! Hör auf, den Teufel in den Kindern zu beschwören! Du hast die Welt lange genug betrogen!« Jungen warfen Steine auf den Altar, der Jungfrau Maria flog ein Schuh an den Kopf.

Saint-Omer selbst entging als eine der wenigen flämischen Städte diesem Bildersturm. Im letzten Moment gelang es dem Magistrat, die Tore der Stadt vor einer wütenden Menge zu schließen. Die Kirchen blieben unversehrt, doch für die protestantische Minderheit in der Stadt, darunter auch Charles und seine Familie, wurde es infolge der Unruhen immer ungemütlicher. Stimmen wurden laut, die forderten, alle Calvinisten aus der Stadt zu jagen. Das aber konnte gerade noch verhindert werden.

Die Nachrichten von den Unruhen erreichten auch, mit einiger Verzögerung, das Arbeitszimmer von Philipp II. in Madrid. Der König reagierte unnachgiebig. In erster Linie standen wirtschaftliche Interessen auf dem Spiel. Die Niederlande waren, für die damalige Zeit, dicht bevölkert. Um 1565 lebten dort rund drei Millionen Menschen; Spanien hatte sieben Millionen Einwohner und England vier Millionen. Unruhen in den Niederlanden konnte sich das spanische Reich einfach nicht leisten. Philipps Vorgehensweise beruhte jedoch keineswegs nur auf Berechnung. Er ließ sich vor allem durch nackte

Wut leiten. Hals über Kopf entsandte er ein spanisch-italienisches Söldnerheer unter Führung des Herzogs von Alba in die Niederlande. Eine sechs Jahre währende Schreckensherrschaft begann. Claudine le Vettre, die in Ypern lebendig begraben wurde, war eine von vielen Tausend Toten.

Mit seiner Raserei lieferte Philipp II. ungewollt einen wichtigen Beitrag zum Ausbruch des folgenden Aufstands: Sein Fanatismus trug zur Bildung einer Gelegenheitskoalition aus Adel, Bürgern und Protestanten bei, ein Bündnis das viele Jahre halten und sowohl Erfolge als auch Rückschläge erleiden sollte.

Typisch für diese chaotische Zeit ist die Rolle, die der spätere Anführer des Aufstands, Willem von Oranien, spielte. Willem hatte eine lutheranische Erziehung genossen. Im Alter von elf Jahren fiel ihm plötzlich eine gewaltige Erbschaft in den Schoß, zu der das französische Fürstentum Orange sowie große Ländereien in Brabant, Holland, Zeeland, Luxemburg und Lüttich gehörten. Er galt nun als vielversprechender adliger Spross, und Kaiser Karl V. nahm ihn in seine persönliche Obhut. Am Hof in Brüssel wurde ihm eine gründliche katholische Umschulung zuteil. Willem war ein charmanter, intelligenter Jüngling und einer der Lieblinge des alten Fürsten. Auch Philipp II. erkannte sogleich seine Qualitäten und ernannte ihn 1555 zum Mitglied des Staatsrats und zum Statthalter des Königs in den Grafschaften Holland und Zeeland.

Ein großer protestantischer Glaubensheld war dieser Willem von Oranien ganz bestimmt nicht. Lange noch blieb er katholisch und fühlte sich dem toleranten Denken der frühen Humanisten wie ein Erasmus von Rotterdam und Dirck Volkertszoon Coornhert verbunden. Der geborene Freiheitskämpfer war er ebenso wenig. In erster Linie war Willem ein mächtiger Vertreter der Interessen des Adels und ein Hüter seiner traditionellen Rechte gegenüber dem Fürsten.

Man kann nur spekulieren, ob Willem von Oranien in das Lager der Rebellen übergelaufen wäre, wenn Philipp und Alba nicht zu ihren brutalen Racheexpeditionen aufgebrochen wären, in deren Folge zahllose Todesurteile gegen vermeintliche Aufständische gefällt wurden. Sogar Adelige wurden gnadenlos exekutiert, Männer wie Willem selbst, und auch er war dem Tod nur knapp entronnen. Nun blieb ihm keine Wahl mehr. Willem von Oranien war ein unfreiwilliger Rebellenführer, der erst mit der Zeit in seine Rolle als Symbol einer neuen Nation hineinwuchs, in seine Rolle als »Vater des Vaterlands«.

Es war ein »eisernes Jahrhundert«, ein »siècle de fer«, schrieb der vertriebene Hugenotte Jean Nicolas de Parival über das 16. Jahrhundert, ein Jahrhundert, »dessen bittere Früchte des Unrechts und der Angst nichts anderes sind als ununterbrochene Blutströme und eine ewige Sturzflut von Tränen«.

In diesem verfluchten Europa, bevölkert von umherziehenden und gewaltbereiten Heerhaufen, war Saint-Omer ein relativ ruhiger und sicherer Ort. Doch auch in dieser Gegend nahm der Widerstand gegen die Spanier zu, was vor allem den fortwährenden Plünderungen durch spanische Söldnerheere geschuldet war. Wenn sie längere Zeit ihren Sold nicht erhielten – und das kam unter Philipp II. immer häufiger vor –, fielen die Soldaten über die nächstgelegene Stadt her. In Antwerpen wüteten meuternde spanische Söldner derart – rund achttausend Bürger wurden ermordet –, dass man von der »spanischen Furie« sprach.

Willem von Oranien, der als Einziger das nötige Charisma besaß, um die nördlichen und südlichen Städte zusammenzuhalten, wurde am 10. Juli 1584 ermordet. Nach seinem Tod fiel eine flämische Stadt nach der anderen in spanische Hand: Brüssel im März 1585, Mechelen im Juli, und im August des Jahres eroberten die Spanier auch Antwerpen. Philipp hatte hinzugelernt, diesmal wurden die Bürger verschont: Es kam zu keinen Plünderungen, und wer wollte, konnte seine Sachen packen und gehen.

Um diese Zeit herum muss sich bei Großvater Charles die Erkenntnis durchgesetzt haben, dass es für ihn und seine Familie in Saint-Omer keine Zukunft mehr gab. Irgendwann im Sommer 1586 wagte die Sippe die Reise nach Amsterdam. Aus Dokumenten im Hausarchiv geht hervor, dass der aus Saint-Omer geflohene Charles Six sich am 15. August 1586 mit seiner Frau Alix de Lattre und seinen Kindern Guillaume, Chrétienne, Charles und Jean am Nieuwezijds Voorburgwal niederließ, in »Het Roode Liggende Hart« (Das rote liegende Reh) am Sint Nicolaassteeg.

In Amsterdam war es acht Jahre zuvor zum politischen Umsturz gekommen. Am 26. Mai 1578 waren die Bürgermeister und Ratsmitglieder von den Anhängern der Geusen aus dem Rathaus gejagt worden. Der Pfarrer der Nieuwe Kerk und die am meisten verhassten Geistlichen, die Minoriten, waren unter »unter lautem Geschimpfe« durch die Straßen getrieben worden. Anschließend hatte man die ganze Gesellschaft »holterdiepolter« auf ein Boot geworfen, aus der Stadt gefahren und auf dem Deich ausgesetzt, »von wo ein jeder zu Fuß seines Weges gehen durfte«.

Das war das ziemlich abrupte Ende des mittelalterlichen Amsterdam und der »sakralen Einheit« der Stadt. Fortan war innerhalb der Stadtmauern Raum für mehrere Religionen. Eine neue Generation von Kaufleuten übernahm die Macht. Diese entstammten protestantischen Familien, die wegen ihrer Prinzipien große Gefahren auf sich genommen und oft jahrelang in der Verbannung gelebt hatten, sich dadurch aber auch neue Netzwerke aufgebaut und nicht zuletzt gelernt hatten, in anderen Dimensionen zu denken. Die Amsterdamer Katholiken mussten ihre Ämter, Kirchen und Klöster aufgeben, doch verfolgt wurden sie nicht. Der Calvinismus war zur offiziellen Religion geworden, aber das war auch schon alles: Im Prinzip war jeder frei zu glauben, was er für richtig hielt.

Jemandem wie Charles Six – ein Kaufmann, aber vermutlich auch ein gebildeter Bürger – musste Amsterdam aufgrund dieser vorteilhaften Konstellation als ein geradezu zwangsläufiges Ziel erscheinen. Amsterdam galt als einzigartig, da die Stadt, wie man sagte, reich und frei war, während andere Städte zwar reich, aber alles andere als frei waren. Diese Kombination erschien Außenstehenden erstaunlich, faszinierend und nicht selten auch neiderweckend.

Doch längst nicht alle Sixe zogen nach Amsterdam. Noch immer gehörte der Name Six zu den fünfzig am häufigsten vorkommenden Nachnamen in der Gegend um Artois. Manche Sixe gingen nach Deutschland oder England; die englischen Sixe führen nach wie vor dasselbe Wappen wie die niederländischen. Der Auslöser für ihre Emigration war aber der gleiche: Verfolgung aus religiösen Gründen und wirtschaftlicher Niedergang.

Unsere Familie Six gelangte aus dem zerrissenen und allmählich still gewordenen Saint-Omer in eine völlig andere Welt. Das damalige Amsterdam war mindestens so geschäftig wie das heutige. Groß war die Stadt nicht. Es gab noch jede Menge mittelalterliche Häuser, halb aus Holz und halb aus Stein, mit vornübergeneigten Giebeldächern. Die Bebauung endete irgendwo mitten im heutigen Zentrum, an der Oude Schans, der Munt und der Haarlemmer Schleuse. Jenseits des Hafens erstreckte sich groß und breit das IJ, beinahe wie ein kleines Meer. Dort, wo heute der Hauptbahnhof steht, begann ein merkwürdiges Übergangsgebiet, eine salzig schwappende Wasserlandschaft, ein langer Streifen aus Stegen und faulenden Duckdalben, mit vor Reede liegenden Seeschiffen, so weit das Auge reichte.

Durch die engen Straßen drängte sich Tag für Tag eine beispiellose Menschenmasse. Ein englischer Reisender, Fynes Moryson, sah »ein Feld oder einen Marktplatz« am Hafen – er meint den heutigen Dam –, wo die Bürger »ihren aufs Meer hinausfahrenden Verwandten und Freunden« winkten. »Im Sommer treffen sich die Kaufleute in großer Zahl auf der Brücke, im Winter in der Oude Kerk, wo sie in zwei Strömen auf und ab gehen. Es gibt keine Möglichkeit, diesem Strom zu entfliehen, außer sich in ihm bis zu einer Tür mittreiben zu lassen.«

Alles war anders, als Charles und die Seinen es gewohnt waren. Und überall erklangen Lieder: auf der Straße, in den Herbergen, auf den Schuten, auf den Märkten, im Chor, aber ebenso oft auch solo. Das war etwas, das allen ausländischen Besuchern auffiel, sie schrieben über die hübschen Melodien, die überall zu hören waren, und wunderten sich über die Musikalität der ansonsten recht abweisenden Holländer. Das *Neue Geusenliederbuch*, ein kleines, billiges Büchlein, hatte die halbe Stadt in der Tasche. Lieder verbanden, Lieder ließen die Herzen schneller schlagen, Lieder waren ein Propagandainstrument ersten Ranges in dem sich dahinziehenden Krieg.

Die Eroberung von Antwerpen, die die Spanier so ausgelassen gefeiert hatten, erwies sich schon bald als Pyrrhussieg. Die Geusen blockierten die Schelde, die Lebensader der Stadt. Zehntausende Emigranten, darunter viele reiche Kaufleute und Handwerker, zogen innerhalb weniger Jahre in den Norden und nahmen ihr Wissen, ihr Können und ihre Handelsnetzwerke mit. Das einst so blühende Antwerpen sollte sich von diesem Aderlass nie wieder ganz erholen: Die Einwohnerzahl der Stadt sank rasch auf die Hälfte. Brabant verlor seine mächtige Stellung.

Die nördlichen Niederlande wiederum sahen sich einem gewaltigen Strom von Flüchtlingen und Emigranten gegenüber. Dieser bestand aus mindestens hunderttausend Menschen, möglicherweise sogar aus hundertfünfzigtausend, und das bei einer Bevölkerungszahl von kaum mehr als einer Million. Die Einwohnerzahl von Leiden und Haarlem verdoppelte sich innerhalb weniger Jahrzehnte, Amsterdam zählte 1620 dreimal so viele Einwohner wie 1550. Die Verkehrssprache in der Stadt wandelte sich, an die Stelle eines bäuerlichen Holländisch trat der melodiöse Antwerpener Tonfall.

Und nicht nur das, auch die Mentalität änderte sich. Mit der Familie Six und all den anderen Kaufleuten kamen nicht nur deren Handel und Technik in den Norden, sondern auch ihre Malerei und Literatur, ihre Kultur der Eleganz, der Allüre und des Kosmopolitismus. In Städten wie Brügge und Gent trat im Laufe der Zeit die spanische Hofkultur Brüssels an die Stelle der traditionellen Kaufmannskultur. Im Norden sollte die Immigration das spektakuläre

Goldene Jahrhundert nach sich ziehen. Die Familie Six musste sich als Einwanderer aus dem Süden kaum anpassen. Amsterdam passte sich ihnen an.

Der gewaltige Wegzug in Richtung Norden auf Tausenden von Schiffen und Karren voller Hausrat, Kleidung, Stoffen und Kostbarkeiten muss zu unvorstellbaren Szenen geführt haben. Es handelte sich um eine der größten Migrationswellen der frühen Neuzeit, zudem war es eine außergewöhnlich erfolgreiche: Innerhalb einer Generation beherrschten die Südniederländer ein Drittel des Amsterdamer Stapelmarkts.

Das galt auch für die Textilarbeiter aus dem Süden, mit ihren leichteren Stoffen und raffinierteren Färbemethoden. Von den 344 Männern, die von 1585 bis 1604 als Seidenweber registriert wurden, stammten 286 aus den südlichen Niederlanden.

Kurzum, Charles Six hatte Rückenwind. Sehr bald fand er eine Unterkunft, er wohnte und arbeitete laut seinem Enkel Jan in »De Kluizenaar« (Der Einsiedler) hinter dem Rathaus, »wo mein Großvater mit einem Siegel von anno 1588 mit Tuch handelte, wie aus seinen in meinem Besitz befindlichen Büchern aus jener Zeit hervorgeht«. Das Haus »De Kluizenaar« kann im Stadtarchiv übrigens nicht nachgewiesen werden; möglicherweise meinte Jan das Haus »De Blauwe Kluis« (Die Blaue Klause), in dem es tatsächlich eine Färberei gab.

Die Familie Six wohnte damals in unmittelbarer Nachbarschaft des Schöffen Frans Reael, und es ist nicht unwahrscheinlich, dass der mächtige Reael und andere protestantische Familien sie während der ersten Jahre unterstützten. Sie hatten schließlich selbst jahrelang in der Verbannung gelebt, die Erinnerung an ihre eigene desolate Lage und Entwurzelung war noch frisch, und eine gewisse Solidarität mit Schicksals- und Glaubensgenossen war in jenen Jahren mehr als selbstverständlich. Auch darauf weist Jan Six hin: »Denen, die in den schweren Zeiten wegen der Religion oder aus anderen Gründen hierhin gekommen sind, ist man den größten Dank für ihre Hilfe schuldig.«

Großvater Charles war Experte im Blaufärben und zudem ein geschickter Unternehmer. Vermutlich hatte er bereits in Saint-Omer mit seinem Tuchhandel ein ordentliches Vermögen erwirtschaftet, und offenbar verfügte er immer noch über genug Kapital, um einige größere Investitionen zu tätigen. Vor dem Heiligewegtor – dort wo heute die Leidsestraat ist – gründete er eine Bouratmanufaktur, in der schwere, geblümte Seidenstoffe hergestellt wurden. Außerdem betrieb er noch im Färberviertel an der Raamgracht die Tuchfärberei »Het Swarte Laeken« (Das schwarze Tuch).

Als er 1595 starb und seine Söhne Guillaume und Jean das Geschäft übernahmen, lebte die Familie vermutlich schon wieder in Wohlstand, und wahrscheinlich sogar mehr als das. Die Familie genoss in der geheimnisvollen Welt der Farben und des Färbens einen hervorragenden Ruf. Über Guillaume schrieb der Leidener Tuchfärber van der Heyden später, er wolle seinen Lehrlingen die Kunst des Karmesinfärbens, »so rot, purpurn und scharlachfarben«, ebenso gut und perfekt beibringen, »wie Guillaume Six und die Witwe des genannten Guillaume sie auszuüben pflegen«.

Die Umstände spielten der Familie Six in die Karten. Amsterdam blühte auf wie nie zuvor. 1602 wurde die Vereinigte Ostindische Compagnie (VOC) gegründet, der erste multinationale Konzern der Welt, der auf dem Prinzip »Anteil« basierte. So entstand eine vollkommen neue Form des Investierens und der Risikostreuung. 1611 nahm auch die erste Amsterdamer Kaufmannsbörse ihren Betrieb auf, mit allem, was diese Institution sonst noch so mit sich brachte: die ersten Zeitungen, die ersten Wechselbanken mit dem ersten Papiergeld der Welt. Ein deutscher Besucher schrieb über die Börse: »Sie ist ebenso groß wie die Antwerpener, aber schöner. Inmitten der viel Kaufleute drinnen sieht und hört man tagtäglich die Neuigkeiten aus der ganzen Welt. Die Zeitungen werden an den Tagen, an denen sie mit der Post ankommen, wie Predigten vorgelesen.«

Es waren diese Erfindungen auf dem Gebiet des Handels und der Kultur, die Amsterdam zu einem frühen Vorposten der Moderne machten. Die Familie Six schwamm im Strom mit. Guillaume kaufte

1609 einen großes Haus am Turfmarkt, das Haus »Vredenburgh« (Friedensburg), und 1615 gelang es ihm, seine Tochter Aeltge mit einem Sohn des überaus reichen Amsterdamer Bürgermeisters und Spekulanten Cromhout zu verheiraten. Sein Bruder Jean bezog, ebenfalls 1609, das Haus »De Drie Codden« am Nieuwezijds Voorburgwal, in der Nähe der heutigen Paleisstraat, und auch seine Kinder heirateten später in die besten Familien der Stadt ein. Die Sixe waren, würde man heutige Maßstäbe anlegen, Multimillionäre. Als Jean 1618 starb, hinterließ er ein Vermögen von 353 000 Gulden; das entspricht rund fünfundzwanzig Millionen Euro im Jahr 2016. Soweit wir wissen, kaufte die Familie Land, vor allem im soeben trockengelegten Polder Beemster – auch das ein Geschäft, das mit der Risikostreuung und dem neuen Weitblick aufgekommen war. Die Familie Six wurde, wie ein Zeitgenosse schrieb, »mit ehrlich verdientem Geld« reich.

Lange Zeit hielten die Flüchtlinge aus Saint-Omer und Umgebung Kontakt untereinander. Die Familien sprachen miteinander weiterhin fast nur Französisch; bei den Sixen, wie in vielen Familien der Oberschicht, blieb das bis in die ersten Jahrzehnte des 20. Jahrhunderts so. Sie gingen vorzugsweise in die Waalse Kerk (die Wallonische Kirche), wo ausschließlich Französisch gesprochen wurde, und dort befand sich zunächst ihr Familiengrab.

Auch sämtliche Ehepartner stammten anfangs noch aus den eigenen Kreisen. Chrétienne, die älteste Tochter von Großvater Charles, heiratete, wie gesagt, den Sohn der frommen Claudine de Vettre, Nicolaas Mulerius aus Menen. Der war ein wissenschaftlicher Tausendsassa: Arzt, Professor für Mathematik und Physik in Groningen und Fachmann für orientalische Sprachen und Astronomie.

Guillaume und Jean heirateten zwei Schwestern aus Vlissingen, Johanna und Anna Wijmer. So entstanden die beiden Familienzweige. Jean Six und Anna Wijmer stehen am Beginn des »Amsterdamer« Zweigs Six van Hillegom; sie sind die Eltern »unseres« ersten Jan Six. Guillaume wurde der Stammvater des »Haager« Zweigs der Familie, Six van Oterleek. Die Oterleeks lasse ich hier außen vor, obwohl ihre Geschichte ebenfalls die Mühe lohnte, erzählt zu werden. Sie brachten Generation für Generation städtische Ratsherrn hervor, später auch höfische Würdenträger und einen Minister. Ein Urenkel, Gesandter in Sankt Petersburg, sollte sogar einen kurzen Auftritt in Tolstois Roman *Krieg und Frieden* haben, als holländischer Gesandter, der bei einem Fest zugegen ist: ein alter Herr »mit üppigem silbergraugelocktem Haar, umringt von Damen, die er mit irgendwas zum Lachen brachte«.

Ich sehe noch kurz bei Anna vorbei. Aus ihrem vergoldeten Rahmen schaut sie ruhig ins Zimmer, Aug in Aug mit ihrem Sohn Jan, der ihr gegenüberhängt. Das Mittagslicht gleitet über ihr rundes Gesicht, ihren – damals schon altmodischen – Mühlsteinkragen, ihre dunkle, vornehme, fromme Kleidung. Sie – oder besser: ihr Porträt – hat etwas Geheimnisvolles. Ein Hellseher, der einmal hier war, behauptete sehr entschieden: »Diese Frau hatte ein Verhältnis mit dem Maler.« Vondel, so heißt es, schrieb über dieses Gemälde:

> So scheint Anna hier zu leben
> Die Six das Leben hat gegeben
> Ein Arm, der ihre Brüste schützt
> Man sieht, dass sie seine Mutter ist.

Aber: Passen das Bild und der Text überhaupt zueinander? Ihre rechte Hand liegt im Schoß, mit der linken Hand bedeckt sie ganz und gar nicht ihre Brust, sondern sie ruht ungefähr in Höhe der Taille. Und die Familienähnlichkeit – tja.

Lange herrschte Zweifel hinsichtlich der Frage, ob dieses Porträt wirklich von Rembrandt stammt. Darüber sind sich die Experten inzwischen aber einig: Dieses endlose Korrigieren ist typisch für Rembrandt, der oft impulsiv arbeitete, gerne improvisierte und nie zufrieden war.

Dieselben Experten haben im Rahmen des Rembrandt-Research-Projects allerdings auch die Vermutung geäußert, dass unsere Anna Wijmer nicht die echte Anna Wijmer ist. Sie sei viel zu jung, heißt es.

Aber damit darf man dem Hausherrn nicht kommen. »Ich sag dir was: Als ich drei Jahre alt war, saß ich auf dem Arm meines Großvaters, und wir schauten uns die beiden Bilder an. ›Das ist dein Vorfahre Jan I.‹, sagte mein Großvater dann. ›Und das ist seine Mutter.‹ Das wusste er wiederum von seinem Großvater, Jan VI., und der hatte es von seinem Großvater, Jan IV., der im 19. Jahrhundert lebte, und der wusste es wiederum von seinem Großvater, der noch im 18. Jahrhundert gelebt hat, und der hat bestimmt noch ein paar Menschen aus dem 17. Jahrhundert gekannt. Dann ist man ganz nah dran! Es könnte doch durchaus sein, dass diese Überlieferung den Tatsachen entspricht.«

Schauen, ganz genau hinschauen, das ist das Einzige, was man machen kann, um diese Frage zu klären. Anna Wijmer sieht tatsächlich auffallend jung aus, das lässt sich nicht leugnen. Aber die Hände. Und das füllige Kinn. Und in ihrem Nacken die Falten und die grauen Härchen … Schöne Haut – das schon noch …

Anna hütet ihre Geheimnisse.

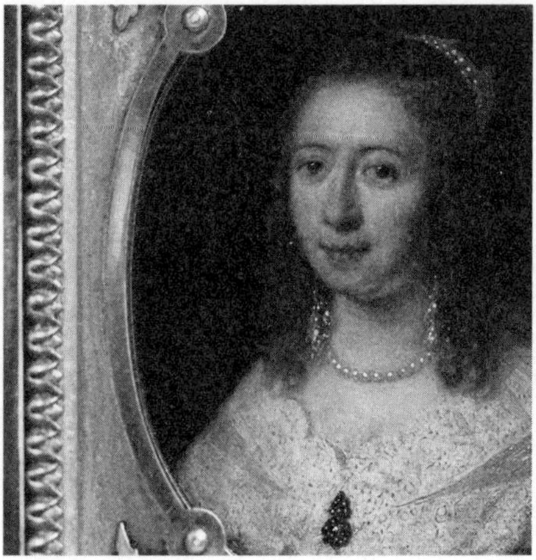

III
»SCHÖNE CHLORIS,
DIE ICH BEMINNE ...«

»Ich wurde zwei Monate und einen Tag nach dem Tod meines Vaters Jean Six geboren«, sollte Jan Six später schreiben, in einer der vielen Tausend Notizen und Bemerkungen, die er hinterließ. Er kam am 14. Januar 1618 zur Welt, Jean war am 13. November 1617 gestorben. Wie es in solchen Fällen üblich war, gab man ihm den Namen seines Vaters. Als Jehanne wurde er in der Waalse Kerk getauft, aber man rief ihn auch Jean oder Joannus, meistens aber nannte man ihn Jan. Er hatte zwei Brüder, Karel und Pieter, und vermutlich auch zwei Schwestern, Marie und Alix, über die wir ansonsten nichts wissen. Als Jan vierzehn war, starb Karel; Jan und Pieter blieben zeit ihres Lebens eng beisammen, obwohl die Brüder einen sehr unterschiedlichen Charakter hatten.

Jahrzehntelang lebte Jan im Umkreis der Zuiderkerk. Ich weiß nicht, wo Mutter Anna Wijmer mit ihren Söhnen kurz nach dem Tod von Vater Jean gewohnt hat, aber fest steht, dass die Familie irgendwann in das Viertel zog, wo alle Färbereien der Stadt lagen, gleich hinter der Oude Cingel, dem heutigen Kloveniersburgwal.

Das abgesonderte Färberviertel war infolge einer der ersten Umweltschutzmaßnahmen der Stadt entstanden: Seit 1593 durften die Färber ihr Gewerbe nur noch auf einem Stück Polder am Rand der Wälle ausüben. Die Straßennamen sprechen für sich: Die Raamgracht ist nach den »Rahmen«, den Gerüsten benannt, auf die die Stoffe zum Trocknen gehängt wurden; die Staalstraat heißt so wegen des Gildehauses, in dem die Vorsteher der Tuchmacherzunft, die

»staalmeester«, die Qualität der Tuche prüften; und natürlich die Verversstraat, die »Färberstraße«.

Der Kloveniersburgwal lag auf der Grenze zu diesem Handwerkerviertel, schlicht und chic zugleich. 1626 kaufte Annas Bruder, Pieter Wijmer, dort das Haus »De Blauwe Arent«, die heutigen Hausnummern 101 und 103, mehr oder weniger um die Ecke. Früher war hier einmal eine Glasbläserei gewesen – auch so ein Betrieb, den man, wegen der Brandgefahr, lieber nicht in der Stadt haben wollte –, und später eine Färberei. Auf einer Karte aus dem Jahr 1625 ist der ganze Komplex aus der Vogelperspektive deutlich zu erkennen: Im Garten sieht man das große Dach der Werkstatt – einst arbeiteten dort rund siebzig Leute –, davor liegt der Innenhof, dann folgt, nicht weniger als drei Treppengiebel breit, das riesige Wohnhaus.

1631 sollte Anna Wijmer sich dort endgültig niederlassen, mit ihrem dreizehnjährigen Sohn Jan. Sie verfügte, laut der Steuerliste, über ein Vermögen von hunderttausend Gulden. Damit man einen Eindruck bekommt: Ein gelernter Arbeiter verdiente damals rund dreihundert Gulden pro Jahr. Ich vermute, dass ein Großteil von Jeans Erbe damals bereits bei ihren Söhnen gelandet war. Doch auch Anna Wijmer gehörte noch immer zur absoluten Oberschicht.

Als ihr Bruder Pieter, ein Junggeselle, 1637 starb, gelangte das gesamte Haus in Annas Besitz. Später kam noch ein zweites Hinterhaus hinzu, das bis auf den Groenburgwal reichte. In diesem Gebäudelabyrinth sollte Jan mehr als die Hälfte seines Lebens verbringen.

Wenn wir uns eine Vorstellung von Jans Jugendjahren machen wollen, müssen wir raus auf die Straße. Es war ein besonderer Teil von Amsterdam, in dem er aufwuchs, die paar Häuserblocks zwischen der Jodenbreestraat und dem Kloveniersburgwal, und dazwischen die Raamgracht und der Groenburgwal. Der Kloveniersburgwal hatte erst vor kurzem als Stadtwall ausgedient, das Gelände vor der Stadt war frisch aufgeschwemmt, und als Jan geboren wurde, war die Zuiderkerk ganz neu.

In seinem Possenspiel *De klucht van de koe* (Der Schwank von der Kuh) lässt der Amsterdamer Volksdichter Gerbrand Bredero zwei Bauern am frühen Morgen an der Amstel entlang in die Stadt gehen, und man vernimmt ihr Erstaunen über das neue Viertel, das sich vor ihnen erhebt:

Wie herrlich zeigt das Land sich ihm, mit all den neuen Häusern.
Das ganze Land, so höre ich, wird gesichert mit Deichen und Schleusen.
Es ist ein Wunder, wirklich wahr, und wie schön man die Zuiderkerk sieht mit dem weißen steinernen Turm, ein wahrlich vortreffliches Werk.
Wie glitzert die Sonne mit leuchtendem Schimmer auf den glasierten Dächern und dem neuen Gemäuer.

Seitdem haben die meisten Häuser in diesem Viertel eine neue Fassade bekommen, den Trends des 17. und 18. Jahrhunderts folgend, und die Dächer wurden oft angehoben, um noch ein oder zwei Stockwerke einzuschieben. Durch die hohen Fassaden wirkt heute alles – Häuser, Straßen, Grachten – noch enger als damals. Aber die Lage der Plätze und Gässchen ist immer noch dieselbe wie vor vierhundert Jahren. Man kann noch immer problemlos Jans damaligen Wegen nachgehen, und dabei wird deutlich, wie es hier in jenen Jahren zuging.

Fußläufig vier Minuten vom Haus der Familie Six entfernt lag die alte Ausfallstraße nach Osten, die Breestraat – ein Teil wurde schon bald in Jodenbreestraat umbenannt, wegen der vielen jüdischen Kaufleute, die dort zusammenkamen und oft großes Wissen und immense Bildung mitbrachten. Dies war auch die Straße, in der sich die ersten Maler aus den südlichen Niederlanden ansiedelten: David Vinckboons, Johannes Torrentius, Jan Tengnagel und noch mindestens zehn weitere. Hendrick van Uylenburgh hatte dort, an der Ecke zur St. Anthonis-Schleuse, sein legendäres Atelier, für Jan fünf Minuten Fußweg. Rembrandt war während seiner ersten Amsterdamer Jahre im Atelier von Pieter Lastman in die Lehre gegangen, gegenüber der Zuiderkerk, drei Minuten. Später zog er bei Uylenburgh ein, heiratete dessen Nichte Saskia und bezog schließlich eine Wohnung mit angeschlossener Gemäldefabrik in der Jodenbreestraat, fünf Minuten entfernt.

Gleich um die Ecke, an der Houtgracht, wuchs zur gleichen Zeit Baruch de Spinoza auf, der große europäische Denker, vier Minuten. Das Ostindische Haus, von wo aus die riesige VOC verwaltet wurde, lag ein Stück weiter am Burgwal, ebenfalls vier Minuten. Dahinter wiederum befand sich der Dam mit dem Rathaus, das geschäftliche und administrative Herz der Stadt, acht Minuten Fußweg.

Und dann war da noch das Haus der Familie Six selbst. Vom alten Glashuys existiert heute nur noch das Haus Kloveniersburgwal 105. Der Rest wurde im 18. Jahrhundert so umgebaut, dass er nicht mehr wiederzuerkennen ist. Damals wurde das Gebäude geteilt, und es entstanden zwei Häuser. Zu Jans Zeit befanden sich in der Mitte eine Haustür und ein zentraler Flur, später wurden dann der rechte Teil, Nummer 103, und der Flur abgerissen und ein neues Gebäude errichtet, das nach der jüngsten Mode gestaltet wurde, durch und durch Barock, mit einem prachtvoll gestalteten Eingangsbereich. Jan hätte daran seine Freude gehabt, vor allem die raffinierte, nach innen gewölbte Haustür hätte ihm gefallen. Später wurde auch der linke Teil durch ein neues Haus ersetzt. Den Hinterhäusern erging es genauso.

Wer das heutige Haus am Kloveniersburgwal 103 betritt, findet im Souterrain noch Spuren des großen Komplexes, in dem Anna Wijmer und Jan einst wohnten: ein paar Balken, ein bisschen Mauerwerk, einen Verbindungsbogen. Auffallend ist die riesige Blendfassade, die am Ende des Gartens errichtet wurde, um die Rückseite des Lagerhauses am Groenburgwal zu verbergen. Das grazile Bauwerk – drei Etagen hoch, mit einem schönen vorgetäuschten Eingang und ordentlichen ebenfalls fingierten Fenstern – ist zu nichts nutze. Es dient einzig dazu, die Aussicht vom Haus in den Garten zu verschönern.

Laut Familienlegende hat Jan Six dieses Blendwerk in Auftrag gegeben, da er den Anblick des groben Lagerhauses nicht ertragen konnte. Zwar passt ein solcher Exzess durchaus zu Jan, doch es gibt eine kleine Unstimmigkeit: Form und Stil sind typisch für das 18. Jahrhundert, und Jan lebte einhundert Jahre vorher. Anderen Quellen zufolge war der Bauherr ein verrückter Bürgermeister aus jenem Jahrhundert. Damit sollten wir es bewenden lassen.

Mitten in diesem Viertel stand – und steht – die Zuiderkerk. Das Gotteshaus wurde aus den gewaltigen Haufen von Steinen errichtet, die nach dem Abbruch der mittelalterlichen Befestigungsanlagen der Stadtmauer übrig geblieben waren. Gleichzeitig war es eine hochmoderne Kirche: die erste, die speziell für den calvinistischen Gottesdienst in Amsterdam gebaut wurde.

Die damaligen Baumeister hatten keinerlei Erfahrung auf diesem Gebiet, und daher ist die Zuiderkerk, was das Äußere angeht, auch eine mehr oder weniger traditionelle Kirche. Die Gilden hatten, wie schon seit alters her, für farbige, heute nicht mehr vorhandene, Bleiglasfenster gesorgt, und in den Wänden gab es, auch das wie gehabt, Nischen für eine ganze Kompanie von Heiligenskulpturen. Die Innengestaltung hingegen war neuartig: Mit den beiden Säulenreihen, den rechteckigen Fenstern anstelle der gotischen Spitzbögen und seiner ruhigen klassischen Ausstrahlung war das Gebäude in den Augen der damaligen Amsterdamer Kirchengänger absolut revolutionär.

Dies galt in noch stärkerem Maße für die Form des Kirchturms. Der Architekt Hendrick de Keyser hatte freie Hand bekommen und machte davon dankbar Gebrauch. Es musste lediglich Platz für ein Glockenspiel bleiben und für eine Uhr mit Zifferblatt. Auch das war bezeichnend: Im neuen Amsterdam war die Zeit zu einem kostbaren Gut geworden.

Ein paar Jahre später entstanden überall in den neuen Vierteln weitere protestantische Kirchen, und deren Form war ab 1619 streng calvinistisch: gewaltige Predigthallen wie die Noorderkerk und die Oosterkerk, um eine Kanzel herumgebaut, die Predigt stand hier auch im Zentrum der Architektur. Die Zuiderkerk und ihr Turm besaßen hingegen eine eigene Schönheit, charakteristisch für eine Stadt, die noch auf der Suche nach jenen Formen war, die zum neuen Jahrhundert und der noch jungen Republik passten.

In dieser Umgebung verbrachte Jan den größten Teil seiner Jugend. Sehr bald schon schickte man ihn auf die Lateinschule des Gelehrten Mattheus Sladus, die sich in den alten Kirchengewölben des ehemaligen Bethanienklosters in der Koestraat befand, nur eine halbe Gracht und eine Brücke von Jans Elternhaus entfernt.

Sladus selbst, ein englischer Emigrant, wohnte im Chor der Kirche, den Raum hatte man irgendwie zu einer Dienstwohnung zurechtgezimmert. Er galt als außerordentlich kluger Querulant. In der Geschichte seiner Glaubensgemeinschaft – den sogenannten Brownisten – wird er als fanatischer Spalter beschrieben, der seine Kollegen an der Lateinschule »auf alles andere als angenehme Weise« behandelte. (Später schlossen sich einige von Sladus' Brownisten den legendären Pilgervätern an, die zu den ersten Engländern gehörten, die in Nordamerika landeten. Aber zu diesem Zeitpunkt hatte Sladus die Glaubensgemeinschaft schon längst im Streit verlassen.)

Latein war im 17. Jahrhundert der Schlüssel zu jeder höheren Ausbildung, es war die allgemeine Umgangssprache an den europäischen Universitäten und innerhalb der europäischen Elite. Die Lateinschulen – Vorläufer des heutigen Gymnasiums – waren, von einigen Ausnahmen einmal abgesehen, ausgesprochene Paukschulen: Auf jede nur erdenkliche Art und Weise wurde den Schülern das Latein eingetrichtert. Untereinander durften sie nur Latein sprechen, klassische Texte mussten in großer Zahl auswendig gelernt werden, vor einem Publikum aus Freunden und Verwandten wurden lateinische Theaterstücke aufgeführt. Die wichtigsten Fächer waren Grammatik, Rhetorik und Dialektik, außerdem wurde noch ein wenig Griechisch gelehrt, ein bisschen Logik, und natürlich gab es auch ein paar Stunden Religion.

Schlecht kann die Ausbildung an der Schule von Sladus nicht gewesen sein: Jan schrieb und sprach zeit seines Lebens fließend Französisch und Latein, und er kannte seine Klassiker sehr gut. Er ging mit seinem Namensvetter Jan Six van Chandelier in eine Klasse, der nicht mit ihm verwandt war. Weil beide ihre Arbeiten mit J. Six unterschrieben, wurde Jan als »der Große« bezeichnet, und den andere Six nannte man »den Kleinen«. Im Hausarchiv liegen ein paar Gedichtzeilen, die Six van Chandelier in fortgeschrittenem Alter niederschrieb und in denen er noch einmal auf jene Jahre zurückblickt:

> Da dachte ich ans jüng're Leben
> An unserer beider Schulbesuch
> Wie wir lernend, unter das
> Latein noch dasselbe schrieben
> Und um uns zu unterscheiden
> Ich der Kleine, ihr Hochwürd'ger
> Six der Große ward genannt.

Zu Recht, fügt der Dichter schmeichlerisch hinzu.

Das Amsterdam, in dem Jan aufwuchs, war schmutzig, betriebsam und finster. Die Grachten dienten als Abwassersystem, in heißen Sommern war es in der Stadt vor Gestank kaum auszuhalten. Nachts wurde es, so wie überall in jener Zeit, stockdunkel, und nur hier und da leuchtete die Flamme einer Öllampe oder die Fackel eines Nachtwächters. Bei Einbruch der Dunkelheit wurden die Häuser wie Festungen verbarrikadiert, die großen Riegel und Schlösser an manchen alten Haustüren sprechen noch heute Bände. Wer dennoch nach draußen musste, ließ sich von einem vierschrötigen Knecht mit einer Laterne begleiten. An nebligen Herbstabenden kamen Spaziergänger nur allzu leicht vom Weg ab. In eine Gracht zu stürzen und zu ertrinken war keine ungewöhnliche Todesursache im alten Amsterdam – ein Schicksal, das sehr viel später auch noch einem Six widerfahren sollte.

Zugleich war die Stadt eine überaus dynamische Gemeinschaft, das Zentrum des historischen Experiments, welches die Republik damals darstellte. Im Amsterdam jener Jahre erscholl lautes Pochen, Hämmern, Rufen, Knarren. Zehntausende von Arbeitern, vor allem deutsche Immigranten, arbeiteten an den zwei neuen Grachten, die parallel zur Herengracht angelegt wurden. Sie schaufelten die Erde weg, zogen die Ufermauern hoch, schafften Sand für den Untergrund der Häuser herbei, zimmerten und bauten Dutzende von Brücken – und dann folgte noch der Bau von Hunderten von Häusern. Ein wahnsinniges Projekt. Geld war im Überfluss vorhanden.

Als Jan acht Jahre alt war, »kauften« die Holländer den Algonkin-Indianern Manhattan ab, für einige Gegenstände im Wert von sechzig Gulden. Zur gleichen Zeit wurde Ostindien »pazifiziert«, indem man die Bevölkerung der Banda-Inseln, die zum wichtigsten Produzenten von Macis und Muskatnüssen geworden war, fast vollkommen ausrottete. In Jans elftem Lebensjahr kaperte Admiral Piet Hein auf Kuba die spanische Silberflotte – und erbeutete mehr als zwölf Millionen Gulden. Mit Hilfe des Geldes eroberte Frederik Hendrik, der neue Statthalter der Vereinigten Niederlande, dem man den Beinamen »der Städtebezwinger« gab, mit mehr als vierundzwanzigtausend Mann Fußvolk und viertausend Reitern 's-Hertogenbosch von den Spaniern zurück. »Hier ist, hier ist des Krieges Ende«, dichtete Vondel, »Frederik Hendrik hat dieses Werk vollbracht.«

Die vornehmen Häuser, die zu Hunderten entlang der neuen Grachten errichtet wurden, spiegelten den Reichtum der Amsterdamer Familien wider, die im Zuge dieser Erfolgsgeschichte nach oben gespült wurden. Die Gebäude wurden meist auf sehr schmalen Grundstücken errichtet, gemäß den festen Regeln und Prinzipien des zurückhaltenden holländischen Klassizismus. Allerdings wurden ausschließlich die teuersten Materialien verbaut – zudem offenbarte sich der wirkliche Reichtum erst hinter den Haustüren. Am Ausgangspunkt des Grachtengürtels entstand zur gleichen Zeit ein neues Handwerker- und Arbeiterviertel, der Jordaan, ebenfalls innerhalb eines Jahrzehnts aus dem Boden gestampft.

Es wird oft behauptet, dieses ganze Projekt sei einem genialen Konzept zu verdanken, einem ersten Beispiel für moderne Stadtplanung im großen Maßstab. Nun war, was den Umfang angeht, der Bau des Grachtengürtels tatsächlich einzigartig: Seit der Römerzeit war in Europa kein so riesiger Stadtteil mehr in einem Zug erbaut worden. Wahrscheinlich ist, dass es einen großen Plan gegeben hat. Und vermutlich haben auch die ästhetischen Normen jener Zeit – denen zufolge die göttliche Ordnung sich in den Abmessungen der Stadt und der Häuser widerspiegeln musste – eine Rolle gespielt, aber beweisen kann man das alles nicht. Der Historiker Jaap Evert Abrahamase, der rund viertausend Dokumente gesichtet hat, die mit dieser Stadterweiterung im Zusammenhang stehen, hat jedenfalls keine Spur von einem Plan gefunden.

Tatsächlich war das Projekt gar nicht so modern. Die halbrunde Form entsprach schlicht den Forderungen der Festungsbauer. Amsterdam befand sich schließlich immer noch im Krieg mit dem spanischen König. Bei der Anlage der Straßen im Jordaan orientierte man sich kurzerhand am Verlauf der ehemaligen Entwässerungsgräben. Auch das System aus Grachten und Wohnhäusern mit Dachböden, die zugleich als Lager dienten, setzte das vorherrschende Muster der alten Stadt fort.

Als einige progressive Regenten dafür plädierten, die Keizersgracht nicht auszuheben, sondern vielmehr, dem neuesten Trend folgend, eine vornehme, mit Bäumen gesäumte Stadtstraße – vergleichbar der Lange Voorhout in Den Haag – anzulegen, fand dieser Vorschlag keine Mehrheit. Es sollte eine ganz normale Gracht entstehen. Das hatte auch praktische Gründe: Die Grachten waren wichtige Verkehrsadern, der Großteil des innerstädtischen Transports wurde über das Wasser abgewickelt. Außerdem brauchte man die Grachten, um bei starkem Regen das viele Wasser aufnehmen und ableiten zu können.

Die oft überraschende Kombination von Neu und Alt war charakteristisch für das Amsterdam, in dem Jan aufwuchs. In der Stadt gab es nur einige wenige alte Kirchen; Paläste und andere imposante

Gebäude aus der Vergangenheit existierten nicht. Innerhalb weniger Jahrzehnte hatte sich die Stadt umfassend erneuert, und fast alles stand im Zeichen des finanziellen Gewinns: die Lagerhäuser, die Häfen, die Börse, die einzigartige städtische Wechselbank, die ersten Zeitungen, die über ferne Kriege und Missernten berichteten, die Stadtregierung, in der Kaufmannschaft und Verwaltung ineinander übergingen, die Effizienz und Verlässlichkeit, mit der all diese Räder ineinandergriffen.

Dies war genau der richtige Nährboden für technische Entwicklungen. In jenem ehemaligen Bethanienkloster, in dem auch Jans Lateinschule untergebracht war, arbeitete später der Maler Jan van der Heyden an seinen technischen Erfindungen – unter anderem an einer deutlich effektiveren Feuerspritze. Auf der Oude Schans legte Jan Swammerdam die Basis für die Insektenkunde und die Biologie. In Delft entwickelte der Tuchhändler und Wissenschaftler Antoni van Leeuwenhoek die Vergrößerungsgläser, die man zum Kontrollieren der Stoffe verwendete – die sogenannten Fadenzähler – zu beispiellos starken Mikroskopen weiter. Mit seinem Spitzenmodell konnte er Objekte bis zu zweihundertsiebzigmal vergrößern. Er war der Erste, der einen Blick auf Bakterien, Spermien und Blutkörperchen sowie auf die Funktionsweise eines Fliegenauges erhaschen konnte.

Währenddessen entwickelte sich die Region entlang der Zaan mit fast zweihundert Windmühlen zum mit Wind und Holz betriebenen Industriegebiet von Amsterdam. Die Amsterdamer und Zaaner Werften bauten am laufenden Band Hochseeschiffe nach einem normierten Entwurf, Hunderte pro Jahr. Dabei handelte es sich vor allem um sogenannte Fleuten, erfindungsreich konstruierte Segelschiffe, die mit einer kleineren Besatzung mehr Ladung transportieren konnten als die traditionellen Schiffe der anderen Handelsnationen. Allein auf den Werften in der Zaangegend arbeiteten Schätzungen zufolge rund zehntausend Menschen.

In dieser Stadt lebte Anna Wijmer wie eine Spinne im Netz. Nach dem Tod ihres Mannes hatte sie die Leitung der Firma übernommen und diese mit fester Hand geführt, zuerst mit ihren Neffen als Teilhaber, später dann mit ihren eigenen Söhnen. Die Jungen sollten, ehe sie das Geschäft weiterführten, eine kulturelle Bildung erhalten, die zu dem damaligen Ideal des *mercator sapiens*, des weisen, gebildeten Kaufmanns, passte. Ihr Mann, Jean, hatte es so gewollt. Am 26. September 1617 – Jean war vermutlich bereits todkrank – machte das Ehepaar ein Testament, in dem auch die Summe für »Kost, Kleidung, Schulbesuch und Leibesübungen« seiner Söhne bestimmt wurde.

Anna schickte Jans Bruder Pieter 1626 zu seinem Onkel und seiner Tante Nicolaas und Chrétienne Mulerius, in deren Haus in Groningen er eine hervorragende Ausbildung genoss. Als Mulerius vier Jahre später starb, ging Pieter auf die Universität von Leiden. Es gibt Hinweise darauf, dass auch Jan für kurze Zeit in Groningen die Schule besucht hat; sicher aber ist, dass am 4. März 1634 ein gewisser Johannes Six Amstelodamensis, zwanzig Jahre alt, in Leiden als Student eingeschrieben wurde. Das kann niemand anderes als Jan gewesen sein, auch wenn der zu diesem Zeitpunkt erst sechzehn war. Er studierte dort Jurisprudenz und die *artes liberales* mit Fächern wie Grammatik, Rhetorik, Dialektik.

Jan war in jener Zeit mehr als nur ein bildungsbeflissener Student. Der auffällige rote Umhang, den er auf nicht weniger als zwei Porträts anhat, ist vielsagend. Alles deutet darauf hin, dass er, wie sein Bruder Pieter und seine Freunde Joan Huydecoper, Pieter Stoop, Arnout Tholincx und Hendrik Hooft, Mitglied einer eleganten Reitergesellschaft war. Bei den reichen und vornehmen Jugendlichen im Amsterdam des 17. Jahrhunderts waren solche Clubs sehr in Mode. Sie trainierten fortwährend, wetteiferten miteinander, um das schönste Pferd und die wertvollste Ausrüstung, und an Festtagen durften sie, prächtig gekleidet, fürstliche Besucher und andere Hoheiten eskortieren. In den Worten des Zeitgenossen Casparus Barlaeus: »Das war keine Schar, die für Sold diente, sondern sie bestand aus den besten und angesehensten jungen Männern, die nicht aus Kriegsgründen oder auf Befehl des Prinzen oder des Magistrats zusammenzukommen pflegten, sondern freiwillig, um den Körper zu üben und den Geist auf ehrliche Weise zu unterhalten.« Er beschreibt ihre Kleidung: Der eine trug Samt, der andere Satin, »jeweils besonders schön und kunstvoll geschneidert. Das Oberkleid war meist ein Wams aus Büffelleder, wie es die Kriegsleute tragen.«

Einen eigenen Pferdestall hatte Jan daheim am Kloveniersburgwal nicht. Wohl aber gab es ganz in der Nähe, an der Oude Schans, eine berühmte »Pikeurschule«, eine Reitschule, wo Jans Freunde – und wahrscheinlich auch er selbst – endlos reiten konnten. Es war ein teures Vergnügen: Ein Reitlehrer verlangte ein Vielfaches dessen, was ein Tanzlehrer für seine Dienste bekam. Jans Bibliothek enthielt mehrere Bücher über die Pferdereitkunst, darunter auch die Reitlehre des Italieners Federigo Griso. Jan muss sich sehr intensiv mit dem Reiten beschäftigt haben.

Aber er tummelte sich auch an anderen Orten der Stadt. In der Amsterdamer Universitätsbibliothek stieß ich auf ein anonymes Pamphlet, das 1640 unter dem Titel *Sankt Nikolaus' milde Gaben für die Amsteler Jugend* zirkulierte. Es stammt, wie wir heute wissen, aus der Feder des Amsterdamer Erzprovokateurs Matthäus Tengnagel. In diesem lustigen Spottgedicht sitzt Sankt Nikolaus auf einem Schornstein, blickt über die Stadt und sinniert wehmütig über all die Intrigen und Skandale des vergangenen Jahres. »Ach, dass ich auf meine alten Tage noch solche traurigen und unguten Dinge erleben muss«, seufzt der Heilige auf seinem Schornstein, um dann kräftig vom Leder zu ziehen.

All die Söhne reicher Leute rauchen »stinkenden Tobak«, schwelgen im »neuen spanischen Trank« – vermutlich Romenij, ein süßer Wein – und tragen Kleider »nach der Mode des Hofes«. Sankt Nikolaus beschreibt anschließend genüsslich, wie die jungen Herren wegen der »lieben Täubchen« durch die Warmoesstraat flanieren und wie sie »eine Jungfrau« mit ihrem Gerede leicht »in Liebe entflammen« lassen. Einen der jungen Kavaliere vergleicht er mit einem schönen, großen Gebäude, immer kalt und dunkel. Ein anderer ist »solch ein heißer Kater«, dass er »miaut in jedem Haus«.

Denn er springt ganz sicher übers Wasser (= Damrak)
Wenn er drüben eine hübsche Mieze weiß

In der Schmähschrift wimmelt es nur so vor Doppeldeutigkeiten, die für die Amsterdamer des Jahres 1640 wahrscheinlich leicht zu entschlüsseln waren, für uns aber fortwährend rätselhaft bleiben. Eigentlich war ich, als ich das brüchig gewordene Blatt noch einmal las, auf der Suche nach einer ganz anderen Person, doch mitten im Text stieß ich zu meiner Überraschung in der Beschreibung eines gewissen »Junkers« auf den Namen Six, der hier in der Schreibweise »Sicx« auftauchte. »Er ist so liebreizend gewandet«, dass »er oft im Dunkeln/ bei einem süßen Schäflein landet«. Six und seine Freunde Bontemantel, van Campen und Hasselaar, die »in diesen Kreisen« aufgewachsen sind, wie es der Dichter auf die ihm eigene subtile Weise ausdrückt, wissen sehr wohl »mit welchem Nass/ man den Becher spülen muss«. Der Autor warnt seinen Six: Er müsse aufpassen, dass seine »Vornehmheit/ in diesen Gegenden nicht untergeht«.

Auf welchen der beiden Brüder diese Zeilen wohl gemünzt sind? Etwas in mir sagt, dass sie sich nicht auf den anständigen, fleißigen Pieter beziehen.

Zur umfassenden Ausbildung von Kindern wohlhabender Eltern gehörte im 17. und 18. Jahrhundert fast unvermeidlich eine sogenannte Grand Tour. Man reiste, meistens nach Italien, um dort die antiken Ruinen und die Höhepunkte der Renaissance mit eigenen Augen sehen zu können und so die eigene kulturelle Bildung zu vervollkommnen, während man zugleich die Geschäftskontakte der Familie im Ausland pflegte. Die schwere und lange, meist zu Pferd absolvierte Reise galt als eine Art Initiationsritus: Wer über die Alpen gezogen war, wer Räubern, Betrügern und anderen Gefahren getrotzt hatte, wer das Licht in Italien gesehen hatte, der kehrte um einzigartige Lebenserfahrungen bereichert zurück. Selbstbewusst und welterfahren konnte ein solcher junger Mann dann die Familiengeschäfte in die Hand nehmen. Das war wahrscheinlich auch Anna Wijmers Absicht, als sie ihren Sohn Jan mit etwa dreiundzwanzig Jahren gen Süden schickte.

Tatsächlich war eine solche Italienreise für viele junge Leute eine so einschneidende Erfahrung, dass sie danach nicht mehr dieselben waren wie zuvor. Der Amsterdamer Kaufmannssohn Pieter Corneliszoon Hooft zum Beispiel, dem sein Vater aufgetragen hatte, während der Reise die Handelskontakte auszubauen, kam als begeisterter Dichter wieder. Er hatte perfekt Italienisch gelernt und sich einen für Holland beispiellosen Flair und eine nie da gewesene Grandezza zugelegt, und er war fest entschlossen, die niederländische Dichtkunst auf das italienische Niveau zu heben.

Es gab auch Burschen, die sich von den »römischen« Verführungen nicht mehr losreißen konnten. Jans ehemaliger Klassenkamerad Six van Chandelier schrieb zur selben Zeit einen gereimten Petzbrief »an einen Vater«:

Die Herren tafeln mittags bei Gesang und Lautenspiel.
Bei Tische fließen der Weine gar viel.
Den frühen Abend vertreibt man sich mit wohlfeilen Frauen,
Oder trinkt in Tavernen, was Bacchus' Jünger anbauen.

Der junge Edelmann Matthijs van der Merwede veröffentlichte nach seiner Rückkehr sogar eine umfangreiche Gedichtsammlung über seine »römischen Liebestriumphe«, eine detaillierte Beschreibung seiner erotischen Abenteuer. Genüsslich berichtet er von einem vollkommen unerfahrenen »zwölfjährigen Ding«, das seinen Blick auf sein »glückliches Bett« hat fallen lassen. Auch heute noch haben diese Verse etwas Skandalöses.

Wir wissen nicht genau, wie Jan seine Grand Tour machte, und schon gar nicht mit wem. In einem der vorderen Zimmer des Familiensitzes hängen in stark vergoldeten Rahmen zwei ovale Porträts. Einst bildeten sie die Innenseiten eines flachen goldenen Medaillons. Auf dem Boden war das Porträt eines Mädchens angebracht, unter dem Deckel ein Männerporträt. Jetzt sind Boden und Deckel getrennt, aber wer genau hinsieht, entdeckt am Rand der Porträts noch immer Spuren desselben Goldes, auf dem sie beide gemalt sind.

Das Männerporträt zeigt ganz offensichtlich Jan selbst. Es ist das früheste Bildnis, das wir von ihm kennen. Er trägt den bekannten roten Umhang, auch hier hat er bereits den müden Blick und ein etwas ältlich wirkendes Gesicht. Das Mädchenporträt hingegen ist viel geheimnisvoller. Statt einer arroganten Dame, wie sie hier im Gang zuhauf auf uns herabblicken, sehen wir ein ungemein liebreizendes Mädchen, mit einem sanften, runden Gesicht und einem offenen, freundlichen Blick. Das Bildnis war, seltsamerweise, jahrhundertelang unter einer dünnen schwarzen Farbschicht versteckt. Erst im Laufe des 19. Jahrhunderts hat man es entdeckt – wie man sich erzählt, wollte jemand aus der Familie das Medaillon reinigen und kratzte deswegen mit einer Feder die hässliche schwarze Farbe ab.

Seitdem heißt das Mädchenporträt *Chloris* – nach einem Liebesgedicht das Jan 1651 veröffentlichte und das sich an eine unbekannte Geliebte richtet, die diesen Schäferinnennamen führt.

> Schöne Chloris, die ich beminne
> Welch Jammer! Lass dir meine Dienste doch wohlgefallen …

Ein anonymes Gedicht, das auch Jan Six zugeschrieben wird, trägt den Titel *Brief an Chloris*, und auch darin geht es um Liebesschmerz:

> Ist dies der Rat, den du Amor zu geben dachtest,
> Indem du mich für meine Lieb' verachtest?

Warum Jan das Mädchen auf dem Bild nicht heiraten konnte, entzieht sich unserer Kenntnis. Von der Straße hat er die junge Dame bestimmt nicht geholt, denn sie trägt einen prächtigen Spitzenkragen und auffallend schönen Schmuck – aber mit weiteren Spekulationen würde ich mich auf sehr dünnes Eis begeben. Vielleicht gab sie Jan schlicht und ergreifend einen Korb.

In der Familie ging man lange davon aus, dass Jan dieses Medaillon samt Porträt während der italienischen Reise bei sich hatte, ein kostbares Souvenir, und dass er sein Porträt erst in Rom dazumalen ließ, und zwar von Gerard ter Borch dem Jüngeren. Auf der Rückseite des Bildes steht: »1640 in Rom gemalt«, aber die Aufschrift wurde erst im 19. Jahrhundert hinzugefügt.

Nun ist Jans Porträt ein wenig anders gemalt als das von Chloris, so dass wirklich zwei verschiedene Künstler am Werk gewesen sein können. Und ter Borch hat zwar auch in Rom gelebt – allerdings war er, als Jan dort ankam, schon wieder abgereist. Außerdem kann das Porträt von Chloris, nach Ansicht von Fachleuten, nicht vor 1645 entstanden sein. Erst dann kamen nämlich diese Art von Spitzenkrägen in Mode. Die ganze Geschichte bleibt rätselhaft.

Über die italienische Reise, die auch für Jan ein einschneidendes Erlebnis gewesen sein musste, sind beinahe keine Dokumente erhalten geblieben. Nicht einmal der genaue Zeitpunkt ist bekannt. 1640 war Jan jedenfalls noch in Amsterdam; im Namen seiner Mutter kaufte er einige Ländereien. Im März 1643 schrieb er einem Professor in Leuven, er sei gerade von einer Reise nach Italien zurückgekehrt. Vermutlich war Jan also vom Sommer 1641 bis Anfang 1643 unterwegs – und diese Zeitspanne passt auch zu der Tatsache, dass er im Zusammenhang mit dem glanzvollen Einzug der englischen Königin Henrietta Maria in Amsterdam am 20. Mai 1642 nirgendwo erwähnt wird, bei dem all seine Freunde und auch sein Bruder Pieter Mitglied der Reitereskorte waren.

Da er ein hervorragender Reiter war, machte Jan die Reise aller Wahrscheinlichkeit nach zu Pferd. In seinen späteren Aufzeichnungen findet sich eine einzige Notiz, die über die Zeit Auskunft gibt: »Monte Latte hat für mich *Psyche* gemalt, er war ein in Deutschland wohnender Italiener.« Gemeint ist vermutlich der florentinische Maler Francesco Montelatici, der tatsächlich in Innsbruck lebte. Ob Jan ihn dort besucht hat?

In einer Vitrine im Haus sind eine Jaspisschale, ein dazugehöriges Etui und ein paar Brocken Achat zu sehen. Es sind die einzigen Gegenstände, die von Jans Grand Tour übrig geblieben sind. Wie zuvor schon Pieter Corneliszoon Hooft kam auch Jan mit neuen Ideen und neuen Idealen wieder. Er hatte in Italien eine Lebenshaltung kennengelernt, die ihn auf seltsame Weise anzog, die Sprezzatura, die hochgebildete Nonchalance des wahren Aristokraten, die Gleichgültigkeit gegenüber allen irdischen Problemen, die kultivierte Distanz eines überlegenen Geistes. Jan war, bis zu einem gewissen Grad, ein anderer Mensch geworden, mit einer deutlichen Vorstellung von dem Mann, der er sein wollte, von dem Aristokraten, der er werden wollte.

Währenddessen blieben die Färberei und der Tuchhandel der Firma Six äußerst lukrativ. Am Ende ihres Lebens betrug das Vermögen von Anna Wijmer zwischen dreihundertfünfzigtausend und vierhundertfünfzigtausend Gulden. Sie legte ihr Geld hauptsächlich in Grundbesitz an. 1612 hatte sich die Familie Six, darunter auch ihr Mann Jean, an dem großen Trockenlegungsprojekt im Polder Beemster beteiligt. 1632 kaufte Anna ein Landgut bei Oudekerk. Danach tätigte sie allerlei Ankäufe am Dünenrand bei Lisse, und 1640 erwarb sie für gut zwanzigtausend Gulden ein großes Stück Land samt dazugehörigem Hof, den sie Sixenburg nannte und als Sommerhaus nutzte. Nach ihrem Tod erbte Pieter dies alles.

Für Jan kaufte sie 1642 ein wenig weiter südlich, jenseits von Hillegom, das Landgut Elsbroek, ein quadratisches klassisches Landhaus, das einst Albrecht von Bayern hatte errichten lassen. Es muss ein großes Haus gewesen sein, in einer späteren Inventarliste ist von sechzehn Zimmern die Rede, inklusive eines Bücherzimmers, einer

Küche, eines Speisesaals und einer ganzen Reihe von Schlafzimmern. In einem anderen Dokument wird das Anwesen als »sehr angenehmer Ort, vor dem ein schöner Wald sich bis zu den Dünen hinstreckt«, beschrieben.

Jan konnte dort ungestört seinen Liebhabereien nachgehen, und in den Ställen war ausreichend Platz für Pferde. Joost van den Vondel dichtete später:

Hier lebt er in seinem Element,
Er, der das Vergnügen kennt
Des Studiums der Kunst und der gelehrten Bücher. (...)
Rundum sein Bett tönt heller Vogelsang.
Vertreibt beim ersten Licht am Morgen,
Alle eitlen und unnützen Sorgen.

Die beiden Söhne, Jan und Pieter, arbeiteten seit 1643 in der Familienfirma mit. Sie hatten mit ihrem Cousin Willem einen Vertrag geschlossen, demzufolge sie die Tuchfärberei gemeinsam betrieben, doch Willem starb sehr bald. Danach gestaltete sich die Arbeit in der Firma offenbar schwieriger. Pieter machte vermutlich als Kaufmann weiter – und verdiente zudem ein Vermögen mit seinen Anteilen an der VOC –, während alles darauf hindeutet, dass Jan bereits nach wenigen Jahren von jeder Art irdischer Schufterei die Nase voll hatte. Er war damals gerade dreißig Jahre alt, und er hatte offensichtlich beschlossen, sich den Rest seines Lebens den schönen Künsten zu widmen.

»Seide färbt man schön rot mit Sa Flores (Saflor oder Färberdistel)«, notierte er. Und: »Die mit hellrotem Farbstoff gekochten und mit Spiritus Nitri (eine Wasser-Salpeter-Mischung) rasch ausgewaschenen Tuche sollen die besten sein.« Weitere Bemerkungen Jans, die sich auf den direkten Broterwerb der Familie Six beziehen, habe ich in seinen ausfernden Notizen nicht gefunden. Kapital war mehr als genug vorhanden. In Anbetracht seiner Anschaffungen und seines Lebensstils muss Jan über enorme Mittel verfügt haben.

In der Liste der zweihundertfünfzig reichsten Leute des Goldenen Jahrhunderts, die übrigens vor allem auf Steuerlisten basiert, steht er auf Platz 169. 1674 wurde er mit einem Vermögen von zweihundertachtzigtausend Gulden veranschlagt, eine Schätzung, die eher niedrig angesetzt ist (eine Summe, die etwa achtzehn Millionen Euro entspricht).

Wie Jan dieses Geld ausgeben konnte, ist eine andere Geschichte. Nahrungsmittel waren sehr viel teurer als heute, ebenso Kleidung und andere materielle Güter. Der Kaufpreis für Elsbroek betrug 36 825 Gulden, rund 2,5 Millionen Euro. Arbeitskraft hingegen war sehr billig. Wer über ein überdurchschnittliches Vermögen verfügte, der konnte sich problemlos mit einer Schar von Dienstboten umgeben. »Wer schaut mit Neid auf mein Vermögen, verschwendet Zeit und platzt vor Neid«, notierte Jan.

Sein Freund und Geistesverwandter, der Libertin und Büchernarr Isaac Vossius, beklagte sich später öffentlich über die Art und Weise, wie Jan bei Buchauktionen die Preise in die Höhe trieb. Ihm sei es zwar durchaus noch gelungen, ein paar schöne Handschriften zu erwerben, schrieb Vossius, aber »sie kamen mich teuer, was ich ausschließlich Six zu verdanken habe, der es noch nie zugelassen hat, dass ich ein Buch, ganz gleich welches, günstig kaufen konnte. So nachteilig war für mich stets seine Freundschaft. Und dennoch sind wir Freunde und werden es immer bleiben.«

Ich habe mich oft gefragt, wie die Familie Six innerhalb von zwei Generationen einen solchen Reichtum anhäufen konnte. Alles deutet darauf hin, dass sie bei ihrer Emigration genug Kapital mitnehmen konnte, um in Amsterdam sogleich ein paar ordentliche Investitionen tätigen zu können. Zudem verfügte die Familie wohl über beträchtliche Ersparnisse. Den größten Teil ihres enormen Vermögens aber haben die Six wahrscheinlich erst in Amsterdam angehäuft. Ein solch rasanter Aufstieg auf der gesellschaftlichen Leiter war nicht so außergewöhnlich, wie es vielleicht scheint. Man muss sich nur einmal einen der späteren Nachbarn der Familie Six am Kloveniersburgwal ansehen, den steinreichen Bürgermeister Louis Trip, der der Enkel eines Schiffers war. Oder Nicolaes Tulp, der als Arzt anfing und am Ende einer der mächtigsten Männer der Stadt war.

Das Amsterdam des Goldenen Jahrhunderts war, genau betrachtet, eine einzige große Geldmaschine. Die Amsterdamer Kaufleute entwickelten ein Bankprodukt nach dem anderen – selbst den Leerverkauf von Aktien, eine der Ursachen der Bankenkrise des Jahres 2008, hatten sie bereits erfunden. Aber es war eine nützliche Maschine, eine Maschine, die Ränge und Stände durchbrach und die auch dem Enkel eines Schiffers aus Dordrecht die Chance bot, steinreich zu werden.

Die Verbindungen zwischen dem Handel und der Stadtregierung waren zunächst eng: Im ersten Viertel des 17. Jahrhunderts waren durchschnittlich drei der vier gewählten Regenten zugleich erfolgreiche Kaufleute. Während im übrigen Europa das politische Leben zum größten Teil noch durch den Adel bestimmt wurde, entstand in den Niederlanden, und vor allem in Amsterdam, eine Gesellschaft, in der die Bürger den Ton angaben und nicht der Adel. Die republikanische Staatsform, die die neue Nation während des Aufstands notgedrungen angenommen hatte – eine kurze Zeit lang suchte man noch einen Fürsten, der bereit war, das Land unter seine Obhut zu nehmen –, nahm allmählich Gestalt an.

Doch so dynamisch und modern das damalige Amsterdam auch gewesen sein mag, es blieb eine junge Stadt aus dem späten Mittelalter. So wie in der Zuiderkerk gab es noch überall Nischen für mittelalterliche Institutionen und Praktiken. Die Regenten, die die Stadt im Eiltempo modernisierten, waren gleichzeitig strenggläubige Männer, für die Hölle und Verdammnis buchstäblich um die Ecke lagen. Die Schicht der »Modernität« war häufig nur sehr dünn.

So stellten die traditionellen Schützengilden weiterhin den Kern der städtischen Verteidigung, auch wenn sie mehr und mehr eine rituelle Funktion annahmen. Die Gilden arbeiteten noch lange wie bisher weiter, aber sie wurden sehr viel größer und stritten sich häufiger und heftiger als zuvor. Dies galt auch für die Armen- und Waisenhäuser, die jetzt in einer Stadt ihre Aufgaben erfüllen mussten, die um ein Vielfaches größer war als das mittelalterliche Amsterdam. Ihre Kapazitäten waren, in den Augen von Ausländern, spektakulär: Das Aalmoezeniers-Waisenhaus zum Beispiel beherbergte manchmal mehr als achthundert Waisen auf Kosten der Stadt. Dennoch wurde es weiterhin wie im Mittelalter verwaltet.

Das galt in extremem Maße auch für die VOC und die Westindische Compagnie. Beide waren, rein betriebswirtschaftlich und unabhängig von moralischen Überlegungen betrachtet, außerordentlich effektive und innovative Unternehmen. Aber sie wurden, wenn es darauf ankam, wie ein mittelalterlicher Polderhaushalt geführt. Alle Macht lag letztendlich in den Händen der Vertreter von Amsterdam, Zeeland und einigen anderen kleineren Städten, Kollektive, die nur mit vielen Kompromissen, mit Hinterzimmerpolitik und Überredung Entscheidungen treffen konnten.

Auf dieselbe Weise wurde die Republik regiert: durch ein endloses Palavern der sieben Provinzen untereinander, der Provinzen mit dem Statthalter und der Städte mit der alten Ritterschaft. Und in dieser zähen Gemengelage betrieb eine so halsstarrige Großmacht wie Amsterdam zudem noch seine eigene Politik. Ein klar erkennbares Staatsoberhaupt, eine klar erkennbare Regierung gab es nicht. Eine eigentlich unmögliche Konstruktion, und dennoch war die Republik fast das ganze 17. Jahrhundert hindurch, auch dank einiger außergewöhnlicher Menschen, eine wirtschaftliche Großmacht und, vor allem auf See, ein gefürchteter militärischer Widersacher.

Im Rückblick kann man vielleicht sagen: Dieser Erfolg stellte sich nicht trotz dieser lockeren und chaotischen Staatsstruktur ein, sondern gerade wegen ihr. Just durch diese einmalige Kombination aus Mittelalter und Modernität, aus kleinteiligen Strukturen und Denken im großen Maßstab konnte die Republik im 17. Jahrhundert so groß und bedeutend werden. Die Republik war im Kern eine typische Vertrauensgesellschaft. Besser gesagt: Sie war die Summe von Dutzenden von lokalen Vertrauensgesellschaften, deren Basis eben jenes selbstverständliche Vertrauen war, das zu diesen Städten,

Städtchen und Provinzen gehörte. Das Vertrauen war so stark, dass die Bürger es wagten, allerlei gemeinsame Investitionen zu tätigen, etwas, das im übrigen Europa undenkbar war. Mit Geschick und Wagemut gelang es der kleinen Republik so, dieses riesige Handelsnetzwerk – inklusive einer gemeinsamen Verteidigung und einer gemeinsamen Außenpolitik – aufrechtzuerhalten. Mindestens ein Jahrhundert lang. Und dies war exakt das Jahrhundert von Jan Six.

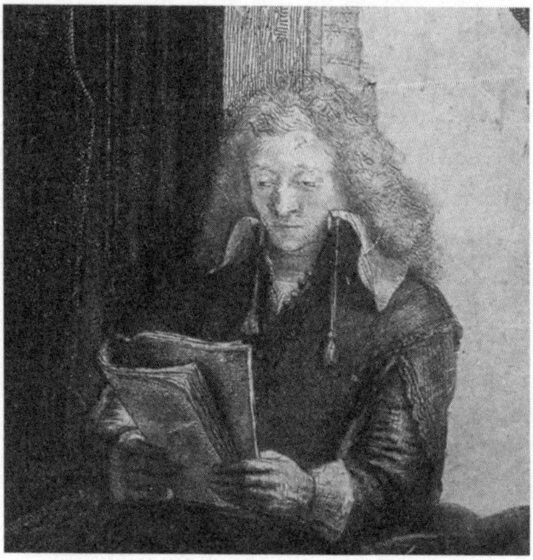

IV
»DAS SCHICKSAL WIRBELT WIE EIN KREISEL ...«

Es hatte immer schon Krieg geherrscht, bis zu seinem dreißigsten Lebensjahr, Jan kannte es nicht anders. Der Kampf der Republik gegen Spanien, aber auch der Kampf dieser eigensinnigen Bürgergesellschaft um Anerkennung und einen Platz in Europa, spielte bei jeder politischen Entscheidung eine Rolle. Sogar die Form des Amsterdamer Grachtengürtels wurde durch den Krieg bestimmt: Letztendlich musste die Stadt einer spanischen Belagerung widerstehen können. Mit der konkreten Brutalität des Kampfes, mit dem Schießen, Töten und Vernichten wurde seine Generation aber nicht mehr konfrontiert. Die eigentlichen Kampfhandlungen während Jans Jugendzeit fanden auf See und an den Außengrenzen des Landes statt.

Die Amsterdamer wurden durch sie kaum noch belästigt; mehr noch, sie verdienten ordentlich am Krieg. Die würgende Blockade ihres Konkurrenten Antwerpen konnte ihnen nicht lange genug andauern. Den riesigen Stadtpalast, den Louis und Hendrick Trip von 1660 bis 1664 in der Nähe des Hauses der Familie Six errichten ließen, krönten zwei gewaltige Schornsteine in Form von Kanonen. Tatsächlich hatten die Brüder mit deren Herstellung ihr Vermögen gemacht. Und sie lieferten ihre Waffen stets ebenso zügig und mit derselben frommen Gemütsruhe an die Spanier wie an die eigenen Leute.

Plötzlich war nun all das vorüber. »Die beiden Parteien werden gutes Einvernehmen und Freundschaft pflegen und gemeinsam Handel treiben, zu Wasser und zu Lande«, hieß es im Friedensvertrag, den die Delegationen Spaniens und der Republik am 30. Januar 1648 vereinbarten – zusammen mit vielen weiteren Bestimmungen, es war ein höllisch kompliziertes Gebilde. Bis der Vertrag am 5. Juni 1648 öffentlich verkündet werden konnte, sollte ein weiteres halbes Jahr voller Konflikte und mühsamer Kompromisse zwischen Städten und Provinzen vergehen. Wenige Tage darauf fanden überall im Land feierliche Dankesfeste statt. In den meisten Städten wurde »mit Schießen, Feuern und Entzünden von Pechtonnen ausgelassen gefeiert«. Schützengilden ließen sich in heldenhaften Posen porträtieren, an bunten und reich gedeckten Tischen sitzend, Freudenfeuer im Hintergrund. Nur in Zeeland blieb es totenstill; die Zeeländer hatten sich geweigert, den Vertrag zu unterschreiben, und befinden sich, soweit ich weiß, noch heute mit Spanien im Krieg.

Der Frieden von Münster war solche Freudenfeste allemal wert. Die Vereinbarung bedeutete, nach achtzig Jahren des Kampfes, die formale Anerkennung der Republik durch Spanien, Frankreich, Schweden und andere Großmächte. Aber so essentiell dieser Friedensvertrag mit Spanien für die Niederlande auch sein mochte, er war nur ein kleiner Teil eines sehr viel umfangreicheren Vertragswerks, dem Westfälischen Frieden. Dieser beendete den Dreißigjährige Krieg zwischen den deutschen Fürsten des Heiligen Römischen Reichs, in dem schätzungsweise ein Drittel der deutschen Bevölkerung ums Leben gekommen war.

Der Westfälische Friede war das Produkt einer bis dahin beispiellosen diplomatischen Akrobatik. Fast alle europäischen Mächte waren involviert. Allein das Heilige Römische Reich war durch einhundertachtundsiebzig Vertreter repräsentiert, die aus allen möglichen Staaten, Städten, Fürstentümern, Bistümern und sonstigen staatsähnlichen Gebilden entsandt worden waren. Dennoch war das letztendliche Ergebnis der Verhandlungen außergewöhnlich einfach, und diese Klarheit sorgte dafür, dass die in Münster und Osnabrück geschaffene europäische Ordnung sich als sehr langlebig erwies.

Der Kern des neuen internationalen Systems war der *Staat*, ein Territorium mit deutlich umrissenen Grenzen. Was innerhalb dieses Staates geschah, war Sache des jeweiligen Machthabers – ob König, Kaiser, städtische Regenten, Bischof oder wer auch immer, das spielte zunächst keine Rolle und ging niemanden außerhalb etwas an. Man kann sagen, dass in Westfalen das Prinzip der »Souveränität« definiert wurde. Und auch was die Religion betraf, entschieden die jeweiligen Machthaber, welche Konfessionen sie erlauben wollten. Das Jahrhundert der chaotischen Glaubenskriege, das Charles Six und die Seinen zur Flucht gezwungen hatte, war endlich vorüber.

Grund genug also, ausgiebig zu feiern, vor allem in Amsterdam. Jan Six stand in der Blüte seiner Jahre, und zweifellos beteiligte er sich eifrig an den Festlichkeiten. Schließlich waren seine Freunde Jan Vos und Gerard Brandt, zusammen mit dem betagten Samuel Coster, die Schöpfer der gewaltigen Tableaux vivants, die auf dem Dam aufgeführt wurden – und später im Theater nochmal zu sehen waren. Sein alter Freund Joost van den Vondel hatte anlässlich der Vertragsunterzeichnung ein Theaterstück mit dem Titel *Leeuwendalers* geschrieben, ein Loblied auf den Frieden und auf einen erneuten Zusammenschluss der nördlichen und südlichen Niederlande. Zudem hatten Vondel und Vos intensiv an der Ikonographie mitgearbeitet, die sozusagen den »Überbau« des prachtvollen Rathaus bildete, das inzwischen, unter der Leitung des eigensinnigen Malers und Baumeisters Jacob van Campen, auf dem Dam errichtet wurde. Sie alle waren Freunde von Jan.

Jan sammelte. Jan sammelte Bücher, er sammelte Kunst und Raritäten, er sammelte Gemälde. Er sammelte Menschen.

Sammeln war die große Mode in den Kreisen der Elite jener Jahre. Zunächst erfasste sie die Herrscherhäuser und den Adel, doch sehr bald griff die Begeisterung auch auf die vermögenden Bürger von Städten wie Amsterdam über. Man sammelte Bücher und Gemälde, man sammelte kostbaren Zierat.

In der großen Glasvitrine im Hause Six steht zum Beispiel ein »Hansel im Keller«, eine aus dem Jahr 1624 datierende, schmuckvoll gearbeitete silberne Trinkschale, aus der, wenn man Wein hineingoss, eine kleine Figur auftauchte. Damit tat der Hausherr kund, dass seine Gattin schwanger war. Daneben ein kleines grellgrünes

Kästchen, worin sich die traditionellen Goldstücke befanden, mit denen ein Jüngling sich die Gunst seiner zukünftigen Braut erkaufte. Und hier das mit Samt überzogene Pulverhorn eines gewissen Dirk van der Sluys aus dem Jahr 1648. Zu sehen ist auch ein Tintenfass mit Petschaft im Deckel, das wahrscheinlich einer verheirateten Frau gehörte, weil das Familienwappen oval ist. Außerdem Hochzeitsmünzen, die an die Festgäste verteilt wurden:

> Die Treu gedeiht
> Wenn Mann und Weib
> Die Pflicht erfüllen
> Nach Gottes Willen.

Und dann sind da noch Ringe mit glitzernden Steinen, unter denen sich, wenn man sie hochklappt, kleine Behältnisse verbergen. Giftringe, auch damit ist die Familie reichlich ausgestattet.

In jedem großen Grachtenhaus gab es damals einen Schrank mit sogenannten Raritäten. Amsterdam war ein Eldorado für Sammler. Täglich legten Schiffe aus allen mehr oder weniger bekannten Winkeln der Erde an, und die Seeleute versuchten, sich durch den Handel mit exotischen Objekten und Präparaten der verschiedensten Tierarten etwas dazuzuverdienen.

Im Jahr 1711 suchte ein deutscher Besucher fast sechs Wochen lang Tag für Tag die Raritätenkabinette der Stadt auf, und selbst dann hatte er noch nicht alle Sammlungen gesehen, die Objekte umfassten, die selten, allgemein begehrt und irrsinnig teuer waren. Es waren Dinge, die neues Wissen über Gottes Schöpfung ermöglichen sollten – das war jedenfalls der Gedanke dahinter –, und die so den Beginn der wissenschaftlichen Forschung markieren. Tatsächlich aber ging es bei dieser Sammelwut hauptsächlich um Prestige und um kaum etwas anderes.

Auch Rembrandt gehörte zu den »Sammelwütigen«. Er besaß eine spezielle Kunstkammer, in der – wie aus einer Inventarliste hervorgeht – eine wunderliche Kollektion von Raritäten und Kuriosa ausgestellt wurde: Skulpturen von römischen Kaisern und Philosophen, zwei Globen, schwere Alben mit Drucken und Zeichnungen, venezianische Gläser, ausgestopfte Tiere, Korallenstücke, die Reste eines Paradiesvogels, »ein Löwe und ein Löwinnenfell«, zudem »eine große Menge an Hörnern, Wasserpflanzen, Abgüsse vom lebenden Objekt und viele andere Raritäten«.

Die Familie Six bewahrte ebenfalls viel auf. In der großen Vitrine liegt zum Beispiel ein kunstvolles Porträt aus gepresstem Fischbein. Nicht weit entfernt steht ein kleines, ausgestopftes Krokodil. Das Tier wurde während der langen Reise nach Amsterdam so präpariert, dass es fauchend auf den Hinterbeinen zu stehen scheint, wie ein wahrhaftes Drachenkind. »Und, mein Herr«, hört man den geschäftstüchtigen Matrosen sagen, »Sie hätten mal die Eltern sehen sollen, die spuckten tatsächlich Feuer!«

Allein in Amsterdam gab es zwischen 1600 und 1740 fast einhundert Privatkollektionen. Der bereits erwähnte Jan Swammerdam hatte in seinem Haus an der Oude Schans eine Sammlung aus dreitausend verschiedenen Insekten aufgebaut. An der Egelantiersgracht wohnte einer der bedeutendsten europäischen Büchersammler, der geheimnisvolle Bibliomane Suffridus Sixtinus, der, wie man sich erzählte, eine märchenhafte Sammlung antiker Handschriften besaß. Der Kaufmann Herman Becker hatte die Wände seines Hauses an der Keizersgracht mit nicht weniger als zweihunderteinunddreißig Gemälden behängt, in erster Linie niederländische Meister. An der Herengracht füllte Joseph Deutz ein ganzes Lagerhaus mit Gemälden – er war vor allem auf Italiener spezialisiert.

Doch auch einfache Handwerker liebten es, eine Landschaft oder eine biblische Szene an der Wand zu haben. Tagebücher ausländischer Besucher berichten von großen Märkten, auf denen jeder Stand mindestens einhundert Gemälde im Angebot hatte. Maler wie Rembrandt und Jacob van Ruisdael leiteten regelrechte »Gemäldefabriken«; Ruisdael produzierte sogar so viele Kopien einer Stadtansicht von Haarlem, dass es dafür eine eigene Gattungsbezeichnung gab, das »Haarlempje«. Was wir heute noch in Museen und Privatsammlungen finden, bildet nicht mehr als die Spitze eines gewaltigen Bergs von Gemälden, die einst in den und außerhalb der Grachtenhäuser ihren Platz hatten und heute fast vollständig vom Erdboden verschwunden sind.

Auch Bücher waren beliebt bei den Bürgern der Republik. Der bekannte Amsterdamer Buchhändler Jean Blaeu hielt 1659, wie aus seinem Lagerverzeichnis hervorgeht, mindestens zwölftausend Titel vorrätig. Doch die Art und Weise, wie man Bücher las und benutzte, war eine völlig andere als heute. Bücher waren teuer, sie wurden sehr genau studiert, und sie verschafften dem Besitzer Prestige. Bücher dienten wortwörtlich als Quelle, aus der nahezu endlos Wissenswertes entnommen und Zitate geschöpft werden konnten. Klassische Werke und »Historien« wurden für allerlei konkrete Zwecke geplündert, ganz gleich, ob es sich dabei um berühmte Reden, militärische Strategien oder die Architektur von »idealen« Städten oder Gebäuden handelte.

Das galt auch für Gedichte und Lieder: Sie dienten vor allem praktischen Zwecken. Die selbstverfassten Lieder oder Gedichte sollten Glanz auf den Autor oder den Empfänger werfen, sie sollten Freundschaften erhalten. Viele Bürger verfeinerten ihre Schreibtechnik in speziellen Kunstvereinigungen, sogenannten Rhetorikkammern. Es war durchaus normal, dass Prominente des 17. Jahrhunderts wie Johan de Witt, Peter Stuyvesant, Pieter Corneliszoon Hooft und der Ratspensionär Jacob Cats Verse schrieben – die beiden letzteren sogar mit großem Erfolg. Constantijn Huygens war in dieser Hinsicht ein besonderer Fall: Er war nicht nur ein vortrefflicher Dichter – der innerhalb von drei Tagen einen der gröbsten Schwänke des 17. Jahrhunderts, *Trijntje Cornelis*, verfasste –, sondern er komponierte auch rund achthundert Stücke, von denen nur eine Handvoll erhalten geblieben sind. Zudem experimentierte er mit Linsen und Mikroskopen. Huygens war mit Descartes befreundet und diente zwei Prinzen als Sekretär.

Auch Jan Six dichtete. Die Veranlagung dazu hatte er von seinem Vater Jean geerbt. Im Hausarchiv liegt ein Notizbuch, das Jean gehörte und noch aus Saint-Omer stammt. Darin finden sich einige selbstverfasste Verse. Auch sein Freund François Touret steuerte Texte bei. Er lobt Jean für seine Kennerschaft, Kultiviertheit und Belesenheit, die später auch seinem Sohn Jan zu eigen sein sollte:

> Mon chèr Jean Six, vous ester adonné
> A comtempler tousjours quelque écriture;
> Or Dieu vous a aussy l'esprit donné
> Pour discerner le sens de la figure.

> (Mein lieber Jean Six, der Ihr Euch immer wieder
> dem Studium gewisser Schriften widmet;
> Gott hat Euch auch den Geist gegeben,
> die Bedeutung der Form zu erkennen.)

Jan ging jedoch noch einen Schritt weiter: Er schrieb nicht nur für Freunde und Geliebte eine Reihe von Gedichten – manchmal sogar auf Latein –, sondern schuf einige größere Dichtungen: *Muiderberg* – eine Ode auf ein neues Landgut – sowie ein gereimtes Theaterstück mit dem Titel *Medea*, das 1647 einige Aufführungen im Stadttheater erlebte. Später versuchte er sich noch einmal an einem Theaterstück, mit mäßigem Erfolg.

Mit Jan Vos und anderen stellte Jan einen Gedichtband zusammen, *Verscheydene Nederduytsche gedichten*, in den anonym sechs Gedichte aus seiner Feder aufgenommen wurden. Zudem stellte er, wie wir aus seinen Aufzeichnungen wissen, rund zweihundert sogenannte Chronogramme zusammen, »Zeitverse«, kunstvolle lateinische Gedichte, in denen eine Jahreszahl versteckt ist. So schrieb er für das Haus an der Herengracht, das er später beziehen sollte: »saLVs paX hVIC DoMVI« (Heil und Friede diesem Haus), darin versteckt, wenn man die darin enthaltenen römischen Ziffern addiert, das Baujahr des Hauses, 1677.

Merkwürdigerweise finden sich auch Chronogramme, die auf sehr viel spätere Zeiten verweisen, zum Beispiel auf 1707 (Jan war da schon sieben Jahre tot): »oMnIa orta oCCIDVnt« (Alles, was aufgeht, geht unter), die Aufschrift auf dem Haus, das einer seiner Söhne später bauen sollte. Vermutlich haben sich andere im Nachhinein an den Notizen und Chronogrammen von Jan zu schaffen gemacht und sich darin verewigt. Und für die, die an Hellseherei glauben, findet sich in Jans Unterlagen ganz unvermittelt folgender Zeitvers: »VICtI fLent ast VICtoreM VICtorIa perDIt« (Die Besiegten weinen, aber der Sieg bringt den Siegern Verderben), die darin enthaltene Jahreszahl lautet 1871, das Jahr der deutschen Reichsgründung nach dem Sieg über die Franzosen.

Jans Büchersammlung war recht groß und umfasste beinahe zweitausend Titel, viermal mehr als ein durchschnittlicher Akademiker damals besaß. Dennoch war es die Qualität, die zählte. Auch hier spielte Status eine große Rolle. Der wahrhafte *mercator sapiens* besuchte gern andere Gelehrte und Aristokraten, inspizierte und kommentierte Bibliotheken, und der Besitz einer mittelalterlichen Handschrift – oder besser noch: eines klassischen Textes in einer mittelalterlichen Handschrift – galt als höchst beneidenswert. Das war Jan bewusst, und 1650 vollbrachte er ein Husarenstück: Auf einer Auktion erwarb er den größten Teil der Bibliothek des geheimnisvollen Suffridus Sixtinus. Der kleinen Welt der Bibliophilen verschlug es die Sprache.

Sixtinus war ein Büchernarr und zugleich ein unglaublicher Trickser. Durch List und Betrug hatte er während des Dreißigjährigen Krieges einen Großteil der Raritätensammlung des Antwerpener Gelehrten Janus Gruterus in seinen Besitz gebracht, Raubgut, das eigentlich der Vatikanischen Bibliothek übergeben werden sollte. Anschließend hatte er sich mit dieser Sammlung an der Egelantiersgracht verschanzt und sich dort zu Tode gesoffen.

Die Versteigerung seiner »unsichtbaren Sammlung« im Mai 1650 war daher im Kreise der Bibliophilen ein großes Ereignis. Alle Augen richteten sich dabei auf die kostbaren Stücke aus der Sammlung von Gruterus. Besonders neugierig war man auf den sogenannten *Caesar Codex*, eine einzigartige Handschrift des *De bello gallico* von Julius Cäsar, die im 9. oder 10. Jahrhundert von Mönchen des berühmten Klosters Fleury an der Loire angefertigt worden war. Sie hatte Kriege und Plünderungen überstanden, war an Gruterus verliehen und von diesem nicht wieder zurückgegeben worden. Schließlich war sie bei Sixtinus gelandet. Das Manuskript bestand aus nicht viel mehr als einem Bündel loser Pergamentblätter mit großen Löchern, doch es war – und ist – die textgetreueste Version dieses Klassikers, die es gibt.

Jan war ein Neuling in dieser Welt und schlug auf spektakuläre Weise zu. Mit seinem wohlgefüllten Geldbeutel fegte er jedes andere Gebot hinweg – nicht zuletzt daher rührt Isaac Vossius' Klage, er habe dank Jan niemals ein Buch günstig kaufen können. Gemeinsam mit anderen Raritäten gelangte so auch das Kronjuwel in seine Hände, der heißbegehrte *Caesar Codex*. Vossius und andere Bibliophile hatten das Nachsehen. Es blieb ihnen nur ein Trost: Jan war, im Gegensatz zu Sixtinus, großzügig. Jeder durfte vorbeikommen und sich die Bücher ansehen; er verlieh sogar Handschriften, und so konnte der Sammler Nicolaas Heinsius ein Jahr nach der Auktion begeistert über die prächtigen Handschriften schreiben, die er bei dem »in jeder Hinsicht vortrefflichen Jüngling Jan Six« gesehen hatte.

Viele Jahre später, nach Jans Tod, wurde die Sammlung vollständig inventarisiert. Das Verzeichnis sagt viel über seinen Geschmack und seine Herangehensweise aus. Ein Teil seiner Bibliothek bestand, wie nicht anders zu erwarten war, aus der ehemaligen Sammlung von Gruterus. Daneben sind nicht wenige Werke über die niederländische und niederdeutsche Geschichte aufgelistet. Dazu eine Reihe mittelalterlicher Handschriften. Jan hatte sich ganz offensichtlich von der traditionellen Vorstellung einer universellen Bibliothek, in der alle Forschungs- und Denkrichtungen gleichmäßig vertreten sind, verabschiedet.

Nur ein Viertel seiner Sammlung beschäftigte sich mit Theologie, Rechtswissenschaft oder Medizin. Wohl aber hatte er eine große Anzahl philosophischer Werke in allerlei Sprachen zusammengetragen, Spanisch, Portugiesisch, Französisch, Italienisch, Latein und natürlich Niederländisch. Außerdem standen in seinen Bücherschränken rund sechzig Bände mit Abbildungen, Bücher mit Zeichnungen von Raffael, Michelangelo und Leonardo da Vinci, wahrscheinlich aus Italien mitgebracht. Auch gab es eine umfangreiche Abteilung chinesischer Drucke und Zeichnungen, darunter Hunderte von gezeichneten Fischen. Jan Six las auffallend viel schöne Literatur, Werke spanischer, italienischer und klassischer Autoren und auch diejenigen seiner niederländischen Freunde und Zeitgenossen.

Jan wusste, was er wollte, und ließ sich ganz offensichtlich von seinen eigenen Vorlieben leiten, und die galten der Belletristik. Auch die Frage, wie es sich als Edelmann zu leben gebührte, trieb ihn um. In seinem Besitz finden sich nicht weniger als drei Exemplare des berühmten Verhaltenskodex *Il libor del cortegiano* des italienischen Edelmanns Baldassare Castiglione. Dieses Handbuch war jahrhundertelang der Leitfaden für den französischen *honnête homme* und den englischen *gentleman*. Ein solcher musste sich vor allem in der Literatur und in den schönen Künsten auskennen. Sprezzatura, die abgehobene, distanzierte Lebenshaltung, stand im Mittelpunkt. Sie war das zentrale Thema in Jans Leben – jedenfalls in dessen erster Hälfte. Er selbst ließ später eine niederländische Übersetzung des Werks von Castiglione anfertigen: *De volmaekte hovelinck*.

Der »vollkommene Hofmann« musste, laut Castiglione, ein Sammler sein, und dem wollte Jan entsprechen. Seine Sammlung genoss Renommee. Der Chronist der damaligen Kunstszene, Arnold Houbraken, schrieb über den damals modischen Maler Govert Flinck, dass dieser, wenn er am Sonntag »den Kirchenbesuch absolviert hatte«, den Rest des Tages damit verbrachte, »Künstler und Kunstliebende« zu besuchen, und zwar vor allem Jan und Pieter Six, »die inzwischen viele vortreffliche italienische Gemälde und auch hervorragende Kunst auf Papier besaßen«.

Jan hat wahrscheinlich in Italien, während seiner Grand Tour, angefangen zu sammeln. Sein Haus muss wie ein vollgestopftes Museum ausgesehen haben, zumindest entsteht dieser Eindruck, wenn man den Auktionskatalog durchblättert, der anlässlich der Versteigerung seiner Kunstsammlung am 6. April 1702 zusammengestellt wurde. Es kamen nicht weniger als fünfundzwanzig Skulpturen unter den Hammer, dazu rund neunzig Kuriositäten und einhundertfünfzig Gemälde. Ein großer Teil seiner Sammlung tauchte hier gar nicht erst auf, er stand nicht zum Verkauf. In den Zimmern und Fluren hingen mindestens fünf Rembrandts (*Anna Wijmer, Saskia, Johannes der Täufer bei der Predigt, Abraham mit den Engeln* und ein Porträt von Jan selbst), ein Anthonis van Dyck (*Die sieben Todsünden*), ein Holbein, ein Bruegel der Ältere (*Bauerntanz*), ein Torrentius, vier Jan van Scorels, ein Frans Hals, ein Ferdinand Bol, ein Rubens, vier Tintorettos und vier Tizians.

Jan folgte hier den Klassikern: Porträts und andere Gemälde dienten als Vorbild und Warnung. Und allem haftete eine Doppeldeutigkeit an. Wer durch Jans Haus ging, sah überall Fenster zur Welt, zur Innen- und zur Außenwelt, Fenster auf das Irdische und das Heilige, auf das bereits Sichtbare und auf alles, was noch sichtbar gemacht werden musste.

Jan Six entwickelte sich rasch zu einem Kunstliebhaber mit Autorität. Er bestellte Bilder bei Rembrandt, Govert Flinck, Jurriaen Ovens, Wallerant Vaillant, Artus Quellinus und Adriaen Corneliszoon Beeldemaker. Bei den Festen der St. Lukasgilde, der Gilde der Kunstmaler, wurde er gefeiert. Vondel dichtete auf sein Porträt:

> So malt man Six, in der Blüte seiner Jugend
> Verliebt in Kunst und Wissenschaft und Tugend
> Die heller strahlt, als jede Feder kann beschreiben.
> Die Farbe verblasst; die Tugend wird ewig bleiben.

Oft wurde behauptet, Jan Six müsse, mit all seinen Verdiensten, auch Mitglied des sogenannten Muiderkring gewesen sein, jener legendären Gesellschaft von Dichtern, Schriftstellern, Komponisten und Wissenschaftlern. Gastgeber war der Dichter Pieter Corneliszoon Hooft, und von 1615 bis 1647 traf sich die lose organisierte Gruppe während der Sommermonate regelmäßig in dessen »Huys te Muyden« (Haus in Muiden), einem Schloss in Muiden, wo Hooft Schlossvogt war. Es waren lauter wohlklingende Namen, die sich dort versammelten: der *mercator sapiens* Roemer Visscher mit seinen talentierten Töchtern Maria Tesselschade und Anna Roemer, Constantijn Huygens, der Jurist Hugo de Groot, der Gelehrte Casparus Barlaeus, Joost van den Vondel, der Komponist Jan Sweelinck, der Stadtdichter und Theatermensch Jan Vos und andere.

Vor allem im 19. Jahrhundert wurde viel über diesen Kreis geschrieben, und bis weit ins 20. Jahrhundert hinein hingen in vielen niederländischen Schulen sogar großformatige Bilder, auf denen ein Treffen dieser großen Geister farbig dargestellt war. Der Muiderkring hinterließ einen tiefen Eindruck: Wer würde dort nicht dazugehören wollen!

Jan aber war niemals Mitglied dieser illustren Gesellschaft. Sein Name taucht in der Literatur über den Muiderkring nirgendwo auf, und umgekehrt finden wir auch in seinem eigenen Freundschaftsbuch nur zwei der Gruppenmitglieder verewigt: Vondel und Vos.

Und es gibt noch einen weiteren Grund: Den Muiderkring, jedenfalls die organisierte Gesellschaft, die wir von den Schulbildern kennen, hat es in Wirklichkeit nie gegeben. Gewiss, Hooft war einflussreich und gastfreundlich, es herrschte ein Kommen und Gehen von interessanten Gästen auf dem Muiderschloss, wo man endlos über Wissenschaft und Literatur diskutierte, musizierte und lustwandelte und ausgiebig tafelte. »Die Freunde waren eingeladen, die spielenden Gesellen bestellt, um während des Speisens meine Schwänke aufzuführen«, schrieb beispielsweise Constantijn Huygens am 20. September 1630. »Mr. Dick, hervorragender Organist und Sohn von Mr. Jan Sweelinck, kam etwa zwei Stunden zu spät, um das Klavizimbel zu spielen. Lauter eitles Getue, werden Hochwohlgeboren sagen, aber was noch …«

Der Rest des romantischen Mythos wurde von modernen Historikern bereits fachgerecht demontiert. Es gab keinen festen Kreis, keinen organisierten Muiderkring oder Cercle de Muyde. Hooft und Cats, die sich auf all den Bildern munter unterhalten, waren nie zur gleichen Zeit in Muiden. Constantijn Huygens und Tesselschade, die zusammen mit Hooft als Kern der Gesellschaft galten, sind sich in zwanzig Jahren gerade zweimal begegnet. Tatsächlich, »lauter eitles Getue« …

Aber wo trafen sich im Amsterdam des 17. Jahrhunderts dann die Dichter und Denker? Einen Ort können wir mit Sicherheit benennen: die Buchhandlung des Dichters, Druckers und Verlegers Jacob Lescaille und seiner Frau Aeltje Verwou auf dem Middeldam, schräg gegenüber der Nieuwe Kerk. Aeltje hatte, nach ihrer Heirat mit Lescaille, die Leitung des Geschäfts übernommen, und mit der Zeit entwickelte sich ihr »Huis onder het Zeil« (Haus unter dem Segel) zu einer Art Künstlertreff. Man konnte Aeltjes Laden kaum passieren, ohne darin diskutierende Dichter zu sehen.

Jan Vos schaute regelmäßig vorbei, ebenso Joost van den Vondel, wahrscheinlich auch Spinoza, und ganz bestimmt Jan Six. Von Salomon de Bray, einem Zeitgenossen Jans, gibt es zwei Zeichnungen eines Buchladens. Die Atmosphäre wirkt informell und ein wenig chaotisch, mit Regalen voller Bücher, auf den obersten Brettern Globen, an den Wänden Bilder, davor eine Handvoll ins Gespräch vertiefter Kunden, Männer mit hohen Hüten und offenen Mänteln sowie ein freilaufender Hund. Auf dem Verkaufstisch lose Blätter – Pamphlete? –, dahinter eine Frau. In einer Ecke steht eine Buchbinderpresse. Es könnte der Laden von Jacob und Aeltje gewesen sein.

Jan verstand sich offensichtlich gut mit Lescaille. Er ließ seine Theaterstücke *Medea* und *Onschult* ebenso bei ihm drucken wie später, in einer irrsinnig teuren Ausgabe, seine Dichtung *Muiderberg*. Lescaille wiederum schrieb Weihnachten 1653 unter dem Titel *Heiligabend* ein Sonett in Jans Freundschaftsbuch, »als ewiges Zeichen ehrerbietiger Freundschaft«. Außerdem verfasste er ein Gedicht auf Jan in seinem Arbeitszimmer, wie Rembrandt ihn 1647 in einer Radierung porträtierte.

> Hier studiert Six sorgfältig in dem Buche
> Nach dem Stein der Weisen ist er auf der Suche.
> So wächst sein Geist und glänzt in Versen, die berücken
> Und mehr als Stich oder Porträt entzücken.

Im Haus an der Amstel wird die Druckfahne von *Medea* noch immer aufbewahrt, es handelt sich um eine der ältesten Druckfahnen der Welt. Es ist ein besonderes Erlebnis, das kleine, fest gebundene Büchlein aufzuschlagen: Die Titelseite besteht aus einem originalen Stich von Rembrandt, und auf den Seitenrändern finde ich schon bald Anmerkungen von Jan persönlich, Regieanweisungen: »Jason muss das Goldene Vlies an einem blauen Band tragen.« »Medea, unter ihrer linken Brust ist eine Sonne aufgestickt. De Rey folgt singend.«

Jetzt, da der Tresor schon einmal offen ist, sehe ich auch eine Druckfahne von *Muiderberg*. Es ist ein mächtiges Album, ich darf darin blättern. Alles ist mit Gold gedruckt, ein einzigartiges Beispiel großer Handwerkskunst, da das Blattgold beim Drucken äußerst präzise aufgelegt werden muss und dann auf die noch feuchte Druckerschwärze geklebt wird. »Gedruckt von Jacob Lescaille, Buchverkäufer auf dem Middeldam, im Jahr 1675«. Eine Druckfahne der Neuauflage von *Muiderberg* gibt es auch – diesmal steht der Name Six in roten Lettern auf dem Umschlag –, erneut mit purem Blattgold gedruckt.

»Welch eine Arbeit«, murmele ich. »Ja, und das Buch wird nur selten angesehen«, sagt der Hausherr. »Ich habe es vielleicht vier Mal in den Händen gehabt, mein Vater ähnlich oft. Das muss man sich einmal vorstellen, über all die Generationen hinweg wurde das Buch vielleicht vierzig Mal angeschaut. Wofür hat man einen solchen Aufwand betrieben?«

Bleibt die nüchterne Frage, ob Jan Six, ungeachtet dieser Prachtausgaben und des Lobs aus seinem Umfeld, tatsächlich ein guter Dichter war. *Muiderberg* ist jedenfalls nicht mehr als ein schwacher Abklatsch des tiefsinnigen Epos *Hofwijck* von Constantijn Huygens; die Gelegenheitsgedichte, die überall in Jans Notizen auftauchen, sind oft haarsträubend. Die Komödie *Onschult* wird in der Literatur als »unlesbar langweilig« bezeichnet. Auch die Lektüre von *Medea* würde ich einem heutigen Leser nicht unbedingt empfehlen, viele Passagen sind in Anbetracht unserer Lesegewohnheiten schlichtweg ermüdend.

Dennoch fällt das Urteil von Fachleuten über Jans Dichtungen recht positiv aus. Seine Chronogramme seien oft geschickt komponiert, und Jans Version von *Medea* gilt als hochinteressant. Der Stoff stammt aus der griechischen Mythologie: Medea ist eine Zauberin, die Jason, dem Führer der Argonauten, hilft, ihrem Vater das Goldene Vlies zu stehlen. Die beiden heiraten und bekommen zwei Söhne. Sie gehen nach Korinth, und dort verlässt Jason sie wegen der Tochter des Königs. Die rasende Medea tötet den König, seine Tochter und schließlich auch ihre eigenen Kinder.

Viele Theaterautoren – Seneca zum Beispiel und auch Jans Freund und Zeitgenosse Jan Vos – präsentierten die Geschichte in erster Linie als Schreckensdrama für das große Publikum. Medea war in ihren Augen einzig und allein eine unheimliche Zauberhexe, eine böse Frau. Six wählte eine andere Sichtweise. Seiner Meinung nach, so schreibt er in der Einleitung, wecke Medea, trotz ihrer Gräueltaten, großes Mitleid. Sie habe es schließlich nicht verdient, von Jason verstoßen und ihrer Kinder beraubt zu werden. In Jans Augen war es Jasons Untreue, die sie »in so wilde Verzweiflung und zu so grausamer Rache« trieb.

Bei Seneca entpuppt Medea sich am Ende als die wahre Teufelin; auf einem von feuerspeienden Drachen gezogenen Wagen fährt sie von dannen. Die Medea von Jan Six ist viel differenzierter gezeichnet, sie ist Täter und Opfer zugleich, eine Figur, die zwischen Gut und Böse changiert und sich schließlich in ihrer Wut selbst vernichtet. Jan agierte hier als Dramatiker auffallend modern und erneuernd. Er wollte eine fassbare, glaubwürdige Hauptfigur schaffen, mit all den Zweifeln und Dilemmata, die dazugehören. »Bei Six«, so schreibt die Kunsthistorikerin Caroline Rhodius, »wurde die erste echte tragische Heldin geboren.«

Jan Six besaß ein eigenes Clubhaus. Seine Kunstfreunde waren regelmäßig auf seinem Landgut Elsbroek bei Hillegom zu Gast, am Rande des damaligen Haarlemmermeer gelegen. Anfangs benutzte er das Dünengelände vor allem als Jagdgebiet. Die Dünen und Moore rund um Elsbroek waren dafür ideal, es wimmelte nur so vor Reihern, Hasen und Kaninchen.

Es gibt eine Jagdszene des Malers David Bailly, die einen jungen Mann in etwas labberiger Kleidung zeigt, an seiner Seite ein Jagdhund, dahinter ein Knecht mit einer gewaltigen Flinte über der Schulter und mehreren erlegten Reihern in der Hand. Im Hintergrund rastet die übrige Gesellschaft. Der Wald und die Dünen sind alt, weitläufig und vertraut zugleich. So mancher Kunstkenner vermutet, dass auf dem Bild der sich kernig gebende junge Jan Six zu sehen ist.

Ist diese Szene romantisiert? Wahrscheinlich nicht. Elsbroek muss im 17. Jahrhundert tatsächlich ein wunderschöner Ort gewesen sein. Die holländische Landschaft sorgte mit ihren Seen, Weidegebieten und Wäldchen, von Hecken und Hunderten von Gräben durchzogen, mit üppig blühenden Wiesen und Kornfeldern und vor allem mit all ihren Farben für Abwechslung und Schönheit.

Es war die Welt von Jan Six, der ein begeisterter Jäger war – wahrscheinlich auch, um seiner adligen Lebensweise Ausdruck zu verleihen. Jan hatte eine Jagderlaubnis, in seiner Bibliothek findet sich eine ausführliche Abhandlung über die holländischen Jagdbestimmungen, und als Rembrandt ihn 1647 in einer Vorstudie für einen späteren Stich zeichnete, da geschah dies zunächst in der für einen Jäger typischen Pose: Fröhlich sprang ein Windhund an ihm hoch.

Ist Rembrandt jemals auf Elsbroek gewesen? Die Familie Six besitzt eine hübsche Radierung des Malers aus dem Jahr 1645. Darauf sind zwei ins Gespräch vertiefte Männer zu sehen, an ein Brückengeländer gelehnt. Seit dem 18. Jahrhundert, über mehrere Generationen hinweg, hieß das Bild *Die Brücke von Six*. Laut der Familienüberlieferung ist diese Radierung während eines Aufenthalts von Rembrandt auf Elsbroek entstanden, und zwar in der Zeit, die ein Diener brauchte, um ins Dorf zu gehen, Senf zu kaufen und wiederzukommen. Bei den beiden Männern handelte es sich natürlich um Jan und Rembrandt selbst, die Radierung war ein Zeichen ihrer Freundschaft. Allerdings: Bei Hillegom gab es keine solche Brücke. Nach Ansicht von Fachleuten handelt es sich um eine Brücke an der Amstel, unweit des Landguts Klein-Kostverloren. Besitzer des Gutes war der Amsterdamer Schöffe Albert Coenraads Burgh, er wohnte wie Jan am Kloveniersburgwal, nur ein paar Häuser weiter. Ein anderer Druck der Radierung trägt eine Aufschrift aus dem 18. Jahrhundert: »Die Herren Six und Burgh«, was eine Verbindung zu Jan Six herstellen könnte. Doch Rembrandt selbst: nein.

Jan genoss das Landleben in jeglicher Hinsicht. In einem langen lateinischen Brief an seinen Freund Joan Huydecoper, der aus dem Januar 1654 datiert, beschreibt er seinen Aufenthalt auf Elsbroek – ganz in der Tradition des »idealen Landlebens« jener Zeit – als eine Möglichkeit, »der unangenehmen Atmosphäre der Stadt und ihren Sorgen« zu entkommen und sich dort aufzuhalten, wo er das Gefühl habe, »am ehesten mein eigener Herr zu sein«.

Sodann fährt er mit einem Geständnis fort:

Und was glaubt Ihr, o seltsame Laune des Schicksals, was mir dort passiert? Ich werfe meinen Blick auf ein Mädchen. Und was für ein Mädchen! Wirklich und wahrhaftig eines der Sorte, die weißer ist als Milch, als Schnee, als Lilien. Was sag ich? Weißer? Nein, sie ist das Weißsein in Person, die Lieblichkeit selbst, die Verkörperung der Venus. Ja aber, werdet Ihr sagen, nichtswürdig ist, was wir einfach so nur erlangen, alles, was mit Mühen erworben wurde, scheint das Beste zu sein, und durch Rückschläge wird der Appetit erneut geweckt, denn Ihr pflegt von Petronius auszugehen. Ich jedoch erwidere: dass es für einen Gesättigten schwierig ist, sich in die Mentalität eines Hungrigen hineinzuversetzen. Oh, Ihr Glücklicher, dem es mehr als offensichtlich geworden ist, wie sehr Abstinenz nicht zu dem Wesen Eures Mädchens passen würde. Ich bin, nachdem ich alles Mögliche versucht habe, schließlich mit Mühen zu ihr durchgedrungen und habe ihr, der Widerstrebenden, einen kleinen Kuss abgerungen: Doch das Leben hat für mich keinen Wert mehr, wenn es mir nicht gelingt, dass Blut dieser Jungfrau auf dem Altar meiner Geduld zu opfern.

Ein Jahr später war Jan Six verheiratet. Mit einer anderen. Im Laufe der Zeit widmete sich Jan auf Elsbroek nicht mehr nur der Jagd, in welcher Form auch immer. Wahrscheinlich wurde ihm zunehmend bewusst, dass sein anfängliches Bild vom »unverfälschten« Bauernleben viel zu romantisch war; in seinen späteren Notizen finden sich nicht wenige abfällige Bemerkungen über Bauern und Landleute: »Ein Bauer ist ein Schwein in Menschenkleidern.« Aus einem Inventarverzeichnis geht hervor, dass er auf Elsbroek auch ein »Bücherzimmer« eingerichtet hatte. Vondel beschreibt in einem Gedicht, das zugleich ein Dankesbrief ist, wie Jan dort draußen ganz in seinem Element war, in der Stille seines »Guts und Erbbesitzes« mit »Obstgarten, Hof und Dünen sowie Weiden«, doch auch mit seinen »gelehrten Büchern«. Der Dichter und Gelehrte Petrus Francius, der sich ebenfalls dort aufhielt, pries die aufblühende Natur, den munteren Bach, die Nachtigall, die »mit ihrem hellen Gesang« das Grün sprießen ließ, die festlichen Mahlzeiten, die »reichlich gefüllten Fässer«, die »der ferne Rhein« herbeizuschaffen wusste.

In dem Gedicht *Land-Leben*, das seinem Freund Hendrik Hooft gewidmet ist, spricht Jan selbst. Ihm geht es vor allem um das Streben nach Besinnlichkeit und Einfachheit:

Ihr fragt, Herr, was ich tu, wenn mir Gesellschaft fehlt;
Man weiß, wo's Leydsche Meer dicht an den Dünen steht;
Hier, hinter einer Wand sitz ich in aller Ruh' auf Kissen
Und baue eine andere Wand aus aufrichtigem Gewissen:
Sinnierend, was ich bin; des Menschen Wesen bedenk ich dann
Und wie er sich noch stets hochmütig zeigen kann.

Und:

Das Schicksal wirbelt wie ein Kreisel, ich lern,
    ihm fernzubleiben
Herr Hooft, so leb ich, kurz gesagt, hier auf dem Land,
Wo Ihr allein nur fehlt oder etwas, von Eurer Hand.

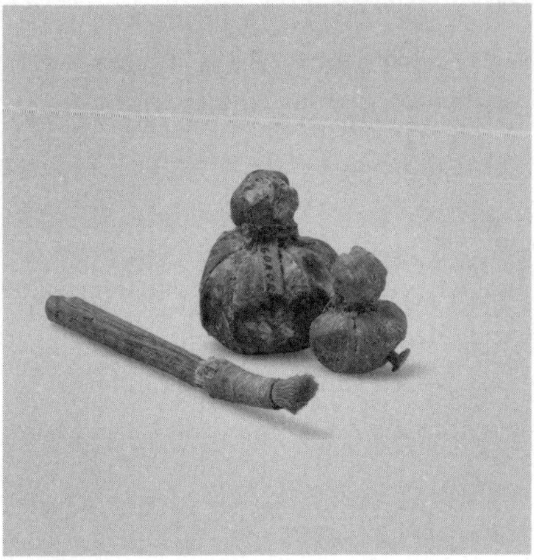

V
JANS KUNSTKAMMER

An dem Nachmittag, an dem ich die *Kleine Pandora* zum ersten Mal sehen durfte, fiel Schnee. Es war ein dunkler Dezembertag. Ich hatte den Restauratoren, die gerade auf dem Dachboden arbeiteten, einen Besuch abgestattet. Im Haus war es still, lediglich das Ticken der Uhr war zu hören. In den Zimmern herrschte Dämmerlicht, Anna Wijmer hatte sich ins Halbdunkel zurückgezogen. Draußen wurde es immer weißer, bis Haus und Garten schließlich wie verzaubert aussahen. Es sei ein schöner Moment, fand der Hausherr, die *Kleine Pandora* hervorzuholen: »Blättere ruhig ein wenig darin, lass dir Zeit.«

Er gab mir ein in Pergament gebundenes Album in die Hände, insgesamt einhundertsechzig Seiten, mit hellgrünen Seidenbändern, um es zuzubinden. Das also war Jans oft erwähntes »Freundschaftsbuch«, sein *album amicorum*. Auf dem Umschlag stand in zierlichen Buchstaben »Pandora« und die Jahreszahl »1651«. Im Album lag ein loser Papierstreifen, darauf in Jans Handschrift:

Les Dieux enrichissent
PANDORE
de leurs dons précieux
pour la rendre agréable
aux Hommes

(Die Götter bereicherten Pandora mit ihren kostbaren Geschenken, um sie mit Wohlgefallen den Menschen zu übergeben.)

In der griechischen Mythologie ist Pandora eine bildschöne Frau, die von Hephaistos aus Erde und Feuer geschaffen und von den Göttern mit Geschenken überhäuft worden war, ehe sie auf die Erde geschickt wurde. Man gab ihr, um die Menschen zu bestrafen, einige Plagen mit auf den Weg – daher war sie auch Symbol für das »wunderschöne Übel«. Im Mittelalter überwog noch das positive Bild der Pandora, die mit himmlischen Gaben reich beschenkt worden war. Es ist offensichtlich, dass Jan an diese Pandora gedacht hat. Zwischen den Seiten lag sie selbst, nackt, herausgeschnitten aus einem Bild, zu brüchigem Papier geworden.

Die *Kleine Pandora* erwies sich als ein Haus für sich, als umfangreiche Sammlung voller Überraschungen. Ein traditionelles *liber amicorum* war das Album jedenfalls nicht, es war vielmehr, wie einer von Jans Freunden schrieb, eine »Kunstkammer«, in der Jan Six Verse und Zeichnungen von Dichtern und Künstlern sammelte, die ihm am Herzen lagen. Das Buch war fast vierzig Jahre lang in Gebrauch, der erste Beitrag entstand 1647, der letzte, von Jan selbst, im Jahr 1686.

Beim Blättern stoße ich auf vier handgeschriebene Gedichte Vondels, zwei Bleistiftzeichnungen von Rembrandt, eine Seite Schönschrift von Hendrik Hooft, zwei Gedichte von Jan Vos, herrliche Architekturzeichnungen von Adriaan Dortsman, vier Gedichte von Jan selbst, insgesamt einundzwanzig schriftliche Beiträge und elf Zeichnungen. Und das alles in einem kleinen Album.

Adriaan Dortsman, ein Baumeister aus Vlissingen, war eine auffällige Figur. Er entwickelte sich, vermutlich unter Jans Einfluss, von einem tüchtigen Handwerker zu einem bahnbrechenden Architekten. Dortsman entwarf die Oosterkerk, für Jan baute er ein neues Haus an der Herengracht. Auch danach arbeiteten die beiden zusammen, als eine Art von Projektentwicklern *avant la lettre*. Neben Jans neuem Haus lag ein großes Stück Brachland, das bis zur Ecke an der Amstel reichte, und gemeinsam entwarfen sie einen Plan für die Bebauung des Grundstücks. Das Projekt führte zu endlosen finanziellen Streitigkeiten, die der Freundschaft allerdings keinen Abbruch taten.

In dem Album ist Dortsman mit Zeichnungen eines Stadttores sowie eines Landhauses vertreten. Zwischen den Seiten steckt der Plan für eine riesige Gartenanlage, mit Haupt- und Nebengebäuden, Wäldern, Wegen, Weihern, Parks. All das wurde nie realisiert, es muss für Jan eine Art Traumgarten gewesen sein, wie aus den beigefügten Beschreibungen hervorgeht: »Kutschhaus für sechs Kutschen und sechs Knechtkammern«, »Stall für vierzig Pferde und vier Knechtkammern«, »Wohnung für den Kastellan«, »Platz hinter dem Stall und dem Haus des Deichaufsehers mit acht Linden, kann auch als Gemüsegarten dienen«, »Platz für Orangenbäume«, »Platz für allerlei Geflügel« und so weiter.

Hendrik Hooft, eine prominente Gestalt in der Stadtpolitik und der Freund, dem Jan seine Dichtwerke *Land-Leben* und *Muiderberg* widmete, ist in dem Album natürlich ebenfalls mit von der Partie. Auf der letzten Seite des Albums findet sich ein merkwürdiges Gedicht von ihm, in dem er ziemlich rumschmierte und am Rand allerlei Korrekturen einfügte. Der Tenor des Gedichts: Geschriebene Worte sind nur Tinte, allein gesprochene Worte können gewinnend sein.

Auch weniger bekannte Leute geben sich in Jans »Kunstkammer« die Ehre, vom Reimschmied Antonides van der Goes – »Korallen, die Rozemonts molliges Köpfchen umschmeicheln/ und die zarten Wangen streicheln ...« – bis hin zum Tuchhändler Michiel Komans und dem Prediger Gerard Brandt. Brandt nahm in seine Anthologie *Stichtelijke Gedichten* nicht weniger als acht Gedichte aus Jans Feder auf. In Jans *Pandora* hinterließ er ein spaßiges »gekdicht« auf den Geburtstag »eines Fräuleins«, eine Anspielung auf eine hoffnungslose Liebe – wieder jene rätselhafte Chloris?

Der schmuckloseste Beitrag stammt von Coenraad van Beuningen, einem bekannten Regenten. Unter dem Datum 4. November 1671 hinterließ er nur seine Signatur und die Worte: »Nemo malus felix« (Kein schlechter Mensch ist glücklich), ein Zitat des römischen Satirikers Juvenal. Jan Six und van Beuningen müssen einander gut gekannt haben. Sie wuchsen zur gleichen Zeit am Kloveniersburgwal auf, sie besuchten zusammen die Lateinschule von Sladus, und beide studierten sie Jura in Leiden. Danach trennten sich ihre Wege. Während Jan das Leben genoss und sich den schönen Künsten widmete, machte van Beuningen als Diplomat und Sekretär – später Ratspensionär – der Stadt Amsterdam eine phänomenale Karriere. Überall trat er als Vermittler auf, zunächst in Schweden, Dänemark und Norwegen, später auch in Frankreich und England. Er war, etwas übertrieben gesagt, der Henry Kissinger der Republik Amsterdam.

Dennoch fanden die Schulfreunde wieder zueinander, und das ist nicht verwunderlich. In späteren Jahren wohnten sie nicht weit voneinander entfernt, und wie Jan hegte van Beuningen ein großes Interesse für Literatur und Philosophie. Er war ein Sucher und Grübler und gehörte zu jener nonkonformistischen Art von Menschen, zu der Jan sich hingezogen fühlte. Aber es war auch etwas Merkwürdiges an van Beuningen. Der frühere Bürgermeister Oetgens hatte einmal zu ihm gesagt, er werde noch »durch Henkershand« sterben. Woraufhin eine der anwesenden Damen rief: »Oder eine Hure heiraten!« Van Beuningen selbst gab diese Geschichte bei jeder Gelegenheit zum Besten.

Vorsichtig blättere ich weiter. Auf die Zeichnungen von Dortsman folgt ein Gedicht:

> Fragt Ihr, o Six, wohin soll's führen,
> Wenn ich nun Leiter des Theaters bin?
> Ich bau dort Dächer bis zum Himmel hin.
> Mehr Kaisern geb ich ihre Kronen
> Durch meine Huld, als jene, die Sieben küren
> Die im berühmten Deutschland wohnen.

Es stammt aus der Feder von Jan Vos, einem der Stammkunden von Lescaille. In den damaligen Amsterdamer Kreisen begegnete man ihm geradezu zwangsläufig, und so verwundert es kaum, dass man ihn auch in Jans *Pandora* antrifft. Er hatte eine Glasmacherei in der Kalverstraat, konnte weder Latein, noch hielt er sich lange mit Literaturtheorie auf. Als Gelegenheitsdichter war er aber unerreicht. Er ist das typische Beispiel für einen Dichter, der seine Kunst für praktische Zwecke einsetzt, vor allem dafür, sein Netzwerk zu pflegen und zu stabilisieren.

Sein ganzes Leben arbeitete Vos als Glasmacher. Denn wie er selbst sagte: Das Dichten von Fernstern bringt mehr ein als das Dichten von Versen. Viele seiner Gedichte schrieb er, um Kunden zu werben. Als der Bau der neuen Kreditbank am Nes anstand, widmete er dem Amsterdamer Magistrat ungeniert ein Gedicht, in dessen Schlusszeile er darum bat, die Fenster der Bank bei ihm in Auftrag zu geben.

Es war diese Kombination aus Handwerkertum, Geschäftssinn und dichterischem Talent, das Vos zu einer einzigartigen Person in der Stadt machte. 1641 erregte er großes Aufsehen mit dem gruseligen Spektakelstück *Aran und Titus oder Rache und erneute Rache* – das Stück wurde im darauffolgenden Vierteljahrhundert mehr als einhundert Mal aufgeführt. Das Publikum – einschließlich der Amsterdamer Elite – trug ihn auf Händen. Bei wichtigen Ereignissen – etwa bei den Festlichkeiten anlässlich des Westfälischen Friedens – war er der Mann, der für die Tableaux vivants und andere Attraktionen sorgte. 1647 wurde er Direktor des Schauspielhauses und prägte das Amsterdamer Theaterleben entscheidend.

Das oben zitierte Gedicht aus der *Pandora* wird manchmal als Dankgedicht interpretiert. Seine Ernennung zum Theaterleiter soll den Bemühungen seines Freundes Jan Six geschuldet sein. Aber wäre Six dazu überhaupt in der Lage gewesen? Er war in dieser Phase seines Lebens, wenig respektvoll ausgedrückt, vor allem ein reicher Nichtsnutz, gebildet und geachtet, doch ohne politische Macht. Die war für ihn, als Sohn eines Einwanderers, vorläufig unerreichbar.

Andererseits fällt auf, dass Vos nur wenige Monate nach seiner Berufung die *Medea* von Jan Six auf die Bühne brachte. Es war ein düsteres Drama, das weder zu den persönlichen Vorlieben von Jan Vos noch zum Geschmack des Publikums passte. Das Stück wurde nur fünf Mal gespielt. Erwies Vos hier jemandem einen Freundschaftsdienst?

Jan Vos war ein »Theatertier«. Das Schauspiel veränderte sich stark in jener Zeit. Waren die Stücke zunächst noch statisch – von einem Mord, einer Katastrophe, einem Drama erfuhr der Zuschauer meist indirekt durch einen Boten, der in schönen Sätzen berichtete –, bekamen sie unter Vos eine gewisse Dynamik. Er wollte auf der Bühne zeigen, was geschah, er wollte, wie er es ausdrückte, »Theater für das Auge« machen, und kein »Theater für das Ohr«. Zu diesem Zweck wurde »sein« Theater – das damals an der Keizersgracht stand – 1665 umgebaut und für spektakuläre Aufführungen präpariert. Man vergrößerte die Bühne und sorgte dafür, dass die Kulissen rasch gewechselt werden konnten. Außerdem stattete man sie mit bis dahin unbekannten Trickmaschinen aus: Himmelswagen, Hebebühnen, eine Wellenmaschine und sogar eine sogenannte Glorie, eine erstaunliche Vorrichtung, mit der man einen Schauspieler mit einem Satz in den Himmel aufsteigen lassen konnte, während sich über ihm die Wolken auftaten. Die Amsterdamer staunten nicht schlecht.

Nach dem Umbau führte Vos zuerst seine eigene *Medea* auf, voller Gräuel und spektakulärer Schwebeeinlagen. Dank der neuen Technik konnte er Medea nun jeden Abend aufs Neue ihre Kinder vom Balkon werfen lassen, ganz gemäß seiner Forderung, die er im Vorwort zu dem Stück formulierte: »Wer die Leute im Theater halten will, der muss ihre Augen mit den Tauen angemessener Reize an das Theater binden.«

Vielleicht müssen wir das Gedicht, das Jan Vos so hübsch in das Album von Jan Six schrieb, in erster Linie als einen Jubelgesang lesen: Vos war überglücklich angesichts seiner Ernennung zum

Theaterleiter. Er hatte endlich seine Bestimmung gefunden. Nun habe er »die Reichen« in der Hand und werde »die Schänder des heiligen Rechts« erniedrigen und entwaffnen. Doch ungeachtet all dieser Macht, so fährt er fort, werde er ein einfacher Mann bleiben. Wer daran zweifle, der solle in sein »Vorhaus«, in sein Geschäft kommen. Das werde für ihn immer das Wichtigste bleiben. Und auch seine Netzwerkdichtungen trugen Früchte. 1652 wurde er zum »Stadtglaser« ernannt. Genau zur rechten Zeit: Er durfte sämtliche Fensterscheiben für das riesige neue Rathaus liefern.

Eine ähnliche Figur – ebenfalls mittelständisch, jedoch ungleich talentierter als Dichter – war Joost van den Vondel. In Jans Album ist er mit einem Gedicht auf ein Porträt von Jan – ich komme später noch darauf zurück –, einem Gedicht auf ein Gemälde von Pieter Lastman, *Offerstaetsi* – damals im Besitz von Jan, heute in Warschau –, einem Gedicht auf eine Marmorbüste von Nicolaes Tulp – sie steht immer noch im oberen Gang des Hauses Six – und schließlich einem Dankgedicht »für sein Obst und sein Wildbret, das er mir von seinen Gütern sandte«, verewigt. Nur das erste Gedicht ist direkt ins Album geschrieben, die anderen drei stehen auf losen Blättern und wurden später eingeklebt. Dem Dankgedicht sieht man nach wie vor an, dass es einst ein Brief war, die Adresse ist noch zu lesen. Das letzte Gedicht gehört, vorsichtig ausgedrückt, nicht zu den Höhepunkten von Vondels Werk, es ist kaum mehr als ein besseres Gelegenheitsgedicht. »Viel Wasser macht dünnen Wein, so ist es auch mit der Vielschreiberei, und so erging es auch Vondel zuletzt«, schrieb Jan später über ihn. Dennoch schätzte er den Dichter so, dass er auch diese Reime in sein Album aufnahm.

Die Beziehung zwischen Vondel und Six war vermutlich sehr eng. Die beiden Familien – die Vondels waren Mennoniten, die über Köln, wo Joost geboren wurde, aus Antwerpen geflohen waren – verband das gemeinsame Schicksal, Flüchtlinge aus den südlichen Niederlanden zu sein. Vondel verfasste Verse auf das Gemälde von Anna Wijmer, und als Jan später heiratete, schrieb er ein großes Hochzeitsgedicht. Jan seinerseits zeichnete schließlich für die Grabinschrift seines alten Freundes verantwortlich.

Vondel betrieb jahrelang erfolgreich eine Seiden- und Strumpfhandlung in der geschäftigen Warmoesstraat. Zugleich war er auf literarischem Gebiet überaus produktiv und veröffentlichte zahllose Gedichte, Schmähschriften, epische Werke und Theaterstücke. Er war ein echter Stadtdichter, der die Entwicklungen im neuen, ruhmreichen Amsterdam genau verfolgte. Höhepunkt war seine lyrische Beschreibung des »achten Weltwunders«, des neuen Rathauses und späteren Königlichen Palais, das 1655 eingeweiht wurde. Wie Jan Vos besserte er sein Einkommen auf, indem er Unmengen von Gelegenheitsgedichten schrieb. Es fand kaum eine Hochzeit der Elite Amsterdams statt, ohne dass Vondel einige Verse dazu beisteuerte.

Am Festtag des Hl. Lukas, am 20. Oktober 1653, einem Abend, an dem sich beinahe das gesamte malende, dichtende und kunstliebende Amsterdam, Jan Six eingeschlossen, versammelt hatte, war er der Ehrengast. Auf dem Höhepunkt des Festes jedoch war Vondel plötzlich verschwunden, zuvor hatte er Govert Flinck noch einen Zettel mit folgendem Text über den Tisch geschoben:

> Govert! – Mir graust vor Saufen,
> Schlemmen, Fressen und vor'm Raufen,
> Wüten, Brüllen, Treten, Schädelklopfen,
> Mägen- und Gedärmestopfen
> Im Kerzenlicht am warmen Ofen!
> Das endet nur in Katastrophen:
> Schädelbrummen, Schwäche, üble Dämpfe,
> Nervenschmerzen, böse Krämpfe.
> Ihr wollt bleiben? – Ich geh Laufen.

Vondel war ein Mann der Studierstube. Im Unterschied zu Jan Vos lagen ihm große gesellschaftliche Auftritte nicht. Auch als Geschäftsmann war ihm weniger Glück beschieden als seinem Dichterkollegen. Mit etwa sechzig Jahren übergab Vondel sein Strumpfgeschäft an seinen Sohn. Er hatte genug gespart, um sich auf seine alten Tage ein schönes Dichterleben zu machen. Joost junior wirtschaftete jedoch, zusammen mit seiner gemeinhin als verschwenderisch geltenden Frau, den Laden innerhalb weniger Jahre in den Ruin, und Joost senior, der für ihn gebürgt hatte, verlor sein gesamtes Vermögen, etwa vierzigtausend Gulden. Der Sohn wanderte nach Ostindien aus, starb aber auf der Reise. Mit einem Schlag war Vondel vollkommen mittellos geworden. Bereits damals genoss der Dichter und Strumpfhändler eine große Reputation. Er schrieb über dreißig Theaterstücke – *Gijsbreght van Aemstel* und *Lucifer* sind die bekanntesten –, unter Kollegen galt er als der »Prinz der Dichter«, und nach seinem Tod prägte die Stadt Amsterdam eine spezielle Münze, auf der stand: »Des Landes ältester und größter Poet«.

Die Stadt war es auch, die ihm eine Stelle als Buchhalter bei der Kreditbank, auch Pfandhaus genannt, gab. Er bezog ein Jahreseinkommen von sechshundertfünfzig Gulden, was dem durchschnittlichen Verdienst eines Pastors entsprach. Dies bewahrte ihn zwar vor der Armut, verpflichtete ihn jedoch, wie Gerard Brandt in seiner biographischen Skizze schreibt, »den ganzen Tag in der Bank Aufsicht zu führen und den Herren, die dort im Auftrag der Stadt die Leitung inne hatten, mit bloßem Haupt zu Diensten zu sein«. »Vondel hat seine Zunge ins Pfandhaus getragen«, scherzte Jan in einer seiner Notizen. Vondel verfasste weiterhin Verse, um sein Einkommen aufzubessern. Erst als er achtzig war, sprach man ihm eine kleine Rente auf Lebenszeit zu.

Vondel nur als braven Strumpfhändler zu porträtieren greift aber viel zu kurz. Der Nationaldichter war durch und durch ein politischer Mensch, er war mutig und bereit, große Risiken einzugehen. 1618, auf dem Höhepunkt eines Machtkampfs zwischen den orthodoxen und den etwas liberaleren Protestanten, wurde der alte Ratspensionär Johan van Oldenbarnevelt des Landesverrates beschuldigt und schließlich enthauptet. Vondel war zutiefst schockiert, auch weil die Intrige von Statthalter Maurits, dem Sohn und Nachfolger Willems von Oranien, inszeniert worden war. 1625 veröffentlichte er ein Theaterstück über den rechtschaffenen griechischen Helden Palamedes, der während der Belagerung von Troja vom neidischen Odysseus des Verrates angeklagt und umgebracht wird.

Der gebildete Amsterdamer des 17. Jahrhunderts war vertraut mit den Mythen und Sagen der Antike sowie den Geschichten der Bibel. Die Orthodoxen, die in jenen Jahren Amsterdam regierten, verstanden Vondels verborgene Botschaft nur allzu genau. *Palamedes oder die gemordete Unschuld* wurde gedruckt, verboten, anschließend erneut veröffentlicht und erst fast vierzig Jahre später uraufgeführt, 1663, nicht zufällig in einer Zeit, als die Oranier jeden Einfluss verloren hatten. Vondel blieb nicht allein mit seiner Kritik: Ein namenloses Gemälde von Rembrandt aus dem Jahr 1626 verweist nach Ansicht mancher Kunsthistoriker ebenfalls auf die Geschichte von Palamedes – und damit auf Oldenbarnevelt.

Nach Erscheinen des Theaterstücks drohte Vondel ein Verfahren vor dem höchsten Gericht des Landes, dem Hof van Holland in Den Haag. Unter dem Regime des fundamentalistischen Bürgermeisters Reinier Pauw hätte der Dichter für die Veröffentlichung seines Werks noch mit der Todesstrafe rechnen müssen, doch die nun regierenden liberaleren Bürgermeister lehnten so drastische Maßnahmen ab. Vondel tauchte eine Weile unter, und am Ende wurde der Fall nach Zahlung einer Buße von dreihundert Gulden zu den Akten gelegt. Das Geld bekam der Dichter später von Albert Coenraads Burgh zurückerstattet, jenem reichen Amsterdamer, dem wir bereits vor *Der Brücke von Six* begegnet sind.

Der »Verrat« an Oldenbarnevelt ließ Vondel keine Ruhe. Noch Jahre später schrieb er in einem seiner Schmähgedichte, für die er geliebt und verhasst zugleich war:

Das Stöckchen Johan van Oldebranevelts, Vater des Vaterlands
Mein Wunsch begleit' Euch immerfort
O Stock und Stütze, nicht als Verräter betrat er,
Sondern als Stütze der Freiheit, als Hollands Vater
dieses grausame Schafott.

Um seines Seelenfriedens willen entschloss Vondel sich letztlich, zum Katholizismus überzutreten. An seiner gesellschaftlichen Stellung änderte das nichts. 1646 veröffentlichte er *Maria Stuart*, ein Drama über den Konflikt zwischen der protestantischen Elisabeth I. und der katholischen Maria Stuart, in dem er sich ganz auf die Seite der katholischen Märtyrerin stellte. Die Prediger waren erbost, das Werk wurde verboten, dem »gotteslästerlichen« Stück *Lucifer* erging es später nicht anders. Vondel war für die ultraorthodoxen Prediger der Teufel persönlich, sein Theater ein Vorhof der Hölle.

Joost van den Vondel und Jan Six trennten beinahe dreißig Jahre. Und dennoch fühlte Jan sich ihm verbunden, vielleicht sogar mehr als dem gleichaltrigen Jan Vos. Six hatte eine Schwäche für all jene, die vom normalen Weg abwichen. Er interessierte sich für ihre Ansichten, suchte mit ihnen nach neuen Formen und frischen Ideen. Das gilt in ganz besonderem Maße für die, in unseren Augen, wichtigste Person in seinem Freundeskreis.

Vermutlich haben Rembrandt und Jan Six einander im Atelier von Hendrick van Uylenburgh kennengelernt, einem guten Bekannten von Jan. Als der Maler im Jahr 1641 Anna Wijmer porträtierte, war Jan dreiundzwanzig. Er wohnte noch bei seiner Mutter, und die beiden Männer haben sich danach wahrscheinlich regelmäßig getroffen. Der Kontakt wird nach Jans großer Italienreise vermutlich intensiver geworden sein. Nicht einmal fünf Minuten Fußweg lag zwischen ihren Häusern, sie hatten gemeinsame Interessen – Bücher, Raritäten, italienische Malerei –, und Rembrandt wird die begeisterten Geschichten seines jungen Freundes über die südliche Lebensart und das italienische Licht mit großer Begierde aufgenommen haben.

Ich schreibe »vermutlich«, weil der Verlauf dieser Freundschaft nur anhand von unzusammenhängenden Details rekonstruiert werden kann. Sie hinterließ keine Briefe, sondern eine andere, deutliche Spur: einen steten Strom von Aufträgen und freundschaftlichen Gesten, wie er zwischen Künstlern und ihren Freunden üblich ist. Jan Six war der erste prominente Amsterdamer, der Rembrandt nach seiner schweren Zeit – seine Frau Saskia war 1642 gestorben und mit der Amsterdamer Elite hatte es einen heftigen Streit wegen der Bezahlung für ein Porträt gegeben – wieder einen wichtigen Auftrag verschaffte. Er ließ auch sein Monogramm von Rembrandt entwerfen ebenso wie das Titelblatt von *Medea* (1647).

In der *Pandora* ist Rembrandt ebenfalls prominent vertreten, mit zwei herrlichen Sepiazeichnungen aus dem Jahr 1652. Die eine zeigt Minerva in ihrem Studierzimmer – möglicherweise eine Allegorie auf Anna Wijmer – und die andere einen Verse vortragenden Homer. Jan Six hatte ein Faible für den blinden Dichter: In seiner Bibliothek gab es nicht weniger als dreizehn Ausgaben von dessen Werk in den unterschiedlichsten Sprachen. Und Rembrandt kannte Jan gut genug, um diese Vorliebe zu kennen.

Dass der launische Rembrandt etwas in ein Freundschaftsbuch zeichnete, war an sich schon außergewöhnlich. Er hat dies insgesamt nur drei Mal getan. In der Widmung in der *Pandora* verzichtete er sogar auf das übliche »Herr«, der Maler sprach Jan nur mit »Joanus« an, wie einen guten Freund.

Die beiden pflegten, darauf deutet alles hin, einige Jahre lang einen intensiven Kontakt. Der französische Kunsthändler und Fachmann für Druckgraphik Edmé-François Gersaint, der 1702 bei der Versteigerung von Jans Sammlungen zugegen war, bezeichnete diesen als »einen engen Freund Rembrandts« – möglicherweise hat er noch Berichte aus erster Hand vernommen.

Ich verwende das Wort Freundschaft stets mit einem gewissen Zögern. Freundschaften hatten im 17. Jahrhundert einen anderen Charakter als heute. Wie die Familie dienten sie in unsicheren Zeiten als eine Art Versicherung gegen die Wechselfälle des Schicksals: Krankheiten, Unfälle, finanzielle Katastrophen. Bei Freundschaften zwischen Künstlern und ihren wohlhabenden Gönnern verhielt es sich nicht anders. Ohne die Unterstützung eines Mäzens hätten viele Künstler nicht überleben können; dem Förderer wiederum brachte die Freundschaft mit einem renommierten Künstler dauerhaft

Prestige ein. Dies galt auch für die Beziehung zwischen Rembrandt und Jan Six.

Als der Künstler 1652 in Geldnot geriet – die florierende Amsterdamer Wirtschaft wurde durch den Ersten Englisch-Niederländischen Krieg schwer getroffen –, half Jan ihm aus der Klemme. Er kaufte zwei bedeutende, ältere Gemälde, *Simeon im Tempel* und *Die Predigt Johannes des Täufers*, und gab ihm einen zinslosen Kredit über den ansehnlichen Betrag von eintausend Gulden. Es spricht auch Bände, dass Rembrandt das Porträt von Saskia, das schönste Bild seiner verstorbenen Frau, ein Meisterwerk, in das er all seine Liebe und sein Können hineingelegt hatte, in dieser Zeit an Jan verkaufte.

Bei den Arbeiten, die Jan bei Rembrandt in Auftrag gab, ließ dieser große Sorgfalt walten. Diese Akribie erkennt man deutlich in einer Radierung, die er 1647 für Jan angefertigt hat. Sie zeigt diesen lesend am Fenster eines Wohnzimmers im Haus »Blauwe Arent« (Blauer Adler). Dieses gemäldeartige Porträt ist mit seinen subtilen Schattierungen und dem vom aufgeschlagenen Buch auf Jans Gesicht reflektierten Licht schlichtweg einzigartig. Dieser Ansicht war man auch damals schon: Einige Jahre später sicherte Rembrandt einem seiner Kunden in einem Vertrag zu, für ein Honorar von vierhundert Gulden eine Radierung mit dem »Konterfei nach dem Leben« zu liefern, die mindestens so gut war wie »das Konterfei des Herrn Six«.

Aus allem, was im Zusammenhang mit dieser Radierung im Hause Six aufbewahrt wird, spricht die Sorgfalt des Malers: diverse Vorstudien mit Bleistift und Tusche – für eine Radierung von Rembrandt sehr ungewöhnlich –, die originale Kupferplatte, mit der der Maler die Drucke herstellte, und schließlich die unterschiedlichen Stadien der Radierung selbst. Rembrandts Arbeitsweise lässt sich hier, und das ist einmalig, von Anfang bis Ende nachverfolgen. Und ebenso die enge Zusammenarbeit mit Jan.

Auf einer der ersten Vorstudien springt ein kleiner Hund fröhlich an Jans Beinen hoch, Symbol für Treue und Freundschaft. Jan bevorzugte aber offensichtlich die ernstere Darstellung des lesenden Kunstliebhabers, stehend am Fenster, auf der hellen Grenzlinie zwischen der Außenwelt und dem inneren Leben. Sie wurde die Vorlage für das spätere Bild.

Jetzt, da ich über diese Freundschaft schreibe: Wie schön wäre es, eine hübsche und herzerwärmende Anekdote über Rembrandt als Freund und Lehrmeister zu erzählen. Aber daraus wird nichts werden. Alles, was wir über Rembrandt wissen, deutet darauf hin, dass er ein schwieriger Mensch war. Bei den Geschichten, die seine Person umgeben, wird einem eher kalt ums Herz. Fast ausnahmslos illustrieren sie seinen Geiz, seine schlechte Laune den Lehrlingen gegenüber und seine Grobheit. Freundschaften mit Förderern und Kollegen endeten zumeist verdächtig abrupt – wenn nicht gleich ein Richter bemüht werden musste. Auch wenn er als Künstler ungemein geachtet wurde, so gehörte er doch bei dem schon weiter oben genannten Fest zu Ehren des Hl. Lukas nicht zu den geladenen Gästen.

Bei den Auflagenhöhen seiner Radierungen schummelte er. Mindestens den halben Erbteil seines Sohnes Titus verjubelte er. Jahrelang teilte er das Bett mit seiner Haushälterin, doch als ein junges, hübsches Dienstmädchen ins Haus kam, Hendrickje Stoffels, verstieß er die Haushälterin gnadenlos und sorgte dafür, dass sie weggesperrt wurde.

Dennoch empfand Jan vermutlich große Sympathie für den Künstler. Und aus Rembrandts Werk spricht ja auch immer wieder eine tiefe Menschenkenntnis, eine enorme Sensibilität und große Empathie. Vincent van Gogh nannte dies »die Zärtlichkeit seiner Blicke«, etwas, das man bei kaum einem anderen Maler findet. Auch Constantijn Huygens fiel dies sofort ins Auge. Was »Genauigkeit und Lebendigkeit des Gefühls« angehe, sei er herausragend, schrieb Huygens 1630 über den damals vierundzwanzigjährigen Rembrandt van Rijn – »mehr Kind denn Jüngling«. Er »konzentriert sich gerne voller Hingabe auf ein weniger großes Gemälde und erreicht im

Kleinen ein Resultat, das man in den großen Arbeiten anderer vergeblich sucht«. Später sollte Rembrandt einen auffallend lockeren Stil entwickeln, der vielen seiner Zeitgenossen zu »wild« erschien, er »schmiere nur herum«, urteilten sie. Doch, so meinte Arnold Houbraken, seine Fähigkeit, Gefühle und »allerlei Leidenschaften« darzustellen, bliebe unerreicht.

War Rembrandt in dieser Hinsicht ein einsames Genie, wie früher so oft behauptet wurde? Auch diese romantische Vorstellung entspricht leider nicht der Realität. Im 17. Jahrhundert wurden Künstler vor allem für ihr Talent und Geschick als Handwerker geschätzt, sie waren keine Halbgötter. Und so sahen sich auch die Künstler selbst. Sogar ein Shakespeare schuf seine Theaterstücke nicht in tiefer Einsamkeit. Er bediente sich ständig bei den Werken von Vorgängern und Zeitgenossen, die er bearbeitete und umschrieb. Bei Rembrandt war es nicht anders. Als seine Habe später versteigert wurde, da fand sich auch eine ganze Reihe von Büchern mit Stichen der Werke fast aller großen Meister der Renaissance, Tizian, Dürer, Lucas van Leyden, die er immer wieder als Inspirationsquelle nutzte.

Im Winkel einer Vitrine im Hause Six liegen bis heute kleine, harte Farbsäckchen, runzelig wie Zwergengesichter, rot, braungelb, blau und weiß. Einst waren sie ein Stück Darm oder Blase, mit Farbe gefüllt und einem Kopfnagel als Verschluss. Es hängen noch Lederstreifen daran, Etiketten mit vergilbten Buchstaben. Daneben ein kleiner Pinsel, hergestellt aus einem Stöckchen, an das mit sehr festem Garn ein Büschel Haare befestigt ist, fast wie ein Puppenhausbesen. Laut Familienlegende gehörten diese Gegenstände einst Rembrandt persönlich. Unwahrscheinlich ist das nicht: Untersuchungen in einem Labor haben ergeben, dass sie tatsächlich aus der Zeit um 1650 stammen.

Ich kann mir vorstellen, dass Rembrandt gerne – so wie Govert Flinck es später tat – bei Jan Six vorbeischaute, um in dessen reicher Italiensammlung zu stöbern und mit dem Hausherrn darüber zu diskutieren. Zu seiner Homer-Zeichnung in der *Pandora* zum Beispiel ließ er sich ganz offensichtlich von Raffaels Fresco *Apollo und die Musen im Parnass* inspirieren. Vermutlich hat er die Komposition auf einem der Reproduktionsstiche des im 16. Jahrhundert aktiven Kupferstechers Marcantonio Raimondi gesehen, von denen sowohl Six als auch er eine größere Sammlung besaß.

Die Radierung, die die Titelseite von *Medea* schmückt – normalerweise machte Rembrandt so etwas nicht –, ist vermutlich auch das Produkt eines Gedankenaustauschs. Ich schlage das Buch aus dem Jahr 1648 noch einmal auf. Man sieht die Eheschließung Jasons mit seiner neuen Gattin Kreusa (oder auch Glauke), die von Medea aus einer dunklen Ecke heraus beobachtet wird. Den Dolch und das Giftkästchen hält sie schon in den Händen. Darunter die Worte:

> Kreusa und Jason einander hier Treue geloben:
> Medea, Jasons Frau, unwürdig beiseitegeschoben,
> wird zornig vor Gram, Rachsucht bestimmt ihr Vorgehen.
> O weh! Treulosigkeit, sie kommt Euch teuer zu stehen!

Erneut ist überdeutlich, was Six sagen will: Schuld an dem Drama ist Jason, die Sympathie des Dichters ist aufseiten der »Hexe« Medea. Das Erkennen der Tragik und das Aushalten der vielen widersprüchlichen Gefühle, das war neu für die damalige Zeit. Die beiden Freunde müssen einander auch hierin wiedererkannt haben, denn schließlich wählte Rembrandt für viele seiner Werke einen ähnlichen Zugang.

Bereits 1629 malte er Judas, den allgemein verachteten Verräter Jesu Christi, auf vollkommen unkonventionelle Art und Weise: Rembrandts Judas ist ein gebrochener Mann, der die Silberlinge zurückbringt, die er für seinen Verrat erhalten hat. Er ist derart von Reue erfüllt, dass man nur Mitleid mit ihm haben kann. Oder betrachten wir Rembrandts Bathseba aus dem Jahr 1654, jene nackte, nachdenkliche und tragische Frau, die, von König David verführt, kurz davor steht, ihren Mann zu verraten. Gary Schwartz verweist in diesem Zusammenhang sogar direkt auf die Medea-Interpretation von Jan Six: »So wie Six unsere Sympathie für eine Frau weckt, die sonst immer mit dem Vokabular des Bösen beschrieben wird, tut Rembrandt dies für eine Heldin, die in anderen Gemälden als ein Symbol für die Sünde gilt«, schreibt er. Das Thema sei dabei identisch: »Medea und Bathseba sind beide Opfer sexueller Übergriffe, machtlos den Lüsten einer adeligen Person ausgeliefert, beide verwickelt in einen aussichtslosen Kampf mit dem eigenen Gewissen, zu einer tödlichen Sünde gezwungen infolge der ehebrecherischen Begierden eines anderen.«

Hierüber müssen die beiden diskutiert haben, das steht außer Zweifel, möglicherweise oft und viel. Es bleibt nur die Frage, wer den prägenden Einfluss hatte: War es Jan, der Rembrandt dieses Denken vorführte? Oder war es der Maler, der Jan inspirierte?

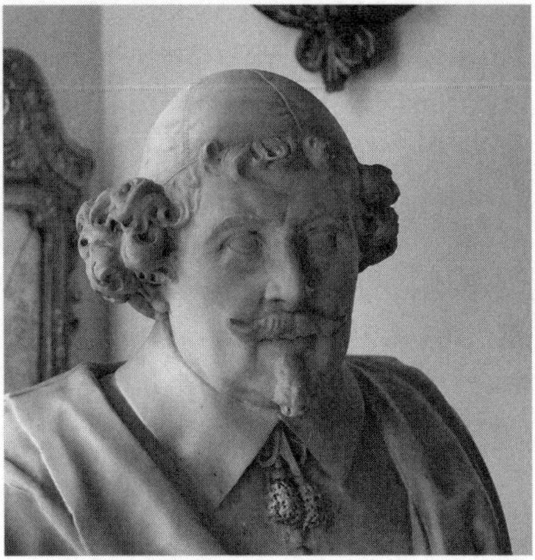

VI
ZWEI GESICHTER

Am Fuß der Treppe in die zweite Etage steht seine Büste. Aus weißem Marmor hat der Arzt und Ratsherr seinen Kopf von dem bedeutenden Bildhauer Artus Quellinus meißeln lassen, mit Kinn- und Schnurrbart und Kalotte, unter der einige Locken hervorlugen. In den hölzernen Sockel wurde kunstvoll eine Tulpe geschnitzt.

Die Innenausstattung des neuen Rathauses war von Anfang an eine einzige Ode an die Bildhauerei. In den Ateliers Amsterdams arbeiteten die besten Bildhauer Europas, und warum sollte davon nicht auch ein wenig auf die mächtigsten Männer der Stadt abstrahlen? Der Bürgermeister Joan Huydecoper hatte den Anfang gemacht, Nicolaes Tulp war der zweite, der sich traute: So sollte ein Amsterdamer Ratsherr sich verewigen lassen, wie ein Senator der antiken römischen Republik. Als die Büste fertig war, gab Tulp bei Vondel ein Lobgedicht in Auftrag:

> So kann Bildhauerei der Erinnerung Hilfe geben.
> Man sieht unseren Tulp, seinen Geist und sein Leben.

Und dann ist da dieses dicke, beinahe quadratische Büchlein, aufbewahrt hinter der Scheibe eines Wandschranks in der Bibliothek des Hauses Six. Es ist solide in weißes Leder gebunden, ein Büchlein mit eleganten Klappen an den Seiten, der Schnitt ist vergoldet. »Davids Psalmen. Geschrieben«. Ich schlage es auf: Nicht ein Wort ist gedruckt, alle einhundertfünfzig Psalmen Davids sind handgeschrieben, in einer etwas steifen, schönen Schrift, die Titel hübsch verziert, mit der dünnsten Feder.

Wohl dem der nicht wandelt im Rat der Gottlosen noch tritt auf den Weg der Sünder noch sitzt da die Spötter sitzen. Sondern hat Lust zum Gesetz des HERRN und redet von seinem Gesetz Tag und Nacht.

Vorne im Buch der Name des Mannes, der hieran Abend für Abend gearbeitet haben muss, in frommer Einkehr und Konzentration: Nicolai Tulpii.

Jan Six hatte nie einen Vater gekannt. Dieser Mann mit den zwei Gesichtern sollte Jans Leben vollständig umkrempeln.
 Das Haus der Familie Six trägt noch heute überall seine Spuren. In einer Vitrine glänzt der berühmte »Tulpbecher« aus vergoldetem Silber, ein Kunstwerk des bekannten Silberschmieds Johannes Lutma, ein Kelch in der Form einer Tulpe. Nicolaes Tulp schenkte ihn 1652 der Amsterdamer Chirurgengilde anlässlich seines Rücktritts als Anatomiedozent, ein Amt – das höchste medizinische –, das er fast ein Vierteljahrhundert innegehabt hatte. Da sind die Porträts. Es gibt eine Gedenkmedaille zur Einweihungsfeier des neuen Rathauses am 29. Juli 1655. Und eine weitere Medaille, ein Ehrenbeweis für Tulp aus dem Jahr 1672. Zudem kennt man Tulp weltweit: Er ist der Chirurg, der auf Rembrandts Gemälde *Die Anatomie des Dr. Tulp* geschickt den linken Arm des gehenkten Adriaen Adriaenszoon – Aris – Kint, freilegt, während seine Kollegen mit angehaltenem Atem zusehen. Tulp, gerade vierzig, war damals auf dem Höhepunkt seines medizinischen Könnens.
 Claes Pieterszoon, wie Nicolaes Tulp ursprünglich hieß, entstammte einer Familie aus dem Zaanland, die, wie die Sixe, um 1590 im Amsterdamer Tuchhandel gelandet war. Sein ältester Bruder musste das Geschäft übernehmen, Nicolaes durfte in Leiden Medizin studieren, und als er 1614 nach Amsterdam zurückkehrte, hatte sein Name einen lateinischen Anstrich bekommen: Dr. Nicolaes Petreius. 1617 heiratete er, »bezirzt von ihrer Schönheit«, gegen den Willen seiner Familie Eva van der Voech. An sein Haus an der

Prinsengracht – später lebte er an der Keizersgracht – ließ der junge Arzt das Schild »de Tulp« (die Tulpe) anbringen.

Zeitgleich begann auch Tulps Karriere im Amsterdamer Stadtrat. Ungewöhnlich war das nicht. Gute Ärzte waren selten, man versuchte sie zu halten, indem man ihnen Posten in der Stadtregierung anbot. 1622 wurde er zum Schöffen gewählt, und von da an bekleidete er zeit seines Lebens fast ununterbrochen ein öffentliches Amt, bis hoch zum Bürgermeister. Ein Familienwappen, mit dem er Dokumente hätte versiegeln können, besaß er nicht; dafür war seine Familie nicht vornehm genug. Daher verwendete er die Tulpe als Zeichen in seinem Schöffensiegel, und so wurde aus Nicolaes Petreius schon bald Nicolaes Tulp – auch wenn er sich selbst weiterhin, wie Zeitgenossen berichten, meistens Claes Pieters nannte.

Das Schicksal war ihm in vielerlei Hinsicht günstig gewogen. Bezeichnend hierfür ist das um 1624 entstandene Gemälde, auf dem Großmutter Tulp ihren Enkeln beim Spielen zusieht: Die luxuriösen farbigen Kleider der Kinder stehen in einem auffallenden Kontrast zu der schlichten Kleidung der alten Dame. Nachdem Tulps erste Frau 1628 gestorben war, heiratete er, standesbewusst wie er war, die reiche Bürgermeistertochter Margaretha de Vlaming van Oudtshoorn. Als im Jahr 1635 der sogenannte Tulpenrausch ausbrach, in dessen Verlauf die Preise für Tulpenzwiebeln ins Unermessliche stiegen, wollte Tulp mit solchen wilden Spekulationen nichts zu tun haben und ersetzte die Tulpe an seiner Fassade zügig durch zwei Sprüche: »Geht mit Gott« und »Sucht das ewige Leben«.

Es ist nicht leicht, sich ein eindeutiges Bild von Nicolaes Tulp zu machen: »Ein ausgeglichener Mann mit einem klaren, exakten Geist.« »Selbstdisziplin und sehr große Willenskraft.« Seine klare Handschrift deutet auf das »Fehlen von Effekthascherei und Anspruchsdenken«. »Sehr hilfsbereit gegenüber seinen Patienten und Kollegen.« Dies sind Schlussfolgerungen aus einer Untersuchung von Tulps Handschrift, die man 1991 im Rahmen eines großen Forschungsprojekts zu seiner Biographie unternommen hat. Wie immer man darüber denken mag, die Ergebnisse stimmen in vielerlei Hinsicht mit dem Urteil der Zeitgenossen überein. Aber die Schriftanalyse kommt auch zu dem Schluss: »Auffallend ist der sich immer wieder zeigende Dualismus. Einerseits sein doch recht konservatives Festhalten am Bestehenden und andererseits der Drang zur Erneuerung.« Und vor allem: »Im Fall von Konfliktsituationen und Meinungsverschiedenheiten wird er durch stures und verbissen dogmatisches und oft intolerantes Verhalten auffallen. Er duldet keinen Widerspruch, und seine Haltung ist kompromisslos.«

In einem Zimmer im vorderen Teil des Hauses Six hängt ein Gemälde mit einer Allegorie auf die Verurteilung des alten Ratspensionärs Johan van Oldenbarnevelt. Es ist ein buntes Bild, eine bizarre Szene aus dem 17. Jahrhundert. Die Richter und Zuschauer sind alle als Raubtiere dargestellt, nur Oldenbarnevelt selbst erscheint als Mensch, als einsamer Mittelpunkt in diesem infamen Prozess. Statthalter Maurits, der Ankläger, ist als Fuchs gemalt, Drachen und Wölfe schauen zu, ein Elefant hält die niederländische Flagge im Rüssel. Das Ganze erinnert an eine Szenerie bei Bruegel, seltsam und bedrohlich, und sie zeigt die politische Atmosphäre, die herrschte, als Tulp im Jahr 1622 sein erstes Amt antrat.

Spannungen ergaben sich vor allem aus dem individualistischen Charakter des Calvinismus. Calvin hatte seine Anhänger von den alten Dogmen und Institutionen befreit, nun war es ihre Aufgabe, über den wahren Glauben zu urteilen. Das entscheidende theologische Problem jener Jahre war die Frage nach der persönlichen Verantwortung des Menschen. Es ging um die sogenannte Prädestination: Hatte Gott schon vor Erschaffung der Welt festgelegt (lat. *praedestinare* = vorherbestimmen), wer in den Himmel und wer in die Hölle kommt? Die Anhänger des Leidener Theologen Franciscus Gomarus – die »Gomaristen« oder auch »Strengen« und »Frommen« – gingen davon aus, dass der allwissende Gott dies bereits getan habe und an seinem Ratschluss kein Mensch etwas ändern könne. Es war eine fatalistische Lebenseinstellung, die vor allem beim einfachen Kirchenvolk populär war, das von Predigern wie Petrus Plancius und

Bürgermeistern wie Reinier Pauw – der Mann, der Vondel wegen des *Palamedes* nach dem Leben trachtete – angeführt wurde.

In Amsterdam war jedoch unter dem Einfluss des Predigers Jacobus Arminius die alte, liberale Strömung wieder aufgeblüht, eine Theologie, der zufolge der Mensch durchaus die Möglichkeit hatte, durch ein tugendhaftes Leben und mit Hilfe von Gottes Gnade sein Seelenheil zu befördern. Das war die Lehre der »Arminianer« oder auch »Liberalen« oder »Remonstranten«. Zu ihnen gehörte eine Reihe bekannter Amsterdamer Familien: de Graeff, van Beuningen, Schrijver, Reael, Burgh und Huydecoper.

Der Streit zwischen den beiden Richtungen spielte in der Politik zusehends eine Rolle. Die Staaten von Holland unter Leitung von Oldenbarnevelt waren Liberale. Statthalter Maurits stellte sich jedoch auf die Seite des frommen Volks, obwohl ihn Glaubensfragen kaum interessierten. Hinter diesen religiösen Streitigkeiten verbarg sich, wie so oft, ein ordinärer Machtkampf: Sollen wir den Krieg fortsetzen (Maurits) oder einen endgültigen Frieden anstreben (Oldenbarnevelt)? Und dahinter wiederum verbarg sich die alles entscheidende Frage: Wer hat in dieser neuen Republik das letzte Wort und die Entscheidungsgewalt?

Als der Spanisch-Niederländische Krieg abflaute – von 1609 bis 1621 herrschte zwischen der Republik und Spanien ein Waffenstillstand –, flammte der Religionsstreit mit aller Heftigkeit auf. Letztendlich wurde die Sache 1618 durch den Staatsstreich entschieden. Maurits war der Ansicht, rasch und entschieden eingreifen zu müssen, wenn er das Land zusammenhalten wollte. Er ließ, wie wir gesehen haben, seinen einstigen treuen Mitarbeiter Oldenbarnevelt verhaften und hinrichten. Anschließend berief er in Dordrecht eine große Synode ein, die die religiöse Einheit wiederherstellen sollte und zu dem Entschluss kam, dass die orthodoxe Richtung der einzig wahre Glaube sei. Alle zweihundert remonstrantischen Prediger wurden ihres Amtes enthoben.

Amsterdam hatte, unter Leitung des Bürgermeisters Pauw, diesen Staatsstreich unterstützt. Pauws frommer Kollege Frederick de

Vrij hatte 1620 sogar den traditionellen Nikolaus-Markt, auf dem Süßigkeiten und »Kinderpuppenzeug« verkauft wurden, vom Dam verbannt, mit der Begründung, dass die Geschenke die Jugend »von Gottes heiligem Wort ablenken«. Lange währte der Glanz der »Strengen« jedoch nicht. Bereits 1621 strömten wieder Gemäßigte in den Magistrat, sehr bald schon durften die Remonstranten eine eigene Kirche errichten, und 1627 wurde Pauw schließlich von Andries Bicker entthront. Bicker war ein nüchterner Kaufmann, der mit fanatischen Predigern nichts am Hut hatte. Die Nachwirkungen des Konflikts sollten jedoch jahrzehntelang spürbar bleiben.

All diese Dinge ereigneten sich während der frühen Jugend von Jan Six, und er selbst hat wahrscheinlich wenig damit zu tun gehabt. Wie die meisten Dichter und Künstler neigte er vermutlich der liberalen Richtung zu. »Ich höre lieber das Geräusch eines Bratspießes als den Klang einer Orgel«, schreibt er. Oder: »Die Frommen heben Gott in die Höhe und machen den Menschen nieder.« Oder: »Reformiert – dereformiert.« All seine Freunde standen auf derselben Seite: Vondel, van Beuningen, Huydecoper, Jan Vos, Rembrandt, unter ihnen war nicht eine »fromme« Seele.

Bei Nicolaes Tulp lag die Sache anders. Er war mit den frommsten Familien der Stadt verbandelt, aber er agierte zu nüchtern und diplomatisch, um sich in den Streit der Prediger hineinziehen zu lassen. Auch deshalb wurde er wahrscheinlich sehr bald schon zum Schöffen ernannt. Wenn es ihm passte, stimmte er auch mal mit den Liberalen ab, und so wurde er im Laufe der Jahre ein geschickter »Wackelkandidat«, einer von denen, »die auf zwei Beinen hinken«.

Das Amt des Bürgermeisters blieb ihm jedoch jahrelang verwehrt. Er war und blieb »ein wenig zu predigerfreundlich«, wie ein Kollege aus dem Magistrat meinte. Diese Beobachtung erwies sich als zutreffend. Als Tulp die Spitzenposition schließlich doch erlangte – er wurde viermal zum Bürgermeister gewählt –, da zeigte sich, dass hinter dem liebenswerten Äußeren ein auffallend sturer und intoleranter Notabler versteckt war.

Tulp war ein beliebter Arzt, fast vierzig Jahre lang. Er machte keinen Unterschied zwischen Arm und Reich, er arbeitete hart und galt als Koryphäe. Es wird berichtet, dass sich jeden Morgen in seinem Hausflur Leute drängelten, die ihn um Hilfe und guten Rat baten. Die Mittel, über die er verfügte, waren allerdings dürftig: Harnschau für das Stellen einer Diagnose, Aderlass, Brech- und Abführmittel sowie eine Auswahl an Medikamenten. Er beschreibt sie in seinen Handbüchern. Manchmal handelte es sich um klassische medizinische Kräuter, manchmal um bizarre Mischungen aus Hasenurin, Branntwein, Terpentin, Palmbaumsaft, Endivien, ungelöschtem Kalk, Quecksilber, Wein, Geranien, Austern und anderen Zutaten.

Offiziell war Tulp, als studierter Arzt, ein *doctor medicinae*. In einer Stadt wie Amsterdam waren aber zudem rund zweihundertfünfzig Chirurgen am Werk. Es gab eine strikte Aufgabenteilung: Die Ärzte durften keine Chirurgie betreiben, sie war allein den Chirurgen vorbehalten. Diese mussten sich wiederum an die Anweisungen der Ärzte halten, und die Behandlung innerer Krankheiten war ihnen verboten.

Die Chirurgie galt als die höchste Stufe des Baderhandwerks. Die Chirurgen vermochten Wunden zu nähen, Tumore herauszuschneiden und Brüche zu versorgen. Das waren handwerkliche Fähigkeiten, die hohes Ansehen genossen. Die Operationen fanden schließlich ohne Narkose statt. Der Patient bekam ein Stück Holz zwischen die Zähne gesteckt, auf das er beißen konnte, das war meist auch schon alles. Ein guter Chirurg hatte äußerst fix und geschickt zu sein. Je schneller gearbeitet wurde, umso besser.

Die Chirurgen hatten eine solide Ausbildung zu absolvieren, lernten aber kein Latein, weshalb es ihnen nicht möglich war, die damaligen medizinischen Abhandlungen – was immer sie taugen mochten – zu lesen. Die »Doktoren« konnten das sehr wohl. Sie gehörten zum angesehenen Bürgertum. Reich waren sie in der Regel nicht, aber sie verfügten, wie die Prediger, über eine akademische Ausbildung, die ihnen Zugang zu den höheren Kreisen – Offiziere, städtische Beamte, Buchhändler, Kaufleute – verschaffte. Das ermöglichte ihnen, auf der gesellschaftlichen Leiter nach oben zu steigen, und manche, wie Nicolaes Tulp, kamen dabei sehr weit.

Als einer der Ersten bediente sich Tulp für seine Visiten einer Kutsche. Eine aufsehenerregende Neuerung in Amsterdam, wo fast alle zu Fuß gingen. Sogar auf dem Gemälde mit den spielenden Kindern ist die Kutsche unübersehbar. Ein Revolutionär war Tulp jedoch nicht. Von den Entdeckungen, die Jan Swammerdam und Anthonie van Leeuwenhoek mit ihren Mikroskopen machten, von den neuen Erkenntnissen über die Blutzirkulation von William Harvey, von alledem wollte er nichts wissen.

Er blieb der klassischen Krankheitslehre des griechischen Arztes Galenos treu, einem Anhänger der Lehre von den vier Körpersäften: gelbe und schwarze Galle, Blut und Schleim. Diese Säfte entsprachen, in derselben Reihenfolge, den vier Elementen: Feuer, Erde, Luft und Wasser. Das Verhältnis, in dem diese Säfte im Menschen vermischt waren, bestimmte auch dessen »Temperament« oder, anders ausgedrückt, seinen Charakter: phlegmatisch, sanguinisch, cholerisch oder melancholisch. Wenn das Gleichgewicht zwischen den Säften zu sehr gestört wurde, erkrankte man. Um das richtige Verhältnis wiederherzustellen, mussten dem Körper bestimmte Säfte entzogen werden. Deshalb arbeiteten Tulp und seine Kollegen ständig mit Brechmitteln, Aderlass, Blutegeln, Schwitzkompressen, Klistieren und anderen Rosskuren.

Bis weit ins 19. Jahrhundert blieb dies, von einigen Ausnahmen abgesehen, die übliche Vorgehensweise. Waschen und Baden hielt man jahrhundertelang für gefährlich: Die Poren in der Haut öffneten sich, und durch sie drangen »böse Dämpfe« ein. Man hielt es für besser, die Haut mit Schmutz und altem Schweiß zu versiegeln. So kommt es, dass wir im detailreichen Tagebuch einer englischen Schlossherrin lesen, dass sie am 22. Februar ihre Beine und Füße wusch, nachdem sie dies zuletzt am 13. Dezember getan hatte. Darum auch der stark riechende Bisamapfel auf dem Porträt der hübschen jungen Frau aus dem Jahr 1612, die bereits ein Jahr später tot war.

Die Menschen wussten damals nicht, woran sie starben. Dass ein Leiden die Folge von mangelnder Hygiene oder einseitiger Ernährung sein könnte, dieser Gedanke war ihnen fremd. Tulp sollte als Arzt drei verheerende Pestepidemien erleben, bei denen es jeweils Tausende von Toten gab. In den Jahren 1635 und 1636 starben rund zwanzigtausend Amsterdamer, etwa jeder zehnte Einwohner der Stadt. Für die zahlreichen Beerdigungen, die jeden Tag zu bewerkstelligen waren, erhielten die Friedhöfe einen strikten Dienstplan: Kinder und Unverheiratete mussten vor neun unter die Erde, danach waren die anderen an der Reihe. Die Stadtverwaltung tat alles, um Ansteckung zu verhindern, von der systematischen Reinigung der Rinnsteine bis hin zum Verbot des Tragens von Trauermänteln, die aus »Pesthäusern« stammten. Man gab den »Pestvögeln« – Kormoranen – die Schuld und machte eifrig Jagd auf sie. Dass die wirkliche Ursache ein Bakterium war, das durch den Biss von auf Ratten lebenden Flöhen auf den Menschen übertragen wurde, ahnte man nicht.

Die Ärzte konnten zwar manches bewirken, vieles lag jedoch »in Gottes Hand«. Nie hätte der fromme Tulp gegen diese gottgegebene Ordnung rebelliert.

Dennoch genoss Tulp großes Prestige. Aus all seinen Schriften geht hervor, dass er sich sehr für das Wohl seiner Patienten einsetzte. Zudem war er zeit seines Lebens außerordentlich wissbegierig. Sehr bald schon, 1628, wurde er auf Veranlassung der Stadt zum *praelector anatomiae* ernannt. Diesen Titel trug der akademisch geschulte Arzt, der für die Ausbildung der Chirurgen und ihrer Helfer zuständig war. Es war ein Ehrenamt, das Tulp ein Vierteljahrhundert lang mit großem Engagement ausübte.

Unter seiner Leitung entstand 1636 ein Buch mit Vorschriften für die Amsterdamer Apotheker – die anfangs kaum wussten, was sie taten. Diese mussten sich fürderhin strikt daran halten, »ohne jedes Murren oder Widersetzlichkeit«. Grund dafür war die schwere Pestepidemie, die unter anderem wegen der untauglichen

Medikamente so viele Todesopfer forderte. Tulps *Pharmacopoea Amstelodamum* blieb rund anderthalb Jahrhunderte lang in den Niederlanden in Gebrauch. Mindestens ebenso wichtig waren die anatomischen Lehrstunden, die er abhielt. Die Sektionen, wie auf Rembrandts Gemälde abgebildet, fanden immer im Winter an einigen aufeinanderfolgenden Tagen statt, da man noch keine Möglichkeit hatte, Leichen länger zu konservieren. Die rasch verwesenden Teile wie die Eingeweide kamen immer zuerst an die Reihe.

Die Anatomie des Dr. Tulp ist, genau betrachtet, eine brillante Momentaufnahme von Tulps Arbeit als Dozent. Man achte auf die konzentrierte Aufmerksamkeit der Zuschauer und folge ihren Blicken. Sie schauen weniger auf den toten Adriaen Adriaenszoon, als vielmehr auf Tulps linke Hand. Mit seiner Rechten zieht der Arzt an den Sehnen und Muskeln von Adriaens präpariertem Arm, und vermutlich demonstriert er zugleich mit seiner linken Hand die Wirkung einer solchen Kontraktion – und daher richtet sich das Augenmerk vor allem auf Tulps lebende Hand.

Rembrandt hat Tulps anatomische Vorlesung wahrscheinlich schöner dargestellt, als sie in Wirklichkeit war: So sauber und perfekt kann der tote Dieb unmöglich dagelegen haben, als Tulp seinen linken Arm sezierte. In seinem Bauch muss zu diesem Zeitpunkt bereits ein großes Loch gewesen sein, und in dem ursprünglichen Entwurf endet der rechte Arm, wie Röntgenaufnahmen zeigen, in einem Stumpf. Vermutlich wurde bei der Hinrichtung die Hand abgehackt, wie man es bei Dieben des Öfteren tat. Rembrandt malte dem Toten wieder ein perfektes Exemplar an den Arm.

Dasselbe gilt für den präparierten linken Arm. Auch er kam wahrscheinlich erst später dazu. Man nimmt an, dass der Arm deshalb so flach aussieht, weil hiermit auf ein Lehrbuch des berühmten Anatomen Andreas Vesalius verwiesen wird. Durch dieses »Zitat« verleiht Rembrandt Tulp denselben Status wie Vesalius. Die stilisierte Form machte es ihm außerdem möglich, die Betonung auf die Aufmerksamkeit der Zuschauer und den beinahe religiösen Charakter der Sektion eines menschlichen Körpers zu legen.

Eine solche Sektion kam in den calvinistischen Niederlanden schließlich auch einer moralischen Lektion gleich. In Leiden wurden die Skelette der Hingerichteten sogar in allerlei Posen zur Schau gestellt. Und nicht zuletzt ging es, zumindest nach Ansicht von Tulp, in der Anatomie darum, die Genialität des Schöpfers zu offenbaren, den göttlichen Funken zu entdecken, den jede menschliche Hülle in sich trägt. Anatomie war ein Drama, und das Amsterdamer Theatrum Anatomicum auf dem Nieuwmarkt war in der Tat ein Theater.

Die Rolle, die der Anatomie zukam, ist bezeichnend für die Mentalität jener Zeit, die zwischen einem unglaublichen Verlangen nach dem Unbekannten und tiefer Ehrfurcht vor der göttlichen Ordnung schwankte. Anatomische Vorlesungen bedienten beides. Sie wurden per Anzeige angekündigt, und gegen zwanzig Cent Eintrittsgebühr konnte jeder, der wollte, teilnehmen. Vor allem für Ausländer und wohlhabendere Bürger waren sie eine willkommene Abwechslung, manchmal kamen Hunderte von Zuschauern. Oft muss ein ziemliches Chaos geherrscht haben, denn in den Protokollen der Chirurgengilde werden ständig Streitereien, Schlägereien und anderes Fehlverhalten beklagt. Dabei galten strenge Regeln: Untereinander durfte nicht gesprochen werden, Lachen war verboten, die Leiche durfte nicht berührt, und es durften keine Körperteile weggenommen werden. Fragen waren erlaubt, wenn man »jegliche Beleidigungen und Lächerlichkeiten vermeidet«.

Jan Six verfolgte auf diesem Gebiet seine ganz eigenen Interessen. So hielt er in seinen Notizen detailliert die Sektion einer »gesunden, kräftigen, hübschen Frau von etwa sechsundzwanzig Jahren« fest, die am 20. Januar 1672 auf Jan Swammerdams Seziertisch lag. Sie hatte sich aufgehängt, weil ihre Herrin sie beschuldigt hatte, vom Sohn des Hauses schwanger zu sein. Doch auf dem Seziertisch fand man heraus, dass sie noch Jungfrau war, was man deutlich »an einem Häutchen sehen konnte, das rundherum war, wie bei einem Fernrohr das Metall um das Glas, so dass nicht einmal ein kleiner Finger hineinpasst«.

Nicolaes Tulp erlangte mit seinen *Observationes Medicae* europäische Berühmtheit – das Manuskript seiner Erlebnisse als Arzt mit dem Titel *Genees-insighten* (Heil-Erkenntnisse) fand ich in einem Schrank im Hause Six; Tulp hatte es 1641 mit der Feder feinsäuberlich zu Papier gebracht. Die Entdeckung der »Darmklappe« im Dickdarm geht auf ihn zurück. Er warnte – bereits damals – vor den Gefahren des Tabakrauchens, das »blaurote Punkte auf der Lunge« erzeuge. Er habe sehr viele »unter die Erde« gehen sehen, die »Tag und Nacht eine Pfeife im Mund hatten«. Bei Brustkrebs sei »frühzeitiges Schneiden« die einzige Lösung, wolle man verhindern, in einen ausweglosen Irrgarten zu geraten. Dieses »Ausheben« von Brustkrebs müsse allerdings sehr exakt vorgenommen werden: »Wundheiler, sieh zu, dass das Hündchen nicht beißt, der Kläffer ist recht scharf«.

Trotz seiner orthodoxen Überzeugung gehörte Tulp zu einer exquisiten Gruppe von Forschern des 17. Jahrhunderts. Darunter waren Ärzte, Linsenschleifer, Wissenschaftler, die auf eine vollkommen neue, erfindungsreiche und unkonventionelle Weise an die Rätsel des Menschen und der Natur herangingen und dabei viel stärker auf die eigene Wahrnehmung und das eigene Urteil vertrauten, als es frühere Generationen getan hatten. »Wir wissen wenig, damit wir uns klein fühlen und Gott dem Schöpfer die Ehre erweisen«, schrieb Jan Six in einer seiner Notizen. Doch nachdem die Menschen jahrhundertelang die Welt und ihr eigenes Leben als Teil eines göttlichen Heilsplans hingenommen hatten, begannen nach 1600 Naturwissenschaftler wie Niels Stensen und René Descartes – der bei Tulp um die Ecke wohnte und regelmäßig zum Schlachter in der Kalverstraat ging, um sich einen Eindruck davon zu verschaffen, wie Tiere von innen aussehen – die Welt neu zu entdecken, vom Weltall bis hin zum Mikrokosmos der Bakterien.

Auch Jan beteiligte sich am neuen Denken und hatte so seine Theorien. »Fliegende Ameisen werden zu Ohrwürmern«, schrieb er mit großer Entschiedenheit. Über das Universum sagte er: »Am wahrscheinlichsten ist, dass sich die Erde zur Sonne bewegt, wie sich ein Huhn am Bratspieß ums Feuer dreht: So wie es absurd wäre, wenn sich das Feuer um das Huhn bewegen und drehen würde.« Ist die Seele eine Art Mechanik, eine Art Uhr? Nein, schreibt er, denn eine Uhr könne nicht denken. Und sie sei ebenso wenig ein Körper, »auch wenn es dünne Körper wie die Luft gibt – denn diese Körper bräuchten dann wiederum eine Seele, um denken zu können«.

»Cogito ergo sum«, ich denke, also bin ich, schrieb Descartes – eigentlich meinte er: »Ich zweifle, also bin ich.« Zweifel war keine Schwäche mehr, sondern eine Tugend, das Kennzeichen des Denkers. Der Mensch eroberte die Natur, die Wahrnehmung wurde zu seiner Waffe. Die neuen Denker und Forscher entdeckten Dinge, die niemand für möglich gehalten hätte, neue Erdteile tauchten auf, Mikroorganismen und Samenzellen wurden sichtbar. Die Forscher rebellierten mitunter gegen wissenschaftliche und theologische Traditionen und fingen an, Fragen zu stellen, die heute naheliegen, damals jedoch etwas Revolutionäres an sich hatten: Was ist Blut, und welche Funktion hat es? Ist ein Nerv dasselbe wie eine Sehne? Oder: Warum hat der Mond unterschiedliche Phasen? Ist es am Nordpol wirklich so kalt, die Region ist doch auch manchmal der Sonne am nächsten? Kurzum: Was ist Wirklichkeit, was eine Illusion? Und wo ist Gott? Diese aufgeklärte und rein rationale Herangehensweise ging noch immer häufig mit einer tiefen Frömmigkeit einher. Es war, als schreckte man vor den eigenen Erkenntnissen zurück.

Der große Naturwissenschaftler Jan Swammerdam etwa lieferte sich gegen Ende seines Lebens mit Haut und Haaren einer Frau aus, die behauptete, in direkter Verbindung zu Gott zu stehen. Sein dänischer Geistesverwandter und Forscherkollege Niels Stensen trat zum Katholizismus über und wurde schließlich Bischof von Hannover. Der Amsterdamer Prediger und Kartograph Petrus Plancius, die treibende Kraft hinter einer Reihe von Entdeckungsreisen – unter anderem jener Expedition, bei der Henry Hudson auf der Insel Manhattan landete –, war zugleich ein äußerst fundamentalistischer Theologe.

Auch Nicolaes Tulp passt in dieses Muster. Es war, als ahnte er, dass all die Forschungen und Experimente nicht folgenlos sein würden, sondern den Keim für eine revolutionäre Umwälzung darstellten, den Beginn einer fundamentalen Veränderung des menschlichen Denkens.

Im Hinterzimmer des Hauses an der Amstel hängen Porträts von Tulp und seiner zweiten Frau, Margaretha de Vlaming. Johan Thopas hat das Ehepaar detailliert gezeichnet, um 1655, zu einer Zeit, als Tulp auf dem Höhepunkt seiner Macht war. Sein schwarzer Anzug wird von einem Pelzkragen geschmückt, der seine Robe säumt. Seine Frau ist ebenso vornehm wie schlicht gekleidet. In seinem Rücken ist, durch eine Lücke hindurch, das neue Rathaus zu sehen, hinter ihr die Nieuwe Kerk. Das war ihre Welt.

Als Vorsitzender des Magistrats hatte Nicolaes Tulp 1642 ein Mitglied der wallonischen Gemeinde, das wegen der Verbreitung ketzerischer Ideen aus der Kirche ausgeschlossen worden war, zu einer lebenslangen Zuchthausstrafe und Verlust von Geld und Gütern verurteilt. Im liberalen Amsterdam war eine solche Vermischung von Strafrecht und kirchlicher Zucht unerhört, und das Ganze entwickelte sich zu einem Skandal. Der Mann wurde schließlich rehabilitiert, doch sein Vermögen blieb spurlos verschwunden. Ob Tulp damit etwas zu tun hatte, ist ungeklärt, aber die Affäre hing ihm bis an sein Lebensende als Makel an. Er hatte danach nie wieder einen Sitz im Magistrat inne.

1654 Bürgermeister geworden, entpuppte Tulp sich als Vollblutfundamentalist. Zum Ärger seiner Kollegen versuchte er mit Verweis auf Textstellen im Neuen Testament, den Bau einer zweiten lutherischen Kirche zu verhindern. Er war auch die treibende Kraft hinter den sogenannten Prunkgesetzen, mit denen allzu übertriebene »Pracht, Üppigkeit und unnötige Verschwendung von Gütern, durch die der Zorn Gottes geweckt wird«, bei Hochzeiten und Festen verboten wurden. Hochzeitsfeiern dauerten damals üblicherweise bis zu neun Tage und waren gewaltige Fress- und Saufgelage.

Nun durfte man sich nur noch zwei Tage lang amüsieren, mit fünfzig Gästen, nicht mehr als zwei Gängen pro Mahlzeit und ohne Süßigkeiten. Und es waren höchstens sechs Musikanten erlaubt.

Als die englische Prinzessin Maria Henrietta Stuart und ihr Sohn Willem III. die Stadt 1660 besuchten, protestierte Tulp gegen die Idee, einen Zug mit Prunkwagen im antiken Stil zu organisieren. Er wollte nicht noch einmal »solche heidnischen Götter und Göttinnen auf Triumphwagen« durch die Straßen ziehen sehen. Am Ende fand der Umzug doch wie geplant statt, und Tulps Sohn Diederick war Mitglied der offiziellen Reitereskorte.

Zugleich war Tulp wenig prinzipientreu. Als Bürgermeister Cornelis Bicker im September 1654 plötzlich starb, war es Tulp, der die Ernennung des nächstliegenden Kandidaten, des Calvinisten Spiegel, verhinderte. Mit Versprechungen und schmeichlerischen Reden hatten die Gemäßigten ihn dazu gebracht, für ihren Kandidaten zu stimmen. Die Calvinisten waren verärgert über Tulps Verrat. Einer von ihnen, Gerards Schaep, brach einmal die feierliche Stille während des Amtsgebets, wütend über so viel Scheinheiligkeit: »Wie soll man da beten, angesichts solchen Unterschleifs!«

Und dann war da seine Tochter. Margaretha Tulp war einundzwanzig, als sie Jan Six heiratete. Ursprünglich hieß sie einfach nur Griet, unter Freunden wurde daraus Margriet, und aus dem Brief eines Zeitgenossen wissen wir, dass sie »unter den jungen Leuten« meist Susjen Tulp genannt wurde. Sie war ein hübsches Mädchen, wenn man den Porträts im oberen Flur und in einem der vorderen Zimmer glauben darf. Das eine Bild ist das von Govert Flinck gemalte Brautporträt, in der linken Hand einen Strauß Blumen, mit der rechten hält sie eine Rose vor ihrer Brust. Auf dem anderen Porträt ist sie wahrscheinlich schon schwanger, es zeigt sie mit einem leicht rundlichen Gesicht und einem verträumten, naiven Blick.

Vermutlich nahm sie das Leben, wie es gerade kam, nichts deutet darauf hin, dass sie ebenso unternehmerisch veranlagt war, wie es ihr Vater oder ihre Schwiegermutter waren. Frauen und Männer führten in diesen Kreisen weitestgehend getrennte Leben, und bei Jan und Margriet wird das nicht anders gewesen sein. »Eine Perle« nennt Vondel sie. Jan selbst bezeichnet sie als eine »Perle von einer Frau«. »Was hält mich davon ab, dich totzuküssen?« (Etwas weiter unten notiert er nüchtern: »Der Atem meiner Frau stinkt.«) Und sie war begehrt. Sogar der mächtigste Mann des Landes, der Ratspensionär Johan de Witt aus Dordrecht, warb eine Zeitlang um ihre Hand.

Doch was wollte Jan Six in Himmelsnamen in dieser Familie? Was erwartete er von einem Schwiegervater, der so stur und steif war, dass er den Nikolausmarkt – Spekulatiusfiguren waren ihm »heidnische Abgötterei« – untersagen wollte? Der die antiken Prunkwagen seines Freundes Jan Vos – der hatte sich nämlich die ganze Inszenierung für Maria Henrietta Stuart ausgedacht – um jeden Preis verhindern wollte? Der das Theater, für das Vos so gerne arbeitete, als einen Sündenpfuhl betrachtete? Der 1637 vergeblich versuchte, das Stück *Gijsbrecht van Aemstel* seines Freundes Vondel wegen »allerlei papistischer Frechheiten« zu verbieten? Etwas, was ihm später bei Vondels *Lucifer* auch tatsächlich gelingen sollte.

Die Antwort ist einfach: Bei der Wahl seiner Gattin zog Jan seine Sympathien und persönlichen Gefühle kaum in Betracht. Ehen hatten damals noch längst nicht jene emotionale Bedeutung, die sie heutzutage haben. Eheschließungen waren in erster Linie Familienverträge. Besser gesagt: Bündnisse zwischen Familienclans. Das sind die Begriffe, in denen man im 17. Jahrhundert – und noch lange danach – dachte. Auch in Jans Fall wird dieses Denken seine Entscheidung wesentlich bestimmt haben. Die persönliche Freiheit, die auf vielen anderen Gebieten immer mehr zum Allgemeingut wurde, spielte hier nach wie vor eine untergeordnete Rolle. Die Vorstellung, Widerstand gegen diesen sozialen Druck zu leisten, war damals undenkbar. Es sollte noch anderthalb Jahrhunderte dauern, bis ein rebellischer Six – eine Frau – den Mut hatte, sich aus diesem Korsett zu befreien.

Die Familie blieb das Vehikel, mit dessen Hilfe man gute und schlechte Zeiten durchlebte und gemeinsame Sache machte, ungeachtet aller Differenzen. In einer Welt ohne jedes soziale Netz war die Familie die einzige Sicherheit, auf die man in harten Zeiten zurückgreifen konnte. Bei einer Eheschließung stand das Fortbestehen des »Hauses« im Mittelpunkt, und dabei galt es, viele Faktoren zu berücksichtigen: geschäftliche und politische Beziehungen, Religion, Geld, Status, Tradition und manches mehr. Wer sich weigerte oder gar quertrieb, lief Gefahr enterbt zu werden. Dennoch war die Liebe, oder das, was man dafür hielt, mitunter auch die Grundlage für eine Eheschließung. Hin und wieder nämlich kamen Ehen nicht zustande, weil keinerlei »Neigung« aufkommen wollte – und ein solches Bündnis würde letztlich nur Ärger mit sich bringen. Ehen aus reiner Leidenschaft waren, aus demselben Grund, aber ebenso wenig erwünscht. Alles war darauf ausgerichtet, Risiken zu vermeiden.

1654, ein Jahr bevor Jan die Verbindung mit der Familie Tulp einging, malte Rembrandt das Porträt seines Freundes. Ich füge hinzu: Vermutlich malte er es in diesem Jahr, denn die Datierung basiert ausschließlich auf einem von Jans lateinischen Gedichten:

> aonIDas tenerIs qVIsVM VeneratVs ab annIs
> taLIs ego IanVs sIXIVs ora tVLI.
> (So war mein Aussehen, Jan Six, der seit Kindesbeinen
> die Musen verehrt hat.)

In den im Gedicht befindlichen römischen Zahlenzeichen ist die Zahl 1654 versteckt. Über Rembrandt kein Wort.

Mit seinem melancholischen Blick wirkt Jan darauf älter als der sechsunddreißigjährige Mann, der er damals, sollte die Datierung stimmen, war. Das kann durchaus der Wirklichkeit entsprechen. Auch auf anderen Porträts sieht Jan schon früh ältlich und pockennarbig aus. Eine besonders robuste Familie waren die Sixe nicht. Dunkle und tiefliegende Augen, grüblerische Gesichtszüge, die damals gerne noch betont wurden. Melancholie war die große Modekrankheit des 17. Jahrhunderts, eine nicht unangenehme Betrübnis, die es einem ermöglichte, ungeahnte Tiefen zu erreichen und Visionen zu erfahren. Das konnte aber auch fatale Folgen haben: Der Humanist und Dichter Casparus Barlaeus glaubte manchmal, er bestehe einzig und allein aus Stroh, und ertränkte sich schließlich in einem Brunnen, weil er, so erzählte man, sich einbildete, sein Stroh habe Feuer gefangen.

Die Tatsache, dass Jan sich in dem Gedicht nicht Ioannis nennt, sondern Janus, passt zu dem Porträt. Janus ist schließlich der römische Gott mit den zwei Gesichtern, die es ihm ermöglichen, zugleich nach vorn und nach hinten zu schauen. Das Gemälde spielt ebenfalls mit Doppelungen, mit »jung« und »alt«, mit »hell« und »dunkel«, mit »Ebbe« und »Flut«. Und es zeigt alle Merkmale von Rembrandts Stil in jener Schaffensphase.

Es hängen Porträts in diesem Haus, mit denen man ins Gespräch kommt, an einigen kann man freundlich grüßend vorübergehen, und bei manchen ist es angebracht, den Blick abzuwenden. Aber für dieses Bild muss man sich Zeit nehmen.

Wir sehen Jan, dem Betrachter halb zugewandt. Er scheint in Gedanken versunken. Über die linke Schulter hängt sein roter Umhang. Es ist derselbe wie auf dem kleinen Porträt in dem goldenen Döschen.

Die Farben sind warm. Basis ist Jans olivgrauer Reiteranzug, von dem sich der weiße Kragen und die weißen Manschetten scharf kontrastierend abheben. Das Weiß wird noch zusätzlich von ein paar darüber befindlichen Lichtflecken auf den Ärmeln hervorgehoben, auf den ersten Blick ohne erkennbaren Sinn, aber genial in der Wirkung. Jan ist dabei, seine beigefarbenen Handschuhe überzustreifen. Es ist ein lockeres Porträt, voller selbstbewusster Nonchalance, voller Sprezzatura. Und dabei vertraut und so voller Leben, dass es den Anschein hat, als könnte Jan jeden Moment aus dem Rahmen steigen.

Das Gemälde hat alle Umzüge der Familie mitgemacht. Es taucht stets wieder in den Inventarlisten auf, und manchmal ist es auch auf Familienbildern zu sehen. Jetzt hängt es, zur Ruhe gekommen, in einem der Vorzimmer an der Amstel. Es ist nicht signiert, aber es ist, um mit dem Rembrandtexperten Ernst van de Wetering zu sprechen, »der echteste Rembrandt, den ich kenne«. Das Bild hat eine verblüffende Kraft und Schönheit und ist warm und intim zugleich. Es wurde, wie Röntgenaufnahmen zeigen, in einem Schwung auf die Leinwand gepinselt, ohne spätere Korrekturen. Stellenweise ist es schon fast impressionistisch – van Gogh empfahl seinem Bruder, den »Magier« Rembrandt unablässig zu studieren, wobei er sich immer das Porträt des alten Six vor Augen halten solle.

Was van Gogh zweifellos faszinierte, war die Malerarbeit als solche, die Leinwand und die Farbe, die unruhige Oberfläche, die durch dicke und dünnere Farbschichten strukturiert wird, die auf ganz eigene Weise das Licht »fangen« und reflektieren. Das Porträt ist mit recht lockerem Pinselstrich gemalt, und erst bei genauerem Hinsehen bemerkt man, wie geschickt Rembrandt dabei war. Das Bild spielt mit Gegensätzen: Jans Gesicht ist genau ausgearbeitet, mit allen Hautunebenheiten, seine hellblauen Augen sind sogar detailgetreu gemalt. Die Hände hingegen wurden mit grober Pinselführung dargestellt, ebenso wie die goldenen Stickereien auf Mantel und Ärmel. Man kann Rembrandts Pinselstriche sehen. Doch diese Striche sind makellos – mit seinem impressionistischen Stil war er seinen Zeitgenossen beinahe zweieinhalb Jahrhunderte voraus.

Rembrandt experimentierte im Alter immer häufiger mit solchen groben, »natürlichen« Darstellungsweisen, zu einer Zeit, als ein glatterer Stil modern wurde. Man kritisierte ihn heftig für sein eigensinniges »Pfuschen, Schmieren, Klecksen«, wie sein Kollege Gérard de Lairesse es nannte. Andere wiederum priesen ihn als einen brillanten Nachfolger Tizians, des großen Meisters, der im Alter ebenfalls einen immer gröberen Stil entwickelte, »mit kräftigen Strichen gemalt und mit einem breiten, beinahe plumpen Wisch des Quasts vollendet«, wie der Maler und Kunsthistoriker Giorgio Vasari bereits

1550 schrieb. Sein Werk schien dadurch sehr kunstvoll zu wirken, »während es die Anstrengung verhüllt«.

Der englische Dichter John Elsum sah das in seinem im Jahr 1700 entstandenen Gedicht auf Rembrandts Porträt eines alten Mannes ebenso:

> What a coarse rugged Way of Painting's here
> Stroaks upon Stroaks. Dabbs upon Dabbs appear.

Aber:

> Rembrandt! Thy Pencil plays a subtil Part
> This Roughness is contriv'd to hide thy Art.

Die wahre Kunst ist, mit anderen Worten, die Leugnung von Anstrengung, das Verbergen von Leistung. Dieses Gemälde ist die scheinbare Nonchalance im Quadrat: Die Sprezzatura, das aristokratische ungebundene Leben, Jan selbst, gemalt mit der Sprezzatura Rembrandts.

So war Jan, in seinem letzten Jahr als freier Mann.

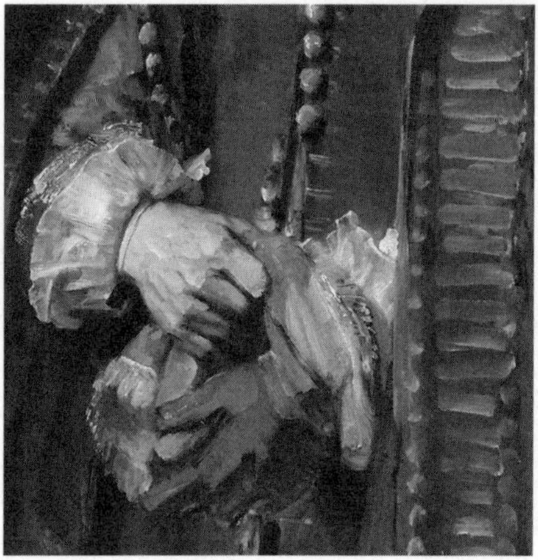

VII
SPLITTER EINER FREUNDSCHAFT

Ja, die Datierung von Rembrandts Porträt. Unten, am Küchentisch diskutierten wir so manches Mal darüber. Die meisten Experten meinen, 1654 könne stimmen. Manche sind aber auch anderer Ansicht. Die einzige Quelle für die Datierung sind ja schließlich jene kryptischen Zeilen aus der Feder von Jan Six, die noch nicht einmal auf ein konkretes Gemälde verweisen. Die Seite, auf der sie zu finden sind, ist voller Streichungen und Änderungen, die Grammatik stimmt nicht, das Ganze hat Versuchscharakter. Jan Six war, so glauben die Skeptiker, deutlich älter, als das Porträt gemalt wurde. Von Vincent van Gogh stammt die Äußerung, das Leben des Porträtierten müsse »wohl ein schönes und ernstes ... gewesen sein«. Rembrandt war ehrlich, er gab Pickel, Falten und Altersflecken so wieder, wie er sie sah. »Dies ist kein sechsunddreißigjähriger Mann, dies ist jemand, der vom Leben gezeichnet ist«, sagt Jan, Kunsthändler und Kenner der alten Meister, zu mir. »Geh rauf und setz dich mal in aller Ruhe vor das Bild. Schau! Lass das Porträt einfach für sich sprechen!«

Ich mache die Probe aufs Exempel. Es ist still in den Fluren und Zimmern, nur die Uhren ticken. Der erste Jan sieht mich ruhig und aufmerksam an. Ich betrachte seine Hände. Hände sind ein klassisches Symbol der Freundschaft: Hier berührt die eine Hand, noch bloß, die andere, die in Wildleder gehüllt ist; der Privatmann auf dem Weg in die öffentliche Existenz. Dieses Porträt markiert einen Wendepunkt, so viel steht fest.

Jan und Margaretha Tulp heirateten am 20. Juli 1655, anderthalb Wochen vor der feierlichen Einweihung des neuen Rathauses. Es war keine einfache Zeit für die Handelsmetropole an der Amstel. Der Erste Englisch-Niederländische Krieg war gerade beendet – weitere sollten folgen, alle um die Vorherrschaft auf dem Meer –, die blühende Wirtschaft hatte einen tüchtigen Dämpfer erhalten, die Pest wütete erneut in der Stadt, Tausende von Amsterdamern starben, die Waisenhäuser quollen über.

Anna Wijmer erlebte die Hochzeit nicht mehr, sie war ein Jahr zuvor gestorben, am 21. Juni 1654. Vier Tage später hat man sie in der Waalse Kerk begraben, neben ihrem Bruder Pieter. Aus Vondels Hochzeitsgedicht kann man schließen, dass sie beim Zustandekommen dieser Ehe die Hand im Spiel hatte:

> Sorgend für den Sohn, wählt' sie zu ihrer Zeit
> die schönste Jungfrau aus, von großer Sittsamkeit.
> Die edelste Tulpe, Glanz aller Blumen, die wir kennen.
> Auf sie fiel ihr Aug, die wir die Perle nennen ...

In praktischer Hinsicht war es für beide Familien eine interessante Verbindung: auf der einen Seite der mächtige Nicolaes Tulp und auf der anderen die aristokratische Aura der Six sowie das kulturelle Prestige, das Jan mitbrachte. Der Vermögensunterschied zwischen den Familien fiel nicht ins Gewicht, Anna Wijmer war wohl noch ein wenig reicher als Nicolaes Tulp. Jans Junggesellenleben hatte lange genug gedauert, er ging auf die vierzig zu und gab das Geld mit vollen Händen aus – eine vornehme Familie zum Einheiraten musste gefunden werden, Anna Wijmer hatte es eilig.

Aber es gab ein Problem. Anfang 1655 warf Johan de Witt, der Ratspensionär von Holland, ebenfalls ein Auge auf Margaretha Tulp. Grund dafür waren seine politischen Ambitionen. Die Beziehungen zwischen den Staaten von Holland und der mächtigen Stadt Amsterdam gestalteten sich nicht immer einfach. Hinzu kam, dass de Witts Ernennung von den anderen Städten gegen den Willen Amsterdams durchgesetzt worden war. In der Heirat mit einer Tochter aus einer prominenten Amsterdamer Familie sah er die Möglichkeit, das Verhältnis zu verbessern und sein Leben um einiges angenehmer zu machen.

1655 begab sich de Witt auf die Suche nach einer geeigneten Dame aus Amsterdam. In Den Haag sah man ihn in jenem Jahr selten, fortwährend hielt er sich in Amsterdam auf und war mit Dingen beschäftigt, von denen, wie er schrieb, »viele behaupten, dass sie das stärkste Hirn verwirren«. Zuerst machte er einem gewissen Fräulein Bernarts den Hof, danach Margaretha. Seine Wahl fiel schließlich auf Wendela Bicker, die Tochter des ehemaligen Bürgermeisters Jan Bicker und Nichte des mächtigsten Mannes der Stadt, Cornelis de Graeff. Am 16. Februar 1656, nach langem Werben de Witts feierte das Paar eine glanzvolle Hochzeit. Süßigkeiten und Geldmünzen flogen in die Menge, die Braut trug ein Kleid aus schwarzer Seide, Vondel verschaffte der Hochzeit mit seinen Versen einen Platz in der Weltgeschichte, und Jacob Cats sorgte mit seinem Wunsch, »dass ihr einander in Stücke möget lieben«, für großes Gelächter.

Warum aber währte der Flirt von de Witt mit der Familie Tulp nur kurz? Möglicherweise hat sich Margaretha selbst für Jan ausgesprochen. Er war ein in jeder Hinsicht bequemer Kandidat. Es kann daher sein, dass Tulp die Avancen des heiratslustigen Johan de Witt ziemlich bald negativ beschieden hat.

Allerdings überzeugt mich diese Version der Geschichte nicht ganz. Vieles deutet darauf hin, dass sich eher das Gegenteil zugetragen hat. Tulp war ein Mann mit großen Ambitionen, die Chance auf eine Verbindung mit dem mächtigsten Mann der Republik hätte er sich nicht einfach so entgehen lassen. Daher blockte er die Annäherungsversuche de Witts im Frühjahr 1655 auch nicht ab, obwohl die Verhandlungen mit der Familie Six schon seit dem Frühsommer des Jahres 1654 im Gange waren – Anna Wijmer hatte sie schließlich noch größtenteils geführt.

Johan de Witt legte großen Wert darauf, sich möglichst zentral und dauerhaft im Amsterdamer System der sogenannten Magschaften zu positionieren, jener Familien samt Verwandtschaft, die bereits seit dem Mittelalter die Stadt regierten. Der mächtigste Mann in diesem System war der vorsitzende Bürgermeister, Magnificus genannt. Dieses Amt hatten während des größten Teils des 17. Jahrhunderts die Familie Bicker und ihr Clan inne. Nicolaes Tulp, der nicht unumstritten war, würde nie Teil dieser Führungsriege werden. Zudem fehlte es ihm an Rückhalt. Zwar wurde er 1654 Bürgermeister, doch schon im Jahr darauf wurde er nicht wiedergewählt. Margaretha Tulp konnte so lieb schauen, wie sie wollte, ein politisch denkender Mann wie Johan de Witt wusste sehr bald, an wen er sich zu wenden hatte.

Im Gegensatz zu Margaretha war Wendela alles andere als ein hübsches Mädchen. Sie hatte ein aufgedunsenes Gesicht mit kleinen runden Augen. Ihre Briefe sind überaus holprig geschrieben und alles andere als virtuos. Was die wechselseitige Neigung betraf, so gab es dennoch nichts zu beklagen. De Witt war, wie aus seiner Korrespondenz hervorgeht, verrückt nach »seiner« Wendela. Und in politischer Hinsicht erwies sich das Ganze tatsächlich als eine wichtige und erfolgreiche Allianz, von der er in hohem Maße profitierte.

Über die Hochzeit von Jan und Margaretha sind keine Berichte erhalten geblieben. Die einsetzende Pestepidemie, begleitet von Angst und Unsicherheit, hat bestimmt ihren Schatten auf die Feierlichkeiten geworfen. In jenem Jahr erlagen laut Angaben der Stadtverwaltung 16 727 Amsterdamer der tödlichen Seuche. Dennoch ging Tulp laut Familienlegende bis an die äußersten Grenzen dessen, was nach seinem eigenen, soeben eingeführten Prunkgesetz möglich war. Die Hochzeitsfeier wird derjenigen von Johan de Witt und Wendela Bicker geähnelt haben. Auch hier trug Joost van den Vondel seine Verse vor:

Die Liebe entzündet so nun des Jünglings Glut,
Wie die Flamme die Fackel, alle Adern, all sein Blut
Werden zu Feuer, dessen unbändige Macht
Kraftvoll aus Augen und Antlitz ihm lacht
Und nicht erlöscht, solange Nahrung es findet.
Wo zwei sich verein'gen, da fasst und verbindet
Die Liebe zehn miteinander …

Auf Jan wartete nun ein vollkommen neues Leben. Durch seine Heirat war er von einem Tag auf den anderen Teil des »Systems Tulp« geworden, und zwar an zentraler Stelle. System deshalb, weil die Macht eines Regenten in jener Zeit sehr viel weiter reichte, als seine offiziellen Kompetenzen es verrieten. Bis heute gibt es innerhalb der Eliten fast jeder Stadt eine Art informelle Tauschwirtschaft von Leistung und Gegenleistung, auch wenn kaum darüber gesprochen wird. Man hilft einem Kollegen aus Schwierigkeiten heraus, unterstützt einen alten Freund bei einer neuen Aufgabe, regelt die Finanzierung eines wichtigen Projekts und erfährt dafür früher oder später eine Gegenleistung. Im Amsterdam des 17. Jahrhunderts war das nicht anders, allerdings war dieses System dort in hohem Maße formalisiert.

Jedes Mitglied des Magistrats und mehr noch jeder Bürgermeister war eine Art »Pate«. Er konnte frei werdende Ämter – samt der daraus resultierenden Einnahmen – neu vergeben, ein ausgeklügeltes System der Patronage, mit dem Familienmitglieder ihren Einfluss bis in die hintersten Ecken der städtischen Gesellschaft geltend machen konnten. Von Nicolaes Tulp und Jan Six sind über derartige Aktivitäten keine Aufzeichnungen erhalten geblieben, wohl aber von Jans Jugendfreund Joan Huydecoper. Der führte regelrecht Buch über empfangene und gemachte Geschenke, Einladungen und Gegeneinladungen, Leistungen und Gegenleistungen. Huydecoper trieb diese Auflistung so weit, dass er sogar – mit einem kleinen »c« – festhielt, wann seine Frau ihm ihre Gunst gewährte. Im Jahr 1659 geschah das, so rechnete er aus, fünfundsiebzig Mal mit einem doppelten »c« am Neujahrstag.

Huydecopers »Tagesregister« waren, wie der Historiker Luuc Kooijmans schreibt, »eine fortlaufende Bilanz, in der Kredit und Debit festgehalten wurden – nicht auf finanzieller, sondern auf sozialer Ebene«. Den »Präsenten, die ich bekam«, standen »Präsente, die ich machte«, gegenüber, den »Freunden, die bei mir wohnten«, standen »Freunde, bei denen ich wohnte«, gegenüber.

Die »Ämter, die ich vergab«, reichen von hohen Posten für enge Verwandte bis hin zur Vermittlung von Arbeit für den Mann der Amme und den Schwager der Näherin. Seinem alten Gärtner spielte er eine Stelle als Schiffer zu – nicht dass der Mann nun selbst zur See fahren musste, das tat ein Stellvertreter, aber er bekam einen Großteil der Einkünfte, die eine ordentliche Altersversorgung darstellten. Als Bürgermeister oblag es Huydecoper, über viele Dutzend Ämter zu verfügen, und regelmäßig schob er frei werdende Posten einem Freund oder Verwandten zu, der damit dann einem eigenen Günstling eine Freude machen konnte.

Für das Amtszimmer des Bürgermeisters im neuen Rathaus hatten Huydecoper, Tulp und die anderen Mitglieder des Magistrats bei Ferdinand Bolein ein riesiges Gemälde in Auftrag gegeben. Es zeigt den römischen Konsul Fabricius, der sich den Einschüchterungs- und Bestechungsversuchen des steinreichen Königs Pyrrhus widersetzt. Darunter ein Vers von Vondel: »Ein Staatsmann beugt sich nicht Geschenken und Gerüchten.« Was in diesem Amtszimmer tatsächlich vor sich ging, war, milde ausgedrückt, nicht ganz so heroisch. Es gab aber eine Grenze: Die Gegenleistung blieb eine moralische Verpflichtung. Es handelte sich um eine Frage der Ehre, nicht um ein Geschäft. Sobald für eine Gefälligkeit Geld bezahlt wurde, sprach man von Korruption, und die galt als Schande.

Quell all dieser Macht war und blieb ein Amt in der Stadtregierung: Kommissar, Mitglied des Magistrats, Schöffe, Schulze und vor allem Bürgermeister. Auf dieser Ebene gab es ein System von Protektion und Patronage, bei fortwährender Machtverschiebung zwischen den unterschiedlichen Familienclans. Jan drückte es so aus: »Sie umschwirren das Amt wie die Mücken das Licht.« Alljährlich fand im Rathaus ein kräftiges Stühlerücken statt, wenn am »Frauentag« – dem 2. Februar, Maria Lichtmess – die Amtszeiten abliefen. Doch letztlich saß am Ende ein jeder Regent wieder bequem: »Wer einmal im Regierungskahn Platz genommen hatte, der fuhr mit, bis der Tod ihn von Bord holte.«

Als Immigranten waren die Mitglieder der Familie Six bislang nicht Teil dieser Machtmaschine gewesen. Sie hatten in Amsterdam nie öffentliche Ämter bekleidet, und der Druck, die daran geknüpften Bedingungen zu erfüllen, war ihnen fremd. Dieser Unabhängigkeit bereitete Nicolaes Tulp nun ein Ende.

Am ersten Frauentag nach der Hochzeit schob er Jan ein erstes Amt zu. In der Kammer, die im Namen der Schöffen unter anderem Gerichtsverfahren in Familienfragen durchführte und die allgemein als »Ehekrachkammer« bekannt war, wurde Jan Kommissar für Eheangelegenheiten. Er saß nicht allein im »Regierungskahn«: Sein Schwiegervater, der erneut zum Bürgermeister ernannt worden war, seine alten Freunde Hendrik Hooft und Joan Huydecoper – Schöffen – und sein Kamerad aus Kindertagen, Hans Bontemantel, nun Vorsitzender von Jans »Krachkammer«, waren mit an Bord.

Das Amt, das Jan nun innehatte, war üblicherweise ein Einstiegsposten und darauf angelegt, mit der Zeit zu höheren Ämtern aufsteigen zu können, bis hin zur Bürgermeisterschaft. Im selben Jahr wurde Jan zudem zum Leutnant der Schützengilde im Stadtteil 28 ernannt, einem wenig vornehmen Quartier in der Nähe des heutigen Rembrandtplein, dessen Offiziere meist aus den reichen Familien in der Umgebung rekrutiert wurden. Auch dieser Posten war als Sprungbrett gedacht. Meist folgte die Ernennung zum Schöffen – zuständig für die Rechtsprechung –, zum Schulzen – eine Art Staatsanwalt – oder zum Mitglied des Magistrats, also des Stadtrates. So wurde Jan umgehend in das Wohl und Wehe des Clans der Tulps hineingezogen – und zwar bis an sein Lebensende.

Doch das war nicht alles. Auch der Charakter und das Gedankengut seines Schwiegervaters drückten Jans Leben und Denken sehr bald einen Stempel auf. Jan war dafür durchaus empfänglich. Wahrscheinlich hat er – trotz aller Unterschiede – in Tulp die Vaterfigur gesehen, die er immer vermisst hatte. Nach dem 1664 erfolgten Verkauf des Hauses »Blauwe Arent« lebten er und Margaretha jahrelang, bis ihr eigenes Domizil fertiggestellt war, im Haus seiner Schwiegereltern. Jans Notizen tragen sehr deutlich die Spuren der Gespräche mit Tulp. Den mitunter kryptischen Ratschlägen »meines Schwiegervaters Nicolaes Tulp« war sogar eine eigene Rubrik gewidmet. Dort lesen wir etwa: »Das Pesthaus muss mit einem Zaun umgeben werden, um den Overtoom zu schützen.« Oder: »5400 Ruten Deich unnötig, wenn der Sperrdeich in Muiden gebaut wird.«

Tulp seinerseits war über seinen neuen Schwiegersohn, wie er ein ernsthafter Denker, ganz zweifellos glücklich. Auf seinen Sohn Diederick, seinen »Thronfolger«, hatte er wenig Einfluss. Tulps ältester Sohn Pieter, auch er Arzt, war ein paar Jahre zuvor mit nur siebenundzwanzig Jahren gestorben. Ihn hatte Tulp immer als seinen Nachfolger betrachtet, für ihn hatte er die *Observationes Medicae* verfasst. Im Vorwort zur zweiten Auflage bekennt er seufzend: »Für ihn, der damals noch auf der Schwelle zur Wissenschaft stand, wollte ich die Ernte bereiten, die er als Mann hätte einfahren können.«

Pieters Tod war für Tulp ein schwerer Schlag. In die Lücke, die er hinterließ, trat Jan Six.

Die in Jans Nachlass befindlichen Notizen tragen hier und da Spuren dieser Entwicklung. Es gibt unkenntlich gemachte Passagen, Seiten wurden teilweise herausgerissen, vor allem in seiner Sammlung von obszönen Scherzen und Geschichten. Die Eingriffe sind, wie ich vermute, vielfach das Werk späterer Generationen, möglicherweise hat aber auch die Familie Tulp dafür gesorgt. Das fachmännische Übermalen des kleinen Porträts jener rätselhaften Chloris würde dazu passen.

Jan selbst scheint einen deutliche Schnitt zwischen seinem »alten« und seinem »neuen« Leben gemacht zu haben. Es ist auffällig, dass, abgesehen von seinen alten Freunden Hendrik Hooft und Coenraad van Beuningen, kein neues Familienmitglied und auch keiner der Mitregenten je einen Beitrag zur *Pandora* geliefert haben. An ihren mangelnden künstlerischen Fähigkeiten kann es nicht gelegen haben. Nicolaes Tulp zum Beispiel war ein brillanter und pointierter Schreiber. Es sieht vielmehr so aus, als habe Jan diese beiden Welten auseinanderhalten wollen, so wie er auch sein Leben auf Elsbroek strikt von seinen Aktivitäten in Amsterdam trennte.

Unter dem Einfluss von Tulp versuchte er währenddessen, seinen Weg im Minenfeld des zeitgenössischen Calvinismus zu finden. In seinen Notizen kann man verfolgen, wie er mühsam einen eigenen Standpunkt im großen theologischen Streit jener Tage sucht, dem zwischen den Liberalen und den Orthodoxen über die Prädestination.

Manchmal ist Jan hier ganz der Freidenker von einst: »Gott hat alle Menschen gut erschaffen, jedoch mit der Möglichkeit, sich zu entscheiden«, schreibt er zum Beispiel. »Wählt er das Böse, dann möchte Gottes Rechtschaffenheit es nicht, dass er ungestraft bleibt. Darum entscheidet euch klug: Wenn wir das Licht verwerfen, verdienen wie die Finsternis.«

Anderswo mischt sich die Stimme des orthodoxen Tulp in die Aufzeichnungen. »Durch unser Beten ändert Gott nichts von dem, was er sich vorgenommen (dann wäre er wie die Menschen)«, liest man zum Beispiel. Und: »Man muss glauben, dass wir Würmer und Staub sind, unrein, und dass kein Unreiner ins himmlische Königreich eingehen wird und der Heilige Geist nicht im Unreinen wohnen will. Allerdings muss man versuchen, unserer verdorbenen Natur freundlich zugeneigt zu sein, vertrauend auf Gottes Wort, dass er helfen wird.«

Solch ein frommer Fatalismus hatte nicht mehr viel mit den Gedanken des freisinnigen Jan Six zu tun, dem Geistesverwandten von Dissidenten wie Vondel, Vos und van Beuningen, mit dem

Humanisten, der für die »deformierten Reformierten«, die Gott »in die Höhe« heben und »den Menschen nieder« machen, nur Spott übrig hat. Jan war, wie schon nach seiner Italienreise, ein anderer Mensch geworden.

Ein paar alte Freunde behielt er. Vondel schrieb weiterhin Verse für ihn. Van Beuningen und Hooft wurden Kollegen in der Stadtregierung. Adriaan Dortsman entwarf das Haus, das er schließlich mit Margaretha bezog, ein für die damalige Zeit sehr modernes Gebäude, das auf dem letzten freien Grundstück am Ende der Herengracht realisiert wurde.

Die Freundschaft mit Rembrandt hingegen nahm eine andere Entwicklung. So wie es, mindestens seit 1647, deutliche Hinweise auf Freundschaftsbekundungen zwischen Rembrandt und Six gab, die in dem großen Porträt kulminierten, so deutet alles darauf hin, dass es um 1655 relativ unvermittelt zum Bruch zwischen den beiden kam.

Die Tatsache, dass der Auftrag für das Porträt der Braut nicht an Rembrandt, sondern an dessen Rivalen Govert Flinck ging, spricht dafür. Die Entscheidung ist insofern bemerkenswert, als Flinck seit 1650 kaum noch Porträts gemalt hatte. Dazu kam, dass Jan den Schuldschein seines alten Freundes – es handelte sich um die eintausend Gulden, die er Rembrandt im Januar 1653 zinslos geliehen hatte – an Gerbrand Ornia weiterverkaufte, einen der reichsten Kaufleute der Stadt, der für seine Kompromisslosigkeit bekannt war. Der forderte tüchtig Zinsen und verlangte die kurzfristige Rückerstattung des Betrags.

Dieses Verhalten Jans kann man auf zweierlei Art deuten. Möglicherweise lag der Weitergabe des Schuldscheins an einen Dritten eine Verabredung zwischen Rembrandt und Jan zugrunde. Zu diesem Zeitpunkt war bei dem Maler nichts mehr zu holen, und vielleicht beschlossen die beiden, ihre Freundschaft nicht länger mit dieser finanziellen Geschichte zu belasten.

Ich selbst neige zu einer anderen Interpretation. Im Amsterdam der damaligen Zeit bedeutete die Umwandlung solch eines privaten und freundschaftlichen Kredits in einen harten, verkäuflichen Wechsel meistens nichts Gutes. Die Botschaft einer solchen Maßnahme war deutlich: Rembrandt hatte sowohl Jans Freundschaft als auch dessen Protektion verloren. Er wurde aus dem Umfeld von Six verstoßen.

Warum? Die Spannungen zwischen Rembrandt und der Amsterdamer Elite schwelten schon seit Jahren. Sein Talent wurde allgemein anerkannt und gelobt, seine politischen Ansichten spielten keine große Rolle, das eigentliche Problem war seine Persönlichkeit. Rembrandt war ein sturer und schwieriger Mensch, und diese Charaktereigenschaften verstärkten sich, je älter er wurde.

Dem Florentiner Filippo Baldinucci zufolge, der 1686 eine biographische Skizze zu Rembrandt verfasste, entsprach dessen Lebensstil in späteren Jahren vollkommen »seiner extravaganten Weise zu malen«, Rembrandt »war sehr launisch und verachtete alle«. »Der schlechte Eindruck, den er mit seinen hässlichen und gewöhnlichen Gesichtern hinterließ, passte zu seiner unziemlichen und schmutzigen Kleidung.«

Jan hatte das nie sonderlich gestört. Er war ein Nonkonformist, und das prägte auch seine Freundschaft zu Rembrandt. Ihm ging es um die Kunst und um das Talent eines Künstlers, nicht um dessen Lebensweise. Mit der Zeit muss sich aber der Standesunterschied, der ihre Beziehung immer schon in einem gewissen Maße beeinflusst hatte, verschärft haben. Während Jan Six in die obersten Schichten der Amsterdamer Elite aufstieg, verkehrte Rembrandt, wie Arnold Houbraken schreibt, »im Herbst seines Lebens meist mit gewöhnlichen Leuten«. Sein Lebensstil wurde immer einfacher, er ernährte sich hauptsächlich von Brot, Käse und Heringen. Houbraken: »Um seinen Haushalt kümmerte sich eine Bäuerin aus Raarep Ransdorp in Waterland, recht klein von Gestalt, doch mit einem guten Wesen und einem pummeligen Leib.« Rembrandt drückte es so aus: »Wenn ich meinen Geist sich entfalten lassen will, dann suche ich nicht Ehre, sondern Freiheit.«

Diese »Bäuerin aus Raarep« – seine Haushälterin Geertje Dircx – war es, die er wegen Hendrickje Stoffels sitzenließ. Dircx machte Rembrandt eine fürchterliche Szene und beschuldigte ihn, er habe ihr die Ehe versprochen und mit ihr geschlafen und von dem bisschen Geld, das er ihr jetzt biete, könne sie nicht leben. Sie zog vor die Ehekrachkammer und forderte eine jährliche Rente von zweihundert Gulden, die ihr nach langem Hin und Her auch zugesprochen wurde. Dennoch gelang es Rembrandt, Geertje zum Schweigen zu bringen: Mit Hilfe ihres korrupten Bruders und ein paar falscher Zeugen ließ er sie in das Spinnhaus, das Frauengefängnis von Gouda, sperren. Währenddessen wurde Hendrickje vor den Kirchenrat zitiert – Rembrandt war kein Mitglied der Gemeinde und konnte daher nicht belangt werden. Man warf ihr vor, »in Hurerei« mit dem Maler zu leben. Als Geertje Dircx 1656, nach sieben Jahren, endlich entlassen wurde, brach der Skandal abermals aus.

Als Kommissar der Ehekrachkammer hatte Jan Six möglicherweise über seinen alten Freund zu urteilen. Es wird ihr Verhältnis nicht einfacher gemacht haben.

Natürlich war Nicolaes Tulp mit seinem Gespür für Reputation nicht gerade begeistert über den Umgang seines neuen Schwiegersohns mit dem ungehobelten Kunstmaler. Die Heirat mit Margaretha kann jedoch unmöglich der einzige Grund für den Bruch zwischen Jan und Rembrandt gewesen sein. Vieles deutet darauf hin, dass die künstlerischen Vorlieben der beiden Freunde sich unterschiedlich entwickelten. Rembrandt blieb bis in seine späten Jahren ein genialer, wenn auch eher grober Maler. Six folgte, das kann man an seiner Kunst- und Büchersammlung ablesen, lieber der aktuellen Mode, die zu mehr Ordnung und Mäßigung neigte.

In Jans Notizen, die nach 1655 entstanden, werden hin und wieder Maler erwähnt, doch der Name Rembrandts taucht nirgendwo mehr auf. Als später der Besitz Gerrit van Uylenburghs – er war der Sohn von Rembrandts ehemaligem Lehrherren – versteigert wurde, da beschränkte Jans Ankauf sich auf einen, wie einer seiner Nachfahren sagt, »drittrangigen Italiener«, obwohl er seine Sammlung um allerlei Rembrandts, »die in Hülle und Fülle zum Verkauf standen«, hätte erweitern können.

In der Amsterdamer Kunstszene gab nicht mehr Rembrandt, sondern dessen früherer Lehrling Govert Flinck den Ton an. Flincks Werk tendierte zum Klassizismus mit seinen strengen, beherrschten und klaren Formen. Ein Stil, der sich auf die Antike berief und das Gegenteil von Rembrandts Art zu malen war. Jacob van Campen hatte mit seinem wunderschönen Entwurf für das Rathaus das Musterbeispiel für diesen neuen Stil, den holländischen Klassizismus, geschaffen. Die Bildhauer und Maler der Stadt, die daran mitarbeiteten – und das waren Dutzende –, mussten sich mehr oder weniger daran halten.

Die Einweihung der »Bruderschaft der Malkunst« durch die St. Lukasgilde am 21. Oktober 1654 in den Voetboogdoelen wurde zu einem historischen Abend. Zum ersten Mal brachen die Kunstmaler aus dem Korsett des »Handwerks« und der dazugehörigen Regeln und Traditionen aus. Gary Schwartz schreibt, dass sich die Künstler damit endlich aus der alten Gilde – zu der auch die normalen Anstreicher gehörten – lösten und Anspruch erhoben, die gleichen intellektuellen und künstlerischen Leistungen zu vollbringen wie etwa das Theater, die Literatur und die Dichtkunst.

Ganz Amsterdam war an diesem Abend mit von der Partie. Diesmal nahmen Vater und Sohn Huydecoper die Ehrenplätze ein, Vondel trug ein Festgedicht vor, auch Jan und Pieter Six wurden gerühmt und mit römischen Konsuln verglichen. Das neue Rathaus mit seinen streng klassischen Formen und Maßen würde innerhalb eines halben Jahres bezugsfertig sein, und die Künstler und ihre Gönner waren von der Idee, die dem Bau zugrunde lag, erfüllt. Die Gemälde und Skulpturen, mit denen das Gebäude geschmückt wurde, standen nicht mehr in der Erzähltradition der Bibel, sondern griffen auf die antike Mythologie zurück. Die Wände und Decken strotzten von Verweisen auf die *Metamorphosen* von Ovid und die *Römische Geschichte* von Livius.

Alle Anwesenden waren davon überzeugt, dass das Zentrum der klassischen Macht von Rom nach Amsterdam gewandert war und dass das alte klassische Feuer nun in ihrer Stadt wieder auflodern würde. Sie waren inspiriert von den Ideen der italienischen Humanisten, die in der bildenden Kunst und der Literatur der Griechen und Römer die Schönheit und die Freuden des eigenen Körpers und des eigenen Lebens wiederentdeckten, ohne die bleierne Last von Religion und Sünde mit sich zu schleppen.

Gewiss, die Vorstellung, die sie sich von der antiken Welt machten, wurde vor allem durch die Vorlieben von Six und den Seinen bestimmt. Das »Altertum« diente oft nur als Fundgrube für ihre eigenen Liebhabereien. Doch das störte keinen. Endlich hatte die Republik eine eigene Formsprache gefunden. Dieses Rathaus war das Symbol dafür, dieses »achte Weltwunder« sollte das Herz des »batavischen Roms« werden, das Zentrum einer neuen Welt.

Bezeichnenderweise fehlte Rembrandt an jenem Abend. Er hatte in dieser Welt nichts mehr zu suchen. Sein Porträt von Six war in dieser glatten und polierten Welt beinahe eine Provokation.

Das Leben keines Amsterdamers des 17. Jahrhunderts wurde so genau erforscht wie das von Rembrandt. Dies gilt vor allem für sein Finanzgebaren. Aus den vielen Regalmetern mit Rembrandtstudien ergibt sich ein eindeutiges Bild: Der Maler war ein notorischer Trickser, seine Finanzen waren ein einziges Chaos, und mit seinem Mangel an Takt verspielte er sogar die Unterstützung seiner treuesten Förderer.

Der Quell allen Übels war sein teures Wohnhaus in der Jodenbreestraat, das heutige Rembrandthaus. Er hat es nie vollständig abbezahlt. Außerdem hatte er eine merkwürdige Art zu wirtschaften: Er bezahlte nicht nur mit Gemälden, er machte auch Schulden mit Optionen auf noch zu malende Bilder. Viele reiche Amsterdamer, die einen hohen Vorschuss bezahlt hatten, warteten vergeblich auf ein Gemälde von ihm.

Als im Mai 1652 der Erste Englisch-Niederländische Krieg ausbrach, stürzte Rembrandts finanzielles Kartenhaus ein. Das war die

Zeit, als Jan ihm unter die Arme griff. Allerdings gelang es dem Maler nicht, seine Schulden in den nächsten Jahren zu begleichen, er musste Konkurs anmelden.

Im Frühjahr 1655 traf er eine Reihe von Maßnahmen, um möglichst viel aus der Konkursmasse herauszuhalten. Zuerst überschrieb er das Haus seinem Sohn Titus. Anschließend ließ er Titus ein Testament aufsetzen, indem dieser alles, inklusive seines Erbes vonseiten Saskias, seinem Vater vermachte. Im Dezember des Jahres organisierte er den privaten Verkauf eines großen Teils seiner Kunstsammlung. Den Erlös steckte er in die eigene Tasche, seine Gläubiger gingen leer aus.

Schließlich beantragte er am 10. Juli 1656 eine offizielle Haushaltsauflösung. »Ein Kopf eines Satyrs, mit Hörnern«, »ein Buch mit Zeichnungen aller römischen Gebäude«, »die Medea von Jan Six, Tragödie«, vermeldet die Inventarliste von Rembrandts damaligem Haushalt. »Einige alte Stühle«, »eine Bettstatt«, »ein Wasserkrug aus Zinn«, »Wäsche, die angeblich gerade auf der Bleiche liegt: 3 Männerhemden, 6 Taschentücher«. Es waren die letzten Reste seines Reichtums.

Rembrandt hielt somit bis zuletzt die Fäden der Operation in der Hand. Seine Gläubiger sahen kaum etwas von ihrem Geld wieder. Die Art und Weise aber, wie er auf solch betrügerische Weise Konkursmasse aus einem bankrotten Unternehmen gezogen hatte, brach mit allen Regeln und jedwedem Ehrenkodex, durch die die Amsterdamer Kaufmannsgesellschaft zusammengehalten wurden. Baruch de Spinoza, der im selben Jahr bei einem Konkurs ähnliche Tricks angewandt hatte, wurde aus der jüdischen Gemeinde verbannt – wegen »schrecklicher Ketzerei«, aber auch wegen dieses Fehlverhaltens.

Rembrandt machte nicht »ehrenvoll« Konkurs, er machte Bankrott, und das war eine große Schande. Die meisten Bankrotteure pflegten die Stadt zu verlassen, um anderswo eine neue Existenz aufzubauen. Doch dazu war Rembrandt nicht bereit. Damit machte er sich zu einem Paria.

Für ein aufwärts strebendes Mitglied des Magistrats wie Jan Six war es unter diesen Umständen fast unmöglich, die Beziehung zu Rembrandt aufrechtzuerhalten. Wie sagt man in Amsterdam? Das Maß war voll.

Auf einem Selbstporträt, das zwei Jahre später, 1658, entstand, sehen wir Rembrandt breit und schwer in einem Sessel sitzen. Ein alter Mann, der von sich und der Welt genug hat. Die Augen in seinem aufgedunsenen Gesicht sind klein geworden, aber es liegt immer noch ein Hauch der alten Schärfe darin, vermischt mit einem nicht kleinzukriegenden Stolz.

Den Rest seines Lebens sollte er in Armut verbringen. Davor bewahrte ihn selbst der Verkauf von Saskias Grab in der Oude Kerk nicht. Zum geächteten Außenseiter wurde Rembrandt jedoch nie. Status war im damaligen Amsterdam offenbar doch nicht alles bestimmend. Sein Malerbetrieb lief nach dem Bankrott weiter, jetzt unter dem Namen von Titus und Hendrickje, die Auftragslage war gut, auch die höchsten Kreise bestellten bei ihm, etwa *Die Vorsteher der Tuchmacherzunft* oder *Die anatomische Vorlesung des Dr. Deyman*.

Bei den lukrativen Dekorationsarbeiten für das neue Rathaus kam Rembrandt jedoch nicht zum Zug, fast alle Aufträge gingen an Govert Flinck und die Seinen. Erst nach dessen plötzlichem Tod im Jahr 1660 durfte er für das Rathaus ein Bild malen, *Die Verschwörung des Claudius Civilis*, ein riesiges, mehr als fünf mal sechs Meter großes Gemälde. Im Sommer 1662 wurde es für kurze Zeit in jener Nische aufgehängt, für die es gedacht war, aber es gefiel den Herren nicht. Rembrandt hat sein Honorar von tausend Gulden nie erhalten.

Es ist schwer zu sagen, ob der Kontakt zwischen Rembrandt und Jan vollkommen abbrach. Es kann sein, dass ihre Beziehung nach 1655 in irgendeiner Form weiterbestand. Im oberen Flur des Hauses Six stehen zwei Büsten von Seneca und Diogenes, die, so kann man aus den Inventarlisten schließen, wahrscheinlich aus Rembrandts Haushalt stammen. Jan trennte sich bis zu seinem Lebensende nicht von seinen fünf Rembrandts. Selbst später, als Rembrandts Beliebtheit auf einem Tiefpunkt angekommen war – im 18. Jahrhundert galt Gerard Dou als der größte niederländische Maler –, hegte und pflegte die Familie Six seine Bilder. Und auch das außergewöhnliche Porträt Saskias wurde noch mindestens zwei Generationen lang in der Familie gehalten. So als müsste ein altes Versprechen erfüllt werden.

Und dann gibt es immer noch die Diskussion über das Porträt von Jan. Stammt es wirklich aus dem Jahr 1654?

Ich setze mich noch einmal in aller Ruhe vor das Bild. Das Mittagslicht fällt gleichsam zeitlos auf die blaugrünen Wände und den alten Teppich, auf Anna Wijmer und die anderen Porträts, auf Jan in seinem grauen Reiteranzug und mit dem roten Umhang.

Bei dem Versuch, seinen Bruder aufzumuntern, verweist Vincent van Gogh am 28. Mai 1888 in einem Brief auf das Porträt: »Du kennst das Bildnis des alten Six – ein Mann, der davongeht, den Handschuh in der Hand; gut, *lebe*, bis Du so davongehst; so sehe ich Dich: verheiratet, in einer fabelhaften Stellung in Paris. Auf diese Art kommst Du zu Erfolg und Ansehen.« Später kommt er noch einmal darauf zu sprechen: »Es ist eine ähnliche Vorstellung, wie sie sich für mich mit Dir verknüpft (…): das Porträt des alten Six, das schöne Porträt mit dem Handschuh, kommt mir immer wie Deine Zukunft vor und die Rembrandtsche Radierung, Six am Fenster lesend, von einem Sonnenstrahl getroffen, wie Deine Vergangenheit und Deine Gegenwart.«

Ich betrachte jenes Porträt, mit allem, was ich inzwischen über Jans Freundschaft zu Rembrandt weiß, und mit allem, was ich vermute. Ich sehe einen liebevoll gemalten Mann, in einer Atmosphäre von großer Intimität. Manche Knöpfe an seinem Mantel ähneln, wenn man ganz genau hinsieht, Fingerabdrücken. Das Gemälde war ein Experiment, und beide waren dabei verletzlich: Jan als Porträtierter, Rembrandt als Maler, der versucht, neue Wege zu finden. Das Engagement Rembrandts, das Vertrauen Jans, sie sind überall in diesem

Gemälde spürbar. Bezeichnend ist das Fehlen einer Signatur – Maler wie Modell hielten sie offenbar für überflüssig.

Ein solches Porträt kann nur in den besten Momenten ihrer Freundschaft entstanden sein – und um 1654 war diese wohl auf ihrem Höhepunkt. Was auch immer dann vorgefallen sein mag, die Beziehung verschlechterte sich, wahrscheinlich brach sie sogar vollständig ab. Vielleicht ahnten die beiden Freunde dies schon, und Rembrandt wusste es genau.

Jan – Janus – steht in den Kleidern seiner Jugend auf der Schwelle. Er zieht die Handschuhe an. »So war mein Aussehen, Jan Six, der von Jugend an die Musen verehrt hat.« Es ist ein Abschied. Von Rembrandt, aber auch von dem Mann, der Jan einst war.

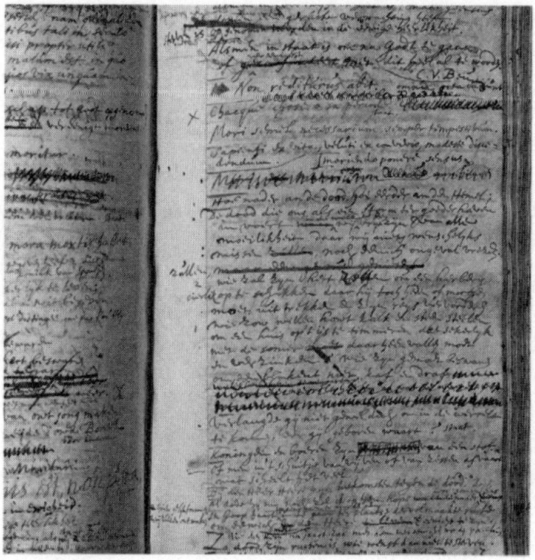

VIII
UNSERE EWIGE SEELE

Ein Nachmittag im Gefängniskeller unter dem Rathaus. Man will sich einen Dieb vorknöpfen, damit er gesteht. Denn: Ohne Geständnis keine Verurteilung. Der Schulze bittet um Genehmigung, die Schöffen stimmen zu, Jan notiert Folgendes:

> Dann zog man ihm das Hemd aus und band seine Hände auf den Rücken. Danach wurden Gewichte an seine großen Zehen gehängt. Anschließend verband man ihm die Augen und befestigte Beinschrauben an seinen Unterschenkeln. Er tat so, als sei er ohnmächtig, aber das war gespielt und erwies sich als falsch. Die Beinschrauben wurden vorsichtig wieder gelockert, was am meisten wehtut, und dann wieder festgezogen. Man ließ seine Frau kommen, um ihn erneut zu beschuldigen, und schließlich gestand er, ohne dass man ihn vorher losgemacht hätte.

Dieses Fragment stammt aus dem Journal, das Jan unregelmäßig über seine Erlebnisse im Magistrat führte. Lektion eins für den Neuling bei der Folter: nicht zu schnell vorgehen, »sonst wird der Schmerz betäubt«. Das »Losschrauben und wieder Festziehen schmerzt am meisten«. Nach einer solchen Behandlung, so berichtet ein anderer Schöffe, sehen die Unterschenkel der Opfer meist aus »wie Waffeln«.

Das war Jans neues Leben.

Ich sitze oben in der Bibliothek an dem alten, hohen Schreibtisch. Vor mir liegen zwei in Pergament gebundene, schwere, fast fünfhundert Seiten dicke Folianten. Auf dem einen steht in zierlichen Buchstaben »Pandora«, auf dem anderen – ganz offensichtlich eine Fortsetzung – »Pandora und Schöffenschaft siehe hinten im Buch«. Der Inhalt – gelegentlich habe ich bereits daraus zitiert – ist auf den ersten Blick ein wildes Durcheinander: Die Bände enthalten Ereignisse und Erlebnisse aus Jans Amtslaufbahn, aber auch Rezepte, religiöse Betrachtungen, Anekdoten, schlüpfrige Witze, Sprichwörter, Wetterberichte, einzelne Notizen, kurzum alles, wovon Jan dachte, dass es lohnt, aufgeschrieben und aufbewahrt zu werden.

Geschrieben ist das Ganze zum Teil auf Niederländisch, zum Teil auf Latein, und zwischendurch gibt es kürzere Passagen auf Französisch und Italienisch. Jan hat sein Notizbuch wohl als Gedächtnisstütze genutzt, als eine Sammlung von geistreichen Äußerungen und erstaunlichen Geschichten, mit denen er ein Gespräch auflockern konnte, zugleich war es für ihn aber auch eine Art Tagebuch. Vieles stammt ganz offensichtlich von ihm selbst, auch wenn er zahllose Bemerkungen von anderen übernahm. Vorne findet sich ein alphabetischer Index, doch wusste wohl nur Jan selbst, wie man was findet. Jahreszahlen sind selten, die ersten Notizen stammen vermutlich aus den sechziger Jahren, als letztes Datum ist der 5. Oktober 1698 verzeichnet, der Tag an dem er in der Oosterkerk den neuen Pastor Taco van den Honert predigen hörte. Jan hat also fast vierzig Jahre lang, bis zu seinem Tod, an diesem Buch geschrieben, das unter Historikern als die *Große Pandora* bekannt ist.

Eine solche Sammlung von persönlichen Gedanken war typisch für die Epoche. Niels Stensen zum Beispiel hat ein ebensolches Notizbuch hinterlassen, aus derselben Zeit, mit derselben Mischung aus Beobachtungen, einzelnen Gedanken, Auszügen aus Predigten und Abhandlungen, guten Vorsätzen und praktischen Lebensweisheiten. Er schrieb, wie Jan Six, über Descartes, aber auch über die Farbe von »gutem« Urin.

Selbstforschung war ein Trend jener Jahre. Rembrandt tat es auf seine Weise, indem er eine ganze Reihe von Selbstporträts schuf, insgesamt über achtzig, von fröhlich und leichtsinnig bis hin zu alt, schicksalergeben und distanziert. Vor allem seine späteren Selbstbildnisse haben eine Tiefe und eine Intensität, die nur das Ergebnis einer langen und eingehenden Selbstschau sein können.

Autoren und Philosophen waren die Ersten, die ihre persönlichen Gedanken notierten und ihnen so eine Dimension hinzufügten, die es zuvor nicht gegeben hatte: der französische Edelmann Michel de Montaigne mit seinen *Essays*, der Londoner Beamte Samuel Pepys mit seinen Tagebüchern, der geniale und mystische Blaise Pascal mit seinen *Pensées* – ebenfalls eine Sammlung von Notaten – und sein rationaler Amsterdamer Gegenpol René Descartes.

Jans Journal ist alles andere als durchdacht und systematisch. Es ist nichts anderes als sein persönliches Schmier- und Notizbuch, das nur für seine Augen bestimmt war. Ein buntes Wirrwarr, aber zugleich auch eine gewaltige Fundgrube für jeden Historiker. Wenn wir in das Hirn eines Amsterdamer Kunstliebhabers und Regenten aus dem 17. Jahrhundert schauen könnten, in den Kopf des Jan Six, wie wir ihn von Rembrandts Porträt her kennen, dann fänden wir dort wohl die Gedankenwelt, die aus diesem Buch spricht. Was lesen wir da?

Zunächst Hunderte von Sprüchen und allgemeine Weisheiten:

»Wer seine Eltern entehrt, schändet sich selbst.«
»Wer sein Kind nicht bestraft, nährt den Feind.«
»Wer viel Eigentum zu besitzen trachtet, versucht dem Besitz eigen zu werden. Der Besitz besitzt.«
»Das Glück zeigt den Mann, das Unglück seine Freunde.«
»Die Unvernünftigen streben nur nach dem, was sie begehren, ohne daran zu denken, was damit verbunden ist, was sie aber nicht begehren. So verfahren die meisten Liebhaber, die zwar oft bekommen, was sie begehren, doch auch, was sie nicht begehren. Sie denken an das, was ihnen fehlt, doch nicht an das, was ihrer Geliebten fehlt.«
»Eine schöne Frau ist ein sanfter Tod.«

Neben Hinweisen, wie man Frauen verführt, stehen ausführliche Reflexionen über die Religion:

> »Wenn man will, dass eine Dame einem folgt, so stellt man sich vor sie und macht ein paar Grimassen, dann ergreift man mit der Hand das Ende ihres Rocks, das zwischen ihren Beinen hervorschaut und geht los; sie kann dann nicht stehen bleiben.«
> »Siebzehnhundertmillionen Meilen mindestens ist der feste Himmel von uns entfernt.«
> »Es gibt keine Atheisten; ein jeder spürt durchaus, dass er von einer höheren Macht bewegt wird und nicht aus sich selbst heraus existiert.«

Durch Jans Kopf spukten auch platte Witze und Anekdoten. Vieles wurde später durchgestrichen, manchmal kann man nur noch Bruchstücke davon entziffern. Jan schreibt zum Beispiel genüsslich über einen Mann, der den Darm eines Ochsen mit Menschenkot füllte und das Ende fachmännisch verschloss, »so dass Hunderte von Leuten kamen, um solch einen grässlich großen (durchgestrichen) zu sehen«.

Seine Doppeldeutigkeiten waren von denen eines durchschnittlichen Amsterdamers jener Zeit nicht zu unterscheiden: »Woher kommst du? Aus der Hölle, wo man solche Nägel macht.« – »Ein paar Fräulein sahen wohl hundert Schafe vorbeiziehen, von denen eines vollkommen schwarz war. Eine von ihnen bedauerte das schwarze Schaf. Als man sie nach dem Warum fragte, antwortete sie: ›Ich habe nur eine schwarze Stelle an meinem Körper, und die wird ständig gestoßen. Wie muss das Schaf, das überall schwarz ist, da nicht gestoßen werden?‹«

Hier und da taucht ein Gedicht oder der Versuch eines solchen auf, oft von Kritzeleien und Ausstreichungen begleitet:

Jungfern, die durch schöne Augen
Mich an Liebe ließen glauben
Bringt Eure Liebe solche Saat ...

Und:

Ich wich ab von heim'schen Sitten
Um Euretwillen nur
Einst schwor ich, niemals mehr zu minnen,
Doch als ich Euch sah, da ändert' ich mein Sinnen ...

Oder:

Wie stinkt der Rauch von Minnebrand
Der gute Ruf, das köstlich' Pfand
Geliebter Glanz und Schick
Sie schöpft ihren ält'ren Erbteil aus
Die Geilheit labt sich am Beuteschmaus
Sie verdunkelt unsern Blick
Sie reißt uns die Haare aus dem Haupt
Sie ist's, die alle Kräfte raubt
Verursacht üble Qualen ...

Neben seiner Lyrik verfasste Jan reihenweise Chronogramme. Diese Form beherrschte er meisterhaft. »DeVM CoLe. Dies steht auf meinem Gestühl in der Kirche von Hillegom«, also »Ehre Gott« – 1655. »sIC transIt gLorIa MVnDI«, »So geht der Ruhm der Welt vorüber« – 1659. »VenIes aD CVLMen honorIs. annus natalitius nicolai siX«, »Du wirst den Gipfel der Ehre erreichen. Das Geburtsjahr von Nicolaas Six.« – 1662.

Und dann sind da seine selbstgemachten Liedchen:

> Ein Reiter über die Heide ritt
> Er war gar fröhlich und sang ein Lied
> Er sang es mit lauter Stimme
> Wie will er sein Rehlein zähmen
> Das hörte ein Mädchen, noch jung
> Als es in seinem Schlafzimmer stand ...

Hin und wieder erzählt Six »Historien« oder unwahrscheinliche Begebenheiten. Etwa von der Frau seines Barbiers, die behauptete, »dass sie ohne Herz und Seele sei, dass sie tot sei und nur scheinbar lebe, dass sie nur ein Körper sei«. Sie versuchte zu fasten, doch als ihr dies nicht gelang, sagte sie, sie »esse nur für den Mund«. Um ihrem Mann dies zu beweisen, schluckte sie anschließend Rattengift, wobei sie »halb lachend« sagte: »Da siehst du's, glaubst du mir jetzt, dass ich tot bin? Obwohl ich Rattengift esse, so sterbe ich daran nicht, denn ich bin schon längst tot.« »Eine Stunde später starb sie und wurde am 1. Juni anno 1688 in der Nieuwe Kerk in Amsterdam begraben.«

Auch extreme Wetterereignisse hielt Jan in der *Pandora* fest. So berichtet er über den starken Frost im Jahr 1684, als das Eis in einer einzigen Nacht »eine Handbreit« dicker wurde. Im Juni 1685 und im Sommer 1689 war es so kalt, dass man die Winterkleider wieder anziehen und die »Frauen mit einem Stövchen und in Hausmänteln bei Tisch sitzen mussten«. Im Juni 1686 hingegen herrschte eine solch brütende Hitze, dass der oben bereits erwähnte Barbier »durch Hemd und Wams hindurch« einen Sonnenstich bekam. 1695 gab es eine große Flut, und als die Deiche an zwei Stellen brachen, sah Jan mit eigenen Augen, »wie die Jodenbreestraat bei der Snoekjesbrug überflutet wurde«.

Am 18. September berichtet er von einem starken Erdbeben. »Mittags, kurz vor halb drei«, sitzt die ganze Familie bei Tisch, und alles begann zu wackeln, so dass »ein jeder glaubte, ihm würde schwindelig«. In der Küche »schaukelten die Sachen am Kannenbrett hin und her, mindestens eine Handbreit«. Alle sagten, es handele sich um ein Erdbeben, »doch ich meinte, der Pulverturm sei explodiert«. »Im Wasser des Burgwalls blubberten schwarze Blasen.«

Es war tatsächlich ein Erdbeben, und zwar, wenn man die Berichte über die entstandenen Schäden zugrunde legt, das schwerste, das es jemals auf dem Gebiet des heutigen Belgien und in den Niederlanden gegeben hat. Das Epizentrum lag bei Verviers, doch noch aus Kent wurden Schäden gemeldet. Die Pastoren ergriffen die Gelegenheit beim Schopfe: Dieses »schreckliche« Erdbeben sei ein deutliches Zeichen von »Gottes Zorn und Verärgerung« über die »zunehmende Gottlosigkeit des Volkes« und »die öffentlichen Komödien, Zerstreuungen und anderen wollüstigen Vergnügungen«.

Im ganzen Buch wimmelt es nur so von Rezepten und technischen Beschreibungen, vom richtigen Backen eines Brotkuchens bis hin zur Konstruktion einer »Galerie« für »Limonenbäume«. Jan entwarf sogar einen Plan, wie man »frisches Wasser nach Amsterdam bringen kann«. Er stellte sich das so vor: Mit Hilfe einer großen »quadratischen Röhre« sollte das Wasser der Vecht ab Nigtevecht »bis zum Gein« geleitet werden; dort musste es dann mit Hilfe von Pferden hochgepumpt werden, in »einen sehr großen Kupferkessel oder ein Becken mit hohen Deichen«; von dort aus sollte es dann durch Bleirohre in die Stadt fließen.

In gleichem Maße suchte er Lösungen für häusliche Probleme.

»Um guten Siegelwachs zu machen: feinstes Wachs, Harz ohne Fett, fein gerieben, Kupferpatina, ein wenig Wäscheblau …«
Gegen Bienenstiche: »Gestampfte Lorbeerblätter auf den Stich einer Honigbiene lässt den Schmerz vergehen und zieht den Stachel heraus.«
»Zur Hälfte Harz und zur Hälfte Speck nimmt man, um Flaschen zu verschließen.«
»Brei für Säuglinge: Mehr Wasser als herben Wein, zerkrümeltes Weißbrot ohne Rinde, ein Stück Butter so groß wie eine

kleine Haselnuss, so lange kochen wie Biersuppe mit Brot und bis alles vermischt ist.«

»Bei Magnus dem Buchbinder auf dem Nieuwendijk kann man gute Tinte kaufen, für fünf Cent je halben oder Viertelliter.«

Zwischen all den Scherzen und Rezepten finden sich philosophische Betrachtungen, auf die Jan viele Stunden verwendete. In seinen Aufzeichnungen sind seitenweise lateinische Notizen von erstaunlich hoher Qualität zu lesen. Jan erforschte wie so viele Intellektuelle in dieser Frühphase der Aufklärung die Wirklichkeit mit den eigenen Augen, noch nicht durch allzu viel Bücherwissen verstellt. Zumindest versuchte er das. So wie sein Schwiegervater Nicolaes Tulp in seiner anatomischen Vorlesung die Adern des linken Arms seines »Patienten« sorgfältig bloßlegte und untersuchte, so wollte Jan den menschlichen Geist und vor allem seine eigenen Gedanken sezieren. Die »Entdeckung« des Individuums warf schließlich unvermeidliche Fragen auf: Wer bin ich? Was denke ich? Was will ich? Wo liegen die Grenzen des freien Willens angesichts von Gottes Allmacht?

Jans Notizbuch, die *Große Pandora*, verdient eigentlich eine viel gründlichere Betrachtung, als sie in diesem Rahmen möglich ist. Sie enthält zwar vor allem einzelne und unsortierte Gedanken, doch zeigen sie deutlich, dass wir es mit einem intelligenten, gebildeten und belesenen Mann zu tun haben. Französisch und Latein beherrschte er ausgezeichnet; die lateinischen Texte unter zwei Bildern im neuen Rathaus sind von ihm. Jan war zudem mit dem – damals revolutionären – Denken Spinozas vertraut und verglich dessen schwierige Überlegungen mit denen von Philosophen wie Descartes und Lukrez, um so seinen eigenen Standpunkt bestimmen zu können. Jan machte sich, ganz offensichtlich, seine Gedanken.

So wie fast alle Menschen des 17. Jahrhunderts, zweifelte er keinen Moment an der Existenz einer unsterblichen Seele – daher auch die ständige Beschäftigung mit dem Jenseits:

»Die Seele ist eine Qualität des Menschen«, schreibt er Descartes folgend und unterscheidet zwischen der »nährenden Seele«

und der »rationalen Seele«. Dann verweist er auf Spinoza: »Non dantur dua substantiae ...« »Es gibt keine zwei Arten des Seins, es gibt nur eine Seele, die eine geistige Existenz hat. (...) Die überall ist, aber nicht überall handeln kann, weil ihr die Instrumente fehlen.« Die Seele ist in seinen Augen eine Eigenschaft des menschlichen Körpers, Gott ist eine Eigenschaft des Universums.

Mein Eindruck ist, dass Jan zu Beginn seines neuen Lebens im Februar 1656 anfing, seine Gedanken zu notieren. Die *Pandora* hatte für ihn die Funktion eines inneren »Freiraums«, eines Gegengewichts zu all den öffentlichen Aufgaben, die nun auf ihn einstürmten. Was Letztere angeht, so fehlt es auch dazu nicht an Refexionen:

> »Kämpfe nie wieder gegen die Religion oder Dinge, die im Bereich Gottes zu liegen scheinen.«
> »Wer den Hof liebt, kennt ihn nicht, denn wer ihn kennt, liebt ihn nicht.«
> »›Die regieren wollen, taugen nicht dazu‹, sagte der unglückliche Jan de Witt.«
> »Die Gunst der Herren und die Liebe der Huren sind zwei Dinge, die nicht lange währen.«

Jan begann seine Amtstätigkeit in einer neu geschaffenen Umgebung. Das Rathaus war bereits 1652 provisorisch bezogen worden. Drei Jahre später wurde es offiziell eröffnet, doch auch danach wurde fortwährend daran gebaut. Bis zur Fertigstellung der Decken von Bürgersaal und Kuppelturm sollten noch zehn Jahre vergehen, und das riesige Deckengemälde im Bürgersaal wurde erst 1705, fünfzig Jahre nach der Einweihung, vollendet.

Auch von den in Auftrag gegebenen Gemälden waren etliche noch nicht geliefert worden, vor allem die Bilder, auf denen der Kampf zwischen den Römern und den Bataviern dargestellt werden sollte, standen noch aus. Sie sollten die Parallelen zwischen den tapferen Bataviern und den zeitgenössischen Amsterdamern aufzeigen, die es ja auch gewagt hatten, sich gegen ihre Unterdrücker zu erheben, und damit eine Verbindungslinie zwischen dem alten und dem neuen Amsterdam ziehen. Der Bilderzyklus wurde jedoch nie vollendet, unter anderem auch weil Govert Flinck plötzlich verstarb. Trotz der permanenten Bauarbeiten waren die Amsterdamer ungemein stolz auf ihr Rathaus. Das Gebäude hatte gewaltige Ausmaße, es ragte weit über die dunkle Umgebung hinaus, ein Monument, das im – damals noch leuchtenden – Weißgelb des Bentheimer Sandsteins, aus dem es erbaut war, erstrahlte. Und zugleich war es aufgrund seiner streng klassischen Proportionen ein Musterbeispiel von Ordnung im chaotischen, mittelalterlichen Zentrum der Stadt.

Die Innenausstattung hatte die dieselbe Ausstrahlung und war beispiellos im schlichten Holland. Das Herz des Gebäudes, der Bürgersaal, war nach dem Vorbild der »fora« im alten Rom entworfen worden. Im Prinzip war der Saal ein großer überdachter Platz, wo die Bewohner der Stadt zusammenkommen konnten. Und das taten sie sehr bald. Dabei lagen ihnen Himmel und Erde zu Füßen, denn in den Fußboden waren sowohl eine Himmelskarte als auch zwei Weltkarten eingelegt – noch mit weißen Flecken, denn große Teile von Nordamerika etwa waren 1655 Terra incognita.

Für die Amsterdamer war das Rathaus beinahe wie ein Zuhause: Es gibt ein Gemälde von Gabriël Metsu, auf dem ein holländisches Wöchnerinnenzimmer zu sehen ist – mit Wöchnerinnenbett, Hebamme und stolzem Vater. Nichts besonderes, abgesehen davon, dass Metsu die Szene in das Amtszimmer des Bürgermeisters im neuen Rathaus verlegt hat. Der Kamin, der skulpturale Schmuck, es ist zweifellos das Arbeitszimmer von Tulp und den anderen Regenten. Pieter de Hoogh machte etwas Ähnliches: Er stellte eine fröhliche Gesellschaft vor dem Kaminsims des Magistratszimmers dar. Andere Künstler malten häusliche Szenen mit Ehepaar, Dienstboten, Kind, Hund und Cello spielendem Mann – in der Kulisse des Bürgersaals.

Tatsächlich war das Rathaus vor allem ein Verwaltungsgebäude, eine bizarre Mischung aus Rathaus, Gericht, Wechselbank, Zeughaus, Hauptwache der Polizei, Finanzamt, Hauptverwaltung der Witwen- und Waisenfürsorge und Gefängnis. Die Funktionen überschnitten sich, die exekutive, die legislative und die judikative Gewalt waren alles andere als strikt voneinander getrennt. Die Schöffen hatten auch gesetzgebende Funktion, die Bürgermeister spielten in der Rechtsprechung eine Rolle, der Schulze war sowohl Polizeichef als auch Staatsanwalt.

In dem Gebäude arbeiteten, wie aus einer Berechnung aus dem Jahr 1682 hervorgeht, 456 Personen, darunter neun Schöffen und vier Beamte, die für die Waisen zuständig waren, drei Buchhalter und ein Dolmetscher für das Hochdeutsche. Der gesamte Beamtenapparat wird unwesentlich größer gewesen sein. Viele Aufgaben – wie zum Beispiel das Eintreiben der Steuern und die Bewachung der Gefangenen – waren privatisiert. Letztendlich basierte auch die Verwaltung des blühenden Amsterdam des 17. Jahrhunderts auf der Philosophie des sogenannten Nachtwächterstaats, eine einfache Organisationsform, die nur für Ordnung, Sicherheit und ein paar grundlegende Dienstleistungen sorgte: Rechtsprechung, Nachtwächter und Schützengilden, den Bau und den Unterhalt von Straßen, Wasserwegen, Schleusen, Dämmen und so weiter, die Kontrolle der Märkte und der Waage, das Athenaeum Illustre. Mit der Zeit wurden jedoch vermehrt Projekte mit weitreichenderen Auswirkungen in Angriff genommen, zum Beispiel die Einrichtung einer Wechselbank, die Ausrüstung der Vereinigten Ostindischen und der Westindischen Compagnie und natürlich, das größte Projekt, die Erweiterung der Stadt durch den Ausbau des Grachtengürtels. Denn bei all den Intrigen in den Regentenkreisen sollten wir nicht vergessen: In diesem Rathaus tummelten sich in jenen Jahren auffallend viele administrative, unternehmerische und diplomatische Talente. Auch darin lag der Erfolg des Goldenen Jahrhunderts begründet.

Jans Arbeitszimmer befand sich in der zweiten Etage, auf einem Flur mit dem Zimmer der Kommissare für Meeresangelegenheiten und den Zimmern des Schulzen, des Gefängniswärters und der Registratur. Wer in Amsterdam heiraten wollte, musste sich bei ihm – oder einem Kollegen – melden, um eine Reihe von Formalitäten zu erledigen. Danach konnte die Ehe in einer der anerkannten Kirchen oder im Rathaus geschlossen werden. Stadtbekannt war seine Behörde allerdings wegen anderer Eheangelegenheiten, die ebenfalls dort behandelt wurden, allen voran die »Eheversprechen an unschuldige Jungfrauen« – aus diesem Grund musste ja auch Rembrandt vor den Kommissaren erscheinen. Das andere »Geschelte« – »Schimpfwörter, all die Streitereien zwischen keifenden Weibern und ihren Mädchen, zwischen Meistern und ihren Knechten« – landete bei den Kommissaren für »einfache Fälle«, für die Jan ebenfalls viele Jahre lang tätig sein sollte.

Über diese Zeit hat Jan nicht viele Aufzeichnungen hinterlassen. Wir haben jedoch das Glück, dass sein Kollege und alter Freund Hans Bontemantel seine Eindrücke ausführlich und schonungslos festgehalten hat. Bontemantel war ein reicher Kaufmann an der Keizersgracht, in führender Position bei der Westindischen Compagnie, Schöffe, Mitglied des Magistrats und wie kein Zweiter mit den Prozessen im Rathaus vertraut, wo er im Laufe der Jahre eine ganze Reihe von Ämtern bekleidete. Er notierte alles, was er hörte und sah. Für einen Schöffen war das nicht ungewöhnlich, auch andere taten dies oft sehr gewissenhaft, in der Absicht, eine Art Jurisprudenz zu entwickeln. Bontemantel hat seinen Aufzeichnungen sogar einen Titel gegeben: *Die Regierung von Amsterdam, zivil, kriminell und militärisch*.

Weiter als bis zum Schöffen hat Bontemantel es allerdings nie gebracht. Er wurde, vielleicht gerade deshalb, zu einem zähen Opponenten, einem stillen Protokollanten, einem lästigen Beobachter der Macht. Das alles macht *Die Regierung* zu einer faszinierenden Quelle. Bontemantel war, eben weil er nie bis an die Spitze der städtischen

Hierarchie aufstieg, der ideale Zuschauer und Chronist. Er stand zwar mit auf der Bühne, hörte und sah alles, blieb aber zugleich, notgedrungen, immer auf Distanz, immer im Schatten der Herrschenden. Alle Intrigen, die ihm zu Ohren kamen, notierte er abends in seinem Buch, als sei er, wie der Herausgeber von Bontemantels Aufzeichnungen schreibt, »der offiziell angestellte Autor der *chronique scandaleuze* der Amsterdamer Regierung«.

Genüsslich beschreibt Bontemantel die Feste der Regenten – beim traditionellen »Predigermahl« gab man den Pastoren die Reste für Frau und Kinder mit – sowie das Gemauschel bei der Vergabe der öffentlichen Ämter. Wer »vergessen« wurde, empfand dies als große Beleidigung. Nicolaes Tulp widerfuhr dies im Jahr 1656, als es seinen Widersachern gelang, seine Ernennung zum vorsitzenden Bürgermeister zu verhindern, seine calvinistische Basis war zu dieser Zeit schlicht zu schwach. Dank der Vermittlung von Jan Six bekam Tulp bei der nächsten Ernennung wieder einen hübschen Posten, den des Schatzmeisters. Allerdings unter der Bedingung, dass er seinerseits den Verwandten eines Bürgermeisters half, in den Magistrat zu kommen.

Das Eigenartige an Bontemantels Aufzeichnungen ist, dass er sich selbst nicht schont. Mit der Zeit werden seine Notizen immer mehr zu einem persönlichen Tagebuch. So schildert er zum Beispiel, wie er sich selbst in die Bredouille bringt, indem er seine Stimme jemandem verspricht, obwohl er eigentlich verpflichtet ist, sie einem anderen zu geben. Und über ein aufsehenerregendes Trinkgelage mit dem Magistrat von Haarlem am 21. Juni 1668 berichtet er brav: »Bürgermeister Vlooswijck, der sah, das Bontemantel betrunken hinfiel, war diesem sehr behilflich.«

Am interessantesten sind jedoch die Stellen, wo er sich als eine Art Reporter geriert, der loszieht, um die andere Seite einer Geschichte zu ergründen. Etwa als er nach einem Volksaufstand einen Spaziergang über die wenig feine Werftinsel Marken – der heutige Waterlooplein – macht, um die Meinung des größten Unruhestifters, eines gewissen Rombout, zu hören. Dessen Frau, die sofort zu

»keifen« und zu »schimpfen« anfing und »wissen wollte, was ich im Schilde führe«, wies ihm schließlich die Tür.

Das Amsterdam, in dem Six und Bontemantel ihre Arbeit taten, war trotz aller Fortschrittlichkeit in vielerlei Hinsicht noch eine mittelalterliche Stadt. Nach wie vor konnte es geschehen, dass Frauen wegen Hexerei vor Gericht gezerrt wurden, auch wenn, bezeichnend für die neue Zeit, die Strafen sehr viel weniger drastisch waren. Rituale blieben heilig. Als Nicolaes Tulp einmal im Leichenzug einer Bürgermeistergattin neben dem Schulzen ging, drängten ihn die Schöffen sofort dort weg. Die Tradition verlangte, dass ein ehemaliger Bürgermeister hinter ihnen ging, nicht vor ihnen. Und wenn der Schulze eine Gerichtsverhandlung eröffnete, sprach er nach mittelalterlichem Brauch noch immer vom »Spannen der vier Taue«, zwischen denen einst Recht gesprochen wurde, und stellte die Frage, ob es dafür schon »hoch genug am Tage« sei.

Jan hatte nach seinem Jahr bei den Eheangelegenheiten eine bunte Reihe von Ämtern inne: Er war Jahr um Jahr Kommissar für leichte Fälle, Kommissar für Meeresangelegenheiten oder Kommissar bei der Kreditbank. 1666 wurde er Hauptmann seines Schützenviertels, und danach stand ihm das Amt des Schöffen offen. Innerhalb der Amsterdamer Hierarchie war dies eine Schlüsselposition: Alt-Schöffen waren Mitglieder des Wahlkomitees, aus dem die Bürgermeister rekrutiert und gewählt wurden.

Am 28. Januar 1667 erfolgte seine Ernennung. In seinem Journal beschreibt er die Prozedur bis ins kleinste Detail: »Dann kamen die ausscheidenden Schöffen (...) und wünschten uns Weisheit und Geduld. (...) Dann ließen wir die Glocke des Rathauses läuten und erneuerten alle Ernennungen, ohne den Namen der Herren zu verlesen. Dann gingen wir mit den Bürgermeistern in Zweierreihen barhäuptig durch die Menge, nahmen am Dam Abschied, und ein jeder ging nach Hause.«

Etwas weiter unten dann Jans neuer Terminkalender: »Dienstag. Vormittags: Privilegierte Rolle, Schöffenrolle. Nachmittags: Benefici van Cessie.« Und so weiter.

Danach begann die normale Gerichtsarbeit im Schöffensaal, manchmal im Amtsgerichtssaal.

Eine Handvoll Fälle, die Jan in seinen ersten Wochen der Erwähnung wert hielt: ein Vater, der seine »von Gestalt und Aussehen hübsche Tochter« (vielleicht deswegen) ins Spinnhaus sperren lassen wollte – der Antrag wurde abgelehnt; ein Besuch in einem Branntweinkeller, der »durch die Fenster über die Dächer« leergeräumt worden war, um der Steuer zu entgehen; eine Mutter, die die Heirat ihres sechsunddreißigjährigen Sohns zu verhindern suchte – »der Präsident entscheidet, dass niemand länger eine Hure sein müsse, als sie das wolle«; ein Spaziergang mit Bürgermeister Andries de Graeff, um über bestimmte Dinge unter vier Augen zu sprechen: »vom Rathaus aus den Nieuwendijk entlang, durch die Ramskooy, über die Nieuwenbrug, durch die Warmoesstraat, durch die Nes, über die Lange Brug, durch die Kalverstraat bis zum Rathaus.«

Ein tatkräftiger Regent war Jan nicht, er hat kaum Spuren hinterlassen. Mit einer Ausnahme, und die ist typisch für ihn: Auf seinen Vorschlag hin wurde eine der Mauern des Amtsgerichtssaals entfernt, so dass die dunkle Treppe zum Bürgersaal mehr Licht erhielt. Drei geplante Gemälde, historische und biblische Szenen, mussten dafür weichen, das vollständige Bildprogramm des Amtsgerichtssaals – ein Deckengemälde, von dem vergängliche Blumen herunter zu fallen schienen, Propheten, die einander ansehen, kommentieren, flehend nach oben schauen – wurde nie vollendet.

Die Amsterdamer Justiz war in ihren Urteilen nicht gerade zimperlich. Peitschenhiebe, Hand abhacken, Pranger, Arbeitshaus gehörten zum Alltagsgeschäft. Die Todesstrafe wurde durchschnittlich drei Mal im Jahr verhängt. In seinen Notizen berichtet Jan nur ein Mal von einem solchen Urteil. In nüchternen Worten beschreibt er die Befragung des Verdächtigen, eines gewissen de Ruiter, der wegen Totschlags angeklagt war. Hans Bontemantel hatte als stellvertretender Schulze die Todesstrafe gefordert. Der Körper des Verurteilten sollte auf der Volenwijck auf ein Rad gebunden werden, »so dass er dort von der Luft und von den Vögeln der Luft verzehrt werden kann«. Der Angeklagte bat um Strafmilderung, das Opfer habe ihn provoziert. Die Schöffen gaben ihm recht: Das Urteil wurde gemildert, es lautete nun »Enthauptung mit Begräbnis«.

Amsterdam galt in jenen Jahren als relativ sicher. Der Engländer William Montague, der die Stadt 1695 besuchte, notierte: »Keine Prügeleien, keine eingeschlagenen Köpfe, keine angegriffenen Wächter oder niedergeschlagenen Übeltäter, keine gezogenen Degen, keine zerbrochenen Fenster, kein Herunterholen von Ladenschildern. (…) Betrunkene eilen leise heimwärts, um ihren Rausch auszuschlafen, und nächtliche Überfälle sind selten.«

Dennoch waren die Schöffen beinahe täglich mit Schlägereien, Raub und Misshandlungen konfrontiert. Hinzu kamen die leichteren Verstöße, zum Beispiel wenn jemand zu schnell mit einem Karren fuhr, die Gänse frei herumlaufen ließ oder »während der Sonntagspredigt Bier ausschenkte«.

Prostitution war ein Fall für sich. Nach Schätzungen waren in der zweiten Hälfte des 17. Jahrhunderts rund achthundert Damen – und manchmal auch Herren – in diesem Gewerbe aktiv, vor allem in den Sträßchen und Gassen hinter der Geldersekade, rund um den Dam und in der Kalverstraat, gleich hinter dem Rathaus. Der Kirchenrat beklagte sich bitter über die Zunahme der »Huren und Hurenhäuser«, angeblich bedrängten die Straßenhuren sogar »ehrliche Leute«. Die Einführung einer neuen Straßenbeleuchtung im Jahr 1669, die spiegelnden Öllampen des Malers und Erfinders Jan van der Heyden, machten das Tippeln noch leichter.

Zwischen 1650 und 1750 hatte durchschnittlich jedes fünfte Gerichtsverfahren mit Prostitution zu tun. Der Schulze hatte jedoch die Möglichkeit, mit Einverständnis der Schöffen, manche Fälle zu »schlichten« – es war der Beginn der niederländischen »Duldungspolitik«. Bei reichen Angeklagten konnte die geforderte Summe dann sehr hoch ausfallen. Der Schulze Hasselaer, der 1669 »eine verheiratete Person mit einer Hure im Bett erwischte«, verlangte sechshundert Gulden für die Einstellung des Verfahrens. Ein Drittel des

Betrags durfte er, wie bei Bußgeldern üblich, in die eigene Tasche stecken.

Diese Praxis führte dazu, dass sich manche Schulzen einen gewissen Ruf erwarben. Lambert Reynst zum Beispiel war, nicht ohne Hintersinn, bekannt als »der größte Hurenjäger der Stadt«. Der Schulze Hendrik Roeters strich von einer aus der Stadt ausgewiesenen Dame, die heimlich zurückgekehrt war, dreihundert Gulden ein und ließ sie fortan in Frieden. Und auch der alkoholabhängige Cornelis Witsen, mit dem Jan fast täglich zu tun hatte, war nicht unumstritten: 1667 wurde sein Sohn wegen Misshandlung verurteilt; ein Jahr später stand der Schulze selbst wegen Zahlungsrückständen vor Gericht. Witsen schrieb außerdem Geschichte, weil er im selben Jahr den Philosophen Adriaan Koerbagh einzig und allein wegen dessen »gotteslästerlichen« Ansichten zu zehn Jahren Arbeitshaus verurteilte; Koerbagh war den schwierigen Bedingungen dort nicht gewachsen und starb 1669 – ein einzigartiges Vorkommnis im in Religionsfragen ansonsten recht liberalen Amsterdam. Jan selbst hatte nicht mehr über den Fall zu entscheiden, er hatte gerade das Schöffenamt abgegeben. Das ersparte ihm zwar, eingreifen zu müssen, doch als ehemaliger Schöffe und Freidenker hat es ihm sicherlich Kopfzerbrechen bereitet.

Worum ging es im Fall Koerbagh? Die Zeit, in der Jan lebte, mag für Amsterdam eine friedliche gewesen sein, für das übrige Europa war es ein schreckliches Jahrhundert. Ein Gewaltausbruch folgte auf den anderen, meistens ausgelöst durch religiöse Konflikte oder kollidierende Staatsinteressen. Zugleich war es ein Jahrhundert beispielloser Erneuerung und Expansion, inklusive der dazugehörigen, durch Kaufmannschaft, Rationalität und Individualität geprägten Mentalität. Dies war der Kontext, in dem sich, vor allem in Amsterdam, die sogenannte frühe oder auch radikale Aufklärung entwickelte. Descartes war einer der Ersten, der anfing, alle überlieferten Glaubenswahrheiten kritisch zu hinterfragen. Er stellte den »denkenden Menschen« in den Mittelpunkt, Gott wurde für ihn zweitrangig, er blieb aber ein religiöser Mensch; unter gar keinen Umständen wollte er als Ketzer gelten.

Spinoza ging einen Schritt weiter. Seiner Ansicht nach geschah nichts, was sich nicht rational, auf der Grundlage von Naturgesetzen erklären ließ. Das Göttliche war mit der Natur identisch: Nur mit Hilfe der reinen Vernunft, durch rationale Forschung konnte man die Natur – und damit Gott – erklären. Engel, Teufel, Gottes Wunder, all die biblischen Wahrheiten, in seinen Augen war das alles Unsinn. Wohl aber war er ein großer Bewunderer von Jesus Christus und seiner Art, wie er – als Prophet – der Menschheit das Wort Gottes verkündete. »Das Leiden, den Tod und das Begräbnis Christi fasse ich wörtlich auf«, schrieb er an einen alten Bekannten, »seine Auferstehung hingegen symbolisch.«

Man konnte im Amsterdam des 17. Jahrhunderts viel behaupten, doch solche Ansichten am Rande zum Atheismus waren tabu. Zwar wurde Spinozas Abhandlung *Tractatus theologico-politicus*, nach Ansicht der Prediger »gotteslästerlich und gefährlich«, hier und da beschlagnahmt, aber er selbst blieb unbehelligt. Im Gegenteil: Man vermutet, er habe sogar einige Zeit im Landhaus des Schöffen Burgh gelebt – seiner Familie sind wir bereits im Zusammenhang mit dem Bild *Die Brücke von Six* begegnet. Jan Six hatte Spinozas *Principia philospohiae cartesianae* (*Descartes' Prinzipien der Philosophie in geometrischer Weise dargestellt*) in seinem Bücherschrank. Als 1677 das Hauptwerk des Philosophen, die *Ethica*, erschien, war der Autor bereits verstorben. Das Buch wurde noch vor Ablauf eines Jahres verboten.

Spinozas Geistesverwandte, die Brüder Adriaan und Johannes Koerbagh, waren echte Rebellen. Der Jüngere der beiden, Johannes, befand sich als von der Lehrmeinung abweichender Prediger in ständigen Auseinandersetzungen mit dem Amsterdamer Kirchenrat. Adriaan, Arzt und Jurist, war ein Mann der Sprache und der Revolution. Er hatte ein Wörterbuch veröffentlicht, mit dessen Hilfe sich die juristische Geheimsprache der gut verdienenden Advokaten ins normale Niederländisch übersetzen ließ.

1668 publizierte er *Ein Blumengarten voller Lieblichkeit und ohne Verdruss*. Auch dies eine Enzyklopädie, in der er versuchte, dem einfachen Mann die hermetische Welt der Ärzte, Gelehrten und Prediger zu erklären.

Und wie er das tat! Während Descartes und Spinoza noch die nötige Vorsicht hatten walten lassen, gab es bei Koerbagh kein Halten mehr. In einer Reihe von scharfsinnigen Miniaturen demontierte er die sogenannten Weisheiten der »Alten«, die steif und fest behaupteten, die Erde sei eine Scheibe, obwohl doch jeder »Schiffsjunge« wisse, »dass die Erde eine Kugel ist und dass man dieselbe umsegeln kann«. Er rechnete vor, dass die Arche Noah unmöglich eine »so große Menge an Tieren und eine für ein Jahr ausreichende Menge an Futter« aufnehmen konnte. Er schrieb, dass »Bibel« im Griechischen schlicht »Buch« bedeutete und dass diese Bezeichnung ganz und gar nicht nur für »das Wort Gottes« gelte, sondern für jedes willkürliche Buch, »selbst wenn es sich dabei um den Reineke Fuchs oder den Uylenspiegel handelt«. Und so ging es in einem fort weiter.

Die Pastoren waren rasend vor Wut, sie wollten das Buch sofort verbieten lassen und forderten vom Bürgermeister, dieses »Lästermaul mit seiner schmählichen Feder« mundtot zu machen. Koerbagh zog sich vorsichtshalber nach Culemborg zurück, einer »freien Herrschaft«, auf die der Amsterdamer Magistrat keinen Zugriff hatte.

Dort machte er sich mit Hilfe seines Bruders Johannes sofort an ein weiteres Buch: *Ein Licht, das in dunkle Orte scheint* ist sehr viel systematischer aufgebaut als der *Blumengarten* und war dazu gedacht, seinen radikalen Scherzen und Auslassungen ein stabiles philosophisches Fundament zu geben. Angriff ist die beste Verteidigung, hatte sich Koerbagh vielleicht gedacht. »Und welch ein Angriff«, schreibt sein Biograph Bart Leeuwenburgh. »Was Koerbagh tat, war nichts anderes, als das gesamte Gewicht der Vernunft, des ›gesunden Menschenverstands‹ als Dampframme zu verwenden, um so die religiösen Dogmen der öffentlichen reformierten Kirche zu zertrümmern.«

Descartes, Spinoza und Koerbagh waren nicht alleine. Überall in Europa begannen Autoren, Dichter, Denker und auch Politiker, das Althergebrachte zu hinterfragen. Eine Entwicklung, die in der Republik der Niederlande durch die Abwesenheit einer allmächtigen Staatskirche und der relativen Freiheit der Druckereien geradezu befördert wurde. Innerhalb gewisser Grenzen durfte jeder seine Meinung sagen, und manch kritischer Denker fand in den Magistraten sogar Geistesverwandte.

In Rijnsburg etwa gab es schon seit Jahren eine interessante Gruppe von Freidenkern, die sogenannten Collegianten. Sie vertraten ein universelles Christentum, in dem man nur durch seine guten Taten und den Glauben an Christus das Seelenheil erringen konnte. Die Mitglieder bildeten keine geschlossene Gemeinde, jeder konnte bei ihren monatlichen Zusammenkünften das Wort ergreifen. Spinoza war ab 1654 oder 1655 regelmäßig zu Gast und fand in diesem freigeistigen Milieu, nachdem er aus der jüdischen Gemeinde ausgeschlossen worden war, Unterstützung und neue Freunde. Es ist kein Zufall, dass er einige Jahre in Rijnsburg lebte, bevor er nach Den Haag zog, wo er später starb.

Dass Jan Six mit Spinozas Gedanken vertraut war, steht außer Zweifel. Sein Freund Isaac Vossius zum Beispiel hatte bereits im Jahr 1655 mit der Kirche im Streit gelegen, weil er behauptet hatte, dass die Bibel nicht auf Offenbarung beruhe, sondern vielmehr ein Mischmasch aus sich zum Teil widersprechenden Texten sei. Möglicherweise hat Jan Spinoza bei seinem alten Schulkameraden Coenraad van Beuningen kennengelernt, der mit dem Philosophen befreundet war. Van Beuningen besuchte bereits als Student die Versammlungen der Collegianten, und auch er wohnte einige Jahre in Rijnsburg. Wahrscheinlich hat Jan den Ort ebenfalls besucht. In seinem Notizbuch berichtet er beiläufig von einem interessanten »blauen Stein«, der in »Rijnsburch« in eine Mauer eingelassen sei. Gut möglich, dass er ihn mit eigenen Augen gesehen hat. Von Elsbroek aus ist Rijnsburg mit dem Pferd in einer Stunde zu erreichen.

Auch die Koerbaghs hat er wahrscheinlich gekannt: Jans Schwiegervater Nicolaes Tulp galt während ihres Medizinstudiums als Mentor der beiden Brüder. Tulp trug sich als Vierter in das *liber amicorum* von Johannes ein.

Trotz dieses Wohlwollens, das den Koerbaghs auch entgegengebracht wurde, ließ es sich nicht verhindern, dass der Amsterdamer Magistrat resolut gegen die Brüder vorging. *Ein Licht* wurde inzwischen in Utrecht gedruckt, doch der Drucker stellte die Arbeit mittendrin ein. Der Text schien ihm zu radikal, und er ging damit zu den Behörden. Der Schulze Witsen, von den Utrechtern gewarnt, beschlagnahmte die gedruckten Bogen, die bereits nach Amsterdam geliefert worden waren. Anschließend verhaftete er Johannes, als er diesen zufällig auf dem Dam traf. Adriaan ergriff die Flucht, tauchte in Leiden unter, wurde jedoch verraten und nach Amsterdam gebracht. Die Belohnung für den »sachdienlichen Hinweis« betrug eintausendfünfhundert Gulden, fünf Jahreseinkommen eines einfachen Arbeiters. Das zeigt, wie ernst man diesen Fall nahm.

Am 20. Juli 1668, einem Freitag, wurde Adriaan vor den Schulzen und die sechs Schöffen geführt, darunter Hans Bontemantel und Johannes Hudde, der – als bekannter Mathematiker – übrigens auch mit Spinoza korrespondierte. Laut Bontemantel war Adriaan »sehr wehmütig und gewillt, sich der Kirche und ihrer Ordnung zu unterwerfen, blieb aber dennoch bei seiner Meinung, wenn nach etwas aus seinen Büchern gefragt wurde«. Er widerrief kein einziges Wort und übernahm zudem die ganze Verantwortung. Sein Bruder Johannes, so sagte er aus, habe mit dem Inhalt seines Buches nichts zu tun gehabt.

Die Strafe, die Witsen eine Woche später forderte, war grausam. Adriaan sollte auf dem Dam an den Pranger gestellt, der rechte Daumen abgehackt und ein glühender Pfriem durch die Zunge getrieben werden, alle seine Bücher sollten verbrannt und er selbst für dreißig Jahre in ein Arbeitshaus gesperrt werden, wo unter schwierigsten Bedingungen steinhartes Tropenholz für die Färbereien geraspelt wurde. Der Einzige, der Einspruch einlegte, war Hans Bontemantel:

Im Falle von Gotteslästerung schrieben die Staaten von Holland Verbannung vor, die Forderung des Schulzen sei unverhältnismäßig und widerspreche allen Regeln und Gepflogenheiten.

Am Ende lautete das Urteil: zehn Jahre Arbeitshaus, zehn Jahre Verbannung aus Amsterdam und sechstausend Gulden Strafe.

Johannes wurde freigesprochen, er lebte noch vier weitere Jahre, ein gebrochener Mann. Adriaan Koerbagh verschwand im Arbeitshaus, gut ein Jahr später war er tot. Bei seinem Begräbnis, so erzählte man sich, landete ein schwarzes Huhn auf seinem Sarg: Der Teufel persönlich war gekommen, um Koerbaghs unsterbliche Seele zu holen.

Warum diese beispiellos brutale Strafe, einzig und allein wegen einer abweichenden Meinung in Fragen der Religion? Nur ein Mal zuvor war ein Amsterdamer wegen »aufrührerischer« und »gotteslästerlicher« Schriften zum Arbeitshaus verurteilt worden. Einen gewissen Grevius, einen »ketzerisches Arminianer«, hatte man 1622 zu einer lebenslange Haftstrafe verurteilt, ihn aber nach anderthalb Jahren wieder freigelassen. Was trieb den Schulzen Witsen und die Schöffen in diesem Fall?

Zunächst: Meinungsfreiheit war in der Republik kein Grundrecht, wie wir es heute kennen, sie war lediglich das Resultat eines sich fortwährend im Wandel begriffenen Kompromisses zwischen den Religionen und den Regenten, eines endlosen Rangelns, Schlichtens und sich Anpassens. Je nach Stadt und Epoche konnte das Ergebnis sehr unterschiedlich ausfallen. Hinzu kommt, dass die komplizierten Machtverhältnisse innerhalb der damaligen Amsterdamer Elite nur schwer zu durchschauen sind. Möglicherweise spielte die Abwesenheit Coenraad van Beuningens eine Rolle, der gerade als Bürgermeister zurückgetreten war, weil er als Gesandter nach London beordert wurde. Mit ihm verloren die Koerbaghs einen mächtigen Beschützer. Oder aber es handelte sich um eine stille Rache des Schulzen Witsen, dessen Sohn »liberale« Schöffen im Jahr zuvor verurteilt hatten.

Der Zeitpunkt war in jedem Fall ein Faktor. Just im Jahr 1668 hatten sich, infolge der zunehmenden Bedrohung durch Frankreich, die Machtverhältnisse innerhalb der Amsterdamer Politik zugunsten der eher konservativen Kräfte verschoben. Das harte Urteil müsse, so die Ansicht mancher Autoren, vor allem als ein unvermeidliches Zugeständnis an die einflussreichen Prediger betrachtet werden, ein »Stück Fleisch«, das den Orthodoxen hingeworfen wurde, um sie ruhig zu halten. Anders ausgedrückt: Der Amsterdamer Magistrat konnte sich in diesem Moment kein anderes Urteil erlauben.

Was Adriaan Koerbagh letztlich so angreifbar und verletzlich machte, war vermutlich das mächtigste Instrument seiner Rebellion: die Sprache. Spinoza wurde toleriert, weil er seinen *Tractatus theologico-politicus*, wie damals üblich, auf Latein geschrieben hatte. Der *Blumengarten* war nun nicht in der Sprache der wissenschaftlichen Elite verfasst, sondern auf Niederländisch, der Sprache des Volkes. Das gab dem Buch einen regelrecht aufrührerischen Charakter und machte Adriaan und Johannes zu politischen Aktivisten. Damit aber rüttelten sie an der Stellung des Magistrats selbst.

Der Fall Koerbagh gilt bis heute als schändlicher Exzess. Bontemantel schreibt ausführlich darüber, und die Sache muss auch Jan über die Maßen beschäftigt haben, selbst wenn ich in seinen Notizen keinen Hinweis darauf finden konnte. Schließlich war er selbst ein Teil dieser suchenden und forschenden Bewegung, die sich unter all dem Glanz des 17. Jahrhunderts verbarg. Die fortwährende Ambivalenz, die Zwiespältigkeit, die das damalige Denken auszeichnete, war ihm bewusst. Nicht nur die Scherze in der *Großen Pandora*, auch die Weisheiten, die er vermerkte, sind voller doppelter Böden.

Jan Six fiel in dieser Phase der frühen Aufklärung nicht durch großartige Visionen oder großen Mut auf. Er passte sich nach seiner Hochzeit umstandslos an das brave Leben eines wohlhabenden städtischen Regenten an. Noch nicht einmal eine heimliche Rebellion, wie Hans Bontemantel es tat, startete er. Dennoch hatte Jan ein sehr genaues Gespür für den Zeitgeist, auch wenn er nicht wusste, wie er ihm Form geben sollte.

1668 wurde er erneut Kommissar für Eheangelegenheiten, danach war er für die Kreditbank und die Wechselbank zuständig. Fünf Jahre lang kümmerte er sich um die Waisenhäuser, und zwölf Jahre lang bekleidete er das Amt des Kommissars für Meeresangelegenheiten. Von 1679 bis zu seinem Tod war er Mitglied des Magistrats. Noch drei Mal wurde er zum Schöffen gewählt und schließlich auch, 1691, zum Bürgermeister.

Tief in seinem Herzen sehnte er sich jedoch weiterhin nach seinem anderen Leben, einem Leben der Bücher und der Kunst, und noch immer verfügte er über scheinbar unerschöpfliche Mittel.

Unter »Oiconomia oder Haushalt der Ehe« notierte Jan eine Reihe von Posten, die sich vermutlich auf ihn beziehen: »Ein Mann mit einem Kapital von ƒ 400 000 musste also seinen Besitz aufteilen: ƒ 100 000 in den eigenen Haus und Hof, ƒ 100 000 flüssig und Leibrenten auf Holland; ƒ 140 000 Obligationen auf feste (unleserlich), mit niedrigem Zins, ƒ 50 000 in zweitausend Postaktien – Anteile –, um Rendite zu bekommen. Insgesamt: 400 000 Gulden.« (Er vergaß einen Posten in Höhe von 10 000 Gulden. Der Wert seiner Kunstsammlung?)

Er investierte große Summen in Grundbesitz, vor allem in der Umgebung von Hillegom. In der Nähe der Stadt ließ er einen zweiten »Hof« bauen, Ymont. Der Landsitz, auf einer Erhebung am Diemermeer bei Zeeburg gelegen, inspirierte ihn unter anderem zu seinem Gedicht *Muiderberg* (1675).

Aus dem »Geburtsgedicht«, das der Dichter Antonides van der Goes am 1. Mai 1672 über Ymont in die *Kleine Pandora* schrieb, kann man ableiten, dass Jan sein neues Landgut um diese Zeit herum bezog. Wahrscheinlich handelte es sich um ein eher kleines Gebäude, möglicherweise wurde das Projekt aber auch nie realisiert: 1702 wird der Ort auf einer Karte als »Fischerhäuschen des Herrn Sicx« bezeichnet.

Innerhalb Amsterdams zog Jan regelmäßig um. Dank seiner Notizen, die er über die Geburten seiner Kinder machte, und des Registers der Schützengilde wissen wir recht genau, wann er wo wohnte. Mit Margaretha blieb er zunächst, bis zum 1. Mai 1663, in seinem Elternhaus am Kloveniersburgwal 103 wohnen, danach ließ er sich bis zum 1. Mai 1666 an der Keizersgracht im Haus seines Schwiegervaters Tulp nieder, danach für weitere drei Jahre im Haus seines Cousins Burgh, Kloveniersburgwal 23.

Vom 1. Mai 1669 bis zu seinem Tod lebte er in seinem neu gebauten, von Adriaan Dortsman entworfenen Haus an der Herengracht 619. Es war ein Wohnhaus, das zu Jan passte: stilvoll, eigensinnig und für die Zeit sehr modern. Es steht noch immer dort; allerdings wurde es im 19. Jahrhundert gründlich umgebaut, so dass die Proportionen – Dortsmans große Stärke – verdorben wurden.

Diese Eigensinnigkeit beim Bau der großen Grachtenhäuser im 17. Jahrhundert war an und für sich bereits etwas Außergewöhnliches. Die Amsterdamer Gemeindeordnung schrieb vor, dass die Gebäude, so aufwendig und großzügig sie auch sein mochten, einander ähnelten, was Symmetrie, Gleichmaß, Proportionen und, vor allem, was den – klassizistischen – Stil anging. Reichtum und Status drückten sich nur in den verwendeten Materialien aus. Je teurer und seltener die Steine und der skulpturale Schmuck, umso besser. Dortsman und Jan Six gingen mit großem Enthusiasmus daran, dieses ungeschriebene Gesetz zu brechen.

Schon die Proportionen des Hauses an der Herengracht 619 ließen die Passanten aufmerken: Das auf zwei Parzellen errichtete Gebäude verfügte nicht über die üblichen fünf Fenster je Etage, sondern nur über drei. Die Folge war, dass die Fassade große Mauerflächen aufwies; andererseits aber hatten die Fenster ein außergewöhnlich großes Format. Die Stockwerke waren höher als sonst, und das Dach verschwand fast vollständig hinter einem ionischen Traufgesims. Letzteres war das Einzige, das noch auf klassische Bauelemente verwies. Der Effekt war für die damalige Zeit revolutionär; das Haus wirkte vornehm und auffallend schlicht zugleich.

Wer durch die Haustür eintritt, gelangt in das »Portal« – ich begleite jemanden, der auf einem Rundgang durch das Gebäude das Inventar registriert hat –, wo nicht viel mehr zu sehen ist als eine Garderobe und ein Schrank mit allerlei Schalen. Im »Vorhaus« hängen drei Gemälde und ein Spiegel; außerdem steht dort »ein Marmortisch mit behauenem Fuß«. Das »Weiße Zimmer« wird als Antichambre genutzt, es scheint keine andere Funktion gehabt zu haben. Der Raum ist mit fünf Gemälden und zwei Spiegeln ausgestattet; ein »Kunstbuch« liegt dort, und ich bemerke zudem die Büste von Nicolaes Tulp, die heute den Flur im Haus an der Amstel schmückt.

Dann öffnet sich die Tür zum »Blauen Saal«, und mit einem Mal stehen wir in einer Art Galerie. Das Inventarverzeichnis erwähnt nicht weniger als siebzehn Gemälde, drei Radierungen, ein Buch »des Herrn Bürgermeisters Six« – die *Pandora* – und anderes mehr. Wir begegnen weiteren Bekannten: Rembrandts Radierungen und Porträts von Jan und Anna Wijmer, Jans von Vaillant gemaltes Jugendporträt, Rembrandts Titelbild für die *Medea*. In den daran anschließenden Fluren, Kammern und Zimmern ist die Menge an Kunst schier überwältigend: Wir gehen an Dutzenden von Skulpturen vorüber, an mehr als einhundertfünfzig Gemälden, darunter Werke von Rubens, Frans Hals, etliche Bilder von Tintoretto, Tizian und Rembrandt, an rund zweitausend Büchern, Hunderten von Stichen und Raritäten, zu viel, um alles einzeln aufzuzählen. So wie überall entlang der großen Grachten, wird es hinter dem Haus einen geschützten Garten gegeben haben, der zusammen mit den Gärten der Nachbarn eine Oase der Ruhe bildete.

Über Jans häusliches Leben sind keine Details überliefert. Wie damals üblich führten Margaretha und er vermutlich jeweils ihr eigenes Leben. Zu den ältesten Objekten in der Kleidersammlung der Familie Six – fast alles befindet sich inzwischen im Rijksmuseum – gehören ein paar Manschetten und ein Halstuch mit dazu passendem Schnupftuch, beide aus dem 17. Jahrhundert. Das Leinen des

Taschentuchs hat man irgendwann geflickt; das Ding wurde offensichtlich regelrecht »zerschneuzt«. Die Wahrscheinlichkeit ist groß, dass es tatsächlich einmal Jan gehört hat. Was immer auch später dazugekauft wurde, geflickte Taschentücher werden es nicht gewesen sein. Näher können wir ihm nicht kommen.

Im Besitz der Familie befindet sich bis heute ein Windelschrank aus dem 17. Jahrhundert. Auch er stammt höchstwahrscheinlich noch von Jan. »Kinder sind ein Segen, gemischt mit Sorgen«, schrieb er in sein Notizbuch. Er und Margaretha bekamen insgesamt elf Kinder, von denen nur vier sie überlebten: Nicolaas (1662), der Älteste und Nachfolger, Margaretha (1666), Jan (1668) und Maria (1669).

Die Kindersterblichkeit schwebte wie eine dunkle Wolke über dieser Zeit. Ein Viertel der Neugeborenen überlebte nicht einmal das erste Jahr, die Hälfte der Kinder wurde nicht älter als fünf. Mangelnde Hygiene war ein Grund; hinzu kam die Ernährung, die auch in den höchsten Kreisen bis weit ins 19. Jahrhundert erstaunlich einseitig war. Regelmäßig wurden Babys »totgepflegt«, vor allem die reicher Leute: Sie wurden derart warm eingepackt, dass sie kaum noch atmen konnten, oder aber man traktierte sie mit medizinischen Eingriffen wie Blutegeln und Aderlässen, die sie nicht überlebten.

Auch die Sixe blieben davon nicht verschont, die Jahreszahlen im Familienstammbaum sprechen für sich. Die ersten drei Kinder von Jan und Margaretha, Anna (1656), Jan und Nicolaas (beide 1659, wahrscheinlich Zwillinge) starben noch vor ihrem ersten Geburtstag. Das Grab ihrer Großmutter Anna Wijmer wurde jedes Mal aufs Neue geöffnet, um sie zu begraben. Danach sollte das Paar noch weitere vier Kinder verlieren: Jan (1664, er starb im ersten Lebensjahr), Anna (1665, sieben Jahre), Christina (1671, ein Jahr) und Diederick (1674, er verstarb mit vierundzwanzig Jahren während einer Reise nach Wien).

Die Vorstellung, Jan und Margaretha, wie auch ihre Zeitgenossen, seien daran gewöhnt gewesen, Kinder zu verlieren, und hätten dies weniger schmerzhaft empfunden als heutige Eltern, ist ein

Mythos. Der englische Autor William Brownlow, der innerhalb von vier Jahren vier Kinder verlor, schreibt über diese nicht endende Kette von Unglück, sie habe ihn »durcheinandergeschüttelt und in Stücke gerissen«. Der sonst so produktive Johann Sebastian Bach, der Ähnliches durchmachen musste, bekam in diesen Jahren keine einzige Komposition zu Papier. Auch Vondel fasste den Tod seines kleinen Sohns Constantijn in herzzerreißende Verse: »Mutter, sagt er, warum weint Ihr? Warum vergießt Ihr Tränen über meiner Leiche? Oben leb ich, oben schweb ich, Engelein im Himmelreiche.«

Jans und Margarethas Schmerz wird nicht anders gewesen sein. Viel finde ich in Jans Notizen nicht. Er versuchte, seinen Gefühlen mit Nüchternheit zu Leibe zu rücken, auch wenn es »unmöglich ist, ungerührt zu bleiben«. Es sei, so argumentiert er, wie wenn man sich in den Finger schneide und dann so tue, als habe ein anderer sich geschnitten – um den Schmerz nicht selbst zu spüren.

Unter der Überschrift »Bedrängnis« stoße ich auf eine Notiz mit auffallend vielen Durchstreichungen. Jan tat sich offensichtlich schwer damit, seine Gedanken zu formulieren. Ist all dies Gottes Wille, scheint er sich zu fragen. Doch dann schreibt er: »Weil ich keinen Widerstand gegen Gottes Willen in meiner Seele spüre, vertraue ich fest darauf, dass er kein Leid auferlegt, ohne seine Gnade. Die Kälte von Prüfungen ist der Hitze des Fiebers ähnlich: bitter für den Körper, gesund für die Seele.«

Er überlässt sich dem Schicksal: »Bedrängnis benutzt Gott, um die Frommen auf bessere Gedanken zu bringen. Die zeitweise Züchtigung entspringt ewiger Güte und Barmherzigkeit.«

In einem Zwischenzimmer im zweiten Stock des Hauses Six hängen zwei Porträts von kleinen toten Kindern, sorgfältig und voller Verzweiflung gemalt, um etwas von diesen kurzen Leben zu bewahren. »Der kleine tote Onkel und die kleine tote Tante« werden sie in der Familie heute genannt. Eines der Bilder stammt aus dem 19. Jahrhundert, ein Mädchen in einem weißen Kleid auf ihrem Totenbett.

Das andere Kind ist Jodocus van den Bempden, ein nicht blutsverwandter Cousin, ein kleines rundes Bürschchen in weißem Hemd und mit großem weißem Kragen. Er lebte exakt drei Monate, vom 14. April bis zum 14. Juli 1659. Ferdinand Bol hat den toten Jungen gemalt, umgeben von allerlei Symbolen: einer untergehenden Sonne, einer erlöschenden Kerze, in den Händen eine verwelkte Rose, um den Kopf einen fröhlichen Blumenkranz, denn die Seele ist unsterblich.

So werden auch Jan und Margaretha ihre Kinder Anna, Jan, Nicolaas, Jan und Anna aufgebahrt haben, in Weiß, umgeben von Blumen. Sie waren, damit trösteten sich die Eltern, jetzt Engel, über die »Eitelkeiten hier auf Erden« lachend, kleine Cherubinen im Himmel, ewig spielend.

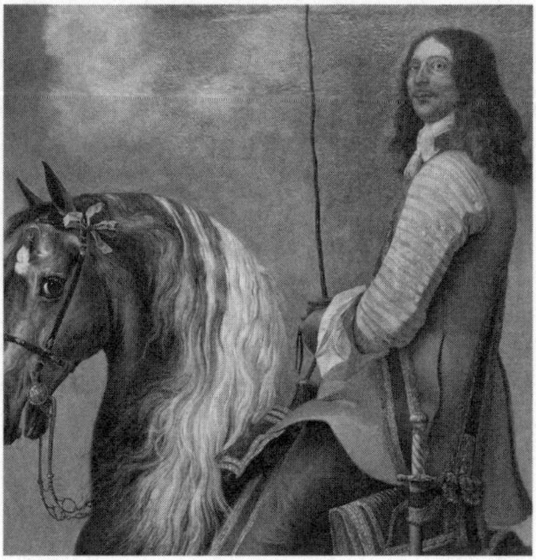

IX
JUNKER JAN

Im Haus an der Amstel gibt es einen Ort, an dem ich nicht gerne bin. Es handelt sich um ein Zimmer, dessen ganze hintere Wand von einem 1653 von Paulus Potter gemalten Reiterporträt in Beschlag genommen wird. Es zeigt den neunundzwanzigjährigen Diederick Tulp, Jans Schwager, auf einem sich aufbäumenden Pferd.

Zugegeben, es ist eine rein persönliche Sache. Viele Kenner schätzen das Bild, vor allem das Pferd soll sehr schön gemalt sein. Doch ich kann, sosehr ich mich auch anstrenge, keinerlei Sympathie für das Bild aufbringen. Paulus Potter hin oder her, es ist und bleibt ein schnaubendes Stück Leinwand, ein Misston in diesem ansonsten so geschmackvollen Haus.

Jahrelang hat es aufgerollt auf dem Speicher gelegen. Es ist verschnitten, über Diedericks Kopf verläuft eine hässliche Naht. Zudem wurde die Rolle noch geknickt. Ich kann nicht anders, das Bild ist einfach schlecht. Das Gesicht – hier stimmt gar nichts –, Diedericks Körper hat keinerlei Proportionen, und das Ganze ist viel zu protzig, viel zu groß. Es passt nicht zu dieser Familie, es passt nicht in dieses Haus; die Seitenwand des Zimmers musste sogar ein Stück verschoben werden, um Platz dafür zu schaffen.

Das Gemälde ist das älteste bekannte Porträt, das einen Amsterdamer Bürger auf einem sich zur Levade erhebenden Pferd zeigt, einer Pose, die eigentlich Porträts von Adeligen vorbehalten war. Wie Röntgenuntersuchungen gezeigt haben, ist Diedericks Gesicht erst später in eine bis dahin freigelassene Stelle eingefügt worden: Der Maler hatte gewartet, bis ein Käufer für das Bild gefunden war. Im Hintergrund ist eine Landschaft bei Kleve zu sehen, möglicherweise wollte Potter damit einem potentiellen Kunden schmeicheln; Diederick jedenfalls hatte dort nichts verloren. Unter Umständen war das Gemälde als Herrscherporträt für Johan Maurits van Nassau, den Brasilianer, bestellt, aber nie bezahlt worden. Nicolaes Tulp kannte Paulus Potter gut, er holte ihn für die Innendekoration des neuen Rathauses nach Amsterdam. So wird dieses Reiterporträt schließlich in seine Hände gekommen sein und versetzte ihn in die Lage, seinen Sohn aufs Pferd heben.

Diederick Tulp war nach dem Tod seines Bruders Pieter der neue Kronprinz im Hause Tulp. Er partizipierte voll und ganz am Status und am Vermögen seines Vaters. Mit sechsundzwanzig machte er eine mehr als gute Partie, er heiratete die aus einer bekannten und wohlhabenden Bürgermeisterfamilie stammende Anna Burgh. Von diesem Zeitpunkt an konnte er als Rentier leben. Aufgrund der Stellungen seines Vaters und Schwiegervaters fielen ihm die Ämter von alleine zu. Bei den Ernennungen im Jahr 1654, so berichtet Hans Bontemantel, überging man auf Druck Tulps hin sogar zwei Regenten, um seinem Sohn und seinem Schwager Zacharias Roede Posten zu verschaffen. Drei Jahre später wurde Diederick Mitglied im Führungsgremium der Vereinigten Ostindischen Compagnie, eine kleine Goldgrube.

Diederick war gerade Schöffe, als das Rathaus 1655 eingeweiht wurde; wenn man im Thron- oder Schöffensaal des heutigen Palais nach oben schaut, entdeckt man seinen Namen und sein Wappen, die bis in alle Ewigkeit dort an der Decke kleben. Später folgten vor allem Kommissariate und kleinere Regierungsämter. Nach 1674, als andere Familienallianzen an die Macht gelangten, fand seine nicht gerade beeindruckende politische Laufbahn ihr Ende. Bürgermeister Gillis Valckenier bezeichnete Diederick Tulp einmal als »ahnungslosen Schöntuer«. Zu Recht, fürchte ich.

Wie Jan hatte auch Diederick ein zweites Leben, dem er sich intensiv widmete: die Pferde und das Reiten. Er engagierte sich mit großer Begeisterung in seiner Schützengilde und brachte es am Ende bis zum Oberst. Er wäre vermutlich sehr gerne Offizier in der Armee der Staaten geworden, doch diese Posten blieben weiterhin dem Adel vorbehalten. Vielleicht erklärt dies seinen Hang zu einem prunkvollen Gehabe, das ihm eigentlich nicht zustand. Er ließ eine Radierung aus dem Jahr 1638, die den Einzug von Maria de Medici in Amsterdam zeigt, so umarbeiten, dass es so aussieht, als handele es sich um den Einzug von Statthalter Willem III. und seiner Mutter Maria Henrietta Stuart im Jahr 1660, wobei Diederick selbst an prominentester Stelle abgebildet ist, natürlich wieder auf einem Pferd in der Levade. Mit Hilfe der gewaltigen Erbschaften seiner Frau und seines Vaters kaufte er sich beim englischen König Karl II. sogar einen Adelstitel und war ein Jahr später »Baronet«.

Noch einmal schaue ich ihn mir genau an. Aufgrund des riesigen Formats von Potters Reiterporträt ist das ganze Zimmer mit Diederick erfüllt. Auf anderen Porträts ist seine Haltung nicht nur »adelig«, sie ist auch arrogant und provozierend, ein »rebel without a cause«, vor allem im Gegensatz zu seinem auf Schlichtheit bedachten Vater. Diederick ist ein typisches Beispiel für die zweite Generation, für die Söhne und Töchter jener Regenten und Kaufleute, die die Grundlage für den Wohlstand des Goldenen Jahrhunderts schufen.

Nirgendwo wird die Kluft zwischen den Generationen im 17. Jahrhundert deutlicher sichtbar als beim Vergleich der Porträts des Bürgermeisters Andries Bicker und seines Sohns Gerard, die beide 1642 von Bartholomeus van der Helst gemalt wurden und heute im Rijksmuseum hängen. Vater Bicker, in dezentes Schwarz und einen damals bereits altmodischen weißen Rüschenkragen gekleidet, posiert als gesetzter, seriöser Staatsmann. Sohn Gerard, aufgedunsen und indolent, hat sich mit den buntesten Farben der neuesten Mode ausstaffiert, in den Händen ein Paar zierliche Handschuhe.

Gerard und Diederick waren, wenn man es auf den Punkt brachte, Kinder von Neureichen, Söhne, denen nur selten etwas abgeschlagen worden war. Durch die Erfolge der Ostindischen Compagnie waren einige Amsterdamer Familien in sehr kurzer Zeit zu immensem Reichtum gelangt, nicht selten zu ihrem eigenen Erstaunen. Es fiel ihnen schwer, angesichts des plötzlichen Vermögens die richtige Haltung zu entwickeln. Der alte Dichter und Kaufmann Roemer Visscher, der noch im katholischen Amsterdam aufgewachsen war, ehe 1578 die Calvinisten die Macht übernahmen, schimpfte bereits zu Beginn des 17. Jahrhunderts über die »verwöhnte Eleganz« der reichen Jugendlichen, die sich diese Lebensart von den reichen Immigranten aus den südlichen Niederlanden abschauten.

In dem bereits früher erwähnten Schmähgedicht *Sankt Nikolaus' milde Gaben* aus dem Jahr 1640 wird zum Beispiel ein gewisser »Junker Jan van Piepensoye« – möglicherweise ist Jan Six selbst gemeint – an den Pranger gestellt, weil er ständig die teuersten Kleider trägt. »Gewiss, die Sachen stehen ihm ganz prächtig/ Denn von Gestalt ist er nicht schmächtig/ Und sein Wams, das glänzt so fein/ Im munter flackernden Feuerschein.« Aber, so mahnt der Dichter: »Gold'nes Tuch ist wahrlich eine Pracht/ Doch es ist keine Bürgertracht.«

Der ganze Prunk und Protz widersprach dem republikanischen Erfolgsrezept, durch das jene Familien reich geworden waren, fundamental. Grundlage für ihren Aufstieg war eine Gesellschaft, in der die Bürger mehr oder weniger gleichwertig waren, in der Rang und Stand keine Hindernisse mehr waren und Talent und wirtschaftlicher Erfolg rasch in gesellschaftlichen Einfluss und Macht umgesetzt werden konnten. An die Stelle der traditionellen *top-down*-Gesellschaft war eine *bottom-up*-Gesellschaft gerückt. Anders ausgedrückt: Eine Gesellschaft, in der nicht der Befehl, sondern das Verhandeln die herrschenden Umgangsformen bestimmte.

Bezeichnend ist eine Begebenheit, von der Voltaire in einer seiner historischen Betrachtungen über die Republik berichtet. Das Ganze ereignete sich 1606, als sich eine aufwendig ausstaffierte spanische Delegation, unter Leitung des Marquis Spinola, auf dem Weg nach Den Haag machte, um mit der Republik über einen Waffenstillstand zu verhandeln. In Den Haag angekommen, beobachtete die Delegation, wie eine Gruppe von rund zehn Männern aus einem einfachen Boot stieg, um sich am Ufer ins Gras zu setzen und dort eine Mahlzeit aus Brot, Käse und Bier zu sich nehmen, ein jeder hatte sein Essen mitgebracht. Von einem Bauern erfuhren die Spanier zu ihrem Erstaunen, wer diese Männer waren: »Das sind die Deputierten der Generalstaaten, unsere unabhängigen Herren und Meister.«

Dies waren, mit anderen Worten, diejenigen, mit denen die spanischen Edelleute in den kommenden Wochen auf Augenhöhe verhandeln mussten.

In Amsterdam gab es keine Adeligen. Voltaire: »Dort, wo man in Holland fragt: Wie viel Tonnen?, fragt man in Frankreich: Wie hoch steht er bei Hof im Kurs?« Die wenigen Kaufleute, die im 16. Jahrhundert vom dänischen König oder dem deutschen Kaiser in den Adelsstand erhoben worden waren, trugen ihren Titel in der Stadt nicht. Nicolaes Tulp nannte sich nicht umsonst stets Claes Pieters; er war ein typischer Republikaner. Seine Büste zeigt, wie er sich verewigt sehen wollte: als römischer Senator. Sie waren das große Vorbild dieser Generation von Regenten.

Nirgendwo tritt der republikanische Bürgersinn deutlicher hervor als in den Gruppenbildern der Schützengilden. Das bekannteste Beispiel ist natürlich die *Nachtwache* von Rembrandt, doch allein in Amsterdam sind Dutzende ähnlicher Gemälde erhalten geblieben, riesige Bilder mit Hunderten von Gesichtern; die von Jan und Diederick sind allerdings nicht darunter. Sie sind etwas Besonderes, diese Gemälde. In keinem anderen Land haben sich so viele reiche Bürger in Gruppenporträts verewigen lassen, einzig und allein zur Dekoration ihrer öffentlichen Gebäude. Es war ihre Art, sich den öffentlichen Raum anzueignen, ihm ihren Stempel aufzudrücken.

Die Schützengilden waren im Prinzip bloße Bürgerwehren, obwohl sie, wenn es darauf ankam, durchaus einen militärisch – und somit auch politisch – bedeutsamen Faktor darstellten. Zugleich hatten sie den Charakter von Nachbarschafts- und Geselligkeitsvereinen, sie standen für die Zusammengehörigkeit der Bürger, die Wachsamkeit und Verantwortung der Bürgerschaft, den selbstbewussten *Citoyen*. Die Gruppenbilder strahlten all das aus. Und sie sollten dieses Selbstbild verstärken. Daher sind auf den Gemälden häufig Feiern und Festmähler abgebildet, bei denen Freundschaft und Eintracht besiegelt wurden.

Das Amsterdam Museum hatte früher eine lange, öffentlich zugängliche Galerie, wo Dutzende dieser Gruppenbilder in chronologischer Reihenfolge hingen; das älteste stammte aus dem Jahr 1529. Leider gibt es diese Ausstellung, in der jeder Passant eine kurze, aber unvergessliche Geschichtsstunde in Sachen Stil und Kultur erhielt, nicht mehr. Denn die Revolution, die Amsterdam zu Zeiten von Jan Six erlebte, war spektakulär. Die steifen, dunklen Kleidungsstücke der Schützen aus der Mitte des 16. Jahrhunderts wurden bereits gegen Ende des Jahrhunderts hell und bunt, die kleinen Krägen und die bescheidenen Barette wuchsen zu großen Lappen und riesigen Hüten heran, und in weniger als fünf Jahrzehnten entwickelten sich aus den Scharen schwermütiger Fischer und Schiffer vornehme Gesellschaften, voller Farben und Eleganz. In der Galerie bewegte man sich von Kalt zu Warm, von Dunkel zu Hell.

Die Entwicklung war aber nicht auf Äußerlichkeiten beschränkt. Die Bürger mit ihren hübschen Schärpen wollten mehr. Sie bildeten einen pseudo-aristokratischen Lebensstil aus, kauften Ländereien und Herrschaften, sie erwarben Adelstitel, präsentierten – oder schufen – ihre Wappen, und sie fingen an, sich wie Feudalherrn zu benehmen und nicht mehr wie republikanische Citoyens. Bereits 1650 wurde ein Bürgermeistersohn von gerade einmal zwei Jahren in einer Schützengilde zum Fähnrich ernannt, mit acht wurde der Knabe zum Leutnant befördert. Nicht die Verdienste als Bürger waren ausschlaggebend, sondern die Herkunft.

Nicht Freundschaft und Eintracht, sondern Rang und Status waren nun entscheidend.

Die verbindende Kraft dieser Gruppenbilder verflog. Ab 1650 wurden sie immer seltener, und an ihre Stelle traten Gruppenbilder von Zünften, Schöffen, von den Regenten der Waisen- und Krankenhäuser, von den Managern der Stadt. Und, nicht zu vergessen, die individuellen Porträts der neuen städtischen Elite. Diederick Tulp auf einem Pferd in der Levade, der Sohn eines Arztes in einer typisch adligen Pose, auch das war eine Form von Revolution.

Im Laufe eines halben Jahrhunderts, also innerhalb von ein bis zwei Generationen, hatte sich in Amsterdam eine Art hausgemachte Aristokratie etabliert, ein Phänomen, das auch in den anderen Städten der Republik zu finden war. Dieser Prozess ging stets einher mit einer »Oligarchisierung« der Macht: Die Stadtregierung wurde zum Spielfeld einiger weniger reicher Familien. Beispiellos war das nicht, dieselbe Entwicklung ließ sich auch anderswo beobachten, vor allem in den flämischen und italienischen Städten.

Als Nicolaes Tulp seine Regentenlaufbahn begann, waren fast all seine Kollegen noch als Kaufleute aktiv. Als er sie 1673 beendete, traf dies nur noch auf ein Viertel zu. Die immer gleichen Familien besetzten die Schöffenstühle und bevölkerten die Versammlungsräume von Bürgermeistern und Magistrat. Sie waren zu Funktionären geworden, zu Berufsbeamten und Politikern. Sie formalisierten dies sogar, indem sie zunehmend »Verträge zur Absprache« schlossen, in denen sie einander zusicherten, sich gegenseitig die entsprechenden Ämter zuzuspielen. Neulinge, wie Tulp einst einer war, hatten in diesem System keine Chance mehr.

Diese neuen Pseudo-Aristokraten – denn wie man es auch dreht und wendet, nichts anderes waren diese Patrizier mit ihren gleichsam erblichen Regierungsfunktionen – übernahmen allerlei Kennzeichen des alten Adels: Manieren, Kleidung, Kronen in ihren Wappen, ein auf Geburt gründendes Überlegenheitsgefühl, Diedericks Levade. Sie verbanden dies jedoch mit der traditionell republikanischen Art des Regierens: kollektiv und mit einem besonderen Augenmerk auf lokale Wohlfahrt anstelle von militärischem Prunk. Sie blieben Kaufleute, Kinder und Enkel von Schiffern, Fischfrauen und Bierbrauern.

Der Aufstieg dieser Klasse lässt sich vor allem an den Titeln ablesen, die sie erwarben. Bürgermeister Jacob Dirckszoon de Graeff, Sohn eines Eisenhändlers am Damrak, war einer der Ersten, der sich einen »höheren« Status zulegte: 1610 kaufte er die Herrschaft Zuid-Polsbroek, und anschließend durften er und seine Nachfahren sich »Freiherr« de Graeff van Zuid-Polsbroek nennen. Frans Banning Cocq, die zentrale Figur in Rembrandts *Nachtwache* und Sohn deutscher Einwanderer, erbte von seinem reichen Schwiegervater mehrere Stücke Land bei Purmerend. Seitdem hieß er »Herr von Purmerland und Ilpendam«.

Auf diese Weise verdoppelten auch andere Amsterdamer Regenten ihre Namen: Oetgens van Waveren, Bicker van Swieten, Huydecoper van Maarsseveen. Mit dem Namen erwarb man natürlich auch das Landgut, das diesen Status begründete. In Amsterdam hatte der Kauf von Landgütern einen praktischen Grund: Im Sommer war der Gestank der Grachten kaum auszuhalten. Deshalb zogen die meisten vornehmen Familien mit Beginn des Mais auf das Land, um erst im Herbst wieder in die Stadt zurückzukehren.

In Jans jungen Jahren besaß nur eine von zehn vermögenden Familien ein Landhaus; in der zweiten Hälfte des 17. Jahrhunderts waren es bereits dreißig bis vierzig Prozent; später, im 18. Jahrhundert, stieg der Anteil bis auf achtzig Prozent. In Huygens' Gedicht *Hofwijck* hört man in einem kleinen Boot den einen Passagier zum anderen sagen: »Sag, hey, was ist denn hier geschehen? Wird dem denn nie ein Ende gemacht/ Erneut schoss aus dem Boden ein Schloss, und zwar in einer Nacht!«

Die Basis dieses neuen »Adels« war und blieb jedoch die Stadt. Die Landhäuser waren in erster Linie als »Lustschlösser« gedacht und wurden für den Freizeitaufenthalt der Städter genutzt. Heute würden wir die Besitzer vielleicht als »Nebenerwerbslandwirte«

bezeichnen. Der alte Landadel war – und ist – von einem ganz anderen Schlag. Dieser war zumeist aus alten und mächtigen Bauernfamilien hervorgegangen, deren Basis Land- und Bodenbesitz war, vorzugsweise so viel davon wie möglich. Hierauf befanden sich dann ein befestigter Komplex aus Scheunen und Wohnhäusern und ein Wehrturm oder besser noch eine Burg, um den eigenen Boden zur Not gegen böse Nachbarn oder andere Feinde verteidigen zu können. Beim städtischen Adel dagegen drehte sich letztendlich alles um Geld – und um politische Macht.

Die Sixe genossen in diesen Kreisen einen gewissen Respekt, noch immer umgab die Familie das Fluidum des alten südniederländischen Adels. In seiner Jugend war Jan als »Junker Jan« bekannt, weshalb er es sein könnte, der in dem Schmähgedicht von 1640 gemeint ist; diese Titulierung bedeutete jedoch nur, dass sein Lebensstil ein gewisses Niveau hatte. Um einen offiziellen Titel zu erlangen, war auch Jan bereit, die nötigen Investitionen zu tätigen. 1666 erwarb er durch den Kauf eines sumpfigen Landstücks bei Swammerdam die Herrschaft Vromade. Nach dem Kauf eines mehr als einhundert Hektar großen Dünengeländes bei Egmond, der »freien Herrschaft Wimmenum«, dem heutigen Sixduinen, durften er und seine Nachfahren sich ab 1679 außerdem »Freiherr von Wimmenum« nennen. Das »frei« bedeutete, dass er dort auch Recht sprechen durfte, bis hin zum Fällen von Todesurteilen.

Auch dass Jan 1662 die Übersetzung eines europäischen Standardwerks über die höfische Lebensweise, *Der vollkommene Höfling*, veranlasste, gehörte dazu. Gewiss, an den Manieren der Amsterdamer Regenten war durchaus noch einiges verbesserungswürdig – der deutsche Gesandte Johann Joachim Becher hatte 1669 bei einem Essen mit den Verantwortlichen der Westindischen Compagnie den Eindruck, in einem Irrenhaus gelandet zu sein; er berichtete, dass nach dem zweiten Gang die Tische beiseitegeschoben wurden und dass die Herren sogar anfingen, miteinander zu tanzen –, aber warum Jan ausgerechnet *Il cortegiano* von Baldassare Castiglione übersetzt wissen wollte, bleibt ein Rätsel. Dieses Handbuch war schließlich bereits mehr als einhundertfünfzig Jahre alt, die Elite hatte es längst auf Französisch lesen können, die Mittelschicht konnte wenig damit anfangen, weil es für die italienische Hofkultur geschrieben war, und außerdem gab es inzwischen eine ganze Reihe von treffenderen Büchern, die ebenfalls die Etikette behandelten. Nein, diese Übersetzung muss ein Prestigeprojekt von Jan persönlich gewesen sein.

Die sogenannte Aristokratisierung war nicht einzig und allein eine Frage des Status und der Eitelkeit. Diplomatische und wirtschaftliche Motive spielten eine mindestens ebenso wichtige Rolle. Innerhalb der Republik hatten die reichen Kaufleute genug Status, um mit jedem Beziehungen anzuknüpfen: Sie besetzten die wichtigsten Regierungsposten, sie konnten Handel treiben, mit wem sie wollten. Im übrigen Europa, wo Geld und Güter sich zum größten Teil noch im Besitz des Adels befanden, lagen die Dinge anders. Ein Bürger oder Kaufmann, so reich er auch sein mochte, wurde in Ländern wie England, Deutschland oder Frankreich vom Adel meist als Mitglied einer anderen Klasse angesehen, mit dem man keine Geschäfte auf gleichberechtigter Basis machte. Ein Adelstitel wirkte in dieser Hinsicht Wunder: Alle Türen öffneten sich, selbst die zu höchsten Kreisen.

Hinzu kam der Niedergang des lokalen Adels. Im Allgemeinen verfügte dieser über viel weniger Geld als die neue Aristokratie der Amsterdamer Kaufleute. Während die Sixe im 17. Jahrhundert ein Vermögen von vielen Hunderttausend Gulden angehäuft hatten – Jans Bruder Pieter wurde 1674 mit sechshundertfünfzigtausend Gulden veranschlagt –, kamen viele alte Adelsfamilien nicht über Beträge von rund einhunderttausend Gulden hinaus. Vermögen, über die sie zudem kaum frei verfügen konnten, weil sie zum größten Teil aus Landbesitz bestanden.

Außerdem nahm der ursprüngliche Adel im Laufe des 17. Jahrhunderts mengenmäßig stark ab. In Holland und Friesland halbierte sich die Zahl der Adelsgeschlechter auf wenige Dutzend, die einst beeindruckende Utrechter Ritterschaft hatte 1667 nur noch sechs Mitglieder. Dieses Aussterben war ein natürlicher Prozess, nur Männer konnten Titel erben, der Adel schrumpfte fast zwangsweise. Allerdings wurde er in früheren Zeiten immer wieder durch neue Familien ergänzt. In der Republik, wo kein König herrschte, geschah das nicht. Und die verbleibenden Mitglieder des alten Adels taten nichts, um das zu ändern: Sie mussten die politischen Privilegien, die mit ihrer Stellung verbunden waren, nun mit immer weniger Standesgenossen teilen. Ihre individuelle Macht wurde dadurch größer.

Die steigende Zahl von neuen Pseudo-Aristokraten zog zahllose Scherze und Schlagabtäusche nach sich. Hans Bontemantel beschreibt genüsslich einen Wutausbruch des Bürgermeisters Gillis Valckenier, der sich während eines Admiralsessens am 12. November 1676 über Cornelis Geelvinck, Herr von Castricum, aufregt: »Woher stammt Ihr Titel eigentlich? Hatte Euer Großvater nicht ein Erbsen- und Bohnengeschäft oder handelte mit Schiffsviktualien?« Jan selbst macht sich in seinen Notizen über einen Regentenkollegen lustig: »Er ist von adligem Geschlecht, sein Vater hatte mindestens sechs Pferde vor dem Pflug!«

Das Erstellen von Stammbäumen mit illustren Namen und Wappen wurde zu einem regelrechten Wirtschaftszweig. Der Kaufmann und Regent Jan Berckhout, Sohn eines tatkräftigen Schmieds und Käsehändlers aus Hoorn, heiratete zum Beispiel eine gewisse Cornelia Tedingh, Tochter einer Familie von Grundbesitzern bei Monnikendam. Ihr Sohn Jan stellte den Namen Tedingh vor den Namen Berckhout, eine Generation später sahen der Stammbaum und das Familienwappen vollkommen anders aus. Die Tedinghs stammten nun von den Grafen von Egmond und vom »Lehnsherrn« der »Herrschaft von Berckhout«. Dass Berckhout nie eine Herrschaft war, spielte keine Rolle. Wieder war ein Mythos geboren.

Berufsgenealogen wie Wouter van Gouthoeven aus Dordrecht und Pieter van Brederode aus der Amsterdamer Warmoesstraat konstruierten so für jeden Auftraggeber eine illustre Ahnenreihe mit vielen adeligen Namen. Zur Not wurden sogar »Dokumente« aus

Pergament hergestellt, die auffallend »mittelalterlich« aussahen. Auch Vondel beteiligte sich eifrig an diesem Geschäft: Die Bürgermeisterfamilie de Graeff kam in Sachen Abstammung nicht weiter als bis ins Jahr 1542, doch mit einem gutbezahlten Lobgedicht gelang es dem Dichter mühelos, der Ahnenreihe vornehme Vorfahren und ein zusätzliches Jahrhundert hinzuzufügen.

Nach einem Besuch des Statthalters Willem III. in Amsterdam betont Jan in seinen Notizen, dass er »von seiner Hoheit« per Handschlag und mit den Worten »Ihr Diener, mein Herr« begrüßt wurde. Und zum Abschied sagte der Prinz sogar: »Ihr Diener, Herr von Wimmenum.«

Jan notiert es mit Stolz.

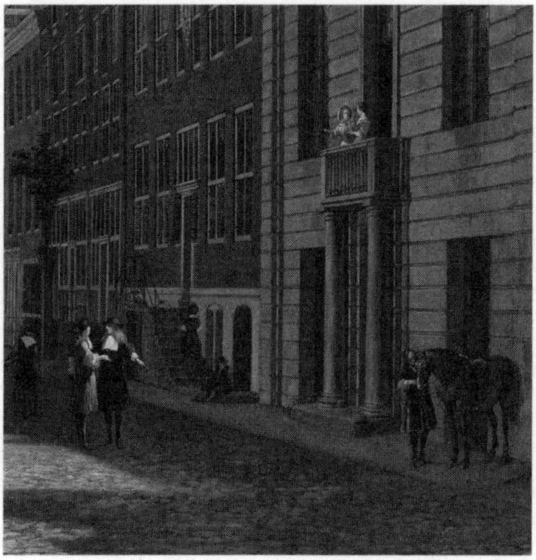

X
KATASTROPHENJAHR

Das Jahr begann mit einem einzigartigen Jubiläum. Donnerstag, 28. Januar 1672, Nicolaes Tulp ist seit einem halben Jahrhundert Mitglied des Magistrats. Das muss gefeiert werden, und natürlich ist auch der Chronist Hans Bontemantel dabei, von ihm haben wir Kenntnis über den genauen Ablauf des Tages. Die Festlichkeiten beginnen am Morgen im Rathaus. Tulp hält vor den versammelten Ratsherrn eine kurze Ansprache, er bedankt sich für die lange Zusammenarbeit und lädt die Honoratioren zu einem Essen in sein Haus ein. Um zwei Uhr nachmittags steht der alte Arzt in der Diele seines Hauses, um die Gäste zu begrüßen. Sohn Diederick führt sie anschließend in den Garten, wo zu diesem Anlass ein Holzhäuschen errichtet wurde, »mit blauen Stoffen behangen«.

Nachdem alle Herren Platz genommen haben – Frauen spielten in der Stadtregierung keine Rolle –, macht sich eine gewisse Unsicherheit breit, ob man denn »auf die alte Weise« bewirtet werden wird. Tulp war schließlich derjenige, der sich für ein Verbot allzu glamouröser Feste starkgemacht hatte. Ob an ein üppiges Mahl im Hause Tulp überhaupt zu denken war? Doch die Sorge ist unbegründet, die gereichten Speisen unterscheiden sich nicht von anderen »stattlichen Mahlzeiten«.

Zu jedem Gang tragen Schwiegersohn Jan und andere Dichter eigene lateinische Verse vor. Tulp bekommt ein Geschenk, eine »kunstvoll gravierte« Medaille aus Gold in einer »schwarzen gedrechselten Dose«: Auf der einen Seite ist das Porträt Tulps zu sehen, auf der anderen eine Zeder, ein Symbol für Tulps lange Laufbahn, unantastbar, »bis über die Wolken gewachsen«. Die Idee stammte von Jan. Für die anwesenden Gäste gibt es die gleiche Medaille in Silber oder Bronze.

Nach dem zweiten Gang erhebt sich ein Teil der Gesellschaft, um sich drinnen am Feuer zu wärmen und eine Pfeife zu rauchen. Zurück an der Tafel wartet schon der letzte Gang, ein Blätterteiggebäck mit einer Füllung aus »äußerst feinem Zucker und Konfitüre«, »Männerbankett« genannt. Um elf Uhr geht die Gesellschaft auseinander, »nach fröhlichen und angenehmen Gesprächen, nach einem dankbaren Trunk«.

Allerlei Gerüchte über das Festessen machten in der Stadt die Runde; dies ist wahrscheinlich auch der Grund dafür, dass Bontemantel als Augenzeuge einen so detaillierten Bericht verfasste. Angeblich, so erzählte man sich in Amsterdam, habe Tulp seine Gäste an rohen Holztischen Platz nehmen lassen, um sie anschließend mit Erbsen, Heringen, Kalbsfleisch, Kabeljau, Haarlemer Bier und französischem Weinbrand zu verköstigen, ein alt-holländisches Festmahl, wie es zu Beginn seiner Amtszeit noch vollkommen üblich war. Eine Woche später habe er seine Gäste dann erneut eingeladen, um sie diesmal nach Art und Weise der neuen Aristokratie zu bewirten, mit köstlichen Gerichten und edlen Weinen. Die Moral, die der Gastgeber vermitteln wollte, laute: Haben sich die Sitten zum Guten verändert?

Eine Erinnerung an Tulps Fest ist jedenfalls immer noch greifbar und über jeden Zweifel erhaben: Die »kunstvoll gravierte« Medaille liegt bis heute in der Vitrine im oberen Flur und träumt vor sich hin.

Der Soziologe J. A. A. van Doorn hat die Niederlande einmal als ein »Pulverfass, das die Regierung ständig feucht halten muss«, bezeichnet. Nun, für das 17. Jahrhundert gilt dies auf jeden Fall. Der Kirchenrat sorgte für ständigen Streit auf religiösem Gebiet, in der Stadt herrschten fortwährend Spannungen zwischen den sogenannten Prinz- oder Oraniengesinnten und den sogenannten Staatsgesinnten. Zu alledem kamen dann noch die permanenten Intrigen zwischen den unterschiedlichen Clans. Die Familie Tulp/Six versuchte sich da, so gut es ging, hindurchzumanövrieren. Mit wechselndem Erfolg.

Nach dem Tod des Statthalters Willem II. im Jahr 1650 hielt sowohl in Amsterdam als auch in Den Haag je ein Bruderpaar die Fäden in der Hand. In Amsterdam waren es die staatsgesinnten Brüder Cornelis und Andries de Graeff. Letzterer sorgte als Bürgermeister und Beschützer Vondels dafür, dass der alte, um seine Ersparnisse gebrachte Dichter eine Anstellung bekam. Das politische Leben in Den Haag beherrschten Johan und Cornelis de Witt, die Anführer der staatsgesinnten Fraktion. Ratspensionär Johan hatte durch seine Heirat mit Wendela Bicker sehr gute Kontakte in die Amsterdamer Elite. Einen Statthalter gab es damals nicht: Willem III. kam acht Tage nach dem Tod seines Vaters zur Welt – er war in jenen Jahren noch zu jung.

Die beiden Brüderpaare arbeiteten eng zusammen. »Die Macht ist herrlich, doch voller Sorgen«, schrieb Andries de Graeff später, und dies trifft ganz bestimmt für seine Jahre auf dem Plüsch der Regierungsbank zu. Amsterdamer Stadtpolitik war im 17. und 18. Jahrhundert zu einem nicht unerheblichen Teil Außenpolitik; wir dürfen nicht vergessen, dass die Republik, angeführt von Amsterdam, jahrzehntelang eine europäische Großmacht war. Auf See musste diese Position fortwährend gegen die Engländer verteidigt werden, und auf dem Kontinent entwickelte sich Frankreich zu einer immer größer werdenden Bedrohung.

Es kam zu Handelsstreitigkeiten: Hohe französische Zölle fügten der niederländischen Wirtschaft nach 1667 großen Schaden zu. König Ludwig XIV., der spätere Sonnenkönig, fühlte sich durch die eigensinnige Republik zunehmend herausgefordert, und dies galt in besonderem Maße für Amsterdam, eine Stadt, in der, wie sein militärischer Berater Jean-Baptiste Stouppe voller Abscheu schrieb, »Arminianer, Wiedertäufer, Sozinianer, Arianer, Beseelte, Quäker oder Shaker, Borelisten, Armenier, Moskowiter, Libertins und andere Sucher« in aller Freiheit zusammenlebten, »von den Juden, Türken und Persern ganz zu schweigen«.

Johan de Witt versuchte mit einer geschickten Teile-und-herrsche-Politik für Ruhe in dieser schwierigen Zeit zu sorgen. Den Einfluss der Oranier hielt er klein: Der junge Willem III. wurde bewusst aus allen Staatsangelegenheiten herausgehalten, und 1667 beschlossen die Staaten von Holland mit dem Ewigen Edikt sogar, die Statthalterschaft über Holland abzuschaffen. Der schlummernde Konflikt zwischen den »Staatsgesinnten« und den »Oraniengesinnten« wurde dadurch aber nur weiter angefacht.

Im Jahr 1670 stürzte Johan de Witts machtpolitisches Kartenhaus in sich zusammen. Am 1. Juni des Jahres hatten England und Frankreich insgeheim den Vertrag von Dover geschlossen: Gemeinsam wollten sie die lästige Republik in die Zange nehmen und sie zu einer zweitrangigen Macht degradieren. Ziel der beiden Großmächte war es, eine Marionettenregierung unter Führung des jungen Prinzen Willem III. zu installieren.

Der tatsächliche Angriff wurde um ein Jahr verschoben, doch Ende 1671 war der Aufbau einer gewaltigen französischen Heeresmacht in vollem Gange. Im Dezember sah der niederländische Botschafter Godard Adriaan van Reede Straßen voller französischer Truppen, er fand ganze Regionen vor, die sich in Geisterlandschaften verwandelt hatten, weil alle sich auf den Kampf vorbereiteten. Verzweifelt schrieb er nach Den Haag, ob man sich im Klaren darüber sei, »wie nah der Krieg ist«.

»Der französische Angriffsplan war schlichtweg revolutionär«, schreibt der Historiker Luc Panhuysen in seiner Analyse des Katastrophenjahres 1672, und er bezeichnet ihn als einen »Vorläufer des ›Blitzkriegs‹«.

Der Vergleich ist nicht aus der Luft gegriffen: Ludwig XIV. bereitete tatsächlich einen blitzschnellen Angriff vor, einen massiven Überfall, mit dem er die Republik überrumpeln wollte. Show und Theater waren für jeden Fürsten und General mindestens ebenso wichtig wie ein militärischer Sieg, und schließlich ist nichts ruhmreicher als solch ein schnell ausgeführter, verblüffender Schlag! Insbesondere für den Sonnenkönig.

Viele Bürger der Republik wollten die bevorstehende Katastrophe, die ihr friedliches Leben auf den Kopf stellen würde, nicht wahrhaben. Nicolaes Tulp erinnerte in seiner Jubiläumsansprache zwar kurz an die »finsteren Wolken«, die sich zusammenzogen, doch hoffte er, diese würden sich durch Gottes »grenzenlose Barmherzigkeit« wieder verziehen. Jan Six war, wie sein Journal zeigt, zu dieser Zeit vor allem mit den Texten und den Gravurarbeiten für Tulps Jubiläumsmedaille beschäftigt.

Den gut ausgebildeten Truppen des Sonnenkönigs – fast einhundertfünfzigtausend Mann – standen höchstens vierzigtausend Soldaten und Offiziere des Heeres der Staaten von Holland gegenüber. Fast ein Vierteljahrhundert nach dem Ende des Achtzigjährigen Krieges war alle Erfahrung, Kampfeslust und militärische Routine verschwunden. Das Heer der Staaten war auf Betreiben Amsterdams in regionale Truppenkontingente unterteilt worden, die jede Stadt und jede Provinz selbst unterhalten musste. Jede zentrale Gewalt und Einheitlichkeit war dahin. 1650 hatte der Statthalter Willem II. noch einen halbherzigen Versuch unternommen, seine zentrale Befehlsgewalt wiederherzustellen – mit einer kleinen Armee wollte er Amsterdam besetzen –, doch er war auf ganzer Linie gescheitert.

Den bevorstehenden Krieg vor Augen, meinten einige, der junge Prinz, Willem III., könnte als Oberbefehlshaber diese Einheit wiederherstellen. Die Oraniengesinnten begannen jedenfalls, sich angesichts der stetig zunehmenden Bedrohung immer deutlicher zu rühren, die Staatsgesinnten fürchteten einen Staatsstreich der Oranier. Die Situation war verfahren.

Mitte Februar hatte Den Haag noch immer kein Budget für die Kriegsführung bereitgestellt, noch immer wurden keine neuen Truppen angeworben, es gab nicht einmal einen Oberbefehlshaber. Erst am 25. Februar wurde der junge Prinz zum Generalkapitän und Admiral ernannt. Es schien geradezu unmöglich, dass auch der englische König Karl II. die Republik angreifen würde, jetzt, da sein Neffe, Willem III., den Oberbefehl übernommen hatte. Dennoch geschah genau dies: Am 27. März erklärte England den Niederlanden den Krieg, am 6. April folgte die französische Kriegserklärung, und von Norden her strömten zudem noch Truppen des Bischofs von Münster ins Land.

Das 17. Jahrhundert war in zunehmendem Maße geprägt von Streit und Konflikten. Während des gesamten Jahrhunderts herrschte nur vier Jahre lang ein umfassender Frieden. Die »allgemeine Krise«, eine Kettenreaktion von Kriegen, hohen Steuern, Rebellionen und Revolutionen, wurde noch verstärkt durch die kleine Eiszeit, die fortwährend Missernten, Hungersnöte und Epidemien verursachte. Um 1600 zogen rund zweihundertfünfzigtausend Soldaten über den Kontinent, um 1700 waren es etwa 1,3 Millionen.

Jan hatte wie seine Zeitgenossen etliche Kriege aus der Distanz erlebt. Doch immer war »Krieg« eine Nachricht gewesen, ein Gerücht, ein Donnern in großer Ferne. Nie rückte die wirkliche Kriegsgewalt heran. Diesmal war das anders. Rund zwanzigtausend Mann wurden an die Landesgrenzen geschickt. Auch Diederick Tulp und seine Schützen machten sich auf den Weg nach Brabant. Schon bald waren sie wieder zurück – jetzt musste die Stadt selbst verteidigt werden.

Jan hatte man in diesem Jahr zum Schöffen gewählt, er ging, wie sein Journal zeigt, unerschütterlich seiner Arbeit nach. Er traute Ehepaare, entließ Gefangene, saß zu Gericht. Kein Wort über die drohende Invasion. Noch am 1. Mai 1672, als der französische Aufmarsch bereits begonnen hatte, schrieb Antonides van der Goes ein Lobgedicht auf Jans neues Landhaus Ymont:

> Ruhe sucht Dein Herr an diesem Flecken,
> Wenn seine vielen Ämter ihn ermüdet haben,
> In Deiner Einsamkeit wird er die Last begraben.
> Der Muiderbergparnass wird in ihm Dichtlust wecken.

Einen Monat später durchbrachen die Franzosen die Front an der Ijssel. Eine Stadt nach der anderen ergab sich. Ganze Dörfer wurden in Asche gelegt, Landstriche verwüstet, Bauernfamilien wurden in ihren Häusern verbrannt, Frauen massenhaft vergewaltigt, Familienväter im Kamin aufgeknüpft, um sie über dem Herdfeuer zu braten. Gräuelgeschichten machten die Runde, und vermutlich war nur wenig übertrieben. Die genauen Opferzahlen wurden nie ermittelt, man schätzt, dass es fünfzig- bis zweihunderttausend Tote gab.

Anfang Juni fasste man den Entschluss, zum letzten Mittel zu greifen und sich der äußersten Verteidigungsmaßnahme zu bedienen. Die holländische Wasserlinie war ein gewaltiges System aus Fortifikationen, Schleusen und Poldern, die geflutet werden konnten. Das Land konnte so in eine nahezu uneinnehmbare Insel verwandelt werden. Überall herrschte Panik, die Hysterie, die schon immer hinter den behaglichen holländischen Fassaden geschlummert hatte, brach sich nun Bahn. Die Leute hatten alle »den Wind im Kopf«, die Städte wurden »vom galoppierenden Vieh der grauen Masse« übernommen. Coenraad van Beuningen beschrieb eine Vision, in der Ludwig XIV. die Gestalt Nebukadnezars angenommen hatte und schrie: »Tötet, tötet, denn die Jagd ist gut!«

»Befreie, Herr, unser Land«, kritzelte Jan in sein Notizbuch, rasch und voller Verzweiflung. Am 13. Juni wurde er zum Oberst einer der sechs neuen Schützenkompanien ernannt, eine Verstärkung für die vierundfünfzig anderen, die bereits in höchster Alarmbereitschaft waren.

Unaufhörlich patrouillierten Reiter in den Straßen. Auf dem IJ und der Amstel waren Plattbodenschiffe mit Soldaten stationiert, auf den Wällen standen zweihundert Kanonen, die Bürgermeister persönlich begleiteten die Wachtposten. Jan notierte unter der Überschrift »Eine belagerte Stadt« eine Reihe von Maßnahmen: »Einen Eimer Wasser vor jedes Haus und nachts ein brennendes Licht vor jeder Tür.« »Täglich morgens und abends eine Predigt mit Gebet.« Wer »hoffnungslos« im Gasthaus liegt, »bekommt sofort eine Kugel«.

Ende Juni begannen die Unruhen, fast täglich kam es zu einem neuen Ausbruch. Wie die Bürger anderer Städte vertrauten auch die Amsterdamer ihren Magistraten nicht mehr. Durchaus zu Recht. Wie sich später herausstellte, hatte Bürgermeister Joan Huydecoper sich bereits mit dem französischen Kommandanten vor Ort verständigt. Sein Landhaus »Goudensteyn« in Maarssen sollte ja schließlich nicht zerstört werden, das war ihm eine beträchtliche Summe Geld wert.

In einer sehr emotionalen Sitzung des Magistrats am 26. Juni entschied man jedoch, jegliche Verhandlungen abzulehnen. Nicolaes Tulp – er war inzwischen fast achtzig – »agierte in seinem fortgeschrittenen Alter«, so ein Zuhörer, »mit einer männlichen Entschlossenheit, die seine Jahre übersteigt und den jungen, kräftigen Männern in nichts nachsteht«. In einer der folgenden Sitzungen stimmte der Magistrat unter dem Druck der Bevölkerung dafür, das Ewige Edikt auszusetzen und erneut einen Oranier zum Statthalter zu ernennen. Es kam zu heftigen Auseinandersetzungen: Hans Bontemantel, ein entschiedener Gegner der Oranier, entging auf der Straße nur um ein Haar der Steinigung durch eine Gruppe von Frauen. Wie viele andere auch verließ er das Haus danach nur noch mit einer orangefarbenen Schärpe.

Die Stimmung wurde durch Hunderte von Flugschriften, die Tag für Tag gedruckt wurden, weiter angeheizt. Normalerweise erschienen in der Republik etwa dreißig Pamphlete pro Monat, im Juni 1672 aber waren es einhundertzwanzig und im Juli fast einhundertachtzig. Der Tenor war stets der gleiche: Ludwig XIV. und die Brüder de Witt machten gemeinsame Sache und verfolgten dasselbe Ziel, nämlich den Austausch des Geschlechts der Oranier durch das der de Witts.

Am 20. August erreichte der Volkszorn in Den Haag seinen Höhepunkt. Cornelis de Witt, der wegen des vagen Verdachts, ein Mordkomplott gegen den Prinzen geschmiedet zu haben, verhaftet worden war, wurde an diesem Tag verurteilt, ohne dass es einen Beweis für seine Schuld gab. Sein Bruder Johan besuchte ihn im

Gefängnis, was sich schnell herumsprach. Angeführt von einigen Schützen wurden die beiden Männer nach draußen geschafft und anschließend von der Menge gelyncht; man warf sie die Treppenstufen hinunter, prügelte auf sie ein und schoss auf sie. Ihre Leichen wurden kopfüber und unbekleidet aufgehängt; Zungen, Augen, Finger, Zehen und andere Körperteile wurden abgeschnitten und meistbietend versteigert; schließlich wurden ihre Körper mit Holzstöcken aufgespreizt, wie frisch geschlachtetes Vieh.

Baruch de Spinoza, der damals in Den Haag wohnte, war zutiefst entsetzt. Noch am selben Abend wollte er an der Mordstätte einen Zettel mit der Aufschrift »ultimi barbarorum« – äußerste Barbarei – aushängen. Sein Vermieter hielt ihn an der Haustür auf und rettete ihm damit wohl das Leben; vermutlich hätte man auch ihn in Stücke gerissen. Jan fertigte ein Chronogramm an: »gaVDent preCLaro perfVsI sangVIne fratrVM« – »Sie freuen sich, triefend vor dem ruhmreichen Blut der Brüder«, darin versteckt die Jahreszahl 1672.

In Amsterdam zog währenddessen eine johlende Menge mit orangefarbenen Fahnen durch die Straßen. Man belagerte das Haus des Admirals Michiel de Ruyter; angeblich hatte er die Flotte an den Feind verkauft. Die Flugblattschreiber riefen zu einer großen Säuberungsaktion im Magistrat auf, die alten Freunde der Brüder de Witt sollten verschwinden. Dem Bürgermeister Hendrik Hooft drohte man: Entweder er trete zurück, oder man würde ihn »steinigen«, war die Botschaft. Auf manchen Mauern waren Aufschriften zu lesen: »Seid auf der Hut, Bürger, die Verräter sind wieder aktiv. Es sind: Reinst, Vlooswijk, de Graeff, Outshoorn, Hooft, Pol, Bontemantel.«

Am 5. September beugten sich die Amsterdamer Bürgermeister dem Volkszorn. In Anbetracht der »Beunruhigung in der Gemeinde«, die weiter wachse und sich womöglich Bahn brechen könne, wodurch sich die Gefahr von »Massakern und Plünderungen« erhöhe, baten sie den Statthalter, das »Gesetz zu ändern«. Eine Reihe von Regenten solle dabei durch solche ersetzt werden, die dem Statthalter wohlgesonnener seien, und so die Ordnung in der Stadtregierung wiederhergestellt werden.

Das Ganze war letztendlich eine Abrechnung und ein Putsch zugleich. Am 10. September wurden sechzehn Ratsherren, Schöffen und (Alt-)Bürgermeister aus der Stadtregierung entfernt. Von den sechzehn waren – nicht zufällig – zwölf notorische Gegner des Alt-Bürgermeisters Gillis Valckenier, darunter Hendrik Hooft, Andries de Graeff und Hans Bontemantel. Nicolaes Tulp wurde, wegen seines ehrwürdigen Alters, auf elegantere Weise aus dem Weg geräumt: Er durfte die Stadt fortan als »abgesandter Rat« in Den Haag vertreten. Coenraad van Beuningen behielt seinen Posten, und auch Jan Six entging der Säuberungsaktion, möglicherweise dank seiner alten Freunde.

Valckenier wurde zur zentralen Figur in der Stadt, in den darauf folgenden Jahren war er fünfmal Bürgermeister. Er sei mindestens so mächtig »wie der Sultan in der Türkei«, schrieb der englische Gesandte Henry Sidney. »Er kassiert so viel Geld, wie ihm gut dünkt, er tut, was ihm in den Sinn kommt, und dennoch sieht er aus wie ein gewöhnlicher Ladenbesitzer.« Der eine Clan wurde durch einen anderen ersetzt, am System änderte sich nichts.

Was sich im Zuge der groß angelegten Säuberungen jedoch veränderte, war die Mentalität. Die Generalstaaten und vor allem der Statthalter eigneten sich immer mehr Macht an. Amsterdam verlor seine Vorherrschaft an Den Haag. Die orthodoxen Pastoren verspürten erneut Rückenwind. Sie sorgten dafür, dass das Theater, dieser »heidnische Tempel«, geschlossen wurde. Die Phase der »wahren Freiheit«, der Republik ohne Oranier, der provinzialen und städtischen Autonomie, des relativ toleranten intellektuellen Klimas, diese goldenen Jahre, in denen Jan sich ausgesprochen heimisch und wohl gefühlt hatte, sie waren vorbei.

Jans Notizen während jener unruhigen Monate sind auffallend spärlich. Vermutlich weil in jenem Sommer zwei seiner Kinder starben, die neugeborene Christina und die siebenjährige Anna. Die Tragödie ereignete sich auf Elsbroek, beide wurden in der Kirche von Hillegom begraben.

Um Holland herum war inzwischen eine ausgedehnte Wasserfläche entstanden, ein Streifen, der rund einhundert Kilometer lang und einige Kilometer breit war und der von Geertruidenberg in Brabant bis zu den Toren von Amsterdam reichte. Die Wasserlinie riegelte das Herz der Republik ab, der französische Angriff stockte. Hilfe vonseiten der Engländer war erst einmal nicht zu erwarten: Bereits am 7. Juni hatte Admiral Michiel de Ruyter mit fünfundsiebzig Schiffen und zwanzigtausend Mann Besatzung die in der Solebay ankernde englisch-französische Flotte überrascht und ihr in einer der größten Seeschlachten des Jahrhunderts starke Verluste beigebracht. Der junge Oranier erwies sich als sehr guter Organisator, fleißiger Arbeiter und hervorragender Anführer.

Seinem Widersacher, Ludwig XIV., kamen Zweifel. Was ging hier vor sich? Wie konnte es in Gottes Namen sein, dass seine überlegenen Truppen dieses Land, in dem es vor allem Schlamm und Bauern gab, nicht niederringen konnten? Von einem triumphalen »Blitzkrieg« konnte keine Rede mehr sein. Welchen Ruhm – sein wichtigstes Ziel – gab es hier noch zu ernten?

1673 wurde die englische Flotte erneut zurückgeschlagen. Zwischen der Republik, Preußen, dem deutschen Kaiser und dem früheren Gegner Spanien kam ein Bündnis zustande. Ihre Truppen eilten Holland zur Hilfe, den Franzosen war es nicht mehr möglich, ihre Stellungen zu halten. Ebenso schnell, wie sie gekommen waren, zogen sie sich zurück. Am 16. Februar 1674 wurde der Friedensvertrag mit England unterschrieben. Es änderte sich nichts, nur die Kolonie Neu-Amsterdam wurde gegen ein paar Plantagen in Surinam eingetauscht.

»A DoMIno VenIt paX et VICtorIa Laeta«, schreibt Jan schwungvoll in seine *Pandora*. »Vom Herrn ist der Friede und der glückliche Sieg gekommen«. Die Jahreszahl 1674 verbirgt sich in diesem Chronogramm. Darunter ein Gedicht, das schildert, wie Gott sein Bundesvolk – ein Verweis auf das Volk Israel – aus den »Trümmerhaufen und Finsternissen« des Krieges gerettet hat. »Widerspenstig durch Habsucht« waren sie, und doch hat der Herr sich ihrer erbarmt. »Freut Euch, Bürger, das Schicksal hat sich gewendet!/ Der Krieg zwischen den Briten und den Staaten ist beendet./ Und Karl II. hat sich eines Bess'ren besonnen./ Lobet den Herrn mit Gesängen.«

Einen Monat später tauchten aus der Wasserfläche rund um Amsterdam bereits wieder die ersten Kanäle und Weiden auf.

Das Jahr 1672 markiert das Ende des Goldenen Jahrhunderts. Amsterdam sollte sich nie wieder ganz von diesem »Katastrophenjahr« erholen. Die vierte Stadterweiterung, jenseits der Amstel, kam zum Erliegen – das Projekt sollte erst zweihundert Jahre später vollendet werden. Der Schiffbau wurde hart getroffen, weil die englischen Reeder ab 1676 nur noch in England gebaute Schiffe einsetzen durften. Auf Betreiben Amsterdams wurde 1678 mit Frankreich ein Separatfrieden geschlossen – ohne die anderen Verbündeten miteinzubeziehen. Es ging, typisch holländisch, ums Geld, und Willem III. tobte: Für ein paar kurzfristige wirtschaftliche Vorteile zerstörte die Republik ihren Ruf, ein treuer Bündnispartner zu sein, mit allen sich langfristig daraus ergebenden Konsequenzen.

Aufgrund der weiterbestehenden Handelskonflikte mit Frankreich und England mussten Flotte und Armee in ständiger Bereitschaft gehalten werden, was Unsummen verschlang. Außerdem litten die niederländischen Fischer und Handelsschiffe stark unter französischen Piraten. Letztlich sollte die Nation unter der finanziellen Last zusammenbrechen; die Hälfte der Staatseinnahmen ging direkt an die Gläubiger. Dies war das Ende der Republik – und damit auch das Ende von Amsterdam – als Großmacht.

Im Februar 1679 erlosch das lange Leben von Jans altem Freund Joost van den Vondel. Er war einundneunzig und lebte von einer kleinen Pension. Zuletzt hatte er noch zwei Bürgermeister aufgesucht, um sie mit gebrochener Stimme um eine Stelle für seinen Enkel anzuflehen. Doch man hatte für den Greis nur ein paar gutgemeinte Worte übrig. Über seine Grabinschrift scherzte er gerne: »Hier liegt Vondel und bereut es nicht/ Die Kälte löschte sein Lebenslicht.«

Nicolaes Tulp hatte sein Leben schon zuvor beschlossen, ein Jahr nach seiner eleganten Vertreibung aus dem Magistrat und seiner Verbannung nach Den Haag. Diederick wurde keine sechzig. Er starb 1682. Seine beiden Söhne erreichten nicht einmal das Knabenalter, und mit dem Tod seiner letzten Tochter im Jahr 1769 starb das Geschlecht des Baronet Diederick Tulp schließlich aus.

Am 10. Dezember 1678 hatte Jan Six bereits seinem alten Freund Hendrik Hooft einen Abschiedsbesuch abgestattet. Im Jahr zuvor war es ihm durch feinfühlige diplomatische Gespräche von Grachtenhaus zu Grachtenhaus gelungen, ihn wieder mit dem allmächtigen Valckenier zu versöhnen. Hooft war daraufhin erneut zum Bürgermeister gewählt worden. Jetzt aber lag er im Sterben, Jan hielt die Begegnung in seinen Notizen fest.

Die Männer unterhalten sich auf Französisch und Niederländisch. »Je me jette dans le néant et j'attends tout de la grâce de Dieu.« – »Ich stürze mich ins Nichts und hoffe ganz und gar auf Gottes Gnade«, sagt Hooft. Er beschwert sich über die Besucher, die ständig fragen, was ihm fehle, »und ich frage sie, was ihnen fehlt, dass sie sich nicht vorstellen können, was sechs Jahre Gicht, Nierensteine usw. mit einem alten Mann von einundsechzig Jahren machen.« Er weiß nicht, ob er bald sterben werde: »Komm ich wieder auf die Beine, dann dürft ihr mich erneut begrüßen.« Er bedankt sich für den Wein, »aber er war mir zu stark«. »Wenn ich in unserer Freundschaft gefehlt habe, so vergebt mir bitte.« Zwei Tage später ist er tot.

Die Republik und das Amsterdam des ausgehenden 17. Jahrhunderts waren, in politischer Hinsicht, eine Art Europäische Union im Kleinformat. Die Nation bestand aus einem Haufen von provinzialen und städtischen Territorien mit ihren je eigenen Privilegien und Gesetzen, mit politischen Fraktionen, Familienclans und Pastorenstreitereien. Ständig gab es Konflikte: um die Souveränität der einzelnen Städte und Regionen, um die Rolle der Oranier, um das Heer und die Flotte, um Handelsinteressen, um Geld.

Jan Six wurde 1679 Mitglied des Magistrats und bekam dadurch eine Stimme in der Debatte, die bestimmend für die politische Ausrichtung der Stadt war. Er fing erneut an, seine Erlebnisse zu notieren. 1688 und 1689 wählte man ihn wieder zum Schöffen, und 1691, er zählte inzwischen dreiundsiebzig Jahre, war er sogar einige Monate lang Bürgermeister. Die Ernennung verdankte er seinem Neffen Joan Corver, dem neuen »Paten« von Amsterdam.

Trotz allem war Jan stets mehr Zuschauer als Handelnder. Dennoch trat er das ein oder andere Mal als Vermittler auf. So zum Beispiel, als neue Steuern erhoben werden sollten, nachdem van Beuningen »sehr umständlich« dargelegt hatte, dass die Staaten für den Unterhalt von Flotte und Heer rund drei Millionen Gulden zusätzlich brauchten. Außerdem sollten die Truppen um sechzehntausend Mann aufgestockt werden. Das ging Amsterdam zu weit.

Am 16. November 1683 kamen der Prinz und der Ratspensionär persönlich in die Stadt, um ihren Standpunkt zu erläutern. Jan zeichnete einen Plan des Saals und gab genau an, wo jeder Einzelne saß. Er nahm an den Beratungen und dem gemeinsamen Mahl im Herrenzimmer teil, »wo seine Hoheit sagte, er wolle nicht mit irgendwelchen Absichtserklärungen abgespeist werden, sondern er wolle ein Ja oder ein Nein«. Die Antwort lautete nein. »Seine Hoheit sprach einige verärgerte Worte« und ging.

Die Abreise des Prinzen hat Jan nicht mehr mitbekommen, weil er auf Bitte der Bürgermeister seinen Kollegen Isaac van den Heuvel nach Hause brachte. Der Ratsherr war »wegen der schweren Sorgen, die ihm der Disput bereitete«, zusammengebrochen. Jan meinte, sein Blut sei dadurch »verdünnt worden« und »flüchtige Geister oder subtile Teilchen« hätten auf seine »Gehirnhaut« gedrückt. Auf dem Dam hatte van den Heuvel sogar sein Wams ausgezogen, als würde er sterben. Er fing an zu beten wie jemand, der Abschied von seiner Frau und den Kindern nimmt. »Er sagte: ›Ich habe meine Frau so lieb.‹«

Auch mit van Beuningen gab es große Probleme. Um Weihnachten 1685 herum bat er die Bürgermeister, ihn mit sofortiger Wirkung von all seinen Ämtern und Aufgaben zu entbinden, ein einmaliger Vorgang in der Stadtgeschichte. Im Sommer darauf heiratete er, inzwischen vierundsechzig Jahre alt, unvermittelt seine alte Liebe, Jacoba Bartolotti van den Heuvel, eine Dame in den Mittvierzigern, laut ihrem Onkel Constantijn Huygens ein »geborenes Abenteuer«. (Im Übrigen musste van Beuningen sich vorher noch aus ein paar »Verlobungen« freikaufen, unter anderem mit seiner Haushälterin.) Die Braut selbst meinte, das Schicksal habe sie nun einmal für den alten, verrückten van Beuningen bestimmt. Sie galt als leichtsinnig, geizig und engstirnig, und diesem Ruf machte sie alle Ehre.

Six und van Beuningen hatten beide als Sucher begonnen, sie waren offen für allerlei neue Ideen. Doch während Jan in den Kissen seiner vielen Ämter versank, knüpfte van Beuningen Kontakte zu allen möglichen esoterischen Gruppen – zum Beispiel zu den Anhängern des mystischen Propheten Johann Georg Gichtel. Van Beuningen war bekannt für seine endlosen Darlegungen und seine manischen Anfälle, die sich mit Phasen der Depression abwechselten. Doch nun hatten sich, wie es Joan Huydecoper ausdrückte, »wirklich alle Schrauben gelockert«.

Van Beuningen fing an, in großem Maßstab mit Aktien der VOC zu spekulieren, und verlor mindestens eine halbe Million Gulden. Die Vorwürfe seiner Frau machten ihn rasend; er prügelte sie aus dem Bett hinaus; im Nachthemd hockend, flehte sie um ihr Leben. Einen Monat später notierte Jan, sein alter Freund van Beuningen wolle seine Anteile »nebst all seinem Besitz« der Stadt überlassen. Der Magistrat lehnte einstimmig ab. Van Beuningen war zutiefst verletzt: Dies sei das Werk des Antichrist. Die Endzeit nahe.

Er verbrannte all seine Bücher und seltenen Manuskripte, er jagte Besucher mit der Peitsche zur Tür hinaus, er hatte Visionen – in denen er Feuerbälle, »rot wie Kerzenlicht«, über der Stadt sah, und einen Sarg, »bunt wie ein Regenbogen« –, er lief in einer Winternacht tobend und schreiend vor den stillen Nachbarhäusern an der Amstel auf und ab, um die »unvorstellbare Lethargie, in welcher die Bewohner dieser Stadt sich befinden«, zu durchbrechen, er schnitt sich mit einem Skalpell in die Arme und malte mit seinem Blut Zeichen auf die Fassade seines Hauses an der Amstel: kabbalistische Symbole, VOC-Schiffe, den Namen seiner ersten Frau, Helena. Wer genau hinsieht, kann sie heute noch entdecken, drei Jahrhunderte später.

Van Beuningens Verhalten war monatelang das Tagesgespräch; sogar Willem III. – der inzwischen, nach seiner Heirat mit Maria II. (Stuart) und der »Glorious Revolution«, auf dem englischen Thron saß – wollte fortwährend über die neuesten Entwicklungen informiert werden. Nach Ansicht seiner Zeitgenossen trieb alles, was van Beuningen in seinem Leben gelernt hatte – und das war viel –, jetzt ohne Sinn und Verstand durch seinen Geist. Man erklärte ihn für bankrott, bestellte einen Vormund und sperrte ihn mehr oder weniger in ein Häuschen an der Amstel. Er starb am 26. Oktober 1693. Sein Nachlass bestand aus ein paar Möbeln, »einem Schultermantel und zwei Hausmänteln« sowie »einem Männerporträt von Rembrandt« – Schätzwert sieben Gulden.

Auch für Jan, der auf die achtzig zuging, rückte das Ende näher. »Die Zeit meines Dahinscheidens steht vor der Tür«, notierte er 1696. Doch er fragte sich auch: »Warum schreckt uns der Tod, wenn er den Körper, der unsere edle Seele drückt, hinwegnimmt? Durch einen Sturm, der uns in den gewünschten Hafen bringt? Worauf hoffen wir, wenn wir hoffen, lange zu leben? Auf ein leidvolles Alter? (…) Was verlieren wir, indem wir sterben?« Nein, so Jan, der Tod ist eine natürliche Gerechtigkeit. Er ist der Weg zum köstlichen Leben bei Gott, »der unendlich gut ist« und dem »Lob, Dankbarkeit und ewige Liebe zukommt«.

Ein letztes Gedicht in der *Pandora*. Es ist seinem Freund gewidmet, dem Dichter und Schriftsteller Petrus Francius.

»Tandem cupîtis, Pietre! carebimus ...«

Die schnelle Zeit rotiert und wirbelt immer weiter,
Alles Himmelsglänzen bestätigt ihren Gang.
Ja, geschwind eilt alles seinem Untergang entgegen.
Am Ende werden wir vermissen, was uns lieb ist, Petrus.
Unser Haus, an dem vorbei die Amstel fließt,
Unsere bescheid'nen Frauen, unsere Kinder
Ehrenvolle Posten, Geld und Deine Leier ...

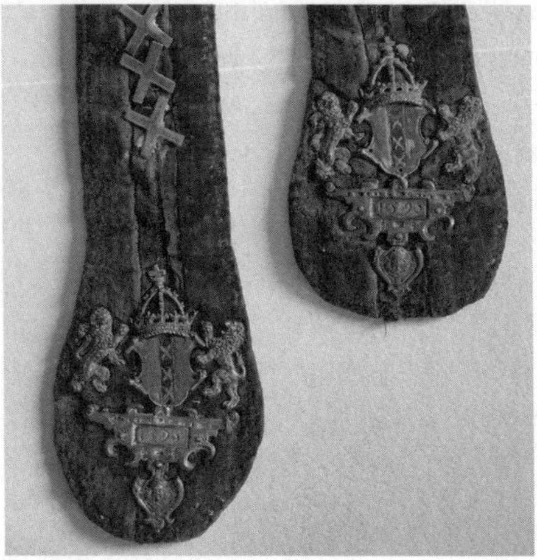

XI
BLUTBAND

Das Blutband hat alles gesehen und alles gehört: Tränen, Niederknien, Schweigen, flehentliches Bitten zum Himmel und in Richtung der Bürgermeister. Der Streifen aus rotem und schwarzem Samt hängt ein wenig versteckt im oberen Flur im Haus an der Amstel, die drei silbernen Andreaskreuze des Stadtwappens sind alt und matt. Das Band gehörte zu jenem langen schwarzen Mantel, den Bürgermeister, Schulze und Schöffen bei Verhandlungen trugen, in denen es um Leben und Tod ging. Wenn die Herren mit dem Blutband am Mantel vor den Delinquenten traten, wusste er, dass alles vorbei war.

Der neue Jan Six hat Dutzende Male an diesem tödlichen Schauspiel teilgenommen. Schließlich war er in der ersten Hälfte des 18. Jahrhunderts sechzehn Mal Bürgermeister, und wenn über jemanden die Todesstrafe verhängt wurde, mussten er und seine Kollegen zustimmen. Das eigentliche Urteil wurde in der Gerichtskammer gesprochen, und am Ende des Prozesses wurde das Ritual wiederholt. Die Glocken des Rathauses begannen dann zu läuten, die Rute der Justiz – ein dorniger Eschenzweig – wurde ausgebracht, und Jan gürtete sich, so wie die anderen Ratsherrn, mit diesem Blutband. Schulze und Schöffen zogen zu den marmornen Gerichtsschranken, das Publikum drängelte sich an den Fenstern. Jan und die anderen Bürgermeister standen in ihrem Amtsraum und schauten von oben zu. Es folgte die Anklage, die Schöffen gingen hinauf, um mit den Bürgermeistern »zu beratschlagen«, ob der Gefangene wirklich ein »Kind des Todes« sein sollte. Anschließend wurde das Urteil noch einmal öffentlich verlesen.

Am Tag der Exekution knieten Bürgermeister, Schöffen und der Verurteilte dann gemeinsam im Kreis in der Gerichtskammer, um für die Seele zu beten, die diese Welt sogleich verlassen würde. Kurze Zeit später lehnten Jan und seine Kollegen sich aus den Fenstern des Rathauses, wobei sie sich auf die Kissen stützten, auf denen sie soeben noch gekniet hatten, und schauten zu, wie unten aufs Rad geflochten, gehackt, geschnitten, gewürgt oder enthauptet wurde.

Auch beim Sterben gab es Rang und Stand. Ein vornehmes Sterben wurde von einem Boten verkündet; in den Nachbarhäusern wurden die Fensterläden und Vorhänge geschlossen, die Leiche wurde abends von Fackeln und Laternen gesäumt fortgetragen und unter Lichtleuchtern in einem Grabkeller zur Ruhe gebettet. So erging es auch dem alten Jan Six. Er wurde in der Nieuwe Kerk bestattet, wahrscheinlich mit aller Pracht und allem Prunk seines Standes, mit Dutzenden von Fackelträgern, hinter dem Sarg ein langer Zug von lauter Männern, vorneweg seine Söhne Nicolaas und Jan.

Nicolaas war als ältester Sohn der natürliche Nachfolger. Er war seit einigen Jahren mit Emerentia Valckenier, einer Enkelin der Trips, verheiratet. Durch diese Ehe hatte die Familie eine enge Verbindung zu den neuen Machthabern der Stadt geknüpft. Jahrelang residierte Nicolaas in dem riesigen Stadtpalais der Familie Trip am Kloveniersburgwal. Aber er brachte es, anders als sein Vater und sein Bruder, in der Stadtpolitik nicht weit. Er blieb ein Mann der kleinen Ämter: Presbyter der Oude Kerk, Hauptmann und schließlich Oberst einer Schützengilde. Er erinnert, wenn man von einem Jugendporträt und den Notizen in der *Pandora* ausgeht, an seinen Vater: ein wenig verträumt, poetisch, sprachbegabt. Die mysteriösen lateinischen Verse in der *Großen Pandora*, die auf Ereignisse in späteren Jahren verweisen, könnten durchaus von Nicolaas stammen. Er starb sehr früh, 1710, mit noch nicht einmal fünfzig Jahren.

Sein jüngerer Bruder, der neue Jan, der Jan des 18. Jahrhunderts, war beim Tod seines Vaters ein Witwer mit zwei Kindern. Meist verheirateten sich solche Männer zügig wieder, vor allem dann, wenn es Nachwuchs im Hause gab. Anders bei Jan, und wahrscheinlich ist daran das problematische Erbe seines Vaters Schuld: Lange Zeit ließ sich nur schwer einschätzen, wie viel er auf dem Heiratsmarkt wert war. Seine Mutter hatte einen großen Teil der Gemälde- und Büchersammlung versteigern lassen, zum einen, um den Wert zu ermitteln, zum anderen aber auch, um allerlei alte Kredite abzubezahlen. Der *Caesar Codex* gelangte so in die Sammlung des Athenaeum Illustre und wurde später zum Prunkstück der Amsterdamer Universitätsbibliothek.

Rubens, zu Besuch am englischen Hof, notierte einmal: »Das Erste, was ins Auge fällt, ist, dass alle bedeutenden Edelleute in einem verschwenderischen Maßstab leben und großzügig mit Geld um sich werfen; die Folge ist, dass die meisten bis über beide Ohren verschuldet sind.« Auch in dieser Hinsicht hatte der alte Jan wie ein »vollkommener Höfling« gelebt. Die Familie musste Kredite über mehr als fünfzigtausend Gulden aufnehmen, um alle Löcher zu stopfen.

Der neue Jan war fest entschlossen, diese Art des Wirtschaftens zu beenden. Ein Vaterkind war er sowieso nicht. In den zahllosen Notizen seines Vaters wird er mit keinem Wort erwähnt. Alles drehte sich um Nicolaas, den Ältesten, den Stammhalter. Auch innerhalb der Familie stand die Hierarchie über allem, persönliche Gefühle kamen erst an zweiter Stelle.

Ein gewisser Kunstsinn war aber auch dem neuen Jan nicht fremd. Die Gemälde, die er aus der Versteigerung des Inventars seines Vaters rettete, zeugen von einem hervorragenden Geschmack und einem kommerziellen Blick: Holbein, Rembrandt, der ältere Brueghel, Lucas van Leyden, ein paar nicht unbedeutende Italiener. Ein späteres Lobgedicht bejubelt sein »kluges Urteil des Mal- und Zeichenschatzes«. Ansonsten aber war er ein vollkommen anderer Mensch als sein Vater.

Er war ein Macher, der Mann, der der Familie endgültig Geld, Macht und Status verschaffte. In ihm verband sich die Tatkraft einer Anna Wijmer mit der Energie eines Nicolaes Tulp, wobei ihm dessen Moralität abging. Er regierte annähernd ein halbes Jahrhundert als Mitglied des Amsterdamer Magistrats im stattlichen Rathaus, ab 1719 war er fast drei Jahrzehnte lang immer wieder, mit Unterbrechungen, Bürgermeister, drei Mal gelang es ihm, durch Heirat seinen Status und seinen Reichtum zu mehren. Ihm war es auch zu verdanken, dass das Vermögen und die Kunstschätze der Familie Tulp auf die Sixe übergingen.

Im oberen Flur des Hauses hängt sein Porträt: eine hohe Stirn, ein dicker Kopf, eine abstoßende Nase. Wahrscheinlich lispelte er ein wenig infolge des goldenen Gebisses, das er sich, wie berichtet wird, hatte machen lassen. Steif und ziemlich aufgedunsen schaut er uns an, die natürlichen Locken, wie sie noch der alte Jan trug, sind einer schweren Perücke gewichen. Der neue Jan folgt damit dem französischen Stil, der in den letzten Jahrzehnten des 17. Jahrhunderts überall modern wurde: in der Mode, in der Haartracht, im Schreibstil – auch in den Briefen der Familie Six kann man sehen, wie die Handschriften plötzlich runder werden.

Die Perücken brachten diesen neuen Stil am stärksten zum Ausdruck. Die Vorstellung dahinter war exakt dieselbe wie dreihundert Jahre später, in den sechziger Jahren des 20. Jahrhunderts: Lange Haare waren das Kennzeichen männlicher Schönheit. Nehmen wir den eitlen Diederick Tulp. Auf einem Porträt aus dem Jahr 1659, das noch immer in einem der oberen Zimmer hängt, ist er als Feldmarschall abgebildet, leicht nach hinten gelehnt, das üppige Haar bis über die Schultern fallend. Auf einem anderen Porträt, es entstand 1677, sind die Haare noch länger und reichen bis zur Brust. Er trägt hier natürlich eine gewaltige Perücke, und vielleicht ist dies auch schon auf dem ersten Bild der Fall. In Amsterdam übernahm man diese Mode sehr früh, auf Porträts und bei Büsten einiger Regenten tauchen die ersten Perücken um 1656 auf.

Der Trend wurde durch den jungen König Ludwig XIV. befeuert. Als er kahl wurde, löste er dieses Problem, mit dem er durchaus nicht alleine war, indem er Perücken trug, und mit der Zeit wurden diese immer kunstvoller. Er fand Nachahmer im übrigen Adel und im europäischen Bürgertum. Im November 1663 beschrieb Samuel Pepys, wie der ganze englische Hof innerhalb weniger Wochen dazu überging, Perücken zu tragen; er selbst fragte sich, ob das Haar seiner Perücke möglicherweise von einem Opfer der Pest stammte.

Es war eine irrsinnige Mode, die ein knappes Jahrhundert lang auch das Äußere der Sixe bestimmte. Perücken finden sich auf den Porträts von mindestens drei Generationen. Man trug sie in der Öffentlichkeit, im vertrauten Kreis beschränkte man sich meist auf Kalotten und andere häusliche Kopfbedeckungen. Die Perücke war, wie der Hut, ein Kennzeichen der Elite: Ein Herr ging nicht ohne Perücke aus dem Haus. Die Perücken wurden aus Menschen- oder Ziegenhaar gemacht, für jene Perücken, die die englischen Richter noch heute tragen, verwendete man meist kräftige weiße Ponyhaare. Perücken waren sehr teuer, oft bleischwer und mussten allwöchentlich mit heißen Lockenwicklern wieder in Form gebracht werden, eine englische Quelle empfiehlt für die richtige Behandlung gar den Backofen. Vor allem im Sommer war es unter einer solchen Perücke vor Hitze kaum auszuhalten, und die meisten Perückenträger rasierten sich daher den Kopf. Die Perücke wurde so, jedenfalls für die Eliten, zum Symbol des 18. Jahrhunderts, jener gärenden Epoche, in der nun der neue Jan seinen eigenen Weg finden musste.

Wie sah sein Leben aus? Zum Glück gab es auch im Amsterdam dieser Zeit einen Chronisten, der alles notierte, was er hörte und sah. Dabei handelte es sich diesmal nicht um einen aktiven Politiker, der uns an seinen Sorgen und Enttäuschungen teilhaben lässt, sondern um einen etwas nörgeligen Bürger, der von ein paar lukrativen Ämtern lebte, die ihm kaum oder gar keine Arbeit machten; vermutlich verbrachte er die meiste Zeit an seinem Stammtisch in den Garnalendoelen oder bei seiner Mutter, über Kälte und Gicht klagend.

Jacob Bicker Raye, der ebenfalls Perücke trug, war ein Cousin zweiten Grades des dicken Regentenkindes Gerard Bicker. Er hatte, im Gegensatz zu Bontemantel, keine akademische Ausbildung und bekleidete keine wichtigen Ämter. Auch was seine Lebenseinstellung angeht, kann man ihn nicht mit dem suchenden und dynamischen Bontemantel vergleichen, von dem ihn kaum ein Dreivierteljahrhundert trennte. Die beiden lebten in zwei verschiedenen Welten.

Die »unvorstellbare Lethargie«, die Coenraad van Beuningen nachts laut schreiend angeprangert hatte, ergriff seit 1672 immer stärker von der Stadt Besitz. Der Vorsprung der Republik zum übrigen Europa – hervorragende Häfen und Wasserwege, vortreffliche Schiffstechnologie, eine große Flotte, Import von Rohstoffen, Überfluss an Kapital – begann gegen Ende des Jahrhunderts zu schmelzen. Der Amsterdamer Hafen versandete, im wörtlichen wie im übertragenen Sinn. Die Stadt verlor ihre Schlüsselposition im internationalen Handel; andere Regionen verfügten letztendlich über ein größeres und reicheres Hinterland.

Auch die Mentalität wandelte sich. Das dynamische 17. Jahrhundert wagte es, Risiken einzugehen, ob es sich dabei nun um Expeditionen nach Amerika oder um die Trockenlegung des Beemster handelte. Das betagte 18. Jahrhundert verhielt sich abwartend. Aus den Amsterdamer Steuerunterlagen des Jahres 1742 geht hervor, dass innerhalb der Elite »Rentier« der am häufigsten vorkommende »Beruf« war. Das im 17. Jahrhundert erwirtschaftete Familienkapital wurde im 18. Jahrhundert mehr und mehr im Ausland investiert, vor allem in England, eine groß angelegte und erstaunliche Kapitalflucht. Der modernste Staat Europas war in Stagnation verfallen.

Wenn ich ausschließlich von den Berichten Bicker Rayes ausgehe – ein Kaufmann erblindete, weil er Schnupftabak in die Augen bekommen hatte; der Staatssekretär brannte mit der Frau des Weinhändlers Bols durch; ein verurteilter Jude »schrie entsetzlich«, als er auf das Schafott geführt wurde, von einem Pastor wollte er nichts wissen; ein Vogelhändler, ein Perückenmacher und acht weitere Männer wurden wegen Sodomie in Ketten gelegt; der Lachsverkäufer van Stijn wog 466 Pfund und musste in einem drei Fuß hohen Sarg bestattet werden –, dann war Amsterdam zu einer einzigen großen, aufgedunsenen, tratschenden, korrupten und Pfeife rauchenden Provinzstadt verkommen.

Dieses Bild ist aber einseitig. Auch in der »Perückenzeit« gab es sehr wohl ein aktives Amsterdam. In ihrem realistischen Roman *Die Geschichte des Fräulein Sara Burgerhart* lassen die am Ende des 18. Jahrhunderts lebenden Schriftstellerinnen Betje Wolff und Aagje Deken zwei Amsterdamer Kaufleute auftreten, die alles andere tun als »rentieren«. Die beiden haben »ein emsig arbeitendes Kontor«, und sie reisen oft in fremde und »katholische« Länder. Der Stadtchronist Caspar Commelin beschreibt die Betriebsamkeit auf der Amstel, eines Flusses, der beinahe zu schmal ist für all die »Eilschuten der Reisenden«, die »Torfkähne«, die »Gemüseschuten«, die »Frischwasserschuten« und die »buntgefleckten Marktschuten« aus den umliegenden Dörfern. Pro Woche gab es von Amsterdam aus achthundert Schiffsverbindungen zu einhundertachtzig unterschiedlichen Zielorten. Die Archive vermitteln dasselbe Bild: Schiffe für die Route nach Ostindien wurden am laufenden Band gebaut und beladen, in der Wechselbank wurde Tag und Nacht gearbeitet, in den Kaffeehäusern eifrig über Gott und die Welt diskutiert; Marquis de Sade und Voltaire mögen die Bürgerlichkeit der Amsterdamer verhöhnt haben, aber dies war noch immer die Stadt, in der sie sicher waren und in der ihre Bücher gedruckt werden konnten.

Der neue Jan nahm an diesem Stadtleben teil, und wie: »Ein beispiellos starker Mann, hatte sehr schöne Präsenz und eine unglaubliche Prontitüde, war allerdings ein wenig dick«, schrieb Bicker Raye über ihn. Will heißen: ein schöner Mann, gewandt und schneidig, doch auch recht grob.

Im Jahr 1691, er war dreiundzwanzig, bekam er zwei Ämter und eine Frau. Er wurde Presbyter der Zuiderkerk und Postmeister des Antwerpener Postkontors, Funktionen, die ihm wenig Arbeit bereiteten, ihm aber einen ordentlichen Anteil am Gewinn einbrachten. Eine große Firma verschickte pro Jahr kaum weniger als ein-, zweitausend Briefe, so dass ihm allein sein Postmeisteramt ein fürstliches

Einkommen sicherte. Durch seine Heirat mit Agatha Decquer fand er Anschluss an die Fraktion um Bürgermeister Joan Corver, einem steinreichen Kaufmann, der im Rathaus die Macht übernommen hatte. Corver selbst wurde neunzehn Mal zum Bürgermeister gewählt; zudem war er ein gewiefter Manipulator, so dass im Laufe der Zeit fast die Hälfte der ernannten Bürgermeister seinem Familienclan angehörten. Auch Agatha war eine entfernte Verwandte. Und Jan stieg in diesem System rasch auf.

Clan? Clique? Welche Bezeichnung passt am besten zu diesen familiären Netzwerken, diesem Klüngel aus Vorteilsverschaffung und Korruption – jedenfalls in unseren Augen? Die offizielle Bezeichnung lautet, wie bereits erwähnt, Magschaft. Das System der Magschaften, das noch aus dem Mittelalter stammte, war eine Art »Familienversicherung«. Es verpflichtete jeden Bürger, die Familien, die von seinen acht Urgroßeltern abstammten, zu unterstützen. Wenn es dem einen Familienzweig schlecht ging, oblag dem anderen die gesellschaftliche Pflicht zu helfen. Regentenfamilien folgten demselben Muster, um einander Posten und Ämter zuzuschieben. Eignung zählte kaum; man band Familienangehörige ein, weil sie dazugehörten und vertraut waren.

Wir müssen dabei bedenken, dass unsere Ideale von Gleichheit und Gerechtigkeit erst im Laufe der Aufklärung entstanden. Die zu Jans Zeiten herrschenden Verhältnisse waren in den Augen aller Zeitgenossen – von einigen aufgeklärten Denkern einmal abgesehen – vernünftig und selbstverständlich; man verlor darüber keine unnötigen Worte. Ungleichheit galt als normal. Doch es gab Grenzen. Auch die von Gott und der Stadt berufenen Regenten konnten in Sachen Ausschluss, Ausbeutung und Willkür zu weit gehen.

Jans Position innerhalb dieses Familiensystems wurde 1705, als er zum zweiten Mal heiratete, weiter gefestigt; Agatha war nach nur zwei Jahren Ehe schon 1693 verstorben. Seine zweite Braut hieß Maria Calkoen. Die Familie Calkoen hatte dieselbe gesellschaftliche Karriere gemacht wie die Six: Die erste Generation hatte als Unternehmer angefangen – ebenfalls im Textilgewerbe –, die zweite Generation war reich und unabhängig geworden, die dritte Generation erwarb gesellschaftlichen Status und bekleidete allerlei politische Ämter. Geldvermögen wurde so in politisches Ansehen umgemünzt, so wie es jetzt auch Jan tat.

In finanzieller Hinsicht war die Heirat für Jan ein Fortschritt. Im Nationalarchiv liegt das aus dem Jahr 1728 datierende, von Jan – »weil die Gnädigste nicht recht des Schreibens mächtig war« – unterzeichnete Testament von Maria Calkoen, in dem sie ihrer Schwester einige Tausend Gulden als Legat sowie »alle Kleider aus Seide, Wolle, Leinen und Spitzen, die mir persönlich gehören«, vermacht. Dies war aber nur ein Bruchteil ihres wirklichen Vermögens. Als sie kurze Zeit darauf starb, hinterließ sie eine Summe von zweihundertsiebzehntausend Gulden.

Noch im Jahr von Marias Tod schloss Jan eine dritte Ehe, diesmal mit Anna Elisabeth van den Bempden, eine Cousine zweiten Grades. Er war zu diesem Zeitpunkt sechzig, Anna dreiunddreißig Jahre alt.

»Wenn Cousin Cousine freit, ist das Eheglück nicht weit«, sagte man in jenen Kreisen oft, doch der wichtigste Grund für eine solche Verbindung war zumeist das Geld. Mit Hilfe einer solchen Ehe konnte das Familienvermögen schließlich am besten zusammengehalten werden, mögliche Folgen des inzestuösen Verhaltens nahm man in Kauf. Bis ins 20. Jahrhundert waren derartige Ehen innerhalb des Patriziats und des Adels nicht ungewöhnlich.

In diesem Fall kam eine dringende Notwendigkeit hinzu: Jans Zweig der Familie Six drohte auszusterben. Er hatte sieben Kinder gehabt, darunter zwei namens Jan, doch alle sieben waren gestorben, drei davon bereits in der Wiege; nicht einer von ihnen wurde fünfundzwanzig Jahre alt. Ihre Porträts gibt es noch, sie zeigen überaus elegant gekleidete Jugendliche mit Perücke, alles nach der neuesten französischen Mode.

Jan heiratete durch seine Ehe mit Anna in eine der mächtigsten Familien der Stadt ein, die van den Bempdens. Die Allianz war aber auch in finanzieller Hinsicht ein interessanter Deal: Mütterlicherseits war Anna eine Enkelin von Diederick Tulp, sie war, als letzte Nachfahrin, die Erbtochter der Tulps. Das gesamte Vermögen der Familie Tulp – inklusive der Gemälde, Bücher, Büsten, Manuskripte und Schmuckgegenstände – landete nun bei den Sixen.

Die Verbindungen waren schon räumlich naheliegend. Bezeichnend ist, wo all diese Familien wohnten: in den stattlichen Häusern am berühmten Goldenen Bogen der Herengracht, zwischen der Leidsestraat und der Vijzelstraat. Dort lebten sie alle ganz nah beieinander. Maria Calkoen wohnte in der Hausnummer 497, Anna van den Bempden in Nummer 481, Jan in Nummer 495; auch Jans Sohn heiratete später Mädchen aus der Nachbarschaft, zuerst eines aus der Nummer 478 – Catharina Bors van Waveren – und später Johanna Clifford, die Tochter aus der Nummer 472.

»Oligarchisierung« der Macht, in der Tat. Johan E. Elias war der Erste, der in seinem Standardwerk über den Magistrat Amsterdams die Elite des 17. und 18. Jahrhunderts genau erforscht hat – einschließlich seiner eigenen Familie. Entsetzt berichtet er über »das Kleingeistige und Egoistische«, das er hinter den Kulissen entdeckte, und über die ständigen »Durchstechereien«, Intrigen und Familienfehden, mit denen diese Clans ihre Herrschaft aufrechterhielten.

Innerhalb der Eliten anderer holländischer Städte – entsprechende Studien wurden über Hoorn, Gouda und Leiden erstellt – gab es dasselbe Streben nach ewiger Sicherheit: mit Hilfe von Kapital, Ruhe und Ordnung in der Stadt und durch eine berechnende Heiratspolitik. In Gouda etwa lag die zentrale Macht während des gesamten 18. Jahrhunderts bei einer Handvoll Regentenfamilien, die fast alle Bürgermeister stellten, Außenseitern keine Chancen gaben und stets untereinander heirateten. Für ihr Geld suchten sie ebenfalls Sicherheit. Sie kauften Land und Staatsobligationen, sie arbeiteten nicht mehr an der Mehrung ihrer Vermögen, sondern kümmerten sich nur noch um deren Erhalt. Auch hier waren innerhalb von zwei, drei Generationen die Unternehmer zu Rentiers geworden.

In Amsterdam war die Herrschaft der Familien Corver und Hooft während der ersten Hälfte des 18. Jahrhunderts nahezu unantastbar, und Jan Six war mittendrin. Seine gesicherte Position verdankte er zum Teil den internen Absprachen, mit denen Magistratsernennungen bis in alle Ewigkeit unter den wenigen herrschenden Familien aufgeteilt wurden. Zudem hatte man in Amsterdam einen neuen Wahlmodus eingeführt, wodurch der Kreis, aus dem die Bürgermeister kamen, zusätzlich verkleinert wurde.

Die Herren der Stadt trieben es jedoch, selbst für die Begriffe des 18. Jahrhunderts, allzu bunt. Entgegen den Regeln wurden immer wieder Schwiegersöhne, Schwager und Neffen der regierenden Bürgermeisterfamilien bevorzugt. So wurde zum Beispiel der berüchtigte Quertreiber Gillis van den Bempden, nach allem, was man weiß, ein unfähiger und »abstoßerregender Mensch«, nur weil er Jans Schwager war, 1738 zum Bürgermeister gemacht, obwohl dreiundzwanzig Alt-Schöffen vor ihm an der Reihe gewesen wären. 1744 bugsierte Jan auf dieselbe Weise seinen Halbvetter Pieter Six ins Amt und 1748 seinen Schwager, Pieter van de Poll. Eignung spielte keine Rolle. »Ein Mann von geringen Fähigkeiten und wenig Verstand«, so wurde Pieter Six von dem – im Übrigen nicht unparteiischen – Chronisten Caspar Commelin beschrieben. »Vollkommen abhängig vom früheren Bürgermeister Jan Six.«

Der neue Jan kam nicht nach dem Vater. Sobald sich die Gelegenheit bot, verkaufte er das Familienhaus an der Amstel, das sein Vater mit viel Mühe und Sorgfalt von Dortsman hatte bauen lassen. Seine Motive werden wahrscheinlich größtenteils praktischer Art gewesen sein. Durch die extrem großen Fenster und die hohen Räume muss es während des Winters im Haus oft sehr kalt gewesen sein, es war nahezu unmöglich, die Zimmer ordentlich zu heizen. Außerdem lag es abseits des sozialen Zentrums der Elite, dem Bogen der Herengracht.

1707, kurz nach seiner Heirat mit Maria Calkoen, bezog Jan an der Herengracht 495 ein doppeltes Grachtenhaus. 1739 ließ er es so umbauen, dass es zu seinem Status passte. Das Gebäude bekam eine neue, der aktuellen Mode entsprechende Sandsteinfassade, und auf dem Dach wurde eine kunstvolle Balustrade errichtet, in deren Mitte das Wappen der Sixe prangte. Der Balkon – sehr ungewöhnlich bei Grachtenhäusern – war mit einem Gitter aus Kupfer versehen, in das mit zierlichen Buchstaben das schon früher erwähnte Chronogramm mit der Jahreszahl 1707 eingearbeitet wurde: »oMnIa orta oCCIDVnt« – »Alles, was entstanden ist, vergeht«.

Im Allgemeinen hielten die Amsterdamer Regenten trotz ihres immensen Reichtums nichts von allzu großem äußerlichem Prunk. Man pflegte einen gewissen Lebensstil – Jan zum Beispiel hatte rund zehn Bedienstete, und in seinem Stall standen eine Kutsche und vier Pferde, was recht üppig für das damalige Amsterdam war –, aber Ausgaben, die nur getätigt wurden, um zu imponieren, lehnte man ab. Das Innere der Grachtenhäuser konnte voller Kostbarkeiten sein, nach außen hin legte man Wert auf eine gewisse Schlichtheit. Die mit Abstand reichste Frau der Stadt, die Witwe des Bankiers Andries Pels, hatte nur fünf Hausangestellte, obwohl sie mit einem Jahreseinkommen von siebzigtausend Gulden einen halben Hofstaat hätte unterhalten können. Sparsamkeit war eine Tugend. Zu Bruch gegangenes Geschirr wurde geklebt. In London, Paris und Sankt Petersburg flossen die Gewinne aus Grundbesitz und anderen feudalen Besitztümern in die Kassen der Elite. Das gab es in Amsterdam auch, doch an der Herengracht wurde in erster Linie Geld mit Geld gemacht. Es diente hier vor allem als Betriebs- oder Familienkapital, als Basis, auf der auch kommende Generationen aufbauen können sollten.

Dass Jan mit der neu errichteten Fassade und den anderen Aufwendungen hart an der Grenze des gesellschaftlich Akzeptierten agierte, wenn nicht gar jenseits dieser, das beweist unter anderem ein Spottvers, der später die Runde machte.

> Man schau sich dieses prächtige Haus mal an:
> Die Aufschrift am Balkon, die sagt es schon,
> die Einkünfte aus der Post, von Vater und von Sohn,
> der Eigentümer dieses Hauses, das ist der große Six,
> von vorn scheint er vornehm, von hinten ist er nix.

Jan führte wie sein Vater ein Doppelleben, und auch dabei ging er seinen eigenen Weg. Gleich vor der Stadt, an der Amstel, besaß er ein Landhaus, Meermond. Außerdem hatte er 1702 das geliebte Elsbroek geerbt. Das Anwesen lag geschützt hinter den Dünen, große Teile grenzten an das damals noch weitgestreckte Haarlemmermeer. In den darauffolgenden Jahren muss Jan die Karte dieser Gegend mit stets größerer Befriedigung entrollt haben: Jedes Mal hatte er neue Ankäufe getätigt, jedes Mal markierten die Farben und Striche auf der Karte mehr Grundeigentum der Familie Six. Als sich beinahe die Hälfte der Herrschaft Hillegom in seinem Privatbesitz befand, ließ er das Gebiet mit Grenzsteinen abstecken, auf denen die Initialen JS zu sehen waren – hier und da findet man sie heute noch.

Zwanzig Jahre später, 1722, konnte er für einen Betrag von achtzehntausendfünfhundert Gulden auch die öffentliche Gewalt über das Dorf von den Staaten erwerben. Als Amtsherr von Hillegom konnten er und seine Nachfahren sich fortan »Herr von Hillegom« nennen. Nun durfte er alle wichtigen Dorffunktionäre ernennen: den Schulzen und den Vogt, aber auch den Pastor, den Schulmeister und den Küster der Kirche.

Für den alten Jan war Elsbroek mit seinem »Bücherzimmer« ein Zufluchtsort, um zu träumen, zu lesen und zu dichten, um zu jagen und zu reiten, ein Ort der Meditation und der Einfachheit. Für den neuen Jan war Hillegom in erster Linie ein Unternehmen, und er agierte dort wie ein Projektentwickler.

Zuerst legte er Wasserwege an, um das neue Gebiet an den Warenverkehr anzuschließen. Der alte Hillegomer Bach, der aus den Dünen floss, war dafür nicht geeignet. Also kaufte er Land an, um einen neuen Hillegomer Bach zu graben und den Rest des alten

Wasserlaufs zu kanalisieren. Gleichzeitig fing er an, das Jagdterrain seines Vaters abzugraben. Der Dünensand war viel wert, die Stadterweiterungen von Haarlem, Leiden und Amsterdam benötigten Sand in großer Menge, so dass die Nachfrage hoch war. Die so entstandenen ebenen Flächen eigneten sich hervorragend für den Land- und Gartenbau. Sie wurden an die Bauern verpachtet. Man kann das alles in den Aktenstapeln im Hause Six nachlesen:

1722 – Beginn der Grabungsarbeiten für den neuen Hillegomer Bach;
1723 – Brunnen für klares Trinkwasser auf dem Dorfplatz von Jan Six gegraben;
1724 – Akten bezüglich eines Hauses, Obstgartens und Bierstalls an der Bachbrücke von Jan Six;
1724 – »Patent« mit dem die Staaten von Holland Jan Six gestatten, fünfzehn Jahre lang Zoll »von allen Schiffern zu erheben, die den Hillegomer Bach befahren, zwecks schönsten und größten Profits«.
1725 – Jan bittet die Staaten um Zustimmung dafür, den Weg durch Hillegom pflastern und auch dafür Zoll verlangen zu dürfen;
1740 – Pumpe am Dorfbrunnen angebracht, darauf das Wappen der Six-van den Bempdens;
1744 – Jan Six gibt die Erlaubnis, einen Zaun zu errichten, um die Kaninchen daran zu hindern, großen Schaden an den Gehölzen und in den Gärten anzurichten;
1749 – Kauf des »schönen und gutgelegenen« Hofs von Hillegom mit »Stallungen für fünf Pferde und einige Kühe« durch Jan Six, Rat und Bürgermeister von Amsterdam, »bezahlt mit einer Summe von 2800 Gulden«.

Der Hof von Hillegom war das vornehmste Haus im Dorf, ein großes und stattliches Gehöft, das von einem hübschen Park umgeben war. Jan wollte dort wie ein echter Landadliger leben, so wie er es zuvor auf Elsbroek getan hatte. Es gibt noch eine Notiz, die mit den Worten beginnt: »Zur Erinnerung, 1741, am 28. November um 3 Uhr auf Elsbroek«. Es folgen die Ausführungen zweier Dorfbewohner, die wegen eines Wegerechts miteinander im Streit liegen und zu ihm kommen, dem Amtsherrn, um seine Meinung einzuholen. Auffallend ist, dass Jan sich in der Sache letztlich nicht äußert: »Ich antwortete, mich mit seinem Fall oder seiner unziemlichen Behandlung nicht beschäftigen zu wollen, sondern auf meinem Recht zu bestehen.« Offenbar ist es selbstverständlich für ihn, dass einfache Dorfbewohner bei ihm, dem noblen Amtsherrn, vorsprechen und um einen Rat oder eine Entscheidung bitten. Die strenge Trennung zwischen den Schichten, wie sie in Amsterdam bereits üblich war, gab es hier anscheinend noch nicht.

Hillegom war ein umfassendes Großprojekt. Jans Präsenz dort nahm mit jedem Jahr zu. Er ließ hinter der Hauptstraße in den Dünen eine beinahe königliche Allee anlegen, links und rechts von drei Baumreihen gesäumt, Ulmen und Eichen, ordentlich »im Verband« gepflanzt. Die angrenzenden Grundstücke verkaufte er an reiche Amsterdamer, die dort neue Sommerhäuser errichten sollten. Mit großem Erfolg: Auf der großen Rheinland-Karte aus dem Jahr 1746 kann man in Hillegom eine ganze Reihe hübscher Landhäuser sehen. Außerdem ließ er neue Zugangsstraßen anlegen, 1724 baute er eine Brücke über den Bach. In der Vitrine im Haus an der Amstel befindet sich noch eine Marmordose, die kupferne Gedenkplättchen zu Ehren von Jan und Maria Calkoen enthält; man hat sie einst bei der Brücke gefunden.

Durch die Erhebung von Mautgebühren wollte Jan die Investitionen wieder hereinholen. Das Dorf Hillegom fuhr gut damit, eine nach der Familie benannte Straße – »Sixlaan« – existiert bis heute.

Es steht zu vermuten, dass sich auch seine Stellung als Bürgermeister in Amsterdam günstig auf das Hillegom-Projekt ausgewirkt hat: Inmitten des Gedränges aus zahllosen Obst- und Gemüseschuten an der Prinsengracht entstand sehr bald ein spezieller Hillegomer Markt, in der Nähe der Lauriergracht, wo nur Gemüseschuten aus Hillegom anlegen durften. Der alte »Lustgarten« Hillegom verwandelte sich unter Jans Regie in ein großes, geschäftiges Unternehmen.

Mit seinen Aktivitäten stand Jan nicht allein. Die Mitglieder der »neuen« Stadtaristokratie kümmerten sich immer schon um die wirtschaftliche Situation »ihrer« Landsitze, im 18. Jahrhundert jedoch mit zunehmender Tendenz. Die Republik entwickelte sich zu einem wichtigen Exporteur von landwirtschaftlichen Produkten, die Preise stiegen Jahr für Jahr, die Bauern konnten eine immer höhere Pacht bezahlen, so dass den Großgrundbesitzern das Geld in Strömen zufloss.

Eigenhändig notierte Jan seine Ausgaben und Einnahmen in großen Folianten. Einer ist erhalten geblieben, Buch E, das den Zeitraum von 1736 bis 1750 umfasst. Darin finden sich alle Posten, vom »Fischrecht« und »Kaninchengeld« – dreißig Gulden – bis hin zur Pacht für Land und Hof – zweitausend Gulden – und den immer wiederkehrenden Einkünften als Postmeister – achthundertsiebzig Gulden. Ganz vorne im Buch steht: »Gott dem Herr sei alle Ehre.«

1742 war Jan Six mit einem jährlichen Einkommen von gut fünfzigtausend Gulden der drittreichste Mann von Amsterdam.

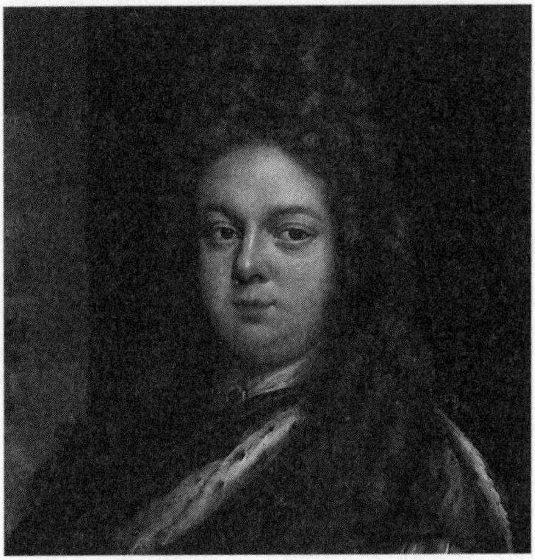

XII
»OMNIA ORTA OCCIDUNT«

In einem Archivkarton liegen sie noch alle, die Hochzeitsgedichte für Jan und Anna van den Bempden. Manche füllen ganze Bücher, endloses, zähes Gereime, einzelne Gedichte sind sogar auf Latein verfasst. Ein Umschlag ist aus Brokat, mit Blumen und Gold, andere sind bunt bedruckt, einer besteht aus einem hauchzarten Scherenschnitt, mit lauter Blumenkörben, Engelchen und Füllhörnern. Ich vermute, dass kein Mensch sich diese Dinge jemals wieder angesehen hat. Behutsam öffne ich sie, man kann die damalige Festfreude beinahe noch riechen. Die Texte sind mitunter doppeldeutig und handeln vom »Samen« und vom »Acker«. Doch Jan wird auch als »Ehrensäule des Staates«, als »Oberhaupt des Amsterdamer Magistrats« gefeiert.

> Nur Eure Anna, erfüllt von reiner Minn',
> Jugendlich strahlend als Eure Bettfreundin,
> Konnt' Euer Herz und tapf'ren Sinn zur Liebe leiten.
> Mit ihr verbindet Ihr im ehrwürdigsten Amsterdam
> Das Haus der Six mit der van den Bempdens Stamm ...

Die Hochzeit am 21. Oktober 1728 war ein Höhepunkt in Jans Leben. Zwischen den Gedichten und Karten findet sich auch der Ehevertrag, der aus seitenlangen Vereinbarungen besteht: eine Fusion von zwei Familienkonzernen, bei der es um Millionen ging. Nachdem die Übereinkunft unterschrieben war, wurde vermutlich tagelang an der Herengracht gefeiert, mit Tanz, Reden und Gedichten, die das Brautpaar in immer neuen Versen priesen.

Annas Porträt hängt im oberen Flur zwischen den anderen Familienmitgliedern. Allem Anschein nach war sie eine Dame, ein funkelnd blaues Umschlagtuch um sich herum drapiert, die Brüste, so wie es die damalige aristokratische Mode vorschrieb, nahezu unbedeckt. Sie muss eine intelligente und freimütige Frau gewesen sein; das kann man jedenfalls aus den paar Dutzend Briefen schließen, die von ihr erhalten geblieben sind. Vor allem die Korrespondenz mit ihrem Cousin, dem Diplomaten Cornelis Calkoen, bietet interessante Einblicke in das alltägliche Leben der Familie. Calkoen lebte von 1727 bis 1744 als niederländischer Botschafter in Istanbul, und in ihren Briefen muss Anna ihn stets darüber informieren, was sich so alles in Stadt und Land ereignet hatte. Das machte sie mit Verve.

Zunächst schreibt sie noch ein wenig unbeholfen. Am 5. September 1731, nach der Geburt ihres einzigen Kindes, ein weiterer Jan, beklagt sie sich vor allem darüber, dass sie »sehr dick« geworden sei. Sie gratuliert ihrem Cousin zur Hochzeit und beglückwünscht ihn zu seiner neuen Frau: »Bruder, sie ist so zart, wie ich grob bin ...«

Am 10. März 1733 dann: »Unser kleiner Jan war an einer sehr schweren Erkältung erkrankt, die in Europa herrscht, doch Gott hat ihn in seiner großen Güte verschont und ihn uns erneut geschenkt; wenn er so weiterwächst, wird er größer als sein Vater und seine Mutter werden.«

Arrangierte Ehen und Todesfälle werden sorgfältig notiert, es gehe ja, wie sie schreibt, »um der Menschen Leben, Sterben, Heiraten und Geburt«. Am 10. März 1734 berichtet sie: »Die Frau von Cousin Bernards ist an Masern erkrankt, die sie fast hinter sich hat. Vreelands Frau ist diese Woche sehr plötzlich verstorben, und die älteste Tochter des Herrn Gerrit Hooft ist die Braut des Herrn Nicolaas Witsen Jonaszoon. Der Herr de Graaf heiratet die älteste Tochter des ehemaligen Drosten Fontijn.«

Als Cousin Calkoen von Istanbul aus den Auftrag erteilt, »dem kleinen Jan ein Pferd zu besorgen«, fleht sie ihn am 31. Januar 1736 an, diese Order zurückzunehmen, weil »er noch zu jung ist, um ohne Gefahr zu reiten, und wenn das Pferdchen da ist, könnten wir zu schwach sein, dem Kinde den Gebrauch des Tieres zu verbieten«. Anhand einer Europakarte, die auf eine Art Spielbrett gedruckt ist, unterrichtet sie den Kleinen in Erdkunde: »Soweit die Türkei in Europa liegt, ist sie auf dieser geographischen Karte zu sehen.«

Anna hat auch Nachrichten aus dem Leben der Stadt: Bürgermeister Gerard Nicolaas Hasselaer werde wohl wegen seiner Frau um Entlassung bitten müssen. »Sie hat es mit ihren fortwährenden Seitensprüngen so bunt getrieben, dass sie nun in den Händen oder unter der Aufsicht des Gerichtes ist, denn sie hat so viele Missetaten begangen, dass man von Vergleichbarem nie zuvor gehört hat.« (Bicker Raye vermeldet die Details: Hasselaer selbst hatte sie erwischt, als »sie mit ihrem Leibknecht zugange war«. Weil Hasselaer, der aus dem Rathaus heimgerufen worden war, den Unterschulzen und zwei Diener mitgenommen hatte, kam die Sache vor Gericht. Seine Frau wurde zu sechs Jahren Besserungsanstalt verurteilt, wobei man ihr ein eigenes Dienstmädchen als Gesellschafterin und Bewacherin zugestand. Hasselaer hatte protestiert: »Dafür liebe ich meine Frau viel zu sehr.«)

Am 12. April 1736 berichtet Anna wieder vor allem über ihren lieben kleinen Jan: »Er ist viel hübscher als seine Mutter, und er sieht genauso aus wie sein Vater; allerdings hat er meine Augen und einen Hauch von mir in seinem Wesen. Ist größer als mein Mann in seinem Alter, ist fröhlich und von vergnügtem Geist. Möchte bis jetzt durchaus lernen und ist freundlich im Umgang. (...) Sollte ich zu viel zu seinem Lob gesagt haben, verzeiht einer Mutter, die ihr Kind mit den Augen der Liebe betrachtet.«

Mit jedem Jahr wird Annas Handschrift moderner, sie wird entschiedener in ihren Ansichten, und manchmal wird sie sogar energisch. Am 16. September 1745 äußert sie sich wütend über ein Ereignis: Als Frau eines Bürgermeisters sehe sie über manches hinweg, um »nicht unhöflich zu sein«, doch Unruhestifter wie diese »Herren, die zu lange am Hof waren«, »behandeln mich falsch«.

Mit der Zeit treten politische Nachrichten an die Stelle von städtischem Tratsch. Am 19. Januar 1745 schildert sie detailliert den bevorstehenden Amtswechsel: »Der Staatsrat wird wahrscheinlich meinem Mann zufallen, die Generalität dem Bürgermeister Sautijn. Witsen hat die Hälfte seiner Posten für Bürgermeister Munter niedergelegt.« Am 8. Dezember des Jahres notiert sie: »Die Dinge in England stehen wohl noch nicht zum Besten, der Prätendent ist jetzt auf englischem Boden.« Die Briefe werden lang und detailliert, Anna ist ganz offensichtlich hervorragend informiert über die internationale politische Lage. Doch dann endet die Korrespondenz, Cousin Calkoen wird aus Istanbul abberufen.

Ob Jan ein guter Bürgermeister war, kann ich nicht beurteilen. Im Hausarchiv liegt ein Lobgedicht des berühmten Schriftstellers Sybrand Feitama, doch welchen Aussagewert diese Schmeichelei hat, muss wohl offenbleiben:

> Verstand und Urteil mit Umsicht und Tugend im Verbund,
> Wenn sich die Mächt'gen im Glanze präsentieren,
> Nichts Schön'res kann hohe Staatspersonen zieren
> Die an Gottes Statt regieren auf diesem Erdenrund.

Bei allem Glanz, Probleme gab es mehr als genug. Die Armut hatte im Amsterdam des 18. Jahrhunderts stark zugenommen, wenn auch weniger stark als anderswo im Land. Die Zahl der Findelkinder wuchs von fünfzehn pro Jahr um 1700 auf fast fünfhundert am Ende des Jahrhunderts. Im Winter bekam jeder sechste Amsterdamer öffentliche Unterstützung. Bicker Raye berichtet regelmäßig von Todesfällen: Selbstmorde aus purer Verzweiflung und vor Hunger, eine Ladenbesitzerin, die aus dem Fenster springt, weil sie ihre sechs Kinder nicht ernähren kann, eine erfrorene Frau an der Osjesschleuse.

Im 18. Jahrhundert erreichte die Kleine Eiszeit mit regelmäßig wiederkehrenden extrem niedrigen Temperaturen ihren Höhepunkt, die Winter waren eiskalt. Laut Bicker Raye war es im Januar einmal so bitterkalt, dass, »obwohl ich an einem sehr großen Feuer und in einem Zimmer, das den ganzen Tag geheizt wird, schreibe, die Tinte in der Feder gefriert«.

Der Winter des Jahres 1740, Jan war gerade Bürgermeister, blieb nicht nur wegen seiner unvorstellbaren Kälte europaweit im Gedächtnis. Die Temperaturen sanken angeblich derart, dass man sie nicht mehr messen konnte. In Sankt Petersburg feierte man in Schlössern, die einzig aus Eis errichtet waren. In London spazierten die Menschen über die zugefrorene Themse. Durch das Eis konnte man einige gesunkene Schiffe sehen; manche lagen auf der Seite, manche mit dem Kiel nach oben. Wochenlang herrschte Trubel wie auf einem Jahrmarkt: Handwerker verrichteten ihre Arbeiten auf dem Fluss, und ein ganzer Ochse wurde am Spieß gebraten.

In Amsterdam lagen die Temperaturen zwei Wochen lang bei unter zwanzig Grad. Die schönsten Hornschlitten glitten über die vereisten Grachten, wer eine Kutsche hatte, spannte zwei oder gar vier Pferde davor und machte einen Ausflug auf der Amstel oder fuhr ans andere Ufer des IJ. Infolge der Kälte, so der Stadthistoriker Jan Wagenaar, brachen allerdings auch einige Brücken zusammen. »Außerdem sind Leute nachts auf den Straßen erfroren.«

In den großen Häusern an der Herengracht brannten in allen Kaminen gewaltige Feuer, und doch konnte es passieren, dass – wie der Regent Jan Hop berichtet – in unmittelbarer Nähe des Feuers die Teetassen am Tisch festfroren. Ein Mädchen für die Nacht schien Hop eine gute Idee zu sein: »Eine hübsche Beischläferin käme in diesen Zeiten gerade recht, aber ich finde noch keine, die mir behagt.«

Jan und seine Kollegen im Rathaus stellte diese Kälte rasch vor ein großes Problem. Im wasserreichen Amsterdam herrschte schon seit Jahrhunderten ein Mangel an sauberem Wasser. Grachten und Kanäle waren ein einziges Abwassersystem. Trinkwasser wurde über die Amstel aus der Vecht herbeigeschafft, mit Hilfe einer endlosen Reihe von Wasserschuten, die von Pferden gezogen wurden. Diese Art der Trinkwasserbeschaffung wurde traditionell von den Bierbrauern organisiert, zugleich die größten Abnehmer von Frischwasser. Wenn die Amstel zufror, kam der Eisbrecher zum Einsatz, ein gewaltiges viereckiges Ding, das von zwanzig bis vierzig Pferden knallend und krachend durchs Eis geschleppt wurde. Dahinter folgten dann die Wasserschuten.

Diesmal war das Eis jedoch so dick, dass sehr bald schon auch der Eisbrecher nicht mehr weiterhalf. In der Stadt kam es zu Unruhen, weil Trinkwasser unbezahlbar wurde. In ihrer Not tranken Menschen Wasser aus den Grachten – und starben. Zudem fehlte es an Torf und Lebensmitteln und allem, was gewöhnlich über diesen Wasserweg in die Stadt kam.

Es wurden etliche Versuche unternommen, das Fahrwasser der Amstel mit dem Eisbrecher und noch mehr Pferden freizubekommen. Vergeblich, das Eis war zu dick. Ein Aufstand drohte. Schließlich beschlossen Jan und seine Bürgermeisterkollegen, die ganze Strecke von Hand aufsägen zu lassen. Dreihundertfünfzig Männer bekamen einen Gulden zwanzig pro Tag, ein halbes Brot, ein Viertel Pfund Käse und zwei Gläschen Genever, um die mühevolle Arbeit zu verrichten. Die Brauer zahlten.

»The past is a foreign country«, schrieb einst der britische Romancier L. P. Hartley. »They do things different there.«

In dem fremden Land, das das Amsterdam des 18. Jahrhunderts ist, hat eine Frau immer schon mein besonderes Interesse erregt. Sie hieß Catharine Grey, war Jans Schwägerin, stammte aus einer berühmten englischen Adelsfamilie und ging in Amsterdam vor die Hunde. Ihr Lebensdrama lässt sich nur anhand eines britischen Stammbaums, einiger beiläufiger Bemerkungen von Bicker Raye und einer Notiz von Jan im notariellen Archiv von Amsterdam rekonstruieren. Catharine war eine Tochter des Grafen von Stamford, in Leiden hatte sie sich in einen jungen Mann, Jan Willem, aus der Familie Trip verliebt. In Amsterdam mochte der Name Trip einen hervorragenden Klang haben, in den Augen des englischen Hochadels war er nur ein »Mynherr«, eine Verbindung somit ausgeschlossen. Im Frühjahr 1735 hatte sich Catharine daher von dem verzweifelten

Jan Willem nach Lüttich entführen lassen. Doch das Liebespaar wurde rasch entdeckt und zurück nach Amsterdam beordert. Dort heirateten die beiden, um sich größere gesellschaftliche Schande zu ersparen. Aber das Glück währte nicht lange, zwei Jahre später war Jan Willem tot.

Danach machte Catharine etwas Merkwürdiges: Sie heiratete den bereits früher erwähnten Gillis van den Bempden, Annas verkrüppelten und korrupten Bruder, den übelsten Wüstling von Amsterdam. Er war dreimal Bürgermeister gewesen, hatte zehn Dienstboten, zehn Pferde, eine Kutsche und ein Landhaus; und er war so dick, dass er, wenn er das Rathaus betrat, von zwei Dienern gestützt werden musste.

Welche Beweggründe dieser Entscheidung zugrunde lagen, lässt sich lediglich vermuten. Liebe oder auch nur eine gewisse Zuneigung scheint in diesem Fall schwer vorstellbar. War es Geldmangel? War Catharine – was wahrscheinlich ist – von ihrer englischen Familie verstoßen und enterbt worden, weil sie sich mit der ersten Ehe allen gesellschaftlichen Konventionen widersetzt hatte? War sie von den Familien Trip, Six und van den Bempden zu dieser Hochzeit gezwungen worden, weil diese so das »Problem« Gillis aus der Welt schaffen wollten? Bedeuteten ihr Rang und Status so viel, dass sie bereit war, einen solchen Preis zu zahlen?

Vermutlich hatte sie schlicht keine Wahl. In den Niederlanden bot das System der Magschaft noch einen gewissen Schutz, innerhalb des englischen Adels waren die Regeln hart und rigide: Eine Frau, die heiratete, wurde abgeschrieben, für immer und ewig. Und dies galt in einem noch sehr viel stärkeren Maße, wenn die Eheschließung, wie in Catharines Fall, gegen den Willen der Familie erfolgte. Catharine sah keinen anderen Ausweg, sie war vollständig auf sich allein gestellt.

Sieben Jahre lebten die beiden zusammen, in Gillis riesigem Grachtenhaus, in unmittelbarer Nähe von Jan und Anna, in der Herengracht 481. Gillis starb am 20. Januar 1748 »wie ein Märtyrer«, so Bicker Raye; er litt an »Wassersucht«, und die Flüssigkeit strömte

»an den Beinen und an anderen Stellen aus großen Öffnungen« aus seinem Körper. Jan war, wie aus dem notariellen Archiv hervorgeht, der Nachlassverwalter. Catharine, endlich frei, wollte zurück nach England und machte sich daran, ihren Besitz zu verkaufen. Doch drei Monate später, am 12. April, starb auch sie, im Alter von siebenunddreißig Jahren. Sie ließ sich neben ihrer großen Liebe, Jan Willem Trip, bestatten.

Catharine musste, verliebt wie sie war, in diesem fremden Land zugrunde gehen – einem Land voll von Familienklüngel, Geschachere um Ämter und Erbe, von großem Reichtum und hemmungsloser Korruption. Es war ein Land, das wie geschaffen war für Leute wie Jan und ihren Ehemann Gillis. Von beiden Herren war bekannt, dass sie niemandem ein Amt überließen, wenn nicht irgendeine Gegenleistung in Aussicht stand. Der damalige Leiter der Kanzlei der Generalstaaten, Hendrik Fagel der Ältere, notierte, Six und sein Kollege Jan Sautijn hätten sich »durch infamste Nötigungen und Erpressungen zu Objekten des allgemeinen Hasses gemacht«. Es ging dabei um enorme Beträge. In Amsterdam waren rund dreitausend Posten mit einem Gesamteinkommen von vielen Millionen Gulden zu vergeben. Allein die Postmeisterschaften brachten pro Jahr einen Ertrag von hundertachtundsechzigtausend Gulden. Sie waren alle im Besitz von Bürgermeistern, deren Söhnen oder Neffen.

Auch zu Zeiten von Tulp und dem alten Jan wurden Ämter eifrig verschoben, doch damals war es absolut verpönt, dafür Geld zu verlangen. Und auch die Vorschrift der Generalstaaten aus dem Jahr 1715 sprach eine deutliche Sprache: Die »Annahme von verbotenen Geschenken oder Gaben« und »Korruption in der Regierung« wurden mit Entlassung aus dem Amt und einem Bußgeld bestraft, das viermal so hoch war wie die Bestechungssumme. In der Praxis hielt man sich wahrscheinlich größtenteils daran, jedenfalls berichten die Studien über die Regierungen von Hoorn, Leiden und Gouda an keiner Stelle von extremer Korruption. Was vermutlich auch an der starken sozialen Kontrolle lag. Amtsmissbrauch im großen Maßstab, wie er in den fürstlichen Regimen anderer europäischer Länder gang und gäbe war, kam in der Republik nur selten vor.

Amsterdam war in dieser Hinsicht jedoch eine Ausnahme. Normalerweise rotierten die Ämter, doch weil in der ersten Hälfte des 18. Jahrhunderts ständig dieselben Familien an der Macht waren, breitete sich die Fäulnis langsam aus. Die herrschenden Familien hielten sich für unantastbar. Bei Jan Six könnten zudem die gewaltigen Investitionen in Hillegom eine Rolle gespielt haben. Der Bau von Kanälen, Brücken, Schleusen, Straßen muss gewaltig an seiner Liquidität genagt haben. Gut möglich, dass ihm das Projekt in gewissen Momenten über den Kopf gewachsen ist. Es bedarf jedenfalls keiner besonderen Phantasie, sich vorzustellen, wie er bei diesem gewaltigen Projekt in Schieflage geriet.

Der Ämterklüngel kümmerte jedoch nur einige wenige Bürger, jedenfalls zunächst. Ein Amt wurde allgemein als eine Gunst betrachtet, als Wert, den man verschenken oder geschenkt bekommen konnte. Was das angeht, dachte man in mittelalterlichen Begriffen. Viele Amsterdamer profitierten sogar davon, das System der Patronage und des Klüngels herrschte in allen Schichten der Bevölkerung.

Jacob Bicker Raye zum Beispiel hatte von seinem Bruder das Amt des Auktionators auf dem Großen Fischmarkt am Dam übernehmen können. Er bekam dafür 2,5 Prozent des Marktumsatzes, eine Summe, die monatlich bis zu fünfhundert Gulden betragen konnte. Dem Mann, der die wirkliche Arbeit erledigte, zahlte er vierhundert Gulden pro Jahr. Jan Six machte 1730 seinen soeben geborenen Sohn zum lebenslangen Postmeister für die Strecke von Amsterdam nach Antwerpen. Einkünfte: 11 678 Gulden pro Jahr, etwa siebenmal so viel wie das Jahreseinkommen des Pastors, der den Jungen ein paar Tage später taufte. Jans Leibknecht bekam als Altersversorgung das Amt des »Prüfers« auf dem Fischmarkt übertragen. So breitete sich über die ganze Stadt eine dicke Kruste von Scheinfunktionen und aufgeblasenen Ämtern, die es bestimmten Familien und ihrem Anhang erlaubten, sich an den öffentlichen Geldern zu bedienen.

Dieses korrupte System wurde jahrzehntelang durch Steuern und andere Einkommensquellen der Stadt finanziert: Wiegegebühren, Bußgelder, Einkünfte aus städtischem Landbesitz, Gewinne der Wechselbanken sowie anderer städtischer Dienstleistungen. Direkte Steuern gab es kaum, das meiste Geld musste von den einfachen Leuten aufgebracht werden, in Form von Dutzenden von städtischen Akzisen und Gebühren auf Bier, Getreide, Essig, Brot, Fleisch, Torf und andere Konsumgüter. Der englische Diplomat William Temple hat sich einmal die Mühe gemacht, alle Akzisen aufzulisten, die in Amsterdam bezahlt werden mussten, ehe man ein Stück Fisch mit Soße auf dem Teller hatte: Es waren insgesamt dreißig.

Die Bürgermeister Jan Six und Jan Sautijn ließen manchmal, so Fagel, Posten jahrelang unbesetzt und teilten die Einkünfte unter sich auf. Meist aber vergaben sie die Ämter an Freunde und Verwandte. Am Ende empfanden sie diesen Amtsmissbrauch als so selbstverständlich, dass sie sogar, wenn auch im Verborgenen, Buch darüber führten. Im Amsterdamer Stadtarchiv findet sich ein solches »streng geheimes Protokoll« der damaligen Autoritäten. Es ist eine enthüllende Lektüre.

Für das »Amt« des »Transporteurs der Wein-, Tran- und Ölfässer« mussten zum Beispiel, so geht aus den Unterlagen hervor, bestimmten Personen halbjährliche Leibrenten von vierhundert Gulden gezahlt werden. »Grabmacher der Westerkerk« kosteten tausend Gulden pro Jahr. Jan selbst vergab am 27. Oktober 1746 das Amt des »Fleischprüfers und Pöklers« gegen Leibrenten für drei Frauen, die insgesamt vierhundert Gulden betrugen. Für den Posten eines »Wägers bei der Stadtwaage« verlangte er Leibrenten für zwei Frauen, in summa dreihundert Gulden. Am 16. August 1747 griff Jan zwei entfernten Cousinen aus seiner Magschaft unter die Arme, jugendliche Nachfahren des Guillaume Six: Für das Amt des »Auktionators von mobilen Gütern« mussten Margaretha Six jährlich vierhundert Gulden gezahlt werden, während ihre Schwester Adriana sechshundert Gulden erhielt. Ein großzügiges Geschenk, die Leibrente verfiel erst mit dem Tod der beiden Damen.

Und dann war mit einem Mal Schluss mit all dem, jedenfalls für Jan und die Seinen. Die Macht der städtischen Regenten in der Republik hatte eine Schwäche: Die Herrscher waren sowohl von innen heraus, durch das Bürgertum, als auch von außen, durch Druck des Statthalterhofs, angreifbar. Und als diese beiden Kräfte sich zusammenschlossen, als die Bürger und die Oranier gemeinsame Sache machten, brach die Machtbasis zusammen. So war es 1672 in Amsterdam geschehen, und 1748 sollte es erneut passieren, dieses Mal mit einem faszinierenden Finale aus Zerstörungswut, Alkohol und durch die Luft wirbelnden bunten Federn.

In Amsterdam regten sich die ersten öffentlichen Proteste, wie so oft, auf den Märkten der Stadt, insbesondere dem Buttermarkt, dem heutigen Rembrandtplein. Nach dem eiskalten Winter des Jahres 1740 war es kühl geblieben, auch im Frühling und im Sommer wurde es nicht richtig warm, es gab Tage mit nahezu winterlichen Temperaturen. Das Gras wollte nicht wachsen, die Kühe starben zu Tausenden, überall in Europa kam es zu Missernten. Im darauffolgenden Herbst regnete es ununterbrochen. Die Flüsse traten über die Ufer; der Alblasserwaard wurde überschwemmt, rundum Arnheim und s'-Hertogenbosch entstand ein riesiger Binnensee, große Teile des Viehbestands ertranken. In Amsterdam stiegen die Lebensmittelpreise schnell, die Unzufriedenheit wuchs. Erste Schmähgedichte machten die Runde. Die Stadtregierung hatte, klug und opportunistisch wie sie war, immer gewisse Getreidevorräte in der Hinterhand, um mögliche Unruhen wegen unzureichender Lebensmittelversorgung zu verhindern. Diesmal war das nicht genug.

Hinzu kam der Faktor Angst. 1740 waren die europäischen Großmächte erneut in einen heftigen Konflikt geraten, der im Österreichischen Erbfolgekrieg mündete. Als 1747 ein Teil des französischen Heeres in Zeeuws-Vlaanderen einfiel, machte sich Panik breit. Schon seit Jahrzehnten gab es keinen Statthalter mehr; Willem III. war 1702 kinderlos gestorben. Nun aber wurde erneut der Ruf nach den Oraniern laut. In manchen Städten kam es zu Aufständen, und sehr bald schon wurde mit Willem IV., der aus einem friesischen Zweig der Familie stammte, ein neuer Oranier zum Statthalter ernannt. Das Ganze erinnerte sehr an die Hysterie im Jahr 1672.

In Amsterdam waren am 8. November 1747 überall Flugblätter aufgetaucht, die die Bürger dazu aufriefen, sich auf dem Dam zu versammeln. Die Stadtregierung sollte gestürzt werden, es lebe Oranien! Was folgte, war ein bizarres Schauspiel. Das Rathaus wurde gestürmt, mit einer Bank aus dem Bürgersaal rammten die Aufständischen die Tür zum Bürgermeisterzimmer auf – »bei jedem Stoß rufend: Es lebe Oranien!«. Aus den Fenstern des Rathauses ließen sie sich dann von ihren Genossen auf dem Dam bejubeln und riefen spöttisch: »Es gibt eine neue Regierung!« Schließlich griffen die Schützen ein. Jan, der da bereits auf die achtzig zuging und in den letzten Jahren als »Cato im Stadtrat« gepriesen wurde, muss die Ereignisse mit Bestürzung verfolgt haben.

Gut ein halbes Jahr später, am 24. Juni 1748, gab es dann aber wirklich kein Halten mehr. Auf dem Buttermarkt hatten die anwesenden Frauen von einer neuen Abgabe auf die Butter gehört und waren sogleich in große Erregung geraten. Die Wut richtete sich vor allem gegen die Steuereintreiber, selbständige Unternehmer, welche von der Stadt mit der Einnahme der Akzise beauftragt worden waren. Die Schützen rückten aus, eine wütende Frau hob ihre Röcke »und schlug sich auf den nackten Hintern, wobei sie: Verschwindet, blöde Bürger! rief«. Die Schützen schossen ihr in das »nackte Hinterteil«, einige Stunden später war die Frau tot. Danach war der Teufel los.

Nicht weniger als dreißig Häuser von Steuerpächtern wurden vom Keller bis zum Dachboden geplündert. Tische, Stühle, Schränke, Spiegel, Porzellan, Gemälde, alles wurde auf die Straße geworfen. In den Grachten lagen bergeweise Möbel, Bücher, Teppiche und Bettzeug, der ganze Wohlstand des 18. Jahrhunderts. Es war eine einzige Explosion des Volkszorns, die an den Grachtenhäusern entlangraste. Geraubt wurde nur wenig. Wenn die Plünderer einen

Geldsack fanden, so schreibt Bicker Raye, dann schütteten sie die Münzen in die Gracht. Eine ganze Gemäldesammlung wurde in Fetzen geschnitten. Ein Augenzeuge beobachtete, wie einer der Anführer, Pieter van Dort, genannt »der Bürgermeister«, »mit seiner Großen Ehrbaren Klaue ein kunstvolles Bild von Flip Wouwerman auf dem Knauf einer Lehne in Stücke schlug«. Der Keller eines Weinhändlers wurde vollständig geleert; in einem Raum stand der Wein so hoch, dass die Plünderer wie Tiere darin herumschwammen. Jemand zerschlug eine Voliere, und plötzlich flog ein kunterbunter Schwarm von Kanarienvögeln, Stieglitzen, Finken und Zeisigen über den Dächern von Amsterdam, hinaus in die Freiheit.

Erst nach vier Tagen legte sich der Volkszorn allmählich. Am Freitag, den 28. Juni, wurden die maßgeblichen Aufrührer, Pieter van Dort und das »wütende Weibsbild« Marretje Arents – sie verkaufte Limonen, Schollen und Bücklinge –, aus einem Fenster der Waage auf dem Dam aufgehängt. Durch das Wirbeln der Trommeln hindurch schrie Marretje die ganze Zeit, wie ein Augenzeuge berichtet, »sehr jämmerlich«: »Rache! Rache!« Das tat sie, »solange sie konnte, und so hing sie aus dem Fenster und zappelte, bis sie tot war.«

In der erregten Menge entstand währenddessen ein gefährliches Gedränge. Die Schützen verloren die Kontrolle über die Masse, Schüsse fielen, es kam zu einer Panik, bei der Hunderte von Menschen in das Wasser des Damrak geschoben wurden. Am Ende gab es mehr als hundert Tote.

War dieser »Pächteraufstand« denn nun in erster Linie eine Pro-Oranien-Bewegung, wie die Geschichtsschreibung gelegentlich suggeriert hat? Wer sich die Berichte der Teilnehmenden ansieht, bekommt eher den Eindruck, dass wir es hier mit einer frühen sozialen Bewegung zu tun haben, mit einem Aufstand gegen die Praktiken der herrschenden Regenten. Der Zimmermeister Willem van Nes, der bei der ersten Besetzung des Rathauses kurze Zeit den Bürgermeister gespielt hatte, sagte im Verhör: »Wenn Ihr fünfzig Gulden geben müsst, und Ihr kämet mit zehn hin, was würdet Ihr lieber machen? Wir können auch Bürgermeister spielen.« Anders ausgedrückt: Bürger dürfen von ihren Regenten erwarten, dass sie verantwortungsbewusst mit ihren Steuergeldern umgehen. Der letzte Ruf von Marretje Arents lautete: »Ich hab es doch fürs ganze Land getan, gegen die Zwangsherrschaft der Pächter, die uns Bürger permanent peinigen und die uns mit Gewalt unser Geld und Gut für die Pacht abnehmen.«

In den darauffolgenden Monaten entstand in Amsterdam eine neue Bürgerbewegung, eine eher gemäßigte Gruppe, die zum ersten Mal offenkundig demokratische Reformen forderte, eine Gruppe, die wirklich Politik betrieb. Während der langen Augustabende trafen sich die Beteiligten regelmäßig in den Räumen einer Schützengilde, den Kloveniersdoelen, die ihnen dann auch ihren Namen gaben. Die Doelisten bestanden aus Vertretern aller Viertel der Stadt, sie wandten sich gegen die Regenten und unterstützten den Statthalter. Sie forderten das Ende jedweden Amtsmissbrauchs, die Wiederherstellung der Gildenrechte und freie Wahlen der Bürgermeister, der Schöffen und der Schützenoffiziere.

»Und weigert sich, feig unter'm Joch des Eigennutz zu knien …«, das war der Ton eines der Gedichte, das bei den Doelisten zum Vortrag kam. Es war der Ruf nach Demokratie, der einige Generationen später zum Gemeingut des europäischen Bürgertums werden sollte. Für das Amsterdam des Jahres 1748 kam das alles aber noch viel zu früh.

Auf dringende Bitte der Doelisten kam Willem IV. persönlich nach Amsterdam, um »das Gesetz wiederherzustellen«. In einem illegalen Pamphlet, *Der beispiellose Amsterdamer Guckkasten*, weidet man sich an einer imaginären Szene dieses Besuches:

> Sieh, da zu deiner Rechten, wie die Bürgermeister von Amsterdam wie arme Sünder schauen, bleich wie Leinentücher. (…) Schau, genau vor dir, da hebt der Prinz den Schuh und tritt Jan Six in den Hintern, dass er zwölf Fuß weit fliegt, schau, wie gnädig der Prinz ist, er verurteilt Jan Six nicht

zum Galgen, er erlaubt ihm auch, all sein Geld zu behalten, und jagt ihn nur aus dem Rathaus. Schau, wie traurig Jan Six dreinblickt, schau, wie seine Frau weint, weil ihr Mann nicht mehr Postmeister, Bürgermeister, Gesandter, Kohl-, Möhren-, Milch- und Buttermilchbauer, Amtsherr mehr sein kann (...) Da siehst du Jan Six zum letzten Mal, wie er Abschied nimmt und nach Hillegom geht: Hör nur, was er sagt: Ich bin froh, dass der Prinz keine Abrechnung verlangt hat, ich werde schon nicht darben, ich hab genug Speck für meine alten Tage ...

Tatsächlich aber hatte der Statthalter nicht die leiseste Ahnung, wie die Stimmung in der Stadt war, und er wollte es auch nicht wissen. Die Regenten waren und blieben »seine« Leute. Aber er musste etwas unternehmen. Er entließ tatsächlich Jan Six – samt drei seiner Verwandten – und einen Großteil seiner Bürgermeisterkollegen. Doch auch die neuen Bürgermeister kamen fast ausschließlich aus der Regentenelite. Wie Fagel in seinem Tagebuch berichtet, ließ der Statthalter deutlich erkennen, mit welch großem Widerwillen er das alles tat – und gab dies auch dem entlassenen Bürgermeister Gerrit Corver ausdrücklich zu verstehen. Anschließend »schossen ihm die Tränen in beide Augen, und sie umarmten einander herzlich«.

Eigentlich blieb alles wie gehabt. Die Doelisten versuchten zwar noch, mit dem Prinzen zu sprechen – einige »freie Kattenburger« drangen sogar in sein Schlafzimmer ein –, doch es half alles nichts. Gereizt reiste der Statthalter aus Amsterdam ab, nicht ahnend, dass er einen historischen Fehler begangen hatte: Willem IV. war von seinem Sockel gestürzt worden. Viele Bürger wandten sich jetzt von den Oraniern ab, sie trafen sich in den Kaffeehäusern, diskutierten über Freiheit und Brüderlichkeit, wurden zu Anhängern der Aufklärungsphilosophen und schufen so, Jahr für Jahr, die Basis für eine neue Revolution, die sehr viel weiter reichen sollte als die Kloveniersdoelen.

Anderthalb Jahre später, 1750, verfassten mindestens ein Dutzend Dichter »Grabinschriften« für Jan. Eine Handvoll habe ich im Hausarchiv wiedergefunden. Ich weiß nicht recht, wie ich sie einordnen soll. Hat man dafür bezahlt? Entstanden sie spontan? Sie loben ihn jedenfalls in den Himmel:

> Betrübte Witwe, trocknet die Tränen auf Euren Wangen;
> Euer Mann wurde von der Engelschar empfangen.
>
> Sein braver Bürgersinn! Vier Jahrzehnte Treue
> Lohnt' ihm das Volk mit Spott und Hohn
> Nun ruht er friedlich; seine Seel', der Erd' entfloh'n
> Müht sich aus Liebe, Gottes grausame Rache abzuwenden …

Dies ist jedenfalls nicht der Jan, den ich bei meinen Recherchen versucht habe, einigermaßen kennenzulernen. Der jüngste Dichter war ein gewisser W. M., elf Jahre alt:

> Hier ruht Jan Six in Frieden
> Nach langem Müh'n hienieden,
> Befreit von ird'schem Leid,
> Er sich ew'ger Ruhe freut.

Es reicht für heute, ich habe mich lange genug dort oben, zwischen hölzernen Schränken und säurefreien Archivdosen, aufgehalten. Ich steige die Treppe hinunter. Im unteren Flur wird noch gearbeitet, einige Objekte werden für eine Ausstellung verliehen, große Kisten mit weichem Füllmaterial stehen auf dem Boden. Der Hausherr kommt auf mich zu. Er zeigt mir ein kupfernes Namensschild. »Schau, das hat man 1750 auf Jans Sarg geschraubt.« Er berichtet von einem jungen Mann, der eines Tages damit vor der Tür stand. »Er wollte siebenhundertfünfzig Gulden dafür haben. Die reinste Grabschändung, aber was soll man anderes machen, außer bezahlen …«

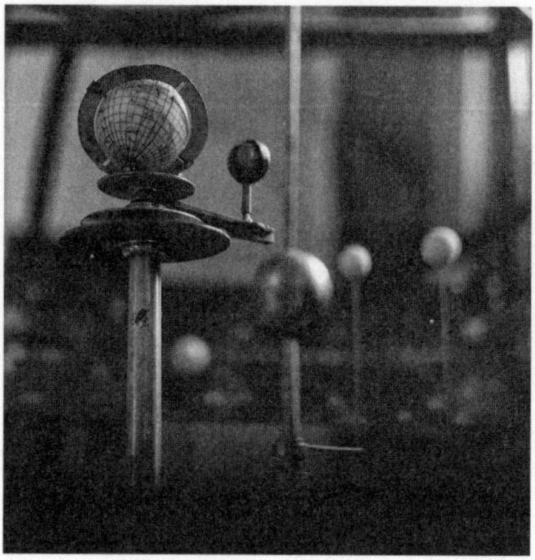

XIII
DIE FERNE ZUKUNFT

Es war ein absolutes Luxusstück, das da zwischen den Mottenkugeln jahrzehntelang in der Kiste für die Winterdecken im Flur an der Amstel sorgfältig zusammengefaltet gelegen hatte: ein aus dem 18. Jahrhundert stammendes Brautkleid, aus einer gigantischen Menge sehr hellblauer Seide geschneidert und üppig bestickt. Es wurde, wie man mir berichtete, am 4. September 1759 von Helena Slicher in der Den Haager Kloosterkerk getragen, wo sie den Baron Aelbrecht van Slingelandt heiratete. Sie war zweiundzwanzig und er siebenundzwanzig Jahre alt. Über angeheiratete Verwandte war die Robe in den Besitz der Familie Six gelangt und 1978 dem Rijksmuseum vermacht worden, zusammen mit vielen anderen Kleidungsstücken und Accessoires – insgesamt mehrere Hundert Objekte. Und jetzt durfte ich sie mir anschauen.

Bianca du Mortier, die die Abteilung »historische Kleidung« des Museums betreut, hatte mir eine E-Mail geschickt: »Wenn Du das Kleid sehen willst, musst Du jetzt kommen, wir wollen Fotos davon machen.« Ich beeilte mich, solche Stücke werden nicht allzu oft hervorgeholt. Ich wurde in ein Fotostudio gebracht, und da hing es in seinem ganzen Glanz: mindestens zwei Meter breite blaue Seide, eine schmale Taille in der Mitte und darunter, bis auf halbe Höhe, unzählige wunderschön gestickte Blumen in allen Formen und Farben. Helena schritt gleichsam über eine Blumenwiese an jenem Septembertag. Der Anblick muss schlicht beeindruckend gewesen sein.

Kleider bestimmen, wie wir uns bewegen – jeder Schauspieler, der an historischen Filmen mitgewirkt hat, weiß, wovon ich spreche. Die Art, wie man sich im 18. Jahrhundert bewegt hat, kann man in gewisser Weise an diesem Kleid erkennen. »Einer heutigen Frau passt dieses Kleid überhaupt nicht«, sagt Bianca. »Wir arbeiten hier mit Kleiderpuppen, aber für jedes halbe Jahrhundert brauchen wir andere, weil sich die Silhouette stetig wandelt. Diese Puppe hat die Maße einer Frau aus der Mitte des 18. Jahrhunderts: ein sehr gerader Rücken, die Brüste durch das Korsett nach oben geschoben. Vermutlich hat auch Helena, die Braut, seit ihrem vierten Lebensjahr ein solches getragen. Ein Kinderkörper wurde gewissermaßen als Klumpen betrachtet, den man einschnüren und nach dem herrschenden Schönheitsideal modellieren konnte.«

Wozu die nach oben gedrückten Brüste? »Brüste spielten im 18. Jahrhundert kaum eine Rolle, Brustwarzen galten als unerotisch. Ein Stückchen Bein, ein Fußgelenk, ja, das war spannend. Wenn eine Frau vor dir die Treppe hinaufstieg und du erhaschtest einen Blick auf ihren Knöchel …«

Je breiter, umso bedeutender, das war die Mode jener Jahre. Um diesen Effekt zu erreichen, trug Helena unter ihrem Kleid eine riesige Konstruktion aus Reifen, durch die der untere Teil beim Gehen hin und her wippte. Konnte man in einem solchen Kleid überhaupt feiern? Bianca: »Der Bräutigam konnte nicht an der Seite seiner Braut gehen, sondern nur vor oder hinter ihr. Man hatte kaum Bewegungsfreiheit. Der Ärmelansatz ist so weit hinten, dass man die Arme nicht heben und keine ausholenden Gesten machen konnte. Das sollte man auch gar nicht. Man musste sich ruhig verhalten und durfte auf keinen Fall laut lachen; überschwänglicher Ausdruck war im 18. Jahrhundert verpönt.«

Willkommen im Jahrhundert der Unbeweglichkeit. Der dickleibige Gillis van den Bempden war, betrachtet man die Regentenporträts jener Zeit, kein Einzelfall. Im Haus wird ein Medaillon mit dem Bild von Nicolaas Six, einem Urenkel des ersten Jan, aufbewahrt, das den Spitznamen »Klaasjemachdiewestezu« trägt: Der blaue Mantel des Dargestellten ist nicht zugeknöpft, ganz offensichtlich weil er zu dick ist. Auch Cousin Cornelis Calkoen, der Botschafter in Istanbul, war laut Bicker Raye am Ende seines Lebens »monströs dick«. Die Ärmel seines Wams waren ebenso weit wie der Rock einer normalgewichtigen Person. Er hat übrigens »sehr vornehm und fröhlich gelebt und war ein großer Liebhaber des weiblichen Geschlechts«.

Der Jan des 17. Jahrhunderts war es, wie seine Notizen zeigen, gewohnt, in der Stadt zu Fuß zu gehen, auch wenn er ein Regent war. Er ritt, er focht, er ging auf die Jagd, tanzte, für ihn war Bewegung etwas Selbstverständliches. Ein Jahrhundert später empfand die Elite es beinahe als unschicklich, sich ihrer Muskelkraft zu bedienen. Macht bedeutete vor allem: Nichtstun. Wer angesehen sein wollte, war gesetzt, ein wohlgenährter Bauch war ein Zeichen von Vornehmheit und Ruhe. Die Kutsche war ein unverzichtbares Transportmittel geworden, ein Symbol für Status und Einfluss. Der Tagesablauf orientierte sich an den Mahlzeiten, die nicht üppig genug ausfallen konnten.

Das 18. Jahrhundert gilt zu Recht als das »Jahrhundert der Völlerei«. Vom britischen König George IV. geht die Sage, dass sein Bauch, wenn er das Korsett ablegte, bis auf die Knie hinunterhing. In den wohlhabenden Schichten ganz Europas wurde in jenen Jahren mehr gegessen als jemals zuvor. Alles, was flog und sich bewegte, kam auf den Tisch. Aus der Luft: Drosseln, Spatzen, Pfaue, Finken, Lerchen, »zarte« Schwalben, Gänse, Schwäne und so weiter. Vom Land: Hasen, Birkhühner, Putenküken. Aus dem Wasser: Schleie, Sprotte, Knurrhahn, Barbe, Flussgründling. Auch in der Korrespondenz der Six tauchen sie immer wieder auf, ständig bedankt man sich für zugesandte Drosseln und Lerchen, von all den Früchten aus dem eigenen Garten gar nicht erst zu reden.

In der Bibliothek des Hauses Six befindet sich ein Kochbuch – »geschrieben von eigener Hand in Amsterdam, 17. November 1728«. Es stammt von Ester Aagien van den Bempden und erläutert haargenau, wie man all diese Dinge zubereitet. Lauter Rezepte für Birnenmus, Erdbeertorte, Aprikosenmarmelade, Himbeermus, Zitronenkuchen, Johannisbeergelee, Bitterplätzchenpudding, Schwammpudding, Vermicellipudding, Kalbsbeinsülze, Truthahn à la Daube ...

Apfelkuchen, gegessen bei Frau Pauline Geerens
4 Unzen Mehl
4 Unzen Butter
1 Tasse Wasser
Miteinander verkneten, eine weiße Schüssel mit dem Teig auslegen, Apfelschnitze mit Zitronensaft hineingeben und mit Zucker bestreuen, mit einem Rest des Teigs bedecken, zweieinhalb Stunden kochen lassen in einer Kasserole mit kochendem Wasser, die Schüssel in ein Tuch gebunden, Deckel drauf, ohne Feuer.

Im Archiv stoße ich auf die Skizze für die Tischgestaltung einer Hochzeitsfeier, die am 13. Februar 1806 begangen wurde. Mit Mühe kann ich die Namen der Gäste an dem großen viereckigen Tisch entziffern – Six, De Neufville, Clifford, Backer, van Lennep –, aber um die geht es mir jetzt nicht. Was ich beachtenswert finde, sind die Schüsseln, die vor ihnen arrangiert wurden, nach Farbe und Form geordnet wie ein eleganter Garten: Fasan, Omelett, Truthahnragout, Gebäck und Konfitüren, Lammhaxen, Blumenkohl mit Brühwürstchen, Austern, klare Brühe, Nougat mit schaumigem Rahm, Salat, Hochzeitstorte, Terrine mit braunem Ragout, Terrine mit weißem Ragout, Sülze, Aal in Gelee, Pudding, Schwein, Pasteten mit Schafszungen und Schweineohren, Ente mit Rübchen …

Vollgefressen, selbstzufrieden und selbstgefällig, das ist das klassische Bild von der niederländischen Elite des 18. Jahrhunderts. Voltaire meinte, in Amsterdam mache man sich mehr Gedanken um eine Ladung Pfeffer als um die Paradoxa Rousseaus. Wer die Musik des italienischen Komponisten Pietro Locatelli hört, der sich nicht weit von Jan entfernt, an der Prinsengracht 506, niedergelassen hatte und bis zu seinem Tod für die Elite der Stadt komponierte, vermag noch heute den Lebensrhythmus der Amsterdamer Oberschicht nachzuempfinden, förmlich, vornehm und elegant zugleich.

Historiker haben oft ihre Schwierigkeiten mit dieser Epoche. Johan Huizinga, der sie uns mit kräftigem Pinselstrich skizziert hat, sprach »von dem großen Absinken auf fast allen Gebieten der Kultur«: »An die Stelle eines siebzehnten Jahrhunderts voll Leben und Dröhnen schiebt sich das Bild eines achtzehnten, in dem unser Land in der späten Mittagssonne eines langen Sommertags zu schlummern scheint.« Diese Vorstellung ist, zu Recht, umstritten. Aber sie stimmt doch mit den Ergebnissen überein, zu denen die Studien über die Tedings van Berkhout und vergleichbare Elitefamilien gekommen sind; und auch die Entwicklung innerhalb der Familie Six verlief entsprechend.

Doch nicht nur der Unternehmergeist war verschwunden und das politische Leben erstarrt, auch die Menschen selbst hatten sich verändert. Der Biograph der Familie Teding van Berkhout, Cees Schmidt, beschreibt die neue Lebenshaltung als »eine Mischung aus Unerschütterlichkeit und Genusssucht«. Mit dem »fanatischen Kapitalismus« und dem »robust bürgerlichen Lebensstil« des 17. Jahrhunderts hatte man abgeschlossen. Diese Entwicklung steht, seiner Ansicht nach, in einem engen Zusammenhang mit den aristokratischen Ambitionen all dieser Familien. Hinzu kam dann ab 1672 der Niedergang der Republik als politische und militärische Macht in Europa – mit allen sich daraus ergebenden Folgen.

Die Herrscher des 18. Jahrhunderts, wie Jan einer war, waren darüber längst nicht mehr so besorgt wie ihre Vorgänger. Schließlich spürten sie kaum finanzielle Auswirkungen: Sie konnten ihr Geld genauso gut an anderer Stelle anlegen, vor allem in England, zudem bezogen sie, wie wir gesehen haben, gewaltige Einkommen aus ihrem Grundbesitz. So entstand, schreibt Schmidt, in der Republik eine kapitalkräftige Oberschicht, der es vor allem auf Ruhe und Komfort ankam: »Die Regenten des 18. Jahrhunderts waren im buchstäblichen Sinne des Wortes ›selbstgenügsam‹, denn abgesehen von gehorsamem Personal und einem Volk, das brav seine steuerlichen Pflichten erfüllte, brauchten sie beinahe niemanden.«

Die Aristokratisierung dieser Familien steigerte das Gefühl für Rang und Stand. Selbstverständlich musste man sich in Sprache, Kleidung und Verhalten von den »kleinen Leuten«, die schlicht ihrer

Arbeit nachgingen, möglichst unterscheiden. Das Französische hatte sich als Umgangssprache in der Oberschicht etabliert, berichtet ein Zeitgenosse, so dass man »es nicht länger als eine Fremdsprache betrachtet«. Wer erkennen ließ, dass er das Französische nicht beherrschte, »macht dadurch deutlich, dass er von niederer Geburt und geringer Bildung ist«.

In der Familie Teding van Berkhout wurden Begriffe wie »des bêtes« und »canaille« zum Gemeingut, die Six pflegten in Hillegom einen Lebensstil, der nur als feudal bezeichnet werden kann. Im Archiv fand ich zum Beispiel eine von Anna van den Bempden erstellte, detaillierte Auflistung von Posten und Kosten, aus der hervorgeht, wie ihr Sohn Jan am 13. August 1750 von den Hillegomern als neuer Amtsherr begrüßt wurde.

Das Ganze beginnt damit, dass rund fünfzehn junge Männer aus dem Dorf eines Abends vor ihrer Tür stehen und fragen, ob sie »Kronen machen und den jungen Herrn begrüßen« dürften. Anna hatte, gerade eben erst Witwe geworden und noch in Trauer, ihre Bedenken. Wenn sie das Angebot abgelehnt hätte, so schreibt sie, hätte man dies jedoch als »Eifersucht und Missgunst« auslegen können. Sie beschloss, das Fest zu gestatten, und zwar an Jans zwanzigstem Geburtstag.

Die übrigen Dorfbewohner wollten desgleichen »ihre Achtung bezeugen«, und es entwickelte sich eine heftige Rivalität; es bildeten sich zwei Gruppen, die jeweils Kronen aus Taxuszweigen flochten und einen Ehrenbogen nach dem anderen errichteten, bis Anna dem Wettstreit schließlich einen Riegel vorschob: Sie wolle alle Kosten übernehmen, doch dann müssten die Dorfbewohner ein gemeinsames Fest feiern und nicht streiten; täten sie das nicht, bedeute dies das Ende »der Freuden und Vergnügungen«. (Als korrekte Buchhalterin vermerkte sie abschließend, was sie bezahlt hatte: der einen Gruppe fünfundsiebzig Gulden und zehn Stuiver, der anderen zweiundzwanzig Gulden.)

Darüber hinaus gab sie »den jungen Leuten« des Dorfes zweihundert Gulden, um weitere Dinge für das Fest zu kaufen: vier

Halbfässer Bier, zwanzig Schinken, zwei Käse, zehn Stück Ochsenfleisch, zweihundertzehn Liter französischen Wein, einhundertvierzig Rundbrote. Man rechnete mit rund zweihundertzehn Personen, und es gab »für jeden Mann und jede Frau je eine Flasche Wein, für je zwanzig einen Schinken und ein Stück gebratenes Ochsenfleisch«. Dann mussten die Musiker bezahlt werden – zwanzig Gulden und zehn Stuiver – und, auf Drängen von Sohn Jan, drei Dutzend Liter Branntwein, »den ich am liebsten nicht gekauft hätte, aus Angst vor Unfällen«.

Am Ende ging alles gut. Der junge Jan wurde am Rande des Dorfes feierlich begrüßt. Drei Jungen und drei Mädchen hatten sich als Hirten verkleidet, vier Jungen trugen Grenadiersmützen, andere Jugendliche waren als Bürgerschützen verkleidet, mit einem Hauptmann, einem Tambour, einem Fahnenträger und zwei Jagdaufsehern als Anführer. »Des Weiteren waren vier als Narren verkleidet«, schreibt Anna, »und vier oder fünf Flötisten und Musiker gingen voraus.« Am nächsten Tag, dem 14. August, einem Freitag, wurde der Umzug noch einmal wiederholt, diesmal um Jan zur Herberge zu begleiten, wo er den Schulzen, den Prediger und andere wichtige Dorfpersönlichkeiten zu Fisch, Lammkeule, Kalbsrippen, vier Schüsseln Gebratenem, vier Küken, vier Kaninchen, einer Torte, in Bier Gedünstetem und dergleichen mehr einlud. Weil Jan an diesem Tag zwanzig Jahre alt wurde, erhielten die jungen Leute erneut zehn Flaschen Wein und zwanzig Gulden.

Am Abend, nach dem Essen, ging das Fest weiter. Anna blieb in Elsbroek, doch Jan und seine Freunde kehrten zu den Hirten und Hirtinnen zurück, andere Mitfeiernde tauchten wieder auf, und die Mädchen »tanzten mit den Herren im Mondenschein«. Gesamtkosten: neunhundertzweiunddreißig Gulden und vierzehn Stuiver.

Ein Jahr später, am 22. Juni 1751, heiratete Jan. Seine Braut hieß Susanna Bors van Waveren. Wenn sie mit der neuesten Mode ging – und daran zweifle ich nicht –, dann trieb sie in ihrem üppigen Hochzeitskleid wie ein Schlachtschiff durch den Saal, ebenso wie Helena

Slicher acht Jahre später. Die hübsch verpackten Hochzeitsgedichte sprechen von »leuchtenden Augen«, von einer »Wohlgefälligen, der Six seine reine Liebe weiht« und von »Elsbroeks dichtbelaubten Wegen«, wo ein »Spalier von Jungfern« die Braut »mit lieblichen Feldgewächsen« schmückt. Bicker Raye sah das alles ein wenig nüchterner: Natürlich sei es eine schöne Hochzeit gewesen, Six war nun mal »eine der ansehnlichsten und reichsten Partien in der Stadt«.

Einige Jahre später ließ sich das Ehepaar zusammen mit ihrem Töchterchen Catharina malen. Die Porträts gibt es noch: Sie wirkt hübsch und freundlich, in einem zarten Kleid mit viel Spitze und reichen Stickereien, er entschlossen und kraftvoll in teuren Samt gekleidet, eine kurze, graue Perücke, eine Hand in die Seite gestemmt, Catharina ein wenig unbeholfen, eine Puppe in der Hand, den Sturzhut auf dem Kopf – das Mädchen, das in Treppennähe hängt, das ist sie. Das Paar bekam noch einen Sohn, Jan.

Susanna wurde nicht alt, sie starb 1760. Zwei Jahre später heiratete Jan erneut, diesmal die Amsterdamer Bürgermeistertochter Johanna Clifford. Außergewöhnlich war seine Karriere nicht. Er bekleidete einige Ämter, war ab 1758 Mitglied des Magistrats und wurde 1760 ein einziges Mal zum Schöffen gewählt; dabei blieb es. In Hillegom gründete er 1767 ein Armen- und Waisenhaus, wobei er für die Kosten der »Verpflegten« aufkam. 1774, nach dem Tod seiner Mutter, ließ er das Familienhaus an der Herengracht 495 erheblich ausbauen. Es kamen, um einen zentralen Innenhof herumgruppiert, zwei neue Flügel hinzu, so dass man nun von einem wirklichen Grachtenpalais sprechen konnte. Seine beiden Söhne zelebrierten die Grundsteinlegung für den Anbau: Jan schlug mit einem silbernen Hammer den ersten Nagel ein, sein Halbbruder Nicolaas legte mit einer silbernen Maurerkelle den ersten Stein. Vater Jan lebte wie ein Fürst, Geld spielte nie eine Rolle.

Hammer und Kelle sind für mich mühelos zu greifen, sie befinden sich heute in einer Vitrine im Flur. Leicht und kühl liegen sie in meiner Hand. Ansonsten bekomme ich diesen, von seinem Vermögen lebenden, Jan kaum zu fassen. Ja, in der Russel Collection in Edinburgh steht noch ein Klavichord aus seinem Besitz – eine merkwürdige Extravaganz der ansonsten vollkommen unmusikalischen Sixe. Jan hatte es, wie man berichtet, im Januar 1766 extra herbeischaffen lassen, weil ein musikalisches Wunderkind die Stadt besuchte. Der damals zehnjährige Wolfgang Amadeus Mozart reiste durch Europa und residierte in jenem Winter mit seiner Familie in Amsterdam. Er komponierte hier für den neuen Statthalter Willem IV. ein paar Symphonien und eine Variation auf das »Wilhelmus«. Seine erstaunlichen Fähigkeiten demonstrierte der junge Mozart im Manegesaal am Leidseplein und offenbar auch im Hause Six.

Ansonsten hinterließ dieser Jan wenig Spuren, er führte wahrscheinlich ein Leben, das aus Besuchen im Club, Versammlungen und Visiten bestand, von dem einen Grachtenhaus zum nächsten Landhaus, so wie auch die anderen Mitglieder seines Standes lebten.

Man lese nur einmal den Bericht über eine Reise, die er und Susanna im Sommer 1755 nach Brabant und Köln unternahmen, zusammen mit den Ehepaaren Trip und Munter. Die Gesellschaft wurde von zwei Kammerdienern und drei Leibknechten begleitet, die in zwei separaten Kutschen mitfuhren. Das Ganze muss eine regelrechte Expedition gewesen sein.

»Dienstag, 27. Mai 1755 um 7 Uhr Abfahrt in Amsterdam, machten Pause in Nieuwer Sluijs und erreichten Utrecht um 9 Uhr; fuhren weiter nach Gorcum über (unleserlich) & Vianen, wo wir nach Pausen in Meekerk und Gorcum um 6 Uhr im Gasthaus ankamen, wo wir eine sehr gutes Souper das mit einem Entree aus gekochtem Fisch ohne Sauce begann, auf den dann Hecht folgte. Enfin, sehr gut, das alles, spazierten bis abends um 9 durch die Stadt und über die Wälle, dort kann man schön schlendern und hat herrliche Aussicht über den Fluss. Trafen in unserer Herberge den Herrn van Boetselaar, der uns Gesellschaft leistete und mit uns soupierte und am nächsten Tag, dem 28., mit uns in den Park des Herrn Barnevelt ging, der superb ist wegen seiner schönen Grotte, (…) seiner Gestaltung und seiner Spazierwege. Die junge Dame empfing uns sehr freundlich, lud uns auf ein Gläschen Malaga & Musik auf der Orgel ein. Fuhren um halb 12 aus Gorcum ab, unsere Pferde und Kutschen haben mit der Fähre übergesetzt ...«

Und so geht es weiter, über den »guten Wein« in Capelle, über »die kalte Küche«, die man aus Amsterdam mit auf die Fahrt genommen hatte, über Soupers, Diners, Besuche, dies und das. Jan war, kurzum, ein typischer Vertreter der Rentierskultur jener Jahre, ein Herr von Stand, der sich mehr oder weniger verpflichtet fühlte, nichts zu tun. Ein solcher Herr musste zeigen, dass er vom Familienvermögen leben konnte, dass er dabei nicht jeden Gulden zweimal umdrehen musste und dass er seine Zeit mit Liebhabereien und einer endlosen Abfolge von sozialen Verpflichtungen verbringen konnte: Gesellschaften, Mahlzeiten, Feste, Theaterbesuche und sonntägliche Spaziergänge entlang der Keizersgracht – die Pantoffelparade des 18. Jahrhunderts.

Bezeichnend ist auch der Tagesablauf, wie ihn der vermögende Aristokrat Coenraad Teding van Berkhout in jenen Jahren skizzierte: »Meine Beschäftigung besteht am Morgen darin, in einem Hausmantel bei einem guten Feuer zu sitzen, meinen Tee zu trinken und ein wenig zu lesen oder sonst was zu tun. Um elf Uhr gehe ich zum Fischmarkt, um zwölf ins Kaffeehaus, um eins gehe ich zu Tisch (...) und trinke dabei einen guten Wein (...). Nach dem Essen mache ich einen Spaziergang und trinke danach um vier mit meiner Frau Tee. Abends gehe ich mit ihr in Gesellschaft oder bleibe daheim, was selten geschieht, denn meist gehen wir aus und essen zu Abend. Danach legen wir uns zu Bett, wo wir einander guttun.«

Es war eine Elitekultur, die vor allem nach Ruhe strebte. Die Familie Six hielt es mindestens vier Generationen lang darin aus.

Dennoch gärte es, nachdem die selbstverständliche Autorität von Kirche und Staat im Laufe des 17. Jahrhunderts immer stärker in Frage gestellt worden war. Eine Suche nach neuen Formen, die Halt gaben, hatte begonnen: die Vernunft, die Wahrheitsfindung, die

Diskussion, das eigene Urteil, das aufgeklärte Denken. Wie, zum Beispiel, konnte der Mensch tugendhaft bleiben ohne das kirchliche Regelwerk? Wenn die Welt, dank der fortschreitenden Wissenschaft gestaltbar war, wie sollte sie dann aussehen? Wie konnte eine Zivilisation, in der es lauter verschiedene individuelle Ansichten gab, weiterexistieren? Wenn alle Menschen gleich waren, wie konnte dann in einer Gesellschaft aus Rängen und Ständen eine neue Ordnung geschaffen werden? Und wie erzog man ein Kind zu diesem neuen Dasein? Dieses selbständige Suchen und Entdecken, der Zweifel, der dazugehörte, alles, was im 17. Jahrhundert noch die Sache einer kleinen Elite war, entwickelte sich im 18. Jahrhundert zu einer großen Bürgerbewegung.

In der Halle des Hauses Six zählte eine monumentale Uhr die Stunden. Unter dem Zifferblatt steht der Name des Uhrmachers: »Jan van den Dam invenit et fecit 1754«. Ein typischer Gegenstand für diese Epoche. Zeit wurde zum knappen Gut und musste daher gemessen werden. Der Jan aus dem 17. Jahrhundert beschrieb in seinen Notizen das Leben noch als einen Zirkelgang, der sich ständig wiederholte. Drei Generationen später griff nun die Vorstellung um sich, die Zeit sei ein Strom, der in Richtung Zukunft fließe, mit einer Vergangenheit, die niemals wiederkehren würde. Viel deutlicher als früher spürte man die Notwendigkeit, die Stunden zu markieren, die eigenen Tätigkeiten gut zu planen und jede Minute für das Vorwärtskommen von Familie und Gesellschaft zu nutzen.

Die Uhr ist etwas ganz Besonderes: Über dem hölzernen Sockel mit dem Zifferblatt dreht sich in einem Schaukasten mit Glasfensterchen eine wunderschöne Mechanik, ein ingeniöses Planetarium aus Kupfer. Darin bewegen sich Tag für Tag Merkur, Venus, Mars, Jupiter, Saturn und natürlich die Erde samt der dazugehörigen Monde. Saturn und Erde drehen sich gleichzeitig noch um die eigene Achse.

Der Schöpfer dieses verblüffenden Kunstwerks, Jan van den Dam, ist ein typisches Beispiel für die Bürgeremanzipation im

18. Jahrhundert. Er hatte als Schuhmacher angefangen und bildete sich durch Selbststudium so, dass er zu einem der führenden Mathematiker und einem Konstrukteur der kompliziertesten Instrumente wurde – insgesamt fünf Exemplare dieser *Sphaerae Perfectae* baute er. Wahrscheinlich waren es die theologischen Diskussionen, an denen er eifrig partizipierte und die ihn mit allerlei modernen Theorien über das Sonnensystem konfrontierten, die ihn dazu inspirierten. Die Uhr sollte vor allem die Größe von Gottes Schöpfung zum Ausdruck bringen.

Auch auf dem Gebiet der Politik suchten die Bürger nach angemessenen fortschrittlichen Formen. Eine neue Art von Publikation entstand, die sogenannten *Spectators*, in denen fiktive Leser – Justus Plebejus, Lysje Blootensteen – einem »Denker«, »Philosophen« oder eben einem »Spectator« Fragen zu allerlei Dingen stellten. Populär waren auch Traumvisionen, in denen der Autor ein Gespräch mit einer Geistererscheinung oder einer Person aus der Vergangenheit führte. Die Antworten waren oft langatmig, zäh und vor allem brav; das Ganze war so etwas wie ein schriftlicher Kurs in Sachen »Bürgertugenden«. Doch unter den Autoren dieser Publikationen gab es auch hervorragende Stilisten, etwa den charismatischen Justus van Effen von *De Hollandsche Spectator*. Auffällig ist, dass nahezu alle dieser Werke auf Niederländisch geschrieben sind; Latein und Französisch gerieten außer Mode, es fand eine kulturelle »Nationalisierung« statt. Unter dem Titel *De verstandige Bedilster* (Die kluge Einmischerin) erschien ab 1732 sogar eine Zeitschrift speziell für Frauen. Und auch den Kindern schenkte man zum ersten Mal in dieser Form Beachtung, etwa im *Magazijn der kinderen* (Magazin der Kinder) von 1757.

Der Romanautor und Kolumnist Gerrit Paape beschreibt in seinen Jugenderinnerungen einen Nachbarn, einen Bäcker, der über zweihundert Bücher besaß. Während des Knetens und Backens lag immer ein Buch in Blickweite, »in dem er unermüdlich las, wann immer seine Arbeit ihm einen Augenblick der Ruhe gönnte«. Es entstand so etwas wie eine fortwährende politische Debatte, die in Kaffeehäusern und Salons, aber auch in allerlei politischen Pamphleten und Zeitschriften geführt wurde. Anders ausgedrückt: Der Bürger entdeckte die Politik.

In den anderen europäischen Ländern vollzog sich ein vergleichbarer Wandel, im Gegensatz dazu war die niederländische Aufklärung jedoch ausgesprochen brav, auf das Private konzentriert, ja geradezu religiös. Der Planetariumbauer van den Dam zum Beispiel blieb, so wie ein Jahrhundert zuvor Nicolaes Tulp, trotz seiner Neugierde ein streng gläubiger Mann. Er war davon überzeugt, dass es einen Schöpfer geben musste, »der die Ursache all dieser Wirkungen ist«, und dass dieser in seine Schöpfung eingreifen könne, wenn er dies wünsche. Die Ablehnung jedweder Form von Religion, die bei den deutschen und französischen radikalen Denkern nicht unüblich war, fand man in den Niederlanden kaum. Der Optimismus der französischen Aufklärungsphilosophen fehlte ebenfalls. In den Flugschriften wurde vor allem der Niedergang der Nation betrauert und die »verderbliche Wollust und Üppigkeit« der »verwelschten« Reichen angeprangert. Man rief zur Umkehr auf. »Wachet auf!« – das war zum Beispiel der Grundtenor des scharfsinnigen Autors Justus van Effen.

Möglicherweise hängt diese Entwicklung auch mit der holländischen Toleranz in religiösen Fragen zusammen: Schon seit Generationen agierte hier eine Vielzahl von Konfessionen und Religionen nebeneinander, mit allen Nuancierungen, die sich daraus ergaben. Vielleicht trug auch die Tatsache, dass die Republik durch all die Diskussionen und wissenschaftlichen Entdeckungen des 17. Jahrhunderts bereits eine Art Aufklärung erlebt hatte, dazu bei, dass die Entwicklung weniger radikal verlief. Wir haben es hier, so könnte man vorsichtig sagen, mit einem bremsenden Vorsprung zu tun.

Bezeichnend dafür ist die Zukunftsvorstellung, die die Schriftstellerin Betje Wolff im Jahr 1777 in ihrem Pfarrhaus in Beemster verfasste: *Holland im Jahr 2440*. Sie schildert darin eine aufgeklärte Welt, in der keine Begegnung mehr »seelenlos« ist: »Man bietet keine Prise Schnupftabak an, um ein Gespräch anzuknüpfen.« Mehr noch: Tabak, Kaffee und Tee gelten als »gefährliches Gift« und sind in jedweder Form tabu. Man wohnt in »geräumigen, sauberen Zimmern« mit »hübschen Möbeln, ganz nach dem guten Geschmack«, wo alle »sich freimütig am Zeitungstisch und Bücherregal« bedienen. 2440 erhalten die jungen Leute auch regelmäßig Unterricht, zum Beispiel in gutem Benehmen.

Alles in allem eine typisch holländische Utopie, ein Zukunftstraum eingehüllt in erstickende Bravheit.

So verhielt es sich nicht überall. Im »Osten« waren die augenscheinlich so friedlichen Niederlande seit der Eroberung von Jakarta im Jahr 1619 und der Ausrottung der Bevölkerung auf den Banda-Inseln zwecks Monopolisierung der Muskatproduktion – von den ursprünglich fünfzehntausend Bewohnern überlebten nur sechshundert – in eine fast ununterbrochene Reihe von kleinen und großen Kriegen verwickelt. Und im »Westen« wurden vom Beginn des 18. Jahrhunderts bis Mitte des 19. Jahrhunderts rund fünfhundertfünfzigtausend Afrikaner verkauft, von denen zwei- bis dreihunderttausend nach Surinam gebracht wurden. Diese Transporte waren Teil des sogenannten transatlantischen Dreieckhandels: Niederländische Schiffe fuhren mit Waffen und alkoholischen Getränken nach Afrika; dort wurde die Ladung gegen Gold, Elfenbein und Sklaven eingetauscht; von Afrika segelte man anschließend nach Surinam und in die Karibik, und von dort ging es mit Kaffee, Zucker, Rum und Kakao an Bord zurück in die Heimat.

Führend im Sklavenhandel waren Portugal, England und Frankreich. Der niederländische Anteil betrug nur etwa fünf Prozent. An der Heren- und Keizersgracht wurde mit diesem »Geschäftszweig« weniger verdient, als oft behauptet wird. Der jährliche Umsatz betrug höchstens 1,5 Millionen Gulden, während das Gesamtvolumen des Überseehandels sich auf mehrere Hundertmillionen belief.

War der Sklavenhandel zwar eine eher marginale Einkommensquelle, so war die Sklaverei selbst aber sehr einträglich. Die Zuckerrohrplantagen in Surinam und auf den karibischen Inseln wurden ausschließlich mit Sklavenarbeit betrieben und gehörten, sowohl für die Briten wie für die Niederländer, zu den am gewinnträchtigsten kolonialen Unternehmungen. Der New Yorker Professor Greg Grandin gab seinem Buch über die wirtschaftliche Bedeutung der Sklaverei nicht umsonst den Titel *The Empire of Necessity* (Das Reich der Notwendigkeit): »Sklaverei war das Schwungrad, das der Marktrevolution in Amerika Dynamik verlieh – nicht nur in den Vereinigten Staaten, sondern auf dem gesamten amerikanischen Kontinent.«

Das 18. Jahrhundert, das goldene Zeitalter der Aufklärung, war so zugleich auch das goldene Zeitalter der Sklaverei. Der schottische Söldner John Gabriel Stedman veröffentlichte einen Bericht über das, was er in den Jahren von 1773 bis 1777 in Surinam erlebt hatte: »Als ich an Land kam, war das Erste, was ich sah, eine überaus elende junge Frau in Ketten, lediglich bekleidet mit einem um die Lenden gewickelten Fetzen, die, ebenso wie die übrig Haut, auf die entsetzlichste Art von Peitschenhieben zerschnitten und gekerbt waren.« Er zeichnete einen Sklaven, der zur Strafe an einem Fleischerhaken aufgehängt worden war. Man hatte ihm den Haken durch die Rippen getrieben. Ein Amsterdamer Regent, Jan van Beuningen – ein entfernter Verwandter Coenraads –, der 1720 aus Geldnot auf Curaçao gelandet war, notierte mit Bestürzung, wie alte Sklaven von ihrem Herrn einfach fortgejagt und ihrem Schicksal überlassen wurden, während sie vor Hunger und Elend schrien: »Mit Hunden hat man in den Niederlanden mehr Mitleid.«

Im Archiv der Familie Six stoße ich in den Schachteln mit den Dokumenten aus dem 18. Jahrhundert auf eine Mappe mit seltsam gefalteten, vollgekritzelten Papieren. »SPIEL« steht dort mit großen Buchstaben, darunter »ERD-BESCHREIBUNG die vier Weltteile umfassend«. Sollte dies tatsächlich das Brettspiel sein, mit dem der kleine Jan laut den Briefen seiner Mutter nach Istanbul 1736 die Karte Europas kennenlernte? Vermutlich nicht, aber es ist wohl der direkte Nachfolger davon, ein Kartenspiel, bei dem man die ganze Welt bereist.

Alle Völker finden hier Erwähnung. Die Franzosen sind, so lernte Jan um 1740, »höflich und kultiviert, lieben die Wissenschaft und den Krieg und sind ihrem König unendlich verbunden, der eine absolute Herrschaft über sie ausübt, sogar in Glaubensfragen«. Die Spanier sind ein »hochmütiges und gerissenes Volk; sie lieben die Ruhe, sind vielfältig in ihren Leiden, standfest in Bezug auf ihre Gewohnheiten und schlicht, was Essen und Trinken angeht«.

Amerika wird ausführlich behandelt. Die Mexikaner sind »freundlich, aufrichtig und gute Freunde, weshalb sie auch nicht rasch demjenigen vergeben, der sie betrügt oder ihnen Böses antut. Sie stehen unter der Herrschaft des Königs von Spanien«. In Brasilien ist die Luft gesund und angenehm, »die Bewohner werden nicht selten 150 Jahre alt. (…) Die Berge bringen Holz, die Täler Tabak und die Felder Zucker. Die Schlangen dort sind nicht giftig, denn die Einwohner essen sie«.

Chile produziert hervorragenden Wein, manche Bewohner »bekennen sich zum katholischen Glauben; andere sind Götzendiener und beten den Teufel an, damit er ihnen nicht übel mitspielt. Sie nennen ihn Eponamon, das bedeutet: Mächtiger«. Auf den Antillen ist es nie kalt, »man kennt dort kein Eis, die Wälder sind immer grün, die Gewässer trocknen niemals aus, und die Früchte haben einen angenehmen Geschmack«.

Kanada, »Neu-Frankreich«, scheint beinahe ein Paradies zu sein: »Dort gibt es schöne Weiden, man erntet Getreide, Wein, Lebensmittel, Obst usw. Es gibt Minen für Silber und andere Metalle. Man findet dort auch verschiedene Tierarten: Hirsche, Rehe, Elche, (unleserlich), Otter, wilde Katzen und Bären. (…) Die Einwohner sind recht vernünftig, sie leben gut miteinander; sie sind Götzendiener, haben aber eine gewisse Vorstellung von Gott, den sie Anaboren nennen.«

Auffällig sind die sehr spärlichen Informationen über das restliche Nordamerika, die späteren Vereinigten Staaten. Nur Florida wird beschrieben: »Das Land wird von stolzen und grausamen Völkern bewohnt. Sie werden hellhäutig geboren, machen sich aber mit

Hilfe von Salben, mit denen sie sich einreiben, olivfarben.« Über »die Insel Kalifornien« weiß man nur, dass der Boden dort »recht fruchtbar« ist und dass man dort nach Perlen taucht. »Man kann nichts Sicheres über die Sitten, die Religion und die Regierung der Einwohner sagen, weil man noch nicht sehr weit in das Land vorgedrungen ist.«

Als der Jan des 18. Jahrhunderts jung war, um 1740 also, waren Kalifornien und weite Teile Nordamerikas tatsächlich noch Terra incognita. 1769 machte sich eine erste spanische Expedition von Mexiko aus auf den Weg nach Norden und »entdeckte« die Bucht von San Francisco. 1805 gelang es zum ersten Mal, den gesamten Kontinent von Ost nach West zu durchqueren. Sehr bald schon war das kaum bekannte Amerika Tagesgespräch in ganz Europa und eine neue, optimistische Stimmung machte sich breit: In dieser freien, noch unerschlossenen Welt konnten die Ideale der Aufklärung tatsächlich realisiert werden!

Die amerikanische Revolution kam allmählich in Gang. Es begann am 16. Dezember 1773 in Boston, mit einer Schießerei zwischen Bürgern und britischen Truppen, nachdem London neue Steuern erhoben hatte, unter anderem auf Tee. Eine Ladung Tee im Wert von zehntausend Pfund landete im Hafenbecken, die berühmte Boston Tea Party. Im Frühling 1775 weiteten sich die Scharmützel zwischen Amerikanern und Briten immer weiter aus und nahmen an Heftigkeit zu. Am 4. Juli 1776 erklärten sich die Vereinigten Staaten unabhängig. Die Stimmung war zunächst bedrückt: Viele Kongressmitglieder fürchteten, mit der Unterschrift unter diesen »universellen Ruf nach Freiheit« das eigene Todesurteil besiegelt zu haben. Es folgte ein blutiger, acht Jahre währender Krieg, an dessen Ende die amerikanischen Revolutionäre siegten. Nun war der Weg endlich frei für ihr historisches Projekt, das auf Demokratie und Gleichheit der Menschen gründete. Die dadurch ausgelöste Euphorie kann man mit Worten kaum beschreiben.

Diese Euphorie färbte auch auf die übrige Welt ab. In den darauffolgenden Jahren kam es, inspiriert vom amerikanischen Beispiel, überall zu kleineren Aufständen, in Frankreich und Irland, in Italien und Polen und auch in den französischen Kolonien. In den südlichen Niederlanden gingen arme, unausgebildete Soldaten auf die Barrikaden – manchmal sogar ohne Schuhe. Der idealistische Baron Joan Derk van der Capellen tot den Pol aus Overijssel lancierte eine Flugschrift, in der er erklärte, dass das in Amerika entzündete Feuer sich über Europa ausbreiten werde – der gesamte Kontinent war ja durchaus übersät mit leicht entzündlichem Material.

Diese ersten Bewegungen gegen die Ständegesellschaft hatten zunächst keinen Erfolg, die Träume und Revolten wurden in Blut erstickt. Aber sie veränderten doch die Mentalität, der Mut ihrer Anführer inspirierte zukünftige Revolutionäre, und sie schufen eine neue, transatlantische Verbundenheit. »Kosmopoliten« nannte die amerikanische Historikerin Janet Polasky diese frühen Rebellen. Sie seien später vergessen und marginalisiert worden, schreibt sie, »aber dennoch hat ihr Kampf für die universellen Menschenrechte die atlantische Welt mehr als zwei Jahrhunderte lang verbunden«. Dies galt mit Sicherheit auch für die »aufgeklärten«, suchenden Bürger der Republik. Was in Amerika geschah, das historische Experiment, das dort begonnen worden war, diese neue Republik, sie war für sie geradezu ein Fest des Wiedererkennens.

Waren die Gefühle wechselseitig? Bildete die Republik auch eine Inspirationsquelle für die amerikanischen *founding fathers?* Sicher schenkten John Adams, James Madison und deren Kollegen bei ihrer Suche nach möglichen Formen einer Föderation den Niederlanden große Aufmerksamkeit, vor allem in Zusammenhang mit dem Aufstand gegen Spanien. Es gibt eine Reihe von offensichtlichen Parallelen zwischen der Union von Utrecht und den *Articles of Confederation and Perpetual Union,* mit denen sich der junge Staatenbund eine erste verfassungsrechtliche Grundlage gab. Auch 1787, als man in Philadelphia die neue Verfassung diskutierte, wurde die Republik oft erwähnt.

Dennoch betrachtete man das niederländische Beispiel eher mit gemischten Gefühlen, dies gilt vor allem für die Vertreter einer starken Föderation. Madison und seine Mitstreiter fanden – zu Recht –, dass das staatliche System der sieben Provinzen an allen Ecken und Enden wackelte. Sie warnten vor der kollektiven Unentschlossenheit der vielen einzelnen provinzialen Mächte: »Die Niederländer befinden sich in der allerschlechtesten Lage – schwach in allen einzelnen Teilen.« Viel war 1776 von der ruhmreichen Republik tatsächlich nicht übrig. Ein Rebell in Philadelphia drückte es so aus: »Holland ist von einer Republik schlicht zu einer Aristokratie geworden.«

Umgekehrt aber hatten die nordamerikanischen Staaten sehr wohl eine Vorbildfunktion: Die Revolution wirkte überaus stimulierend auf die demokratische Bewegung in den Niederlanden, wahrscheinlich stärker noch als die wenige Jahre später beginnende Französische Revolution. Als die niederländischen Aufklärungsrebellen von den Ereignissen auf der anderen Seite des Ozeans erfuhren, versuchten sie sogleich, etwas von deren Glanz abzubekommen: Sehr bald schon verbreitete man den Mythos, die Amerikaner hätten »ihre« Union von Utrecht buchstäblich übernommen. Amerika wurde sofort als Brudervolk umarmt. Vier Monate nach der amerikanischen Unabhängigkeitserklärung, am 16. November 1776, begrüßten niederländische Kanonen der Westindienkompanie auf Sankt Eustatius als erste ein Schiff unter der neuen amerikanischen Flagge mit einem Salutschuss. Auf alle möglichen Arten unterstützte man in den darauffolgenden Jahren die Rebellen mit Geld, Munition und Waffen. Ein amerikanisches Schmuggelschiff nach dem anderen lief im Amsterdamer Hafen ein. Der schottisch-amerikanische Kapitän John Paul Jones wurde nach der Eroberung eines englischen Schiffes wie ein Held gefeiert. Der Bankier Jean de Neufville setzte mit Wissen der Amsterdamer Bürgermeister sogar einen Geheimvertrag mit den Amerikanern auf.

All das wurde den Briten zu viel: Sie erklärten der Republik den Krieg und blockierten die niederländische Küste. Währenddessen sammelte Joan Derk van der Capellen zweihunderttausend Gulden ein, die den jungen Staaten zur Verfügung gestellt wurden. Und 1782 empfing die Republik als drittes Land der Welt mit John Adams einen offiziellen Gesandten der Vereinigten Staaten. Die Amsterdamer Banken liehen ihm bereitwillig jede Summe, die er wünschte. Amerika war schließlich das Land der Zukunft, das Land der unbegrenzten Möglichkeiten, das Land der verwirklichten Aufklärung.

Etwas von dieser Euphorie ist noch immer in einem Schatz aus dem Archiv der Sixe zu spüren: in den Manuskripten und Briefen der van Winters. Nicolaas van Winter, Dichter und Händler von Farbstoffen, wird der Urgroßvater eines neuen Jan Six werden. Und auch seine spätere Ehefrau, die Dichterin Lucretia van Merken, sollte noch eine wichtige Rolle in der Familie Six spielen. Beide waren Musterbeispiele für die Erneuerung, die unter der Oberfläche des unbeweglichen Jahrhunderts schlummerte, des suchenden und denkenden 18. Jahrhunderts, der Epoche, in der die Grundlagen für die großen sozialen Bewegungen des 19. und 20. Jahrhunderts geschaffen wurden.

Lucretia war eine ausgesprochen moderne Frau. Sie blieb die längste Zeit ihres Lebens unverheiratet, schrieb schon seit ihrer Jugend Gedichte – Vondel war ihr großes Vorbild – und schuf später gereimte Fassungen von zahllosen Psalmen.

Ihr Interesse galt aber auch der Politik: Sie war geradezu fasziniert vom »tapferen« Freiheitskampf der Amerikaner und deren historischem Experiment, wie etwa das emotionale Gedicht *An die Briten* aus dem Jahr 1781 zeigt:

Das geknechtete Amerika, das Euren Glanz verfahlt,
Es ist ein Stern, der an uns'rem Himmel strahlt.
Held Washington, mit Hilfe welscher Kampfgenossen,
Befreit sein Vaterland aus Eurer Tyrannei.
Wozu mehr Geld vertan? Wozu mehr Blut vergossen?
Gott spricht: Amerika ist frei.

Lucretia van Merken wurde 1721 geboren und wuchs als Tochter eines wohlhabenden Pelzhändlers an der Keizersgracht auf. Autorinnen und Dichterinnen hatten im 18. Jahrhundert Rückenwind, und das galt auch für Lucretia. Ihre Mutter und ihr Cousin, der Dichter Frans de Haes, förderten das junge Talent in allen Bereichen, und schon bald erregte Lucretia mit Gelegenheitsgedichten zu Geburten, Eheschließungen, Begräbnissen und anderen Ereignissen Aufsehen.

Als sie Anfang zwanzig war, entstand ihr erstes großes Werk: ein Drama mit dem Titel *Artemines* (1745), in dem es um eine Thronfolge im antiken Persien geht. Was im 17. Jahrhundert die Buchhandlung von Jacob Lescaille gewesen war, war im 18. Jahrhundert das Geschäft von Pieter Meijer, einem Buchhändler und Verleger, der unter anderem die Werke von Nicolaas van Winter und Lucretia van Merken veröffentlichte. Hier traf sich das literarische Amsterdam. Durch Meijer kam Lucretia in Kontakt mit der geheimen Gesellschaft Laus Deo, Salus Populo, einer Gruppe von geistesverwandten Dichtern, die sich regelmäßig trafen, um an einer Alternative zu den alten, zäh gereimten Psalmenfassungen von Petrus Datheen zu arbeiten. Soweit wir wissen, war sie die erste Frau, die Mitglied in einer solchen literarischen Gruppe wurde. Die acht Dichter von Laus Deo schufen in kurzer Zeit Reimfassungen zu achtundfünfzig Psalmen, von denen nicht weniger als neununddreißig aus der Feder von Lucretia stammen. Die neuen Texte erschienen 1773 und erklangen fast zweihundert Jahre lang in allen protestantischen Kirchen der Niederlande.

Auf einem Porträt aus jener Zeit wirkt sie selbstbewusst und beinahe verschmitzt, sie hat ein frivoles Dekolleté und ist eifrig bei der Arbeit, der Tisch liegt voller Bücher und Papiere, sie hält eine Feder in der Hand, ihr Blick ist scharf. Ihre Freundin, die Dichterin Sara Maria van der Wilp, schrieb dazu: »Auch wenn ihr munt'rer Geist ihr aus den Augen strahlt./ Man sieht sie besser in ihren einfallsreichen Werken.«

Lucretia durchlebte, als sie in den Dreißigern war, eine schwere Zeit. Sie verlor innerhalb weniger Jahre alle nächsten Verwandten. Ihr Vater starb 1754, ihre Mutter 1759 und ihre zwei Jahre jüngere Schwester Wilhelmina 1760. Auch ihre eigene Gesundheit hatte sich merklich verschlechtert. Wie sie später notierte, bereitete sie sich 1761 ernsthaft darauf vor zu sterben. In einem langen, tröstenden Lehrgedicht, das mit den Zeilen begann: »Ich besing, durch Leiden klug, des Unglücks Dienlichkeit«, schrieb sie sich ihr Leid von der Seele. Es wurde zu einer der beliebtesten Dichtungen des 18. Jahrhunderts.

In einer Dichtergruppe fand Lucretia neues Glück: Dort lernte sie auch ihren späteren Mann kennen, Nicolaas van Winter, der zunächst aber noch mit Johanna Mühl verheiratet war. Diese starb 1768, und kurz danach hielt van Winter um Lucretias Hand an – mit einem Gedicht. Und natürlich antwortete Lucretia in Versen. Die beiden heirateten am 26. September 1768. Der Bräutigam war fünfzig, die Braut siebenundvierzig Jahre alt, und es ist fraglich, ob die Ehe je vollzogen wurde. In einem bewundernden Brief an George Washington beschreiben die Ehegatten sich als Menschen, die »mehr durch das Herz als durch die Jungfernhaut« verbunden sind. Bis zu Lucretias Tod im Jahr 1789 war es eine glückliche und überaus kreative Verbindung.

Kurz nach der Heirat beschloss das Paar, sich ganz der Kunst und Literatur zu widmen. Van Winters Sohn Pieter übernahm das Amsterdamer Farbstoffgeschäft vom Vater und machte die Firma zu einem überaus gewinnträchtigen Unternehmen. Das Ehepaar zog nach Leiden, und den Sommer verbrachte man in einem Landhaus bei Bijdorp, in der Nähe von Zoeterwoude. Eine neue Schaffensphase begann. Van Merken und van Winter veröffentlichten ihre Theaterstücke gemeinsam in zwei Bänden (*Theaterdichtung*, 1774 und 1786). Lucretias historische Trauerspiele, die von tapferen Helden und starken, frommen Frauen strotzen, wurden überall aufgeführt.

Am 11. Mai 1772 war das Amsterdamer Theater abgebrannt. Achtzehn Menschen kamen ums Leben, darunter einige bekannte Notablen. Gut zwei Jahre später, am 14. September 1774, wurde das neue Theater mit einer Uraufführung von Lucretias Trauerspiel *Jacob Simonszoon de Rijk* über den gleichnamigen heldenhaften Geusen eröffnet. Laut dem *Theateralmanach 1786* war das öffentliche Interesse überwältigend; die wachhabenden Soldaten vermochten »die herbeirauschende Menge« kaum zu bändigen.

Im selben Jahr wurde dem Paar in Leiden die Ehrenbürgerwürde verliehen. Im Allgemeinen bevorzugten sie jedoch ein eher zurückgezogenes Leben. Lucretia mischte sich nie in die Inszenierung ihrer Stücke ein, sie besuchte niemals eine Probe. Auch von literarischen Kreisen hielt sie sich möglichst fern. Nicht einmal der jungen Betje Wolff, die eine große Bewunderin von van Merken war, gelang es, zu ihr vorzudringen. Später schlug ihre Wertschätzung jedoch in regelrechte Abneigung um. Da war Lucretia für sie der »Abgott des Speichelleckerladens«, der »Liebdienerclique« aus dem Umfeld der Buchhandlung von Pieter Meijer.

Lucretia schrieb viele Briefe, Hunderte von Briefen. In der Bibliothek an der Amstel wird mappenweise Korrespondenz aufbewahrt, die sie mit ihrem kunstsinnigen Stiefsohn, mit Freunden und Kollegen, mit ihrem Verleger und mit einer ganzen Reihe von Bewunderern führte. Ein regelmäßiger Gast des Hauses, Gerard Vogels, hielt den Kontakt auch noch, nachdem er 1783 nach Philadelphia ausgewandert war. Seine Schilderungen lesen sich wie ein Abenteuerbuch.

Die Überfahrt, so schreibt er am 13. Dezember 1783, sei nicht immer leicht gewesen, es habe kräftig gestürmt. »Ich sah, während ich an Deck saß, die entsetzlich hohen Wellen und hörte das Heulen und Kreischen des Winds im spärlichen Tauwerk.« Aber es gab auch wunderschöne Tage, er sah »Wale um das Schiff herum spielen und Wasser wie Fontänen hochpusten; ein mehr als entzückender Anblick«. Und die Ankunft, mit achterlichem Wind, war schlichtweg ein Fest: »Als ich auf den überaus schönen Fluss Delaware kam, war es, als sagte mir mein Herz voraus, dass ich hier mein Glück finden werde.«

Vogels' Briefe sind bezeichnend für die triumphale – der Unabhängigkeitskrieg war gerade gewonnen – und zugleich heimelige Atmosphäre in der damaligen Hauptstadt der Vereinigten Staaten. Vogels muss sehr gute Empfehlungen gehabt haben. (Was auch etwas über die engen Beziehungen zwischen der Republik und den aufständischen Amerikanern aussagt.) Denn bereits am Tag seiner

Ankunft lernte er einige Generäle und den »Continental Treasurer of the 13 United States« kennen. Und noch am selben Tag sah er »den größten Mann, der je auf der Erdoberfläche erschienen ist«: George Washington. Seine Entourage »ging am Kaffeehaus vorüber, das hier als Börse dient, und alle traten vor die Tür. Als dann Hauptmann Morris mit allen Offizieren der leichten Kavallerie angeritten kam, schwenkten wir alle unsere Hüte dreimal über dem Kopf. Und dann kam der vortreffliche Held selbst, auf einem ausnehmend schönen Pferd sitzend (...), das für mich wie das Pferd des Germanicus aussah.« Washington versprach der Menge, jeden Tag einen Spaziergang durch die Stadt zu machen, »um den dankbaren Amerikanern das Vergnügen zu bereiten, ihn zu sehen«.

Vogels hatte in der Zwischenzeit Lucretias poetische Anklage *An die Briten* übersetzen lassen. Es sei sehr gut angekommen, teilte er ihr mit. »Die amerikanischen Helden sagen der berühmten holländischen Dichterin Dank für ihre Anteilnahme.« In Gesellschaft werde auf sie angestoßen »und der Hoffnung Ausdruck verliehen, die beiden Republiken möchten auf ewig brüderlich verbunden bleiben«.

Lucretias junger Freund trifft Washington nun regelmäßig. Beim niederländischen Botschafter – er wird vorgestellt und tauscht ein paar Höflichkeiten mit Washington aus –, in der Kirche, bei einem Diner und bei einem festlichen Konzert. Über Letzteres berichtet Vogels am 9. Dezember 1783 sehr ausführlich und legt seinem Brief sogar das Programm bei.

Es wurden Stücke von Martini, Brown, Bach, Giardini und Händel gegeben. Doch die Musik spielte überhaupt keine Rolle. Alle Aufmerksamkeit galt einzig und allein George Washington. Obwohl es »proppenvoll« war von Vertreterinnen »des schönen Geschlechts«, hatte für sie niemand einen Blick übrig, schreibt Vogels. »Ja, wir schauten nur hin und wieder zu unseren Mädchen, so zog der Edle die Aufmerksamkeit auf sich; es war der schönste Anblick, den die Erde bieten kann.« Als schließlich zu seinen Ehren ein Lied angestimmt wurde, zog Washington sich bescheiden zurück. Der Text war auf eine Melodie von Händel verfasst worden und wurde begleitet durch die »allerlauteste Musik von Pauken und Trommeln, Trompeten, Geigen und Schalmeien, Bass und Querflöten, und es wurde mit einer solchen Kraft und Inbrunst gesungen, dass einem schier Hören und Sehen verging. Und auf das Lied folgte allgemeiner Jubel und rhythmisches Klatschen, ein jeder war entzückt.«

Der Text war im Programm abgedruckt:

Now the dreadful conflict's o'er
Now the cannons cease to roar
Spread the joyful tiding round
He comes, he comes! With conquest crown'd
Hail Columbia's God-like son
Hail the glorious WASHINGTON.

Lucretia war zutiefst gerührt. Sie verfasste nun auch ein langes Lobgedicht auf Washington, in französischer Sprache. Im Archiv liegen mehrere Entwürfe, die Schlussfassung war nicht ohne sprachliche und stilistische Mängel, doch das spielte keine Rolle.

Celebre Defenseur des droits de ta Patrie!
Soutien des Treise Etats, trop longtemps opprimé
Toi, dont la noble ardeur dompta la Tirannie,
Et retablit la Liberté!
(Ruhmreicher Verteidiger der Rechte Ihres Landes!
Stütze der dreizehn Staaten, zu lange unterdrückt,
Ihr, dessen edler Eifer die Tyrannei zähmte
Und die Freiheit wiederherstellte.)

Auffällig ist, dass Lucretia auch Washingtons Frau in ihr Lob miteinbezieht:

Gattin des Helden, seiner Zärtlichkeit würdig!
Empfangt an seiner Seite die Zeichen der Liebe
des befreiten Volkes …

Über Gerard Vogels gelangte das Gedicht tatsächlich nach Mount Vernon, das Landhaus, in das der Held sich zurückgezogen hatte. Vogels berichtete, Washington sei leider der französischen Sprache nicht mächtig, doch er wisse dieses Zeichen der Achtung sehr zu schätzen. Eine offizielle Antwort blieb jedoch aus. Es fiel Lucretia, die im eigenen Land auf Händen getragen wurde, schwer, das zu akzeptieren und so schickte sie ihr französisches Gedicht – mit einem ausführlichen Brief – erneut an George Washington.

Rund ein halbes Jahr später, am 31. Januar 1786, erhielt sie Antwort. Diesmal lief die Korrespondenz über den französischen Marquis Gilbert de La Fayette, einen berühmten Revolutionär, der schon seit langem in Amerika lebte und hervorragende Kontakte zu Gleichgesinnten in der Republik unterhielt. Washington hatte ihm zwei Briefe mitgegeben: einen, in dem er sein Bedauern zum Ausdruck bringt, dass ein früherer Dankbrief sie nicht erreicht hat, und eine Kopie seines offiziellen Dankbriefs. An der Amstel, im Hausarchiv, fallen sie mir jetzt in die Hände, die beiden originalen Briefe, die George Washington eigenhändig geschrieben hat, mit ruhiger, klarer Feder. Ich falte den längeren Brief auseinander, ein einfaches Blatt, ohne Briefkopf oder Schmuck:

> Mount Vernon, 30th March 1785
> Madame,
> The honor which your pen had done me, sofar exceeds my merits, that I am at a loss for words to express my sense of the compliment it conveys…

Die Ehre, die Ihre Feder mir zukommen lässt, übersteigt meine Verdienste so weit, dass ich keine Worte finde, meinen Gefühlen Ausdruck zu verleihen.
Ich war bestenfalls ein Instrument in den Händen der Vorsehung. Die Folge ist, mit Hilfe Frankreichs und vieler tugendhafter Bürger Amerikas, eine Revolution, die von Bedeutung sein kann für die Freiheiten der Menschheit und die Entwick-

lung eines Landes, das (wenn wir klug genug sind, den Pfaden zu folgen, die zu Tugend und Vaterlandsliebe führen) den Unterdrückten und Notdürftigen auf Erden Asyl bieten könnte.

Unser Gebiet erstreckt sich weit. Unsere Ebenen sind produktiv, und wenn sie großzügig und klug kultiviert werden, können wir uns glücklich schätzen und dies alles teilen mit jenen, die daran teilhaben wollen.

Gnädigste, Ihr gehorsamer und untertänigster Diener
G. Washington.

Als zwei Jahre später das Trauerspiel *Germanicus* ins Französische übersetzt worden war, schickte Lucretia sogleich ein Exemplar an La Fayette und an George Washington. La Fayette antwortete mit blumigen Worten, Washington ließ einen Sekretär einen Standarddankesbrief schreiben – etwas über Musen, die Respekt verdienen »in all jenen Ländern, in denen die Zivilisation einen Fortschritt verzeichnen kann«. Der große Held hatte, das war offensichtlich, Lucretias Stück nicht gelesen.

Gerard Vogels heiratete sehr bald Elizabeth Moulder, »das schönste Mädchen (...), das es in Philadelphia gibt«, die Tochter von Oberst Joseph Moulder, einem der Helden der Schlacht von Trenton. Er schrieb Lucretia van Merken bis zu ihrem Tod am 19. Oktober 1789 weiterhin treu, auch wenn die Briefe oft monatelang unterwegs waren. Seine Tochter erhielt den Namen Sara Lucretia, nach ihrer amerikanischen Großmutter und der Dichterin, der er sich so verbunden fühlte.

Vogels' Geschäfte liefen nach einem vielversprechenden Beginn weniger gut. Er werde vom Unglück »verfolgt«, schrieb er am 9. Mai 1792, und sei das Opfer »eines Ungeheuers mit dem Aussehen eines aufrichtigen und tugendhaften Mannes« geworden, »dem ich wie einem Freund, der aus meinem Vaterland stammt, Vertrauen schenkte«. Dieser Betrüger hatte ihn und einige Freunde, die die »Gepflogenheiten dieses Landes« noch nicht so richtig kannten,

»mit der Finesse eines in der Wolle gefärbten Heuchlers« dazu verleitet, sich an einem großen Projekt zu beteiligen. Auch ein paar englische Bekannte hatte er so um ihr Geld gebracht und lebte nun »auf großem Fuß«. Doch mit Gottes Hilfe, so Vogels weiter, »werde ich mich über mein Schicksal erheben und lernen, Vergnügen und Ruhe im Willen des Weltenlenkers zu finden«. Wie es ihm danach erging, ist unbekannt.

Lucretia van Merkens Vermächtnis dauert bis heute an. Nach ihrem Tod regnete es Lobgedichte:

> Die größte Dichterin, der je das Licht ins Auge strahlte
> Das Wunder unsres Kontinents, der ganzen Erd'
> Van Merken, das Bild der Gottheit wert ...

Sie bekam einen Epitaph, eine spezielle Grabinschrift, an einer Wand der Oude Kerk. In der Bibliothek des Hauses Six füllen ihre gesammelten Werke in allerlei Ausgaben mindestens zwei Regalbretter. Vorne in einem in Leder gebundenen Band mit dem Titel *Theaterdichtung* entdecke ich eine gut lesbare Widmung: »Für meine Enkelin Lucretia Johanna van Winter.« Verflixt, sie hat also tatsächlich die andere Lucretia, die Tochter ihres Stiefsohns Pieter van Winter, noch als kleines Mädchen gekannt. Über sie werden wir noch einiges hören.

Und dann kommt aus den Archivmappen noch eine Handvoll uralte amerikanische Staatsobligationen zum Vorschein. Sie wurden auf den Namen Pieter van Winter ausgestellt. Fünfhundert Dollar 1794, eintausenddreihundert Dollar 1796, eintausendvierhundert Dollar 1797, mit großen geschwungenen Buchstaben des Notars Robert Henry Dunkin im fernen Philadelphia: »And I went to the Office of the Register of the Treasury of the United States and there exhibited the original Certificate ...«

Ja, die Familie blieb der amerikanischen Freiheit treu.

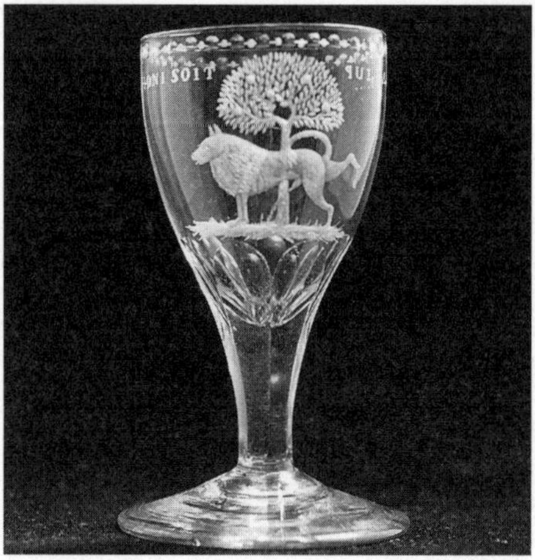
ONI SOIT

XIV
LIBERTÉ, ÉGALITÉ, FRATERNITÉ

In einem Nebenzimmer hängt ein auffälliges Gemälde des Hofmalers Esaias van de Velde aus dem Jahr 1625. Es zeigt den Besuch des Prinzen von Oranien und des Königs von Böhmen auf dem Jahrmarkt von Rijswijk. Die hohen Herren reiten stolz und feierlich durchs Dorf, Windhunde begleiten den Zug, die Dorfnotablen stehen unter einem Baum und schauen zu, es ist ein festlicher Sommertag.

Wer aber genauer hinsieht, der entdeckt einige interessante Details: zwei Männer in einem Boot – einer von ihnen ist ganz offensichtlich der Maler –, ein bettelnder Junge, eine Schlägerei, eine Person, die, sich übergebend, aus dem Fenster hängt, und in einer Ecke – einst von einem breiten Rahmen verdeckt – sieht man sogar jemanden, der seinen Darm entleert. Auch fällt jetzt ins Auge, dass die Menge sich kaum für die fürstliche Kolonne interessiert; die Leute lauschen vielmehr einem Quacksalber. Nicht weit von diesem entfernt geht eine Verkäuferin ihres Weges, sie trägt einen Korb, der bis oben hin mit Windmühlen gefüllt ist.

Das Bild steckt, kurzum, voller versteckter Botschaften. Grob übersetzt besagen sie Folgendes: Der Maler wurde von den Notabeln in Rijswijk buchstäblich »ins Boot genommen« – eine niederländische Redensart für »jemanden übers Ohr hauen«. Offenbar haben sie ihn zwar mit der Herstellung des Bildes beauftragt, es aber nie bezahlt, weil sie zu geizig waren. Das zeigt auch der bettelnde Junge, über den die Notabeln einfach hinwegsehen. Zudem sind die hohen Herren schlechte Verwalter – das öffentliche Entleeren von Magen und Darm wird toleriert. Und klug sind sie auch nicht, sie können keinen klaren Gedanken fassen, und in ihrem Kopf dreht sich alles wie Windmühlenflügel; dafür steht die Verkäuferin mit ihrem Korb voller Mühlen.

Das Bild enthält auch einen Seitenhieb auf die Oranier: Die Leute interessieren sich überhaupt nicht für sie, sie lauschen stattdessen lieber einem Quacksalber. Im Zuge einer unlängst durchgeführten Restaurierung des Gemäldes tauchte zwischen den adligen Windhunden ein braunweißer Straßenköter auf. Die Promenadenmischung hatte ein hellsichtiger Betrachter einst fachkundig wegretouchiert, denn sie verwies auf die außerehelichen Eskapaden des Prinzen Maurits, der ein notorischer Schürzenjäger war.

Wie dieses unbotmäßige Gemälde in die Sammlung der Familie Six gelangte, lässt sich nicht mehr rekonstruieren, aber ich kann mir vorstellen, dass ein Mann wie Pieter van Winter es gern seinen Gästen präsentiert hätte. Es zeigt schließlich die latente Unzufriedenheit, die damals bereits herrschte, sowohl über die Regenten als auch über die Oranier, ein glimmender Schwelbrand, bei dem die van Winters eine eigene Rolle spielten und der am Ende des 18. Jahrhunderts die gesamte Republik in Brand setzen sollte.

Es begann in den Kaffeehäusern und in den Zeitungen, die Meinungsverschiedenheiten waren gravierend: über die Wirtschaft, über die Regenten, über die Rolle der Oranier, über Demokratie, Sklaverei, Freiheit, über Gott und die Welt. Sollten die Städte und Regionen weiterhin so viel Macht besitzen? Musste nicht endlich einmal eine nationale Einheit hergestellt werden – auch um die Macht der Oranier und der anderen Aristokraten zu brechen? Waren nicht alle Menschen gleich, waren nicht alle Schwestern und Brüder?

Gelegentlich kam es zu Unruhen, doch in der Regel blieb es bei heftigen Diskussionen. Strebten nicht alle nach einem gemeinsamen Vaterland mit einträchtigen Bürgern? Lucretia und ihre Geistesverwandten verkündeten diese Botschaft bis zur Erschöpfung. Ein jeder, so ein Zeitgenosse, beschäftigte sich damals »in Clubs und anderswo mit dem Patriotismus«.

Allmählich gewannen Symbole an Bedeutung. Die konservativen »Oranienanhänger« kamen zum größten Teil aus dem unteren

Bürgertum, und sie wurden von den orthodoxen Predigern in ihrer Haltung bestärkt. Auch unter den einfachen Leuten warben sie zahlreiche Anhänger. Diese trugen orangefarbene Bänder, den Tee tranken sie aus Tassen mit dem Porträt des Statthalters und seiner Frau, ihre Tabakdosen waren mit einem Orangenbäumchen verziert. Der berühmte englische Porzellanhersteller Josiah Wedgwood machte gute Geschäfte mit Riechfläschchen und Porträtmedaillons, auf denen die statthalterliche Familie zu sehen war.

Ihre Gegner, die sogenannten Patrioten, die nach einem ihrer Anführer, dem Dordrechter Cornelis (»Kees«) de Gijselaar (1751–1815), auch Kezen genannt wurden, verwandten als Symbol einen treuen Spitz (nl. *keeshond*). Ihre Anhängerschaft bestand vor allem aus gebildeten Bürgern, die meinten, die Zeit sei reif für einen Machtwechsel. Auch für sie hatte Wedgwood das ein oder andere Objekt im Angebot: Büsten ihrer Helden, etwa von Hugo de Groot. Selbst im Haus an der Amstel stößt man noch auf Reste dieses verbalen Bürgerkriegs: Mappen voller Briefe, Theaterstücke von Lucretia van Merken und ein Trinkglas mit einem Spitz, der sein Bein an einem Orangenbaum hebt.

Die Bedeutung, die diesem unterschwelligen Bürgerkonflikt zukommt, ist nicht zu unterschätzen. Diese Periode war eine Art Brutzeit, eine Phase, in der unser ganzes modernes politisches System entwickelt und in Worte gefasst wurde: bürgerliche Rechte und Freiheiten, Gewaltenteilung, eine demokratische Volksvertretung und das Gefühl der nationalen Einheit.

Es waren die Jahre, in denen der junge Gijsbert Karel van Hogendorp, der Mann, der später die erste Verfassung für das neue Königreich der Niederlande konzipieren sollte, durch die blutjungen Vereinigten Staaten reiste und dort mit Thomas Jefferson und George Washington diskutierte; Washington war seiner Ansicht nach ein »kalter, kleingeistiger, schleimiger Mann«, und mit Jefferson stritt er sich sehr bald über die Sklaverei. Doch er lernte viel während seiner Rundreise in den Jahren 1783 und 1784.

Es war auch die Zeit, in der die bereits früher erwähnte Flugschrift *An das niederländische Volk* (1781) von Joan Derk van der Capellen das ganze Land auf den Kopf stellte. Zwischen den anderen Schriften jener Zeit sticht dieser Text hervor. Jegliche Verbrämtheit und Höflichkeit sind verschwunden, die Wut springt einem förmlich entgegen. Mit großen Schritten eilt der Autor durch die vaterländische Geschichte, von den freien und mutigen Bataviern bis hin zum intriganten und unfähigen Statthalter Willem V. Ein Thema kehrt immer wieder: die Unterdrückung der Bürgerfreiheit durch die Oranier.

> Habt Ihr nicht, o Willem, im ganzen Land Eure Spione, Verleumder und Denunzianten, die es verstehen, sich in jede Gesellschaft zu drängen, und die uns das Vergnügen einer freigebigen, offenherzigen Gesellschaft rauben? Seid Ihr es nicht, der unsere ganze Nation dadurch ängstlich, zurückhaltend und heuchlerisch gemacht und ihr aufrichtiges, einfaches, alt-holländisches Wesen und Leben verdorben habt?

An das niederländische Volk war der frontale Angriff auf die herrschenden Kräfte, auf den alle gewartet hatten. Van der Capellen rief das niederländische Volk auf, in Anlehnung an die Amerikaner Bürgermilizen, eine Art alternative Schützengilde, zu bilden, um die Bürgerrechte zu verteidigen: »Bewaffnet Euch alle, wählt selbst diejenigen, die Euch befehligen sollen, und geht bei allem mit Besonnenheit und Bescheidenheit zu Werke.«

Der Aufruf wurde mit großem Enthusiasmus begrüßt, überall im Land wurden »Freikorps« und »Exerziergesellschaften« gebildet, es wurde exerziert und paradiert, es gab Aufzüge und landesweite Zusammenkünfte mit bis zu dreißigtausend Teilnehmern. Die Kezen fühlten sich überaus mächtig. Ab 1784 kam es allerorts zu kleinen Scharmützeln, in diversen Städten übernahmen die Patrioten die Macht, hier und da wurde ein Magistrat unter die Aufsicht von »Bürgerdeputierten« gestellt. Der Statthalter fühlte sich in Den Haag nicht mehr sicher – und ging nach Nimwegen.

In Amsterdam gab es erste größere Auseinandersetzungen, als ein Redakteur und der Verleger des patriotischen Blattes *De Politieke Kruyer* verhaftet wurden, weil sie die Bürgermeister lächerlich gemacht hatten. Die Zeitung erschien weiter, die beiden Männer mussten sehr bald freigelassen werden. Sie waren die Helden des Tages. In den Herbergen und Kaffeehäusern der Stadt ging es unterdessen hoch her. »Zwischen einhundert und zweihundert Personen, halb erstickt durch Pfeifenrauch und Genever, gaben brüllend ihre Ansichten über Dinge des Staates von sich«, notierte ein jugendlicher Augenzeuge. Das war Politik auf amerikanische Art!

Die Patrioten hatten Rückenwind. Der Krieg gegen England endete 1784 mit einer katastrophalen Niederlage der Republik, und auch als Handelsmacht spielten die Niederlande kaum noch eine bedeutende Rolle. Die Wahnvorstellungen van Beuningens waren am Ende doch Wirklichkeit geworden. Die VOC war den größten Teil des 18. Jahrhunderts wie eine Art »Schneeballsystem« betrieben worden: Die Compagnie schüttete weiterhin großzügige Dividenden aus, doch schon seit 1737 blieben die Einkünfte weit hinter diesen Ausgaben zurück. Das fehlende Geld lieh man sich einfach, und weil die VOC als solides Unternehmen galt, ging dies jahrzehntelang gut. Erst während des letzten Englisch-Niederländischen Kriegs brach das Kartenhaus zusammen: Die VOC erlitt einen direkten Verlust von zwanzig Millionen Gulden und verdiente lange Zeit keinen einzigen Cent. Ab 1783 wurden keine Dividenden mehr gezahlt.

Die Amsterdamer Kaufleute hatten bereits früher erste Rückschläge hinnehmen müssen. 1763, während einer weltweiten Krise, hatte das große Kaufmannsunternehmen der Brüder de Neufville Pleite gemacht. Dadurch wurden, wie Bicker Raye berichtet, »mindestens fünfundzwanzig weitere brave Kaufleute in den Bankrott gerissen, und Hunderte von Menschen erlitten, wenn sie nicht vollends ruiniert wurden, so doch erheblichen Schaden«. Zehn Jahre später machte das Bankhaus Clifford Konkurs, und auch diesmal gingen in der Folge eine Reihe von Handelsunternehmen pleite.

Jetzt, beim Niedergang der VOC, handelte es sich nicht mehr um einen einzelnen Unfall, das System als Ganzes war betroffen. Die städtische Elite wurde sparsam und vorsichtig, wenn sie denn den Kopf über Wasser halten konnte. Der durchschnittliche Wert der Grachtenhäuser fiel dramatisch. Der sogenannte Herengracht-Index – der inflationsbereinigte durchschnittliche Kaufpreis für Häuser an der Herengracht – stand von 1650 bis 1739 bei 200 Punkten; 1799 waren es nur noch 50 Punkte. Die Landhäuser wurden im großen Maßstab verkauft. Es war ein Kahlschlag im wörtlichen Sinne: Ein gewisser Frederik Kaal machte ein Vermögen, indem er die Landgüter zu Schleuderpreisen kaufte und abreißen ließ, um anschließend die Steine, das Holz und die fruchtbare Gartenerde mit hohem Gewinn zu verkaufen. Von den vielen prächtigen Anwesen in der Umgebung von Amsterdam blieben nur wenige erhalten.

Den Niedergang dieser eleganten Welt erlebte der rentierende Jan nur noch am Rande; 1799 entschwand er aus der Geschichte. Von seinem Sohn Jan gibt es nicht einmal ein Porträt. Lediglich ein Scherenschnitt von ihm ist erhalten geblieben, das Profil eines leicht rundlichen Mannes mit kurzem Haar, das ist alles. Als er die Nachfolge seines Vaters antrat, war er noch keine dreiundzwanzig Jahre alt. Er war schon früh als Kommissar tätig, Mitglied der Stadtregierung und mit achtundzwanzig Schöffe. Dann brachen unruhige Zeiten an, auch für ihn.

Anhänger der Oranier waren dieSixe gewiss nicht, erst recht nicht nachdem Willem IV. Großvater Six 1748 aller Ämter enthoben hatte. Aber Patrioten? Die Familie war schon seit Jahren Mitglied eines exklusiven Regentenclubs, des College in de Munt. Seit Mitte des 18. Jahrhunderts traf man sich in einem Nebengebäude des Muntturms, wo die Herren vom Kastellan einige Räume gemietet hatten. Die neue, vorwärtsstrebende Elite hatte, neben dem Haus »Felix Meritis«, einen eigenen Club gegründet, Doctrina et Amicitia – der

Vorläufer des Groote Club. Das war der echte »Kezenclub«; die Gründungsmitglieder, allen voran der Arzt Cornelis Krayenhoff, waren allesamt überzeugte Patrioten. In den Mitgliederlisten tauchen die Sixe nicht auf, sie blieben bei den alten Regentenfamilien im Muntturm.

Dennoch liebäugelten viele Angehörige der Amsterdamer Regentenelite mit den Patrioten, in denen sie natürliche Verbündete gegen ihre klassischen Widersacher, die Oranier, sahen. Vor allem die Jüngeren lasen die Flugschriften und teilten oft die Begeisterung für die amerikanische Revolution. Auch in der Familie Six gab es solch einen feurigen Patrioten, Jan Bernd Bicker, der mit Jans ältester Schwester Catharina Six verheiratet war. Doch die Sympathie kühlte rasch ab, denn viele Forderungen der Patrioten waren für die Machthaber ebenso gefährlich wie für die Oranier. Vermutlich war Jan, wenn es darauf ankam, ein typischer Wackelkandidat.

»Entwurzelt« sei vielleicht ein zu dramatischer Ausdruck, schreibt der Biograph der Familie Teding van Berkhout, »aber dennoch macht die Generation, die jetzt antritt, hervorgegangen aus der letzten der Republikaner und über die Schwelle des Königreichs der Niederlande tretend, einen ziemlich planlosen Eindruck«. Sollten die Regenten, wie Jan einer war, sich den demokratischen Forderungen der Patrioten anschließen? Oder sollten sie sich für die zentralisierte Macht in den Händen der Oranier aussprechen und so die Autonomie ihrer Stadt und ihrer Region – also die Basis ihrer Macht – aufgeben?

Manche versuchten sich entschlossen auf eine Seite zu schlagen. Zum Beispiel Cornelis van Lennep, Schöffe, Stadtrat und, wie man sagte, »Aristokrat unter den Patrioten«. Er kannte die Klassiker der Aufklärung – Voltaire, Rousseau, Diderot – in- und auswendig, galt aber dennoch als gemäßigt. Auf der anderen Seite stand ein Regent wie Joachim Rendorp van Marquette, fünfmal Bürgermeister, ein Konservativer, der mühsam versuchte, einen gangbaren Weg in der Flut der neuen Ideen zu finden. Er wurde in seinen letzten Jahren als »Aristokrat« beschimpft; er fand, er trage diese Bezeichnung zu

Recht. Auch wenn er, wie ein Zeitgenosse schrieb, »allmählich von einem begrenzt Amsterdamer zu einem nationalen Standpunkt wechselte und sich so auf die Seite des Prinzen schlug«, so war er doch niemals ein bedingungsloser Anhänger der Oranier.

1787, zwei Jahre vor Ausbruch der Französischen Revolution, ergriffen die Amsterdamer Patrioten die Gelegenheit beim Schopf. Ihre Freikorps besetzten den Dam und forderten eine »Säuberung« des Magistrats. Die wurde prompt vollzogen; neun prinzgesinnte Mitglieder wurden durch Patrioten ersetzt. Der Statthalter reagierte sofort: Die frühere Situation müsse augenblicklich wiederhergestellt werden, sonst greife er ein. Sein »Declaratoir« erzielte jedoch die entgegengesetzte Wirkung: Überall brachen Aufstände los, ein oranierfreundliches Kaffeehaus wurde gestürmt, ebenso das Wohnhaus des Bürgermeisters Rendorp. Dessen Kollege, Bürgermeister Jacob Elias Arnoudszoon, schrieb einem Freund, er habe die ganze Nacht kein Auge zugemacht. »Aber ich habe nichts Böses gehört, außer um halb zwei ein entsetzliches Geschrei in der Ferne und das schreckliche Geräusch der Ratschen der Wächter, die Alarm, Alarm riefen.« Hier und da wurden Wappen von den Fassaden gemeißelt – wahrscheinlich ist bei dieser Gelegenheit auch das stolze Familienwappen der Sixe von der Vorderfront der Herengracht 495 verschwunden.

Die Oranier verbarrikadierten sich daraufhin auf der Insel Kattenburg. Am 30. Mai 1787 kam es dann zu einer regelrechten Feldschlacht, welche die Patrioten für sich entscheiden konnten. Ihre Herrschaft währte jedoch nicht lange. Der preußische König, Schwager von Willem V., eilte den Oraniern zu Hilfe. Seiner disziplinierten Armee waren die Patrioten nicht gewachsen. Die Oranier bezogen erneut ihre Paläste in Den Haag, und innerhalb eines Monats hatten die alten Regenten ihre Sitze im Magistrat wieder eingenommen.

Für den patriotischen Jan – ich will ihn doch mal als solchen bezeichnen – war das Jahr 1787 auch aus persönlichen Gründen von Bedeutung: Er heiratete – mit einunddreißig – und zog um. Seine

Braut, Johanna Maria Hop, war gerade achtzehn. Mit fünfzehn hatte sie sich mit dem Bürgermeistersohn Pieter Hooft vermählt, der zwei Jahre darauf jedoch verstarb.

Durch diese Ehe ging Jan eine Verbindung mit der bekannten Regentenfamilie Hop ein. Der Vater der Braut war Jan – oder auch Johan – Hop, derselbe, der sich im eiskalten Winter des Jahres 1740 nach einer »hübschen Beischläferin« gesehnt hatte. Die riesigen Silberterrinen, die zum Familienporzellan gehören, das »Hopsilber«, stammen von ihm. Er bekam sie zu seinem Abschied als Rat und Generalschatzmeister der Union. Johannas Onkel, Baron Hendrik Hop, ging als Erfinder der Haagse Hopjes, einer beliebten Süßigkeit aus Kaffeeextrakt, in die Weltgeschichte ein.

Im selben Jahr noch verkaufte Jan den Familiensitz, gerade einmal dreizehn Jahre nachdem er als Junge selbst den ersten Nagel zum großen Umbau eingeschlagen hatte. Wahrscheinlich bezog er das Domizil seiner Frau; in den »Herrenbüchern« jener Zeit wird seine Adresse mit Keizersgracht, »der Goldenen Kette gegenüber« angegeben; die heutige Hausnummer lautet 263. Ende 1791 zog er erneut um, diesmal in die Herengracht 572. Beide Häuser sind höchstens halb so groß wie das Anwesen an der Herengracht 495. Die Umzüge waren ganz zweifellos ein großer Rückschritt.

Was waren die Gründe? Die Familienüberlieferung macht vor allem den fürstlichen Lebenswandel des rentierenden Jan für den Abstieg verantwortlich. Die Dokumente, in denen es um seinen Nachlass geht, geben das nicht her. Seine Frau und die vier Kinder erbten, laut Vermögensaufstellung vom 12. März 1783, nicht weniger als 1 884 367 Gulden und zehn Stuiver, eine gewaltige Summe, selbst wenn man sie durch fünf teilen muss. Möglicherweise hatten die Six danach ein paar Rückschläge hinzunehmen, etwa im Zusammenhang mit dem Niedergang der VOC und dem stagnierenden Projekt Hillegom. Ich habe allerdings keinerlei Unterlagen dazu finden können.

Vielleicht haben wir es auch einfach nur mit »Angstsparsamkeit« zu tun, mit einer immer weiter zunehmenden finanziellen Zurückhaltung, um das Familienvermögen in Zeiten der Krise zu erhalten, ein Phänomen, das in den Häusern der Adligen und der Patrizier nur allzu bekannt war. Und um 1790 gab es dafür tatsächlich auch allen Grund: Die VOC machte Pleite, große Handelshäuser ebenfalls, es brachen finstere Zeiten an. Wer klug war, fing an, seine Ausgaben stark zu reduzieren, selbst wenn er über ein beträchtliches Vermögen verfügte: In der neuen Situation stand nicht mehr Status im Vordergrund, sondern der Erhalt des Vermögens. Noch immer führten diese Familien ein standesgemäßes Leben, man veranstaltete Diners und Feste, doch unter der Woche ernährte man sich regelmäßig von Grütze und Linsen. Wie auch immer es sein mochte, die Familie Six entging dem allgemeinen Niedergang nicht.

Das Scheitern der patriotischen Revolution belastete das Verhältnis zwischen Amsterdam und dem Statthalter erheblich. Kurzzeitig drohte dieser sogar damit, die Stadt zu belagern. Cornelis van Lennep schrieb, nachdem sich die Situation etwas beruhigt hatte, an seine Frau: »Dennoch muss ich Euch, liebster Schatz, auch sagen, dass, obwohl wir nun wieder ein wenig Luft haben und frei atmen können, die Sache noch nicht ausgestanden ist und dass wir uns sowohl mit dem Herrn Statthalter als auch mit den Staaten von Holland in Den Haag noch in etlichen Fragen einig werden müssen.«

Das war die Ausgangslage, als Jan 1789 in den Magistrat einzog. Ich weiß nicht, welche Rolle er dort gespielt hat. Es gibt keine exakten Protokolle der Sitzungen, so dass wir nie erfahren werden, welche Standpunkte er vertrat. Sonderlich spannend waren die Versammlungen nicht, man sprach über Steuern, Surinam, den Verteidigungsfall, die VOC, über eine Bittschrift der Schweinemetzger, über eine »Besoldung« des »Herrn Erbprinzen von Oranien-Nassau« in Höhe von zehntausend Gulden, über die Entladestelle für Tabak »innerhalb der Mauern«, die Aufgabe von »häuslichen Dienstboten« und anderes. Um 1790 begann man, Anwesenheitslisten zu führen, aus denen hervorgeht, dass Jan regelmäßig fehlte.

Die Amsterdamer Regierung hatte sowieso nicht mehr viel zu melden, jetzt waren es »Spione, Verleumder und Denunzianten«, die

Überstunden machten, nach 1787 bestimmte Oranien den Kurs. Prominente Patrioten gingen ins Exil. Lucretia van Merkens Drama *Jacob Simonszoon de Rijk* wurde von mit Oranien sympathisierenden Regenten verboten. Das Stück spielt während des Aufstands gegen die Spanier und weckte so starke Emotionen – die Zuschauer waren »erfüllt von der Größe und den Gefühlen der Freiheit« –, dass man sich beeilte, alle Aufführungen abzusagen. Die Schriftstellerin Aagje Deken musste nach Frankreich fliehen, doch auch dort kam sie nicht zur Ruhe, weil sie gegen die Anwendung von Gewalt protestierte. Das Grabmonument Joan Derk van der Capellens – der im Alter von zweiundvierzig Jahren gestorben war – wurde nach dem poetischen Aufruf eines fanatischen Orangisten in die Luft gesprengt:

> Kannst Du das Aas dieses verfluchten Schergen,
> O stille Gruft, decken mit Deiner Erd'?
> Den stinkenden Kadaver dieses Schurken länger bergen?
> Spuck aus die Leich, sie ist den Ruheplatz nicht wert!

In Frankreich war 1789 die Revolution ausgebrochen. Sehr bald schon versuchten die neuen französischen Machthaber, den revolutionären Elan ins Ausland zu exportieren. Zuerst in die südlichen Niederlanden, danach zogen sie auch in Richtung Republik. Im extrem kalten Januar des Jahres 1795 überquerten die französischen Truppen mühelos die zugefrorenen großen Flüsse. Die Wasserlinie bereitete ihnen diesmal keine Schwierigkeiten. Allerorten wurden sie von jubelnden Patrioten als Befreier begrüßt. Statthalter Willem V. floh nach England, Patrioten besetzten die Machtpositionen, und den Franzosen war das alles recht, solange die Holländer nur für die »Hilfe« zahlten: einhundert Millionen Gulden – etwa vier bis fünf Milliarden heutige Euro.

In Amsterdam standen die Kisten mit Kokarden schon bereit, die Machtübernahme, die folgte, vollzog sich ruhig und ohne Blutvergießen. Am Nachmittag des 18. Januar, einem Sonntag, erschien der Patriot Cornelis Krayenhoff – der, nach einem kurzen Exil, zusammen mit den französischen Truppen in den Norden gezogen war – an der Weesperpoort. Langsam ritt er durch die schneeweiße Stadt zum Garnisonskommandanten und forderte im Namen des »batavischen Volks« das Kommando. Er wurde mit Speis und Trank empfangen – und am späten Abend hatte der Arzt die Macht übernommen.

Am nächsten Morgen um neun Uhr fand im Rathaus die offizielle Machtübergabe statt. Überall fror es, im Saal des Magistrats rückten alle mit den Stühlen, um so nahe wie möglich am Kaminfeuer zu sitzen. Der Vorsitzende des Bürgerkomitees, Rutger Jan Schimmelpenninck, sprach überaus höflich zu den Bürgermeistern und dem Magistrat, darunter Jan, dankte ihnen für die geleisteten Dienste und teilte mit, dass sie, im Namen der Bürger, aller Ämter enthoben seien. Der erste Bürgermeister Straalman erklärte anschließend, man wolle »dem Begehren der Bürger« entsprechen. Als letzte offizielle Handlung überreichte er den neuen Machthabern die Schlüssel der Stadt.

So endete an einem eiskalten Montagmorgen ganz unvermittelt die Geschichte der ruhmreichen Republik Amsterdam.

Es ging alles rasend schnell, ich stelle mir vor, dass Jan und seine Mitregenten nach der Übergabe zunächst sprachlos in ihre Schlitten und Kutschen gestiegen sind. Es war eine brave Revolution, dennoch stellte sie eine tiefgreifende Veränderung dar. Auf dem Dam hatte sich eine kleine Menge versammelt, in der Eiseskälte erklang ein wenig Jubel, und man tanzte um einen Tannenbaum, den die Franzosen aus Watergraafsmeer hatten mitgehen lassen. Die Marseillaise erklang. Jetzt kamen andere Zeiten!

Tatsächlich aber brachten sie zunächst vor allem Sorgen mit sich. 1794 betrug der Gewinn der Amsterdamer Handelskonvois 719 000 Gulden. Zwei Jahre später waren es nur noch 55 000 Gulden. England hatte wieder eine Seeblockade errichtet, die Kolonien waren unerreichbar geworden, das verbündete Frankreich sog das

Land zusätzlich aus, Banken und Handelsunternehmen gingen pleite, die Amsterdamer Geldmaschine kam zum Stillstand.

Im Archiv stoße ich auf vier Quittungen aus dem Jahr 1797, »Mildtätigkeiten« zur Unterstützung »von ca. 1100 notleidenden Familien, vor allem entlassene Arbeiter von Lands en O.I. Comp. Werven«. Die Sixe spendeten Beträge zwischen zehn und zwanzig Gulden.

»Freiheit, Gleichheit, Brüderlichkeit«, das war das Motto in all dieser Armut. Das Wort »Herr« war aus dem allgemeinen Sprachgebrauch verschwunden, »Baron und Schuhmacher bürgerten einander an, dass es eine Freude war«, schreibt der Kaufmann und Beamte Jacob Serrurier aus Zwolle in seinen Erinnerungen an jene Zeit nicht ohne Ironie. Der revolutionäre Elan stockte bald. Wer auf ein »wohldotiertes Amt oder eine ansehnliche Pension« wie in alten Zeiten gehofft hatte, sah sich enttäuscht. Ein großer Teil der Patrioten »murrte, agitierte und brüllte« weiterhin.

Am 1. März 1796 wurde im Ballsaal der ehemaligen statthalterlichen Residenz am Binnenhof in Den Haag – der im Übrigen bis zum Ende des 20. Jahrhunderts das Zentrum der niederländischen Politik bleiben sollte – die erste Nationalversammlung eröffnet, sie markiert den Beginn des niederländischen Einheitsstaates. Ein Dreivierteljahr später, am 2. Dezember 1786, wurde die Batavische Republik ausgerufen. Eine prinzipielle Frage klärte man sofort: Kirche und Staat waren fortan voneinander getrennt, es war das Ende der bevorrechtigten Stellung der Reformierten Kirche. Und es war zugleich der Beginn der allmählichen Emanzipation von Juden, Katholiken und anderen Gruppen, die vorher stark unterprivilegiert waren.

Was den Aufbau des niederländischen Einheitsstaates anging, gab es jedoch sehr bald schon heftige Kontroversen. Die radikalen »Batavier« forderten ein einziges Grundgesetz für die gesamte Republik und die Abschaffung aller städtischen und regionalen Sonderrechte. Andere Volksvertreter – darunter auch Jans Schwager Jan Bernd Bicker – konnten sich zu diesem Zugeständnis nicht durchringen. Vor allem die Amsterdamer wollten, dass die lokale und provinziale Autonomie weitestgehend erhalten blieb. Nur jene Angelegenheiten, »ohne die die Sicherheit und das Glück der gesamten Republik nicht befördert werden können«, sollten zentral geregelt werden; alles Übrige sollte ihrer Ansicht nach so bleiben, wie es war.

Letztlich wurde das Problem durch einen kleinen, von den Franzosen unterstützten Staatsstreich der »Fünfzig Vertrauten« gelöst. Am 22. Januar 1798 verhaftete man, ungeachtet aller »Freiheit« und »Brüderlichkeit«, kurzerhand zweiundzwanzig Mitglieder der Nationalversammlung wegen ihrer abweichenden Ansichten. So kam es, dass Jan Bernd Bicker einige Monate lang in Leeuwarden im Gefängnis saß. Weitere sechsunddreißig Abgeordnete, denen der Schreck in die Glieder gefahren war, legten ihr Mandat rasch nieder.

Die verbliebenen Delegierten konnten nun problemlos eine Verfassung festlegen, die ihren Auffassungen entsprach: ein politischer Einheitsstaat, Stimmrecht auch für die unteren Schichten, Gewaltenteilung. Die neue niederländische Nation schloss niemanden aus, im Gegenteil: »Die Gesellschaft nimmt alle Fremden, die die Wohltaten der Freiheit friedlich zu genießen wünschen, in ihrer Mitte auf und gewährt ihnen alle Sicherheit und allen Schutz.« Trotzdem gelang es im Zuge der neuen *Erklärung der Menschenrechte* nicht, auch den Sklavenhandel zu verbieten. Die *Verfassung für das Batavische Volk*, die am 1. Mai 1798 verkündet wurde, gilt als erste niederländische Verfassung. Wenn man vom Sklavenhandel einmal absieht, war sie womöglich auch die beste.

Für die Sixe bedeutete diese Revolution das definitive Ende jener Welt, der sie nahezu vier Generationen lang ihre Macht und ihren Einfluss zu verdanken hatten: das System, in dem die Regentenfamilien Ehen und Allianzen geschlossen, Ämter vergeben, Privilegien gewährt und empfangen hatten. Darauf hatten ihre Traditionen und ihre Zukunft beruht. Und es war die Autonomie der Republik Amsterdam gewesen, die ihnen die Freiheit und den Raum dazu gegeben hatte.

Das war nun alles vorbei. Nicht mehr die Familie – oder die Magschaft – zählte, sondern das Individuum. Und auch für eine eigenständige Amsterdamer Politik gab es in dem neuen System keinen Platz. Am 15. März 1798 wurden die letzten städtischen Regenten entlassen und durch eine von oben verordnete »Stadtverwaltung« mit fünfundzwanzig Mitgliedern ersetzt. Bis 1824 hielt man in Amsterdam keine Stadtratswahlen mehr ab. Allerdings kam es zuvor schon zu einer erneuten Wendung. Im September 1801 war ein Staatsstreich erfolgt, unter anderem auf Betreiben von Napoleon Bonaparte, der 1799 in Frankreich an die Macht gekommen war. Napoleon sollte zu einer Figur des Übergangs werden, die zwischen dem Europa der alten Regime und dem der modernen Staaten hin und her schwankte. Sein Biograph Patrice Gueniffey schreibt: »Die Revolution wirbelt alles durcheinander, Napoleon sucht die Bruchstücke beisammen und errichtet ein neues Frankreich.«

Und das traf jetzt auch auf die Niederlande zu. Unter dem Druck von Paris praktizierte man hier ebenfalls eine Politik der Versöhnung. Allzu revolutionäre Projekte wurden zurückgeschraubt, die ehemaligen Stadt- und Provinzgrenzen wiederhergestellt, und viele alte Regenten – inklusive jener, die den Oraniern nahegestanden hatten – erhielten eine neue Chance auf Mitsprache im Rathaus. Allerdings ermöglichte die neue Verfassung es nun auch den führenden jüdischen, katholischen, täuferischen und anderen abweichlerischen Familien, im vollen Umfang am gesellschaftlichen und politischen Leben teilzunehmen. Zudem hatte der im Exil befindliche Statthalter Willem V. die Regenten vom Treueeid entbunden, den sie ihm einst geschworen hatten. Das machte auch für sie den Weg frei, dem neuen Regime zu dienen.

So entstand eine interessante Vermischung der alten und neuen Eliten, eine Befriedung, die für den Verlauf des 19. Jahrhunderts gewichtige Folgen hatte. In Amsterdam tauchten 1803 im »Rat«, dem Nachfolger des Magistrats, mit einem Mal wieder etliche alte Namen auf: de Graeff, Huydecoper, Backer, Elias, van Lennep und auch Jan Six. 1805 wurde Jan für ein Jahr Stadtverordneter – ein damals vollkommen neues Amt. Viele Kompetenzen waren damit nicht verbunden, die Anweisungen kamen von weiter oben. Die erhalten gebliebenen Beschlusslisten geben einen Anhaltspunkt: In den Sitzungen ging es um bestimmte Steuern, um die Auflösung der Gilden, um die Gründung einer städtischen Bürgerwehr und um die rasch steigenden Wohnungsmieten.

Auch die nationale Regierung blieb überaus schwach. Die Herren konferierten von elf bis eins und waren, wie der gut informierte Jacob Serrurier berichtet, während der übrigen Zeit »im Club am Spieltisch« zu finden. Es wurde »nichts getan; man lebte sorglos und nicht eine Tätigkeit war mit Eile verbunden«. In Amsterdam war der Handel praktisch zum Erliegen gekommen. Und 1806 kam die Batavische Republik auch schon an ihr Ende: Napoleon ernannte seinen Bruder, Lodewijk Napoleon, zum ersten König von Holland.

Wie von Zauberhand sei das Wort »Republik« mit einem Mal tabu gewesen, schreibt Serrurier. Alle hätten versucht, bei Hofe zu verkehren, überall seien plötzlich Edelleute aufgetaucht, es wurden »erstaunlich viele Ämter geschaffen«; hier und da habe man ein Palais umgestaltet und im neuen Empirestil dekoriert.

Das in dieser Hinsicht größte Projekt war das immer noch beeindruckende Amsterdamer Rathaus, das 1808 in nur wenigen Monaten von einem Verwaltungsgebäude zu einem Palast umgebaut wurde. Die Stadt hatte dem neuen Fürsten das Gebäude als »vorläufige Leihgabe« zur Verfügung gestellt – ein Beschluss, der bis heute seine Gültigkeit hat.

Lodewijk hatte große Ambitionen und Qualitäten, und er war ganz und gar nicht der brave Vasall, den sein Bruder sich wünschte. Bereits 1810 wurde er wieder entmachtet. Von nun an galt für jeden Amtsinhaber »sauve qui peut«, schreibt Serrurier. Prinzipien zählten nicht mehr, man »schmeichelte den französischen Beamten und versuchte, für sich ein kleines Amt zu ergattern«. Das Königreich Holland wurde kurzerhand dem französischen Kaiserreich einverleibt, an die Stelle des alten Rechtssystems traten der moderne französische *Code Civil*, der *Code Pénal* und der *Code d'Instruction Criminelle* (die Grundlagen des heutigen bürgerlichen Gesetzbuchs und des Strafgesetzbuchs). Am 9. Oktober 1811 besuchte der Kaiser selbst »sein« Amsterdam, »die dritte Stadt des Kaiserreichs«.

An der Muiderpoort ritt er auf einem Schimmel in die Stadt, begleitet von einer Ehrenwache. Überall jubelnde Bürger und Soldaten, die Straßen waren mit Ehrenbogen und grünen Girlanden geschmückt, auf dem Palais am Dam wehte eine riesige französische Fahne. Der Kaiser wurde mit einer Bootsparade, einem Ball, einer Theatervorstellung und einem feierlichen Empfang geehrt, außerdem stand noch ein Spaziergang durch die Stadt auf dem Programm. Ob überhaupt und zu welchen Feierlichkeiten die Sixe eingeladen waren, dazu findet sich im Archiv nichts. Das ist vielsagend, denn die Familie war bestimmt mit von der Partie.

Jan war nun kein Amtsherr mehr, ebenso wenig Junker, er war einfach nur ein Bürger. Und *maire* von Hillegom. Besser gesagt: Er war der Verwalter Napoleons vor Ort. Er verbrachte jetzt fast all seine Zeit dort. Das Landleben war angenehmer und billiger, in Amsterdam hatte er kaum noch etwas zu tun, und ansonsten lebte er wie sein Vater von dem, was sein Vermögen abwarf.

Bezogen auf seinen Grundbesitz war Jan immer noch ein sehr reicher Mann. Allerdings war dieser, solange er nicht in Bargeld umgesetzt werden konnte, nahezu wertlos. Also verkaufte Jan am 5. November 1801 Elsbroek samt den dazugehörigen Ländereien. Der Preis betrug fünfunddreißigtausend Gulden. Ein Jahr später trennte er sich außerdem vom Hof Lapinenburg, was ihm siebentausend Gulden einbrachte. Weitere Häuser, Gärten und Äcker folgten.

In einer Komödie von Pieter Langendijk, die aus dem 18. Jahrhundert stammt und vom Niedergang der vaterländischen Kaufleute handelt, finden sich Dialoge, wie sie in jenen Jahren vermutlich auch im Hause Six zu hören waren. Der Gatte wirft der Frau des Hauses das viele Personal und die teuren Einkäufe vor, woraufhin diese erwidert: »Gibst du nicht auch hundert Gulden aus, wenn du eine neue Perücke brauchst? Hast du etwa keinen Atlas für dreitausend Gulden gekauft, den du noch bezahlen musst? Hast du etwa keine Teleskope, Mikroskope und eine Camera obscura angeschafft?«

Aus einem Brief vom 30. Mai 1803 an den Kunstkenner Jeronimo de Vries geht hervor, dass Jan sogar bereit war, einen Großteil der Gemäldesammlung zu verkaufen, mit Ausnahme von einigen liebgewonnenen Porträts wie das von Rembrandts Frau, »der Mann mit dem roten Mantel« und das »tote Kind« – er meint ganz offensichtlich das Porträt des kleinen Jodocus van den Bempden, das von Ferdinand Bol stammt. Aber, so fährt Jan fort, »das tote Kind würde ich wohl zu den anderen Bildern dazugeben, wenn Herr G. es so will, und würde für alles zusammen, ich glaube, es sind 35 Stück und das tote Kind noch dazu, eine Summe von vierzehntausend Gulden in bar verlangen«. Allerdings müssten dann noch auf diversen Gemälden Namen und Wappen »weggeschmirgelt« und übermalt werden, damit garantiert sei, dass sie beim Verkauf anonym blieben.

Jan war nicht der Einzige, der zu dieser Zeit Kunst zu Geld machen wollte. Die Angst einer steinalten Tante aus guter Familie, nach ihrem Tod »auf der Schleuse zu stehen«, war durchaus realistisch. Schleusen und Brücken waren die Orte der Stadt, wo Gemälde verkauft wurden, und in jenen Jahren waren sie wahre und üppige Fundgruben für würdige Familienporträts. Viele hielten sie für alten Plunder. Wie er später schrieb, würde sich Jan sogar mit zehntausend Gulden begnügen, für alles inklusive des »toten Kinds«. Am Ende aber kam das Geschäft nicht zustande.

Trotz allem ließ er noch im gleichen Jahr »Het Hof« in Hillegom, den sein Großvater gekauft hatte, gründlich renovieren. Er bekam große »englische Fenster«, die alten Gobelins ersetzte man durch moderne Tapeten, die Gärten wurden im neuen englischen Landschaftsstil angelegt. 1807 beschreibt ein Prediger, Magister Hebelius Potter, der zu Besuch ist, das Landgut als ein »auf angenehmer Höhe gelegenes Gebäude« mit »zierlichen Gärten und laubreichen Bäumen« und einem »großzügig von Linden beschatteten Platz«.

Zwei Jahre später können wir einen Gutachter bei einem Rundgang begleiten; im Haus herrscht eine Atmosphäre vergangenen Glanzes: »2 Tische, ein Schränkchen und ein Teppich, alles sehr alt, im Dienstmädchenzimmer unter dem Dach.« Außerdem gibt es ein Gästezimmer, ein Jünglingszimmer, ein Nähzimmer, ein Schlafzimmer, ein Frisierzimmer und ein kleines Vorzimmer. Unten ein Esszimmer mit einem Büfett, Vorratsschrank, ein Dessertzimmer, ein Schlafzimmer unten, ein kleines Vorzimmer, eine Diele, ein großes Nebenzimmer, ein Mangelzimmer, Flur und Keller, Küche und ein Knechtzimmer. Im Schuppen: eine französische Reisekutsche für vier Personen (Wert: dreihundert Gulden), ein Bagagewagen (einhundertvierzig Gulden), eine offene Kutsche (dreißig Gulden) und eine Chaise (zehn Gulden).

Es muss also ein betriebsames und lebendiges Familienhaus gewesen sein, in dem zwei heranwachsende Jungen – Jan und Hendrik –, eine Tochter – Marie Henriette – und noch ein Nachkömmling, Suzette, lebten. Die Geburtstagsbriefe – die Umgangssprache war ausnahmslos Französisch –, die Sohn Jan am 21. Juni 1809 bekam, sind vielsagend: ein etwas formeller Brief seiner vierzehnjährigen Schwester, ein Blatt mit großen Krakelbuchstaben von Suzette – »Wie schade, dass du nicht hier bist ...« – und ein langer, besorgter Brief voll von Anweisungen von seiner Mutter, Johanna Hop. Jan hatte einen Buckel, er war der Jan Six, von dem man sagte, er sei als Kind mit einem Auge in eine Schere gefallen. Sicher ist das nicht, doch aus Briefen geht hervor, dass er in jener Zeit an einer ernsten Augenkrankheit laborierte.

Auch Johanna war krank, in ihrem Brief klagt sie darüber, »dass sich noch nichts verändert hat«. Sie fürchtet, es könne noch lange dauern, und bittet Jan, er solle, wenn er nach Hillegom komme, »Wundersaft« sowie sechs Zitronen und Kirschen mitbringen. Es ist einer ihrer letzten Briefe. In der Korrespondenz fallen die Wörter »Hydrops« und »Wassersucht«. Mitte Juli wird sie mit einer kleinen Yacht nach Amsterdam gebracht. Das Essen fällt ihr immer schwerer, »der Doktor kommt heute Nachmittag wieder, um einen

Ausgang in ihren Magen zu machen«, beendet Vater Jan einen eiligen Bericht, der möglicherweise für seine Söhne gedacht war. Johanna starb vermutlich noch am selben Tag, dem 17. Juli 1809.

Kaum zwei Jahre nach diesem unglücklichen Sommer heiratet Jan erneut, diesmal eine gewisse Anna van Gelé Twent, die Tochter eines benachbarten Großgrundbesitzers. Da ist er zweiundvierzig Jahre alt, seine Braut neunundzwanzig. Jan zieht sich jetzt ganz nach Hillegom zurück. Den Familiensitz an der Herengracht vermietet er, später wird er verkauft. Sein Leben in Amsterdam gehört endgültig der Vergangenheit an.

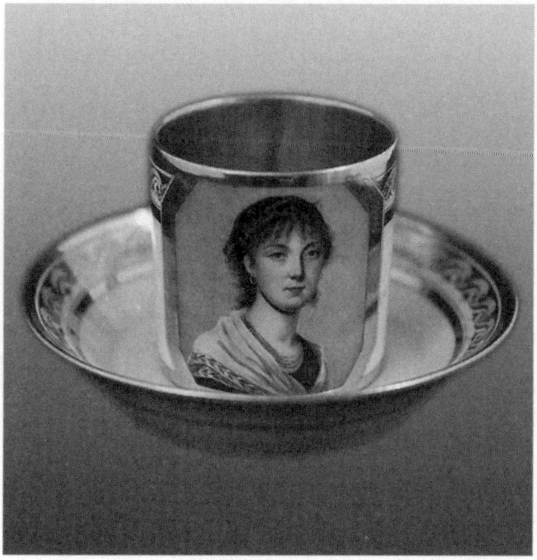

XV
»SCHERZE, ÜBLE SCHERZE«

Aus Napoleons hohem Himmel segelte ein Aufruf herab. Hendrik, Frühjahr 1813, *Garde d'honneur*. Er habe sich zu melden. Im Hause Six war man in heller Aufregung.

Offensichtlich hat die Familie die meisten Dokumente hierzu aufbewahrt. Ich öffne eine Reihe von Mappen und finde Zeitungsausschnitte, amtliche Mitteilungen, Schneider- und Sattlerrechnungen – ein Pelzmantel, ein Helm, eine Weste, eine Reithose, ein Sattel, ein Pferdehalfter, ein Pistolenholster, eine Kartuschentasche – und drei Packen Briefe. Aus einer der Kladden rutscht ein in Leder gebundener Taschenkalender für das Jahr 1814, er enthält unzusammenhängende Reisenotizen. In einer Halterung steckt noch der winzige Rest eines Bleistifts.

Alles beginnt mit einem kaiserlichen Dekret vom 3. April 1813. Jedes Departement wird zur Aufstellung einer *Garde d'honneur* aus unverheirateten jungen Männern der besseren Kreise verpflichtet. Anders als später oft behauptet, war das keine Schikane gegen die besetzten, inzwischen annektierten Niederlande: Im gesamten Kaiserreich wurden auf diese Weise junge Kavalleristen rekrutiert. Napoleon musste im Frühjahr 1813 in aller Eile eine neue Armee aus dem Boden stampfen, um die Verluste der gewaltigen Streitmacht auszugleichen, mit der er 1812 in Russland einmarschiert war – von 550 000 bis 600 000 Mann waren nur 120 000 unversehrt zurückgekehrt. Mehr als eine halbe Million Soldaten sollte aufgeboten werden, dazu vier Regimenter Ehrengarde, insgesamt zehntausend Mann; von den Niederlanden erwartete man einen Beitrag von etwa zweihundert Mann.

Die Gardisten sollten keine Wehrpflichtigen, sondern »Freiwillige« sein, die ihr Pferd, ihre Uniform und andere Ausrüstung selbst stellen »durften«. Eine Weigerung hätte als Affront gegen den Kaiser gegolten, weshalb *remplaçanten* – junge Männer aus dem Volk, die gegen gute Bezahlung anstelle der Söhne reicher Eltern Militärdienst leisteten – nicht akzeptiert wurden. Man vermittelte den Eindruck, dass die Ehrengardisten einen Kreis aus *nous autres nobles* um Napoleons Kaiserthron bilden würden – eine Reminiszenz an glanzvolle Zeiten. In Wirklichkeit dienten die jungen Männer vor allem als Geiseln des Regimes; so konnte im gesamten Reich mit einfachen Mitteln einer Rebellion des Adels und der übrigen Elite vorgebeugt werden.

Den ersten Aufruf erhielt Hendrik Six am 26. April 1813; innerhalb von drei Tagen habe er sich auf der Präfektur zu melden, und zwar allein, ohne seine Eltern. Einwände seien sinnlos. Welche Panik bei ihm und seinen Verwandten ausbrach, verraten die dramatischen Abschiedssätze in ihren Briefen.

Die Six waren dergleichen ja nicht gewohnt; schon seit Generationen gehörten sie zu jenen Kreisen, in denen man dank familiärer und freundschaftlicher Beziehungen vor solch rohem Zugriff der Obrigkeit sicher war. Die Affinität zum Militärischen war in der Amsterdamer Elite ohnehin sehr gering. Während sich anderswo in Europa Aristokraten gern mit den Heldentaten ihrer Vorfahren – und dem dazugehörigen Kriegsgerät – brüsteten, galt Amsterdamer Patriziern eine militärische Laufbahn als nicht standesgemäß. Wollte eine junge Frau aus den besseren Kreisen einen Offizier heiraten, bedeutete dies nicht selten für den künftigen Schwiegersohn, dass er noch vor der Verlobung den Dienst zu quittieren und eine zivile Laufbahn einzuschlagen hatte. Die jahrhundertealten Konflikte zwischen Amsterdam, den Oraniern und der Armee waren auch hier nicht spurlos vorübergegangen.

Unabhängig davon bestand tatsächlich einiger Grund zur Sorge. Von den fast fünfzehntausend Niederländern, die im Juni 1812 mit

Napoleons Grande Armée in Russland einmarschiert waren, hatten nur fünfhundert das eiskalte Inferno des Rückzugs überlebt, einer von dreißig. Allein beim berüchtigten Übergang über die Beresina waren dreißig- bis vierzigtausend Soldaten ertrunken oder erschossen worden. Die zurückgelassenen Verwundeten starben, wie ein Augenzeuge berichtete, an »Hunger, Durst, Kälte und Verzweiflung und stießen mit ihrem letzten Atemzug noch Klagen und Verwünschungen aus«. Und die zunächst Davongekommenen »waren nur am Leben geblieben, um später der erbarmungslosen Kälte zu erliegen, inmitten von furchtbarem Leid«.

Am 3. Dezember 1812 unterrichtete Napoleon seine Untertanen in einem Bulletin von der Katastrophe. Es endete mit dem beinahe zynischen Satz: »Die Gesundheit Seiner Majestät ist niemals besser gewesen.« Die wenigen Niederländer, die alles überstanden hatten, berichteten nach ihrer Rückkehr von schrecklichen Szenen; vieles davon dürfte auch bis Hillegom gedrungen sein. *Gloire* hin oder her – welches Schicksal erwartete Hendrik Six?

Natürlich unternahmen die begüterten Familien alles Erdenkliche, um ihren Söhnen den Militärdienst zu ersparen. Es regnete ärztliche Atteste und Bittschriften; auch Hendrik dachte sich einiges aus, um dieser »Ehre« zu entgehen. Er wies darauf hin, dass er schon seit 1810 als Anwalt tätig sei, und legte sein »Patent« vor – im Hausarchiv zeugen zahlreiche Briefe an die zuständigen Stellen davon. Es half alles nichts.

Am 16. Juni 1813 verließ Hendrik Den Haag, persönlich verabschiedet vom Präfekten und anderen Würdenträgern. In einem Bericht im zweisprachigen *Journal du Département des Bouches du Rhin* heißt es: »Des Morgens um 8 Uhr hatten sich bereits 30 junge Leute, die alle zur ersten Klasse der Gesellschaft gehören, in voller Montur vor dem Hôtel der Präfektur eingefunden, die meisten auf Pferden von besonderer Schönheit sitzend.« Ein exquisites Frühstück stand für sie bereit, der Präfekt hielt eine flammende Rede – er sprach von der »Heldenschule« und den »Wundertaten unserer triumphierenden Armeen« –, und man gab »patriotische« Losungen aus wie »Es lebe der große Napoleon!«. Dann brachen Hendrik und seine Kameraden auf.

Aus Hendriks Notizen und den zahlreichen Briefen von Freunden und Verwandten schließe ich, dass er über Brüssel und Aarlen nach Metz kam, dort ein halbes Jahr bei Privatleuten einquartiert war – »aux soins de Messieurs Potgeisser Helm Rimbert« – und Anfang 1814 nach Montélimar geschickt wurde – »aux soins de M. Grimbert«. Er sollte an keinem einzigen Gefecht teilnehmen.

Die ersten Briefe seiner Geschwister haben einen klagenden Ton, besonders von seiner ältesten Schwester Henriette wird er heftig bedauert: »So ist es doch unnütz, einen Knecht zu haben, da Du ja doch alles selbst tun musst, und ich finde es auch allerübelst, dass Dir so wenig Zeit bleibt, weil Du bei größter Hitze mittags 3 Stunden hintereinander exerzieren musst, man hätte es ja auch eine Stunde später ansetzen können, und eine Stunde kürzer.« Seine zwölfjährige Schwester Suzette: »Wir müssen eben guten Mutes bleiben, und wenn Du dann wieder da bist, dann wirst Du uns viele Märchen erzählen.« Bruder Jan: »Es ist hier in der Stadt außerordentlich still, was wahrlich kein Wunder ist, ein jeder hier hat Kummer, man hört nur von Unannehmlichkeiten, und ich fühle mich hier so allein auch nicht sonderlich wohl.«

Man glaubt zu spüren, wie sehr die Geschwister aneinander gehangen haben, womöglich auch deshalb, weil sie kurz zuvor erst ihre Mutter verloren hatten. Alle paar Tage erreicht Hendrik ein Brief, mal aus Hillegom, mal aus Amsterdam. Hin und wieder sogar von Vater Jan: »Hast Du schon von dem Bankhaus Kuyk van Mierop und Tetterode gehört, das seine Zahlungen eingestellt hat, und dass Letzterer sich ertränkt hat, soweit ich weiß, war es eines der größten, wenn nicht gar das größte Bankhaus, es heißt, das Defizit betrage fünf Millionen.« Über Jans neue Frau, Anna van Gelé Twent, dagegen kein Wort.

Sohn Jan ist ein eifriger Schreiber, seitenweise berichtet er von verlorengegangenen Briefen, von seiner Art der Haushaltsführung –

»wie ein altes Kaninchen« – und davon, wie er Familiensilber verscherbelt habe: »Ich habe heute das Silber aus der Kassette verkauft und lediglich sechs Gulden dafür bekommen, mehr wollte man mir nicht dafür geben.«

Auch Henriette erzählt ihrem Bruder von häuslichen Dingen – »Ich habe mir gedacht, ich könnte Dir vielleicht eine Freude machen, wenn ich Dir ein Rezept für Biscuits de Genève sende …« – oder von der Gouvernante, dem »Fräulein«: »Sie ist fuchsteufelswild, weil Du auf Holländisch schreibst.« (Tatsächlich fällt auf, dass die gesamte Korrespondenz plötzlich auf Niederländisch geführt wird, vielleicht, um der Zensur ein Schnippchen zu schlagen.) Die kleine Suzette vermisst ihren Bruder sehr. Sie bewahre seine Briefe »wie Gold«, schreibt sie: »Ich würde sehr gern bei Dir wohnen, als Haushälterin, das fände ich sehr schön, und dann würde ich all meine Puppen und Spielsachen mitbringen und Dir guten Tee und Kaffee brühen und die Zimmer abstauben, wenn Du in der Kaserne bist.«

In der Vitrine im oberen Flur steht ein zartes französisches Tässchen, darauf das Porträt einer jungen Frau. Der Familienüberlieferung zufolge hatte Hendrik eine französische Mätresse – die Dame auf der Tasse. Bianca du Mortier vom Rijksmuseum hat mich schnell von dieser Illusion befreit. Frisur und Kleidung der Frau sind die einer Französin aus dem Jahr 1795. Da war Hendrik fünf Jahre alt; diese Geschichte ist also Unsinn.

Während seines Militärdienstes wird Hendrik sicher einmal mit einer Bürgertochter angebändelt haben, einige seiner Briefe deuten so etwas an. Abenteuer dieser Art waren aber auch die einzigen, die er und seine Kameraden erlebten. Von den »Wundertaten« der »triumphierenden Armeen« bekamen sie nichts mit, sie durchliefen keine »Heldenschule«. Überhaupt gab es bald keine Siege mehr, und die niederländischen »Elitetruppen« spielten bei den Kampfhandlungen der Jahre 1813 und 1814 keine nennenswerte Rolle.

Mit ihren Empfehlungsbriefen reisten die Gardisten in Kutschen zu ihren Garnisonen, durften in Privatzimmern wohnen und kannten den Krieg nur vom Gerede in den Kaffeehäusern und den Dramen im Theater. Nur ein einziger Gardist, ein gewisser Strick van Linschoten, wurde bei einem Gefecht durch eine verirrte Kanonenkugel leicht an der Schulter verletzt, sprang aber nach einem kurzen Besuch im Lazarett gleich wieder aufs Pferd. Mehr »vaterländisches Blut« floss bei den niederländischen Kavalleristen nicht.

Hendrik gehörte zu den sogenannten Verweigerern, die es kategorisch ablehnten, vor ihrem General Louis Lepic zu erscheinen, die die Kaserne möglichst selten aufsuchten und sich ständig krankmeldeten. In Metz teilten er und zwei andere Gardisten sich eine Wohnung aus vier Zimmern und einem Salon. Seine Ausgabenliste – viel Schuhcreme – verrät, wie wenig geschah; Hendrik wurde sogar Mitglied einer örtlichen Bibliothek. Seine Uniform, der schwarze Zweispitz, die prachtvoll bestickte Seidenweste, die Hose aus weißem Hirschleder, das Adler-Abzeichen des 4. Regiments der *Garde d'honneur*, all das liegt bis heute im Keller des Rijksmuseums. Ohne die kleinste Beschädigung, so gut wie neu.

Währenddessen kämpfte Napoleons Armee gegen die Heere eines großen europäischen Militärbündnisses aus Russland, Österreich, Großbritannien, Spanien, Portugal, Schweden, Preußen und einer Reihe kleinerer deutscher Staaten. Zunächst griff der Kaiser vergleichsweise kleine Verbände an und gewann am 26. und 27. August 1813 bei Dresden sogar eine bedeutende Schlacht gegen Truppen Österreichs, Preußens und Russlands. Doch vom 16. bis 19. Oktober sah er sich bei Leipzig einer gewaltigen Übermacht gegenüber: zunächst etwa 380 000, an den letzten beiden Tagen 430 000 Mann, die zudem viel besser ausgebildet waren als Napoleons eilig zusammengestelltes Heer, das um die 195 000 Mann umfasste. Es wurde eines der schlimmsten Blutbäder der Geschichte: In weniger als vier Tagen gab es etwa 92 000 Tote und Verletzte, 54 000 davon waren aufseiten der Alliierten zu beklagen. Das kleine Leipzig verwandelte sich in ein einziges Feldlazarett, die Schreie der Verwundeten hallten durch die Straßen, überall war Blut. Napoleon erlitt eine vernichtende Niederlage, er verlor einschließlich der Gefangenen mindestens sechzigtausend Mann, die verbliebenen Truppen flohen – von den Alliierten verfolgt – nach Frankreich.

Es dauerte eine Weile, bis die Familie Six das Ausmaß des französischen Debakels erkannte. Noch am 6. November, zweieinhalb Wochen nach der Schlacht, waren allenfalls ein paar Gerüchte zu ihnen durchgedrungen, auf die Sohn Jan in einem Satz anspielt: »Was davon [wahr] ist, wirst Du besser wissen als wir, glaube ich.«

11. November: Es gab nun Berichte, dass die Festung Naarden nicht mehr mit Proviant versorgt wird. »Diese Woche erzählte man sich, dass der Feind schon bei Almelo steht und am folgenden Tag bis nach Zwol[le] kommen würde, aber dieses Gerede hat sich vorerst nicht bewahrheitet.«

13. November: Zunächst zweieinhalb Seiten über den Abschied des Pfarrers, »es war eine sehr schöne und anrührende Predigt«, alle seien erleichtert gewesen, da der Pfarrer es »an den Nerven gehabt« habe. Henriette tratscht über die Gouvernante: »Fräulein Cootje ist ein sehr kratzbürstiges Ding und ziemlich herrisch, ganz und gar nicht lieb, und wenn sie so weitermacht, wird sie noch beißen, kneifen, zwingen ...«

20. November: Onkel Clifford (Pieter George Clifford) sei glücklicherweise unversehrt geblieben, »er war von Leipzig an bei allen Bataillen dabei gewesen«. Die Sixe selbst hätten »Scherze, üble Scherze« erlebt, schreibt Sohn Jan, »von Scherzen kann man sprechen, wenn man so gut davongekommen ist, wie man bisher davongekommen ist«. Es falle ihm schwer, davon zu berichten, »aber wir haben dieser Tage in Amsterdam schlimme Augenblicke durchgestanden«. Der »Pöbel« sei »so toll« gewesen, dass er »in seiner Unbesonnenheit« zu plündern begann und einige Häuser anzündete, »was, wie Du Dir denken kannst, jeder rechtschaffene Mensch sehr missbilligte«. Zum Glück habe die Bürgerwehr und »eine neue Stadtregierung, deren Präsident Onkel van der Hoop ist«, die Ordnung rasch wiederhergestellt. Man habe die »geliebte Farbe der Nation« wieder hervorgeholt, jeder trage etwas Orangefarbenes an der

Kleidung – oft auch um »Unannehmlichkeiten« zu vermeiden –, und »jeder hofft inständig auf Frieden«. Doch Jan war zutiefst verstört: »Ich hatte niemals so etwas erlebt und hoffe es auch nie wieder zu erleben.«

Worauf Jan anspielte, waren zunächst die Unruhen, die in Amsterdam ausbrachen, nachdem der französische Militärkommandant, General Molitor, am 14. November still und heimlich mit der Garnison abgezogen war. Sobald die Nachricht unter den Einwohnern die Runde machte, kamen antifranzösische Gefühle in aller Heftigkeit an die Oberfläche. Überall wurden orangefarbene Fahnen gehisst, am IJ wurden mehrere Zollhäuschen der Franzosen in Brand gesteckt und am Kattenburgerplein der kaiserliche Adler von der Fassade des Marinemagazins heruntergerissen. Auch dort wurde Feuer gelegt, die Menge brüllte und johlte, doch »ein Regenguss«, schrieb der Kommandant später, »brachte die Revolution zum Stillstand«.

Vermutlich ging es Jan aber vor allem um einen Zwischenfall in Hillegom, der für die Familie besonders schmerzlich war und über den er deshalb eigentlich nicht sprechen mochte. Eine Hillegomer Chronik, etwa ein Jahrhundert später verfasst, schildert die Ereignisses jedoch bis ins Detail: Als die Nachricht vom Abzug der Franzosen die Dorfbewohner erreichte, holte man schnell eine Oranierfahne, die man singend umtanzte, wobei der damalige Dorfgendarm, ein gewisser Verschoor, zum Mitmachen gezwungen wurde, und anschließend zog die Menge zum Haus des höchsten Repräsentanten der französischen Besatzungsmacht, des *maire*, des »glühenden Patrioten« Six. Vater Jan wurde ins Freie gezerrt und musste ebenfalls an dem Ringelreihen teilnehmen.

In der Chronik heißt es dazu: »Tausend Ängste ausstehend, herabrinnende Schweißperlen auf der Stirn, musste er, ob er wollte oder nicht, der Übermacht nachgeben. Und nachdem ihm der Hut vom Kopf gefallen war, drehte er sich wie ein Kreisel, zog ihn der eine am Gehrock, der andere am Kragen, bis ihm schließlich sogar die gepuderte Perücke herabfiel. Wie er aus dieser beklemmenden Not erlöst wurde, erzählt die Geschichte nicht, doch steht fest, dass an jenem Tag der maire sein Haus nicht mehr verlassen hat!«

Von Jans Ansehen in Hillegom war seitdem nicht mehr viel übrig.

Nicht nur Vater Jan erging es so, überall im Land erlebten die napoleonischen *maires* Augenblicke der Bedrängnis. Zu einer blutigen Abrechnung kam es allerdings nicht, weder in Hillegom noch in Amsterdam. Zwei Wochen nach Ausbruch der Unruhen landete Erbprinz Wilhelm, Sohn des letzten Statthalters Wilhelm V., am Strand von Scheveningen. Am 2. Dezember zog er als »souveräner Fürst« Wilhelm I. von Oranien in Amsterdam ein. Von allen Seiten wurde er bejubelt, nicht zuletzt, weil er auf eine Politik der Versöhnung setzte und durch Worte und Taten seine Bereitschaft bekundete, die Rebellion der »Patrioten« zu vergeben und zu vergessen und mit allen wichtigen Gruppen zusammenzuarbeiten. So wurden beispielsweise zu einem Diner für angesehene Amsterdamer im Palais am Dam auch einige Männer aus prominenten »patriotischen« Familien eingeladen – van Lennep, Valckenaer, van Hall. Als Maurits van Hall bei Prinzessin Wilhelmina, der Witwe des letzten Statthalters, auf dem Sofa Platz nahm, sagte sie nur: »Welch eine Veränderung in so wenigen Jahren!« Und lobte anschließend die Bürger Amsterdams in den höchsten Tönen.

Die Rückkehr der Oranier bedeutete keineswegs die radikale Restauration, als die man sie später oft dargestellt hat. Der Einheitsstaat war schon von den Patrioten eingeführt worden, das Königtum von den Franzosen. Die Trennung von Kirche und Staat blieb erhalten. Die neue Verfassung baute teilweise auf den vorangehenden auf, in manchen Details spricht sie sogar die revolutionäre Sprache der *Verfassung für das Batavische Volk* aus dem Jahr 1798. Mehr als die Hälfte der Minister Wilhelms I. hatte auch unter Lodewijk Napoleon gedient. Viele der alten Familien waren wieder in hohen Ämtern vertreten, überall aber mussten sich Adlige und alte Regenten die Macht nun mit Aufsteigern teilen, mit Katholiken, Juden und anderen Angehörigen einer neuen Elite wie den van Lenneps oder van Halls. Über allem aber stand der König, der innerlich fest entschlossen war, ein autokratisches Regime zu errichten, in dem letztlich er, und zwar er allein, das Sagen hatte.

Und noch etwas lag in der Luft: Nach mehr als zwei Jahrhunderten sollten die nördlichen Niederlande wieder mit den südlichen – dem späteren Belgien – vereinigt werden, und zwar in einem Königreich der Vereinigten Niederlande unter Wilhelm I. Im Laufe des Jahres 1815 wurde dieser Prozess tatsächlich vollzogen.

Am 29. März 1814 wurde die neue Verfassung in der Amsterdamer Nieuwe Kerk von sechshundert »Personen von Ansehen« aus allen Provinzen verabschiedet. Trotz seiner Vergangenheit gehörte auch der ehemalige *maire* Jan zu den Auserwählten; seine »Sitzkarte« mit der Nummer 7 hat er aufbewahrt. Ganz wohl fühlte er sich allerdings nicht in seiner Haut, wie der Brief verrät, den er am Tag vor dem historischen Ereignis an die »liebste Tietje« schrieb, seine zweite Frau. »Ich glaube, ich bin hier mehr zu meinem Verdruss als zu meinem Vergnügen.«

Immerhin hatte er die »alte Prinzessin« ankommen sehen. Die gesamte Bürgerwehr war unter Waffen, überall entlang der Fahrtroute hingen Fahnen, die Häuser waren mit grünen Zweigen und orangefarbenen Bändern geschmückt. Er erwähne das, schreibt er, weil »die jungen Leute« in Hillegom auch noch schnell etwas Schmuck anbringen sollten, »am Haus eine Girlande aus etwas Grün und ein paar Bändern, oder etwas an den Bäumen«. »Und nun, liebes Püppchen, Komplimente an Euch alle, geben Sie den Kleinen einen Kuss von mir, und ich bleibe, glauben Sie mir, Ihr Euch liebender Mann, Six van Hillegom.«

In derselben Woche fiel Paris, Napoleon wurde nach Elba verbannt. Hendrik – vor wenigen Monaten noch von den Franzosen als eine Art Geisel nach Grenoble geschickt – konnte nach Hause zurückkehren. Aus dem Taschenkalender, in dem er auch seine Ausgaben notierte, geht hervor, dass er Ende Mai wieder in Hillegom war. Die letzten Einträge sind ein Galopp durch die Zeit: »Brüssel,

Vilvoorde, Mechelen, große Kirche, Lier großes und schönes Dorf. Die Herbergen sind überfüllt mit Menschen, Ankunft Antwerpen. Abreise nach Breda über Wuustweezel, Zundert. Der erste holländische Ort. Von Breda nach Lage Zwaluwe. Von Lage Zwaluwe nach Dordt, Rotterdam, Den Haag, Hillegom!!!!!!!!«

Eine Zeit der großen Feste brach an, jedenfalls für die Brüder Jan und Hendrik. In der Residenzstadt Den Haag hatte es seit jeher fast täglich Bälle gegeben, nicht dagegen in Amsterdam. Schon im 17. Jahrhundert hatten die Kinder der Amsterdamer Regenten und reichen Kaufleute deshalb ihre eigenen, privaten Tanzfeste veranstaltet, außerdem exklusive »Gesellschaften«, bei denen man möglichst geistreiche Konversation pflegte; sie dienten als eine Art Eheanbahnungsmarkt.

Nach der Franzosenzeit knüpfte die Amsterdamer Elite gleich an diese Tradition an. Der Verein Casino veranstaltete schon im Januar 1815 das erste Fest in den Garnalendoelen, einem Gebäude, das früher als Hauptquartier einer Bürgerwehreinheit gedient hatte und in dem später die Universitätsbibliothek untergebracht wurde. Die Initiative dazu ging von dem alten Regentenclub College in de Munt aus. Wie ein Besucher später schrieb, bot sich hier ein »Erkundungsterrain für junge Leute im heiratsfähigen Alter«. Selbstverständlich waren die Sixe von Anfang an dabei.

Es müssen glanzvolle Bälle gewesen sein. Ein Besucher lobt in seinen Erinnerungen die Musik und die Beleuchtung, während er das Souper als dürftig bezeichnet. »Doch wenn man dann als Tischdame ein Mädchen bekommen hatte, das angenehm sprach und gut tanzte, achtete man nicht sonderlich auf das Essen.« Lästig sei nur gewesen, dass man an jede ältere Dame und jeden älteren Herrn das Wort habe richten müssen, »und oft wusste man nicht, was man zu ihnen sagen sollte«. Dieser Brauch diente einem unausgesprochenen Zweck: Die Älteren gewannen so einen ersten Eindruck von den möglichen Ehepartnern ihrer Kinder, Enkel oder anderen Verwandten. Nicht zuletzt dienten die Bälle dazu, die bestehenden Verbindungen aufrechtzuerhalten, man blieb auch weiterhin unter sich.

Eine der Töchter, die am 13. März 1815 zu einem der ersten Casino-Bälle mitgenommen wurde, mit dem Ziel, sie unter die Haube zu bringen, war Wijnanda Kluppel. Sie war zwanzig Jahre alt, ihr Vater Johannes Kluppel war vermögend – er besaß eines der prächtigsten Häuser an der Herengracht –, und sie hatte zahlreiche Verehrer. Auf dem Ball mit achtzig Personen sei es sehr lebhaft zugegangen, notierte sie in ihrem Tagebuch, und sie habe bis drei Uhr morgens bleiben dürfen. »Länger wollte es Papa nicht erlauben.« »Getanzt habe ich mit …« – es folgen die Einträge ihrer Tanzkarte: Walzer, Quadrille français, Polka anglaise, für alle Tänze hatte sie einen Partner. Hinter Polka steht »Six« – wahrscheinlich war es Hendrik, vielleicht aber auch Jan.

Wijnandas Tanzkarte und die Mitgliederlisten des Casino lassen erkennen, dass die alten Regentenfamilien nach der Franzosenzeit wieder gern in der Öffentlichkeit auftraten: Backer, Bicker, Calkoen, Clifford, Dedel, Huydecoper, van Loon, Munter, Neufville, van de Poll, Valckenier van de Poll und natürlich Six. Und doch hatte sich etwas verändert, sie hatten viel von ihrer einst selbstverständlichen Macht und ihrem Einfluss verloren; die Familienclans, die bis 1795 die Stadt und das Land beherrscht hatten, zogen sich mehr und mehr in die Clubs und exklusive Vereine wie das Casino zurück. Ihre Bedeutung verlagerte sich von der öffentlichen in die private Sphäre.

Trotzdem besaßen sie noch große Anziehungskraft auf »fähige junge Leute aus gleichwertigen Kreisen in anderen Städten«. Im gesamten niederländischen Adel lauerte man auf Einladungen zu Casino-Bällen, da Amsterdam dort »seine besten Partien« präsentierte. Die Amsterdamer Elite erstarrte erneut zu einer Aristokratie, wenn auch zu einer sich langsam, aber sicher erneuernden.

Das Casino erfüllte seinen Zweck. Bei seinen Bällen wurden nicht wenige Ehen angebahnt – auch für die Sixe – und mindestens ebenso viele Herzen gebrochen.

Im Hausarchiv finde ich einen auf den 13. Dezember 1816 datierten Brief an Vater Jan in Hillegom. Der Schreiber entschuldigt sich für seine späte Antwort, er habe seiner Tochter genügend Zeit geben wollen, »die Angelegenheit reiflich zu erwägen«, schließlich gehe es um ihr Glück. Nun habe sie jedoch eine Entscheidung getroffen, die es ihm unmöglich mache zu erlauben, »dass Ihr Sohn mein Haus *frequinteeren* [sic] kann.« Er selbst hätte nichts dagegen gehabt, fügt er hinzu, habe aber gemerkt, »dass bei ihr nicht die Neigung vorhanden war, die nötig ist, um eine glückliche Ehe daraus zu formen, was mein einziger Wunsch ist«. Unterschrift: »Euer Wohlgeboren untertänigster Diener J. Kluppel«.

Bei der fraglichen Tochter muss es sich um Wijnanda handeln, da ihre ältere Schwester damals schon verheiratet war. Wer der abgewiesene Sohn gewesen ist, kann ich wieder nur erraten. Hendrik? Oder doch sein buckliger Bruder Jan?

Vater Jan sollte nichts erspart bleiben. Seine Töchter Henriette und Suzette waren entsprechend den Normen seiner Zeit und seines Standes aufgewachsen, erzogen von einer Gouvernante und einem Hauslehrer, vorbereitet auf eine einträgliche Heirat. Was von den jungen Damen an Eigenschaften und Fähigkeiten erwartet wurde, war »eine anmutige Haltung, ein höflicher Knicks, eine beschwingte Art, ihre Gedanken auszudrücken, eine Melodie auf dem Klavier, ein Tänzchen, das Einmachen von Konfitüren, Stickereien in ›petit point‹ und ›point de Reine‹ und dergleichen mehr«. Davon abgesehen wussten sie meistens wenig über das Leben.

Doch Jans ältere Tochter Henriette verließ den vorgezeichneten Weg. Mit dreiundzwanzig verliebte sie sich in einen Mann weit unterhalb ihres Standes, trotzte ihrem Vater und der übrigen Familie, ließ sich von ihrem Liebsten entführen – Gerüchten zufolge schmuggelte der Gärtner sie in einem Wäschekorb aus dem Haus – und ging das Wagnis eines »normalen« Lebens ein.

Meines Wissens hatte vor ihr kein anderes Familienmitglied bewusst gegen die Normen und Werte verstoßen, die das Leben der

Sixe – und der Amsterdamer Elite allgemein – seit Generationen in den immer gleichen Bahnen verlaufen ließen. In diesem Wertesystem standen Geld und Status grundsätzlich an erster Stelle, Herzensneigungen hatten, vorsichtig ausgedrückt, nicht die höchste Priorität. Henriette hatte in ihrem Zimmer drei Bibeln, eine französische, eine deutsche und eine niederländische »mit goldenen Schließen«, doch der Zeitgeist war stärker. Es war der Geist der Romantik, jener Strömung, die in mancher Hinsicht aus der Aufklärung hervorgegangen war, aber auch eine Gegenbewegung zu ihr darstellte, und die vor allem an Gefühlen wie Melancholie oder Sehnsucht und an inneren Konflikten interessiert war. Die Rationalität der Aufklärung hatte abgedankt, das spontane Empfinden wurde verherrlicht. Über die reine Liebe, die alle Standesgrenzen überwindende innige Verbindung zwischen Mann und Frau, entstanden auch in den Niederlanden dicke Romane. *Julia*, der 1783 veröffentlichte Briefroman des Dichters Rhijnvis Feith über die verbotene Liebe zwischen Eduard und Julia, fand schon seit mehr als drei Jahrzehnten viele Leserinnen und Leser. »Was für eine Heldin!«, hatte Betje Wolff über eine ähnliche Geschichte geschrieben. »Sie wagt es, glücklich zu sein!«

Henriettes Eduard hieß Willem de Visser, er war stellvertretender Schultheiß von Hillegom, ein dörflicher Kommunalbeamter am Anfang seiner Laufbahn. Man weiß nicht, wie es dazu kam, dass die beiden sich ineinander verlieben konnten, denn Mädchen von Stand verließen das Haus niemals unbegleitet, und bei Festen und Bällen blieb man unter sich. Vermutlich hat er in seiner Eigenschaft als Beamter regelmäßig Het Hof aufgesucht, so dass Henriette und er sich dort begegnet sind, eine andere Möglichkeit ist kaum denkbar.

Von ein paar Briefen abgesehen, sind leider kaum Zeugnisse von Henriettes Leben erhalten geblieben, nicht einmal ein Porträt. Sie hing sehr an ihren Geschwistern, der Ton ihrer Korrespondenz mit Hendrik ist herzlich. Über das Verhältnis zu ihrem Vater ist dagegen nichts bekannt. Was genau damals geschehen ist, bleibt unklar, wenn sich auch manches vermuten lässt. Vater Jan gründete mit seiner zweiten Frau in Hillegom praktisch eine neue Familie, im Laufe der Jahre kamen fünf Kinder zur Welt, die Söhne aus der ersten Ehe verließen das Haus. Henriette gehörte nirgends mehr dazu.

»Wir sind, meine liebe Tochter, nicht *dafür* geboren, was wir mit kurzsichtigen Augen für unser eigenes, kleines, persönliches Glück halten, denn wir sind nicht lose, unabhängige und für sich bestehende Einzelwesen, sondern wie Glieder in einer Kette«, erklärt in einer ähnlichen Situation Jean Buddenbrook seiner Tochter Antonie. Dergleichen könnte sich auch im Hause Six abgespielt haben; in den Archivmappen finden sich zu diesen Jahren allerdings keine Spuren davon, sondern hauptsächlich triste Inventarlisten.

Aus den noch vorhandenen Unterlagen geht hervor, dass Henriette im Dezember 1817 aus Het Hof entkommen war. Sie floh nach Haarlem, wohin ihr ein befreundeter Pfarrer am 29. Dezember das Allernotwendigste an Kleidung und Toilettenartikeln brachte, darunter zwei Hemden, ein Wollunterhemd, ein Nachthemd, vier Schnupftücher, ein Korsett.

Ihre Flucht muss für die Sixe ein Schock gewesen sein. In ihrer Welt, in der trotz all der neuen Gleichheitsideen weiterhin in erster Linie Rang und Stand zählten, galt ein solcher Ausbruch als Hochverrat. Der Ruf einer Familie war in ihren Kreisen immer noch wichtiger als materieller Besitz, weshalb eine Affäre wie diese auch die Aussichten der anderen Kinder auf eine günstige Heirat erheblich verschlechtern konnte. Sogar die Bemühungen, einen neuen Adelstitel zu erhalten, gerieten durch den Skandal in Gefahr. Vater Jan handelte unverzüglich.

So stark der familiäre Zusammenhalt normalerweise auch war, wenn jemand ausgestoßen wurde, geschah das schnell und gründlich. Kaum zwei Wochen nach ihrer Flucht, am 15. Januar 1818, erstellte der Notar, mit einem Zimmermann und einem »Schullehrer« als Zeugen, ein Inventar von Henriettes persönlichen Besitztümern. Damit war auch die formale Trennung vollzogen. Ihr Name wurde nicht mehr genannt.

Das notarielle Schriftstück verschafft uns einen Eindruck von dem Leben, das Henriette zurückließ: »In einem Vorderzimmer, durch erwähntes Fräulein genutzt, in einem Kleiderschrank 23 Hemden mit dem Wäschezeichen H.S.« Es wird eine lange Liste, allein die Kleidungsstücke nehmen drei Folioblätter in Anspruch: 4 Flanellunterhemden, 2 Hosen, 6 Oberstrümpfe, 2 Unterstrümpfe, 2 wollene Unterstrümpfe, 5 Seidenstrümpfe, 5 Nachthemden, 5 Nachtmützen, 2 Schärpen, 1 Samthut mit Federn, 1 grünes Baumwollkleid, 1 schwarzes Taftkleid, 1 Kleid aus Batistnessel – und so weiter. Ansonsten werden unter anderem genannt: 1 Körbchen mit Briefen, 2 goldene Bleistifthalter, 1 vergoldetes silbernes Ohreisen mit 3 Nadeln ... Ich kann sie in ihrem »Morgenkleid mit schmalen Streifen« fast vor mir sehen.

Am 5. Februar wird sie formal enterbt, von nun an hat sie nur noch ihren Pflichtteil zu erwarten. Den ihr zustehenden Anteil am Nachlass ihrer Mutter, 13 770 Gulden, erhält sie sofort. Dass sie Anspruch darauf hatte, mag mit zu ihrer weitreichenden Entscheidung beigetragen haben.

Knapp zwei Monate später, am 1. April 1818, heiratet sie in Castricum. Jan schreibt an den Notar, man möge es ihn wissen lassen, wenn »unverhofft noch seitens meiner Tochter irgendwelche Schwierigkeiten gemacht werden sollten«. Aber da war Henriette schon längst nicht mehr Teil des Systems Six.

Hat man sie deshalb ganz aus dem Blick verloren? Im Archiv sind zwei Briefe an ihren Bruder Hendrik erhalten geblieben. Trotz der »Affäre« ist der Ton herzlich und entspannt. Am 29. Januar 1820 schreibt sie aus Arnheim – wo Willem de Visser staatlicher Steuereinnehmer geworden war –, Hendrik solle sie doch bald einmal besuchen, vielleicht zusammen mit Jan und Schwester Suzette. »Ihr werdet mit offenen Armen empfangen.«

Sie berichtet, dass die Stadt Arnheim in der Woche zuvor nur knapp einer Flutkatastrophe entgangen sei, nachdem einige der Anfang Januar überall in den Flüssen entstandenen Eisdämme gebrochen waren. Bei Nimwegen hatte sich die Waal aufgestaut, der Ooijpolder, der Tielerwaard und die Betuwe waren überflutet worden, eine Woche später war der Alblasserwaard an der Reihe. Gorinchem und 's-Hertogenbosch sahen aus wie Inseln in einem Meer voller Eisschollen.

Bei Arnheim seien die Häuser an der Waal »bis zum Dachboden überschwemmt«, schreibt Henriette. »Von den Stadtwällen aus sah man nur eine große Wasserfläche, und vergangenen Sonntag hörten wir dort von der Höhe her Menschen, die eine halbe Meile entfernt waren, um Hilfe rufen. Ihr könnt Euch denken, wie traurig der Anblick dieser Menschen und ihrer armseligen Hütten war. Eine der Hütten ist den Fluss hinuntergetrieben, und niemand weiß, wo sie geblieben ist. Schon mehr als 130 Frauen, alte Leute und Kinder sind in einem Haus untergebracht worden, in dem sie umsonst wohnen und mit Essen versorgt werden. Man kann sich nicht vorstellen, wie arm diese Menschen sind.«

Aus ihrem Brief spricht eine große soziale Anteilnahme, die bei den Sixen bis dahin selten war. Henriette will eine Spendenaktion starten: »Solltet Ihr etwas zugunsten dieser armen Menschen spenden wollen, in Form von Geld (Silber) oder Kleidung oder was auch immer, könnt Ihr es uns zukommen lassen, und wir geben Euch unser Wort darauf, dass wir es den bekannten Herren dieser Stadt übergeben lassen werden. Versucht auch, noch mehr Eurer Bekannten dahin zu bringen, dass sie ebenfalls etwas schicken. Die Not ist groß.«

Nach diesen Briefen verliert sich Henriettes Spur. Wir wissen, dass ihrem Mann eine beachtliche Beamtenkarriere gelang, zuerst in Arnheim, später im Achterhoek, und dass Henriette nicht weniger als zehn Kinder bekam. So steht die Familie beispielhaft für eine neue Mittelklasse, die im Laufe des 19. Jahrhunderts entstand, eine Klasse der Beamten, Ingenieure, Lehrer, Betriebsleiter und Buchhalter, die ihre Position der eigenen Ausbildung und ihren Fähigkeiten zu verdanken hatte und nicht, wie unter dem alten Regentenregime üblich, ihrer Herkunft.

Unter den Papieren findet sich auch einiges über die Abwicklung des Nachlasses ihres Vaters; offensichtlich wurden Henriette und ihre Kinder doch über den Pflichtteil hinaus bedacht. Als viele Jahre später, am 30. März 1848, ihr unverheirateter Bruder Jan sein Testament aufsetzt, wird sie allerdings nicht erwähnt.

Drei Jahre nach Henriettes Heirat verließ ihr Vater Hillegom. Im Herbst 1821 zog die Familie in ein gemietetes Haus am vornehmen Lange Vijverberg in Den Haag, Bezirk 1, Nummer 43. »Es gefällt uns hier bisher sehr gut, obschon wir keine größeren Gesellschaften besuchen«, schrieb Vater Jan am 10. Dezember 1821. »Einmal sind wir bei Hofe gewesen, und diese Gesellschaft war sehr schön.« Am 26. September 1822 brachte er den gesamten Hillegomer Familienbesitz zur Versteigerung: Het Hof, die Pachthöfe, sämtliches Land.

Es wird erzählt, dass man bei seiner Abreise aus Hillegom seine Kutsche mit faulen Tomaten und anderen Abfällen beworfen habe. Angeblich verdankte er diesen Ausbruch des Volkszorns vor allem seinem Verhalten gegenüber seiner Tochter Henriette, die im Dorf sehr beliebt war. Ich frage mich, ob es nicht noch andere Gründe gab. Es ist nicht unwahrscheinlich, dass verschiedene Vorfälle den Groll allmählich gesteigert hatten. In diesen mageren Zeiten könnte es durchaus wegen der Höhe der Pacht zu Konflikten gekommen sein – dass Jan es so eilig hatte, seinen gesamten Grundbesitz abzustoßen, deutet in diese Richtung. Wäre er ein mitfühlender, milder Grundherr gewesen, wäre es vermutlich nicht zu einer solchen Reaktion gekommen. Wie auch immer, zwischen der von Jubel begleiteten Amtseinführung seines Vaters im Jahr 1750 und Jans schmählichem Abgang im Jahr 1822 war offenbar vieles geschehen.

Die Abwicklung von mehr als anderthalb Jahrhunderten Hillegom war keine Kleinigkeit. Ein paar Monate nach der Versteigerung, am 14. Januar 1823, vertraut Jan Bruder Hendrik seine Sorgen an. Er helfe seinem Vater in Den Haag, schrecklich viel müsse geordnet werden, auch der Verkauf eines Pachthofes und eines Landsitzes sei immer noch nicht unter Dach und Fach. »Am guten Willen fehlt es nicht, aber ich fürchte, dass all unser Tun für die Zukunft sinnlos ist«, schreibt er. »Die Arbeit geht zwar gut voran, aber Ihr wisst, wie schwierig es ist, zurechtzubiegen, was schon seit zehn Jahren so fortgeht, dafür braucht es Zeit. Und es ist auch nicht immer einfach, mit Vater zu arbeiten.«

Ich weiß nicht, ob Vater Jan sich je gefragt hat, wo das Problem lag oder was er falsch machte. Aus seinen Äußerungen, auch den wenigen erhaltenen offiziellen Briefen, spricht nichts als Bitterkeit. Als Hendrik heiratet, im Winter 1821, lehnt er es ab, an der Hochzeit teilzunehmen. Eine Reise von Den Haag nach Amsterdam ist ihm zu beschwerlich, und er möchte sich auch nicht in Amsterdam aufhalten, »denn [ich] würde die ganze Zeit nicht wissen, was ich dort tun soll, und die Gesellschaften zu besuchen, alle von jungen Leuten, von denen ich niemanden kenne, wäre für mich auch nicht angenehm«.

Dieser alte Amsterdamer Regent will offensichtlich mit allem Vergangenen brechen, nicht einmal den Namen Hillegom mag er noch hören: »Meine Adresse ist jetzt *Six van Wimmenum* und nicht mehr *Six van Hillegom*«, schreibt er dem Kunsthändler van de Willigen in einem Brief, in dem er neun Gemälde zum Kauf anbietet, darunter zwei Werke von Frans Hals, einen Brueghel und Paulus Potters Reiterporträt von Diederick Tulp. Er verlangt durchschnittlich zweihundert Gulden, mit Ausnahme des Reiterporträts: »Der Potter ist gewiss für viele Häuser ein wenig hoch, ich glaube aber doch ƒ 600,– dafür verlangen und erhalten zu können.« Wieder wurde nichts aus dem Verkauf, die Leinwand des Gemäldes wurde aufgerollt, plattgetreten und geknickt; in diesem Zustand sollte Diederick jahrelang beim buckligen Jan auf dem Dachboden hausen.

Im Jahr 1824 zog Jan erneut um, diesmal ins Baljuwhuis (Vogtshaus) von Wassenaar. Dort starb er drei Jahre später. Sein Sohn Jan erstellte ein ausführliches Nachlassinventar. Einfach alles ist in dem kleinen Büchlein aufgeführt: von einem »Anhänger mit Diamanten (ƒ 735.–)« bis zu »20 Vorhangstangen (ƒ 10.–)« und einem »Schaukelpferd (ƒ 1.50)«. Seinen Grundbesitz hatte Jan zum größten Teil verkauft, er besaß aber viele Effekten, vor allem niederländische Staatsanleihen und einige Aktien, beispielsweise von einer Dampfschifffahrtsgesellschaft und der Plantage Louise in Surinam.

Auffällig ist, wie niedrig der materielle Wert der Kunstsammlung damals veranschlagt wurde. Die dreiundvierzig Gemälde (einschließlich Rembrandts Porträt von Jan Six) und die Tulp-Büste wurden zusammen auf gerade einmal fünftausendundfünfzig Gulden geschätzt. So hatte der Nachlass des »patriotischen« Jan insgesamt einen Wert von etwas mehr als einhundertfünfzigtausend Gulden, davon siebenundzwanzigtausend für seine Witwe. Mit solchen Beträgen konnte der durchschnittliche Niederländer immer noch ein komfortables Leben führen, nicht aber die Sixe. Ihr Vermögen war dramatisch zusammengeschrumpft; ihre Stellung gründete sich nun vor allem auf ihren Stand und ihren Ruf.

Het Hof ist heute das Rathaus von Hillegom. Vom Park sind nur eine kleine Grünanlage und der Brunnen geblieben, alles Übrige ist zu einem Neubauviertel mit Parkplatz versteinert. Aber das Haus selbst, weiß und stattlich, hat nach wie vor etwas Fürstliches an sich. Und im Hillegomer Bach wird immer noch geangelt.

Haus Elsbroek wurde 1870 abgerissen. Der Schutt wurde teilweise als Untergrund für die Zufahrt zum Haus eines der neuen Honoratioren von Hillegom verwendet. Selbst als armseliger Trümmerhaufen, der Vergessenheit geweiht, sorgte der vielgerühmte Landsitz aber noch für eine Überraschung. Ein neugieriger Besucher, der Haager Kunstliebhaber Arnoldus des Tombe, entdeckte zwischen den Steinbrocken ein erhalten gebliebenes antikes Relief. Es war mit grüner Farbe übermalt worden; so hatte es, als schlichte Stuckarbeit getarnt, wahrscheinlich jahrzehntelang eine Fassade an der Gartenseite geziert. Der Experte Henk van Os hält es heute für das »vielleicht schönste Kunstwerk« im Leidener Rijksmuseum van Oudheden. Es stammt aus der klassischen Epoche der griechischen Kunst, vermutlich aus dem 5. Jahrhundert vor unserer Zeitrechnung.

Ich möchte es sehen. Das Relief, das einst Haus Elsbroek schmückte, steht nun still und hell erleuchtet im großen Griechischen Saal des Museums, man kann es nicht übersehen. Der erste Jan Six, der Italienreisende, muss es in die Niederlande gebracht haben. Selbst der Schutt seines kleinen Palastes zeugt noch von seinem ausgezeichneten Geschmack.

Ich muss an die ersten Jahre seiner Ehe denken, als keines seiner Kinder am Leben blieb. Das Relief zeigt eine sitzende Mutter, der eine liebenswürdige Frau, eine Amme oder eine Göttin, ein Kind hinhält. Die Mutter streckt die Arme nach ihrem Kind aus, bekommt es aber nicht zu fassen; das bedeutet, dass sie im Kindbett gestorben ist. Auch das Kind – das Köpfchen ist ein wenig beschädigt – reckt vergeblich die Ärmchen. Bei aller klassischen Abgeklärtheit eine Szenerie, die Verlust und Schmerz zum Ausdruck bringt.

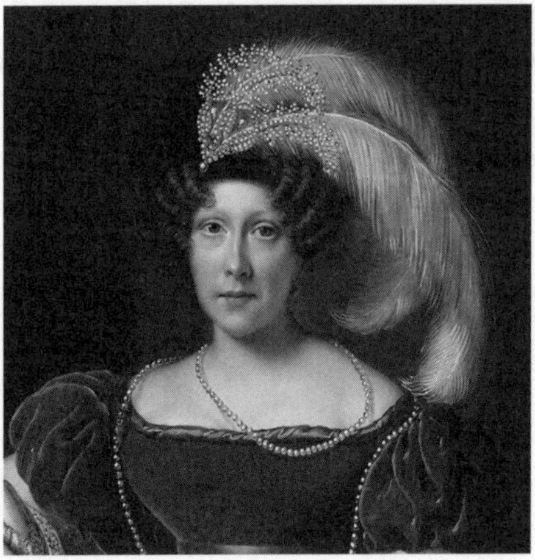

XVI
LUCRETIA

Fräulein Isabella lebte von der Wiege an in einer schönen und nicht nur übermenschlichen, sondern auch übernatürlichen Welt. Sie schlief auf Daunen, kleidete sich in Seiden und Stickereien, saß auf geschnitztem und gepolstertem Ebenholz oder Palisander, trank aus Kristall und speiste von Silber und Porzellan, das so kostbar wie Gold war.

Ich lese *Die Puppe*, das Meisterwerk des polnischen Schriftstellers Bolesław Prus über die Liebe zu einer verwöhnten Frau im 19. Jahrhundert. Selten hat ein Autor ein genaueres Bild jener Kreise gezeichnet, in denen sich auch unsere Hauptpersonen bewegten – oder sich zu bewegen wünschten.

Sein Fräulein Isabella lebte um 1880 in Warschau, doch seine Beschreibung würde ebenso gut auf die Lübecker Buddenbrooks oder die *Jeunesse dorée* Amsterdams passen, die in den Jahren um 1820 bei den Bällen des Festvereins Casino glänzte. Auch Jan und Hendrik Six bewegten sich trotz ihrer vielen Sorgen und ihres schlichten Alltagslebens mehr oder weniger in dieser »übermenschlichen« Sphäre. Ganz sicher gilt dies für Lucretia, die Tochter des steinreichen Holzhändlers Pieter van Winter und Enkelin der Lucretia van Merken, die »Isabella«, an die Hendrik Six sich fürs Leben binden sollte.

Außer dieser Zauberwelt gab es noch eine andere – eine gewöhnliche. Von ihrer Existenz wusste Fräulein Isabella, und sie liebte es sogar, sie durch das Fenster einer Kutsche, eines

Wagens oder der eigenen Wohnung zu betrachten. In einem solchen Rahmen und aus einer solchen Entfernung schien sie ihr malerisch und sogar sympathisch. Sie bekam Bauern zu sehen, die bedächtig den Acker pflügten; schwerbeladene Wagen, die von mageren Mähren gezogen wurden; den Früchte- und Gemüsehändler; einen Greis, der an der Straße Steine klopfte; Boten, die eilig irgendwohin liefen ...

Lucretia sah etwas Ähnliches: Das Amsterdam des frühen 19. Jahrhunderts war eine nach den Jahren der französischen Herrschaft verarmte, verstummte, in sich gekehrte Stadt. Nachts war sie stockdunkel, die wenigen existierenden Straßenlaternen wurden bei Mondschein gar nicht erst angezündet. Das riesige Magazin der früheren VOC stürzte in einer Nacht des Jahres 1822 vor lauter Vernachlässigung ein. Schon seit Jahrzehnten waren keine neuen Häuser mehr errichtet worden.

Versteckt hinter dem Grachtengürtel lagen die verfallenen Bauten aus dem 17. Jahrhundert, die stinkenden Elendsquartiere des Jordaan und des Judenviertels, dunkle Gassen mit Namen wie Het Hol (Die Höhle) und Duvelshoek (Teufelseck), Durchgänge von teilweise kaum einem halben Meter Breite. Die Statistiken jener Zeit lassen einen an Städte der späteren Dritten Welt denken: Nur jeder zweite männliche Stadtbewohner erreichte das Alter von fünfunddreißig, bei den »bedürftigen Arbeitern« lag die durchschnittliche Lebenserwartung sogar nur bei knapp dreißig Jahren. Der Dichter Willem Hendrik Warnsinck, der zugleich Zucker- und Textilfabrikant war, erklärte sich bereit, Schulkinder, die »sonst ohne Arbeit und müßig die Straßen der Hauptstadt bevölkern«, in seiner Tüllfabrik zu beschäftigen – für zehn Cent pro Woche (was selbst dem Magistrat zu wenig war, er lehnte Warnsincks Angebot ab).

Jeder zwölfte Einwohner Amsterdams hauste in einem Keller. Ein Bericht von 1854 – im Jahr 1820 wird es kaum anders gewesen sein – erwähnt »enge, schmutzige Straßen und Gassen« und »schmale Grachten, denen im Sommer ungesunde und widerliche

Ausdünstungen entsteigen (...) Die Wohnungen bestehen aus feuchten Kellern, beengten Dachböden oder schäbigen Zimmern, zu erreichen über schmale steile Treppen, mit mangelhaftem Rauchabzug, schlecht schließenden Türen, zum Teil nur halb verglasten Fenstern.« Als Toilette diente meistens ein Fass in einer Zimmerecke. Überall stank es, im Winter war der Torf zum Heizen teuer und knapp, im Sommer wimmelte es von Flöhen.

Außerhalb der Stadt machten große Gruppen von Verarmten das Land unsicher, darunter ganze Familien, die aus den Städten ausgewiesen worden waren und nun bettelnd von Hof zu Hof zogen. Die meisten Straßen bestanden aus nichts als Matsch, die Postkutsche zwischen Amsterdam und Rotterdam brauchte für einen Weg acht Stunden, und bei Eis in den Kanälen lagen die Treckschuten, getreidelte Kähne, fest.

Zwei Leidener Studenten, Jacob van Lennep – ein Enkel von Cornelis, später ein bekannter Schriftsteller – und Dirk van Hogendorp – Sohn von Gijsbert Karel –, reisten im Sommer 1823 zu Fuß durch die Niederlande. In Groningen wurden sie noch in einer Art Mischsprache aus Deutsch und Niederländisch angesprochen, Friesland empfanden sie als ganz und gar exotisches Gebiet, in Zeeland und Gelderland mussten sie Pässe vorzeigen, während sie die deutsche Grenze ohne Probleme überqueren konnten.

Die Niederlande waren damals noch kaum ein einheitliches Gebiet. Bezeichnend hierfür war das Durcheinander von lokalen und regionalen Münzen, die Sohn Jan 1827 »in einem Säckchen« aus dem Nachlass seines Vaters fand: »Ein Gold-Gulden, zwei goldene Zehn-Stuiver-Stücke, vier goldene Scheepjes-Schillinge, drei goldene Fünf-Stuiver-Stücke, sechs goldene Deuten, sechs silberne Deuten, ein Zeeländischer Achtel-Reichstaler, ein Fünf-Stuiver-Stück, sechs Gulden, zwei halbe O.I. Compagnie-Deuten ...«

Gewiss, es lag auch Veränderung in der Luft. So konnten van Lennep und van Hogendorp gleich nach ihrem Aufbruch aus Amsterdam am anderen Ufer des IJ umfangreiche Bauarbeiten beobachten: Eine neue Verbindung zum Meer wurde hier angelegt, ein

Wasserweg durch ganz Nordholland in Richtung Den Helder, der Noordhollandsch Kanaal. Die Aktivitäten der VOC wurden durch die dynamische Nederlandse Handelmaatschappij wiederbelebt; Napoleons schnurgerade, befestigte Straßen hatten die Stadt dem übrigen Europa näher gebracht; der malerische Stadtwall – entlang des heutigen Stadhouderskade – wurde seit 1820 abgetragen. Dennoch: Die Welt der meisten Amsterdamer beschränkte sich nach wie vor weitgehend auf die alte, umschlossene Stadt.

Lucretia Johanna van Winter, meist Creejans genannt, wurde im Haus Saxenburg geboren, einem der stattlichsten an der Keizersgracht. (Die heutige Nummer 224 ist Teil des Pulitzerhotels.) Das beeindruckende Gebäude, in dem sie aufwuchs, war prachtvoll eingerichtet, die Kaminsimse und Treppen waren gemeißelt und geschnitzt, die Tapeten kunstvoll bemalt. Gleichzeitig war es ein Museum, und nicht gerade ein unbedeutendes, denn ihr Vater, Pieter van Winter, war ein besessener Sammler. Sein »Gemäldekabinett«, ein separates Haus im hinteren Teil des Gartens, beherbergte eine Kollektion, wie sie heute nur wenige Museen bieten können: etwa einhundertachtzig Gemälde von Meistern des 17. Jahrhunderts, nach Ansicht von Kennern allesamt aus der »Fünf-Sterne-Kategorie«, unter vielem anderen Vermeers *Straße in Delft*, Jan Steens *Mädchen mit Austern* sowie die riesigen Porträts der Eheleute Maerten Soolmans und Oopjen Coppit von Rembrandt.

Pieter van Winter war, zurückhaltend formuliert, äußerst vermögend. Er war Direktor der VOC und leitete zusammen mit seinem Onkel Jacob Muhl ein blühendes Handelsunternehmen für Farbstoffe. Doch damit nicht genug: Wie sein Vater Nicolaas und seine Stiefmutter Lucretia van Merken versuchte er sich als Dichter, übersetzte Vergils *Aeneis* aus dem Lateinischen und war von Anfang an Mitglied der philanthropischen Gesellschaft Felix Meritis, deren gleichnamiges Haus an der Keizersgracht, im Jahr 1788 der Öffentlichkeit zugänglich gemacht, zu einem grandiosen Zentrum der Kunst, der Musik und der Wissenschaft wurde. Außerdem war er Teil jenes literarischen Kreises, der sich im Nes beim Verlagsbuchhändler Pieter Johannes Uylenbroek traf und dem damalige Berühmtheiten wie Jan Frederik Helmers, Willem Bilderdijk und Hendrik Tollens angehörten.

»Van Winter verkehrt mit klugen und interessanten Leuten«, hieß es in der Stadt, man sprach sogar von einem »Muiderkreis im Saxenburg«. Anders gesagt, seine Lebenshaltung erinnerte an die des ersten Jan Six knapp zwei Jahrhunderte zuvor.

So wurde Lucretia in eine Welt der Kunst, des Geldes und des guten Geschmacks hineingeboren. Der Pass, den ihr die Stadt Amsterdam am 3. Juli 1801, »im siebten Jahre der Batavischen Freiheit«, ausstellte, beschreibt sie als »hochgewachsen«, ihre Hautfarbe als »gesund«, die Augen blau, ihre Augenbrauen und das Haar braun. Damals war sie sechzehn. Ihre Mutter war ein halbes Jahr zuvor verstorben, ihr Vater sollte nicht mehr heiraten. Er starb im April 1807. Mit zweiundzwanzig war Lucretia Waise.

Pieter van Winter hatte testamentarisch bestimmt, dass seine geliebte Sammlung als Ganze erhalten bleiben musste. Seine Kinder sollten erst dann frei darüber verfügen können, wenn sie alle volljährig oder verheiratet waren; dieser Moment trat 1818 ein. Haus Saxenburg wurde seinem Sohn Josua zugewiesen. Die Sammlung blieb zunächst wie gewünscht im hinteren Gartenteil des Hauses. Josua entwickelte sich zu einem allgemein respektierten Mann, er wurde Mitglied des Gemeinderats, dann Beigeordneter, und es war seine Kutsche mit dem Monogramm »W«, in der Wilhelm I. als König in die Hauptstadt einzog – woraufhin van Winter prompt in den Adelsstand erhoben wurde.

Lucretia hatte mit ihren jüngeren Schwestern ein eigenes Haus an der Herengracht mit der Nummer 440 bezogen, ein biederes Gebäude. Dort führten die Damen jahrelang ein standesgemäßes Leben, das aus Visiten, Konzert- und Theaterbesuchen, Ausflügen in die Umgebung und zu den Landsitzen von Freunden bestand. Ihr Tagebuch aus jener Zeit ist erhalten, ein grünes Heft, dessen Seiten jedoch so miteinander verklebt sind, dass es sich kaum aufschlagen lässt. Der Eintrag vom 5. Oktober 1815 – da ist sie dreißig Jahre alt:

»Toute la journée lire et ennui«, den ganzen Tag Lesen und Langeweile.

Große Aufregung herrschte dagegen, als am 4. Juli 1814 Zar Alexander während eines Besuchs in Amsterdam unerwartet die Sammlung van Winter in Augenschein nehmen wollte. Einer Notiz im Familienarchiv zufolge durfte der Verwalter der Sammlung, Herr Praetorius, die Honneurs machen. »Wegen des Volksauflaufs vor der Tür an der Keizersgracht musste der Zar durch den Ausgang zur Prinsengracht hin den Heimweg antreten.« In einem anderen Tagebuch, zugleich Kalender, findet sich zu diesem Wochenende ein kaum zu entziffernder Eintrag Lucretias, etwas über einen anstrengenden Tag, »zu lang, um ihn zu beschreiben. (…) Beim Ball ein bisschen getanzt«.

Josua van Winter schenkte dem Zaren zwei kleine Gemälde von Jan ten Compe, die noch heute in der Sankt Petersburger Eremitage hängen. Der Zar wiederum erfreute die Familie mit dem »Herrenring«, in den ein massiver Diamant eingefasst war; er wird im Haus an der Amstel aufbewahrt.

Aus dem »hochgewachsenen« Mädchen wurde keine hübsche Frau. Ein kleines Porträt zeigt Lucretia als blasse Dame mit langem, scharf geschnittenem Gesicht, fast schon eine alte Jungfer. Auf einem Gemälde von Alexandre-Jean Dubois Drahonet sieht sie eleganter aus, was jedoch auch das Verdienst des Malers sein könnte. Sie war, wie man damals sagte, eine *femme savante*, und darauf legte sie Wert. Wenn man der Familie van Lennep glauben darf, hinterließ ihre Angewohnheit, unablässig zu reden, sogar Spuren in Jacob van Lenneps Roman *Ferdinand Huyck* (deutsche Ausgabe: *Der Herr in Karmesinrot*), in dem sie als allwissende Tante van Bempden auftritt: »Ja, ich wage den frommen Sprüchen von Schwester nichts hinzuzufügen, sonst würde ich mit Racine sagen … wie sagt Racine doch noch …?«

Van Lennep spricht von ihrem »ruhelosen Wesen, niemals lange mit demselben Gegenstand beschäftigt«. Und weiter: »In ständiger Abwechslung von Gastmählern, Festen, Komödien, Spielreisen etc.

rollten ihre Tage dahin. Sie las auch; aber wahl- und unterschiedslos: Erbauliches, Romane, Briefe, Erzählungen, moralische Werke, Poesie, was auch immer gedruckt wurde; meistens versagte sie jedoch, wenn sie etwas von dem Gelesenen anbringen sollte.« (Lucretia erkannte sich wohl nur allzu gut wieder, *Ferdinand Huyck* blieb in ihrer Bibliothek auffällig abwesend.)

Dennoch sollte man ihre Talente nicht unterschätzen. Sie spielte Harfe und brachte die Musik in die Familie. Sie schrieb viel, vor allem erbauliche Erzählungen. Außerdem besaß sie, in den Worten ihres Bruders, »viel Sachverstand und Kenntnis von Drucken, Gemälden, Poesie und Literaturen«; von ihrem Vater hatte sie jedenfalls den Blick für Qualität geerbt.

Im Alter von fünfundzwanzig Jahren begann sie selbst zu sammeln. Wie aus ihrer Korrespondenz hervorgeht, erwarb sie von 1810 an in rascher Folge mehrere Gemälde, darunter Vermeers *Dienstmagd mit Milchkrug*. Bei all diesen Erwerbungen stand ihr ein ausgezeichneter Berater zur Seite, Jeronimo de Vries, Direktor des Koninklijk Museum, dem Vorläufer des Rijksmuseums.

Als sie nach der Aufteilung des väterlichen Erbes im Jahr 1818 endlich sämtliche Werke unter einem Dach zusammenbringen konnte, besaß sie eine erstklassige Sammlung von hunderteinundsiebzig Gemälden, von denen sie immerhin sechsundsiebzig selbst erworben hatte. Ihrer Schwester Anna Louise (Annewies) fiel die andere Hälfte zu, Josua war weniger an der Sammlung interessiert, weshalb seine Schwestern für fünfzigtausend Gulden seinen Anteil übernehmen durften.

Da es noch keine öffentlichen Museen gab, waren Kunstliebhaber damals auf bedeutende private Sammlungen angewiesen. Viele solcher Sammlungen waren – auf Anfrage – für Besucher zugänglich. Ein Brauch, den Lucretia und Annewies von ihrem Vater übernahmen und der ihre Häuser zu Anziehungspunkten machte. Lucretia investierte noch bis zu ihrer Eheschließung im Februar 1822 viel Geld und Mühe in ihr Kunstkabinett. Als sie heiratete, war sie siebenunddreißig und hatte im Grunde schon ein Leben hinter sich.

Bis weit ins 19. Jahrhundert hinein sind zahllose Personen in Romanen und Theaterstücken von dem Gedanken besessen, wenn nicht durch eine Erbschaft, dann durch eine vorteilhafte Heirat ein Vermögen zu erwerben. Denn nur so konnte sich ein Herr oder eine Dame von Stand eine Position in der Welt der sehr Privilegierten erobern – oder erhalten.

Dies galt ohne Zweifel auch für Hendrik Six. So vermögend er im Vergleich zu den allermeisten Einwohnern Amsterdams noch war, in den Kreisen des Casino galten die Sixe bereits als »arm«. Im Herbst 1818 warb er, wie seine Korrespondenz verrät, dreimal vergeblich um eine Frau. Es gibt einen Briefentwurf mit zahlreichen Tintenflecken und allerlei durchgestrichenen Sätzen, und aus den noch lesbaren spricht nicht allzu viel Hoffnung: »… ich schmeichelte mir, Sie im Laufe der Zeit davon überzeugen zu können, dass meine Gefühle rein waren …« – »… sah ich das Ziel, nach dem ich strebte, vor mir, ein unsagbares häusliches Glück, doch habe ich es nicht erreicht …« Seiner Hartnäckigkeit nach zu urteilen empfand er wirklich viel für die Angebetete.

Es handelte sich um Sara Johanna Hulft, die wie Six aus den ersten Kreisen stammte, allerdings selbst kein riesiges Vermögen besaß. Ihre wiederholten Abweisungen blieben so elegant wie entschieden: »Sie verdienen all meine Wertschätzung und Freundschaft, doch das genügt nicht, um mit dem jeweils anderen glücklich zu sein. Demjenigen, den man erwählt, muss man sich ganz geben können, und man muss einander gleichstehen, und dieses Gefühl fehlt zwischen uns. Es ist darum besser, wenn Sie weiterhin den Titel Freund tragen, ohne mehr zu verlangen.« Vermutlich hatte ihre Familie bereits einen anderen auserwählt, denn wenig später heiratete sie Joost Taets van Amerongen, einen Edelmann von mindestens ebenso hohem Ansehen, der zudem ein richtiges Schloss besaß.

Das Debakel seines Vaters in Hillegom wird Hendrik zu denken gegeben haben; er musste nun bald einen entscheidenden Zug tun. Die Sixe besaßen kein großes Vermögen mehr, aber noch immer ein ausgezeichnetes Renommee und ein ausgedehntes und lang gepflegtes familiäres Beziehungsgeflecht. Die Liste der mit ihnen verwandten Amsterdamer Familien ist lang: Bicker, Hop, van den Bempden, Dedel, van den Burgh, Calkoen, Trip, de Graeff, van Lennep – lauter klangvolle Namen. Die van Winters dagegen waren erst vor relativ kurzer Zeit zu Ansehen gelangt, es fehlte ihnen noch an Beziehungen, dafür aber waren sie reich. Eine Verbindung mit ihnen lag nahe.

Über ihr Zustandekommen kursieren in der Familie Six zwei verschiedene Geschichten. In beiden spielt Willem van Loon eine Rolle, ein Freund Hendriks, der sich in genau der gleichen Lage befand: Er war vornehm, aber »arm«. In der einen Variante beschließen die Freunde, den Damen van Winter an der Herengracht einen Besuch abzustatten, und verabreden, dass diejenige, die sie als Erste empfängt, für Willem bestimmt sein soll, die andere für Hendrik. In der anderen würfeln sie; wer gewinnt, darf wählen.

Beide Versionen werden noch heute gern erzählt, und tatsächlich sagen sie viel über die Mentalität aus, die hinter solchen Vernunftehen steckte; mit der Wirklichkeit haben sie allerdings wenig zu tun.

Was van Loon angeht, so hatte dieser beschlossen, in Ostindien sein Glück zu suchen. Doch kurz vor der geplanten Abreise schlug seine Mutter ihm vor: »Magst du nicht heute Abend im Theater Annewies van Winter einen Antrag machen? Vielleicht sagt sie doch Ja.« Natürlich hatte Mutter van Loon schon seit langem die vermögenden Schwestern van Winter für ihren Sohn im Auge. Willem, ein fröhlicher Charmeur, unternahm tatsächlich den Versuch. Und brachte Annewies mit einiger Mühe zu einem »Ja«. Das war 1815.

Hendrik Six lernte Lucretia viel später kennen, vermutlich in 's-Graveland während eines Besuchs bei den van Loons oder bei einem der Casino-Feste. Mit Sicherheit handelten die beiden aus eigener Initiative, schließlich waren sie erwachsen, Lucretias Eltern waren seit langem tot, Hendriks Vater Jan lebte im »fernen« Den Haag und entzog sich allem – er gab schriftlich seinen Segen, kam aber nicht einmal zur Hochzeit nach Amsterdam. Beide besaßen eine phantastische Kunstsammlung, denn auch Hendrik hatte zu sammeln begonnen, vor allem Radierungen und Zeichnungen; in den letzten Jahren hatte er darüber hinaus »mit seinen sehr bescheidenen Mitteln« Gemälde gekauft. Das war etwas Verbindendes, und mehr schien nicht nötig zu sein. Hendrik und Lucretia heirateten im Februar 1822.

Dank Lucretias Vermögen war Hendrik plötzlich wieder steinreich, es war genau wie in den Romanen. Seine Eheschließung kam zur rechten Zeit. Als sein Vater voller Verbitterung ein paar Monate später all seine Besitzungen in Hillegom zur Versteigerung brachte, gelang es Hendrik im letzten Moment, den Ruf der Familie zu retten, indem er die Ambachtsherrlichkeit Hillegom, das Schippershuis, einen Teil der Ländereien und zwei Grablegen in der Kirche gleich wieder zurückkaufte. Innerhalb der Familie blieb der Namenszusatz »van Hillegom« üblich.

Dennoch brach auch Hendrik mit dem Dorf Hillegom. Nach dem Vorbild seines Schwagers van Loon zogen Lucretia und er in die Umgebung des Dorfes 's-Graveland, eine waldreiche Gegend nahe Hilversum, die schon seit dem 17. Jahrhundert bei der Amsterdamer Elite sehr beliebt war. Das Gebiet war auf die gleiche Weise erschlossen und wirtschaftlich genutzt worden wie das Umland von Hillegom: In der rauen Heidelandschaft war der Sand abgetragen und nach Amsterdam verschifft worden, um damit die Flächen an den neuen Grachten bebaubar zu machen; den Boden hatte man als Acker- und Weideland verpachtet; schließlich waren in der neu geschaffenen »Natur« Dutzende von Landsitzen errichtet worden. So hatte man das Nützliche mit dem Angenehmen verbunden, wobei das Nützliche an erster Stelle stand, zunächst jedenfalls. Es ging vor allem um die Geldanlage.

Infolge der wirtschaftlichen Misere der Franzosenzeit waren ein paar der alten Landsitze frei geworden. 1818 kauften die van Loons Schaep en Burgh, einen großzügigen Gutshof für die stetig wachsende Familie – heute ist dort die Zentrale der Vereniging Natuurmonumenten untergebracht. Im Jahr 1826 bezogen die Six das ebenso elegante wie imponierende Hilverbeek. Nicht weit entfernt wohnten die Dedels, ringsum ließen sich verschiedene angeheiratete Familien nieder, unter anderem van Lennep, Blaauw, Röell und de Beaufort. So entstand bei 's-Graveland wie ein Jahrhundert zuvor am Goldenen Bogen der Herengracht ein Beziehungsgeflecht von alten Amsterdamer Familien, die über Jahrzehnte hinweg die Sommer miteinander verbrachten.

In Amsterdam war Hendrik zu Lucretia gezogen; und auch die beiden Sammlungen waren in ihrem Haus an der Herengracht zusammengeführt worden. Es muss ein beeindruckender Anblick gewesen sein, all die alten Meister und Familienporträts dicht gedrängt an den Wänden der Säle, Zimmer und Flure. Der Besucherstrom riss nicht ab. In einem der Gästebücher finde ich unter dem Datum 30. März 1824 sogar die schwungvolle Unterschrift des Prinzen von Oranien – auch er ein Kunstsammler von internationalem Ruf. Und es kamen noch Neuerwerbungen hinzu, 1833 beispielsweise zwei Rembrandts: *Josef erzählt seine Träume* und das Porträt des Ephraïm Bueno. Erst 1835 zogen Hendrik und Lucretia in ein viel größeres Stadthaus um, Herengracht 509–511. Allein das Kutschenhaus hier war riesig, ausgelegt für zwei Kutschen und sechs Pferde, darüber bot es Wohnraum für zwei Familien. Hendrik und Lucretia hatten nun mehr als genug Platz für ihre Kunstschätze.

Hendrik, Hendrik, Hendrik, es scheint, als gelte jetzt der zweite Sohn als Familienoberhaupt. Das war aber gar nicht so vorgesehen, und Hendrik war auch zunächst auf diese Rolle überhaupt nicht vorbereitet.

In der Vitrine liegt noch das sogenannte Nabeldöschen des eigentlichen Kronprinzen, eine silberne Dose zur Erinnerung an seine Geburt: »Jan Six, geb. 22. Juni 1788«. Die einzige erhaltene Abbildung von diesem Jan ist eine kleinformatige Tuschezeichnung, ein kleiner Junge mit Mütze, der später auf einem Auge erblindete und zu allem Überfluss auch noch einen Buckel bekam. Angeblich war er derjenige, der zahlreiche Porträtgemälde, unter anderem von

Nicolaes und Diederick Tulp, mit prahlerischen Wappenschilden versehen ließ. Überhaupt hat die Familienüberlieferung einen etwas lächerlichen Trottel aus ihm gemacht, was er aber, seinen lebendigen und liebenswürdigen Briefen nach zu urteilen, keineswegs gewesen ist. Es gelang ihm nur nicht, die Familiendynastie fortzusetzen.

Es muss einen Moment gegeben haben, in dem er erkannte, dass er beiseitegeschoben wurde, oder in dem er sich in sein Schicksal ergab. Noch 1822 war er es, der im Alter von vierunddreißig mit seinem Vater die Versteigerung der Besitzungen in Hillegom vorbereitete. Nach dem Tod des Vaters fünf Jahre später wurden bei der Aufteilung der Erbschaft jedoch Hendrik die Familienporträts zugewiesen – man war sich nun sicher, dass Jan keine eigene Familie haben würde. Er war endgültig zum Zuschauer geworden, der Hendriks »unsagbares häusliches Glück« nur beobachten konnte.

Und wie stand es um Hendrik selbst? Wie wir aus unzähligen Romanen wissen, waren in diesen Kreisen bis weit ins 20. Jahrhundert hinein Ehen nur in geringem Maße auf persönlichen Neigungen gegründet. »Man muss versuchen, etwas daraus zu machen« – ein Stoßseufzer, der sicher häufig zu hören war, und ein Grundsatz. Wenn man sich an ihn hielt, hatten die Ehen meistens Bestand. Das war die Realität; darüber lag dann noch eine Schicht Ideologie. Nicht zufällig hatte Hendrik in seinen Liebesbriefen an Sara den Ausdruck »unsagbares häusliches Glück« gebraucht: Das ruhige häusliche Glück war im 19. Jahrhundert die große Mode und das Sujet zahlloser Bilder, die Familie der Ort, an dem die heimischen Tugenden gediehen und blühten. Das »Volksglück« der Batavischen Republik wurde in der nachnapoleonischen Ära gewissermaßen privatisiert.

Dabei war die Familie nicht nur der sichere Hafen für jeden Bürger, sondern auch das Fundament der noch jungen Nation der Niederlande mit König Wilhelm I. als einer Art Übervater. Schon bei seinem Einzug in Amsterdam hatte sich der König mit einem »Vater inmitten seiner Familie« verglichen. Dieses Image wurde auf jede nur erdenkliche Weise kultiviert; so hielt der König als echter *pater familias* jeden Mittwoch in seinem Palast eine »offene Audienz« ab, zu der angeblich jeder willkommen war. Im Grunde herrschte er wie ein aufgeklärter Patriarch über die nationale »Familie« – was allerdings auch ein gewisses finanzielles Chaos zur Folge hatte. Die revolutionäre Sprache der vorangegangenen Generation war verpönt, hitzige Debatten und Kontroversen galten als höchst unschicklich. Während in den anderen europäischen Ländern die alten politischen Streitigkeiten bald wieder aufflammten, legte man im neuen Königreich größten Wert auf *gezelligheid*, die Gemütlichkeit. Es galt, den häuslichen Frieden um jeden Preis zu bewahren, das war der Kern der nationalen Identität.

Diese verkrampfte Bravheit wirkte sich auf vielfältige Weise auch auf das Geschlechterverhältnis aus. Ein, zwei Generationen zuvor hatten Frauen im kulturellen Leben noch eine wichtige Rolle gespielt. Großmutter Lucretia van Merken schrieb Theaterstücke, diskutierte über Politik und Philosophie und war in literarischen Gesellschaften aktiv – wie zahllose andere Frauen auch, beispielsweise Betje Wolff und Aagje Deken. Die Schriftstellerin und Komponistin Belle van Zuylen – »Ich habe kein Talent für Unterordnung« – korrespondierte mit halb Europa, sie war befreundet mit James Boswell, Jean-Jacques Rousseau, Benjamin Constant, Madame de Staël und anderen berühmten Intellektuellen.

Sogar eine frühe feministische Bewegung hatte es im 18. Jahrhundert gegeben. Charlotte Gräfin Bentinck prangerte in einem Essay »die lange, erdrückende Sklaverei der Frauen« an. Es ist nicht unwahrscheinlich, dass auch Lucretia in diesem liberalen Geist erzogen wurde.

Mit dem endgültigen Scheitern der »batavischen« Revolution war all das vorbei. Die Gleichheitsideale der Aufklärung wurden in den Hintergrund gedrängt, Theorien über die »Unterlegenheit« des »schwachen Geschlechts« waren auf einmal in aller Munde. Das galt auch für die Kreise, in denen die Sixe verkehrten. Der Status der Frau leitete sich wieder von dem ihres Gatten ab, dem sie sich unterzuordnen hatte. Die Öffentlichkeit sollte den Männern vorbehalten bleiben, Frauen hatten sich auf die Privatsphäre zu beschränken.

Die Heirat mit Hendrik bedeutete für Lucretia daher, die Freiheit und Selbständigkeit, die sie seit so vielen Jahren gewohnt war, aufzugeben. Hendrik oblag als Familienoberhaupt die Kontrolle über die Finanzen, während sie selbst, als verheiratete Frau nicht geschäftsfähig, praktisch für jede Ausgabe um Erlaubnis fragen musste. Ihrem Neffen Maurits van Lennep zufolge hatte »die arme Seele nie einen Cent in der Tasche«, so kurzgehalten wurde sie von Hendrik. Von Natur aus neugierig und umtriebig, war sie nun zu einem ruhigen Familienleben verurteilt, gleichsam eingekerkert in Hendriks »unsagbares häusliches Glück«.

Das konnte nicht gutgehen.

Für Aristokraten wie für Patrizier war es das oberste Gebot, starke Gefühle wie Empörung, Angst, Wut und überschwängliche Freude im Zaum zu halten. Dies war schon seit Castigliones Buch vom vollkommenen Hofmann eine Grundhaltung, mit der man sich als Mensch von Ansehen und Stand gegen den Rest abgrenzte. Bei Lucretia war das anders. Ihre formellen Briefe, von denen Hunderte erhalten sind, schrieb sie meistens auf Französisch; in ihnen geht es um Besuche, Diners und andere Bagatellen. Wenn sie in Briefen ihren Gefühlen freien Lauf ließ, schrieb sie niederländisch, und aus ihnen sprachen dann Entrüstung, Verbitterung und Unruhe – im Laufe der Jahre immer deutlicher.

Alle Anmut und Eleganz, die noch die Korrespondenz ihrer Großmutter Lucretia auszeichneten, fehlen hier, Niederländisch und Französisch werden wahllos vermengt: »J'ai voulu aller au village, weil Pferdemarkt war.« Ihre Schriftzüge werden ausladend, nicht nur sie selbst, auch ihre Handschrift scheint ständig in Aufruhr zu sein. Zu Kunst und Literatur äußerte sie sich schon lange nicht mehr, sondern hauptsächlich über Krankheiten, Unpässlichkeiten und »Schmerzen in der Brust«.

Nach der Heirat war sie gleich schwanger geworden. Am 4. Januar 1823 wurde sie – vermutlich zu früh – von Zwillingen entbunden, einem Jungen, Landry Jan, und einem Mädchen, Anna Louisa Maria. Der Junge war schon tot, das Mädchen lebte nur fünf Tage. Hendrik war nicht zu Hause, sondern in Vreeland, und konnte, weil er krank war, nicht kommen.

»Sie hat absichtlich so spät geheiratet, um nicht gebären zu müssen, ich habe selten eine so verrückte Frau gesehen«, schrieb in jenem Januar eine Bekannte, eine gewisse Frau Croese, in einem Brief, der nichts als Stadtklatsch enthielt. »Ein Kind wurde tot geboren, das lebende hat sie sofort malen lassen, aber nach einigen Tagen ist auch das gestorben, da hat sie den Künstler Gabriels kommen lassen, um dieses tote Kind modellieren und jetzt aus Marmor arbeiten zu lassen. Das Kind ist schon seit elf Tagen tot. Weil aber ihr Mann die Gelbsucht hat und das Kind nicht begraben kann, will sie es so lange in Alkohol aufbewahren, bis er gesund ist und das Kind beerdigen lassen kann.«

Das galt auch für den totgeborenen Jungen. Nur wurden die Kinder nie begraben; Lucretia konnte sich nicht von ihnen trennen.

Schon bald folgten weitere Kinder, 1824 Jan Pieter und 1827 Pieter Hendrik. Dennoch ließen die beiden Erstgeborenen Lucretia nicht los. Viele Jahre später, am 4. Januar 1841 (sie schreibt versehentlich 1840), kommt sie in einem vorwurfsvollen Brief an ihre Söhne auf die tote Tochter zu sprechen: Wie konnten sie schon wieder zu ihrem Internat abreisen, obwohl doch ihre Schwester an diesem Tag ihren achtzehnten Geburtstag gefeiert hätte. Die Vorsehung habe es ihrer Schwester nicht vergönnt zu leben, schreibt sie weiter, »doch Unterwerfung [unter das Schicksal] braucht darum nicht in Gleichgültigkeit auszuarten«. Das Marmorköpfchen von Anna Louisa Maria Six, die Augen geschlossen, steht immer noch in einem Nebenzimmer des Hauses. Zusammen mit einer halb verdeckten anderen kleinen Büste ist es auch im Hintergrund des von Alexandre-Jean Dubois Drahonet gemalten offiziellen Porträts von Lucretia zu sehen. Die toten Kinder mussten mit ihr verewigt werden.

Die eheliche Situation verschlechterte sich nach dem Schicksalsschlag weiter. Am 8. Juli 1833 schickte Hendrik an seine Frau in 's-Graveland eine formelle »Prokura« – Anrede: »gnädige Frau« –, mit der er ihr die Befugnis erteilte, die eigenen geschäftlichen Angelegenheiten selbst zu regeln. Es ist ein bemerkenswert zorniges Schreiben: »Nach den vielen Unannehmlichkeiten, die Sie mir gestern und vorgestern erneut bereitet haben ...« – »[Da] Sie sich einfach nicht in das fügen wollen, was Ihnen Ihre Pflicht als Frau gebietet, nämlich Ihrem Mann in der Zeit, in der er anwesend ist, was bei Ihnen jedenfalls kurz ist, das Zuhause angenehm zu gestalten ...« – »[Das] Ihnen freie Bahn für Ihre Herrschsucht verschafft ...« – »Das fortwährende Theater und Geschrei, die mit Ihren Einmischungen einhergehen ...«

Er hatte genug, er gab auf. Gut möglich, dass Lucretia wirklich eine schwierige Person war, nicht umsonst hieß sie in der Familie auch »*tante Secreet*«. Doch hier prallten nicht nur zwei Charaktere, sondern zwei Weltbilder aufeinander, ja sogar zwei Epochen, das späte 18. Jahrhundert als Zeit des Freiheitsideals und das 19. Jahrhundert, in dem die Familie hochgehalten wurde.

Hendrik erwähnt »all die Vorhaltungen, nicht tun zu können, was Sie wollen, was Sie bis zu ihrem sechsunddreißigsten Jahr haben tun können, worauf Sie aber freiwillig verzichtet haben, indem Sie in die Ehe getreten sind«. Er spricht über ihre »Pflichten als Ehegattin und Hausfrau« und stellt ihnen die »vielfachen Pflicht-Ermahnungen und Schriftstücke« gegenüber, »die Sie mir ohne Sinn und Verstand auftischen und zustecken«. Und außerdem: »andere anschreien«, das schicke sich für »keine christliche Frau«. Eine solche müsse »ihre Pflichten still erfüllen, ohne über andere zu urteilen: Erst wenn sie diesen nachgekommen ist, geziemt es ihr, Bemerkungen über andere zu machen, und dann wird man diese gern anhören, wenn sie auf manierliche Weise vorgebracht werden.«

Aber, so fährt er fort, »Sie werden sich nicht mehr oft über mich erregen müssen: Ich bin all das müde, Sie und Ihre Angelegenheiten, und sehne mich nach dem Augenblick, in dem ich mich in Ruhe mit meinen Kindern in einem stillen Kreise werde niederlassen können«.

Der endgültige Bruch wurde dann allerdings doch nicht vollzogen. Die nächsten Briefe beginnen wieder mit der Anrede »*Ma chère épouse*«, was aber nicht unbedingt viel zu bedeuten hat. Wahrscheinlich verbrachten sie die meiste Zeit getrennt, er in Amsterdam, sie auf dem Landgut Hilverbeek bei 's-Graveland, mit den beiden Jungen. Aber Hendrik vermisste seine Kinder, seine »Bübelchen«; die wenigen erhaltenen Briefe an sie sind auffallend locker, verspielt und warmherzig:

> Mittwochabend und noch keine Silbe!!!! Was klingelt es da! Das ist bestimmt noch ein Brief von meinen Jungen. Van den Bergh öffnet schnell die Tür; bestimmt gibt es gute Neuigkeiten. Nur: Van den Bergh hat die Tür geöffnet, aber niemanden gefunden, es war nur ein Passant, der im Vorbeigehen an die Glocke gestoßen war. Ihr seht, ich bin neugierig; wenn ich am Abend allein dasitze und den ganzen Tag viel zu tun hatte und ein wenig in der Zeitung gelesen habe und ein Butterbrot gegessen habe und einen Zwieback dazu gebröckelt habe und ein Glas Wein dazu getrunken habe und meine Stiefel ausgezogen habe und meine Pantoffeln angezogen habe und mich wieder auf meinen Stuhl gesetzt habe und einmal das Porträt von meinem Jantje ansehe und mir wünsche, dazu auch eins von meinem Pietje zu haben, dann denke ich, was werden meine Kinder heute wohl unternommen haben ...

So fand Hendrik doch noch eine Art »unsagbares häusliches Glück«, wenn auch auf größere Entfernung und meistens allein. Die beiden toten Neugeborenen leisteten ihm Gesellschaft, sie schwammen noch bis zum Ende des 19. Jahrhunderts in ihren Glasgefäßen hinten in der Bibliothek. Irgendwann um das Jahr 1900 soll eine Urgroßmutter Six – ich folge jetzt der Familienüberlieferung – zu ihrem Mann gesagt haben: »Sollen wir den Onkel und die Tante nicht einmal wegschaffen?«

Neben den ehelichen Konflikten gab es ein weiteres Problem: Hendrik arbeitete. Er führte das Privatiersleben seines Vaters und Großvaters nicht fort, sondern trat, wie es in der damaligen Geschäftswelt gang und gäbe war, in das Handelskontor seines verstorbenen Schwiegervaters Pieter van Winter ein, in die Firma Muhl, van Winter & Co., »Handel in Farbwaren«. Außerdem handelte er mit Holz aus Japan und Surinam. Hendrik wählte also eine Lebensweise, die zu jener Zeit für einen Mann mit aristokratischen Ambitionen unüblich war.

Es fehlte ihm an Erfahrung, und wahrscheinlich hätte er besser daran getan, nicht zu arbeiten. Neffe Maurits van Lennep schrieb später, Lucretia habe über ein »sehr großes Vermögen« verfügt, das Hendrik aber schlecht verwaltet habe; indem er »die Geschäfte des alten Herrn van Winter fortführte«, habe er große Summen verloren.

Seine Stärken lagen auf anderen Gebieten. Er galt als ausgezeichneter Botaniker, war als Vorstandsmitglied des Hortus Botanicus hoch geschätzt und hatte das Glück, in einer an botanischen Entdeckungen besonders reichen Zeit zu leben. Es waren die Jahre der Pflanzenjäger, spezialisierter Entdeckungsreisender, die aus den Wildnissen der ganzen Welt bisher unbekannte Arten nach Europa brachten: Azaleen, Astern, Trompetenbäume, Wolfsmilchgewächse, Hortensien, Rhododendren, Jungfernreben, die Amur-Kirsche und jede Menge anderer Bäume und Sträucher.

Mit dem Sammeln angefangen hatte der Botaniker Joseph Banks während James Cooks erster Südpazifikreise in den Jahren 1768 bis 1771. Bei Cooks Rückkehr war der Laderaum der *Endeavour* vollgepackt mit fast dreißigtausend Pflanzenpräparaten, darunter etwa eintausendvierhundert nie zuvor beschriebene Arten. Mit einem Schlag erhöhte sich die Zahl der in der westlichen Welt bekannten Pflanzen um ein Viertel.

Der Handel mit den seltenen Pflanzen erwies sich als äußerst lukrativ, jeder, der ein Landgut besaß, wollte mit ein paar Exoten im Garten oder Park Aufsehen erregen. Eine Art »grüner Goldrausch« begann. In alle Himmelsrichtungen schwärmten Abenteurer aus, eine ganze Generation schien dem Pflanzenjagdfieber zu verfallen. So durchstreiften schon Ende des 18. Jahrhunderts Pflanzenjäger die endlosen Wälder und Ebenen des nordamerikanischen Kontinents, lange bevor dieser besiedelt wurde. Auch der Urwald des Amazonasgebiets wurde erkundet, ebenso der indonesische Archipel, China – von überallher schleppte man Pflanzen nach Europa.

Es waren außerordentlich riskante Expeditionen. Pflanzenjäger ertranken, verhungerten, verschwanden, starben an Malaria oder Gelbfieber. François André Michaux, Sohn des bekannten Botanikers André Michaux und selbst Pflanzenjäger, wurde von einem Schwarzbären angegriffen und schwer verletzt. David Douglas, der Entdecker der Douglasie, stürzte und wurde von einem wilden Stier totgetrampelt. Der Amerikaner William Bartram begab sich 1773 auf eine vierjährige Expedition durch den Südosten des nordamerikanischen Kontinents; bei seiner Rückkehr – man hatte ihn längst tot geglaubt – befanden sich die dreizehn Kolonien seit einem Jahr im Krieg mit Großbritannien, so dass er seine wichtigsten Kunden verloren hatte. Ein anderer amerikanischer Botaniker, Samuel Rafinesque-Schmaltz, kam von einem siebenjährigen Streifzug durch die Appalachen mit fünfzigtausend Samenkapseln und Ablegern nach Hause. Der niederländische Pflanzenjäger Frans Nicolaas Meijer, später vor allem in China und Zentralasien unterwegs, schrieb einmal resigniert: »Wenn ich an all die nie erkundeten Gebiete denke, schwindelt es mich, man kann sie unmöglich alle erfassen. Ich werde noch in meinem nächsten Leben umherziehen müssen.« Meijer konnte seinen Kunden vermutlich etwa zweieinhalbtausend neue Arten präsentieren. Es war ein goldenes Zeitalter für Botaniker.

Auch Hendrik hatte die Leidenschaft gepackt. Soweit man weiß, hat er zwar nie einen Fuß in irgendeine Wildnis gesetzt, aber er war der Erste, der aus Japan – genauer gesagt von der als Handelsstation dienenden künstlichen Insel Dejima in der Bucht von Nagasaki, auf der ein Arzt namens Philipp von Siebold einen botanischen Garten angelegt hatte – die Kamelie in die Niederlande brachte. Wahrscheinlich nutzte er seine Handelskontakte. Im Park des Landsitzes

Jagtlust bei 's-Graveland wurde die Exotin stolz präsentiert und gehegt. Leider ging diese niederländische Urkamelie in den 1960er Jahren, wohl wegen der Vergiftung des Wassers in den Wassergräben durch nahegelegene Wäschereibetriebe, ein. Innerhalb der Familie Six werden aber bis heute noch ein paar Nachkommen aus Stecklingen weitergereicht.

Hendriks wissenschaftliche Neugier war sehr ausgeprägt. Er war Mitglied der Königlichen Akademie der Wissenschaften, und zusammen mit seinem Freund Jacob de Vos machte er die vielleicht ersten fotografischen Aufnahmen, die in Amsterdam entstanden. In Paris hatte der Maler und Erfinder Louis Daguerre seit 1824 an einem Verfahren zur Fixierung der in einer Camera obscura erzeugten Bilder durch verschiedene chemische Substanzen gearbeitet – von 1826 an zusammen mit Joseph Nicéphore Niépce, dem (möglicherweise sogar schon 1822) die erste fotografische Aufnahme gelungen war. Die Bildqualität blieb lange noch sehr unbefriedigend, doch 1837 entdeckte Daguerre das später nach ihm benannte Verfahren mit versilberten Kupferplatten, die durch eine spezielle Bedampfung lichtempfindlich gemacht wurden; nach weiteren Verbesserungen stellte er das Verfahren am 19. August 1839 der Öffentlichkeit vor. Die Details seiner Erfindung behielt er wohlweislich für sich.

Kaum hatten Hendrik Six und Jacob de Vos davon gehört, besorgten sie sich ein Daguerre-Gerät und stellten damit fünf Jahre lang ihre eigenen Versuche an. Das Phänomen Fotografie interessierte Hendrik vielleicht auch deshalb so sehr, weil er eine Anwendungsmöglichkeit im Zusammenhang mit seiner Kunstsammlung witterte. »Das Verfahren von Bayard [Hippolyte Bayard, ebenfalls Fotopionier, GM] ist bekannt, ich habe das Rezept und die Mittel und werde bei der ersten Gelegenheit experimentieren«, schrieb Hendrik in einer Notiz an Vos. »Ich bin überzeugt, dass ich, wenn wir wieder Sonnenlicht haben, kräftigere und sauberere Zeichnungen werde erhalten können.«

Nach dem Tod von Jacob de Vos im Juli 1844 vermachte er den Apparat samt Zubehör der Gesellschaft Felix Meritis. Dort war man hocherfreut, die physikalische Abteilung wollte die Experimente fortsetzen, der Apparat kam an der Universität von Amsterdam zum Einsatz, doch über den späteren Verbleib dieses ersten niederländischen Daguerre-Geräts ist nichts bekannt. Auch von den damit gemachten Aufnahmen fehlt jede Spur.

Was Politik und Verwaltung der Stadt anging, waren für die meisten alten Regentenfamilien die großen Zeiten endgültig vorbei. Das galt auch für die Six. »Die Familie lebte bescheiden im Schatten der Finanz- und Industrieelite Amsterdams, deren Aufstieg sich im Laufe des 19. Jahrhunderts vollzog«, so fasst es die Historikerin Barbara van Vonderen in ihrer Studie zur Oberschicht jener Zeit zusammen. »Dennoch war ihre Anwesenheit für Amsterdam von großer Bedeutung, und sie waren jedem damaligen Einwohner ein Begriff.«

Das trifft auf viele prominente Familien aus der Zeit der Republik der Sieben Vereinigten Provinzen zu, die sich in dieser neuen Ära nicht mehr zurechtzufinden schienen: Die Industrialisierung, das Aufkommen einer neuen Mittelklasse, der Liberalismus, die politischen Ambitionen des Bürgertums, der Bedeutungsverlust ihrer Stadt, die neue niederländische Nation als Gegenstand der Identifikation – all dies blieb ihnen fremd, nichts davon passte zu den alten Gewissheiten und Traditionen. Während sich in anderen europäischen Ländern der Adel und die alten Eliten wieder offensiv am politischen Machtspiel beteiligten, traten die früheren Regentenfamilien hier – von wenigen Ausnahmen abgesehen – in den Hintergrund.

Seit der batavischen Revolution hatte sich in den Niederlanden ein grundlegender Wandel vollzogen. Vor 1795 hatten die Six in einer Gesellschaft gelebt, in der kaum etwas anderes zählte als Rang und Stand. Sie gehörten zu den Regenten, einfach weil sie den Namen Six trugen. Wenn sie sich vorstellten, dann immer nur mit Six, nie mit dem jeweiligen Vornamen. Solange sie der richtigen Konfession angehörten und sich keine allzu schlimmen Verfehlungen zuschulden kommen ließen, standen ihnen, was Ämter und Posten anging, wie selbstverständlich alle Türen offen. Seit dem Januar 1795 aber – und allein schon in dieser Hinsicht war die damalige Umwälzung revolutionär – wurden Ämter immer häufiger nach völlig anderen Kriterien vergeben; plötzlich spielten die Ausbildung, die Fähigkeiten und Verdienste einer Person eine wesentliche Rolle.

»Gleichheit« war mehr als nur eine Parole aus der Patriotenzeit; es war ein Prinzip, das sich mehr und mehr durchsetzte, das zum gesellschaftlichen Wandel passte und auch von den neuen Mächtigen einschließlich König Wilhelm I. akzeptiert wurde. Spitzenpositionen waren nicht mehr ausschließlich Adligen und Patriziern vorbehalten, vielmehr mussten die Angehörigen dieser beiden Gruppen mit Menschen »niederer« Herkunft um sie konkurrieren. Nur das Königtum blieb weiterhin erblich.

Die alten Regentenfamilien hatten diese Entwicklung nicht aufhalten können. Dennoch behaupteten sich etliche von ihnen noch bis weit ins 20. Jahrhundert hinein, dank ihres Reichtums, ihrer Erziehung und Ausbildung, ihres »Clubgeistes« und ihrer Beziehungen. Der Biograph der Familie Teding van Berkhout, Cees Schmidt, formuliert es so: »Ihre ›Macht‹ (...) offenbarte sich vor allem darin, dass sie sich selbst dem Niedergang mehr oder weniger entziehen konnten, und weniger im Kampf gegen den Niedergang.« Mit der Selbstverständlichkeit der Macht war es vorbei.

Die Folgen dieser Entwicklung zeichneten sich im Laufe des 19. Jahrhunderts immer deutlicher ab. Im ersten Jahrzehnt gehörten neun von zehn Amsterdamer Stadträten der alten Elite an, um 1850 schon weniger als die Hälfte. Im Jahr 1860 stammten von den gut neunzig Casino-Mitgliedern nur noch acht – darunter die Sixe – aus alten Regentenfamilien.

Dieser Wandel wurde nicht widerstandslos hingenommen. Den Theorien über Gleichheit, der Demokratisierung und dem raschen Wachstum der Mittelklasse zum Trotz blieb die soziale Ordnung Amsterdams während eines großen Teils des 19. Jahrhunderts gleichsam eingefroren. Man hielt nicht nur unvermindert an der Einteilung in Ränge und Stände fest, sondern betonte die Unterschiede vielleicht noch stärker als früher durch Kleidung, Sprache und Verhalten. Ein Amsterdamer sah auf den ersten Blick, welcher Klasse jemand angehörte und auf welche Weise man daher der betreffenden Person gegenüberzutreten hatte: untertänig oder höflich bittend, fordernd oder befehlend.

Bezeichnend ist die Veränderung der Anrede in Briefen des Kunstexperten Jeronimo de Vries an die junge Lucretia: Erst schreibt er »Gnädiges Fräulein«, dann das Gleiche mit der Hinzufügung »Freundin«, schließlich aber das Adelsprädikat »*Jonkvrouwe*«. In einem Brief entschuldigt sich de Vries umständlich für sein wohl allzu vertrauliches Benehmen am Vorabend: Man hatte sich ein wenig zu gut amüsiert, der Ton war ein wenig zu freundschaftlich geworden. Er mochte ein bedeutender Dichter und Kunstkenner sein, der Direktor des Koninklijk Museum, dennoch blieb er ein einfacher Bürger, und er kannte seinen Platz.

Innerhalb der Amsterdamer *haute bourgeoisie* kam es außerdem zu einer bedeutsamen Aufteilung in Familiengruppen, sogenannte *coterieën* (nach französisch *coterie* = Clique, Klüngel). Die »erste *coterie*« bestand aus den direkten Nachfahren der alten Regenten, unter ihnen natürlich auch die Sixe, die »zweite *coterie*« aus Familien, die schon in der Zeit der Republik der Sieben Vereinigten Provinzen zum sehr wohlhabenden Bürgertum gehört hatten und einen ausgezeichneten Ruf besaßen, deren Mitglieder aber nie Ämter in der Stadtregierung erhalten hatten – oft weil sie Katholiken, Mennoniten oder Juden waren.

Was die beiden *coterieën* unterschied, war außer Herkunft und Titeln vor allem die Mentalität. In der ersten zählte vor allem Immaterielles wie Abstammung und gesellschaftliches Ansehen, in der zweiten eher das Familienvermögen, Macht und Erfolg.

Religion oder Konfession spielten nach 1815 offiziell keine Rolle mehr: Die Herren entschieden, wer dazugehörte und wer nicht. Dennoch waren, wie aus einer späteren Erhebung hervorgeht, von den ungefähr achtzig Familien der »zweiten *coterie*« die weitaus meisten reformiert, elf waren Mennoniten, drei jüdisch und eine katholisch. Trotz rechtlich garantierter Religionsfreiheit waren in diesen Kreisen der Amsterdamer Gesellschaft »sozialer Antipapismus« und »sozialer Antisemitismus« noch stark ausgeprägt: Sogar dem ehrenwerten jüdischen Bankier Karel Wertheim und seiner Familie blieb der Casino-Verein verschlossen; der Groote Industrieele Club und später der elitäre Ruderverein De Hoop nahmen noch bis weit ins 20. Jahrhundert hinein keine Juden auf.

Ein paar Familien gelang es, all diese unsichtbaren Grenzen elegant zu überwinden. Das galt vor allem für die Familie van Lennep – erwähnt wurden schon Großvater Cornelis, Vater David, Sohn Jacob, der Schriftsteller, und Enkel Maurits, der Chronist der Amsterdamer Patrizier im 19. Jahrhundert. Die van Lenneps mit ihrer offenen und intellektuellen Haltung waren überall gern gesehen. Sie besaßen zwar wenig Geld und Einfluss, verheirateten sich aber sowohl in der »ersten« als auch in der »zweiten *coterie*« und waren innerhalb der alten Elite ein wichtiges verbindendes Element. Damals nannte man sie auch den »Efeu« der alten Familien.

Auch die Sixe fanden innerhalb des Amsterdamer Mikrokosmos ihren besonderen Platz, unter anderem dank ihrer vielen Kontakte in die Welt der Kunst und Kunstliebhaber. Während sich die alten Regentenfamilien in der erzkonservativen Gesellschaft College in de Munt verschanzten, strömten die Aufsteiger und die Angehörigen der »zweiten *coterie*« zu Felix Meritis. Dabei ging es ihnen nicht nur um die Konzerte, die Vorträge, die Experimente mit Fotografie und vielem anderen. Vielmehr war die – übrigens sehr kostspielige – Mitgliedschaft ein Statussymbol und verhalf zu Ansehen. Doch die alte Elite schreckte davor zurück, sich unter das aufstrebende Bürgertum zu mischen; nur wenige gehörten sowohl dem College in de Munt als auch Felix Meritis an. Einer von ihnen war Hendrik Six: Zwischen Lucretias Briefen stieß ich auf eine Tischordnung für ein Diner, fast ausschließlich mit Gästen aus der »ersten *coterie*«, klangvolle Namen wie Dedel, van Loon, van Lennep, Backer, Rendorp und Deutz. Offensichtlich gehörte Hendrik zum Munt-Kreis, blieb aber ein engagiertes Mitglied von Felix Meritis, wie später auch sein Sohn.

Möglicherweise erklärt sich seine relative Offenheit unter anderem durch seine Heirat mit einer Frau aus der »zweiten *coterie*«, andererseits könnte der subtile Standesunterschied auch mit für seine Eheprobleme verantwortlich gewesen sein. Auf jeden Fall sah er davon ab, sich 1843 den jungen Männern aus der »zweiten *coterie*« anzuschließen, die ihren Doperwtjes-club (Grüne-Erbsen-Club), bis dahin auf die Veranstaltung mehr oder weniger frivoler Feste spezialisiert, in einen seriösen und, wie schon der Name sagt, außerordentlich exklusiven Herrenclub umwandelten: Onder Ons (Unter uns). Dafür wäre Hendrik auch schlicht viel zu alt gewesen, die Gründer waren ausnahmslos zwischen zwanzig und dreißig: wohlhabende junge Männer am Anfang vielversprechender Karrieren, einige der führenden Persönlichkeiten im sich verjüngenden Amsterdam der zweiten Hälfte des 19. Jahrhunderts. Männer aus alten Regentenfamilien glänzten durch Abwesenheit, auch die Sixe – was sich aber schnell ändern sollte.

Onder Ons besteht noch heute, es ist der exklusivste Herrenclub Amsterdams. Den Namen kann man getrost wörtlich nehmen, über Interna wird mit Außenstehenden nicht gesprochen. Man findet den Club in einem Gebäude in der Kalverstraat, in dem früher ein Bordell untergebracht war: eine graue, fenster- und türlose Fassade in dieser so lebhaften und bunten Einkaufsstraße; der Eingang liegt um die Ecke, versteckt in einem Gässchen, eine einfache Tür mit einer Klingel. Im Jahr 1868 trat Kronprinz Wilhelm von Oranien-Nassau dem Club bei, der seitdem große Anziehungskraft auf die männlichen Mitglieder der königlichen Familie ausübt, allen voran die frustrierten Gatten der Königinnen Wilhelmina und Juliana, Hendrik und Bernhard. Auch die Sixe gehörten – und gehören – zu den treuen Mitgliedern.

Was Rang und Stand betraf, interessierte Hendrik im Grunde nur eines: sein Adelsprädikat. Seit der Inthronisation König Wilhelms I. hatten die Niederlande zum ersten Mal seit dem 16. Jahrhundert wieder eine »Nobilitierungsinstanz«, denn in den Adelsstand kann man nur durch einen Monarchen erhoben werden. So bot sich für Hendrik Six endlich eine Gelegenheit, seine besondere Stellung für sich und seine Nachkommen formalisieren und festschreiben zu lassen.

Nun bestand die niederländische Elite seit langer Zeit aus zwei Gruppen. Es gab einerseits die Patrizier der großen Städte, allen voran Amsterdam: Sie waren die Aristokraten der Republik der Sieben Vereinigten Provinzen, besaßen aber selten Adelstitel. Andererseits gab es den alten Adel der ländlichen Regionen, Familien wie van Heeckeren, van Wassenaer, Bentinck van Schoonheten, van Regteren Limpurg, van Limburg Stirum und andere.

Der Landadel wurde gleich 1814 anerkannt, mit Titeln wie Graf oder Baron. Ausländischer Adel wurde auf Antrag »inkorporiert«. Ehrenwerte Familien schließlich, die seit drei Generationen »in Ansehen« standen – das heißt, deren Mitglieder Ämter wie *schout* (Schultheiß), *schepen* (Schöffe) oder Bürgermeister innehatten –, konnten in den Adelsstand erhoben werden; das Adelsprädikat lautete dann *Jonkheer* beziehungsweise *Jonkvrouw*. Solche Nobilitierungen nahm König Wilhelm seit 1815 in großem Umfang vor – ungefähr die Hälfte des niederländischen Adels gehört zu dieser neu geschaffenen Kategorie.

In Amsterdam wurde eine ganze Reihe von Regentenfamilien in den Adelsstand erhoben: Bicker, Dedel, Hooft, van Loon, Huydecoper und andere. Der König handelte zum Teil aus strategischen Erwägungen, konnte er doch durch die Nobilitierung diese immer noch mächtigen und unbequemen Familien eng an sich binden. Zum Teil ging es auch um ein Kräftegleichgewicht: Der Zusammenschluss der Niederlande und der ehemaligen österreichischen Niederlande, des späteren Belgien, zum neuen Königreich der Vereinigten Niederlande hatte nämlich das Gleichgewicht innerhalb des Adels gestört. In den südlichen (früher spanischen, dann österreichischen) Niederlanden war der hohe Adel seit jeher recht stark, es gab mehrere gräfliche und sogar fürstliche Familien. In den nördlichen Niederlanden (der früheren Republik) zählte dieser Adel nicht, der wenige alte Adel galt dort als »arm« – was in diesen Kreisen natürlich immer ein relativer Begriff ist. Viele der Amsterdamer Patrizierfamilien dagegen hatten Geld – auch dies ein Grund, weshalb es an den Grachten plötzlich so viele *Jonkheren* und sogar den einen oder anderen Baron gab.

Er blieb etwas Wesensfremdes, dieser neue Adel in Amsterdam und den übrigen nördlichen Niederlanden. Selbst in manchen der geadelten Familien empfand man ein gewisses Unbehagen. Früher hatten sie zu den »Königen von Amsterdam« gehört, von keinem Monarchen abhängig; jetzt bestimmte auf einmal der Hof in Amsterdam und Brüssel (König und Regierung residierten abwechselnd in beiden Städten) über ihren Status. Der Historiker Bas Dudok van Heel hat es einmal so formuliert: »In Florenz wären Familien wie Bicker und De Graeff ungekrönte Fürsten gewesen. Hier hätten sie 1815 mindestens in den Grafenstand erhoben werden müssen, doch das hätte der südniederländische Adel sich nicht gefallen lassen. Was man hier bekam, blieb nichts Halbes und nichts Ganzes.«

Die große Zeit dauerte ohnehin nur fünfzehn Jahre: 1830 spaltete Belgien sich vom Königreich der Vereinigten Niederlanden ab. Danach war es vorbei mit dem großzügigen Verteilen von Adelsprädikaten.

Wie erging es den Sixen in diesem delikaten Spiel? Der Haager Zweig, die Oterleeks, wurden schon 1815 in den Adelsstand erhoben. Cornelis Charles Six erhielt später »wegen persönlichen Verdienstes« als Finanzminister zudem den – an den jeweils ältesten Sohn vererbbaren – Titel Baron. »Hofschranzen« murmelten die Amsterdamer Verwandten ein wenig verächtlich.

Hendrik Six ging die Sache grundsätzlicher an. Obwohl auch sein Zweig der Familie mehr als genug des geforderten »Ansehens« vorzuweisen hatte, begann er einen endlosen Briefwechsel mit dem Hoge Raad van Adel, dem Adelsamt, über die für ihn entscheidende Frage: Müssen die Sixe in den Adelsstand »erhoben« oder können sie »inkorporiert« werden? Er berief sich auf einen Historiker aus dem 17. Jahrhundert, Jean le Carpentier aus dem Artois. Le Carpentier berichtete über einen gewissen Landry Six, einen Ritter, der am Ersten Kreuzzug (1096–1099) teilgenommen haben soll und bereits im Jahr 1080 Burgvogt von Kamerijk war, wie später auch sein Sohn Hugues und sein Enkel Simon. Außerdem besaßen die Sixe Land: Auf einer Karte von Ypern und Umgebung aus dem frühen 17. Jahrhundert ist außer dem »Nonnenbosch« unmittelbar nördlich von Poperingen auch ein »Sixbosch« eingezeichnet. Von wegen Erhebung, wir sind längst von Adel und bleiben es, muss Hendrik gedacht haben. Und da war er nicht der Einzige.

Außenstehenden mag diese Unterscheidung bedeutungslos erscheinen, doch in den Kreisen der alten Patrizierfamilien wog sie schwer. Die Familie Teding van Berkhout konnte die »Erhebung« kaum verwinden, noch ein Jahrhundert später, im Jahr 1920, unternahm sie einen Versuch, dieses »Unrecht« zu korrigieren. Die Tedings wollten um jeden Preis als alter Adel »anerkannt« werden, obwohl ihre Ansprüche lediglich auf waterländischen Matsch gegründet waren. Ein Teil der Familie van Lennep lehnte es sogar kategorisch ab, die Nobilitierung zu beantragen, da sie das Prädikat *Jonkheer* als erniedrigend empfand, stand doch dieser untitulierte Adel in keinem Verhältnis zu den Verdiensten der Familie. Als David Eliza van Lennep 1909 dann doch die Nobilitierung beantragen wollte, entgegnete sein Bruder David Jacob, da wäre es ihm noch lieber, wenn seine Brüder zu Sozialisten oder Katholiken oder Atheisten würden. »Pure Eitelkeit«.

Bei den Amsterdamer Sixen sind die Spuren dieser Diskussion in der Bibliothek verborgen, in einer bemerkenswerten Sammlung historischer Bücher und einem riesigen Packen Archivmaterial, mit dem ich heutige Leser nicht ermüden werde. Im Wesentlichen gründete Hendrik Six seinen Wunsch nach Inkorporierung in den niederländischen Adel auf die mittelalterlichen Sixe im Artois, insbesondere auf den erwähnten Schlossherrn Landry Six aus der Zeit um 1080. Seiner Auffassung nach gehörte die Familie zum ausländischen, nämlich nordfranzösischen Adel, weshalb sie inkorporiert werden müsse.

Letztlich wurden die alten Ansprüche der Sixe anerkannt, wenn auch nicht ohne Bedenken vonseiten des Adelsamtes. Im Jahr 1841 wurde Hendrik Six als *Jonkheer* (und mit ihm seine Nachkommen) vom neuen König Wilhelm II. in den niederländischen Adel inkorporiert. Die Sixe konnten sich genau sieben Jahre darüber freuen: Mit der neuen Verfassung von 1848 wurden sämtliche Adelsprivilegien – darunter das exklusive Wahlrecht zur Ersten und Zweiten Kammer – wieder abgeschafft. Allein das Jagdrecht blieb in Teilen erhalten. Ebenso wie die erblichen Adelstitel und -prädikate.

Von einem innigen Familienleben konnte zu dieser Zeit bei Hendrik und Lucretia schon lange nicht mehr die Rede sein. Nach der Geburt von Jan und Piet drehte sich bei Lucretia alles um die Kinder. Erhalten ist ein kurzes Tagebuch des dreizehnjährigen Jan aus dem Sommer 1838. Aufregend ist es nicht gerade, worüber er zu berichten hat. An den Wochenenden Spaziergänge, man trinkt Tee, geht zur Kirche. »Mit meiner Mutter zur Familie Elias in Beeresteyn.« – »Früh nach Voorschoten gefahren dort zur Kirche gegangen dann nach Leyden gefahren, in Voorschoten gegessen und Papa ist abends wieder abgereist.« – »Onkel J. Six ist hier gewesen.«

Von jenem Sommer an besuchte er das Internat Noorthey, untergebracht in einem mächtigen Gebäudekomplex zwischen den Wäldern von Voorschoten, das Eton der damaligen Niederlande. Nur für die allerreichsten Familien war das Schulgeld von tausendzweihundert Gulden pro Jahr bezahlbar.

Offenbar hatte Hendrik diese schwerwiegende Entscheidung auf eigene Faust getroffen, zur großen Bestürzung Lucretias. Liest man im Archiv ein paar ihrer schnell hingeschriebenen Briefe zu diesem Thema, hört man sie fast schreien: »Six« – so lautete ihre Anrede für ihren Mann, wenn sie wütend war. Als sie erfahren habe, dass er Jan nach Noorthey schicken wollte, sei sie »so furchtbar erschrocken«, dass sie wegen einem »Krampf in der Brust« ihre Stimme verloren habe. Sie könne nicht darüber reden, sei »zu angespannt«, um »denken und sprechen« zu können. Hätte er sie nach ihrer Meinung gefragt, hätte sich das vermeiden lassen, doch nun lebe sie »unter einer Folter (...), die nicht zu beschreiben ist«.

Ein weiterer Brief: Wäre die Entscheidung »in gegenseitiger Herzlichkeit und mit der Bitte um Gottes Segen« getroffen worden, dann wäre sie, Lucretia, fähig gewesen, »mit klarem Geiste« ihre »unparteilichen Ansichten, Gefühle und Prinzipien« zu äußern, so dass sie zusammen zu einer Entscheidung hätten kommen können, die »einer Prüfung durch die aufgeklärte Religion und die gesunde Vernunft« standgehalten hätte.

Und ein paar Briefe später: Für eine Frau in ihrem Alter sei es »um so schmerzlicher [gewesen], diese Zuneigung, die ich natürlich für mein eigenes Kind empfinde, das mir siebzehn Jahre (...) alles bedeutet hatte und noch bedeutet, so ganz zerstört zu sehen«. Jetzt dürfe sie sogar in dieser Angelegenheit »keine andere Auffassung als die Ihrige« haben. Wieder kämpft sie vergebens dafür, ihre eigene Rolle spielen, eine eigene Meinung haben zu können.

Das fragliche Internat war 1821 von Petrus de Raadt gegründet worden, einem Lehrer, der stark von dem Schweizer Pädagogen Pestalozzi (vereinfacht gesagt, einem Vorläufer Montessoris) beeinflusst war. Für die damalige Zeit war die dort praktizierte Pädagogik ausgesprochen progressiv. So hatte beispielsweise 1830 jeder Schüler sein eigenes Stückchen Garten zu pflegen, und schon 1850 gab es Sportunterricht. Was das Internat aber besonders attraktiv machte, war seine Exklusivität: Angesehene Familien aus dem ganzen Land, wie die Dedels, van Loons, Sixe, Sillems, Borskis und später sogar die Oranier, schickten ihre Söhne nach Noorthey. Dort wurden Freundschaften fürs Leben geschlossen, dort entstanden die Elitenetzwerke der künftigen Niederlande.

Jan hatte es anfangs nicht leicht. Die anderen Jungen täten nichts, als herumzurennen und sich zu balgen, schikanierten ihn und nannten ihn »Dummkopf, Kaninchen, alte Socke«, schrieb er seinem Vater. Nach einem halben Jahr war es überstanden, er weinte nicht mehr, die Schikanen gehörten der Vergangenheit an. Bruder Piet, der ein knappes Jahr später nach Noorthey kam, hatte keine Schwierigkeiten, war aber sehr unruhig, wie de Raadt berichtete. Lucretias Briefe aus dieser Zeit bestehen vor allem aus Gesundheitsratschlägen: Lebertran, tüchtig essen, nicht zu wild spielen, immer fällt ihr etwas ein. England war damals groß in Mode, weshalb Lucretia auf Englisch zu korrespondieren versuchte: »*I have begun a conversation by means of paper pen and inkt with mij* [!] *good dear boy, whichs I long already so much to see again that I don't know* …«

Jan wiederum klagte über seine zu enge Winterhose: »Ich befürchte, dass der Schneider von Voorschoten (der ein Loch in einer grauen Hose mit Blau stopft) einen Lappen von wer weiß welcher Farbe, auf sehr dumme Art, hineinsetzen wird.« Außerdem schreibt er über eine anstrengende Wanderung auf dem Damm einer im Bau befindlichen Bahnstrecke – wahrscheinlich der von Haarlem nach Den Haag –, »wo schon die Balken [!] liegen«. Über einen Ausflug nach Voorschoten, der mit einem Räuber- und Gendarm-Spiel um eine Baggerschute endet. Über ein Pamphlet: »Neulich habe ich eine dieser Schriften gegen den gewesenen König [Wilhelm I., GM] gelesen, nämlich: Der geflohene Verwalter oder der Maskenball. Ich fand sie nicht übel, aber es gefiel mir nicht, dass man darin auch über den gegenwärtigenden [!] König [Wilhelm II., G.M.] spottet.«

Die Alltagswirklichkeit hat sein Mitschüler Frans Valck vermutlich besser eingefangen: »Um 7 Uhr hatten wir Unterricht. Davor hatten wir schon Frühstück gehabt. Zwei Butterbrote, Roggenbrot mit Kümmelkäse. Bei der Bibellesung konnte man gut darüber nachdenken, wie man noch mehr Butterbrote bekommen könnte.«

Und die ganze Zeit über zählte Lucretia die Tage ohne ihre Jungen, sogar in ihren Briefen.

Am 24. Juni 1842 verließ Jan die Schule. Petrus de Raadt hatte einen überschwänglichen Abschiedsbrief geschrieben: Jans »Schlichtheit und Aufrichtigkeit des Herzens« verbunden mit geistigen Fähigkeiten, »mit welchen Sie nicht spärlich bedacht sind«, hätten bei ihm einen unauslöschlichen Eindruck hinterlassen. »Sie haben sich in Noorthey exzellent betragen«, er hoffe, die »Zuneigung« werde

Bestand haben. »Bewahren Sie sich, mein lieber Jan, jene liebenswerte Offenheit des Gemüts, für welche Sie eine so glückliche Anlage haben.«

Jan ging nach Utrecht, um Rechtswissenschaft zu studieren, zog sich aber bald wieder nach 's-Graveland zurück, wo er zusammen mit Bruder Piet ein untätiges Junggesellenleben führte. Ein Zeitgenosse schrieb später: »Seine Mutter hätte, was das Alter anging, seine Großmutter sein können; sie war kränklich, und so war es kein Wunder, dass die Jugend von Six nicht dazu angetan war, ihm tatkräftige Neigungen einzuimpfen.«

Maurits van Lennep schildert in seinen Jugenderinnerungen, wie er bei einem Besuch auf dem Landsitz Hilverbeek – vermutlich 1844 – Hendrik und Lucretia erlebte. Er zeichnet ein trauriges Bild. »Sie lebten wie Katz und Hund, und wenn der eine den Söhnen etwas verbot, erlaubte es der andere.« Lucretia, so schreibt er, beklage sich ständig bei den Damen in der Nachbarschaft. Und Hendrik bezeichnet er als geizigen »Griesgram«, »Nörgler« und »schwieriges Nervenbündel«.

In seinem Bericht begegnen wir unerwartet dem fast vergessenen Jan Six des frühen 19. Jahrhunderts wieder, einem alten Mann mit »einem gewaltigen Buckel und nur einem Auge«. Der junge van Lennep musste mit ihm in einem Zimmer schlafen, einem Raum, in dem sowohl ein Doppelbett als auch ein Kinderbett standen. »Ich nahm an, dass dieses für mich bestimmt sei, doch das Mädchen sagte: ›Nein! Darin tut Herr Jan schlafen!‹ Ich glaube, er war älter als der Onkel [Hendrik], aber wie dem auch sei, man gönnte ihm nicht einmal ein Gästezimmer für sich allein und ein ordentliches Bett, denn er musste sich mit einem Kinderbett begnügen.«

Am nächsten Morgen, beim Frühstück, wurde der junge Gast dann erst einmal von Hendrik angeschnauzt, weil er unaufgefordert »guten Morgen« sagte, was sich für Kinder nicht gehörte. Dann beobachtete er verblüfft, wie der »kleine Onkel Six« seine Scheibe Brot in dünne Längsstreifen schnitt »und diese nacheinander in ganzer Länge mühelos in den Mund schob und völlig darin verschwinden ließ, ohne auch nur ein Stück davon abzubeißen«. Beim Mittagessen habe Onkel Jan seine Suppe viel schneller als alle anderen aufgegessen, »da er mit dem Kopf nicht weit über den Tisch ragte, und wenn er den Teller halb leer hatte, ihn mit beiden Händen an die Lippen setzte und einfach leerschlürfte«.

Der »alte« Jan Six bewohnte da schon seit Jahren einige Zimmer in der Spiegelstraat. Van Lennep: »Wenn er auf die Straße ging, benutzte er eine Walrippe als Spazierstock. Alle hielten ihn für bettelarm, doch besaß er, wie sich bei seinem Tod herausstellte, ein hübsches Vermögen.«

Lucretia starb ein Jahr nach ihm, 1845, Hendrik im Jahr 1847. Doch nicht einmal der Tod war für die ruhelose Lucretia eine Befreiung. Sie war eine für Moden jeder Art empfängliche Frau, und gerade zu jener Zeit grassierte die Taphephobie, die krankhaft übersteigerte Angst, lebendig begraben zu werden. Geschichten von Graböffnungen, bei denen man Skelette in verzweifelt verrenkter Haltung vorgefunden hatte, machten die Runde und wurden begierig von Zeitschriften aufgegriffen, die sie mit Furcht einflößenden Illustrationen versahen. Man dachte sich allerlei Konstruktionen für den Fall der Fälle aus, beispielsweise eine Schnur im Sarg, mit der eine Luftklappe geöffnet und eine Glocke plus fröhlich winkendem Fähnchen bewegt werden konnten. Andere verlangten, dass ihnen zur Sicherheit das Herz entnommen oder der Kopf abgetrennt wurde.

Lucretia fand eine einfachere Lösung. In ihrem Testament verfügte sie, dass man sie erst begraben dürfe, wenn ihr Leichnam eindeutig zu »riechen« begann – eine Praxis, die in diesen Kreisen schon seit langem üblich war. Bis dahin wollte sie von eigens dafür angestellten »Totenwächtern« umgeben sein. Als sie Ende Februar 1845 verstarb, herrschte eisige Kälte, überall im Land wurden fünfzehn bis zwanzig Grad unter null gemessen, es war der kälteste Februar seit anderthalb Jahrhunderten. In ihrer Ratlosigkeit ließen die Verwandten das Sterbezimmer tüchtig einheizen, Tag und Nacht. Dennoch dauerte es lange, bis der Leichnam zu »riechen« anfing und Lucretia die Familie endlich losließ.

Hendrik und Lucretia lebten in einer Epoche, in der sich – zum größten Teil außerhalb ihres Blickfeldes – eine stille Revolution vollzog. Die Dampfmaschine, die Eisenbahn und zahlreiche andere technische Neuerungen, die Industrialisierung und die massenhafte Verbreitung von Zeitungen und Zeitschriften, all das hatte das Leben in Europa maßgeblich verändert. Heere von Ingenieuren, Werksleitern und anderen Spezialisten waren nun vonnöten, es entstand eine rasch wachsende Mittelklasse, die nicht mehr akzeptierte, dass Monarchen, Adel oder Patrizierklasse die Macht wie selbstverständlich für sich beanspruchten. Gleichzeitig nahm am unteren Rand der Gesellschaft die Verarmung in beunruhigendem Maße zu. Auch im 17. und 18. Jahrhundert hatten Arbeiter und Handwerker meist nur ein karges Einkommen gehabt, unter normalen Umständen aber wenigstens ihre Familie ernähren können. Den Fabrikarbeitern des 19. Jahrhunderts war das nicht möglich: Selbst wenn sie täglich noch länger arbeiteten als ihre Vorfahren, selbst wenn ihre Frauen und Kinder mitschufteten, reichte es kaum zum Leben. Eine pauperisierte Unterschicht in einem bis dahin unvorstellbaren Ausmaß entstand.

1845 war in ganz Europa ein sehr schlechtes Jahr gewesen. Nach dem endlosen Winter und einem kalten Sommer gab es allerorts Missernten, außerdem breitete sich schon seit 1842 die berüchtigte Kartoffelfäule aus. Die Brotpreise explodierten, in Irland kam es zu einer gewaltigen Hungersnot, *The Great Famine*, der größten Katastrophe des Jahrhunderts – an deren Folgen von 1845 bis 1852 schätzungsweise sechshunderttausend Menschen starben. In den Niederlanden verdoppelte sich die Zahl der Armen des »unteren Standes« von einem Achtel auf ein Viertel der Gesamtbevölkerung. Maurits van Lennep berichtete, beim festlichen Einzug der neuen Königin Sophie, der Gemahlin Wilhelms III., im Jahr 1849 sei der Gestank des »Gelichters« rings um die Kutsche so unerträglich gewesen, dass »wir nicht verstanden, dass Ihre Majestät nicht in Ohnmacht fiel«. »Malaise« war *das* politische Modewort.

Weniger als ein halbes Jahr nach dem Tod von Hendrik Six, Ende Januar 1848, warnte der Aristokrat Alexis de Tocqueville in der französischen Abgeordnetenkammer: »Wir schlafen auf einem Vulkan. Merken Sie nicht, dass die Erde wieder bebt? Spüren Sie – wie soll ich sagen – den Revolutionssturm nicht, der in der Luft liegt?«

Wenige Wochen später fegte dieser Sturm über ganz Europa hinweg. Am 21. Februar kam es in Paris zu Protesten und Unruhen, am 23. und 24. Februar zu Straßenkämpfen zwischen Aufständischen und Militär, »Bürgerkönig« Louis Philippe musste abdanken, die Zweite Republik wurde ausgerufen. In London erschien zur gleichen Zeit das *Manifest der Kommunistischen Partei* von Karl Marx und Friedrich Engels. Eine Woche später wurde im Königreich Sardinien-Piemont, dem politischen Kernland des späteren Italien, eine neue, liberale Verfassung erlassen. Überall ertönte der Ruf nach Freiheit und Gleichheit, nach Abschaffung der Stände, nach dem Ende der ewigen Willkür. In Wien belagerten aufständische Studenten und Arbeiter die Regierungsgebäude, von hier sprang der Funke auf Ungarn über. In Polen und Bayern gab es an einigen Orten Demonstrationen. Am 15. März 1848 brachen in Berlin Unruhen aus. In Den Haag erklärte König Wilhelm II. grimmig lächelnd, er sei innerhalb eines Tages von »très conservatif très libéral« geworden.

Im schläfrigen Amsterdam blieb es bei einer misslungenen Demonstration auf dem Dam, zu der die angekündigten Redner nicht erschienen, und ein paar kleineren Krawallen, die von Gruppen junger Leute ausgingen. Als Maurits van Lennep am 24. März an der Leliegracht unterwegs war, kam ihm eine Schar von Randalierern entgegen, ein »johlender Volkshaufen (…). Davor ein fliehender Herr, in Todesangst, und bei jeder späteren Begegnung konnte ich mir das Lachen nicht verkneifen, wenn ich mich an sein schreckverzerrtes Gesicht erinnerte.« Alles ging glimpflich aus, ein einziger Pistolenschuss, vom Polizeichef höchstselbst, brachte »den Pöbel« zur Raison. Die ewige Ordnung schien wiederhergestellt.

Und doch sollten die wenigen Krawalle weitreichende Folgen haben. Wilhelm II. hatte große Angst vor einem Übergreifen der deutschen republikanischen Bewegung auf die Niederlande und ließ eine völlig neue Verfassung ausarbeiten, die seiner »Allmacht« als

Vater der Nation ein Ende bereitete. Man führte ein neues Wahlrecht ein, die Stände wurden »aufgehoben«; Männer »ohne Geburt« durften von nun an mitregieren. Königin Sophie schrieb zu jener Zeit: »Die alte Welt, die wir gekannt und – vielleicht – selbst zugrunde gerichtet haben, ist Vergangenheit.«

Das Jahr 1848 brachte eine historische Wende, das Ende jener als Zeitalter der »Reaktion« oder »Restauration« bezeichneten Phase, in der – nach Aufklärung und Revolution – die alten Eliten noch einmal uneingeschränkte Macht besaßen. Es folgte eine Epoche vorsichtiger Reformen mit neuen Grundrechten und einer schrittweisen Demokratisierung; schließlich begann man sich sogar für die Belange der »einfachen Leute« zu interessieren.

Het grauw, die graue Masse, bekam ein Gesicht. Langsam, sehr langsam geriet Fräulein Isabellas Zauberwelt ins Wanken und zeigte erste Risse.

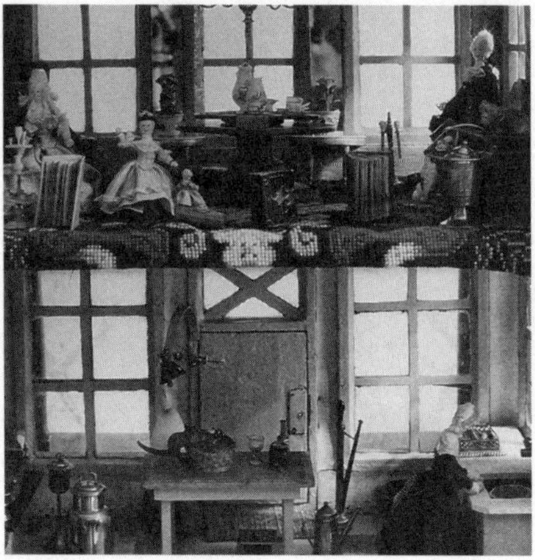

XVII
»ELEKTRIZITÄT, INDUSTRIE, DAMPF«

Ein neuer Jan Six, eine neue Stadt. Ein Vierteljahrhundert später, wir schreiben das Jahr 1875, ist die für das Amsterdam des frühen 19. Jahrhunderts so charakteristische Erstarrung auf einmal überwunden. Wo 1850 auf dem Damrak und dem Buttermarkt – dem späteren Rembrandtplein – noch Hühner herumliefen, glänzen jetzt hell erleuchtete Schaufenster; auf den Kais herrscht Gedränge, Dampfschiffe laufen ein und aus, Amsterdam ist hellwach.

Wir begleiten Eduard, einen nicht näher charakterisierten Einwohner Amsterdams, der in dem Büchlein *Amsterdam en de Amsterdammers door een Amsterdammer* (Amsterdam und die Amsterdamer von einem Amsterdamer) einen Freund aus Den Haag stolz durch seine Stadt führt. Sie ist neuerdings ein einziges großes Einkaufszentrum, in dem alles zu haben ist, Hüte, Kleider, Möbel, Zierglas, Bücher in sämtlichen Sprachen, »anmutige und gediegene Gerätschaften« für die Nutzung des »Dünenwassers« – ein neues Wasserleitungssystem liefert sauberes, klares Trinkwasser aus den Dünen. Die Straßen sind gepflastert und vollkommen eben, sogar Bürgersteige gibt es. Damit die Geschäftsleute neuen Typs, für die Zeit Geld ist, schnell genug von hier nach dort kommen, fahren Pferdeomnibusse durch die ganze Stadt, bis zu dem kürzlich angelegten Wandelpark, dem späteren Vondelpark. Die Cafés und Restaurants sind voll, zu seiner Verblüffung entdeckt der Besucher aus Den Haag in den Kaffeehäusern sogar Damen!

Wir folgen den beiden zum Stadttheater am Leidseplein – es sei »doch reichlich mit Vergoldungen überladen«, meint Eduard –, dann zum Trippenhuis – »ein ganz und gar unpassender Ort für ein

Gemäldemuseum«. Eduard zeigt uns die Baustellen gleich jenseits des früheren Walls, wo die Stadt erweitert wird, und das große Viadukt, das man für den neuen »Hauptbahnhof am IJ« errichtet. In der Ferne blinkt der Amsterdamer Crystal Palace, das phänomenale, aus Glas und Stahl erbaute Ausstellungsgebäude mit dem Namen Paleis voor Volksvlijt (Industriepalast), auf einer Fläche so groß wie der Dam. Gewiss, nicht alles ist wie durch Zauberhand verwandelt. Die Grachten stinken schlimmer denn je, von den giftigen Ausdünstungen angegriffen, sehen die weiß gestrichenen Holzbauteile der Häuser manchmal aus wie mit Graphit geschwärzt. Große Ungleichheit ist nach wie vor die Regel, auch das neue Amsterdam ist aufgeteilt in Ränge und Stände, die unser Stadtführer fein zu unterscheiden weiß: von den »geringen Bürgern« über Wirte von Weinlokalen, Metzger und Bäcker, Buchhändler und Apotheker bis hin zu den alten Regenten.

Hinzugekommen, so unser Gewährsmann, sei die Kategorie der »Geldaristokraten«, der »Parvenüs« mit den neuen »indischen Vermögen« – erworben dank eines Kolonialsystems, das die indonesische Bevölkerung zum Anbau von Kaffee und Zucker zwingt – und derjenigen, die »durch unermüdlichen Fleiß oder glückliche Spekulationen« reich geworden seien. »Nun zieht man den Hut vor ihnen und nennt sie: kluge Köpfe, Männer mit Unternehmungsgeist. Geld ist der große Abgott, vor dem sich alle verneigen.« Wenn man aber noch einen Blick auf die wirkliche Elite, die eigentliche Aristokratie erhaschen wolle: »In der Oper sitzen sie auf dem Balkon, hoch genug, um auf das niedrigere Parterre herabzublicken.«

Irgendwo dort finden wir auch unseren Jan Six – wenn er auch nicht zu den Vergnügungssüchtigen gehört.

Der Jan des 19. Jahrhunderts – die Familie nennt ihn Jan Pieter – muss ein ruhiger, maßvoll lebender Mann gewesen sein, ein altmodischer Privatgelehrter, dessen Lebensstil eher zum alten als zum neuen Amsterdam passte. Er und sein Bruder Piet waren noch jung, als die Eltern starben, dreiundzwanzig und neunzehn. Jahrelang lebten sie in den beiden riesigen Häusern zusammen, die sie geerbt hatten, mal in 's-Graveland, mal an der Herengracht nahe der Vijzelstraat.

1849 war Maurits van Lennep wieder bei den Sixen zu Gast und fand es dort sehr angenehm; Vater Hendrik mit seiner »sauertöpfischen Miene« vermisste er nicht. Die Gebrüder Six zerbrachen sich ständig den Kopf über mögliche Einsparungen, denn die Handelsaktivitäten ihres Vaters hatten einen erheblichen Teil des mütterlichen Vermögens aufgefressen – noch im Jahr vor seinem Tod hatte er hunderttausend Gulden verloren. Die Söhne »befürchteten, nicht weiterhin auf gleich großem Fuße leben zu können«. Sollten sie Landgüter verkaufen? Oder doch das Haus an der Herengracht? Sie würden sich nie einig, scherzte van Lennep, »bis sie letztlich den Entschluss fassten, einige alte Öfen, die auf dem Dachboden standen, zur Versteigerung zu bringen«.

Wie aus anderen Quellen hervorgeht, waren es dann doch etwas mehr als ein paar alte Öfen, die unter den Hammer kamen: Im Jahr 1851 ließen sie einen Teil der elterlichen Kunstsammlung versteigern, vor allem moderne und religiöse Werke. Der niederländische Staat erwarb für einen Pappenstiel das berühmte Doppelporträt von Frans Hals, das vermutlich Isaac Abrahamsz Massa und dessen Frau Beatrix van der Laen zeigt; die anderen Bilder stießen damals auf wenig Interesse. Die Brüder sanierten sich schließlich durch einen sparsamen Lebensstil und mehrere beträchtliche Erbschaften, unter anderem von ihrem »alten« Onkel Jan – »und so stellten sie das Vermögen ihrer Mutter wieder her«.

Abgesehen davon führten sie einen für die damalige Zeit typischen Studentenhaushalt. Cousine Maria van Loon schilderte 1855 in einem Brief an ihre Schwester einen Besuch bei den beiden: »Es empfingen uns Jan in seinem Hausmantel und Piet mit Schlafmütze und *gekauften* Pantoffeln, was mich als deutlicher Beweis für sein Zölibat ganz merkwürdig berührte. Alles befand sich in der bekannten Unordnung.« Jan war damals schon ganz der zerstreute Professor, obwohl er in Utrecht nie über die philologische Zwischenprüfung hinausgekommen war.

Im Jahr 1856 heiratete er Catherina Teding van Berkhout, eine beeindruckende Schönheit, die schon mit König Wilhelm III. bei einem Casino-Ball die Quadrille getanzt hatte. Sie gehörte zum reichen Haarlemer Zweig der Tedings. Jan und Catherina bekamen in rascher Folge drei Kinder: Jan (1857), Hester (1858) und Willem (1859). Erst als auch Piet heiratete, 1860, endete die Zeit der gemeinsamen Haushaltsführung der Brüder. Der Immobilienbesitz wurde geteilt: Jan erhielt das Familienhaus an der Herengracht, Piet den Landsitz Hilverbeek. Im Jahr darauf erwarb Jan das benachbarte Landhaus Jagtlust von der Familie Sinkel. Wie früher Elsbroek wurde das Gut bald zu einem Anziehungspunkt für Wissenschaftler und Kunstliebhaber.

Van Lennep bezeichnet Jan Six als »Quell der Gelehrsamkeit und des Wissens«. Auf jede Frage, egal aus welchem Gebiet, habe er eine Antwort gehabt. »Er wusste mehr übers Säen, Pflanzen und Beschneiden als jeder Baumschul- oder Gutsbesitzer. Alle Blumen, Stauden und Sträucher kannte er bei ihren lateinischen und holländischen Namen.« Und er habe ein unfehlbares Gedächtnis. »Als er 1856 seine Flitterwochen in Paris verbrachte, wäre es seiner Frau, die Paris kannte, eine Freude gewesen, ihm die Stadt zu zeigen, doch geschah vielmehr das Gegenteil; er hatte einen Plan von Paris studiert und fand sich nun in der Stadt zurecht, als wäre er dort zur Welt gekommen.«

Schon in jungen Jahren hatte sich dieser Jan Six für das klassische Altertum begeistert. In einem seiner Briefe aus Noorthey, er war damals ungefähr fünfzehn, schilderte er einen Besuch im Antikenmuseum in Leiden. Obwohl das Gebäude noch größtenteils leer stand, kam er aus dem Schwärmen nicht heraus, was er gesehen hatte, muss ihn fasziniert haben. 1846 erwarb er die ersten antiken Münzen für sich; später sollte er sich darauf spezialisieren, eine bedeutende Sammlung von Münzen und Medaillen zusammentragen und auf diesem Gebiet ein international anerkannter Experte werden.

Sein Blick für Details war erstaunlich. Van Lennep: »Ich besuchte mit ihm das Münzkabinett. An all den Vitrinen ging er, das Glas im Auge, einfach vorbei, als erweckten sie in ihm kein Interesse. Bis er plötzlich eine davon öffnete, ihr eine Münze entnahm und damit ans Fenster trat, um sie zu betrachten. Es war die Einzige, die ihm unbekannt war, und nun folgte ein Gespräch mit dem Direktor, der eifrig bemerkte, Jan verstehe davon ebenso viel wie er oder sogar noch mehr.«

Regelmäßig lud Jan »Fachkollegen« ein, im Haus Jagtlust einen Nachmittag lang »ihrer Leidenschaft für Bücher und Münzen zu frönen«, wie er es ausdrückte. Auch in anderer Hinsicht ähnelte Jan dem ersten Jan Six: Er war ein Forscher und Sammler mit ungewöhnlich breit gefächerten Interessen, ein brillanter Amateur, der sich all diese Liebhabereien leisten konnte. Ein Zeitgenosse beschrieb ihn als »beeindruckende« Gestalt, »der Bart silbern flimmernd wie ein Bergbach im April«.

Jan entwickelte sich nicht nur zu einem der bedeutendsten Numismatiker seiner Zeit, er interessierte sich auch sehr für Archäologie und war wie sein Vater ein hervorragender Botaniker. Außerdem sammelte er antike Möbel und Manuskripte, aber auch Radierungen und Zeichnungen aus dem 17. Jahrhundert, spätmittelalterliche niederländische Malerei, Siegel und andere Kunstobjekte. Jahr für Jahr publizierte er seine neuen wissenschaftlichen Erkenntnisse, die immer häufiger auch in französischen, deutschen und britischen Fachzeitschriften erschienen: Er schrieb über Münzen aus Tarsus, Zypern und Makedonien, über kretische Hieroglyphen, über hethitische Inschriften, kurz und gut, über alles, was ihn und andere Gelehrte faszinierte – und das war irrsinnig viel. Seine Wissenschaft stand noch ganz am Anfang, ähnlich wie einst bei Tulp. Niemand hatte eine genaue Vorstellung von der Bedeutung all der Schriftzeichen und Symbole auf den zahllosen neuen Fundstücken, niemand konnte sie überzeugend in einen Zusammenhang einordnen, die Suche begann gerade erst. Jans Annahmen waren oft bloße Spekulationen, die durch spätere Forschungen widerlegt wurden. Aber er leistete Pionierarbeit.

Er war Ehrenmitglied der britischen Numismatic Society, die ihn als »one of the most dinstinguished numismatics of the present century« bezeichnete. Außerdem gehörte er zu den Pionieren der Denkmalpflege und Archäologie und setzte sich als einer der Ersten für die Gründung von öffentlichen Museen ein. Im Salon seines Hauses an der Herengracht wurde 1858 nach dem Vorbild ähnlicher Gesellschaften in Friesland, Limburg und Zeeland die Koninklijk Oudheidkundig Genootschap (Königliche Archäologische Gesellschaft) gegründet. Mit dem Ziel, die nationale Vergangenheit zu erforschen und in Ehren zu halten und dabei Gegenstände mit Bezug »auf das gesellschaftliche Leben, die Sitten, Gewohnheiten, Gebräuche, Studien, Liebhabereien u.s.w. unserer Vorfahren« zu sammeln. Die Regierung war diesbezüglich völlig desinteressiert. Bedenkenlos ließ sie Kirchen, Burgen und andere historische Bauwerke abreißen, Gemälde und andere Kunstwerke verschwanden ins Ausland. Sogar die Kunstsammlung König Wilhelms II. war 1850 nach Russland verkauft worden. Dass die niederländischen Museen später überhaupt noch bedeutende Sammlungen aufbauen konnten, ist vor allem privaten Sammlern, Gesellschaften wir der Oudheidkundig Genootschap und der Initiative einzelner Bürger zu verdanken.

Im Jahr 1869 verlieh die philosophische Fakultät der Universität Utrecht Jan Six die Ehrendoktorwürde. Hochschullehrer wollte er nie werden – Cousin Maurits van Lennep zufolge, weil ihm das freie Sprechen nicht lag. Aber was hätte ihn daran auch reizen sollen? Er war unabhängig, ungebunden, ein freier Denker und Forscher.

Ich betrachte diesen Jan Six auf einem Porträtbild von August Allebé, sitzend, ein schon leicht gebeugter, bärtiger Greis, nachdenklich und mit melancholischem Blick. Für einen französischen Kollegen, den großen Archäologen Ernest Babelon, war er ein »dienstbarer Gelehrter, der uneigennützig für die Wissenschaft und nur für sie tätig ist; in allen Menschen seiner Umgebung entzündet er die Flamme, die in ihm selbst entfacht war. Nie ist er glücklicher als in den Momenten, in denen er seine Entdeckungen mit jemandem teilen kann, der

Gedanke an geistigen Diebstahl bereitet ihm niemals Sorge, in seinen Schriften finde ich nicht das kleinste Anzeichen von Aufschneiderei oder Quacksalberkünsten.«

Auch in seiner Korrespondenz spürt man diesen Geist. Die kulturelle und wissenschaftliche Sphäre, in der er sich bewegte, war eine ausgesprochen europäische – manche Historiker vertreten sogar die Ansicht, in der Zeit vor 1914 habe es womöglich mehr Austausch und Einmütigkeit gegeben als heute. In der Bibliothek habe ich zahlreiche Mappen mit Briefen durchgesehen, Jan korrespondierte mit London, Paris, Breslau, Straßburg, Halle, Tübingen, Leipzig, Gotha, München – halb Deutschland. Die Archäologie steckte noch in den Kinderschuhen, aber überall machten sich Forscher daran, die Geheimnisse der antiken Welt zu ergründen. Ihren großen Durchbruch hatte die junge Wissenschaft, als Heinrich Schliemann 1871 Homers Troja lokalisiert zu haben glaubte. Jan beteiligte sich eifrig an diesem archäologischen Puzzlespiel.

Ich wähle zufällig einen Packen Briefe aus. Obenauf eine Karte mit schwarzem Trauerrand: Dr. Wilhelm Deecke, Direktor des Gymnasiums zu Mülhausen i. E., 2. Januar 1897. Der Briefwechsel beginnt gut sechzehn Jahre zuvor, am 26. November 1880. In höflichem, formellem Ton – »Hochgeehrter Herr« – beantwortet Deecke einige Fragen zu einer lykischen Münze. Schon bald folgen weitere Briefe und Karten, der Austausch wird intensiver, man erspart sich Phrasen und höfliche Floskeln, es ist nur noch von Schriftzeichen und Inschriften die Rede, die Herren fallen mit der Tür ins Haus: »Haben Sie Mor: Schmidt Commentatio de col. Xanthica (1881) gesehen? Es behandelt dieselbe Stelle wie der Schluss Ihres Briefes.«

Mit der Zeit entwickelt sich daraus eine echte Freundschaft. Voller Begeisterung schicken sich Jan Six und Deecke sorgfältig nachgezeichnete Inschriften zu, diskutieren über die neuesten Funde auf Zypern, über spezielle antike Schriftzeichen; ich stoße sogar auf die vollständige Übersicht über ein Schriftsystem, festgehalten auf einem großen Blatt Rechenpapier. In den Osterferien des Jahres 1888 kommt Deecke persönlich nach Amsterdam, und die Herren verleben, über ihre Münzen und Medaillen gebeugt, wunderbare Tage. Von da an lautet die Anrede »Hochgeehrter Herr und Freund«.

Aus späteren Briefen geht hervor, dass nun auch Jans ältester Sohn intensiv mitdenkt. Die »Hypothese« von Jan junior sei »geistvoll«, schreibt Deecke, stimme allerdings chronologisch nicht. Ganz kurz streift er auch Politisches: »Auch hier hat jetzt die Socialdemocratie siegreich ihren Einzug gehalten und bei der Wahl die Fabrikanten geschlagen.«

Die Korrespondenz wird spärlicher, nachdem Deecke 1889 zum Schuldirektor ernannt worden ist. Er hat nun viel weniger Zeit, doch die freundschaftliche Verbundenheit bleibt spürbar: »Ihr treuverbundener W. Deecke«. Schließlich die Trauerkarte.

»Phantasie und Esprit existieren hier nicht«, schrieb Königin Sophie nach einem Besuch in Amsterdam an eine ihrer Freundinnen. »Was die Damen betrifft, obwohl mein Empfang gut besucht war, habe ich keine einzige schöne oder elegante Frau gesehen, außer, ja, einer bildschönen Jüdin.« Es gebe aber, räumte sie ein, unter den Amsterdamern »ein paar sehr intelligente, bemerkenswerte alte Herren. Diese Leute sammeln Schätze, schöne alte Kabinettstücke, allerlei wirklich prachtvolle Dinge, doch öffnen sie niemals ihre Prunkzimmer und Salons, so dass man sie selbst genießen könnte.«

Da ist etwas dran, es gilt jedoch nicht für die Six. Die Galerie Six im Haus Herengracht 511 zog Jahr für Jahr Hunderte von Besuchern an. Jan hatte das Haus 1854 gründlich umbauen lassen, wodurch es nun stärker den Charakter eines Museums bekam. Aus dem großen Saal und dem Speisezimmer auf der Beletage und der Galerie im obersten Stockwerk rings um die Treppe – mit wundervollem Licht von oben – wurden Ausstellungsräume. Reiseführer empfahlen dringend eine Besichtigung der Sammlung. Allein im großen Saal hingen nicht weniger als vierunddreißig Gemälde, darunter die Familienporträts von Rembrandt. In der kleinen Galerie im Obergeschoss drängten sich Rahmen an Rahmen insgesamt vierzig Bilder, nur nach Farbe und Format geordnet.

Laut *Baedeker* war die Ausstellung an Wochentagen nach Anmeldung mit Visitenkarte und gegen Zahlung von einem Gulden für einen wohltätigen Zweck zu besichtigen. Ein »gut unterrichteter Diener« besorge die Führung. Lord Ronald Gower nannte die Sammlung in seinem Belgien- und Niederlande-Reiseführer »undoubtedly one of the finest private art galleries in the Low Countries«. Victor Hugo, Edgar Degas, Jules Breton, Willem Maris, Jozef und Isaac Israëls, Jan Toorop, Hendrik Mesdag sind nur einige der Namen, die in den Gästebüchern zu lesen sind.

Was in diesem einen Wohnhaus ausgestellt und aufbewahrt wurde, war tatsächlich beeindruckend. Ein paar Beispiele: Unter den mehr als einhundert holländischen Meisterwerken waren fünf Saenredams, drei Rembrandts, Vermeers *Straße in Delft* und *Dienstmagd mit Milchkrug* sowie Jan Steens *Mädchen mit Austern*. Auf alten Fotos sieht man, dass sogar die Wände des Esszimmers mit Bildern vollgehängt waren, zu erkennen sind unter anderem Gerard Terborchs *Frau schreibt einen Brief*, Adriaen van Ostades *Fischstand* und Albert Cuyps *Fischerboote bei Mondschein*. Daneben gab es eine riesige Sammlung antiker Münzen und Medaillen zu sehen, eine große Bibliothek, die einige wunderschöne Stundenbücher beherbergte, eine Porzellansammlung, Skulpturen, Silber, jede Menge Nippes, und auf dem Dachboden stapelte sich die Kleidung von etlichen Generationen der Sixe, kurz und gut, man fühlte sich von der Fülle an Kunst und Kunsthandwerk regelrecht erschlagen.

Im oberen Flur des Hauses an der Amstel steht ein Puppenhaus, es zeigt im kindlichen Maßstab einen Querschnitt durch das häusliche Leben an der Herengracht. Wer in die Hocke geht, wirft einen Blick ins 19. Jahrhundert. Am Esstisch Vater, Mutter und Kind, sie sitzen auf Bänken und trinken aus Tassen, man sieht einen Pfeifenständer und einen Kronleuchter, auf dem Fußboden einen Stapel Bücher, eine Schachtel mit Dominosteinen, ein Hündchen, sogar eine Miniatur-Spielzeugeisenbahn. Eine Etage tiefer ein Dienstmädchen in einer Küche mit Spüle und Herd, sechs kupfernen Töpfen an der

Wand, allerlei anderen Kupfergefäßen und einem Besteckkasten voll winziger Messer, Gabeln und Löffel. Im Dachgeschoss ein großer blauer Bügeltisch, ein Schrank, ein alter Nachttopf und ein wenig Gerümpel. Und all das in einem festen, sicheren Haus mit dreizehn Fenstern und zwei großen Kaminen gegen die schlimmste Kälte – warm wurde es in diesen Häusern trotzdem nie.

Das echte Familienhaus unseres Jan Six des 19. Jahrhunderts, Herengracht 509–511, wurde vor fast einem Jahrhundert abgerissen. Es war ein Grachten-Palazzo wie eine ganze Reihe anderer in jenem Teil der Stadt, mit einem großen Empfangssaal, einem eleganten Salon, einem reich dekorierten Speisezimmer, einer schönen Bibliothek und einer prachtvollen Eichentreppe.

Praktisch waren Häuser dieser Art selten. Die Beletage war halb öffentlich, dort befanden sich die Speise- und Prunkgemächer und der »Saal« für festliche Empfänge, Diners und Bälle. Auf den Zwischenetagen wohnte und nächtigte die Familie selbst. Im Souterrain arbeiteten die Dienstmädchen und anderes Personal; die männlichen Bediensteten schliefen dort auch, während die »Mädchen« auf dem Dachboden in kleinen schlichten Zimmern mit hölzernen Wänden untergebracht waren, wo es gelegentlich zu »Unregelmäßigkeiten« mit den Söhnen des Hauses kam, auch bei den Sixen.

Kinder und Eltern lebten getrennte Leben. »Die Mutter – das war eine Dame, die einem abends einen Gute-Nacht-Kuss gab und dann angenehm duftete«, sagte ein alter Patrizier einmal der Historikerin Ileen Montijn. Die älteren Kinder hatten, wie in solchen Familien üblich, ein eigenes Wohnzimmer; die Schlafgelegenheiten waren dagegen, zumindest bei den Sixen, vergleichsweise einfach, meistens schliefen die Jungen zusammen in einem Zimmer. Die jüngsten Kinder hielten sich in einem gesonderten Kinderzimmer auf, in dem sie auch mit dem Kindermädchen aßen. Wenn sie fünf oder sechs Jahre alt waren, kam eine »Mademoiselle«, oft »sellie« genannt, hinzu, eine französischsprachige Gouvernante, die im Alltag eine mindestens ebenso wichtige Rolle wie die Mutter spielte.

Jan und seine Familie führten trotz des umfangreichen Vermögens ein relativ bescheidenes Leben. Der Überlieferung zufolge standen bei den Sixen mindestens anderthalb Dutzend Männer und Frauen in Dienst: Das Herengracht-Haus und Jagtlust wurden von je einem Ehepaar verwaltet, das den Haushalt führte; daneben gab es mindestens vier Dienstmädchen, zwei bis drei Diener, einen Kutscher, einen Stallburschen, einen Gärtner plus Gehilfen und einiges an Küchenpersonal. Im Winter hatte einer der Diener die Aufgabe, sämtliche Feuer zu unterhalten. Begab sich die Familie Anfang Mai nach 's-Graveland, begleiteten sie die meisten Angestellten, Anfang Oktober kehrten alle zurück.

Der Umgangston war freundlich. In der Familie galten zwei Grundregeln: Wenn man die Bediensteten gut behandelt, tun sie alles für einen und stehlen nicht. Und: Wenn man vertraut, muss man blind vertrauen. Gleichzeitig wahrte man aber einen gewissen Abstand. Der Diener, der am Tisch bediente, trug Handschuhe. Die meisten anderen Hausangestellten hatten vor allem bei Anwesenheit von Besuchern möglichst unsichtbar zu bleiben, so als existierten sie nicht. Unzählige Männer und Frauen müssen im Laufe der Zeit Freud und Leid mit den Sixen geteilt haben, und umgekehrt. Und dennoch finde ich in den Familienunterlagen nur selten einmal einen der Namen. Den eines Gärtners in Hillegom, Hendrik; den des Hausverwalters van den Bergh; den eines Kutschers, Jan; schließlich die Namen zweier Kindermädchen, Eva und Emma; das ist es auch schon. Es waren getrennte Welten. Cousin Jacob Six erwähnt in seinen Erinnerungen, seine adlige Mutter habe als kleines Mädchen einmal heimlich die Personaltoilette benutzt: »Welch ein Wagnis!«

Die Verhältnisse im Hause Six werden also ungefähr so gewesen sein, wie wir sie aus gewissen englischen Kostümserien kennen, nur in einem etwas kleineren Maßstab. Der Hausverwalter war der Butler, der für das Funktionieren des Ganzen verantwortlich war, der Hausherr verständigte sich über Organisatorisches meist nur mit ihm. Die Frau des Hausverwalters leitete den Haushalt im engeren Sinne, ihr unterstanden Küche, Speisezimmer und Wäscheschrank, die meisten haushälterischen Entscheidungen delegierte die Hausherrin an sie. Allerdings behielt sie die wichtigsten Schlüssel bei sich, und das feinste Kristall, Silber und Porzellan, in einem besonderen Geschirrschrank im Speisezimmer untergebracht, ging durch ihre Hände.

Eines der »Mädchen« wird den Damen Six vermutlich als Zofe gedient haben. Die Etikette schrieb ja für verschiedene Tageszeiten unterschiedliche Kleidung vor, besonders wenn man ein Leben »in Gesellschaft« führte. Das erforderte häufiges Aus- und Ankleiden, morgens, mittags und oftmals auch abends. Korsetts mussten geschnürt, Frisuren gerichtet, riesige Hüte mit Federn und Bändern geschmückt werden; wegen der Komplexität der damaligen Damenkleidung war das bloße An- und Umkleiden ohne fachkundige Hilfe kaum möglich. Auch wenn keine Gäste da waren, erschienen die erwachsenen Familienmitglieder adrett gekleidet zur abendlichen Mahlzeit. Bis in die 1930er Jahre aßen die Kinder, zusammen mit der Gouvernante, von den Erwachsenen getrennt. Die jüngeren Mädchen trugen Kittelkleider, die Jungen kurze Hosen, an Feiertagen Matrosenanzüge. Mit zehn bekamen sie eine lange graue Hose, ein weißes Oberhemd und eine Krawatte, mit zwölf den ersten blauen Blazer mit silbernen Knöpfen – und die erste Zigarre. Die Umgangssprache war Französisch, selbst gegenüber den Kleinsten: »Piet, ta main gauche!!«

Es waren »erfundene Traditionen«, erdachte Gebräuche, die als uralt bezeichnet wurden, in Wirklichkeit aber vor nicht mehr als ein paar Jahrzehnten aufgekommen waren. Auch bei den Sixen waren all die Rituale und die festen, oft unausgesprochen weitergegebenen Regeln bis weit ins 20. Jahrhundert hinein Standespflicht und Ehrensache, von wesentlicher Bedeutung gerade in einer Zeit, in der Rang und Klasse weniger zählten und es kaum andere Möglichkeiten gab, sich als Familie deutlich vom Rest abzuheben.

Der Teil des Grachtengürtels zwischen der Leidsegracht und der Amstel wurde auch »de polder« (der Polder) genannt. Er war ein Gebiet mit eigenem Verhaltenskodex, eigenem Sprachgebrauch, sogar eigenem Dialekt, dem *hooghreengrachts*. Der Verhaltenskodex verbot es beispielsweise Mutter Catherina Six und ihrer Tochter Hester, das Haus ohne Begleitung zu verlassen, wollten sie nicht ihren Ruf ernsthaft schädigen. Auch in den neuen Restaurants durfte eine Dame von Stand sich noch viele Jahre nicht zeigen – für vornehme Familien war es ohnehin »not done«, dort zu speisen. Die Kalverstraat war von ein bis drei Uhr nachmittags für anständige Damen sogar ganz tabu, es waren die Stunden des Straßenstrichs.

Im Grunde lebten Familien der Amsterdamer Elite wie die Sixe recht isoliert. Sie sahen immer dieselben Menschen, mit denen sie »auf Besuchsfuß« standen. Zumindest für unser Empfinden muss es ein oft todlangweiliges Leben gewesen sein, nicht nur durch Korsetts und formelle Kleidung eingezwängt, sondern auch geistig beengt und steif.

Die wichtigste Form des Zusammenseins war das Souper, auch *slaatje* (Salat) genannt, eine leichte Abendmahlzeit. Dabei ging es relativ locker zu, die Herren tranken viel und erlaubten sich »nicht immer ganz dezente Anspielungen«. Das Diner war zunächst eine förmlichere Zusammenkunft, verdrängte aber allmählich das Souper. In den Schränken des Hauses an der Amstel findet man noch die Reste des reich verzierten Porzellans aus jener Zeit, das beim Adel nahezu unvermeidliche Service mit blauen Blümchen, das »Sternchenglas« und das Tafelsilber, das bei den Diners im Hause Six zentimetergenau ausgerichtet das Auge erfreute. In den alten Damasttischtüchern sind noch die Furchen sichtbar, gezogen von Generationen junger Sixe, die gelangweilt mit ihrem Besteck auf dem silbernen Messerbänkchen spielten.

Viele Kontakte hielt man durch ein sonderbares Ritual aufrecht, das sogenannte Visitefahren oder Kartenabwerfen. Meistens geschah das an einem Sonntagnachmittag. Hausherr und Hausherrin ließen sich in einer Kutsche die Grachten entlangfahren und arbeiteten eine lange Liste von Bekannten ab, die wieder einmal mit einem Besuch beehrt werden mussten. Neben dem Kutscher war meistens ein Stallknecht oder *palefrenier* mit von der Partie, gekleidet in eine

Livree in den Farben der Familie und mit Wappenknöpfen – noch heute hängt eine solche Montur im Gästezimmer. Jedes Mal wenn die Kutsche vor einem Haus hielt, stieg er vom Bock, betätigte die Türglocke, überreichte eine Visitenkarte und wartete ab. Mal wurden die Besucher hereingebeten, und man plauderte ein wenig, mal ließen sich die Bewohner verleugnen, und man fuhr weiter. Oft erleichtert, weil der Form wieder Genüge getan war.

Dieses Zeremoniell wurde allgemein als lästige Pflicht empfunden. Man habe es Leuten »beinahe übel genommen«, wenn sie einen sonntags tatsächlich empfingen, erinnerte sich der Chronist der Amsterdamer Patrizier, Frans van Lennep. »Die Besucher mussten damit rechnen können, dass sie sich mit dem Abgeben von Karten begnügen durften.« Es war ein Leben voller sozialer Pflichten, zu denen auch der Unterhalt einer Equipage gehörte. Erst im 20. Jahrhundert sollten all diese Rituale langsam verschwinden; noch eine Großmutter der heutigen Six erledigte bis 1948 ihre Besuche mit der Kutsche.

In dieser Welt starben viele der stolzen Familien allmählich aus, in manchen der riesigen Häuser des Grachtengürtels lebte nur noch ein einziger, letzter Nachfahre. Das Haus, das die einst so begehrte Wijntje Kluppel – neben zwei Millionen Gulden – von ihren Eltern geerbt hatte, wurde nach ihrem Tod von ihren drei unverheirateten Töchtern bewohnt. In dem riesigen Gebäude gegenüber lebten ihre vier Cousinen, die anderen Kluppel-Enkelinnen, ebenfalls unverheiratet, in »Distinktion« und Müßiggang unübertroffen, jahrzehntelang. So vertrocknete langsam aber sicher dieser Zweig der Kluppels in den Häusern Herengracht Nummer 450 und 493.

Auf den ersten Blick schien die Macht von Adel und Patriziern ungebrochen. In Wirklichkeit entstanden überall fast unsichtbare kleine Risse – ein Prozess, der sich in den herrschenden Schichten ganz Europas vollzog. Mancher erspürte das sehr genau. Thomas Buddenbrook drückte es in Thomas Manns Roman so aus: »Ich weiß, dass oft die äußeren, sichtbarlichen und greifbaren Zeichen und Symbole des Glückes und Aufstieges erst erscheinen, wenn in

Wahrheit alles schon wieder abwärtsgeht. Diese äußeren Zeichen brauchen Zeit, anzukommen, wie das Licht eines solchen Sternes dort oben, von dem wir nicht wissen, ob er nicht schon im Erlöschen begriffen, nicht schon erloschen ist, wenn er am hellsten strahlt ...«

Es war eine Ökonomie der besonderen Art, in der jede dieser Familien ihre Rolle spielte, eine »Erbschaftsökonomie«. Deshalb war die Einführung der Erbschaftssteuer für Nachkommen in direkter Linie – in den Niederlanden im Jahr 1878 – ein bedeutender Einschnitt, dessen Folgen weiter reichten als alle vorausgehenden Verfassungsreformen. Ende des 19. Jahrhunderts bestanden neunzig Prozent der europäischen Vermögen noch aus Geerbtem, nur zehn Prozent waren selbst verdient oder erspart. Und all das ererbte Geld war im Besitz einer sehr kleinen Gruppe; Familien, wie wir sie aus *Downtown Abbey* oder *Das Haus am Eaton Place* kennen, verfügten 1910 über fast drei Viertel der britischen Privatvermögen. In Frankreich machten Erbschaften noch beinahe ein Viertel des Nationaleinkommens aus (im Gegensatz zu nur vier Prozent nach dem Zweiten Weltkrieg). In den übrigen westeuropäischen Ländern einschließlich der Niederlande war die Situation kaum anders.

Doch in der zweiten Hälfte des 19. Jahrhunderts setzte ein Wandel ein, überall in Europa begann man, Vermögen und Erbschaften spürbar zu besteuern. Die Besteuerung ließ die Familienvermögen Generation für Generation um einen erheblichen Teil schrumpfen. Außerdem erreichten nun immer mehr Kinder das Erwachsenenalter.

Auch die niederländische Aristokratie hatte zunehmend Geldsorgen. Das Leben in den Grachtenhäusern und auf all den schönen Landgütern verschlang Jahr für Jahr große Summen. In der Zeit von 1875 bis 1925 waren Adel und Patrizier in den Niederlanden noch sehr reich, wenn auch der Reichtum stetig schwand und andere ihren Platz einnahmen. Im Jahr 1850 gehörten ungefähr die Hälfte der reichsten Niederländer dem Adel an, ein halbes Jahrhundert später war es weniger als ein Viertel.

Die Sixe gehörten ohne Zweifel zu diesen Allerreichsten, sie konnten sich finanziell sehr gut behaupten. Auf der Liste der »Höchstveranlagten« im Steuerjahr 1880 – notwendig zur Feststellung der Wahlberechtigung – steht Jans Name im mittleren Bereich, an fünfzigster Stelle. (»Boden« und »Kunst« wurden damals noch nicht besteuert, sonst hätte er in der Rangfolge weiter oben gestanden.) Wie er 1878 seinem Cousin Maurits van Lennep sagte, verfügte er über ein Jahreseinkommen von fünfundzwanzigtausend Gulden, mehr als genug, um auch in diesen Kreisen »anständig leben zu können«.

Sein Bruder Piet war noch besser gestellt, wahrscheinlich dank seiner in finanzieller Hinsicht außerordentlich geschickten Heirat. Piets Töchter Louise und Henriette erhielten – so will es jedenfalls die Familienüberlieferung – eine Mitgift von jeweils einer Million Gulden; auch die Söhne, Rudolf und Jan-Willem, wurden entsprechend versorgt. Anscheinend konnte dieser Zweig der Sixe solche Beträge problemlos aufbringen.

Das galt nicht für alle Familien der alten Elite. Häufig bestand ein großer Teil ihrer Vermögen nicht aus Effekten, sondern aus Grundbesitz, weshalb sie, als 1878 in ganz Europa die Landwirtschaft in eine schwere Krise geriet, schnell in Schwierigkeiten gerieten. Pachterträge und Bodenpreise brachen ein, in England begann der Adel, Landgüter zu verkaufen – annähernd zweitausend Schlösser und Landsitze wurden abgerissen –, in den Niederlanden sanken die Einkommen des Adels zwischen 1880 und 1890 teilweise um ein Viertel, wobei die Inflation noch nicht berücksichtigt ist.

Gleichzeitig gewann eine neue Elite an Bedeutung: die »Parvenüs«, die unser Amsterdamer Eduard erwähnte, Familien, die »durch unermüdlichen Fleiß oder glückliche Spekulationen« reich geworden waren – eine schnell wachsende Gruppe, die ihren Wohlstand zur Schau stellte und eine Reihe von äußerlichen Merkmalen der alten Aristokratie übernahm.

Im Grunde geschah das Gleiche wie im 17. und 18. Jahrhundert: An verschiedenen Orten entstanden neue Landsitze, Familiennamen wurden pseudo-aristokratisch erweitert. So konnte beispielsweise der Seemannssohn Johannes van de Putte, dem der Aufstieg zum prominenten Abgeordneten der Ersten Kammer gelang, seinen Familiennamen aristokratisieren, indem er einfach den seiner Mutter (Fransen) dem des Vaters voranstellte. Das Geschlecht Fransen van de Putte war geboren.

Wie in anderen europäischen Ländern auch gerieten viele aristokratische Familien in eine Zwickmühle. Einerseits sanken ihre Einkünfte, andererseits erforderte die Status-Konkurrenz mit dem neuen »selbsternannten Patriziat« eigentlich eine Erhöhung der Ausgaben. Der kanadische Soziologe Erving Goffman spricht in diesem Zusammenhang von *impression management* als dem Versuch der alten Elite, trotz aller Sorgen und Probleme nach außen hin den Eindruck der Exklusivität und Überlegenheit aufrechtzuerhalten. Tatsächlich gelang das vielen Familien noch zwei, drei Generationen lang, manchen bis heute.

Sie wandten dabei eine Doppelstrategie an. Goffman unterscheidet eine Inszenierung auf der »Vorderbühne« und auf der »Hinterbühne«. Hinter den Kulissen versuchten die Familien, ihre Position zu behaupten, indem sie sich gegenseitig unterstützten – ein intaktes Beziehungsnetz war in diesen Kreisen seit jeher wichtig – und eine durchdachte, strategisch kluge Heiratspolitik betrieben.

Hendrik Six' Heirat mit Lucretia war ein frühes Beispiel dafür. Im späteren 19. Jahrhundert wandte die Aristokratie in ganz Europa diese Strategie an, immer häufiger akzeptierte man »Goldfische«, Kinder reicher Kaufleute und Industrieller, als Ehepartner für die eigenen Söhne und Töchter. Zwischen Großbritannien und den Vereinigten Staaten kam es zu einem zweiten *Columbian Exchange*: Zahlreiche junge Männer aus dem Adel heirateten Töchter der neuen amerikanischen Millionäre; um 1900 machten solche Heiraten zehn Prozent aller Eheschließungen von Adligen aus. Die Mutter Winston Churchills, Jennie Jerome, war – wie auch die Schlossherrin in *Downton Abbey* – eine dieser amerikanischen Bräute. Der sizilianische Adlige Giuseppe Tomasi di Lampedusa spricht in seinem

Klassiker *Der Leopard* von der »in Zahlen ausdrückbaren (...) Erregung«, die ein reiches junges Mädchen im Hirn »eines ehrgeizigen Mannes ohne Vermögen« hervorruft.

Es waren wohldurchdachte familiäre Transaktionen, bei denen, wie der Historiker Jaap Moes schreibt, »soziales Kapital geschlagen, versilbert und eingetauscht wurde«. Im April 1854 heiratete beispielsweise Hendrik van Loon, ein Cousin der Sixe, Louise Catharina Antoinetta Borski, die Tochter des steinreichen Bankiers Willem Borski. »Altes Geld« erhielt so einen kräftigen Schub durch eine Verbindung mit »neuem Geld«, und doch war es ein »Engagement«, über das man innerhalb der städtischen Aristokratie ein wenig abfällig sprach. Vater Borski war so mächtig, dass er es sich erlauben konnte, bei der Hochzeitsfeier absichtlich gegen alle möglichen Regeln zu verstoßen, die Weinflaschen einfach auf den Tisch stellen zu lassen und nicht einmal für Blumenschmuck zu sorgen. »Alle waren verärgert«, notierte Maurits van Lennep später, »aber der alte Borski wollte zeigen, dass er nur ein Bürger war und auf all die schönen Formen nichts gab.«

Die Veröffentlichung der ersten Ausgabe des *Nederland's Adelsboek* im Jahr 1903, auch *Rotes Büchlein* genannt, war ein brillanter Zug in diesem Spiel um Status: Es enthielt die verifizierten Stammbäume sämtlicher anerkannter adliger Familien. Im Jahr 1910 folgte eine entsprechende Reihe mit dem Titel *Nederland's Patriciaat*, das *Blaue Büchlein*. Von nun an stand geschrieben, wer »dazugehörte« und wer nicht.

Auch auf der »Vorderbühne« gaben sich einige aristokratische Familien große Mühe. Landsitze wurden mit beeindruckenden Türmen und Burggräben versehen, Formen und Rituale gewannen weiter an Bedeutung, man setzte sich mit prachtvollen Gespannen, Kutschen und livrierten Lakaien in Szene. Es war ein Lebensstil, der in immer deutlicherem Widerspruch zum egalitären Charakter der niederländischen Gesellschaft stand – ein Zuviel an schönem Schein war verpönt – und mit dem sich die betreffenden Familien noch weiter von dieser Gesellschaft entfernten. Was vielleicht aber auch nicht ganz unbeabsichtigt war. Auf dem Landsitz der van Loons in Doorn gab es irgendwann einschließlich Gärtnern, Waldarbeitern und Stallburschen um die fünfzig Bedienstete. Manchmal ließ jemand ein neues Märchenschloss errichten, beispielsweise das neugotische Kasteel de Haar bei Utrecht, wofür von überall aus dem Gooi mit dem Ochsenwagen alte Bäume herangeschafft wurden und sogar ein Teil des Dorfes Haarzuilens verlegt werden musste. Die Kosten verschob man sozusagen in die Zukunft. Jaap Moes konnte über Nachlassverzeichnisse berechnen, dass sich vor allem der alte Landadel dramatisch verschuldete und nach 1848 »meistens auf Pump lebte«.

Die Sixe mit ihrer einzigartigen Kunstsammlung blieben von dieser trübseligen Entwicklung noch weitgehend verschont. Allein schon der Besitz so vieler Gemälde und anderer Kunstschätze über so viele Generationen hinweg verlieh der Familie eine Ausstrahlung von zeitloser Größe, die für einen Borski unerreichbar war. Jan und seine Familie führten deshalb ein eher altmodisch ruhiges Leben, sie stürzten sich nicht in exzessive Ausgaben und entzogen sich dem bizarren Konkurrenzkampf. Ihr Status war groß genug.

»Seht, (…) die ›Herren‹, wie Ihr sagt, sind nicht leicht zu verstehen«, erklärt eine der Personen in *Der Leopard*. »Sie leben in einem besonderen Universum, das nicht geradezu von Gott geschaffen ist, wohl aber von ihnen selbst in Jahrhunderten eigener, ganz besonderer Erfahrungen, Mühen und Freuden; sie besitzen ein ziemlich gutes kollektives Gedächtnis, und daher ärgern sie sich oder finden Gefallen an Dingen, an denen Euch und mir überhaupt nichts liegt, für sie aber sind sie wesentlich, weil sie in Beziehung gesetzt werden zu diesem ihrem Erbe an Erinnerungen, Hoffnungen, Ängsten, die mit ihrem Stande zusammenhängen.«

Dieses vielschichtige »Erbe an Erinnerungen«, von einer Generation an die andere weitergegeben, war in den Jahren nach 1878 bei Familien wie den Sixen bedroht. Die Einführung der Erbschaftssteuer war nur ein Faktor in einer Reihe von finanziellen Krisen, die sich in den alten Familien überall in Europa häuften. Das Dach eines Landsitzes drohte einzustürzen, ein großer Pächter machte Bankrott, ein Sohn oder Neffe verjubelte das Vermögen, eine Tochter saß einem Schwindler auf, ein Nachlass war plötzlich unter sechs Kindern aufzuteilen – und dazu kam dann noch die Schenkungs- und Erbschaftssteuer. Oft wurden die Folgen solch kleinerer und größerer Katastrophen so lange wie möglich durch den Verkauf von Erbstücken kompensiert.

Vor allem in Großbritannien geschah das in großem Maßstab; ganze Schiffsladungen von Gemälden, Juwelen, kostbaren Büchern und Wandteppichen gingen an Sammler jenseits des Atlantiks – und von ihnen später an die amerikanischen Museen. Einer der wichtigsten Mittelsmänner, der britisch-niederländische Händler Joseph Duveen, handelte nach dem Motto: »In Amerika besitzt man Geld, in Europa Kunst«, aber eigentlich verkaufte er in erster Linie europäischen Status. So kam es, dass aus Blenheim Palace, in dem Churchill aufwuchs, binnen kurzer Zeit Dutzende kostbarer Gemälde unter anderem von Rubens und van Dyck über den Atlantik verschwanden, bis man in England die amerikanischen Bräute entdeckte und ein Sohn des Herzogs von Marlborough eine Amerikanerin heimführte.

In Amsterdam ging es nicht anders zu. Von den vier wichtigen Amsterdamer Kunstsammlungen, die Lord Gower 1875 besuchte, war zwanzig Jahre später nur noch die Sammlung Six übrig. Die anderen waren aufgeteilt worden, teils an Museen verschenkt, teils verkauft. Auch aus dem Hause Six sollte später einiges verschwinden: Vermeers *Straße in Delft* und *Dienstmagd mit Milchkrug*, Judith Leysters *Serenade*, Jan Steens *Hochzeitsfest*, Werke von Rubens, van Dyck, Dou, Jacob van Ruisdael, Hondecoeter, van Ostade und anderen, insgesamt fast fünfzig Gemälde. Vor allem das neue Rijksmuseum profitierte von der Verkleinerung der Sammlung.

Besonders drastisch handelte die Familie van Loon. Eine Hälfte der legendären Sammlung van Winter war Annewies, der Schwester Lucretias, zugefallen, und sie und ihr Mann Willem van Loon hatten ihre Kunstschätze immer liebevoll gehütet. Als Annewies 1877 in hohem Alter verstarb, wartete auf ihre Erben eine herbe Enttäuschung. Sie und ihr Mann waren außerordentlich fruchtbar gewesen, so dass der Nachlass auf zehn Kinder verteilt werden musste. Es gab einen Trost: Die Gemäldesammlung war nicht weniger beeindruckend als die der Sixe; unter den zahlreichen Meisterwerken aus dem 17. Jahrhundert waren Bilder von Frans Hals und Jacob van Ruisdael und Rembrandts berühmte Porträts von Maerten Soolmans und Oopjen Coppit.

Die Versuchung war zu groß; die van Loons zogen das Geld der Kunst vor. Noch im gleichen Jahr konnte Willem junior die Gemäldesammlung als Ganze für anderthalb Millionen Gulden an Gustave Baron de Rothschild in Paris verkaufen. (Allein für die beiden Porträts von Rembrandt mussten 2015, als der Louvre und das Rijksmuseum sie gemeinsam zurückkauften, einhundertsechzig Millionen Euro aufgebracht werden.) Insgesamt hatte der Nachlass einen Wert von fast zweieinhalb Millionen Gulden. Es kam noch zu heftigem Streit wegen verschiedener Besitzungen in Amsterdam, auf dem Watergraafsmeer-Polder, in 's-Graveland und an der Utrechtsche Vecht, aber letztendlich erbte jedes Kind etwa eine Viertelmillion Gulden. Die Familie konnte ihr Privatiersleben fortsetzen, noch für mindestens eine Generation.

Zu derartigen Ausverkäufen war es schon häufiger gekommen, doch dieser weckte Empörung. Das neue Amsterdam des »zweiten Goldenen Zeitalters« identifizierte sich sehr mit dem des ersten, empfand sich als Wiedergeburt des glorreichen Amsterdam des 17. Jahrhunderts und als Hauptstadt einer neuen, stolzen niederländischen Nation. Dazu gehörten kulturelle Helden, die man mit Parks und Standbildern ehrte, allen voran Rembrandt und Vondel. In einer solchen Atmosphäre erschien der Verkauf der bedeutenden Sammlung vielen als eine Art Kulturverrat. War es aber in Wirklichkeit nicht eher so, dass Gewinnstreben als dominierendes Motiv zu der neuen Zeit passte?

»Elektrizität, Industrie, Dampf«, sie gaben jetzt den Rhythmus der Stadt vor. Das Motto war – zusammen mit »Wohlstand, Verbrüderung, Kultur« – in die prachtvollen Türme des neu errichteten Hauptbahnhofs eingemeißelt. Das gewaltige Gebäude erhob sich vor dem alten Hafengelände, schob sich vor das IJ, trennte die Stadt vom offenen Wasser, erschloss aber gleichzeitig ungeahnte Weiten. Mit den schnellen Dampfzügen erreichten die Amsterdamer aus Jans Generation nun innerhalb eines Tages Paris oder Berlin; Expeditionen zu diesen fernen Orten hatten Hendrik, Lucretia und alle früheren Jans leicht eine volle Woche gekostet.

Im Gegensatz zum ersten Goldenen Zeitalter, in dem die Amsterdamer Stadtregierung außerordentlich aktiv gewesen war, kamen zweihundert Jahre später, im 19. Jahrhundert, alle Initiativen, die Amsterdam voranbrachten, zunächst von privaten Unternehmern: 1851 der Bau der Dünenwasserleitung – endlich sauberes Wasser! –, 1853 die Gründung der ersten Baugenossenschaft für die »minder begüterte Volksklasse« im völlig verslumten Jordaan, 1857 die Eröffnung des ersten modernen Krankenhauses an der Prinsengracht, 1863 die Gründung der Amsterdamsche Kanaal Maatschappij, die eine direkte Verbindung der Stadt mit der Nordsee schaffen sollte (den Nordseekanal von Amsterdam nach IJmuiden), 1864 der Bau des Paleis voor Volksvlijt durch den weitblickenden jüdischen Arzt und Unternehmer Samuel Sarphati, im gleichen Jahr die Anlage des späteren Vondelparks, 1887 und 1888 die Eröffnung des Theaters Carré und des Concertgebouw.

Der angehende Theologiestudent Vincent van Gogh ging am 4. Juni 1877 über die riesige künstliche Insel, die für den Bau des Hauptbahnhofs angelegt worden war und von der aus man eine großartige Aussicht auf die alte Stadt hatte. »Ich kann Dir nicht sagen, wie schön es da war in der Dämmerung«, schrieb er seinem Bruder Theo. »Rembrandt, Michel und andere haben das ja gemalt, die Erde dunkel, der Himmel noch licht durch die Glut der untergehenden Sonne, die Häuserreihe und darüber die Türme, die Lichter überall in den Fenstern, alles spiegelte sich im Wasser. Die Menschen und Wagen wie kleine schwarze Figürchen, wie man das manchmal auf einem Rembrandt sieht.«

Vor allem der neue Nordseekanal, der die Stadt quer durch die Dünen direkt mit dem Meer verband, wirkte wie ein gigantischer Dynamo für Handel und Industrie. Durch die Eröffnung des Suezkanals war auch der Ferne Osten näher gerückt, Niederländisch Ostindien brachte riesige Gewinne, die Kolonien wurden nun höchst effizient erschlossen und ausgebeutet. Um 1880 erreichte der »Herengracht-Index« endlich wieder das Niveau des Goldenen Zeitalters.

In Cafés wie Mille Colonnes und Die Port van Cleve traf sich eine neue Generation von Schriftstellern und Malern – Willem Kloos, George Hendrik Breitner, Jan Veth und viele andere –, die an den Toren des Establishments rüttelten; was sie interessierte, war die raue Wirklichkeit des Lebens, der Straße. Auf den Straßen wurde es übrigens immer voller: 1840 hatte Amsterdam 211 000 Einwohner, 1869 265 000 und im Jahr 1900 bereits mehr als eine halbe Million.

In seinem Tagebuch schilderte der Bürgermeistersohn Coo den Tex, wie er und ein paar ebenso schicke Freunde am Sonntag, dem 24. Februar 1874, ihre Pferde bestiegen und durch die Stadt ritten, stets darauf bedacht, Eindruck zu schinden: zuerst im schnellen Trab durch die damals ganz neue Sarphatistraat, bei der Diemerbrug im Osten ein Lunch mit Austern und Champagner, anschließend ein Abstecher zum Zirkus von Oscar Carré – dem Vorläufer des Theaters Carré – und der neuen Brauerei von Coos Freund Gerard Heineken, Spaziergänger erschrecken im Vondelpark, mit einem Sprung auf die neue Brücke vor dem noch im Bau befindlichen Rijksmuseum – »obwohl die Brücke auf dieser Seite noch nicht eben war« –, eine Runde zu Pferd durch die Kaffeestube des Ausflugslokals de Beerebijt an der Amstel, schließlich ein paar letzte Gläser im glänzenden Paleis voor Volksvlijt. Alles war jung, alles funkelnagelneu, das Leben ein einziges Fest und »seine« Cateau Biben die schönste Frau, die es in Amsterdam je gegeben hatte.

Das war die völlig neue Stadt mit ihrer völlig neuen Elite, die in weniger als einem Vierteljahrhundert entstanden war. Jan Six hatte damit nichts zu tun. Champagner, wilde Ritte, eine Cateau Biben samt fröhlichem Anhang – das war nicht seine Welt. Die spektakuläre Verwandlung Amsterdams aus einer schläfrigen Wasserstadt in eine dynamische Landstadt hatte er zwar von Anfang an miterlebt, doch im Unterschied zu seinen Vorfahren nahm er an der Entwicklung kaum aktiv teil.

Offenbar gehörte er zu den Geldgebern für den Vondelpark, aber ansonsten habe ich im Familienarchiv vergeblich nach Anteilsscheinen von Unternehmen gesucht, die Amsterdam mit Projekten wie der Dünenwasserleitung, dem Industriepalast oder dem Nordseekanal ein neues Gesicht verliehen. Die Sorte von Unternehmern, die neuerdings in der Stadt den Ton angaben, ihre anscheinend so lässige und sorglose Art des Geldverdienens und -ausgebens, das Fehlen nennenswerter Familientraditionen – all dies gefiel ihm nicht.

Was ich fand, war eine Liste von Geldanlagen seiner Frau Catherina: ein wenig Land, sonst nur amerikanische und russische Eisenbahn-Aktien, das übliche Portefeuille der damaligen Aristokratie. Nicht ein Gulden für Amsterdam. Die zahlreichen Initiativen überließ man der neuen Generation von Unternehmern und »Geldaristokraten«, Samuel Sarphati, Gerard Heineken und ein paar investitionsfreudigen Familien wie van Eeghen, den Tex, Boissevain und van Hall.

Sogar die Finanzierung des Nordseekanals scheiterte zunächst, weil die Mehrheit der alten Amsterdamer Elite – die traditionsreichen Handelshäuser, die Nederlandsche Bank und die meisten reichen Privatleute aus der ersten und zweiten »*coterie*« – nichts von dem Plan hielt. König Wilhelm III. war darüber so erzürnt, dass er 1865 auf seinen jährlichen Besuch der Stadt verzichtete. Schließlich entschied der Stadtrat, in dem die neue Elite die Mehrheit besaß, die Finanzierung des Projekts zu sichern.

In einem eigenartigen Kontrast zu all der Dynamik stand die relativ schlichte Lebensführung der Sixe, die auf altmodische Art aktiv blieben. Jan gehörte nicht dem Stadtrat an, war aber, den Pflichten seines Standes getreu, von 1857 an zwei Jahrzehnte lang

Mitglied der Provinciale Staten von Nordholland, des Provinzparlaments. Auch dort bröckelte die scheinbar selbstverständliche, althergebrachte Ordnung, innerhalb derer er aufgewachsen war. Im Jahr 1877 zog er sich zurück; die neue Nüchternheit und die ständige Suche nach Kompromissen, »die Politik«, wie er selbst all das nannte, stießen ihn ab.

Amsterdam verwandelte sich so schnell, dass gerade einmal fünfzehn Jahre nach der ersten Ausgabe eine komplett überarbeitete Neufassung des oben erwähnten Stadtführers erschien. Im Jahr 1890 wurden darin die Nachkommen der »Könige der Republik« nun als »aussterbende Art« bezeichnet. Sie seien »gemütlich und förmlich«, spielten jedoch in der Stadt keine bedeutende Rolle mehr, im Gegensatz zum »wahren Kern des wohlhabenden Bürgertums«, den »tüchtigen, den starken, den solide unternehmenden Handelsleuten mit praktischem Sinn, Energie und Durchhaltevermögen«.

Der Patrizier alten Typs habe außer seinem Landsitz und seinem Club auch seine »Hausarmen, die ihn regelmäßig wegen ihrer garantierten Zuwendungen aufsuchen« – man beachte das Wort »garantiert«: Adel verpflichtete auch weiterhin. Im führenden Bürgertum, »teils Nachkommen alter Familien, teils ›neue Leute‹«, sei es anders, dort seien Frauen aktiv, »die sich mit ganzem Herzen und aus wahrer Nächstenliebe der Fürsorge für Arme und Bedürftige widmen und nicht nur Geld und Gut, sondern auch Rat und ein offenes Ohr zu bieten haben«. Zweifellos meinte der Autor die Wohltätigkeitsaktivitäten, die gegen Ende des 19. Jahrhunderts von vornehmen Familien organisiert wurden und bei denen sich insbesondere Frauen hervortaten. »Philanthropie«, meinte die sozial engagierte Reformerin Hélène Mercier, sei »das Zwischenglied, durch das die Frau aus den höheren Ständen ihr häusliches Leben mit dem öffentlichen verbunden hatte«. Anders gesagt: Die Wohltätigkeit bot diesen Frauen eine einzigartige Möglichkeit, ihre »Zauberwelt« – wenn auch vielleicht nur für einen Augenblick – zu verlassen und das wahre Leben kennenzulernen.

So wurde beispielsweise im Jahr 1871 zugunsten von Familien in Armenvierteln die private Hilfsorganisation Liefdadigheid naar Vermogen (Mildtätigkeit nach Vermögen) gegründet, in der sich zahlreiche Damen engagierten. Sie kümmerten sich um Arbeitsvermittlung, aber auch unzählige andere Dinge wie den Kampf gegen Alkoholismus, Gesundheitsvorsorge, Wohnraumbeschaffung, Schule und Ausbildung – große Aufgaben für diese weiblichen Pioniere.

Von all dem Neuen finde ich im Familienarchiv so gut wie keine Spuren, fast nie ist in den Listen von Wohltätigkeitskomitees und ähnlichen Initiativen der Name Six zu lesen, für sie blieb das eine andere Welt. Nur Tochter Hester scheint in dieser Hinsicht aktiv geworden zu sein. Sie war künstlerisch veranlagt und besaß auch Talent; so hat sie einen großen Teil der Kunstsammlung in Zeichnungen festgehalten. Und sie scheint eine schöne Frau mit einer ausgeglichenen Persönlichkeit gewesen zu sein. Von ihr geblieben sind nur ein Porträt – in einem schwarzen, hochgeschlossenen Kleid –, ihre Zeichnungen, eine Handvoll Juwelen, ein Poesiealbum.

»Wenn wir wollen, dass alles bleibt, wie es ist, dann ist nötig, dass alles sich verändert«, verkündet der hitzköpfige sizilianische Adlige Tancredi Falconieri in Lampedusas Roman. »Habe ich mich deutlich ausgedrückt?«

Die Six gingen ihren eigenen Weg.

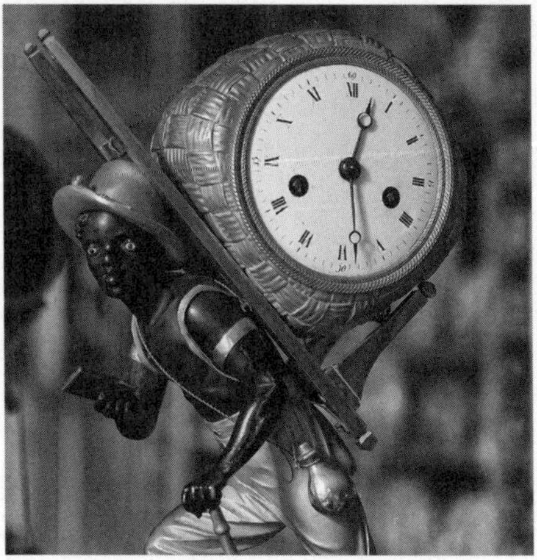

XVIII
REVANCHE

»Der Bürgermeister«, »Jan Six«, »das Rembrandt-Porträt« oder wie auch immer wir dieses einzigartige Gemälde nennen wollen – was war inzwischen damit geschehen? Wie hatte der erste Jan die Reise durch die Zeit überstanden? Hin und wieder taucht das Bild in Testamenten und Nachlassverzeichnissen auf. In der Aufstellung, die nach Margaretha Tulps Tod im Jahr 1709 gemacht worden ist, heißt es: »1 Porträt des Herrn Bürgermeisters Six« – geschätzt auf fünfzehn Gulden. Im Jahr 1811, als der »patriotische« Jan erneut heiratete, wird es wieder genannt: »Ein Manns-Porträt in Lebensgröße bis zum Knie, einen Hut auf dem Kopf und einen roten Mantel umgehängt von Rembrandt van Rijn« – jetzt fünfhundert Gulden wert. Im Notizbuch des Sohnes, des buckligen Jan, ist es 1827 in genau den gleichen Worten aufgeführt, allerdings ohne Schätzwert.

Immer wieder wurde das Gemälde von einem Ort zum anderen geschafft, es begleitete die Familie, hing im 18. Jahrhundert im Haus Elsbroek, im Trippenhuis und im Haus Herengracht 495, dann an der Keizersgracht »hinter der Goldenen Kette«, anschließend in Het Hof in Hillegom und am Lange Vijverberg in Den Haag. Um 1827 landete es schließlich wieder in Amsterdam.

Und nun hing der erste Jan Six im Salon des Hauses Herengracht 511, im Haus des »Professors«, des neuen Jan Six. Es war an einem Neujahrsabend irgendwann um das Jahr 1910 herum. Das Kaminfeuer brannte, die Söhne lasen, die Töchter waren schon hinaufgegangen. Frau Six war mit einer nie enden wollenden Stickarbeit beschäftigt, das Tablett mit dem Tee in Reichweite. »Das Holzfeuer im Kamin und das flackernde Kerzenlicht« schufen eine »eigenartige Stimmung«.

Der Bürgermeister, wie das Porträt damals genannt wurde, habe selten »eine so schöne Wirkung« wie an einem solchen Abend, meinte die Hauslehrerin Johanna Kuijer. Dann »schien es mir, als sei der Bürgermeister nicht nur in effigie, sondern auch leibhaftig in unserem Kreise anwesend. Dann drückt das Gemälde noch etwas anderes aus als sonst, wenn das Kabinett leer ist: ein Gefühl der Befriedigung, auf eine so zahlreiche Nachkommenschaft blicken zu können, worunter gewiss einige Menschen nach seinem Herzen waren.«

Johanna Kuijer war im September 1908 bei den Sixen eingezogen, um den Kindern häuslichen Unterricht zur Ergänzung des Schulstoffs zu erteilen. Sie war damals vierundzwanzig, hatte ihr Studium bei Professor Jan Six abgeschlossen, unterrichtete an der Höheren Mädchenschule an der Herengracht – der »goldenen Schule« – und wollte nie wieder woandershin gehen. Auch wenn ihr berufliches Leben später eine unerwartete Wendung nehmen sollte, fühlte sie sich immer der Familie verbunden, besonders den drei jüngsten der ihr anvertrauten Kinder, Piet, Catharina (Cateau oder Totie genannt) und Hieronyma (Nine).

Ein knappes halbes Jahrhundert später hinterließ »Fräulein« Kuijer den Sixen ihre Erinnerungen. Sie sind eine unschätzbare Quelle zum Leben im Hause Six während jener Zeit. Am Anfang seien bestimmte Gepflogenheiten für sie sehr gewöhnungsbedürftig gewesen, hielt sie später fest. Ein Diener bediente bei Tisch, und man sprach ausschließlich Französisch. Sohn Piet schildert sie als stillen, aber eigensinnigen Jungen; Totie sei untröstlich gewesen, als das Kindermädchen Eva den Dienst quittiert habe. Ansonsten beschreibt sie das Leben im Haus als »schlicht, aber gemütlich«.

Schon bald gehörte sie praktisch zur Familie. Sie segelte auf der »Stella« mit nach Volendam. Sie verträumte lange Sommerwochen unter den riesigen Eichen und Buchen von Jagtlust. Und sie erlebte die eigenartigsten Gäste, von einem armen Rabbiner, der behauptete, dass man »durch Wiegen das Gewicht der Seele bestimmen könne«, über Cousin Rudolf, den stolzen Jägersmann, der sich im Dunkeln schrecklich fürchtete, bis zu Oma Teding van Berkhout, die sich mit ihren neunzig Jahren noch immer wie ein siebzehnjähriges Mädchen kleidete: »ein weißer Hut mit roten Rosen, ein weißes besticktes Kleid, Absätze wie Stelzen«.

Anders als sein Vater und Großvater war Jan, der Professor, kein Mann des Studierzimmers. Er konstruierte mit seinen Söhnen einen Segelwagen, ließ sie mit ihren eigenen Händen ein Spielhaus bauen, »Heidelust« genannt, und bei der jährlichen Säuberung des Teiches in Jagtlust ging er – in Watstiefeln und blauem Troyer – mit gutem Beispiel voran. Die Kunst faszinierte ihn nicht nur in der Theorie, vielmehr war er ein hervorragender Zeichner. Als Student hatte er Kurse an der Rijksacademie van beeldende kunsten besucht, wo er Freundschaft mit führenden Malern wie Jan Toorop und Jan Veth geschlossen hatte.

Er und seine Frau Nine (Hieronyma) Bosch Reitz führten offensichtlich eine gute Ehe, der »spritzige Humor« Nines, so Johanna Kuijer, passe ausgezeichnet »zur Art des schlichten Gelehrten«. Mit der Hausherrin verstand sich die Gouvernante schon nach kurzer Zeit sehr gut. Bei Tisch kam es oft vor, dass beide Frauen über die gleichen Dinge »verstohlen schmunzelten«, sie stießen sich gegenseitig an, wenn es etwas zu lachen gab, und abends vor dem Schlafengehen standen sie manchmal noch lange zusammen und sprachen »vertraulich von beiden Seiten«. Bis Jan schließlich grummelnd seine Gattin ermahnte: »Nun ist es genug, Frau, ab ins Nest.«

Chronist Frans van Lennep beschreibt Nine Bosch Reitz als »lebendige kleine Frau voller Energie und Originalität«. Sie war die Tochter eines Amsterdamer Kaufmanns, der mit einigen Plantagen in Surinam ein Vermögen gemacht hatte. Als sie im März 1890 im Hause Six einzog, schien sich die Geschichte zu wiederholen: Wieder trat eine junge Braut in einen typischen Männerhaushalt ein. Vater Jan war 1887 Witwer geworden, seine geliebte Tochter Hester war ebenfalls verstorben; im Haus lebten außerdem Schwager Pieter

Hendrik und natürlich Nines frischgebackener Ehemann Jan selbst. »Sie bewohnte ein Haus, das ihr nie ganz gehörte«, schrieb ein Zeitgenosse später; es war vollgehängt mit Gemälden, überall standen antike Kunstgegenstände, und fortwährend kamen interessierte Besucher. Nine nahm es mit Humor.

Jan war ein sensibler Ästhet. Einen früheren Heiratsplan hatte er aufgegeben, weil die Auserwählte zu einer Soiree mit Mitaines, fingerlosen Handschuhen, in Grün erschienen war – für ihn eine Todesfarbe. Die Gespräche bei Tisch sollen ein akademisches Niveau gehabt haben. Angeblich bestand die Gouvernante ihre Lehrerinnenprüfung allein aufgrund dessen, was sie im Hause Six aufgeschnappt hatte, mit Glanz und Gloria.

Den Jan Six des 19. Jahrhunderts und seinen Sohn Jan verband sowohl äußerlich als auch charakterlich eine große Ähnlichkeit. Beide waren gut aussehende und würdevolle Männer, freimütig und gastfreundlich; sie ließen andere gern an ihrem materiellen und geistigen Reichtum teilhaben und blieben bei all ihren wissenschaftlichen Verdiensten bescheiden. Einen wesentlichen Unterschied gab es aber doch: Der junge Jan war tatkräftig und unternehmungslustig und scheute auch die Öffentlichkeit nicht. Er brachte etwas Neues in die Familie, die so einen anderen Status in diesen temporeichen, dynamischen modernen Zeiten bekam.

Frans van Lennep: »Der Vater ist ein Amateur von Weltruf, der Sohn ›krempelt die Ärmel auf‹, schließt sein Studium ab und wird zweimal Hochschullehrer.« Zuerst als Dozent für Kunstgeschichte an der Rijksacademie van beeldende kunsten, später als Professor für Ästhetik und Kunstgeschichte an der Universität von Amsterdam, deren *Rector magnificus* er schließlich sogar wurde. Während sein Vater scheu und zurückgezogen lebte, wurde dieser Jan im Amsterdam der Jahrhundertwende bald zu einer prominenten Gestalt des öffentlichen Lebens.

Er promovierte cum laude über die Entwicklung des Gorgonenhauptes in der griechischen Kunst – hier eiferte er als Münzexperte auch seinem Vater nach –, er war Präsident des Amsterdamer Studentenkorps, Vorsitzender der Koninklijk Oudheidkundig Genootschap, Leiter des Empfangskomitees bei königlichen Besuchen, Mitglied im Vorstand des neuen Rijksmuseums, Vorsitzender des Festvereins Casino – um nur einige von seinen Ämtern zu nennen. Bezeichnend ist allein der Umfang seiner bis heute erhaltenen Korrespondenz – mehr als zwölfhundert Briefe –, auch wenn dieser natürlich noch nichts über deren Bedeutung sagt.

Vater Jan sah, wie sein Sohn ihn allmählich überflügelte, während er selbst eine schwere Zeit durchmachte; seine Frau war gesundheitlich angeschlagen, seine Tochter seit langem krank. Seine Sehkraft ließ stark nach; in 's-Graveland sah man ihn regelmäßig mit einem Opernglas vor den Augen spazieren gehen, es hieß, er wolle die Natur »in der Schärfe und Klarheit einer Theatervorstellung« wahrnehmen.

Ein großer Trost waren ihm seine Enkelkinder, Jan, Gijs, Willem, Piet und Totie – Nines Geburt sollte er nicht mehr erleben. »Wie, glauben Sie, soll ich einen Brief schreiben, in dem ich eine ihrer brillanten, doch nicht immer überzeugenden Thesen zerpflücke«, schrieb er einem französischen Freund und Fachkollegen, »während ein kleiner Racker von anderthalb Jahren im Begriff ist, mir meinen Federhalter zu entwinden, und ein anderer, viereinhalb, mir einen Bleistift in die Hand drückt, damit ich für ihn zeichne, was ihm gerade in den Sinn kommt?«

Am Ende konnten seine Augen das Licht nur noch schwer ertragen, dennoch ließ er sich am Vortag seines Todes in seinen Lehnstuhl am Fenster setzen. Ein letztes Mal nahm er alles in sich auf: Das Land rings um Jagtlust, die Felder, Bäume, Gärten, die Natur, die er selbst so liebevoll beschrieben und gestaltet hatte. Seine Kinder und Enkel waren bei ihm, als er am 17. Juli 1899 starb, im letzten Sommer des 19. Jahrhunderts.

Es steht mir nicht zu, zu behaupten, dass Familien wie die Six nicht ins 20. Jahrhundert gehörten. Es fiel ihnen aber schwer, darin anzukommen. Johanna Kuijer schildert, wie es sie bei einem Besuch in

Antwerpen mit Nine Six in den Poesjenellenkelder verschlug, ein beliebtes Puppentheater. Die Holzbänke waren gedrängt voll, nur ein paar qualmende Öllampen erleuchteten den Raum, das Publikum bestand hauptsächlich aus »halbwüchsigen Burschen und Mädeln«. Auf der Puppenbühne jagte vermutlich eine Doppeldeutigkeit die andere, »die Burschen und Mädel brüllten vor Lachen«, aber die Sprache war der Antwerpener Dialekt, »so dass wir zum Glück kein Wort verstanden«. Für die beiden Damen war es ein abenteuerliches Erlebnis, dieser enge Kontakt mit dem »Volk«, und schon nach fünf Minuten huschten sie rasch wieder ins Freie.

Immer noch lebten die Sixe wie viele andere Familien ihrer Klasse in einer Art Seifenblase; ihre Welt war einerseits weit und reich an Bildung und Wissen, andererseits aber eng und begrenzt.

Charakteristisch hierfür ist der familienspezifische Wortgebrauch, wie Johanna Kuijer ihn aufzeichnete. Zum Beispiel stand »Kaffeetrinken« bei den Sixen für einen leichten Lunch, »Kaffee mit Frikadellen«. Die Damen Six glaubten aber, dass sich alle so ausdrückten wie sie selbst. Im Familienkreis vergnügten sie sich mit kleinen Festen und Verkleidungsspielchen; anlässlich eines Ehrentages von Johanna Kuijer verkleidete sich die Hausherrin nach dem Diner als Kind, während die Kinder abgelegte Abendkleidung anziehen durften; Nine lachte Tränen, und »ein Tanz beschloss dieses erste Fest«. Bei einem anderen »Fest« im kleinen Kreis kostümierten sich die Frauen als Tirolerinnen und flochten sich die Haare zu Zöpfen. »Die Kleidung der Hausherrin war der Grund dafür, dass der Diener nicht hereinkommen durfte.« Noch Jahrzehnte später schwelgt Johanna Kuijer in ihren Erinnerungen daran.

Die Welt, in der die Sixe lebten, bestand aus deutlich getrennten Sphären mit nach außen hin abnehmender Vertrautheit. Es gab die geschlossene Sphäre der »alten« Familien, die der neuen Elite, der Gelehrten und Wissenschaftler, die des Kleinbürgertums, der Diener und Hausmädchen, schließlich die der grauen Masse, der einfachen Arbeiter, der Habenichtse, der armen Juden, der Landstreicher und der Immigranten. Und ganz außen, noch viel weiter entfernt, jenes Reich, das die meisten nur vom Hörensagen kannten, die Welt der Kolonien in den Tropen, der Plantagen, der Kulis und farbigen Diener.

Das galt jedoch nicht nur für die Sixe und ihresgleichen, für die meisten damaligen Niederländer war die Menschheit in strikt voneinander getrennte Gruppen aufgeteilt, so hatte der liebe Gott es gewollt. Manche waren sogar der Ansicht, dass Nichtweiße eigentlich nicht zu den Menschen zählten. Seit dem 17. Jahrhundert hatte es unter niederländischen calvinistischen Geistlichen immer wieder heftige Diskussionen über die Frage gegeben, ob afrikanische Sklaven und amerikanische »Götzendiener« vollwertige Mitmenschen seien oder ob sie überhaupt eine menschliche Seele besäßen. »Diese Menschen sind ihrer Natur nach so«, schrieb zum Beispiel im Jahr 1660 Pfarrer Picardt aus Coevorden, »dass sie, so sie in Freiheit gesetzt oder mit Liebe behandelt werden, nicht taugen wollen.« Wenn man sie aber, fährt er fort, »beständig mit Rohrstöcken« schlage, könne man »gute Dienste« von ihnen erwarten. Sein Fazit: »Ihr Wohl ist die Sklaverei.«

Es gab auch andere Stimmen. Die Kirchenvorstände von Amsterdam und Walcheren erklärten bereits 1628, dass es »nicht christlich sei, Leibeigene zu besitzen«. Pfarrer Jacobus Hondius nahm 1679 »Menschendiebstahl« in sein »Schwarzes Register der tausend Sünden« auf. Lucretias Großvater Nicolaas van Winter schrieb 1765 sein anklagendes Drama *Monzongo, of de koninklijke slaaf* (Monzongo oder Der königliche Sklave), um seinen Landsleuten »die Ungebührlichkeit der Sklaverei vor Augen zu führen«. Das Stück war sehr beliebt, auch wegen einer Metapher für das durch Sklaverei verdiente Gold: »gleißend Schlamm, benetzt mit so viel Schweiß und Tränen«.

An den Verhältnissen änderte sich aber wenig. Wie wir gesehen haben, beruhte der Reichtum der Amsterdamer Sixe zum größten Teil auf Grundbesitz in den Niederlanden, doch andere prominente Familien – van Baerle, Calkoen, Dedel, Munter, van Loon, Insinger, Deutz, van Eeghen, Enschedé und neben vielen weiteren auch Bosch

Reitz, die Kaufmannsfamilie, der Nine entstammte – hatten gegen »gleißend Schlamm« nichts einzuwenden.

Nines Großvater, Gijsbert Bosch Reitz, hatte 1815 die Witwe Gertrude (Bébé) Kuvel geheiratet, die durch ihre vorige Ehe in den Besitz einiger Plantagen in Surinam gelangt war. Allerdings hatte der Agent der Familie in Paramaribo die Plantagen sehr vernachlässigt, wie die Eheleute Bosch Reitz herausfanden; von da an kümmerten sie sich von der Keizersgracht aus selbst tatkräftig um ihre überseeische Einkommensquelle. Wie einer ihrer Enkel später bemerkte, waren die Plantagen wahre »Goldminen« – jedenfalls bis zur Abschaffung der Sklaverei im Jahr 1863. Doch so weit war es noch nicht. Zunächst erwarben die Bosch Reitz weitere Plantagen: Libanon – »mit 90 Negern« –, Geertruidenberg, Berthaudslust, Breukelerwaard, Johanna Catherina und schließlich die für achtzigtausend Gulden erworbene Plantage Zoelen, deren Bestand an »Negern« sie weitere vierundzwanzigtausend Gulden kostete.

So gehörte das angesehene Amsterdamer Ehepaar bald zum Kreis der bedeutenden Sklavenhalter der Kolonie. Die beiden betraten niemals Surinamer Boden, schickten aber ihre Söhne Gijsbert und Guillaume nach Südamerika, wo sie die Familieninteressen an Ort und Stelle vertraten und Guillaume es in Paramaribo schließlich zum Präsidenten des Obersten Gerichtshofes brachte. Der alte Bosch Reitz wiederum war der oberste Lobbyist der Amsterdamer Sklavenhalter bei der niederländischen Regierung, als diese auf Druck der Öffentlichkeit von 1840 an vorsichtig den Gedanken der Sklavenbefreiung ins Spiel brachte.

Was das betraf, gehörten die Niederländer zu den Nachzüglern: Die Briten hatten die Sklaverei bereits 1834 verboten, die Franzosen folgten 1848. Das zögerliche Verhalten erklärt sich vor allem aus den kostspieligen »Entschädigungen«, die von den Sklavenhaltern gefordert wurden und die mit Erträgen aus der anderen Kolonie in Ostindien aufgebracht werden mussten. Es ging aber auch ums Prinzip: Die Abschaffung der Sklaverei sei eine »Verletzung« des Eigentumsrechts; die Besitzer hätten schließlich für ihre Sklaven bezahlt, schrieb Großvater Bosch Reitz im Namen der Amsterdamer Sklavenhalter an die Regierung. Vielleicht sei der Sklave eine Person, »doch er blieb dessen ungeachtet, von Rechts wegen und im Verhältnis zu seinem Herrn, eine Sache, ein Besitz – eine bewegliche und, wie man dies rechtlich nennt, sich selbst bewegende Sache«.

Am 1. Juli 1863 wurden endlich die letzten niederländischen Sklaven befreit. »Pro Stück Sklave« erhielten die Surinamer Sklavenhalter dreihundert, die Sklavenhalter auf den Antillen zweihundert Gulden; insgesamt wurden fast zehn Millionen Gulden an »Entschädigungen« ausgezahlt. Den befreiten Sklaven gönnte man drei freie Tage zum Feiern. Da Sklaven bis dahin kein Schuhwerk tragen durften, waren landesweit sofort alle Schuhe ausverkauft. An jenem glorreichen 1. Juli sprach Gouverneur van Landsberge in seiner feierlichen Ansprache mahnende Worte: »Und seid vor allem euren früheren Herren dankbar und vergesst nicht, was sie für euch getan haben.« Allerdings waren die Befreiten ohnehin verpflichtet, weitere zehn Jahre für ihre früheren Herren zu arbeiten, wenn auch jetzt für Lohn. Erst im Juli 1873 waren sie wirklich frei.

Die Familie Bosch Reitz erhielt für ihre Sklaven einhundertfünfundachtzigtausend Gulden; auch die liebenswerte Nine wird etwas davon geerbt haben. Mit den »Goldminen« war es bald vorbei, die Plantagen verkamen, der Dschungel überwucherte sie und verwischte ihre Spuren. Im Empire-Zimmer des Hauses der Familie Six tickt aber noch heute die vergoldete Uhr der Familie Bosch Reitz die Stunden weg. Sie ruht auf dem Rücken eines schwarzen, barfüßigen Mannes.

Mit dem Wort »revolutionär« sollte man vorsichtig umgehen, doch in mancher Hinsicht brachen Jan und Nine Six tatsächlich mit dem Überkommenen. Jahrhundertelang hatte es für die »alten« Amsterdamer Familien nur zwei akzeptable Adressen gegeben: Herengracht und Keizersgracht. Die van Loons, die van Lenneps, die Dedels, einfach »jeder« wohnte dort, am liebsten am östlichen Ende, auf »dem Polder«. Als es anlässlich der Amtseinführung Königin Wilhelminas im Jahr 1898 an Hotelkapazitäten mangelte, brachte man das Gros der vornehmen Besucher in Privathäusern der Amsterdamer Elite unter. Aus einer Liste geht hervor, dass damals fast alle angesehenen Familien noch hinter den stattlichen Fassaden der Herengracht und Keizersgracht lebten. Lediglich vier wohnten im neuen Sarphati-Viertel, nur eine einzige in einer der phantastischen Villen und Stadtschlösschen, die am Vondelpark gebaut worden waren.

Das junge Amsterdam Zuid hinter dem Tor des prachtvollen Rijksmuseums war eine Oase der Stille, durchzogen von schattigen Alleen mit schönen, vertrauten Namen: Vondelstraat, Tesselschadestraat, Vossiusstraat. Sämtliche neuen Zentren der Kultur und des Vergnügens waren nur einen Katzensprung entfernt: das Concertgebouw, das Stadttheater, die Reithalle (Hollandsche Manege), im Winter die Eisbahn auf dem Museumplein. Dennoch wohnte in diesem modernen Viertel, das für ein sehr gehobenes Publikum geschaffen worden war, zunächst fast nur die »neue Elite«, dazu einige wenige Leute aus der »zweiten *coterie*«, die sich um Konventionen nicht scherten. So zum Beispiel die erste bedeutende Feministin der Niederlande, die Ärztin Aletta Jacobs. Oder die ehrgeizige Reederfamilie Boissevain, unter anderem Sohn Charles Boissevain, der Journalist beim liberalen *Algemeen Handelsblad* wurde und später dessen Eigentümer und Chefredakteur.

Auch Jan und Nine wagten den Abschied vom »Polder«. Während des ersten Jahrzehnts ihrer Ehe bewohnten sie ein gemietetes Haus in Zuid, Tesselschadestraat 23, ein Indiz dafür, dass die strikte Unterscheidung von Rängen, Ständen und *coterieën* allmählich an Bedeutung verlor. Erst nach dem Tod von Vater Jan zogen sie wieder in Jans Elternhaus an der Herengracht.

Tatsächlich waren es weniger das Grachtenhaus, der Titel oder die Herkunft, die diesen Jan auszeichneten, als vielmehr seine Fähigkeiten und Leistungen. Angesichts seiner einzigartigen Produktivität im kunstgeschichtlichen Bereich, seiner zahllosen Initiativen für die Stadt Amsterdam und seiner hervorragenden Kenntnisse auf den unterschiedlichsten Fachgebieten gewinnt man den Eindruck, dass in ihm alle Talente und Qualitäten der vorangegangenen Generationen der Sixe vereint sind.

Jahr für Jahr veröffentlichte er nicht weniger als fünf bis sechs wissenschaftliche Abhandlungen: über griechische, syrische und ägyptische Münzen und Vasen, über »das Problem des geöffneten Mundes in der griechischen Kunst«, über die spätmittelalterliche niederländische Malerei und Michelangelo, über die Museen Italiens und Griechenlands: »Rom ist eben doch nicht Athen, wo jeder Stein und jede Tonscherbe bedeutsam ist.«

Jan, der Professor, schien in allen Sätteln fest zu sitzen: Bei einer Ägyptenreise konnte er gängige archäologische Annahmen korrigieren, da er dank seines von Vater und Großvater erworbenen botanischen Wissens eine bestimmte Konstruktion sofort als hängende Gärten identifizierte. Anlässlich der Übergabe von Vermeers *Dienstmagd mit Milchkrug* ans Rijksmuseum besprach er die Maltechnik bis ins kleinste Detail und riet dringend von dem Versuch ab, den Firnis zu erneuern, da er einen Teil der Farbstoffe enthalte. Er entwarf Muster für verschiedene Arten von Stickereien, woraus dann wiederum Abhandlungen über die Kragen von Amsterdamer Bürgern und die Webmuster auf griechischen Vasen hervorgingen. Viele seiner Thesen sind heute zwar nicht mehr haltbar, aber sein Scharfblick und sein enormes Wissen bleiben beeindruckend.

Als Dozent besaß er kein großes Talent, auch in dieser Hinsicht ähnelte er seinem Vater. »Sein Ringen mit der Sprache verlieh seinem Vortrag eine gewisse Mattheit und Mühsamkeit«, schrieb ein Kollege später. Schwerfällig war er auch im Umgang mit seinen Studenten; dafür gab es, wie eine Studentin es ausdrückte, »niemals unaufrichtigen Kontakt«. Im kleinen Kreis, wenn er beispielsweise eine Vorlesung über griechische Vasen hielt, konnte der Funke überspringen. Seine Lieblingsstudentin Milie Haspels meinte: »Er war kein Dozent, aber er gab ein Beispiel. Er erzog zur Selbständigkeit.«

Zu einigen Künstlern stand er in freundschaftlichem Verhältnis, besonders zu dem Maler und Zeichner Jan Veth. Er bestellte bei

Veth Porträts von Nine und ihm selbst, und als die Universität von Amsterdam im Rembrandtjahr 1906 Veth die Ehrendoktorwürde verlieh, war es Jan, der die Laudatio hielt. Veth und Six verglichen das Amsterdam des »zweiten Goldenen Zeitalters« gerne mit dem des ersten. So lenkte Jan Veth die Aufmerksamkeit seiner Zeitgenossen früh schon auf jene besonderen Dinge, die meist als – manchmal störende – Selbstverständlichkeiten betrachtet worden waren: die Grachten, das malerische Durcheinander der historischen Viertel, die Schönheit der Altstadt.

Und als die Stadterneuerungsmanie ihren Höhepunkt erreichte, eine Gracht nach der anderen zugeschüttet wurde und nach dem Nieuwezijds Voorburgwal – früher einmal mit ihren vielfältigen Ausblicken die schönste Gracht überhaupt – auch die Reguliersgracht und die Spiegelgracht zu verschwinden drohten, meldete sich Veth wütend zu Wort. Unter der Überschrift *Städteverschandelung* entwarf er in einem Artikel ein Schreckensbild künftiger Städte, »nichts als geballte Massen von Kaufhäusern und Lagerhallen und Büros (…) Städte, in denen des Menschen Interesse nicht das Leben, sondern die Arbeit ist, Städte, deren Straßen nicht freie Bahnen für das Kommen und Gehen eines glücklichen Volkes sind, sondern die Abflusskanäle für das Abführen eines gefolterten Sklaventums.« Die Pläne zur Zuschüttung der Grachten wurden zurückgezogen.

Jan, der Professor, erinnert in vielem an den ersten Jan Six, und ich hege im Stillen den Verdacht, dass er diese Ähnlichkeit auch kultivierte. Das begann schon bei seiner Heirat mit Nine, als die Brüder und Cousins Six ein Theaterstück mit dem Titel *Het Huisgezin van Dr. Nicolaes Tulp. Blijspel in één bedrijf* (Die Familie von Dr. Nicolaes Tulp. Lustspiel in einem Akt) aufführten. Gleich nach seiner Ernennung zum Rektor im Jahr 1919 ließ er eine selbst erdachte Amtskette schmieden – Vorbild war sicher der erste Jan mit seinen Medaillen. Wie sein Urahn trat er bei einigen Bauvorhaben beratend auf, unter anderem bei der Restaurierung der als Aula der Universität dienenden Agnietenkapelle, und entwarf auch selbst das eine oder andere.

Und natürlich schrieb er viel über Rembrandt, nicht weniger als vierzehn Abhandlungen, darunter eine detaillierte Studie zu den Radierungen.

Er war auch die treibende Kraft hinter den Feiern zum dreihundertsten Geburtstag des Künstlers im Jahr 1906. In der Westerkerk wurde ein Gedenkstein enthüllt, das Rijksmuseum eröffnete den Nachtwachensaal – Jan und der Maler George Hendrik Breitner hatten in einem Modell des Saals lange mit dem Lichteinfall experimentiert –, und das Stadttheater feierte Rembrandt mit einer festlichen Folge von Tableaux vivants, die Jan entworfen hatte. Mit dem Umbau des Rembrandthauses, Rembrandts erstem Haus in der Jodenbreestraat, wollte er allerdings nichts zu tun haben. Restaurierungen durften seiner Ansicht nach nur mit größtmöglicher Zurückhaltung vorgenommen werden, während hier, wie er meinte, ein völlig neues Original zusammengemauert werde.

Als er nach dem Vorbild der *Medea* des ersten Jan ein eigenes Drama zur Aufführung bringen wollte – für die Galavorstellung im Stadttheater anlässlich von Wilhelminas silbernem Thronjubiläum im Jahr 1923 hatte er ungefragt *De Koningin van Scheba* (Die Königin von Saba) geschrieben –, zeigte sich, dass auch er zuweilen dazu neigte, sich selbst zu überschätzen. Das Stück interessierte niemanden, für die Galavorstellung fiel die Wahl auf eine Revue des damals populären Zeitungssatirikers Charivarius (Gerard Nolst Trenité). Dank der Bemühungen seiner Frau konnte das Drama ein Jahr später doch noch von einer studentischen Theatergruppe gespielt werden. Der Professor selbst beschaffte die orientalischen Schals dafür, die heute übrigens im Besitz des Rijksmuseums sind.

Die Sammlung Six war nach wie vor eine Attraktion. Am 1. Mai 1910 kamen der amerikanische Expräsident Theodore Roosevelt und seine Frau zur Besichtigung. Die beiden unternahmen damals eine Weltreise, hatten kurz zuvor Brüssel besucht und verbrachten nun drei anstrengende Tage in den Niederlanden. Roosevelt war nicht allzu guter Stimmung; während er sonst überall mit präsidialen

Ehren empfangen wurde, hatte sich Königin Wilhelmina lediglich bereit gefunden, mit ihm zu Mittag zu essen. Er empfand sie als kleinbürgerlich, beschränkt und absurd eingebildet, Prinzgemahl Hendrik vor allem als bedauernswert, es sei peinlich, wie er von seiner Frau kritisiert und zurechtgewiesen werde.

Nachdem der frühere Präsident in der Kirche der Nieuwe Gemeente, dem heutigen Poptempel Paradiso, vor einer begeisterten Zuhörerschaft gesprochen hatte, wurde das Ehepaar Roosevelt in großer Eile zu den Sehenswürdigkeiten Amsterdams und Den Haags gekarrt. Das war sogar für den wilden »Teddy« ein bisschen viel; im Rijksmuseum saß er, um durchzuatmen, mindestens eine Viertelstunde vor der *Nachtwache* – zum Erstaunen des Direktors: »Eine solch innige Bewunderung eines Gemäldes habe ich noch niemals erlebt.« Schließlich besuchten die beiden auch die Sixe, zum Tee. Während die Herren rauchend von einem Bild zum nächsten gingen, war Edith Roosevelt vor allem von den Brezeln angetan: »Teddy-dear, come and taste!«

Natürlich besuchten auch Königin Wilhelmina und ihr Prinzgemahl die Sammlung Six, im Jahr 1915. Johanna Kuijer schreibt in ihren Erinnerungen, am Hof habe es offensichtlich wieder einmal »Stunk« gegeben, die königliche Kutsche stand früher als erwartet vor der Tür, das Gefolge kam in größter Eile nach, »einige Damen mit schief sitzenden Hüten«. Die Königin rannte regelrecht an den Gemälden vorbei, nur vor Rembrandts *Six* hielt sie einen Moment inne. »Ich weiß nicht, ob es ein Scherz war«, schrieb Johanna Kuijer, »aber der Prinz fragte: ›Ist das der Vater des heutigen Herrn Six?‹«

Die Hast der Königin fiel auch deshalb besonders unangenehm auf, da der Prinz »steif von Rheuma« war. Worauf jedoch niemand Rücksicht nahm, selbst dann nicht, als Nine Six die Königin beim Abschied darauf hinwies, dass ihr ungelenker Gatte noch nicht so weit sei. »Das macht nichts«, entgegnete die Königin auf Deutsch – vermutlich wegen Hendrik die Umgangssprache am Hof. »Der Heinrich wird schon hinterdreingaloppieren.«

Am 20. März des gleichen Jahres feierten Jan und Nine Silberhochzeit. Es war der letzte glanzvolle Empfang im alten Familienhaus an der Herengracht. Die Stadt plante, die schmale Vijzelstraat zu einer Verkehrsader mit Straßenbahntrasse zu erweitern, auch das Haus der Sixe und ihrer Sammlung musste weichen.

Glücklicherweise fand Jan ein anderes Gebäude, das ausreichend Platz für die Sammlung bot: das heutige Haus an der Amstel neben dem früheren Wohnhaus Coenraad van Beuningens, nahe der Ecke Amstel-Herengracht, wo einst der erste Jan Six sein Haus hatte bauen lassen. Ein Innenhof wurde überdacht und zum »Potter-Zimmer« umgestaltet, zu einem eigenen Raum für das gewaltige Reiterporträt von Diederick Tulp; der speziell darauf abgestimmte Lichteinfall verdankte sich einer Idee von Jan selbst. In den letzten Dezembertagen des Jahres 1915 wurden in einer groß angelegten Operation mit Hilfe von zwei Umzugsfuhrwerken der Firma van der Hoop die Familienbesitztümer aus drei Jahrhunderten zum neuen Haus gebracht.

Die Silberhochzeitsfeier des Jahres 1915 war nicht nur der Schlusspunkt der langen Ära der Six an der Herengracht, sondern in gewisser Weise auch ein Höhepunkt, ganz so, wie es die Hochzeit des Jan des 18. Jahrhunderts mit Anna van den Bempden im Jahr 1730 gewesen war. Die Sixe besaßen wieder Ansehen, zumindest in wissenschaftlichen Kreisen, die Sammlung Six war weit über Amsterdam hinaus berühmt. Dank zweier vorteilhafter Heiraten war auch die finanzielle Situation der Familie höchst erfreulich; Jan Six gehörte wieder zu den reichsten Einwohnern der Stadt.

Es war ein Augenblick, den er festhalten wollte. Schon im Februar begann der Maler und Lithograph David Bueno de Mesquita mit den Vorstudien zu einer großformatigen Lithographie, die den festlichen Empfang im großen Salon an der Vorderseite des Hauses darstellte. Viele seiner Skizzen sind erhalten geblieben: einige förmlich-steife Onkel, die elegante Nine, ihre beiden Töchter, Kater Mimi.

Das fertige Bild vermittelt eine lebendige Vorstellung von der Familie am Festtag: Jan und Nine empfangen die Gäste; Nine trägt ein hochmodisches Musselin-Tunikakleid mit Silberspitze, ihre Schwäger Willem und Rudolf Six wie auch die Söhne Jan, Gijs, Willem und Piet sind in Uniform – sie alle waren beim Militär, seit mehr als einem halben Jahr tobte der Erste Weltkrieg. Töchterchen Nine im weißen Festtagskleid läuft zusammen mit ihrer besten Freundin Mia den Tex, auf der Jagd nach Hauskater Mimi, mitten durch das Gedränge. Durch die hohen Fenster ist draußen auf dem Bock einer der Kutschen etwas verschwommen van Leeuwen zu sehen, der Kutscher der Familie van Loon. Und natürlich ist auch der erste Jan anwesend, mit seinem melancholischen Blick schaut er nachdenklich auf das Festgewühl.

Hatte sich in den zurückliegenden drei Jahrhunderten viel verändert? Ja und nein. Die Gesellschaft war dynamischer geworden, die Stadt größer, Erfindungen wie die Dampfmaschine, elektrische Energie oder das Telefon hatten auf vielen Gebieten zu einem Wandel geführt, Entfernungen, für die man Tage gebraucht hatte, legte man nun innerhalb weniger Stunden zurück, und manche der Grenzen, an die das menschliche Denken und Träumen früher gestoßen waren, existierten nicht mehr. Dennoch hatte der eigentliche Umbruch gerade erst begonnen.

Wie schon der Historiker Jan Romein in seinem Hauptwerk *Op het breukvlak van twee eeuwen* (Am Wendepunkt zwischen zwei Zeitaltern) von 1978 vertritt auch sein heutiger Kollege Auke van der Woud die Ansicht, dass sich um 1900 etwas Entscheidendes veränderte, dass die Niederländer in gewisser Weise zu anderen Menschen wurden. In jener Zeit verlor das klassische Kulturideal des ersten Jan Six, das Erbe der Renaissance, seit der Aufklärung gepflegt und weiterentwickelt von einer mehr oder weniger geschlossenen kleinen Elite, ein Ideal, das die Literatur, die bildenden Künste und die Musik geprägt hatte, an Bedeutung. Van der Woud spricht von einer »kulturellen Revolution«: Eine ganz andere Kultur sei entstanden, eine Kultur der Massen, für alle offen, amerikanisch, eher banal und vor allem materialistisch.

Auch die Vorstellungen von gesellschaftlicher Ordnung wandelten sich – zumindest wurden sie vager, wenn man so will. Anders als heute sprach man im 19. Jahrhundert noch häufig von der »Gemeinschaft«, einer festen sozialen Struktur, in der alles und jeder, Menschen, Institutionen und auch Familien, ihren festen, unveränderlichen Platz hatten.

Professor Jan Six und sein Vater, der brillante Amateur-Numismatiker, lebten noch in einer Vorstellungswelt, in der man ganz selbstverständlich zwischen einer »höheren« und einer »niederen« Kultur unterschied. »Die Kultur des 19. Jahrhunderts hatte einen idealistischen Charakter und ein idealistisches Streben, mit erhabenen Ideen als Orientierungspunkten«, schreibt Auke van der Woud. »In kulturell progressiven Kreisen kann heute schon beim Aussprechen eines Begriffs wie ›höhere Kultur‹ ein peinliches Schweigen eintreten. In der Zeit zwischen 1850 und unserer Gegenwart hat sich auf diesem Gebiet offenbar etwas Grundlegendes geändert.«

Der Erste Weltkrieg war der Wendepunkt schlechthin. Er brachte das Ende zweier großer Reiche mit sich, des habsburgischen und des Osmanischen, und mindestens ein halbes Dutzend Monarchien hörten auf zu existieren. Die Epoche des feudalen Europas, des Europas der selbstverständlichen Privilegien für bestimmte Familien, war für immer vorbei, wenn man von ein paar konstitutionellen oder »rituellen« Monarchien absieht.

Die Niederlande bewahrten ihre Neutralität, so dass dem Land – und unseren Sixen – viel Leid erspart geblieben ist. Andererseits war dies aber auch der Grund dafür, dass einige entscheidende Entwicklungen an den Niederlanden vorübergingen. So lebten viele Niederländer noch lange in der äußerst angenehmen und behaglichen Illusion, das Land habe eine Sonderstellung.

Der Optimismus der Aufklärung hatte sich in den Schützengräben von Ypern und Verdun verflüchtigt. Mehr als siebzig Millionen junge europäische Männer hatten an den Fronten gekämpft, fast zehn Millionen waren dabei ums Leben gekommen. In der schrecklichen Leere, die der Fortschrittsglaube hinterließ, und dem Chaos der Nachkriegszeit verkündeten Magier und Demagogen neue Glaubenswahrheiten, die des Kommunismus, Faschismus und Nationalsozialismus.

»Eine herrlich ruhige Zeit voll schöner Illusionen plötzlich vorbei«, schrieb Jans Sohn Piet später über den Kriegsausbruch. Er und seine Brüder Jan, Gijs und Willem hatten sich schon am 2. August 1914 beim Ersten Husarenregiment in Amersfoort freiwillig gemeldet, mit eigenen Pferden. So begann auch für Piet ein Leben beim Militär, aber ein standesgemäßes. Was er in seinen Briefen schildert, entspricht ziemlich genau den Berichten seines Großvaters Hendrik während dessen Gardistenzeit im Jahr 1813, es ist ein Leben, das vom Kartenspiel, von Gerede und Besuchen im Club in Gesellschaft immer derselben Leute mit den alten Familiennamen bestimmt wird: Hooft, van de Poll, van Styrum, den Tex, Sillem, van Harinxma thoe Sloten, van Limburg Stirum. Die Einheit, zu der er schließlich kam, war die Dritte Husaren-Radfahrer-Eskadron – ein Notbehelf, weil es der Armee an Pferden fehlte.

Am 24. Juli 1916 legten er und zwei der Brüder Hooft den Offizierseid ab. Selbstverständlich waren die Familien dabei. »Nach der Vereidigung eine flotte Attacke, dann Musik, Sandwiches und Champagner, von einigen Familien aus s'-Hertogenbosch herbeigeschafft. Nine galoppierte allein über die Vuchterheide, zum großen Vergnügen aller.«

Jans Briefe sind knapp gehalten und verraten seine Besorgnis: »Die Stadt hier ist voller Flüchtlinge, es sind Tausende und Abertausende«, schrieb er am 12. Oktober 1914 aus Roosendaal. »Über die Straßen ziehen Karawanen aus den seltsamsten Vehikeln und viele Menschen zu Fuß, die Rücken bepackt. Die Belgier drehen durch vor Angst, wohlhabende Leute, die keinen einzigen Schuss vernommen haben, fliehen und lassen alles zurück, so dass sie völlig ruiniert sind.« Er selbst lebte allerdings nicht schlecht: »Heute Abend essen wir Rebhuhn, aber auch zwei Enten und drei Hasen hängen noch da.«

Vier Jahre später war einer der Hauptverursacher des Dramas, Kaiser Wilhelm II., selbst auf der Flucht in die neutralen Niederlande. Überall in Deutschland waren sozialdemokratische und kommunistische Aufstände ausgebrochen. Kronprinz Wilhelm, der »Schlächter von Verdun«, traf zwei Tage nach seinem Vater in den Niederlanden ein. Am 12. November 1918 eskortierte Piet Six, zufällig in Maastricht stationiert, den Kronprinzen mit seinen Radfahrern zum Gebäude der Provinzverwaltung, verfolgt von einer wütenden Menge. Wilhelm musste dem jungen Leutnant seine Pistole aushändigen. Es war ein beschämender Augenblick, möglicherweise auch für Piet Six. Kurz darauf wurde der Kronprinz auf die Insel Wieringen verbannt, »das Elba in der Zuiderzee«.

Es waren historische Momente. Zunächst schien sich das revolutionäre Fieber von Russland und Deutschland aus auch in den Niederlanden auszubreiten. Soldaten meuterten, hier und da kam es zu Plünderungen, der sozialdemokratische Parteisekretär Pieter Jelles Troelstra glaubte die Zeit für einen Umsturz gekommen. Es ging ihm in erster Linie um die Abschaffung der Monarchie, das Symbol der alten Ständegesellschaft: »Erblichkeit mag ein geeignetes Leitprinzip für Pferde- und Rinder-Stammbücher sein, für das Bekleiden öffentlicher Ämter kann sie nun einmal keine Richtschnur abgeben.« Als das gerade erst gegründete Landelijk Revolutionair-Socialistisch Comité am 13. November in Amsterdam eine große Demonstration veranstaltete, wurde die Menge aus einer nahen Kaserne beschossen, es gab drei Tote und achtzehn Verletzte. Das reichte, um das revolutionäre Feuer auszutreten. Ein paar Tage später fand auf dem Malieveld in Den Haag eine beeindruckende Gegendemonstration statt, ein Bekenntnis zur bestehenden Ordnung – in Person von Königin Wilhelmina und Kronprinzessin Juliana –, so machtvoll, dass alle oppositionellen Stimmen vorerst zum Schweigen gebracht wurden. Und doch hallte Troelstras Mahnruf noch lange nach: »Vergesst nicht, dass es einmal so weit sein wird, dass ihr euch nicht mehr behaupten könnt, dann werden andere Kräfte kommen und euren Platz einnehmen.« Er sollte Piet Six im Gedächtnis bleiben.

Kaiser Wilhelm II. wurde schließlich nach Doorn abgeschoben. In seinem dortigen Schloss konnte er im Miniaturmaßstab Hof halten und jeden Tag aufs Neue den Film seines Lebens zurückspulen, als wäre nichts geschehen; seine Wut und Enttäuschung ließ er an den umliegenden Wäldern aus, er vertrieb sich die Zeit am liebsten mit Holzsägen und -hacken. Die adligen Familien der Umgebung störten sich nicht im Geringsten an seiner Vergangenheit, sondern beeilten sich, ihn zu besuchen – das galt auch für die Sixe. Das Schloss quoll über von Porträtgemälden, Büchern und Nippes, man schien den Inhalt von mindestens drei Palästen und der Staatsyacht *Hohenzollern* hineingestopft zu haben. Während der Diners redete der Exkaiser ununterbrochen, manchmal über sehr intime Dinge. Dabei saß er häufig auf einem Sattel, ganz so, als würde er eine Parade abnehmen. Und immer wieder kam er auf die vergangene Herrlichkeit und die Gründe des Untergangs zu sprechen.

Die Zuhörer wurden für ihre Geduld belohnt. Im Archiv der Familie Six liegt noch ein Blatt Papier, an dem ein Stück Holz befestigt ist. Es handelt sich um einen Brief von Graf Bentinck, dem Adjutanten des Kaisers: »Seine Majestät der Kaiser hat mir aufgetragen, Ihnen Beiliegendes zukommen zu lassen, nämlich einen Scheit von dem 3000. von seiner Majestät hierselbst abgesägten Baum.«

Der Erste Weltkrieg war ein industrieller Krieg, der erste seiner Art, und während der vier desaströsen Jahre hatte es auf einigen technischen Gebieten erstaunliche Fortschritte gegeben. Nach dem Krieg eroberten Autos die Straßen Amsterdams, Telefon und Radio verbreiteten sich, die Erste Luftverkehrsausstellung Amsterdam war die Sensation des Jahres 1909.

Auch in der kleinen Welt an der Herengracht und seit 1915 an der Amstel endete das »goldene Zeitalter der Sicherheit«, wie Stefan Zweig es genannt hatte. Die Mobilisierung hatte einen Arbeitskräftemangel zur Folge. Vor 1900 war Hauspersonal billig gewesen, materielle Güter dagegen waren im Vergleich zu heute kostspielig. Während des Ersten Weltkriegs kehrte sich das Verhältnis um,

Arbeit wurde teurer, das Hauspersonal besser bezahlt. Für die reichsten Aristokraten war das verkraftbar, für ihre weniger vermögenden Standesgenossen wurde es nun jedoch immer schwieriger, auf der »Vorderbühne« den Schein zu wahren. Der britische Schriftsteller Evelyn Waugh spricht dieses Problem in *Wiedersehen mit Brideshead* an, wenn er jemanden über die Hauptpersonen sagen lässt: »[S]ie sind reich, wie es die Leute sind, die ihr Geld einfach nur ruhen lassen. Wer es so macht, ist jedenfalls ärmer, als er es 1914 war.«

Mit dem Ersten Weltkrieg setzte auch in den Niederlanden der Abstieg dieser sozialen Gruppe ein. »Das große Verkriechen« – die Formulierung stammt von dem Historiker Yme Kuiper – begann damit, dass man Wohnsitze aufgab. Während die Sixe noch bis zur Mitte des 20. Jahrhunderts ihren Aufenthaltsort je nach Jahreszeit wählten – die sieben »kalten« Monate verbrachte man in der Stadtwohnung, die übrige Zeit auf dem Landsitz –, war das vielen alten Familien seit dem Weltkrieg nicht mehr möglich, sie entschieden sich entweder für die Stadt oder zogen ganz aufs Land, nach Bloemendaal, Aerdenhout, ins Gooi oder ins Waldgebiet Utrechtse Heuvelrug, wo das Klima in jeder Hinsicht angenehmer war. Spätestens ab den zwanziger Jahren ließ sich das Wohnen auf dem Land dank Telefon, Auto oder Nahverkehrszug sehr gut mit dem Arbeiten in der Stadt vereinbaren. Immer mehr große Grachtenhäuser wechselten den Besitzer; das exklusive Kartenhaus der *coterieën*, der Förmlichkeit, des »großen Stils« und »alten Chics«, des Visitefahrens und ähnlicher Rituale fiel in sich zusammen.

Johanna Kuijer erwähnt, dass die heranwachsenden Schulmädchen aus der Herengracht plötzlich ohne Begleitung durch die Stadt gingen, bis vor kurzem hatte dies noch als höchst unschicklich gegolten. Ihre Schulen waren in die Nähe der neuen Viertel am Vondelpark umgezogen, die Entfernung war größer, und niemand hatte mehr die Zeit, sie ständig zu beaufsichtigen. Im Herbst 1918 begegnete Johanna Kuijer auf einer Brücke zwei ihr bekannten Mädchen: »Dürfen wir ein Stück mit Ihnen gehen? Wir sind zum ersten Mal allein unterwegs.«

Die neue Freiheit hatte ihre Folgen. »Frau de C. betrat eines Tages sehr bestürzt das Lehrerzimmer. Sie hatte gesehen, wie drei Mädchen von ihrer Schule, *ihrer* Schule, an einem Eiskarren ein Eis aßen.« Ein paar Jahre später sollte Kuijers Schülerin Nine sie mit dem Auto nach Edam bringen, es wurde eine höchst riskante winterliche Fahrt. Schon an der Keizersgracht wären sie fast zwischen zwei Bäumen ins Wasser geschlittert, Hupe und Scheibenwischer versagten, die Landstraße war in einem miserablen Zustand, »für jeden Hundekarren, dem wir begegneten, mussten wir auf einen Hof ausweichen«, schließlich platzte auch noch ein Reifen.

Für Totie und Nine war die Zeit der Casino-Feste gekommen. In jenen Jahren wurde häufig Walzer getanzt, Augenzeuge Frans van Lennep meinte, vor und nach dem Souper sehe es im Saal wie bei einem Blumenkorso aus, die Damen hielten beim Tanzen ihre Buketts hoch. Währenddessen verfolgten die Alten rings um die Tanzfläche aufmerksam, wer bei wem punktete: Wer durfte sich Chancen ausrechnen und wer nicht? Im Grunde verrieten schon die Blumengebinde, wo sich eine Verbindung anbahnte. Da gab es nämlich einen speziellen Code: Bekam eine junge Frau rosa Nelken, war das nur eine »Aufmerksamkeit«. Veilchen, Lilien oder Freesien drückten die Hoffnung auf »gute Freundschaft« aus, Rosen waren ein Zeichen großer Zuneigung, rote Rosen »eindeutig ein Alarmsignal«.

Orchideen kündigten einen Heiratsantrag an, »waren leider aber nicht für jede Börse erschwinglich«. Die Angehörigen der »alten« Familien heirateten nicht mehr zwangsläufig untereinander, und auch das Publikum der Bälle wandelte sich; die Casino-Gästeliste von 1922 nennt nur noch dreißig Namen der »ersten« und »zweiten« *coterie* gegenüber vierzig aus der »neuen« Elite.

Auf ihre Weise waren Totie und Nine moderne junge Frauen, sie genossen eine Freiheit, die für ihre Mutter und ihre Großmütter undenkbar gewesen wäre. Auf Orchideen warteten sie allerdings vergeblich, obwohl beide eine große Liebe hatten. Nach der Familienüberlieferung wurde ihnen die Heirat mit dem jeweils Auserwählten verboten, der eine gehörte nicht zum richtigen »Milieu«, der andere –

Nines Liebster, der berühmte Keramiker Chris Lanooy – war nur Künstler. Beide Töchter beugten sich, ihre Loyalität gegenüber der Familie wog schwerer als ihre Gefühle. Weder Nine noch Totie wurden zu einer zweiten Henriette, auch wenn Fotos zeigen, dass Nine, die ebenfalls Keramikerin werden sollte, bis zu ihrem Lebensende ein Porträt von Lanooy in ihrem Atelier hängen hatte, direkt über der Werkbank.

Die Entscheidung der Schwestern lässt darauf schließen, dass sich an einem Grundprinzip der Six nicht viel geändert hatte: Die Familie hatte Vorrang vor allem anderen – Familie im weitesten Sinne, mit Bindungen und Loyalitäten über zeitliche und räumliche Grenzen hinweg. Das Familienvermögen und die Familiensammlung mussten um künftiger Generationen willen und aus Respekt gegenüber vorangegangenen Generationen möglichst erhalten bleiben, allen Veränderungen zum Trotz.

Der französische Essayist Alexis de Tocqueville beschrieb 1840 im zweiten Teil seines Werkes *Über die Demokratie in Amerika* die idealtypische aristokratische Gesellschaft als eine Ordnung, in der Familien über Jahrhunderte dem gleichen Stand angehören und oft am gleichen Ort bleiben. »Das verleiht allen Generationen eine Art von Gleichzeitigkeit. Ein Mensch kennt fast alle seine Ahnen, und er achtet sie; er glaubt schon seine Urenkel zu erspähen, und er liebt sie. Willig nimmt er Pflichten gegenüber den einen wie den anderen auf sich, und häufig widerfährt es ihm, dass er persönliche Freuden den Wesen opfert, die nicht mehr oder die noch nicht da sind.«

Tocqueville, selbst Aristokrat, aber fasziniert vom »demokratischen« Amerika, offenbarte hier seine Vorbehalte gegenüber bestimmten Aspekten der demokratischen Gesellschaft, die sich nicht mehr aus Gruppen, genauer gesagt, Familien, zusammensetzt, sondern aus Individuen. Die Demokratie, so meinte er, lasse nicht nur jeden seine Ahnen vergessen, »sie verbirgt ihm auch seine Nachkommen und trennt ihn von seinen Zeitgenossen; sie führt ihn ständig auf sich allein zurück und droht ihn schließlich ganz und gar in der Einsamkeit seines eigenen Herzens einzuschließen.«

Den Individualismus charakterisierte er als »überlegendes und friedfertiges Gefühl, das jeden Bürger drängt, sich von der Masse der Mitmenschen fernzuhalten und sich mit seiner Familie und seinen Freunden abzusondern; nachdem er sich eine kleine Gesellschaft für seinen Bedarf geschaffen hat, überlässt er die große Gesellschaft gern sich selbst.« Im Unterschied zur »Selbstsucht«, einem »Laster« und »blinden Trieb«, so alt wie die Welt, sei der Individualismus »demokratischen Ursprungs, und er droht sich in dem Grade zu entfalten, wie die gesellschaftliche Einebnung zunimmt«.

In diesem Licht betrachtet, war es eine Kunst für sich, mit dem riesigen Familienvermögen umzugehen, mit all dem, was von Generationen zusammengetragen worden war. Es erforderte eine gewisse Selbstbeherrschung und die richtige Balance zwischen Großzügigkeit und Sparsamkeit, Unternehmergeist und Zurückhaltung. Wenn ein verheirateter Mann aus einer der reichen Familien starb, beobachtete man an der Herengracht ganz genau, wie die Witwe sich verhielt: Schränkte sie sich um der Kinder willen ein, oder lebte sie auf großem Fuße weiter und hinterließ ihren Kindern später wenig oder nichts?

Mancher trieb die Sparsamkeit auf die Spitze. In jeder der alten Familien erzählt man sich wilde Geschichten über »graue Goldfische«, wie Isabella van Eeghen sie nannte, reiche Männer und Frauen, die jeden Pfennig zehnmal umdrehten. Millionenschwere Erben, die Zigarren von der billigsten Sorte rauchten, die mit alten Bildern Löcher in der Wand verdeckten und sich auf jede erdenkliche Weise davor drückten, in ihrem Club eine Runde zu spendieren. Bei den Sixen war diese Neigung vor allem bei Hendrik und seinem Vater zu finden, sie war aber auch Professor Jan Six nicht ganz fremd: Nach der Heirat im Jahr 1890 konnte Nine ihn nur mit größter Mühe dazu bewegen, im Landhaus Jagtlust ein Badezimmer einbauen zu lassen. Noch in den fünfziger Jahren des 20. Jahrhunderts fror dort im Winter regelmäßig das Waschwasser in der Kanne ein. Und wenn bei den Mahlzeiten einmal Nachtisch serviert wurde, dann war es nicht viel mehr als eine halbe Sternrenette. Aus dem eigenen Garten.

Auf der anderen Seite gab es in fast jeder der alten Familien auch diejenigen, die lustvoll nach dem individualistischen Grundsatz »Man lebt nur einmal« handelten. Oder, wie ein Bekannter über seinen Großvater sagte, Menschen, die »einzig und allein für sich selbst« lebten.

Hendrik van Loon und Louise Borski beispielsweise verjubelten einen großen Teil ihres Vermögens – das zum Teil auf der Sammlung van Winter beruhte – in Cannes, Amsterdam und Doorn, wo das Ehepaar in den Jahren 1886 bis 1888 einen ordinären Palast errichten ließ, der seinesgleichen suchte, das gewaltige Haus Hydepark. Es zählte achtzig Zimmer, die in einem Sammelsurium an Stilen gestaltet waren: ein Louis-quinze-Salon, eine Louis-seize-Bibliothek, ein spätgotisches Jagdzimmer, ein »maurischer« Billardsaal, ein angeblich alt-holländisches Speisezimmer. Das Wasser in dem modernen Leitungssystem – damals noch ein Luxus – stammte aus einem eigenen, als mittelalterliche Ruine getarnten Wasserturm im Park. Doch die Pracht hielt keine sechzig Jahre; 1942 brannte das zu dieser Zeit schon verfallene Haus Hydepark bis auf die Grundmauern ab.

Andere Aristokraten, die über die nötigen Mittel verfügten, wählten ein Jetset-Leben avant la lettre. Die Geschichte der Amsterdamer Teding van Berkhouts endet mit *Jonkheer* Pieter Paul, der sich hauptsächlich für schnelle Autos, Sex und Alkohol interessierte, »Vergnügungen, welche ihm zufolge auch von seiner Mutter hoch geschätzt wurden«. Fast immer trieb er sich mit ein paar anderen »steinreichen Verschleuderern« in Paris, San Remo oder Genf herum, bis er 1938 in den Tod raste.

Auch bei den Sixen gab es zwei extreme Verschleuderer, Jans Cousin Jan Willem und Frans Blaauw, den Ehemann von Cousine Louise. Jan Willem und Louise stammten beide aus dem Hilverbeek-Zweig, sie waren Kinder von Pieter Hendrik, standen den Nachfahren von Jan und Nine aber trotzdem sehr nah.

Jan Willem hatte ein erstaunliches Talent zur Verschwendung, beim Durchbringen seines Anteils am Familienvermögen – und noch ein bisschen mehr – bewies er große Kreativität. Wie Johanna Kuijer berichtet, lebte er mit einer »kleinen Näherin« zusammen, einer gewissen Frieda Louise Henriette (Hannie) Metzner. Im Jahr 1916, nach dem Tod seines ältesten Bruders Rudolf, wagte er endlich, sie zu heiraten. Zum großen Ärger der Familie. Dennoch wurde das Paar weiterhin von den Sixen »empfangen«, schließlich konnte man Jan Willem nicht »von jeglichem Umgang mit Gleichen abschneiden«.

Kurz nach der Heirat reiste Jan Willem mit Hannie und zwölfköpfigem Personal einschließlich einem »Neger für seine Frau« nach Nordafrika. Die beiden lebten jahrelang am Rande der Sahara und wurden, so Kuijer, »sehr intim« mit dem arabischen Scheich Abdella. Als sie mit dem Scheich bei einem gemeinsam Besuch in Amsterdam durch die Kalverstraat spazierten, erregte dieser mit seiner traditionellen Kleidung ein solches Aufsehen, dass sich die drei ins Kaufhaus Vroom & Dreesmann flüchten mussten. All dies rief im Hause Six resigniertes Seufzen und Schweigen hervor, aber Jan Willem trieb es noch weiter, indem er arglos erzählte, dass Hannie und Abdella manchmal zusammen in einem Fass »vor der Hitze Schutz suchten«.

Hannie wurde schwanger, Tochter Henriette kam 1927 zur Welt. Jan Willem war damals fünfundfünfzig. »Eine richtige kleine Araberin«, meinte die ganze Familie, als die ersten Fotos weitergereicht wurden. Nine: »Welch ein Glück, dass es kein Junge ist! Man stelle sich vor: ein arabischer Six!« Die Familie zog später nach Paris, der Familienklatsch flaute langsam ab, vor allem, als das Mädchen älter wurde und die Ähnlichkeit mit Jan Willem immer stärker hervortrat. »Was die Phantasie doch vermag«, schrieb Johanna Kuijer später.

Unter den stattlichen Bäumen von 's-Graveland vertrieb man unterdessen die Langeweile mit einem Projekt, das ebenfalls ein Vermögen kostete – und Jan und Nine einige Sorgen bereitete. Jan Willems älteste Schwester Louise (Louke) Six hatte 1890 Frans Blaauw, den Sohn eines Amsterdamer Reeders, geheiratet. Die beiden kannten sich von den Casino-Festen, außerdem waren die Familien in 's-Graveland praktisch Nachbarn.

Frans war ein hochgewachsener, gut aussehender Mann mit modischem Schnurrbart und fescher Mütze, »beliebt bei den Damen« und ein passionierter Jäger. Er sammelte seltene Tiere und hätte nach Ansicht Frans van Lenneps »im Deutschland der Kaiserzeit eine gute Figur gemacht«. Auf Fotos aus jenen Jahren sitzt auch Louke hoch zu Ross, elegant und sittsam zugleich, mit ausdruckslosem Gesicht. Sie wird als sanft, intelligent, schüchtern und ungeschickt beschrieben, und ihre Kleidung war nicht selten schäbig, obwohl sie steinreich war.

Von Vater Pieter Hendrik erhielt sie eine gewaltige Mitgift, außerdem war sie drei Jahre zuvor von ihrer unverheirateten Tante Margaretha Hooft als Universalerbin eingesetzt worden. Deshalb gelangten 1895 auch ein Haus in 's-Graveland – der großzügige Landsitz Gooilust – und eine Reihe von Bauernhöfen mit Weide- und Ackerland in ihren Besitz. Sie heiratete in Weiß, was damals noch Aufsehen erregte.

Frans und sie führten – selbst für die Verhältnisse dieses Milieus – eine außergewöhnlich schlechte Ehe. Frans Blaauw tobte sich bei Jagden mit dem europäischen Adel aus, erwarb für teures Geld Wildtiere, ließ das von seiner Frau geerbte Gooilust von Grund auf umbauen und verwandelte die Gärten allmählich in einen Wildpark – all das, ohne Louke zu fragen, obwohl sie für die Kosten aufkam. Sie zog sich immer mehr zurück, machte einen deprimierten und gereizten Eindruck. Die Ehe blieb kinderlos, Blaauw interessierte sich mehr für den Stallburschen als für seine Frau.

Eine Karikatur in extremem Querformat zeigt den Umzug von Frans Blaauws Menagerie nach Gooilust: vorn zwei Lakaien, dann Louke und Frans zu Pferd, um sie herum einige Helfer und scheue Dorfbewohner, und dann eine Karawane wie aus einer Arche Noah: Gänse, Enten, Schwäne, Strauße, Gnus, Esel, Kängurus, Bisons,

Wisente, dahinter auf einem Fuhrwerk Käfige mit verschiedensten Vögeln, und das war nur der Anfang.

Im Jahr 1909 beherbergte Frans Blaauws Privatzoo insgesamt fast vierhundert Tiere von mehr als hundert Arten. Frans van Lennep, der den Zoo als Junge besuchte, erwähnt, dass außer Weiden auch eingezäunte Waldareale als Gehege dienten, um den in ihnen lebenden Tieren freie Natur vorzutäuschen. Im Eichenniederwald sah er Kängurus, aber auch japanische Sikahirsche und Große Pampashasen, auf den Weiden Bisons, Gnus, verschiedene Hirsche, Zebras und Asiatische Wildesel aus der Wüste Gobi.

»Alle Welt« besuchte »Blaauws Wald«, selbst Königin Wilhelmina und Exkaiserin Eugénie. Unter Naturschützern und Sammlern erwarb sich Blaauw einen guten Ruf. Er war ein gern gesehener Gast bei der »Mittagtafel«, beim »Tee« und bei der »Abendtafel« im Schloss Doorn des früheren Kaisers, Frans Blaauw und Wilhelm wurden sogar gute Freunde. Gooilust lag innerhalb des Aktionsradius, den man dem verbannten Monarchen zugestanden hatte, und er besuchte es gern, oft zusammen mit Gattin Hermine. Und jedes Mal wurden Fotos gemacht: eine steife Gesellschaft, die würdevoll Enten betrachtete.

Bei den Sixen war Frans Blaauw weniger beliebt. »Onkel Boef (Spitzbube) hatte zwei Interessen: Tiere und Saufen«, erzählte man mir. »Sein größtes Vergnügen war es, den deutschen Kaiser zu Gast zu haben. Wilhelm nickte ihm dann zu und rief: ›Sägen, sägen!‹, und dann stand er mit seinem Krüppelärmchen daneben und schaute zu. Dieser ›Blaauw-Wald‹ müsste eigentlich ›Six-Wald‹ heißen, schließlich stammte all das Geld von Louke.«

Nur konnte Louke über ihr Vermögen nicht verfügen, denn verheiratete Frauen waren in den Niederlanden noch bis ins Jahr 1956 nicht geschäftsfähig. Und Frans hielt sie kurz, manchmal musste sie sich sogar für banale Haushaltsausgaben bei Freunden Geld leihen. Eine Scheidung kam nicht in Frage; erstens tat man das in jenen Kreisen damals nicht, und zweitens hätte Frans einer Auflösung dieser für ihn so lukrativen Verbindung niemals zugestimmt. Louke hatte jahrelang ihre Wut unterdrückt, doch während einer seiner Auslandsreisen ließ sie den Dorfzimmermann eine große hölzerne Trennwand im ehelichen Schlafzimmer errichten.

Im Laufe der Zeit machte sich bei ihr eine gewisse Verwirrtheit bemerkbar, sie litt an einer extremen Form der »Six'schen Krankheit«, wie ihr Neffe Jan Six es ausdrückte, dem Drang, alles nur Erdenkliche zu sammeln: Vogelfedern, Mäuse- und Kaninchenschädel, Zeitungen, Haarsträhnen, Zettel. Im Herbst 1910 ließ Frans Blaauw den Leidener Psychiatrie-Professor Jelgersma nach Gooilust kommen. Jahre später erklärte der Arzt, nie zuvor habe er dergleichen gesehen: »In den Zimmern der Frau Blaauw lagen große Mengen Staub und Kohlengrus. An einer Stelle sah ich einen Haufen kleinerer und größerer Knochen und verfaultes Fleisch. Hier und da hingen Kleider, die schon etliche Jahre dort hängen mussten und furchtbar schmutzig aussahen.« Nachdem er eine Weile mit Louke gesprochen hatte, war er mit seiner Diagnose schnell bei der Hand: »Die gesamte Familie Six hat, wie ich bereits hörte, eine starke Sammelneigung. Bei Frau Blaauw war diese Neigung krankhaft geworden. Ich habe keinen Augenblick gezögert, sie für geisteskrank zu erklären.«

Am nächsten Morgen, dem 7. November 1910, wurde die sich heftig wehrende Louke von einem Diener und anderem Personal auf einer Krankentrage festgebunden und ins Sanatorium Vogel- en Plantentuin in Arnheim verbracht. Die Verwandten waren außer sich: Blaauw habe die Einweisung arrangiert, um Louke loszuwerden und zugleich weiterhin über ihr Vermögen verfügen zu können. Außerdem fanden sie es undenkbar, dass bei einem Spross ihrer vornehmen Familie eine Schraube locker sei. Als Henriette sich von Frans das Zimmer ihrer Schwester Louke zeigen ließ, musste sie aber zugeben, dass dort wirklich ein unvorstellbares Chaos herrschte. »Dabei war es meine eigene Schwester«, schrieb sie später an Nine Six. »Habe Frans gebeten, mir den Rest zu ersparen. So etwas tut kein normaler Mensch, aber wie ist sie so geworden? Nine, begreifst Du das? Ich nicht.«

Doch bald erreichte die Familie Brief um Brief von Louke aus dem »Irrenhaus«: Sie waren einfühlsam und offen, die Sätze ergaben Sinn, niemand glaubte mehr daran, dass sie wirklich verrückt sei. Als Blaauw sich auf eine Südamerika-Reise begab, besuchte Tante Nine Six sie und fand heraus, dass die Zwangseinweisung von Louke juristisch nicht ganz einwandfrei war; die Beziehungsmaschinerie der Sixe lief nun auf Hochtouren.

Am 9. Juni 1911 schickte Louke eine Karte an Nine: Frans sei wieder da, er wolle sie entmündigen lassen. »Ich möchte dich hiermit bitten: Rette mich, hilf mir und befreie mich aus dieser Mausefalle. Bald schon, noch vor der kommenden Woche.« Und sie fügt hinzu: »Dies gilt statt der unbeschriebenen Ansichtskarte« – dem vermutlich für solche Notsituationen vereinbarten Signal. Jan und Nine handelten sofort: Noch am gleichen Tag entführten sie Louke ungehindert in einer offenen Kutsche aus der Anstalt. Den Rest ihres Lebens verbrachte Louke bei ihrer Tante Julia auf deren Landsitz in Zeist. Fast siebzig Jahre alt, unternahm sie 1931 mit ihrer treuen Zofe Keetje eine lange Reise durch Amerika. Aus dem Jahr 1933 gibt es noch drei Fotos von ihr; klein, gekrümmt und schwarz gekleidet spaziert sie an Keetjes Arm durch die Alleen von Hilverbeek. Im Jahr darauf starb sie. Dann kam ihre Revanche.

Der mehr als aufwendige Lebensstil von Frans Blaauw und Jan Willem Six war nicht Jans einzige Sorge. Irgendwann würde die hohe Kinderzahl der Familie für große finanzielle Probleme sorgen. In früheren Generationen hatten bis zum Tod des Erblassers praktisch immer nur ein oder zwei Kinder überlebt, weshalb es bis ins 20. Jahrhundert hinein relativ leicht gewesen war, das Familienvermögen zusammenzuhalten. Nun würden seine sechs Kinder selbst wieder Kinder bekommen, so dass in absehbarer Zeit Dutzende Angehörige Anspruch auf einen Vermögensanteil haben würden.

Ein weiteres Problem war bei jedem Generationswechsel die Erbschaftssteuer; mehrmals hatte Jan dafür bereits erhebliche Beträge aufbringen müssen. Schon kreisten die ersten Aasgeier über der Sammlung Six, amerikanische und britische Kunsthändler, aber auch die Direktionen niederländischer Museen, die mit ihrer Aufholjagd begonnen hatten, allen voran das Rijksmuseum. Allein für Rembrandts Porträt von Jan Six wurde um 1900 eine Million Gulden geboten.

Wenn beim nächsten Generationswechsel fünfundzwanzig Prozent des Vermögens an Erbschaftssteuer zu zahlen waren, musste ungefähr die Hälfte der Sammlung verkauft werden, und beim folgenden Generationswechsel würde dann wohl auch *Der Bürgermeister* daran glauben müssen. Dabei wollte Jan die historische Sammlung möglichst erhalten, besonders die Familienporträts. Es handelte sich in erster Linie um die Sammlung van Winter. Die Hälfte davon war wie erwähnt bereits 1877 in fremde Hände gelangt, als die van Loons ihren Anteil an Baron de Rothschild verkauften. Die andere Hälfte war bei Hendrik und Lucretia verblieben und später pro forma zwischen ihren Kindern Jan und Pieter Hendrik aufgeteilt worden – pro forma deshalb, da der größte Teil der Sammlung im Haus an der Herengracht blieb; auch in den Häusern Hilverbeek und Jagtlust verstaubten die gleichen alten Meister wie früher an den Wänden.

Nach dem Tod von Jan und Pieter Hendrik beabsichtigten die Erben, unter anderem wegen der zu erwartenden Erbschaftssteuer, insgesamt sechzig Gemälde zu Geld zu machen. Ein Vierteljahrhundert zuvor, als der Verkauf der halben Sammlung van Winter nach Frankreich großen Unmut geweckt hatte, hatten sich einige Kunstliebhaber zusammengetan und beschlossen, einen solchen Verlust nationalen Kulturgutes in Zukunft um jeden Preis zu verhindern. Unter dem Dach der Vereniging Rembrandt war deshalb ein spezieller Fonds geschaffen worden – der nach seinem Geldgeber, dem Bankier Daan Franken, benannte Franken-Fonds –, dessen einziger Zweck der Ankauf von Werken aus der Sammlung Six war, wenn sie denn angeboten werden sollten.

Im Jahr 1907 war es so weit: Frankens Schenkung in Höhe von einhunderttausend Gulden wollte die Vereniging Rembrandt nun dazu verwenden, sich Vermeers *Dienstmagd mit Milchkrug* und einige andere Kunstschätze der Familie Six zu sichern. Dafür reichte der Betrag aber bei weitem nicht aus, zudem stellten die Erben Six die Vereniging Rembrandt und den niederländischen Staat vor die Wahl, entweder den Vermeer und achtunddreißig weitere Gemälde für siebenhundertfünfzigtausend Gulden zu erwerben oder leer auszugehen. Das Angebot führte zu einer öffentlichen Debatte, wie wir sie auch aus unseren Tagen kennen: Ist diese Kunst wirklich so viel wert, und muss sie von unseren Steuern bezahlt werden? Am Ende wurden tatsächlich alle angebotenen Bilder gekauft: Judith Leysters *Serenade*, *Christus und Maria Magdalena* von Rubens, zwei Seestücke von Ludolf Bakhuizen, zwei Porträts von van Dyck, ein Triptychon von Gerard Dou, Adriaen van Ostades *Schlittschuhläufer*, *Ein Pelikan und andere exotische Vögel in einem Park* von Melchior de Hondecoeter, zwei italienische Landschaften von Jan Asselijn und noch fünfundzwanzig weitere Gemälde, Werke, die mindestens zwei große Säle füllten. Die Direktion des Rijksmuseums war glücklich.

Jan Six, selbst ein prominenter Bewahrer niederländischen Kulturgutes, muss angesichts dieser Entwicklung großes Unbehagen empfunden haben. Er suchte und fand einen anderen Weg, auf dem ihm später viele adlige Familien mit Landgütern folgen sollten: Der ererbte Besitz wurde in einer Stiftung untergebracht. So löste die Familie mit einem Schlag das größte Steuerproblem und konnte den alten Familienbesitz trotzdem zusammenhalten. Sie verlor allerdings das unmittelbare Eigentumsrecht; der betreffende Landsitz oder im Fall der Sixe die Kunstsammlung konnten nicht mehr zu Geld gemacht werden.

Jan muss lange über diese Stiftungslösung nachgedacht haben, immer mehr Erben fielen weg, und 1921, als nur noch zwei Personen übrig waren, die frei über die Sammlung Six verfügen konnten, sein Cousin Jan Willem und er selbst, nutzte er diese Chance. Sein Plan war, ungefähr hundert Familienporträts und einige andere bedeutende Erbstücke – die *Große* und die *Kleine Pandora*, die Tulp-Büste,

Zeichnungen, Radierungen und Radierplatten – in einer Familienstiftung unterzubringen, deren einziger Vorsitzender er selbst sein sollte – und nach ihm sein ältester Sohn, später die ältesten Söhne der folgenden Generationen: »Nur ein Kapitän auf dem Schiff.« Ein Familienrat sollte die Aufsicht haben.

Damit sein Vorhaben umgesetzt werden konnte, überließ Jan Willem, damals noch kinderlos, sein Erbteil Jan und dessen Nachkommen gegen die Zusage lebenslangen Unterhalts, so dass er und seine Frau »mit Stil« leben könnten. Als diese Abmachung vor dem Notar geschlossen wurde, so die Familienüberlieferung, soll Jan Willem beiläufig gefragt haben, ob die Sixe nicht auch für eventuelle Kinder aufkommen müssten. »Du bist fünfzig, hast du noch etwas vor, oder wie?«, fragte Jan lachend, worauf Jan Willem zu dessen Beruhigung erwiderte: »Nein, aber das ist so üblich, das muss noch rein.« Fünf Jahre später kam seine Tochter zur Welt, die »Araberin« Henriette.

Um die eingegangenen Verpflichtungen erfüllen zu können, musste Jan dann doch noch etliche Gemälde aus der Sammlung Six-van Winter verkaufen. Wieder profitierten einige Museen: In den Jahren 1922 und 1928 kamen unter anderem Jan Steens *Mädchen mit Austern* und Gerard ter Borchs *Die Briefschreiberin* unter den Hammer, neben zahlreichen Werken von Malern wie de Hoogh, Saenredam, van Ostade oder Ruisdael. Der steinreiche Sir Henri Deterding, Direktor der Koninklijke Nederlandse Petroleum Maatschappij (später Shell), ergatterte Vermeers *Straße in Delft* zum »Freundschaftspreis« von sechshundertachtzigtausend Gulden; er schenkte das Bild, wie er es Jan Six versprochen hatte, dem Rijksmuseum, in der – unerfüllten – Hoffnung auf einen niederländischen Adelstitel.

Dennoch blieben Probleme im Zusammenhang mit der Erbschaftssteuer nicht ganz aus, sie sollten jedoch von höherer Stelle gelöst werden. In der Bibliothek findet sich noch ein Brief mit der entsprechenden Mitteilung: »Sehr geehrter Herr Six, Wir haben das erledigt. Wilhelmina.«

Noch einmal tanzte die Familie Six wie zu den glanzvollsten Zeiten. Am 20. März 1925 gewann Totie den ersten Preis eines Maskenballs, bei dem sie – als »Catharina de Cazenave« – dasselbe exquisite Seidenkleid im Stil des 18. Jahrhunderts anhatte, das ihre Mutter 1896 getragen hatte. Es war so breit, dass sie Türen nur seitlich durchschreiten konnte. Auch für die anderen Familienmitglieder hatte man die Kleiderkammer auf dem Dachboden geplündert: Mutter Nine trug, als »Baronesse van Slingelandt« (ihre Großmutter mütterlicherseits), eine »robe à l'anglaise« aus dem späten 18. Jahrhundert, zu dem auch eine Schleppe und ein passender Fächer gehörten. Tochter Nine war als »Maatje van Zuid-Beveland« verkleidet, Piet als »Philip de Savoy, Comte de Genève«. Jan stellte alle in den Schatten, obwohl er bereits ernsthaft erkrankt war; seine Kostümwahl zeugt von einer gehörigen Portion Selbstironie. Er erschien als Argan, Molières eingebildeter Kranker, in einem antiken Hausmantel, einem »japanischen Rock«, der im 18. Jahrhundert von der Insel Dejima importiert worden war. Für die Sixe war es der letzte Ball. Jan starb anderthalb Jahre später, am 8. Dezember 1926. Seine Witwe und seine Kinder mieden danach die Casino-Feste; in den dreißiger Jahren beendete der Verein seine Aktivitäten.

Jan hatte den Kern der Sammlung erhalten und die ganze Familie so versorgt, dass vorläufig alle »mit Stil« leben konnten. Aber waren damit sämtliche Probleme gelöst?

Weniger als ein Jahr nach Jans Tod, am 27. November 1927, schrieb die alte Louke Six in ihrer zittrigen Handschrift einen besorgten Brief an ihre Freundin Nine. Er hatte, wie es sich gehörte, noch einen breiten Trauerrand. Louke dankte für einen Besuch und entschuldigte sich für ihre Aufgeregtheit, »aber das liegt an dem schrecklichen Vermieten von Hilverbeek«. Ihr Bruder Jan Willem war offensichtlich wieder in Geldnot geraten und versuchte die leere Kasse durch die Vermietung von Teilen des Landsitzes zu füllen. Nach Loukes Ansicht gingen »Jan Willen und Anhängsel« unverantwortlich mit Hilverbeek um. »Kann J.W. auch von mehr als 30 000 Unterhalt nicht leben? Im Schlafzimmer über dem Kabinett sind wir geboren worden und meine Eltern und Rudolf gestorben, und dort sollen nun fremde Leute leben?« Früher habe sie geglaubt, Jan Willem wolle Hilverbeek »für das Kind behalten«, aber nun habe sie Angst, dass er es verkaufen werde, an vollkommen Fremde.

Die stille Louke gehörte zu den gequälten Frauen, die nach langem Grübeln plötzlich zu der erfreulichen Erkenntnis kommen, dass sie doch über eine Waffe verfügen – ihr Testament. Zu Lebzeiten hatte sie als verheiratete Frau keine Entscheidungsgewalt über ihr Geld, nach ihrem Tod absurderweise schon. Darauf beruhte der Plan, mit dem sie die beiden großen Aufgaben ihres Lebensendes gleichzeitig meistern wollte: Frans Blaauw Gooilust wegnehmen und für ihren »armen« Bruder Jan Willem Hilverbeek auf akzeptable Weise zu Geld machen.

Im Jahr 1930 ließ sie ein Testament aufsetzen, mit dem sie Gooilust einschließlich des antiken Inventars und ihres restlichen Vermögens der Vereniging Natuurmonumenten unter der Bedingung vermachte, dass der Verein Hilverbeek von ihrem Bruder erwarb. Was die Zukunft von Gooilust betraf, hatte sie klare Forderungen: »Der Diener, der Kutscher und der Gärtner müssen gehen (…) Außerdem wünsche ich keine Sozialisten, keine Deutschen und keine Katholiken dort zu haben. Die Sozialisten gehören nach Russland und nicht zu unserer lieben Königin.«

Die Vereniging Natuurmonumenten stimmte gerne zu. »Ich habe es mir ganz allein ausgedacht«, schrieb sie an den Vorsitzenden, Rechtsanwalt van Tienhoven. »Ich habe mir schon so oft die erstaunten Gesichter von Bekannten und Verwandten bei meiner Beerdigung vorgestellt, wenn sie das alles hören.«

So verflüchtigte sich wieder ein Teil des Vermögens der Sixe, Frans Blaauw aber ging leer aus. Er starb 1936.

Genugtuung suchte auch das »Anhängsel«, die »kleine Näherin«, Jan Willems Frau, das Klatsch-Opfer Hannie. Kurz nach Jan Willems Tod im Haus Hilverbeek, ebenfalls 1936, errichtete sie auf dem

Vorplatz einen großen Scheiterhaufen aus mindestens acht Kisten mit alten Familienpapieren. Die Sixe von Jagtlust, vom Diener alarmiert, konnten noch einiges retten, darunter die erwähnten, möglicherweise von Rembrandt stammenden Farbsäckchen; ein gutes Stück Familiengeschichte ging aber verloren. Hannie lebte noch lange und angenehm von der jährlichen Zuwendung, zuerst in Paris, später in Nizza. Sie starb 1967.

Die Revanche ihrer Tochter, der »kleinen Araberin«, war subtiler. Auch sie musste gemäß der Vereinbarung von 1922 ihr Leben lang standesgemäß versorgt werden. Sie blieb kinderlos. Als sie 1996 starb, hinterließ sie zwei entfernten Verwandten in den Vereinigten Staaten, denen sie nie begegnet war, mehrere Millionen. Die Familie Six hatte das Nachsehen.

N° 159924
April 1895
Amsterdam
18 NOV. 1941
AMSTERDAM
174
Z 38
N° 002580
Smit--
Piet Jan--
8 Mei 1895
Amsterdam
22 NOV. 41
ZWARTSLUIS

XIX
DOPPELLEBEN

Hieronyma Maria Antonia Fortunata Six-Bosch Reitz, genannt Nine, »Großmama« – ihr Porträt ist von all den flüsternden Bildern das erste, das mir beinahe das Gefühl gibt, einen lebendigen Menschen vor mir zu haben, den ich berühren kann. Der Hausherr hat sie gerade noch gekannt, er hat wenige vage Erinnerungen an sie. »Sie war eine kleine Frau, immer in Schwarz, aber mit wunderbarem Schmuck. Auf Jagtlust fuhr sie ein spezielles Fahrrad mit vier Rädern, das weiß ich noch.« Als ältester Enkel war er ihr Liebling. »Eine meiner ersten Erinnerungen hat mit ihr zu tun, jemand hebt mich auf ihr Bett. Ich sehe mich noch da sitzen, sie mit dem Kopf auf dem Kissen, ich neben ihr. Ich spüre ihre Hände, die Falten an ihrem Daumen. Das muss kurz vor ihrem Tod gewesen sein.«

Großmama lebte in zwei Jahrhunderten, dem 19. und dem 20., vermutlich waren es aber für ihr Empfinden drei oder vier. Geboren wurde sie in dem alten, umschlossenen, verfallenen Amsterdam von 1867, einer Stadt, in der Pferd und Fußgänger das Tempo bestimmten; sie starb im Nachkriegsamsterdam von 1951, einer Stadt voller Autos, Radfahrer und bimmelnder Straßenbahnen.

Bis zu ihrem Ende war sie eine Dame von Stand. Eine hübsche Frau soll sie gewesen sein, sanft, aber bestimmt, mit natürlicher Autorität, gewohnt, ihren Willen durchzusetzen. Wenn sie sagte: »Wir fahren ein bisschen Rad«, dann wurde Rad gefahren, auch wenn es regnete. Man widersprach ihr nicht. An der Amstel und auf Jagtlust war sie die Königin; in Sachen Haushaltsführung dürfte ihr Mann wenig zu sagen gehabt haben. Das Personal war nicht so zahlreich wie noch ein halbes Jahrhundert zuvor, aber an ihrem

Wohnsitz in der Stadt gab es immerhin einen Hausverwalter und seine Frau, ein halbes Dutzend Dienstmädchen und ein oder zwei Diener. Im Archiv liegen ihre »Arbeitsbücher«, Hefte mit Anweisungen für das Personal:

> Hendrik: Vor dem Frühstück aufschließen. Heizen. Kleider und Schuhe vom Junker und allen anderen abholen, säubern und wegräumen. Fahrrad nachsehen, Hut und Mantel bürsten. Silber putzen. Feuerung nachsehen. Auf Türglocke und Telefon achten, Bescheid sagen, wenn du weggehst. Briefe und Päckchen sofort hinaufbringen. Bilder: Zugang nur mit unterzeichneter Karte. Nicht mehr als zehn Personen gleichzeitig, keine Kinder. Stöcke, Hüte, Mäntel, Fotoapparate unten lassen. Gut aufpassen, dass niemand etwas anfasst, auch nicht die Bilder, oder sich setzt. Die Leute dürfen unter keinen Umständen auch nur einen Augenblick allein gelassen werden.
> Antje: Vor dem Frühstück Zimmer Fräulein und Junker P. Freitag und Samstag nur abstauben. Nach dem Kaffee beim Abwaschen helfen, Esszimmer kehren und abstauben, um halb sechs nach unten, in der Küche helfen, Aufzug bedienen.
> Gerrit: Öfen anmachen. Zeitung bringen. Schuhe putzen. Messer schleifen. Lampen. Silber putzen. Donnerstag und Freitag um vier Uhr Jungen abholen und bringen. Mittags öffnen.

Auch die Umzüge nach Jagtlust und zurück waren streng geregelt:

> Wäsche bei Abreise aus Amsterdam versenden, Leibwäsche wird ungebügelt mitgenommen, außer Oberhemden. Dafür und für die Haushaltswäsche kommt Betje. Koosje und Hendrik fahren Montag zum Haus und bringen alles in Ordnung, dann kommt Janne, um packen zu helfen. Anne fährt Montagabend noch nach dem Essen. Gleich nach der Ankunft Fenster putzen.

Der Tod des Oberhaupts einer Familie wie dieser bedeutete für die Ehefrau – jedenfalls nach außen hin – einen plötzlichen Statusverlust; alles Prestige »erbte« der älteste Sohn. Das betraf auch Großmama, obwohl sie innerhalb der Familie die mächtige Herrin blieb. Nach dem Tod ihres Mannes verbrachte sie die meiste Zeit im Haus Jagtlust, zusammen mit ihren unverheirateten Töchtern Totie und Nine, wo sie ein recht ungezwungenes Leben führen konnte, ohne nennenswerte soziale Verpflichtungen. Ihr Sohn Piet, ebenfalls unverheiratet, lebte teils auf Jagtlust, teils in Amsterdam. Er hatte sein Büro im Haus an der Amstel, das in den Jahren von 1930 bis 1948 kaum anderweitig genutzt wurde. Die Gemäldesammlung hing in jener Zeit zum größten Teil im Wohnhaus des neuen Jan Six.

In den zehner und zwanziger Jahren des 20. Jahrhunderts lebten einige Sixe auf großem Fuße. Den Fotoalben nach zu urteilen gingen die Söhne mindestens zwei- oder dreimal im Jahr auf Reisen. Es wurde mehr und mehr zu einem obligatorischen Bestandteil des standesgemäßen Lebens: Reisen war deutlich komfortabler geworden und ersetzte bald schon die langen Aufenthalte auf den Landsitzen. Auf einem der Fotos ist vor der Eingangstür des Hauses an der Amstel ein exklusiver Bugatti geparkt, das sich am Heck verjüngende Modell T22 mit zwei Vordersitzen und einem Rücksitz. Piet hatte den Wagen 1919 gekauft und jagte damit zwischen den Niederlanden und Südfrankreich hin und her, wo er eine Art Playboyleben führte.

Beruflich betätigte er sich mal auf diesem, mal auf jenem Gebiet, unter anderem arbeitete er als Sekretär der niederländisch-amerikanischen Handelskammer. Er war ein passionierter Reiter, und auch andere Abenteuer scheute er nicht: Erhalten gebliebene Filmaufnahmen zeigen, wie er sich stolz mit dem ersten niederländischen »hélicoptère« in die Lüfte erhebt; von 1928 bis 1930 war er der Pilot, der dieses nie über das Experimentierstadium hinausgelangte Luftgefährt auf dem Flughafen Schiphol testen durfte. Er selbst hatte auf Jagtlust eine Art fliegende Seifenkiste mit einem Ford-A-Motor und paddelartigen Rotoren konstruiert, doch mehr als ein paar Hopser wollte das Ding nicht machen.

Tochter Nine wurde Keramikerin und Goldschmiedin, im Kutschenhaus hatte sie ein wunderbares Atelier mit einem vieldeutigen Schild über der Tür: »Der gezeichnete Drache«. Von Totie erwartete man, dass sie sich um ihre Mutter kümmerte, und sie entwickelte sich allmählich zur Archivarin der Familie. Nebenher stellte sie Recherchen zum Kleiderfundus der Familie an: Wer trug was zu welcher Gelegenheit und warum? Und wer hatte es geschneidert? Die märchenhafte Robe von Helena Schlicher aus dem Jahr 1759 wäre ohne Toties Bemühungen vielleicht ein unpersönliches hellblaues Seidenkleid geblieben. Nach dem Tod ihres Katers Mimi ließ sie sein Fell präparieren, noch jahrelang lag das Tier als Bettvorleger in ihrem Schlafzimmer.

Nine, Totie und Piet lebten im Haus Jagtlust hauptsächlich vom Familienvermögen, wie Generationen vor ihnen. Den meisten Sixen des 20. Jahrhunderts war diese entspannte Daseinsform allerdings nicht mehr vergönnt. Zwar besaß die Familie noch immer viel Land: auf dem Haarlemmermeerpolder 480 Hektar, in Egmond 395 Hektar Dünen. Und auch der Verkauf eines Teils der Sammlung hatte viel eingebracht. Trotzdem reichte alles zusammen bei weitem nicht aus, um allen Familienmitgliedern ein sorgloses Dasein ohne Erwerbstätigkeit zu ermöglichen. So erging es bis auf wenige Ausnahmen der gesamten niederländischen Aristokratie in den zwanziger und dreißiger Jahren des 20. Jahrhunderts.

»Die finanziellen Mittel der vielen, die sich auf den Status-Wettbewerb mit dem wohlhabenden Bürgertum einließen und die beständig steigenden Kosten fürs Repräsentative aufbringen mussten, erschöpften sich letztendlich«, schreibt der Historiker Jaap Moes über diese Phase. Sie konnten die an ihre Klasse gestellten Erwartungen nicht mehr erfüllen. Und wenn ihnen der Übergang zu einer »normalen« Existenz gelang, beispielsweise von einem Ehrenamt zu einer gut bezahlten Stellung in der Wirtschaft, entsprachen sie nicht mehr dem traditionellen Idealbild des Adligen. »So waren die meisten Aristokraten in der niederländischen Gesellschaft immer weniger als solche erkennbar.«

Das galt bis zu einem gewissen Grad auch für die Brüder Six. »In dieser Zeit sind gute Positionen dünn gesät«, schrieb der angesehene Amsterdamer Coo den Tex 1923. »Pietje Six hat schon wieder eine Weile nichts, und auch sein Bruder Jan kommt nicht vorwärts.« Bruder Willem arbeitete als Elektrotechnikingenieur bei Philips, Gijs war Architekt geworden und hatte sich nach der bewährten Methode einer »guten« Heirat finanziell abgesichert.

Ehrlich gesagt fällt es schwer, den Jan Six des 20. Jahrhunderts als Repräsentanten der Familie anzusehen. Nach all seinen wissbegierigen Vorfahren gleichen Namens haben wir es hier plötzlich mit einem Jan zu tun, der selten oder nie ein Buch las, dem die wissenschaftliche Begabung seines Vaters und Großvaters völlig abging, der sich womöglich sogar innerlich von ihnen distanzierte und sein Studium »verbummelte«.

Im Jahr 1915 heiratete er Christina (Tiny) van der Crab; kurz danach ging das junge Paar nach Niederländisch-Ostindien, es war eine Art Flucht. In der kolonialen Welt herrschten noch weitgehend die alten Verhältnissen: Billiges Personal war im Überfluss vorhanden, und mit einigem Glück konnte man nach wie vor ein Vermögen machen. Jan arbeitete eine Zeitlang als Sekretär einer Holzfirma, Vereenigde Javaasche Houthandel, in Semarang, zwei Kinder kamen zur Welt – wieder eine Nine und wieder ein Jan –, aber schon nach vier Jahren kehrte die Familie überstürzt in die Niederlande zurück. Tiny hielt das Leben in den Tropen nicht aus; die Hitze, Kopfschmerzen, »elende Müdigkeit und Apathie«, diese Themen durchziehen ihre Briefe aus jener Zeit.

Die Familie lebte eine Weile in Haus Jagtlust, bevor sie wie einst Jans Eltern nach Amsterdam Zuid zog, in die Vondelstraat. Das »Haushaltsgeld« – im weitesten Sinne – bestritt Mutter Nine aus ihrem »dicken Portemonnaie«, wie man es in der Familie nannte. Zum ersten Mal war ein Jan Six auf Arbeitssuche.

Bei einer großen Brauerei fand er seine Lebensstellung. Es war vermutlich nicht die Laufbahn, die sein Vater und Großvater, beide hochgebildete Wissenschaftler, für ihren Kronprinzen im Sinn gehabt hatten. Ob der Zeitpunkt nun Zufall war oder nicht, 1927, wenige Monate nach dem Tod seines Vaters, übernahm Jan den Posten des stellvertretenden Verkaufsleiters bei der Brauerei Amstel. Sie war nach Heineken der größte Bierproduzent des Landes, und Amstel war das Lieblingsbier der Amsterdamer. Einige Jahre später, nachdem Amstel unter Jans Führung einige kleinere Brauereien übernommen hatte, konnte sich die Marke auch im Rest des Landes, insbesondere in der Provinz Limburg, durchsetzen. Außerdem streckte die Firma ihre Fühler nach Übersee aus, gleich nach der Aufhebung der Prohibition in den Vereinigten Staaten im Jahr 1933, und erschloss sich dort einen riesigen neuen Markt. Später exportierte Amstel gut ein Viertel des produzierten Biers in mehr als hundert Länder.

Es war eine Tätigkeit, bei der sich die besonderen Qualitäten dieses Jan Six entfalten konnten: Autorität gepaart mit einem gewissen Flair, Fröhlichkeit, Kreativität, Engagement und Flexibilität. Im Jahr 1933 wurde er Direktor der Firma. Er bewegte sich gleichermaßen sicher in allen gesellschaftlichen Kreisen und war außerdem ein Lokalpatriot; er besuchte jedes Lokal der Stadt, in dem Amstel gezapft wurde, mindestens einmal im Jahr. Wie sein Vater war auch er Direktor oder Vorstandsmitglied etlicher städtischer »Institutionen«, beispielsweise des Artis-Zoos, des Zirkustheaters Carré oder der Grandhotels Schiller und Krasnapolsky.

Gewisse aristokratische Züge blieben ihm. »Guter Geschmack hatte für ihn mehr als einmal Vorrang vor der kommerziellen Realität«, heißt es über ihn in einem Amstel-Erinnerungsbuch. Er bevorzugte die Anrede »Präsident« gegenüber Direktor. Auch die Unternehmenskultur war vornehm, die Verwaltungsmitarbeiter bei Amstel siezten sich trotz jahrelanger Vertrautheit, in den Niederlanden schon damals unüblich und ein wesentlicher Unterschied zum Erzrivalen Heineken. Kein Mitarbeiter und keine Mitarbeiterin von Amstel hätte jemals ein Lokal betreten, in dem das proletarische Heineken ausgeschenkt wurde. Als es 1968 schließlich doch zur Fusion der beiden Firmen kam, erlebte manch altgedienter

Amstel-Mann einen regelrechten Kulturschock: »Die duzten einen da alle!«

Im Sommer 1928 stellten die Olympischen Spiele die Stadt auf den Kopf, wenn auch nur für zwei Wochen. Jans Bruder Willem nahm an Segelwettkämpfen auf dem IJ teil, die Pferde für die Reitturniere – bei Hilversum – wurden unter anderem in den Ställen von Jagtlust untergebracht, und Jan mischte praktisch überall auf irgendeine Weise mit. In Amsterdam Zuid war ein Olympiastadion für 31 500 Zuschauer erbaut worden, nicht weit davon entfernt ein Schwimmstadion sowie zwei Gebäude für die Fecht- und die Kraftsportwettbewerbe, außerdem hatte man eine Regattastrecke angelegt. Das Olympiagelände lag am Rand eines der modernsten Stadtviertel Europas: Das nach dem ebenso eleganten wie gewagten städtebaulichen Entwurf des Architekten Hendrik Berlage errichtete Amsterdam Zuid war das zeitgenössische Pendant zum Grachtengürtel des 17. Jahrhunderts.

Dennoch war manches im Umfeld der Spiele geradezu hinterwäldlerisch. Für eine gemeinsame Unterbringung aller Athleten in einem olympischen Dorf fehlte das Geld, weshalb die fast dreitausend Teilnehmer bei Privatleuten und in Schulgebäuden wohnen mussten – schließlich war Ferienzeit. Königin Wilhelmina, gekränkt, weil man sie bei der Festlegung des Datums nicht mit einbezogen hatte, lehnte es ab, die Spiele zu eröffnen, und reiste stattdessen nach Norwegen. Der Amsterdamer Bürgermeister wurde heftig angefeindet, weil er als gläubiger Christ das an einem Sonntag ausgetragene Fußballspiel Uruguay – Argentinien zu besuchen gewagt hatte. Und die Pfarrer geiferten auf den Kanzeln, als hätte sich seit dem ersten Jan Six nichts verändert: Die Olympischen Spiele seien ein Werk des Teufels, im »wilden Spiel der Fußballer« erkenne man deutlich das Wirken »des Vaters allen Übels«.

Ein neuer Prinz erschien auf der Bühne. Jahrelang hatte man vergeblich nach einem Gatten für Prinzessin Juliana, einziges Kind von Wilhelmina und Hendrik, Ausschau gehalten. Sie war eine liebenswürdige und intelligente Frau, doch ihre äußere Erscheinung war wenig vorteilhaft, alles an ihr schien die Muffigkeit des Hofes auszuströmen. Umso größer war die Erleichterung, als ihr dann doch ein mittelloser und unbekannter junger Mann aus dem »unerschöpflichen Reservoir deutscher Prinzen« den Hof machte. Am 8. September 1936 trat sie zusammen mit Bernhard zur Lippe-Biesterfeld strahlend auf den Balkon des Palais Noordeinde in Den Haag, die Menge jubelte, das Land war euphorisch, die Monarchie einmal mehr gerettet.

Vier Monate später, am 7. Januar 1937, wurde geheiratet. Bis dahin war Bernhard in aller Eile eingeführt worden, er besuchte große Unternehmen wie Fokker, Hoogovens, Werkspoor und Philips und besichtigte all das, worauf das Land stolz war, von Schiphol und der Amsterdamer Börse über die Erste und Zweite Kammer des Parlaments bis zu den Standorten der neuesten Panzerfahrzeuge der Armee und den Jagdrevieren von Het Loo. Bernhard wurde den Niederländern mit Bedacht als »Prinz aus Lippe« vorgestellt; einer seiner Mentoren, der Amsterdamer Reeder, Bankier und Politiker Ernst Heldring, war der Ansicht, die deutsche Herkunft des Prinzen dürfe nicht zu deutlich herausgestellt werden, um die niederländische Neutralitätspolitik nicht zu gefährden. »Wenn dieser Jüngling ein Nazi ist, hat das auch ohne Krieg viel Bedenkliches.«

Jan Six gehörte zu den wichtigsten Begleitern des neuen Prinzen. Dass man ihm diese ehrenvolle Aufgabe antrug, sagt viel über den damaligen Status der Familie. Auf der Gesellschaftspyramide besetzten die Sixe nach wie vor einen Platz ganz weit oben.

Auch wenn der Adel und die alten Amsterdamer Patrizier um 1900 zum größten Teil hinter den Kulissen verschwunden zu sein schienen, gab es nach wie vor ein exklusives Beziehungsnetz mächtiger und reicher Familien. Wie Jaap Moes nachgewiesen hat, waren sie bis weit ins 20. Jahrhundert hinein im Parlament, in der Regierung und in den Schlüsselpositionen der Wirtschaft stark überrepräsentiert. Trotz aller Demokratisierung hatten sie sich ihre Machtbasis erhalten können, indem sie die traditionellen Regeln ihres

Standes befolgten. Moes nennt »vernünftige Vermögensverwaltung«, »Streben nach Erhalt des Familienbesitzes« einschließlich dazugehöriger Ämter und Posten, »wohlüberlegte Heiratspolitik« – durch die man reiche und mächtige Verbündete an sich band –, dazu konsequentes »Wachen über Ehre und Ruf der Familie«. Seiner Schätzung zufolge wurden Politik und Wirtschaft des Landes von etwa zweihundertsiebzig Familien gelenkt, etwa sechzig Prozent von ihnen waren adlig. Die Sixe gehörten dazu.

Und waren sich dessen durchaus bewusst. Hochmut war verwerflich, doch seinen Stand musste man in Ehren halten. Der heutige Hausherr erzählte mir von einem Erlebnis Anfang der fünfziger Jahre, als er und sein Bruder, damals kleine Jungen, im Haus Jagtlust zu Besuch waren. Eines Tages klingelte es, als gerade ein Regenschauer niederging, an der Tür, die Jungen machten auf, draußen stand ein Motorradfahrer und bat, sich kurz unterstellen zu dürfen. Als sie seine Bitte an Tante Totie weitergaben, fragte sie: »Ist es ein Mann oder ein Herr?« Offenbar fiel er in die Kategorie »Mann« und durfte sich daher im Gartenpavillon unterstellen, nicht im Haus.

Und dann kam der Krieg. Am Freitag, dem 10. Mai 1940, morgens um fünf vor vier, wurde das schlafende Amsterdam Zuid plötzlich vom Donnern der Flugabwehrgeschütze, von Explosionen und dem Motorengebrüll überfliegender Maschinen erschüttert. Auf Schiphol und in den Hafenanlagen wüteten Brände. Ein deutsches Jagdflugzeug raste, aus allen Bordkanonen feuernd, über die Teiche und Wiesen des Amsterdamer Stadtwaldes hinweg.

In anderen Teilen Europas wütete der Krieg bereits seit Monaten. Ed Murrow und William Shirer, CBS-Korrespondenten in London und Berlin, hatten sich im Januar ein Bild von der Stimmung in den neutralen Niederlanden gemacht. In Amsterdam fühlten sich die beiden Amerikaner wie von einer schweren Last befreit, »berauscht von den Lichtern bei Nacht, dem vorzüglichen Essen und dem Wechsel der Atmosphäre«, wie Shirer schrieb. »Die Holländer genießen noch ihr gutes Leben. (…) Sie speisen und tanzen und gehen zur Kirche, laufen Schlittschuh auf den Kanälen und gehen ihren Geschäften nach. Und sie sind blind – ach, so blind – gegenüber den Gefahren, die auf sie zukommen.«

Jetzt, in dieser hellen Nacht im Mai, starrten die ausländischen Journalisten auf dem Dach des Carlton-Hotels zu den Flugzeugen hinauf. »I think this is the real thing, babe«, brummte ein kriegserfahrener Amerikaner seiner niederländischen Begleiterin zu. »Yes, this must be the real thing ...«

Jans Bruder Piet war als einziger Six in die Verteidigungsanstrengungen einbezogen. Als Reservist war er im August 1939 einberufen worden, und im Mai des folgenden Jahres lag er mit seinen Husaren in der nördlichen Veluwe in Abwehrstellung. Nur knapp fünf Tage dauerten die Kämpfe in den Niederlanden. Die königliche Familie floh nach London, Rotterdam wurde bombardiert; Piet gab nicht einen Schuss ab. Nach der Kapitulation setzte er auf Jagtlust sein bequemes Leben als Landbesitzer und Pferdeliebhaber fort. Über den Verband der Kavallerieoffiziere – zu dessen Gründern er gehörte – blieb er aber mit seinen Offizierskameraden in Kontakt. Die Besatzer behielten sie im Auge.

Währenddessen hatte sein Bruder Jan ganz andere Sorgen: Die Kunstsammlung musste gerettet werden. Der mündlichen Familienüberlieferung zufolge – schriftliche Zeugnisse dazu gibt es nicht – hatte er die wertvollsten Stücke schon vorsorglich im großen Keller der Amstel-Brauerei versteckt, in einem Hohlraum zwischen zwei Wänden; die beiden Rembrandtporträts indes hingen noch bei ihm zu Hause in der Vondelstraat. Und es war ihm gelungen, die deutsche Verwaltung dazu zu bewegen, das Haus an der Amstel per Aushang offiziell zum Museum zu erklären, einem Kulturgut, das jeder Soldat zu respektieren hatte.

Jans Haltung als Direktor der Brauerei erscheint nicht ganz frei von Opportunismus. Schon nach kurzer Zeit war Amstel der feste Lieferant der Wehrmacht, angesichts dessen, was der durchschnittliche deutsche Soldat an Bier konsumierte, eine Goldgrube. Zudem wurde die Brauerei von den Besatzern nach Kräften unterstützt, denn die Lastwagen – später vor allem Pferdefuhrwerke – mussten fahren können, der werkseigene Generator, wichtig für die Kühlung der Keller, musste funktionieren. Die Beziehungen wurden noch enger, als Amstel den großen »Rembrandtkeller« als eine Art Offizierskasino zur Verfügung stellte. Schräg gegenüber war das Hauptquartier der Ordnungspolizei untergebracht. Es muss eine interessante Gesellschaft gewesen sein, die in jenem Keller Abend für Abend ihr Amstel trank. Dass hinter der Wand begehrte Kunstschätze verborgen waren, ahnte niemand.

Die Nazis waren leidenschaftliche und gefährliche Sammler, besessen von Kunst, nicht zuletzt den alten Meistern des 17. Jahrhunderts. Nach Kriegsende entdeckten alliierte Truppen mehr als tausend Geheimdepots voller Kunstwerke, zum größten Teil europäischen Juden geraubt, vieles durch Erpressung erworben, manches auch gekauft. Allein in einem alten Salzbergwerk nahe dem österreichischen Dorf Altaussee lagerten neben Hunderten anderer Kunstgegenstände 6577 Gemälde: Michelangelo, van Eyck, Rubens, Rembrandt, Vermeer, Pieter Brueghel der Ältere, Cranach, Dürer, ein einzigartiger Schatz.

Adolf Hitler träumte lange von einem Führermuseum in Linz, der Stadt seiner Jugend; Hermann Göring hatte ähnliche Phantasien, er reiste sogar mehrmals nach Amsterdam, um dort Museen und Händler zu besuchen. Beide schwärmten für Rembrandt, der vielen Deutschen als Verkörperung der deutschen »Künstlerseele« galt, frei von »Intellektualismus« und »Dekadenz«, sein Werk betrachtete man als eine der größten und edelsten Hervorbringungen des »deutschen Geistes«. Hans Steinhoffs Propagandafilm *Rembrandt* von 1942 bedient zudem antisemitische Klischees: Es sind Juden, die den heldenhaften arischen Künstler in den Ruin und letztlich in den Tod treiben. Der Maler wurde mit einer Briefmarke geehrt, sein Helldunkel diente der Lichtregie in Nazifilmen und -spektakeln als Vorbild.

Die Sammlung Six enthielt die Art von Kunstwerken, auf die all diese rembrandtverliebten Nazis versessen waren. In der Familie erzählt man sich, dass einige Deutsche schon wenige Tage nach der Kapitulation der Niederlande im Haus an der Amstel vorsprachen. Tatsächlich war der wichtigste »Kunstsammler« der Nazis, der österreichische Kunsthistoriker und SS-Mann Kajetan Mühlmann, kurz nach der Kapitulation von Polen aus nach Holland gereist, um seine Aktivitäten hier fortzusetzen. Das Ganze geschah auf Einladung seines guten Freundes und Landsmannes Arthur Seyß-Inquart, der am 18. Mai zum Reichskommissar für die besetzten Niederlande ernannt wurde.

Dennoch blieb die Sammlung einschließlich des Rembrandt'schen Jan Six unbehelligt. Die Gründe dafür lassen sich nur erahnen. Dass Jan auch in dieser Hinsicht mit deutschen Stellen Abmachungen treffen konnte, ist denkbar, allerdings nicht sehr wahrscheinlich: Hätte Berlin das Jan-Six-Porträt wirklich haben wollen, hätte ein lokaler Befehlshaber in Amsterdam wohl wenig dagegen ausrichten können.

Vermutlich sind die Deutschen nicht mehr dazu gekommen, Teile der Sammlung in ihren Besitz zu bringen. In den Niederlanden – und in Frankreich – lebten sie ihre Sammelwut auf subtilere Weise aus als in Osteuropa. Hier trat ihr Räuberhauptmann Mühlmann nicht in SS-Uniform, sondern in Zivil auf, und das sagt viel. Zwar wurde der umfangreiche »jüdische« Kunstbesitz, beispielsweise Hunderte alte Meister des Kunsthändlers Jacques Goudstikker, einfach konfisziert und nach Deutschland geschafft. Ansonsten legte man aber Wert auf »legalen« Erwerb, wenn auch die Verkäufe nicht immer freiwillig erfolgten. Der Kunsthandel zog mit. Hitler zum Beispiel gab einen großen Teil seiner Einkünfte aus dem Verkauf von *Mein Kampf* für Kunst aus. Göring rivalisierte in diesem Punkt mit seinem Führer, auch er konnte Hunderttausende von Reichsmark aufbringen, wenn er ein bestimmtes Bildes unbedingt haben wollte. Schätzungen zufolge haben Nazigrößen in den Niederlanden für zwanzig Millionen Reichsmark Kunstwerke erworben.

Unterdessen lernten die Einwohner der Stadt und die Besatzer einander besser kennen. Während der ersten Monate verhielten sich viele Amsterdamer noch abwartend. Man empfand vor allem Bestürzung über die schnelle Niederlage, Zorn über die »Flucht« der Königin und Verwunderung über das scheinbar korrekte Verhalten der Deutschen. Andere, vor allem deutsche Exilanten und die Kommunisten, machten sich von Anfang an keine Illusionen. In weiten Teilen der Bevölkerung herrschte im Mai und Juni 1940 die Überzeugung, dass Deutschland den Krieg praktisch schon gewonnen habe und in Europa eine neue Ära unter deutscher Führung anbrechen werde. Die niederländische Wirtschaft passte sich, ohne zu zögern, an, Aufträge der Besatzer wurden meistens sofort angenommen. Nach wenigen Monaten erlebten die Niederlande zum ersten Mal nach den zwanziger Jahren wieder eine Hochkonjunktur, fast alle Branchen profitierten.

Trotz des zügigen wirtschaftlichen Aufschwungs kühlten die Beziehungen zwischen den Besatzern und der Bevölkerung vom Herbst 1940 an rasch wieder ab, als antisemitische Maßnahmen und Exzesse um sich griffen: gegen Juden gerichtete Verbote, Entlassungen, Zerstörungen von Eigentum, Misshandlungen, schließlich die erste große »Razzia«. Ende Februar 1941 rief man in Amsterdam zu einem Generalstreik auf, an dem sich zwei Tage lang zahlreiche Einwohner beteiligten, ehe er durch ein deutsches Polizeibataillon und zwei SS-Totenkopf-Infanterieregimenter gewaltsam unterdrückt wurde. Danach wussten die meisten Amsterdamer, woran sie waren. Vier Streikende wurden erschossen, zweiundzwanzig zu Zuchthausstrafen verurteilt, die bei den Razzien verhafteten Juden – einige Hundert – ins Mordlager Mauthausen abtransportiert. Schon wenige Tage nach ihrer Ankunft in Mauthausen zwang die SS einige Dutzend Männer, an der steilen Wand des dortigen Steinbruchs aus fünfzig Metern Höhe in den Tod zu springen; sie hielten sich dabei an den Händen.

Das Zusammentreiben der jüdischen Bevölkerung spielte sich gleich jenseits der Amstel ab, eine Brücke und zwei Minuten Fußweg vom Haus der Sixe entfernt. Wie so häufig versuchten viele Menschen, sich der schrecklichen Tragödie innerlich zu verschließen, man schaute weg, denn die Alternative – Hilfe, Widerstand – hätte das Ende des »normalen« Lebens bedeutet. Ein tatkräftiges Sich-Widersetzen war in jenen ersten Jahren selten. In den braven Niederlanden musste Widerstand gewissermaßen erst erfunden werden, schon dass man Widerstand leisten *könnte*, wurde den meisten erst ganz allmählich bewusst.

Zu den Widerstandskämpfern der ersten Stunde zählten die Kommunisten – sie hatten bis zum Februar 1941 bereits eine gut funktionierende Organisation aus etwa zwölfhundert sehr aktiven Mitgliedern aufgebaut –, die orthodoxen Calvinisten (Gereformeerden) – der Chefredakteur des entschieden antinazistischen *Friesch Dagblad* war schon im August 1940 verhaftet worden – und mutige Einzelne wie der Lehrer Bernard IJzerdraad, der im Mai 1940 die erste illegale Schrift herausgab, den *Geuzenbericht*: »Die Niederlande werden sich die Freiheitsberaubung nicht einfach gefallen lassen. Wir wissen, was uns erwartet.«

Galt das auch für die Amsterdamer Patrizier, die Familien, die sich in Friedenszeiten so viel auf ihre Vaterlandsliebe einbildeten? Ich bin die Liste der 372 Widerstandskämpfer durchgegangen, die auf dem Ehrenfriedhof Bloemendaal beigesetzt sind, und fand tatsächlich einige der alten Namen.

Binnert de Beaufort, Student, spionierte seit Herbst 1940 für die Briten; er starb nach einer Schießerei in der Kalverstraat. Walraven (Wally) van Hall, Bankier, besorgte zusammen mit seinem Bruder Gijsbert Geld und Lebensmittelkarten für Hunderttausende von Untergetauchten; durch raffinierten Bankbetrug wurden Millionenbeträge aufgebracht. Dank der Arbeit zahlreicher Banker hat der niederländische Widerstand *ein* Problem nie gekannt: Geldnot. Schließlich entstanden ganze Netze von Widerstandsgruppen wie der Nationaal Steun Fonds (Nationaler Hilfsfonds) und die Landelijke Organisatie voor Hulp aan Onderduikers (Nationale Hilfsorganisation für Untergetauchte).

Auch einige van Lenneps – vor allem Hester und Adrienne – waren schon früh im Widerstand aktiv. Adrienne war mit dem

Bankier Jan Boissevain verheiratet und eine entschiedene Nazigegnerin; ihre Söhne Gideon Willem und Jan Karel verwandelten im Winter 1941 das Elternhaus in der Corellistraat in ein gut ausgestattetes Widerstandsnest. Ihre Gruppe, hauptsächlich Studenten, betätigte sich auf vielfältige Weise: Sie half Juden, verübte Sabotage, fälschte Personalausweise und Lebensmittelkarten, versteckte und reparierte Schusswaffen, sammelte Informationen, bereitete Anschläge vor. Aber es fehlte an Erfahrung, die Gruppe beging Fehler, und schon nach einem Dreivierteljahr flog sie auf. Beide Söhne von Adrienne van Lennep wurden zusammen mit sechzehn anderen Studenten am 1. Oktober 1943 in den Dünen von Overveen erschossen.

Der Club Onder Ons schloss die wenigen Mitglieder, die Anhänger der niederländischen Nazipartei NSB (Nationaal-Socialistische Beweging in Nederland) waren, gleich nach dem deutschen Überfall aus, »weil sie das hier übliche Gedankengut nicht mehr teilten«. Einige aus dem kleinen, exklusiven Kreis von Onder Ons bezahlten ihr Engagement im Widerstand mit dem Leben: Binnert Harinxma thoe Slooten, Eddy Bosch van Rosenthal und Jan van Boetzelaer. Andere überlebten mit viel Glück in den Konzentrationslagern Vught und Amersfoort, zwei Mitglieder kamen mit dem Leben davon, obwohl sie eine führende Rolle im Widerstand spielten.

Das niederländische Institut für Kriegs-, Holocaust- und Genozidstudien (NIOD) listet insgesamt vierundfünfzig adlige Todesopfer aus dem Widerstand auf – etwa 7,7 Promille des holländischen Adels, womit der Anteil fast achtmal so hoch ist wie innerhalb der Gesamtbevölkerung. Ileen Montijn bemerkt zu Recht: »Die Vorstellung, der Adel habe sich während des Zweiten Weltkriegs als nicht besonders heldenhaft erwiesen, erscheint jedenfalls unbegründet.«

Und die Familie Six? »Vielleicht ist das Teuflischste an einem Regime wie dem von Hitler nicht sein Terror, sondern der Umstand, dass normale, gewöhnliche Menschen bis zu jenem schrecklichen Punkt getrieben wurden, an dem jede Handlung sowohl gut als auch schlecht sein konnte«, schrieb der ehemalige Widerstandskämpfer Henk van Randwijk Jahre später. Das traf auch auf die Sixe zu. In ihrem Verhalten ist ein Muster erkennbar, das in den Jahren der Besatzung für die niederländische Gesellschaft insgesamt charakteristisch war.

Der *chef de famille*, Jan, war Nazigegner wie der größte Teil der Amsterdamer Elite. Dennoch kooperierte er mit den Besatzern, das eigene Überleben und das seiner Familie, seiner Sammlung, seines Unternehmens hatte höchste Priorität für ihn. Er handelte nicht anders als typische »Bürgermeister in Kriegszeiten«, wie der Historiker Peter Romijn die nichtnazistischen, aber mit den Besatzern zusammenarbeitenden führenden Lokalpolitiker genannt hat.

Gleichzeitig nutzte Jan seine Position für Widerstandsaktionen unterschiedlicher Art. Im Rembrandtkeller, in dem die Deutschen feierten, sollen zahlreiche Abhörgeräte installiert gewesen sein. Die Lastwagen und Fuhrwerke der Brauerei kamen überall dorthin, wo deutsche Truppen stationiert waren, weshalb die Listen der Bierlieferungen für die alliierten Nachrichtendienste interessant waren; sie wurden weitergegeben und ausgewertet. Auf dem Dachboden einer Dienstwohnung der Brauerei waren außerdem einige jüdische Familien versteckt – Jan hatte aber vermutlich keine Kenntnis davon.

Seine Söhne gingen ihre eigenen Wege. Diederick hielt an seinem bisherigen Studentenleben fest und beteiligte sich nicht an den heftigen Protesten seiner Kommilitonen; vielmehr unterzeichnete er im Frühjahr 1943 die sogenannte Loyalitätserklärung, mit der er feierlich gelobte, sich den Anordnungen der deutschen Behörden zu fügen. Damit gehörte er zu einer kleinen Minderheit, denn nur jeder sechste Student war hierzu bereit, und musste nach dem Krieg damit leben, dass er deshalb für ein Jahr vom Studentencorps ausgeschlossen wurde.

Sein älterer Bruder Jan dagegen wurde unter dem Decknamen Pieter Verburg schon bald als Verbindungsmann im Widerstand aktiv. Im Herbst 1943 hielt er sich während einer Blitzaktion der Deutschen gegen die illegale Zeitung *Vrij Nederland* zufällig in einem

Haus auf, in dem eine Druckerpresse gefunden wurde; die Deutschen setzten ihn drei Stunden lang fest, ließen ihn dann aber laufen.

Im Haus an der Amstel gibt es noch heute den kleinen Detektorempfänger, mit dem er Radio Oranje zu hören versuchte, den Londoner Sender der niederländischen Exilregierung. Das Miniaturradio ist das beeindruckende Ergebnis illegaler Bastelei, ein kleines, orangefarben lackiertes Kästchen, das auf geniale Weise unter dem Fußboden des elterlichen Hauses in der Vondelstraat versteckt wurde: Es war mit einer fast unsichtbaren Angelschnur an einer Vorhangschiene befestigt, konnte durch einen Spalt unter das Parkett hinabgelassen und an der Schnur wieder hervorgeholt werden.

Am aktivsten war jedoch Onkel Piet. Ihn umgab ein Geheimnis. Die Familie vermutete zwar, dass der schweigsame Landjunker im Widerstand »etwas tat«, doch erst nach dem Krieg erfuhren sie Näheres: Von August 1942 an war er der Leiter einer der wichtigsten Widerstandsorganisationen des Landes, des Ordedienst, kurz OD.

Nun ist »Organisation«, auf den niederländischen Untergrund bezogen, eigentlich ein irreführender Begriff. Der Widerstand hatte jahrelang eher die Form eines lockeren Netzes von kleinen Gruppen und Einzelpersonen, die ad hoc zusammenarbeiteten, wobei die Beteiligten aus Sicherheitsgründen möglichst wenig voneinander wussten. Henk van Randwijk, Chefredakteur von *Vrij Nederland*, schildert in seinen Erinnerungen die ersten Begegnungen mit Piet Six bezeichnenderweise so: »Es gab eine kleine Druckmaschine in Diemen. Die Besitzerin war eine Frau, die wir Tante nannten. Bei der dortigen Stadtverwaltung arbeitete ein junger Mann, und wir konnten illegale Zeitungen und andere gefährliche Dinge bei ihm im Rathaus unterbringen. Er stand in Kontakt mit einem ›sehr hohen Offizier‹, der ›von der Regierung eingesetzt‹ war. Es folgten Treffen in Den Haag, in Amsterdam Zuid und an vielen anderen Orten. Wie sich später herausstellte, war der Offizier Six.«

Auf der »Schweizer Route«, wie eine von *Vrij Nederland* hergestellte Kurierverbindung über die neutrale Schweiz genannt wurde, konnten die ersten Kontakte zwischen dem OD und London hergestellt werden. Dafür benutzte man das Kürzel KB. »K stand für den jungen Mann, der alles, was er gut fand, als ›knorke‹ bezeichnete und deshalb von uns Knorkie genannt wurde, B stand für ›Boss‹, so nannte Knorkie Herrn Six.«

Wie der Name schon vermuten lässt, gehörte der Ordedienst zum rechten Rand des politischen Spektrums. Die Führung bestand überwiegend aus Reserveoffizieren, darunter relativ viele aus adligen Familien. Frauen spielten im OD zunächst so gut wie keine Rolle, erst später, als viele Männer verhaftet worden waren, wurden sie mit verschiedenen Aufgaben betraut. Innerhalb des Widerstands hatte der Ordedienst eine Ausnahmestellung: Er war im Wesentlichen die niederländische Armee im Untergrund. Soweit man von einer Organisation sprechen kann, war es eine militärische, deren wichtigstes Ziel die Aufrechterhaltung der Ordnung nach dem Abzug der Deutschen war: Troelstras »Revolution« von 1918 und der Jordaan-Aufstand im Juli 1934 – zu dessen Niederschlagung auch Onkel Piet mit seiner Einheit eingesetzt wurde – waren noch frisch im Gedächtnis.

Tatsächlich stand der OD in der Tradition der paramilitärischen Vrijwillige Burgerwacht (Freiwillige Bürgerwehr) des Novembers 1918 und der nationalkonservativen Partei Verbond voor Nationaal Herstel (Bund für nationale Wiederherstellung), die in den dreißiger Jahren alle »national Empfindenden« gegen die »Lahmen und Schlaffen« vereinigen wollte. Es herrschte große Angst vor einer kommunistischen Machtübernahme. In Teilen des OD erwog man sogar einen Staatsstreich nach dem Krieg, um ein autoritäres Regime zu errichten.

Der OD sah sich als die mit Abstand größte Organisation; 1944 sollen etwa zehntausend Mitglieder mehr oder weniger aktiv gewesen sein, nur ein kleiner Teil von ihnen bewaffnet. Während aber alle anderen im niederländischen Untergrund spätestens seit 1942 Tag und Nacht mit dem Druck und der Verteilung von Zeitungen und Flugblättern, mit der Versorgung von Untergetauchten – gegen

Kriegsende ungefähr dreihundertfünfzigtausend Menschen –, mit der Beschaffung oder Fälschung von Lebensmittelkarten, mit Überfällen auf Zuteilungsstellen und zahlreichen anderen Aktionen beschäftigt waren, kann man viele OD-Mitglieder kaum als aktive Widerstandskämpfer bezeichnen. Sie blieben bis zu den letzten Kriegstagen passiv, legten dann eine imponierende Armbinde an und spielten die Helden.

Andere Mitglieder des OD waren dagegen außergewöhnlich mutig und griffen zu jedem Mittel, um die Befreiung möglichst schnell herbeizuführen und Gefährdete zu schützen: Spionage, Fälschung von Papieren, Attentate, Sabotage, auch Liquidierungen von Verrätern gehörten dazu. Ein altes, vergessenes militärisches Telefonnetz wurde als Kommunikationssystem genutzt. Im Lauf der Zeit spezialisierte sich der OD weitgehend auf nachrichtendienstliche Aktivitäten und den Kontakt zur Londoner Regierung. Mehr als dreihundert Mitglieder bezahlten ihren Einsatz mit dem Leben.

Und an der Spitze dieser außergewöhnlich komplizierten Organisation stand Piet Six, seine Offiziersfreunde von der Kavallerie hatten ihn zur Übernahme der Leitung gedrängt. Zuvor waren zahlreiche Mitglieder des OD einschließlich der Führung verhaftet worden; zweiundsiebzig von ihnen wurden zum Tode verurteilt und am 3. Mai 1942 in Sachsenhausen durch Genickschuss ermordet. Drei Monate später, im August 1942, übernahm Piet Six die Leitung »ungewollt, aber notgedrungen«.

Der Familie sollte »Onkel Piet« vor allem als verschlossener Junggeselle in Erinnerung bleiben, der bescheiden lebte, der wütend wurde, wenn ein Kind bei Tisch das Wort ergriff, der keinen Geburtstag und kein Familientreffen ausließ, aber praktisch nichts von sich und seinem Leben preisgab. Von mehreren Seiten hörte ich: »Ohne diesen Krieg hätte er wohl als Versager gegolten.« Als man ihn für das Familienarchiv befragte, erzählte er ausschließlich Details vom häuslichen Leben an der Amstel, über den Krieg wollte er allem Drängen zum Trotz nicht sprechen. Wenn Piet Six seinem Widerstandskameraden Pim Boelaard begegnete – das Verhältnis zwischen den Familien war sehr herzlich –, wechselten die beiden kein Wort miteinander.

Vielleicht war ihm das Schweigen zur zweiten Natur geworden, vielleicht konnte er nicht mehr anders. Er war für Tausende Menschen verantwortlich gewesen, hatte etliche Liquidierungen angeordnet, hatte riskante Unternehmungen in Gang gesetzt, die zum Teil auf verhängnisvolle Weise gescheitert waren, war verraten worden und blind für Verrat gewesen, war selbst ständig tödliche Risiken eingegangen, hatte bei einer Razzia auf Jagtlust um sein Leben rennen müssen.

Zu vieles war passiert.

Während des Krieges nahm Piet verschiedene Identitäten an, im Jahr 1942 eine bittere Notwendigkeit: Von den zwanzig Widerstandskämpfern, die wussten, wer er war, fielen zwölf den Deutschen in die Hände. So beschloss er, sich in zwei, drei ganz unterschiedliche Personen aufzuspalten, und er beherrschte diese Kunst wie kein anderer. Das Familienarchiv bewahrt seine echten und seine gefälschten Personalausweise auf, beispielsweise den eines gewissen Pieter Jan Smit, Landgutverwalter, wohnhaft in Zwartsluis, geboren am 8. Mai 1895; unter diesen Angaben steht die etwas steife Unterschrift des Pieter Smit, der niemals existiert hat.

An der Amstel und auf Jagtlust war er einfach der alte Piet, ein Landjunker, der friedlich seinem Alltag nachging. Er blieb ein treuer Besucher von Onder Ons. Als er im April 1944 wegen einer schweren Ohrentzündung operiert werden musste, ließ er sich unter seinem richtigen Namen Pieter Six ins Krankenhaus einweisen. Seine Mutter Hieronyma hatte aller Wahrscheinlichkeit nach keine Kenntnis davon, dass ihr Sohn im Untergrund aktiv war – »Er weiß alles von mir, ich weiß nichts von ihm«, klagte sie manchmal. Auch ihre Herzensfreundin Johanna Kuijer erwähnt in ihren Erinnerungen mit keinem Wort Widerstandsaktivitäten. Piets Schwestern Nine und Totie erlebten auf Jagtlust eine Hausdurchsuchung, bei der sogar durch die Zimmerdecken geschossen wurde, ihnen muss klar gewesen sein, dass die Besatzer ihren Bruder im Visier hatten, mehr aber auch nicht.

Im Untergrund verwendete Piet den Namen van Santen, mit London kommunizierte er unter dem Decknamen Stella – ein wenig unvorsichtig, konnte doch auch unter den Besatzern und ihren Helfern der eine oder andere zufällig den Wappenspruch der Sixe kennen: »Stella Duce«. Häufig schaltete er Mittelsmänner ein, so dass den meisten im Widerstand gar nicht bewusst war, dass van Santen und der Stabschef des OD ein und dieselbe Person waren. Ohne solche Sicherheitsvorkehrungen hätte er die Besatzungszeit vermutlich nicht überlebt, denn von 1943 an waren die Deutschen ununterbrochen auf der Jagd nach diesem van Santen, unter anderem mit Hilfe sogenannter V-Männer.

Auf Piets Initiative gab der OD ab Oktober 1943 das *Signalementenblad* (Personenbeschreibungsblatt) heraus, das für alle Widerstandsgruppen von großem Nutzen war, weil darin die bekannten V-Männer detailliert beschrieben wurden:

Waals*, Antonius van der,
geb. in Rotterdam 11.10.1902, Monteur. Decknamen: de Wilde, Ton, Schmid, Casimir, v.d. Woude, van Looy. Beschr. 1,80 m, helle Haut, leicht schlitzäugig, kleine Nase, recht große Ohren, schlank gebaut, stark geäderte Hände, Knötchen auf Nasenrücken links oben, dunkles, gewelltes Haar. Gibt vor, Invasion in den Niederlanden vorzubereiten und dafür Sabotage- und Widerstandsgruppen zu bilden. Außerdem könne er Material wie Papier, Waffen, Brieftauben und Zigaretten beschaffen. Ist technisch äußerst versiert. *Sehr gefährlich!* Bereits viele Opfer.

Auch Piet Six und seine Leute gerieten durch einen V-Mann in Gefahr: »Wolf« Pasdeloup, Beiname Padje (»kleine Kröte«), war Offiziersanwärter des OD und einer der Kuriere von Piets Onder-Ons-Freund Pim Boelaard. Obwohl Boelaard nach einigen seltsamen Vorkommnissen in Zusammenhang mit Pasdeloup Verrat witterte, traf er sich am 3. Mai 1942 mit »Wolf« und wurde prompt von den Deutschen verhaftet.

Als Boelaards Frau ihn im Gefängnis besuchte, streichelte er einen der beiden Schäferhunde der Wachen und sagte: »Das ist Max, ein braver Hund. Der andere ist Wolf, ein Drecksköter, den würde ich umbringen lassen.« Seine Frau verstand, sie informierte »Max«, eine Kontaktfrau des OD, über den Verrat. Die Information gelangte zu Piet Six, der jedoch zögerte. Er gab Pasdeloup einen Vertrauensvorschuss und handelte erst nach einem halben Jahr. »Für einen so routinierten Mann ein unbegreiflicher Schnitzer!!!«, schrieb Boelaard später in seinen Memoiren.

Der Verrat kostete so, neben den zwei Gefährten Boelaards, noch einige andere das Leben. Pim Boelaard selbst genoss die zweifelhafte Ehre, während seiner Haft sowohl mit Himmler als auch mit Heydrich diskutieren zu dürfen. Die beiden waren zu Besuch in den Niederlanden und wollten einem so prominenten Widerstandskämpfer doch einmal persönlich begegnen. Boelaard hielt mit seinen Ansichten nicht hinterm Berg; er habe »höflich, aber frech« geredet, erzählte er später, da er ohnehin mit dem Leben abgeschlossen habe. Er wurde ins Konzentrationslager Natzweiler-Struthof gebracht – wobei die Angehörigen, dem »Nacht-und-Nebel-Erlass« entsprechend, nichts über seinen Verbleib erfuhren –, später kam er nach Dachau. Und dann sieht man ihn in amerikanischen Filmaufnahmen von der Befreiung des Lagers plötzlich zwischen seinen schwer gezeichneten Mitgefangenen, anscheinend ungebrochen.

Pasdeloup war ein erfahrener OD-Mann, was ihn zum Verräter machte, ließ sich nie ganz klären. Die beteiligten Gestapoleute gaben später an, ihn nicht unter Druck gesetzt zu haben, »Wolf« habe spontan seine Mitarbeit angeboten. Am 6. Januar 1943 wurde er von einer Widerstandsgruppe gestellt, fünf Tage später wurde er erschossen und seine Leiche in die Amsterdamer Baarsjesgracht geworfen, wo sie erst im März, als die Eisdecke taute, an die Oberfläche kam.

Noch einmal: *Den* Widerstand gab es nicht. Der niederländische Untergrund war in Wirklichkeit ein Durcheinander kleiner und größerer Gruppen und Netzwerke, von den Kommunisten bis zu den Nationalkonservativen; von der Landelijke Organisatie voor Hulp aan Onderduikers und dem Nationaal Steun Fonds bis zu den sogenannten Knokploegen (Schlägertrupps), meist bewaffneten Kommandos, dem Raad van Verzet (Widerstandsrat) und dem Ordedienst; von Zeitungen wie *Vrij Nederland, Trouw, De Waarheid* und *Het Parool* bis zu Gruppen von Künstlern und Studenten und den großen Fälschungsspezialisten der Personalausweiszentrale.

In dieser unübersichtlichen Gemengelage gelang es Piet Six, innerhalb eines Jahres eine solide Widerstandsorganisation aufzubauen. Von 1943 an besaß der OD wieder einen richtigen Stab, der sein Hauptquartier in der – 1972 abgerissenen – Koepelkerk am Stadtpark Leidsebosje in Amsterdam West hatte. Dank des Funkdienstes bestanden gute Verbindungen mit London und den eigenen Regionalabteilungen. Es gab das regelmäßig erscheinende *Signalementenblad*, und in Zusammenarbeit mit einigen Londoner Agenten hatte man einen effizienten Nachrichten- und Spionagedienst geschaffen. Die Organisation war nun deutlich schwerer angreifbar, die Zahl der Verhaftungen von OD-Mitgliedern ging stark zurück. Hier waren keine Amateure mehr am Werk.

Andererseits gab es häufig Reibereien mit anderen Widerstandsgruppen, auch weil der OD und Piet Six sich als Nachfolger der militärischen Führung der Vorkriegszeit sahen. So kam es zu einer heftigen Auseinandersetzung mit dem sozialdemokratischen Parteichef Koos Vorrink und Henk van Randwijk von *Vrij Nederland* über die Nutzung der »Schweizer Route« für die Verbindung mit London. Und als ein prominentes Mitglied des OD, Jan Thijssen, »Langer Jan« genannt, im Mai 1943 den Raad van Verzet gründete, um die Widerstandsaktivitäten besser zu koordinieren, und den Funkdienst des OD für alle Widerstandsgruppen einsetzen wollte, betrachtete Piet das geradezu als Rebellion; er entließ Thijssen und versuchte sogar, London zum Abbruch der Zusammenarbeit mit ihm zu bewegen. Thijssen wurde Anfang November 1944 von den Deutschen verhaftet, als er mit falschen Papieren in einem Krankenwagen unterwegs war. »Der Feind sorgte für die Lösung«, bemerkte Piet Six nicht gerade feinfühlig in seinem nach dem Krieg verfassten Bericht. »Langer Jan« wurde am 8. März 1945 zusammen mit hundertsechzehn anderen bei Apeldoorn erschossen.

Geheimhaltung, nicht wissen und nicht wissen wollen, was der andere tut – im Untergrund war das überlebensnotwendig. Jedes Treffen, vor allem von Spitzen des Widerstands, war äußerst gefährlich. Andererseits wurde die Zusammenarbeit immer dringender, je länger die Besatzung andauerte. Der Bankier Walraven »Wally« van Hall, der die nötigen Schmiermittel für die Maschinerie des Widerstands beschaffte, konnte ab Februar 1944 Vertreter der wichtigsten Gruppen in einer Art Koordinationsausschuss, de Kern genannt, zusammenführen. Nur die illegale Presse beteiligte sich aus Sicherheitsgründen nicht.

»Das war gewissermaßen eine Börse für die Praktiker der Illegalität«, sollte einer der Teilnehmer später sagen. »Da wurden Lebensmittelmarken getauscht, ›Scheinchen‹ zu Tausenden umgesetzt, illegale Papiere ausgestellt, Offensivmaßnahmen besprochen. Da wurde niemals Politik gemacht, da wusste man nicht einmal, zu welcher Partei der andere gehörte.« Das Verhältnis der einzelnen Gruppen verbesserte sich dadurch sehr; Piet Six beispielsweise empfand bald große Hochachtung für »Freek«, den Kommunisten Gerben Wagenaar, Leiter des Raad van Verzet.

Bei diesen Treffen schuf man die Voraussetzungen für die Binnenlandse Strijdkrachten (Inlandsstreitkräfte), eine gemeinsame »Armee« des bewaffneten Widerstands, also des OD, der Knokploegen und des Raad van Verzet, formal unter dem Kommando Prinz Bernhards. Hinter den Kulissen war Wally van Hall derjenige, der das Projekt auf den Weg brachte, obwohl er klagte, er habe es mit »einem Haufen von Männern« zu tun, »die keinen blassen Schimmer von illegaler Arbeit haben«. Er fand geeignete Räume für

Hauptquartiere und sorgte über sein riesiges Beziehungsnetz für einen schnellen Ausbau der kleinen »Armee«.

Ende September zählten die Binnenlandse Strijdkrachten sechstausendachthundert Bewaffnete: viertausend Mann vom OD, eintausendachthundert Mitglieder von Knokploegen und tausend Mann vom Raad van Verzet. »Streitkräfte« ist ein großes Wort: In den Archiven findet sich so gut wie kein Hinweis auf systematische Übungen, geheime Stützpunkte, Versorgungseinheiten oder irgendetwas anders, das zu einer organisierten Armee gehört. Diese »Streitkräfte« blieben ein Sammelsurium von Gruppen, die oft auf eigene Faust handelten. Zum wachsenden Ärger der besser organisierten Widerstandsgruppen: »Man merkte, wie da irgendwelche Leute Soldat spielten, die sich um ihren auf Händen getragenen, begeisterten, abenteuerlustigen Prinzen und Befehlshaber geschart hatten«, schrieb ein Widerstandskämpfer. Einer der beiden Unterkommandeure dieses brüchigen Bündnisses war Piet Six.

Im Sommer 1944 wurde zudem die sogenannte Contact Commissie ins Leben gerufen, eine Dachorganisation für sämtliche Widerstandsgruppen, ganz gleich welcher Ausrichtung, demokratisch aufgebaut und zu schnellem Handeln fähig. Die Gruppe habe nach dem Krieg kaum Spuren hinterlassen, schrieb Henk van Randwijk, dabei sei diese Art der Zusammenarbeit während der letzten Besatzungsmonate von entscheidender Bedeutung gewesen: »Auf diese Weise wurde in den Niederlanden eine tragische und gefährliche Spaltung des Untergrunds vermieden, blieb der Widerstand der Besatzungszeit in Fühlung mit den politischen Parteien der Vorkriegszeit, wurde die törichte und unnötige Errichtung einer (wenn auch vielleicht nur kurzlebigen) Militärdiktatur, wie der OD sie befürwortete, verhindert.«

Piet Six spielte auch hier eine besondere Rolle. »Sein« OD war ja gerade in der Absicht gegründet worden, in der Übergangsphase kurz vor und im Augenblick der Befreiung die Kontrolle über das Land zu übernehmen. Der Exilregierung in London war jedoch bewusst, dass die anderen Widerstandsorganisationen das nicht hinnehmen würden, weshalb sie als Übergangslösung ein sogenanntes College van Vertrouwensmannen (Vertrauensmänner) vorschlug. Sechs prominente Persönlichkeiten verschiedener politischer Richtungen wurden zu Mitgliedern ernannt, unter ihnen der spätere Ministerpräsident Willem Drees; sie sollten in der kritischen Phase gemeinsam die Entscheidungsgewalt haben. Piet Six arbeitete eng mit ihnen zusammen. Zugleich wurde die Einrichtung einer Militärverwaltung beschlossen, die in den befreiten Gebieten als eine Art Vorposten der Regierung fungieren sollte.

Es war eine typisch niederländische, auf Kompromiss und Kooperation beruhende Konstruktion, die ihren Zweck nur eingeschränkt erfüllte, wie sich im April 1945 zeigen sollte. Zu dieser Zeit war der südliche Teil der Niederlande längst befreit, der Norden nach dem furchtbaren Hungerwinter weiterhin besetzt. Doch die Alliierten rückten schnell vor, besonders in den östlichen Landesteilen. Dadurch gerieten die deutschen Truppen im Westen der Niederlande in Gefahr, abgeschnitten zu werden. Die Besatzer waren, in Erwartung der endgültigen Kapitulation, an einer Art inoffiziellem Waffenstillstand durchaus interessiert. Und auch für die Niederländer stand viel auf dem Spiel. Im erschöpften Westen herrschte eine explosive Lage: Noch stand dort eine deutsche Armee von mehr als hunderttausend Mann mit schweren Waffen, außerdem Zehntausende SD-Leute und Kollaborateure, die, einmal in die Enge getrieben, höchst gefährlich werden konnten; auf der anderen Seite eine verzweifelte und wütende Bevölkerung, die ebenfalls zu allem imstande war. Tatsächlich eskalierte die Situation im Frühjahr: Feuergefechte, Attentate auf deutsche Soldaten, Erschießungen als Repressalien, Liquidierungen von Verrätern waren bald an der Tagesordnung. Außerdem war das dicht besiedelte, urbane Holland, das zum größten Teil unter dem Meeresspiegel liegt und permanent trocken gehalten werden muss, extrem anfällig für Sabotage.

Über den finnischen Honorarkonsul van der Vlugt signalisierten die Deutschen, dass sie verhandeln wollten. Als Vertreter der Vertrauensmänner führte Piet Six zusammen mit van der Vlugt am

Abend des 12. April ein Orientierungsgespräch mit Reichskommissar Seyß-Inquart. Es muss eine merkwürdige Unterhaltung gewesen sein, mindestens eine Stunde lang sprachen sie über Gott und die Welt, bevor die Forderungen auf den Tisch kamen: bessere Versorgung mit Nahrungsmitteln, Erlaubnis des Abwurfs von Lebensmitteln durch die Alliierten, Verhinderung von weiteren Zerstörungen und Gewalttaten, Beendigung der Exekutionen von Widerstandskämpfern.

Am nächsten Tag wurden die Verhandlungen fortgesetzt. Im Familienarchiv gibt es ein Memorandum über jene Gespräche, das im März 1946 verfasst wurde, noch heute eine fesselnde Lektüre. Seyß-Inquart war offensichtlich zu weitgehenden Zugeständnissen bereit, sofern die Deutschen das Küstengebiet besetzt halten durften und die Alliierten an der Grebbelinie – am Niederrhein zwischen Rhenen und Wageningen – Halt machten. Für diesen Fall versprach er eine ausreichende Versorgung der Bevölkerung, es sollten keine Gebiete mehr überflutet werden und keine großen Zerstörungsmaßnahmen mehr stattfinden, die Exekutionen sollten aufhören, die politischen Gefangenen in »ordentliche Lager« verbracht, keine Razzien oder andere Aktionen mehr durchgeführt werden.

Six und sein Begleiter legten der niederländischen Exilregierung und den Alliierten das deutsche Angebot vor. Dort hegte man zunächst große Bedenken, da ein solcher »Waffenstillstand« andere Verhandlungen mit dem Feind konterkarieren konnte.

In der Zwischenzeit fanden weitere Exekutionen statt. Am 17. April wurde sogar noch der Wieringermeer-Deich gesprengt, ein völlig sinnloses Werk der Zerstörungs. Auf niederländischer Seite kam Skepsis auf: Konnte man mit so verzweifelten Besatzern noch Abmachungen treffen? Dennoch entschieden sich Six und die Vertrauensmänner für eine Fortsetzung der Verhandlungen; sie abzubrechen wäre zu gefährlich gewesen, denn die Deutschen waren, wie aus einer Beilage zum Memorandum hervorgeht, durchaus imstande, auch Nord- und Südholland und dazu zwei Drittel der Provinz

Utrecht unter Wasser zu setzen. Und überall waren Brücken vermint, bereit zur Sprengung.

Schließlich kam es zu direkten Verhandlungen zwischen den Besatzern und dem Stab General Eisenhowers. Beide Parteien waren sich nun darüber einig, dass man »besser eine Stunde zu früh als eine Minute zu spät« handeln solle, vor allem, da bewaffnete Kollaborateure, die Nederlandse Landwacht – eine paramilitärische Hilfstruppe der Besatzer – und die niederländische SS, jederzeit sehr gefährlich werden konnten. Währenddessen begannen die Alliierten schon auf eigene Faust, Lebensmittel abzuwerfen.

Dann überschlugen sich die Ereignisse. Am Freitag, dem 4. Mai, abends um halb sieben, unterzeichnete bei Lüneburg ein deutscher Admiral mit Karl Dönitz' Einverständnis die Kapitulation sämtlicher deutscher Truppen in Nordwestdeutschland, den Niederlanden und Dänemark. Am nächsten Morgen um acht Uhr sollten alle Kampfhandlungen eingestellt werden. Die weitere Umsetzung der Teilkapitulation war Aufgabe der verschiedenen Kommandeure der britisch-kanadischen Streitkräfte; sie mussten innerhalb ihrer Sektoren den Befehlshabern der Wehrmacht die sogenannten *Orders of Surrender*, die Kapitulationsbefehle, überreichen, ergänzt um Anweisungen zur technischen Abwicklung der Übergabe.

Für den Sektor »Festung Holland« geschah das am 5. Mai an einem Cafétisch im kahlen Saal des Hotels De Wereld in Wageningen. Verhandelt wurde nicht mehr, die Kapitulation war ja schon erfolgt. Der kanadische Generalleutnant Charles Foulkes fragte Generaloberst Johannes Blaskowitz lediglich noch, ob er die Kapitulation auf der Lüneburger Heide anerkenne. Blaskowitz antwortete: »Jawohl«, beide Generäle unterzeichneten die Befehle, und damit war diese erste Beratung, denn mehr war es nicht, abgeschlossen.

Da tauchte zwischen den britischen und kanadischen Kommandeuren plötzlich Prinz Bernhard auf, der dort eigentlich nichts zu suchen hatte, aber mit einem feinen Sinn für PR ausgestattet war. Dass Generalleutnant Foulkes, der ebenfalls Publicity zu schätzen wusste, zahlreiche Journalisten und Fotografen nach Wageningen bestellt hatte, damit sie über den historischen Moment berichteten, spielte ihm in die Hände: Jahrzehntelang sollte das niederländische Volk in dem Glauben leben, die deutschen Streitkräfte hätten in Wageningen vor »unserem« Prinzen Bernhard kapituliert.

Die Filmaufnahmen jener Tage lassen deutlich die Verwirrung erkennen, die der Prinz gestiftet hat: Er will in der Mitte Platz nehmen, schließlich darf er sich auf einen Stuhl ganz an der Seite setzen. Der Kontrast zwischen den abgekämpften, müden Militärs und dem entspannten Prinzen ist auffällig, vor allem, als er anschließend neben dem glänzenden Mercedes posiert, den er kurz zuvor Seyß-Inquart als Kriegsbeute abgenommen hatte; lächelnd steht er da, eine Zigarette im Mund.

Am nächsten Tag setzten Piet Six und andere die Beratungen mit den Deutschen fort, es galt, die unzähligen Details des Abzugs der deutschen Truppen zu klären. Für Piet persönlich war der Augenblick der Befreiung aber früher gekommen. Schon beim ersten Treffen mit Seyß-Inquart hatte er, wie es sich gehörte, seine Visitenkarte abgegeben, auf der sein richtiger Name stand: jhr. (Jonkheer) P.J. Six. Das Doppelleben hatte ein Ende. Ohne jede Tarnung richtete er das neue Amsterdamer Hauptquartier der Binnenlandse Strijdkrachten in der Brauerei seines Bruders ein; auf Fotos sind Männer von der Ordnungspolizei zu sehen, die grüppchenweise vor ihrem alten Festkeller zusammenstehen, ratlos. Plötzlich waren die Verhältnisse auf den Kopf gestellt.

Wally van Hall, der eigentliche Kopf des Widerstands, erlebte die Befreiung nicht mehr. Er war am 27. Januar 1945 verraten und verhaftet worden; schon zwei Wochen später, am 12. Februar, wurde er erschossen. Wahrscheinlich war den Deutschen zu keinem Zeitpunkt bewusst, wer ihnen da in die Hände gefallen war. Die Widerstandskämpfer, die bis Kriegsende überlebt hatten, beobachteten in der Endphase der Besatzung fassungslos, was geschah. Die Binnenlandse Strijdkrachten agierten in den befreiten Gebieten völlig willkürlich und handelten sich in der Bevölkerung die Namen »SA des Prinzen«

und die »Orangenen Diebe« (OD) ein. Piet Six und die Vertrauensmänner hatten mit den Deutschen verhandelt, als gebe es keine Contact Commissie und keine anderen Widerstandsgruppen. Und dann verhielt sich die Militärverwaltung (Militair Gezag) wie eine Art geschäftsführende Regierung, so als gebe es keine Vertrauensmänner.

»Fünf Jahre lang war die Widerstandsbewegung das Gewissen und die Vorhut des niederländischen Volkes«, schrieb van Randwijk, »mussten Entscheidungen von einer Schwere getroffen werden, die auch für Regierungen belastend gewesen wären, aber sie wurden getroffen, und es waren richtige Entscheidungen.« Kurz vor dem Ende der Besatzung sei es wieder um Fragen von Leben und Tod gegangen, doch jetzt sei darüber entschieden worden, ohne den Widerstand einzubeziehen, »ja, ohne die Widerstandsbewegung auch nur darüber zu unterrichten«.

So wurde innerhalb weniger Wochen fast lautlos die alte Ordnung erneuert. In Widerstandskreisen herrschte große Verbitterung, auch gegenüber dem OD. Vor der Parlamentarischen Enquetekommission sagte der Sozialdemokrat Koos Vorrink: »Ich sage es ohne Vorbehalt: Im OD musste man einen Prototyp der Militärdiktatur sehen (…) diese Burschen spielten mit dem Gedanken [an die Errichtung einer solchen Diktatur], törichterweise, aber sie taten es.« Der Schriftsteller J. B. Charles alias Willem Nagel, ebenfalls ein früherer Widerstandskämpfer, spricht in seinem polemischen Erinnerungsbuch *Volg het spoor terug* (Verfolge die Spur zurück) von den »Konservatoren des halb zerfallenen Militärstandes«, die vor allem gerade das zu retten versuchten, was in extremer Form »die Deutschen doch in den Krieg geführt hatte: das Bürgerliche«. Und auch der niederländische »Nationalhistoriker« Loe de Jong, der in seinem Standardwerk über den Zweiten Weltkrieg Piet Six als »fähigen Anführer« und Mann »von seltener Kaltblütigkeit« preist, beurteilt den OD kritisch: Der Organisation gehörten zahlreiche »schlafende Mitglieder« an, deren Aktivitäten den Besatzern oft in keiner Weise schadeten, mit Widerstand habe all das nichts zu tun.

Eine neue Historikergeneration zeichnet ein nuancenreicheres

Bild. Der Militärhistoriker Jan Schulten kommt zu dem Schluss, dass der OD sehr wohl eine große und ernst zu nehmende Widerstandsorganisation gewesen sei, deren militärischer Charakter sich vor allem aus praktischen Erwägungen erklärte. Militaristisch seien die Mitglieder nicht gewesen, bei den relativ wenigen Militärs habe es sich überwiegend um Reservisten gehandelt. Von den beim ersten Prozess gegen OD-Mitglieder Anfang April 1942 zum Tode Verurteilten war jedenfalls fast die Hälfte nie beim Militär gewesen.

Ursula den Tex und Jolande Withuis bestätigen in ihren Darstellungen der Erlebnisse von Coo den Tex und Pim Boelaard die Ansicht Schultens. Boelaard hat später sogar erklärt, die Bezeichnung Ordedienst habe nur zur Irreführung der Deutschen gedient; sie sollten glauben, dass der OD erst nach Beendigung des Krieges aktiv werden wollte. Politische Ambitionen habe der OD nicht gehabt, und mit Ausnahme der Kommunisten seien in ihm alle politischen Strömungen vertreten gewesen.

Piet Six bleibt eine widersprüchliche Gestalt, Schultens Eindruck entspricht aber meinem eigenen. Piet Six hat »seinen« OD gleich am Tag der Befreiung aufgelöst. Kurz darauf bot man ihm den Wechsel in den Stab von Prinz Bernhard an. Piet lehnte ab, er arbeitete lieber in der Haager Abteilung der Militärverwaltung, wo er das Stabsbüro leitete, bis die Militärverwaltung im März 1946 aufgelöst wurde.

Im gleichen Jahr erhielt er die höchste militärische Auszeichnung der Niederlande, den Militaire Willems-Orde. Er blieb in rechten militärischen Kreisen aktiv, beispielsweise an der Spitze des Verbands der Kavallerieoffiziere – als ihm eine Hüftprothese eingesetzt werden musste, wollte er sogar aus dem eigenen Hüftknochen einen Sitzungshammer für sich machen lassen. 1947 gehörte er zu den Gründern der Nationale Vereniging tot Bijstand, einer Art Nachfolgeorganisation des OD mit dem Zweck, »die Regierungstreuen anzuziehen, um einen vollkommen vertrauenswürdigen Hilfsapparat zu schaffen, welcher der Regierung zur Verfügung steht«. Mit den Putschplänen des Kreises von Prinz Bernhard oder später von Exministerpräsident Pieter Sjoerds Gerbrandy hatte Piet Six aber, soweit für mich erkennbar, nichts zu schaffen. Wenn es darauf ankam, war er auf apolitische Weise regierungstreu, er diente allein Königin und Vaterland. Seine Widerstandsaktivitäten gehörten zu seinem Kampf um die Wahrung der etablierten Ordnung – im Grunde waren sie also ein letztes Gefecht für Familie und Stand.

Nach erneuter Lektüre all der Unterlagen und Literatur über Piet Six frage ich mich: War das wirklich ein und derselbe Mann? Kann das jener Onkel Piet gewesen sein, der sich seit den fünfziger Jahren wieder hauptsächlich im Haus Jagtlust aufhielt, die Vormittage im Bett verbrachte, danach eine Runde durch den Gemüsegarten drehte, einmal pro Woche Onder Ons besuchte und seinen Neffen und Nichten mit einem barschen »Das kann nicht stimmen, sonst wüsste ich es« das Wort abschnitt?

Das schwer getroffene Amsterdam rappelte sich wieder auf. Die Gegend jenseits der Amstel, früher lebendig und brodelnd, war verstummt, das alte Viertel rings um die Zuiderkerk verfallen; viele Häuser in Rembrandts betriebsamer Jodenbreestraat standen leer, manche waren eingestürzt, weil in jenem letzten eiskalten Winter des Krieges, dem Hungerwinter, alles Holz aus ihnen herausgebrochen worden war. Mehr als achtzigtausend Juden, ein Zehntel der Gesamtbevölkerung, waren verschleppt worden, nur fünftausend lebend zurückgekehrt.

Darüber sprach man in den ersten Nachkriegsjahren lieber nicht. Wieder schaute man weg, diesmal war es das schwere Trauma der KZ-Überlebenden und aller anderen Opfer, das man nicht sehen wollte. Die Niederlande brauchten eine neue nationale »Erzählung«, ohne beunruhigende Details; eine mitreißende Erzählung von Freiheit und Widerstand, passend zum Selbstbewusstsein einer modernen Nation. Und dank zahlloser Journalisten, Politiker, Schriftsteller und Künstler nahm diese Erzählung schnell Gestalt an. In der Weesperstraat – einst eine schmale, belebte Geschäftsstraße, jetzt baufällig, die Häuser ausgeschlachtet, Gras auf Gehwegen und Fahrbahn – wurde ein »Monument der Dankbarkeit« aufgestellt, als Ausdruck des Dankes der jüdischen Amsterdamer an all diejenigen, die sie während des Krieges beschützt hatten. Eine schöne Erzählung, erst viel später kamen die Zweifel.

»Großmama« Nine wollte in Amsterdam sterben, und so kam es auch, im Juni 1951. Jan und Tiny zogen in das Haus an der Amstel. Jan entwickelte sich zu einem imposanten *chef de famille*, groß, mit dem Ansatz einer Glatze und einem Schnurrbärtchen, ein wenig steif in seinen immer gleichen Anzügen und doch locker plaudernd, ein Glas Bier in der Hand, wenn er mit den wichtigen Leuten der Stadt und des Landes zusammen war. Die Brauerei hatte schwierige Jahre hinter sich, die Niederländer konsumierten in den Notzeiten nach dem Krieg viel weniger Bier, Genever war billiger. Doch schon 1955 wurden sämtliche Vorkriegsrekorde gebrochen.

Im Jahr darauf eroberte man den amerikanischen Markt. In New York eröffnete die Firma im Empire State Building ein Vertriebsbüro, die Amstel American Corporation. Dosenbier wurde damals in den Vereinigten Staaten gerade sehr beliebt, und der Marktanteil von Amstel war größer als der aller ausländischen Konkurrenten, einschließlich Heineken. In Hollywood ließen Jan und Tiny sich nur zu gern mit Audrey Hepburn fotografieren – die übrigens über die van Asbecks entfernt mit den Sixen verwandt war –, in New York mit Prinz Bernhard.

Auch ihre Söhne gingen ernsthaften beruflichen Tätigkeiten nach, einer als Direktor einer Investmentgesellschaft – später gehörte er zu den Gründern einer neuen niederländischen Rundfunkgesellschaft, TROS –, der zweite als HNO-Arzt, der dritte als Ingenieur.

Wie auch Piet spielte Jan eine wichtige Rolle bei der Organisation von Königin Julianas feierlicher Amtseinführung im Jahr 1948; überhaupt nahm er aktiv am Stadtgeschehen teil. In der Welt der exklusiven Herrenclubs war er für eine historische Fusion verantwortlich. Bereits 1922 war die Sociëteit 1885 in Onder Ons aufgegangen, 1950 geschah nun das Gleiche mit Hertog Hendrik, einem noch vornehmeren Club. Die Elite versammelte sich jetzt unter einem Dach, der Unterschied zwischen der hauptstädtischen Aristokratie und dem »neuen Geld« zählte nur noch für eine Handvoll hochbetagter Liebhaber sozialer Abgrenzung.

»Großvater war eine ungeheuer imposante Gestalt«, sagte mir einer der Sixe, der sich daran erinnerte, wie er und sein Bruder als kleine Jungen vor dem Haus an der Amstel spielten und sich plötzlich etwas Riesiges aus einem Abwasserkanal in der Kaimauer schob. »Wir schwiegen respektvoll, dann flüsterte einer von uns dem anderen zu: ›Großvater‹.«

Ansonsten lebten die »drei auf Jagtlust« – Piet, Totie und Nine – Jahr um Jahr das zeitlose Landleben einer alten, begüterten und doch bescheidenen Familie. Man besuchte Bekannte, in den Sommerferien wohnten die Neffen und Nichten mit im Haus. Tante Nine trat in die Fußstapfen ihres Vaters und Großvaters, sie arbeitete jahrelang als Konservatorin für die Koninklijk Oudheidkundig Genootschap. Die übrige Zeit verbrachte sie in ihrem Atelier mit der Herstellung von glasierter Keramik.

Onkel Piet zehrte nach den wenigen großen Jahren von seinem Status. Er drängte sich nie in den Vordergrund, war ein guter Beobachter, wusste alles und gab wenig von sich preis. Sein Hang zum Doppelleben blieb ihm erhalten, hin und wieder verschwand er für einige Zeit, man hatte sich daran gewöhnt. Nach seinem Tod stellte sich heraus, dass er in Spanien eine Familie hatte. Nach dem Krieg schlief er noch jahrelang mit einer Pistole unterm Kopfkissen, als fürchte er Rache, von welcher Seite auch immer.

Tante Totie wurde im Lauf der Jahre zum Mittelpunkt der Familie. Jede Woche verbrachte sie einen Tag an der Amstel, sah Archivunterlagen durch, notierte auf Zetteln, was sie selbst noch über bestimmte Ereignisse wusste, und brachte Ordnung in das sagenhafte Papierchaos, das Sixe aus vier Jahrhunderten hinterlassen hatten.

Ein unabänderliches Familienritual war das Ostereiersuchen auf Jagtlust. Die Tanten gaben sich große Mühe, bemalten Eier, füllten Tüten mit Süßigkeiten für die Kleinen. Im Speisezimmer servierte Tante Totie heiße Schokolade – mit Milchhaut –, im Gemüsegarten hielt Jan eine Rede, die Kinder suchten Eier – darunter ein großes Ei aus Pappmaschee, das »Königsei«, wer es fand, war für den Rest des Tages König und wurde gefeiert –, und nach dem Mittagessen wurde ein großes Osterfeuer angezündet.

Nach dem Fest fanden die beiden »Fräulein« und der »Junker« auf Jagtlust schnell wieder in ihren gewohnten Rhythmus. Das Essen war einfach, Gemüse und Obst stammten aus dem eigenen Garten. Neffe Jacob erinnert sich: »Nach Tisch las man schweigend Zeitung. Beim Lesen der Familienanzeigen sagte dann einer der Anwesenden zum Beispiel: ›Frederik ist gestorben.‹ Dann stand jemand auf, holte das unvermeidliche *Rote Büchlein [Nederland's Adelsboek]*, aus dem Bibliothekszimmer, und der Eintrag wurde am Rand mit feinem Bleistift ergänzt. Das Leben war geprägt von Standesbewusstsein.«

Jans Ehe mit Tiny van der Crab war nicht besonders glücklich – angeblich gab es immer Konflikte zwischen Tiny und einem der Kinder –, aber die alten Rituale wurden in Ehren gehalten, auch an der Amstel. Für die Neujahrsempfänge der Familie galten nach wie vor strenge Kleidungsvorschriften. Die Kinder mussten sämtlichen Onkeln und Tanten die Hand geben, erst dann bekamen sie von jedem das »Neujahrsgeld«, einen silbernen Rijksdaalder (zweieinhalb Gulden). Der heutige Hausherr: »Ich weiß noch, wie wir die dicken Münzen dann im Flur über den Marmor rollen ließen. In unseren Matrosenanzügen.« Bereits am 6. Januar kamen Jans Kinder und Enkel anlässlich seines Geburtstags erneut zusammen. Diesmal zu einem großen Mittagessen am langen ausgezogenen Tisch, gedeckt mit altem Damast, antikem Silber, Kristall und kostbarem Familienporzellan, und an den Wänden hingen die Meisterwerke aus dem 17. Jahrhundert. Rings um den Tisch standen, steif wie ihre weißen Spitzenschürzen, die Dienstmädchen. Noch einmal bekam man eine Ahnung von dem Glanz einer untergegangenen Welt.

Ende 1958 ging Jan in Pension. Nach dem Vorbild seines Vaters blieb er ein engagierter Bürger, vor allem die Erhaltung des historischen Stadtbildes lag ihm am Herzen. Im Jahr 1954 gehörte er zu den Gründern des Comité De Stad Amsterdam. Das Amsterdamer Stadtzentrum durchlebte damals eine Phase romantischen Verfalls, überall waren baufällige Häuser mit dicken Balken abgestützt worden, um ein Einstürzen zu verhindern, im Jordaan neigten sich Gebäude reihenweise zu einer Seite hin, je nach dem plötzlich wieder erkennbaren Verlauf der früheren Poldergräben. Die Stadtverwaltung plante, große Teile der historischen Altstadt abzureißen und zugunsten des Autoverkehrs die Amstel und etliche Grachten zuzuschütten; vor dem Haus an der Amstel zum Beispiel sollte eine mehrspurige Straße angelegt werden. Musste man nicht mit der Zeit gehen?

Einen positiven Effekt hatten die radikalen Verkehrspläne: Sie rüttelten die Einwohner auf. Ein sehr heterogenes Bündnis nahm einen langen, zähen Kampf gegen die Betonmoderne auf. In ihrem Konservatismus waren seine Mitglieder – eine Handvoll Aktivisten, der Bauunternehmer van Zaanen, Jonkheer Jan Six van Hillegom und der Christdemokrat Geurt Brinkgreve – ihrer Zeit voraus: Mit der Maatschappij tot Stadsherstel (Gesellschaft für Stadtsanierung) und der Vereniging Hendrik de Keyser erweckten sie die Altstadt zu neuem Leben – eine Stadt mit bedeutenden Baudenkmälern, aber auch Arbeitervierteln aus dem 17. Jahrhundert, eine Stadt, in der man arbeiten *und* leben konnte.

Die Vereine erwarben Gebäude – bevorzugt Eckhäuser wegen ihrer Bedeutung für das Erscheinungsbild ganzer Straßenzüge –, ließen sie sorgfältig restaurieren und suchten anschließend neue Nutzer. Die Initiative wirkte ansteckend: Auch Privatleute fingen an, alte Häuser zu kaufen und instand zu setzen; Bauunternehmer spezialisierten sich auf Restaurierungen und erweiterten ihr Wissen über alte Bautechniken und -stile. Es war der Beginn einer erstaunlichen Wiederauferstehung des alten Amsterdam, dem Betonwahn jener Jahre zum Trotz.

Es ging voran. Jan fuhr in seinem himmelblauen Mercedes-Cabrio durch ein Land, das sich in hohem Tempo veränderte. Der Wohlstand nahm schnell zu, diesmal profitierten fast alle davon, die Löhne stiegen sprunghaft. Während 1950 nur jeder siebzigste Niederländer ein Auto besaß, war es 1960 schon jeder zwanzigste. Ein frischer Wind begann den Staub zu vertreiben, das altvertraute sektiererische Schubladendenken schwand, Glaubenssätze, traditionelle Machtverhältnisse und scheinbar ewige Gewissheiten wurden mehr und mehr in Frage gestellt.

Etwas lag in der Luft. Der Geist der Erneuerung, den man im Mai 1945 noch gekonnt in die Flasche zurückbefördert hatte, fand seinen Weg nach draußen. Anfang Mai 1961 schenkten Jan und Tiny ihrem ältesten Enkel eine Gitarre; er hatte sie sich so sehr gewünscht, die Jugend schwärmte für die neue Musik aus Übersee. Ein ewiger Frühling schien anzubrechen. Gerade war wieder ein neuer Enkel zur Welt gekommen, Albert, und Jan und Tiny besuchten Mutter und Kind. Auf dem Rückweg scherte ihr Mercedes plötzlich nach links auf den Mittelstreifen aus – vermutlich erlitt Jan einen Herzinfarkt –, raste dann auf den rechten Straßenrand zu – Tiny hatte wohl noch das Lenkrad herumgerissen – und kam mit einem gewaltigen Schlag in einem Wassergraben zum Stillstand; die beiden wurden aus dem Wagen katapultiert – das Verdeck war offen, und Sicherheitsgurte hatte man noch nicht. Im nächsten Augenblick lag Jan tot auf einer Wiese bei Roelofarendsveen.

Tiny starb eine halbe Stunde später. Es war der 31. Mai 1961.

»Ich habe die Gitarre nie mehr angerührt«, sagt der Hausherr. »Zur Beerdigung durften wir nicht mit, wir wurden in einen Park geschickt, mit der Gouvernante, und haben da gespielt.« Der Umstand, dass Tiny kurz nach Jan gestorben war, führte übrigens noch zu erheblichen Komplikationen: Die Finanzbehörde stellte sich auf den Standpunkt, dass Tiny für jene schreckliche halbe Stunde Jans Vermögen geerbt habe; am Ende musste die Familie zweimal Erbschaftssteuer zahlen.

Nach jenem Maitag des Jahres 1961 gingen die Sixe mehr und mehr ihre jeweils eigenen Wege. Gewiss, die Familienbande blieben intakt, aber sie bestimmten nicht mehr im gleichen Maße das Leben. Das Gefühl der Zusammengehörigkeit äußerte sich eher in subtilen Kleinigkeiten, in Gewohnheiten und Marotten.

Auf Jagtlust gerieten die alten Rituale in Vergessenheit. Nine wurde langsam dement, Onkel Piet bekam eine Herzkrankheit, der er 1986 erlag; er wurde mit militärischen Ehren beigesetzt. Im gleichen Jahr starb Totie plötzlich im Badezimmer. Nine lebte noch bis 1992. Nach ihrem Tod wurde Haus Jagtlust ausgeräumt, die Kunstgegenstände und das antike Inventar versteigert, das alte Landgut an einen Geschäftsmann verkauft, der mit »Human Capital Advice, Interim Management and Executive Search« reich geworden war.

Die Sixe waren die letzten Niederländer, die noch ein privates Stück Küste besaßen, dazu einen drei Kilometer breiten Streifen Meer. Es war das unberührte Dünengebiet Wimmenum bei Egmond, das der erste Jan 1679 erworben hatte. Erst 1996 verkaufte man es für einige Millionen an den Staat. Dieses letzte große Familienvermögen wurde, wie es mit »altem« Geld meistens geschieht, in relativ kleinen Anteilen unter den zahlreichen Nachkommen verteilt, die inzwischen Anspruch darauf hatten.

Das Haus an der Amstel wurde Anfang des 21. Jahrhunderts von Grund auf restauriert. Jan Six in Gestalt seines Porträts musste für die Zeit der Bauarbeiten erneut umziehen; diesmal durfte er im Palais Huis den Bosch residieren, im Empfangszimmer der damaligen Königin Beatrix.

Den Nachkommen von Jan Six in seinen vielen Inkarnationen und Leben begegnet man überall. Manche führen noch ihre Titel, die meisten nicht mehr, sie bauen sich aus eigener Kraft Existenzen auf, unabhängig von allen Traditionen. Und wie man hört, sind sie sympathischer als die Sixe früherer Generationen.

Unter den heutigen Sixen sind Mediziner und Physiker, ein paar davon Professoren, ein Archäologe, ein Rembrandtexperte, ein Schafzüchter, eine Taxiunternehmerin, ein Erfinder, ein Geburtshelfer, eine Anwältin, eine Filmproduzentin, ein Psychiater, ein Onkologe, ein Staatsanwalt, eine Übersetzerin, ein Segelwagenhändler, ein Gärtner, ein Krankenpfleger, ein Notar, eine Harfenlehrerin – und noch viele andere Zeitgenossen mit interessanten Berufen.

Sie sind ausgeflogen, all die Sixe, und sie kommen sehr gut zurecht. Und doch tragen sie, ob sie wollen oder nicht, die Reste ihres alten Nests mit sich herum.

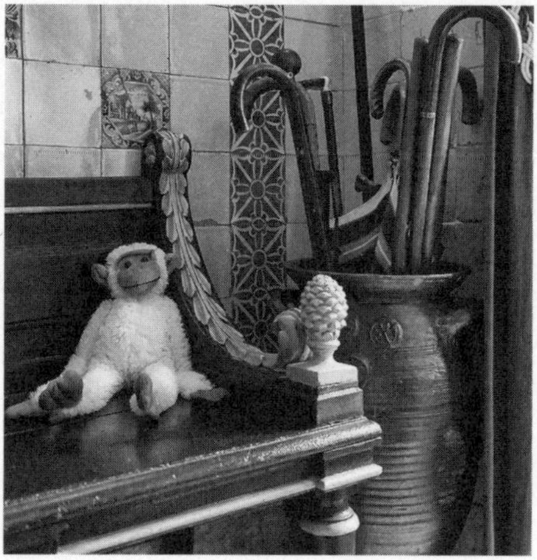

XX
EPILOG

Damals, vor dem großen Kriege, da sich die Begebenheiten zutrugen, von denen auf diesen Blättern berichtet wird, war es noch nicht gleichgültig, ob ein Mensch lebte oder starb. Wenn einer aus der Schar der Irdischen ausgelöscht wurde, trat nicht sofort ein anderer an seine Stelle, um den Toten vergessen zu machen, sondern eine Lücke blieb, wo er fehlte, und die nahen wie die fernen Zeugen des Untergangs verstummten, sooft sie diese Lücke sahen. (…) So war es damals! Alles, was wuchs, brauchte viel Zeit zum Wachsen; und alles, was unterging, brauchte lange Zeit, um vergessen zu werden.
JOSEPH ROTH, RADETZKYMARSCH

Die Sixe kommen von weit her. Am Küchentisch sprechen wir manchmal darüber. Zum Beispiel im vergangenen Winter, als im New Yorker Metropolitan Museum of Art ein Familienwappen entdeckt wurde, das jenem der Sixe gleicht, und zwar auf dem spätmittelalterlichen Porträt eines jungen Mannes. Ursprünglich war das Bild Teil eines Triptychons, dessen Mittelstück verloren gegangen ist; es ist ein frühes Werk des Wittenberger Malers Lucas Cranach des Älteren. Der junge Mann blickt konzentriert und anbetend in Richtung des nicht mehr vorhandenen Hauptteils – vielleicht zu Christus oder Maria –, er ist kostbar gekleidet, hält einen Rosenkranz in der Hand und trägt zwei Goldringe. Beim Säubern des Gemäldes wurde in der Fassung eines der Ringe ein Stein mit einem Wappen sichtbar, das dem der Sixe verdächtig ähnlich ist: zwei Männer und ein Stern.

Eine aufregende Entdeckung. Cranach war um das Jahr 1508 in Brüssel, möglicherweise reiste er über Cambrai. Dieser junge Mann könnte also tatsächlich ein früher Six sein. Aber welcher? Wir spekulieren drauflos.

Wegen seines jugendlichen Alters könnte er ein Sohn des Guillaume Six sein, der 1489 Vogt von Walincourt nahe Cambrai war. Aber welcher der drei Söhne? Gilles oder Michel Six? Oder der Schildknappe Jean Six, der 1511 von Cambrai nach Saint-Omer zog, der Vater von Charles, mit dem unsere Geschichte begann?

Wir werden es wohl nie mit Sicherheit wissen, aber immerhin bemerke ich gleich die kleine Wölbung in der Mitte des Nasenrückens. Genau wie beim ersten Jan, und auch bei späteren Sixen taucht dieses Merkmal auf, ein sichtbares Erbe der Sixe aus dem Artois.

Bis heute bin ich mir nicht ganz darüber im Klaren, was mich bewog, als ich nach langem Zögern der Versuchung erlag, die Geschichte der Sixe zu erkunden. Das Haus an der Amstel und seine Bewohner faszinierten mich vom ersten Augenblick an. Das lag an der Sammlung, an den Familienerzählungen, am Archiv und all den unerwarteten Einblicken in die Innenwelt der alten Elite Amsterdams und des Landes.

Aber es war nicht nur Neugier. Was mich außerdem fast von Anfang an verzauberte, war eine Empfindung, die Johan Huizinga einmal beschrieben hat: Er hatte das Gefühl, dass bestimmte alte Drucke, die er betrachtete, ihn unmittelbar mit der Vergangenheit verbanden, was ihn ebenso tief beeindruckte wie der Kunstgenuss selbst. Jeder historisch Interessierte kennt das. Huizingas Biograph Léon Hanssen schreibt, man könne »mit der Vergangenheit in Kontakt treten, in sie eingehen und mit ihr verschmelzen, wenn auch nur für die begrenzte Zeit, in der man eine alte Münze in der Hand hält, durch die Ruine eines mittelalterlichen Schlosses geht oder ein Lied von Schumann hört und ein Déjà-vu-Erlebnis hat, so dass man sich an einen Ort und in eine Zeit zurückversetzt fühlt, die man wiederzuerkennen meint, obwohl man nie dort war.«

Solche Erfahrungen werden allerdings seltener. Denn viel greifbare Vergangenheit, von ausgetretenen Stufen bis zu zerknitterten Dokumenten, wurde umrestauriert oder ist gleich ganz vom Erdboden verschwunden. Im Haus an der Amstel durfte ich – als privilegierter Spurensucher – das einzigartige Abenteuer eines Kontakts mit der Vergangenheit noch erleben. Überall dort ist Vergangenes gegenwärtig, an den Wänden und in den Schränken und Vitrinen, auf dem Dachboden, in Tausenden von Drucken, Büchern und Archivmappen. Ich stoße bei Hans Bontemantel auf die Erwähnung einer goldenen Medaille, die Nicolaes Tulp 1672 zu seinem Amtsjubiläum bekam, und da ist sie, ich kann sie einfach in die Hand nehmen und betrachten. Ich entziffere die gekritzelten Randbemerkungen des ersten Jan Six zu seinem Drama *Medea*, Regieanweisungen von 1647. Oder die wütende Schnörkelschrift Lucretias aus dem Jahr 1838, und wenn ich über das Papier streiche, kann ich fühlen, wie ihre Feder sich ins Papier gedrückt hat.

Es war verführerisch, diese Geschichte allein auf all die losen Bruchstücke zu gründen, die Hinterlassenschaften der vielen Six, die ihren Weg durch die Zeit gegangen sind, aus Fehlern gelernt haben oder auch nicht. Die Briefe, Tagebücher und anderes Archivmaterial können einem diese Menschen so nah bringen, dass man sie fast zu berühren glaubt. Und doch bleiben es Mosaikstücke, einzelne Steinplatten im Unkraut, durch das sich Autor und Leser mühsam fortbewegen müssen. Ein Leben lässt sich niemals ganz rekonstruieren, und das gilt erst recht für eine Familienbiographie über einen Zeitraum von mehr als acht Jahrhunderten. Viel Material ist verloren gegangen, ob in dem Feuer, das die zornige Schwägerin Hannie auf Hilverbeek entzündete, oder anderswo. Überall gibt es riesige weiße Flecken wie auf alten Landkarten, und nur Romanautoren haben das Recht, sie auszufüllen. Es ist ein unvollständiges Puzzle, die meisten Teile fehlen. Oder eine Suche in einem dunklen Kellerlabyrinth, mit nichts als einer Kerze in der Hand.

Das bedeutet aber nicht, dass mir die Hauptpersonen dieser Geschichte fremd geblieben wären. Zwei, drei Jahre lang hatte ich täglich Kontakt mit ihnen, nicht selten sehr vertraulichen, und lernte die verschiedenen Charaktere mehr oder weniger gut kennen. Und so kann ich, wenn auch nicht ohne Mühe, ein Bild skizzieren. Marguerite Yourcenar sprach einmal vom Diagramm eines Menschenlebens, das nicht aus einer geraden Linie von der Wiege bis zum Grab bestehe, sondern aus drei Kurven, die sich abwechselnd annähern und voneinander entfernen und die das repräsentieren, was ein Mensch gewesen zu sein glaubt, was er sein wollte und was er wirklich war.

Natürlich bleiben tausend Fragen. Am liebsten hätte ich die vielen Sixe noch einmal beisammengehabt, im großen Saal mit Aussicht auf den Garten. Ich hätte gerne mit Anna van den Bempden geplaudert, die ich trotz aller dekadenten Vornehmheit für eine außergewöhnliche Frau halte. Auch mit ihrem Sohn, dem Privatier Jan, hätte ich mich gern länger unterhalten, sein Leben ist für mich immer noch zum größten Teil ein weißer Fleck, er hat einfach zu wenige Spuren hinterlassen – mit Ausnahme des aufwendig umgebauten Grachtenhauses.

Der »patriotische« Jan könnte mir erklären, was die eigentlichen Gründe für den Status- und Einkommensverlust der Sixe in der Zeit um 1800 gewesen sind. Henriette würde ich über ihre Liebe zu dem stellvertretenden Schultheiß befragen, vor allem aber zu den Folgen der Affäre, ihrem abrupten Wechsel von der Elite ins Kleinbürgertum des frühen 19. Jahrhunderts. Der bucklige Jan hätte mir endlich erzählen können, wie er selbst die langen Jahre empfunden hat, die er als »missratener« Kronprinz im Abseits verbringen musste. Und der erste Jan hätte mir ein für alle Mal die Frage beantworten können, ob Rembrandt sein Porträt tatsächlich im Jahr 1654 gemalt hat, und mir womöglich noch verraten, ob die Freundschaft zu dem Maler im Stillen nicht doch bestehen blieb.

In *Orlando* erzählt Virginia Woolf die Geschichte eines anscheinend unsterblichen Menschen, erst Mann, dann Frau, der über einen Zeitraum von drei Jahrhunderten durch die britische Geschichte taumelt. Eine ähnliche Geschichte lässt sich über Jan Six erzählen: aufgewachsen in jenem Amsterdam, in dem die Grachten ausgehoben und das gewaltige Rathaus errichtet wurden, befreundet mit Rembrandt und Vondel, verheiratet mit der Tochter des Arztes Tulp von Rembrandts Gemälde *Die Anatomie des Dr. Tulp*; Bürgermeister einer der Metropolen des 17. und 18. Jahrhunderts, Projektentwickler in den holländischen Dünen, Gastgeber des jungen Mozart, beim Sturz Napoleons schmählich aus dem Bürgermeisteramt vertrieben; Studierzimmergelehrter und Professor im wieder aufstrebenden Amsterdam des 19. Jahrhunderts, Industrieller im dynamischen 20. Jahrhundert. Anders gesagt, die Geschichte der »Könige der Republik«, ihres Aufstiegs, ihres Glanzes in höchsten Höhen, und dann, in den folgenden Jahrhunderten, ihres langsamen Sinkflugs zur Erde.

Die Veränderungen vollzogen sich nur selten gleichmäßig – was für historischen Wandel allgemein gilt. Jahrzehntelang geschah wenig bis nichts, und plötzlich sprang die Geschichte zwanzig oder hundert Jahre vorwärts. Drei, vier Jahrhunderte lang wurde Amsterdam von denselben Familiengruppen regiert, nach den unveränderlichen Regeln einer Ständegesellschaft. An jenem eiskalten Morgen des 19. Januar 1795 war diese Epoche für Jan Six und seine Nachkommen beendet, ein Federstrich genügte. Und wie kurz das Gedächtnis doch war: Das ausgehende 18. Jahrhundert kannte noch eine blühende weibliche, ja, feministische Kultur um Frauen wie Lucretia van Merken, eine Kultur hochintelligenter, aufgeklärter und ganz selbstverständlich eigenständiger Frauen. Eine Generation später, um 1820, war nichts davon geblieben, als hätte es diese Frauen nie gegeben.

Ich muss bekennen, dass ich für meine Expedition auch persönliche Motive hatte. Ich war lange umhergereist, fühlte mich ein wenig entwurzelt, und was wäre da verlockender, als sich für eine Weile nur mit einem alten Haus und der eigenen Stadt zu beschäftigen und nicht weiter als über zwei Treppen und durch drei Flure zu reisen? Aber es half nicht wirklich: Die Gegenwart verfolgte mich, ständig drängten sich Assoziationen auf. Zum Beispiel bei den Regenten des

18. Jahrhunderts mit ihren Scheinverantwortlichkeiten und aufgeblähten Ämtern, ihrer Bereicherung auf Kosten der Allgemeinheit – ganz wie in der heutigen Managerwelt. Oder bei dem labilen System der Republik mit ihren sieben locker zusammengeschlossenen Provinzen, das die amerikanischen Gründerväter nicht annähernd stabil genug fanden – wer dächte da nicht an die Probleme der Europäischen Union. Und bei der Auseinandersetzung des ersten Jan mit dem revolutionären Denken der Frühaufklärung – leben nicht auch wir in einer Epoche gewaltiger Verschiebungen?

Natürlich lag auch der Vergleich mit der Geschichte meiner eigenen Familie nahe. Während Pieter Hendrik Jan Six seiner Tochter Louke eine Mitgift von einer Million Gulden gab, trottete einer meiner Urgroßväter hinter einem Bäckerkarren von Leeuwarden nach Drachtstercompagnie, und ein anderer nähte von morgens früh bis abends spät Segel für die Vlaardinger und Schiedamer Logger. Sie schauten mir still über die Schulter, wenn ich mich durch das Archiv arbeitete, sie bestaunten die schlafende Pracht der Sammlung und wunderten sich gleichzeitig darüber, dass in dieser Gesellschaft ganz selbstverständlich »Stand« und »Familie« das Entscheidende blieben – statt, sagen wir, »Freiheit«, »Gleichheit« oder »Brüderlichkeit«. Ich höre sie fragen: Wieso konnten diese Leute mit ihrem Geld und ihrem Ansehen Generation für Generation tun und lassen, was sie wollten?

Dabei war das Gegenteil der Fall: Die Six waren durch eiserne Familienbande gefesselt, durch Tausende von Pflichten. Besonders drückend war aus unserer Sicht der Zwang in den Beziehungen von Mann und Frau. Arrangierte Ehen waren in diesen Kreisen der Normalfall. Noch bis weit ins 20. Jahrhundert hinein heirateten Six nur innerhalb des eigenen Standes, heute noch sorgt eine Tochter, die mit einem Partner ihrer Wahl gegen diese Tradition aufbegehrt, in der Familie für Gesprächsstoff. *Nicht* zu heiraten konnte ebenfalls zur familiären Verpflichtung werden, vor allem dann, wenn es zu viele Töchter gab, deren Heirat das Familienvermögen zu sehr »ausgedünnt« hätte. So könnte es bei Nine und Totie gewesen sein. Doch niemals wurde über solche Dinge gesprochen, Gefühle zu zeigen blieb tabu, zumindest gegenüber Außenstehenden.

Verbarg sich hinter all den Äußerlichkeiten von Rang und Stand, all der Vornehmheit und all den Ritualen tatsächlich Gefühlskälte? Manchmal ja, besonders im Umgang mit Menschen, die nicht der eigenen Klasse angehörten. Da gab es zum Beispiel im 19. Jahrhundert eine angeheiratete Verwandte der Sixe, die auf so hohem Ross saß, dass sie nicht mehr direkt mit ihrem Personal sprechen wollte – die Ehre, *dame du palais* geworden zu sein, war ihr offensichtlich zu Kopf gestiegen. Andererseits habe ich auch herzliche Briefe aus allen Jahrhunderten gefunden, Berichte über Gesten der Zuneigung, Zeugnisse tiefer Empfindungen. Wenn zum Beispiel im 18. Jahrhundert Anna van den Bempden nichts als das Wohl und Wehe ihres kleinen Jantje im Kopf hat; oder wenn im 19. Jahrhundert Hendrik Six, auf den ersten Blick eher ein Griesgram, abends an seine beiden Söhne schreibt: »Liebe Kinder, liebe Bübelchen ...«

Immer wieder konnte ich eine für mich kaum begreifliche Art von Liebe und Treue erahnen. Damit meine ich besonders die nahezu grenzenlose Loyalität gegenüber den Toten, den vorangegangenen Generationen, der Familie. »Die Menschen, die in aristokratischen Zeitaltern leben, sind (...) fast immer eng an etwas gebunden, das sich außerhalb von ihnen befindet, und sie sind oft bereit, sich selbst zu vergessen«, meinte Alexis de Tocqueville, räumte allerdings ein, dass in diesen Zeitaltern »der allgemeine Begriff des *Nächsten* unklar« sei und man nicht daran denke, »sich für die Sache der Menschheit einzusetzen«.

Im Grunde handelt dieses Buch – man erkennt so etwas oft erst hinterher – von Ungleichheit und Diskriminierung. Es ist vielsagend, wie manche Besucher sich ins Gästebuch der Sammlung Six eingetragen haben: Natürlich nahm sich Königin Wilhelmina eine ganze Seite, während Claude Monet in ein freies Eckchen schrieb und der angehende Theologiestudent Vincent van Gogh – der mit Sicherheit während seines Aufenthalts in Amsterdam die Sammlung gesehen hat, sonst hätte er in seiner begeisterten Beschreibung des Six-Porträts nicht so ins Detail gehen und beispielsweise Rembrandts Rot bejubeln können – gar nicht erst die Gelegenheit bekam, sich zu verewigen.

Ungleichheit war für die meisten Protagonisten dieses Buches eine unabänderliche Tatsache, Teil der gottgewollten Ordnung, in der jeder Mensch seinen Platz hatte, Mann und Frau, Sohn und Tochter, Dienstmädchen und Bürgermeister. Allen demokratischen Umwälzungen zum Trotz blieb dieses Menschen- und Gesellschaftsbild mindestens bis 1900 weit verbreitet, auch meine Urgroßväter werden in solchen Kategorien gedacht haben. Der Historiker und Politologe Siep Stuurman bezeichnet die Idee der Gleichheit als eine »Erfindung«, einen »Vorschlag zur Neuinterpretation und Neubewertung der menschlichen Beziehungen«. Ungleichheit als naturgegebenes Prinzip ist wie Gleichheit ein abstrakter Begriff, keine Tatsache, sondern eine bestimmte Sichtweise. Und auf dieser Sichtweise beruhte in der Vergangenheit die ganze Gesellschaft mit ihren Umgangsformen, Gewohnheiten, Ritualen und »Institutionen«; die Familiencliquen, das Einanderzuschanzen städtischer Ämter, der Erwerb von Landgütern, der Verhaltenskodex der Klasse, all dies gehörte dazu. So erschuf die Idee der Ungleichheit eine eigene Realität, wie später die Idee der Gleichheit allmählich eine neue Art von Gesellschaft entstehen ließ. Deshalb war die amerikanische Revolution für aufmerksame Zeitgenossen so faszinierend, für Lucretia van Merken bis hin zu, ein wenig später, Alexis de Tocqueville.

Anzeichen für die »Erfindung« der Gleichheit sind schon beim ersten Jan Six sichtbar, wenn er sich in seinen Notizen mit Descartes' Denken auseinandersetzt. Für Descartes konnte Erkenntnis nur auf dem individuellen, rationalen Denken beruhen; die Idee der Freiheit des Individuums ist in dieser Auffassung schon angelegt – eine Idee, die zur treibenden Kraft der Aufklärung und der folgenden Demokratisierungsbewegungen werden sollte. Von da an, so Stuurman, »glaubte man im Zweifelsfall an die Gleichheit, wohingegen für die

Ungleichheit Argumente angeführt werden mussten, während es in allen vorangegangenen Epochen umgekehrt gewesen war«.

Auch in dieser Familiengeschichte sehen wir das Bollwerk der Ungleichheit zerbröckeln. Beim Doelistenaufstand 1748 wurde das Prinzip der Ungleichheit zum ersten Mal in Frage gestellt; der amerikanische Unabhängigkeitskrieg, die französische Aufklärungsphilosophie und die patriotische Bewegung brachten es ins Wanken; im Jahr 1795 wurde es auf der politischen Ebene endgültig obsolet: Herkunft und Stand waren seitdem nicht mehr entscheidend, wenn es um das Bekleiden öffentlicher Ämter ging; fachliche Eignung gewann mehr und mehr an Bedeutung. Auch auf der persönlichen Ebene verlor Ungleichheit etwas von ihrer Selbstverständlichkeit, wie die »unerlaubte Liebe«, die kleine Revolte und der mutige Ausbruch der Henriette Six zeigen. So bewegten sich auch die Sixe ganz allmählich von einem Wertesystem ins folgende – auch wenn manche, wie in anderen »alten« Familien, lange nicht bereit waren, von ihrer untergegangenen Welt Abschied zu nehmen.

Er hatte etwas Schicksalhaftes an sich, dieser langsame Niedergang der meisten »alten« europäischen Familien, der sich überall nach dem gleichen Muster vollzog. Schließlich waren die »Erfindung« der Gleichheit und die Aufklärung europäische Phänomene, und das galt auch für die Demokratisierung, die sozialen Umwälzungen und alles, was sich daraus entwickelte. Die Reaktionen darauf waren überall die gleichen. So bescherte mir zum Beispiel die Lektüre der *Buddenbrooks*, während ich mich mit den Sixen beschäftigte, immer wieder das Vergnügen des Wiedererkennens. Da gibt es eine Tochter, die unter ihrem Stand heiraten möchte, Brüder und Ehemänner, die das Familienvermögen verschleudern – »Es ist genug Geld durch Unglück, Torheit und Niedertracht verloren gegangen« –, und auch sonst viel Bekanntes: die Verpflichtung, ein repräsentatives Haus zu besitzen, ein Widerwille gegen Politik, auf die Spitze getriebene Sparsamkeit – »Während längerer Zeit war Dessert nur für den Sonntag gestattet«.

Allerdings gibt es auch große Unterschiede zur Lübecker Kaufmannsfamilie. Die Sixe wurden nach einer Unterbrechung von einigen Jahrzehnten im 19. Jahrhundert wieder in der Öffentlichkeit aktiv. Mit ihrer Sammlung zeigten sie beispielhaft, welche Bedeutung der Faktor Zeit für den sozialen Status besitzt. Eine gesellschaftliche Position wie die ihre verdankte sich den Spuren einer langen Geschichte: adligen Namen, Titeln, Schlössern und Landgütern, Kunst- und Raritätensammlungen, allem, was nur über einen langen Zeitraum hinweg erworben werden konnte.

Außerdem betrieben die Sixe eine kluge Heiratspolitik. Sie waren umsichtiger als die Buddenbrooks und hatten es insofern leicht, als die Ehepartner meist aus Amsterdam oder der näheren Umgebung stammten. Nach drei einträglichen Heiraten durften sich die Sixe, die nach dem tiefen Rückfall in der napoleonischen Zeit innerhalb des Adels als »arm« gegolten hatten, um das Jahr 1890 wieder zu den reichsten Familien Amsterdams zählen. Erst im 20. Jahrhundert mussten die Nachkommen einen Beruf ergreifen.

»Altes Geld gibt es nicht mehr«, bekam ich am Küchentisch dieses Hauses immer wieder zu hören. »Wenn alte Familien Geld haben, ist das neues Geld, Geld, das in den vergangenen Jahrzehnten erworben wurde.« In jüngster Zeit entwickelt sich in hohem Tempo eine moderne Variante der Ständegesellschaft. Die reichsten 1,3 Prozent der Haushalte in den Niederlanden besitzen, wenn man der Privatbank Van Lanschot glauben darf, bereits mehr als vierzig Prozent des gesamten niederländischen Privatvermögens. So schlägt das Pendel zum Vorkriegsniveau der Ungleichheit aus. Global ist sie noch viel extremer: Ein Prozent der Weltbevölkerung besitzt im Augenblick so viel wie die übrigen neunundneunzig Prozent.

Auch daher kann dieses Buch als kleine Geschichte sozialer Ungleichheit gelesen werden: Es erzählt von der Erstarrung, die extreme Ungleichheit auf die Dauer mit sich bringt, vom Mangel an Dynamik und Zusammenhalt in Gesellschaften mit großer Ungleichheit, von der geistigen Enge, der Blindheit und den Wahnideen, die eine allzu fest im Sattel sitzende Elite befallen können. Und wie im 17. Jahrhundert ist ein Merkmal der extremen Ungleichheit auch in unseren Tagen die Abschottung: in Gated Communitys, in exklusiven Urlaubsdomizilen und Privatflugzeugen, in der Zauberwelt, die das neue Geld heute für sich geschaffen hat.

Auf den Listen der »reichsten Familien« oder »einflussreichsten Niederländer« kommen adlige Namen heute kaum noch oder gar nicht mehr vor. Abstieg ist aber ein relativer Begriff. Adlige Familien prunken nicht mehr mit ihren Titeln, ihr einst gewaltiger Reichtum ist dabei, sich zu verflüchtigen, ihre Grachtenpaläste sind heute im Besitz von Banken und internationalen Konzernen, ihre Landsitze abgerissen oder zu Kongresszentren umgebaut, und doch gelang es ihnen – wie Adligen überall in Europa – recht gut, sich in der oberen Gesellschaftsschicht zu behaupten.

In den Niederlanden hat der Soziologe Jaap Dronkers die soziale Position von fast viertausend adligen Personen bestimmt – eine Stichprobe aus dem berühmten *Roten Büchlein*. Sein Fazit: »Der Adel ist kein Fossil, sondern ein lebendiges Phänomen von unterschätzter gesellschaftlicher Bedeutung.« Eine Umfrage unter zahlreichen Adligen hat diesen Befund 2005 bestätigt. Wie sich zeigte, besetzen Angehörige adliger Familien immer noch unverhältnismäßig viele Spitzenpositionen – im diplomatischen Dienst allerdings weniger als früher – und sind auch in den besonders vermögenden Kreisen überrepräsentiert. Ihre traditionellen Beziehungsgeflechte in Studentencorps oder Clubs wie Onder Ons spielen dabei eine wichtige Rolle. Als subtiles Erkennungszeichen diente lange ein eigenes Vokabular.

Auch Heiratspolitik ist kein Phänomen der Vergangenheit. Heiraten mit Angehörigen des Adels sind bei Adligen sehr viel häufiger als bei nichtadligen Personen, um genau zu sein, um den Faktor vierundzwanzig. Egal, was sie tun, aufgrund ihrer Familiengeschichte und Familienbande neigen Adlige mehr als andere dazu, größere historische Zusammenhänge wahrzunehmen. Und natürlich werden anerzogene Disziplin, Selbstwertgefühl und die Förderung von

Talenten zu ihrem Erfolg beitragen; in vielen adligen Familien wird von Nachkommen seit jeher erwartet, dass sie Führungspositionen übernehmen, und dessen ist man sich sehr wohl bewusst.

Erbliche Ungleichheit gibt es überall auf der Welt. Familien, die schon vor vielen Generationen der Elite angehörten, sind unverhältnismäßig stark auch in den heutigen Eliten vertreten. In Stockholm liegt das steuerpflichtige Einkommen von Menschen mit »alten Namen« um vierundvierzig Prozent über dem Durchschnitt. In Oxford und Cambridge haben Bewerber mit »alten Namen« eine viermal höhere Chance auf einen Studienplatz. In Ungarn sind immer noch riesige Ländereien in den Händen von Familien mit »alten Namen«. Obwohl die Vereinigten Staaten das Land der Gleichheit schlechthin sind, gibt es dort eine ganze Reihe von Familiendynastien, aus denen immer wieder Senatoren, Gouverneure oder Präsidentschaftskandidaten hervorgehen. Sogar im China des 21. Jahrhunderts lässt sich das Phänomen beobachten: Spitzenfunktionäre und Professoren von Eliteuniversitäten tragen unverhältnismäßig häufig einen der dreizehn »alten Namen«, die im 19. Jahrhundert bei den kaiserlichen Auswahlprüfungen für die Beamtenlaufbahn dominierten.

Die Six passen zum Teil in dieses Bild, zum Teil auch nicht. Auch in ihrer Familie spielte die unternehmerische Initiative eine Rolle, aber keine entscheidende. Auch sie bekleideten hohe Ämter. Die Six waren und sind aber vor allem Kunstliebhaber und -sammler, sie setzen sich seit Generationen für die Erhaltung von Baudenkmälern und für das Kulturerbe ihres Landes ein – beim ersten Jan und seinen Söhnen, bei Hendrik und Lucretia, beim Jan Six des 19. Jahrhunderts und dessen Kindern und Enkeln, bei allen ist diese Eigenschaft ausgeprägt, bis heute.

»Die gesamte Familie Six hat, wie ich bereits hörte, eine starke Sammelneigung« – für Louise Blaauws Psychiater Jelgersma war der Six'sche Sammeltrieb gar ein Krankheitssymptom.

Ich sehe das anders. »Schöne Dinge sind nicht dazu da, als Raritäten in Museen zu stehen und mit aufgesperrtem Mund bestaunt zu werden. Sie müssen Teil des Lebens sein«, hat Konstantin Paustowski einmal gesagt. Der tägliche Umgang mit Schönheit hinterlasse einen unauslöschlichen Eindruck: »Unbemerkt wächst dann die Seele.«

Sammlungen zu unterhalten ist deshalb auch eine Form subtilen Widerstandes, ein Versuch, bestimmte Dinge vor Zeit und Zeitgeist zu retten. Im Fall der Sixe ist dies sogar ein »Multigenerationenprojekt«, bei dem es vor allem darum geht, über die Lebensspanne einer Generation hinaus alles Wertvolle zu bewahren, der Endlichkeit des Lebens ein Schnippchen zu schlagen.

Der zehnte Jan Six, der heutige Hausherr an der Amstel, scheint die Sache ganz nüchtern zu sehen. »Ich habe all das in die Wiege gelegt bekommen«, sagt er. Er empfindet die Schätze in seinem Haus nicht als sein Eigentum, sondern nur als einen Besitz, den er – so steht es im Bürgerlichen Gesetzbuch der Niederlande geschrieben – »wie ein guter Hausvater« zu verwalten hat. »Manchmal gehe ich nach oben, und dann denke ich: dass wir all das immer noch beisammenhaben!«

Es ist ein Herbstnachmittag, ich komme nur auf einen Plausch vorbei. Im Flur ein riesiger Karton, gepolstert mit Styropor. An der Wand lehnt der erste Jan Six, das Porträt von Wallerant Vaillant, das in Kürze abgeholt wird, als Leihgabe für eine Ausstellung. »Hier, das ist doch mal was anderes«, sagt der Hausherr und zeigt auf die *Kleine Pandora*, die auf der Flurkommode liegt. Ja, Vondel, Rembrandt, Hooft und der überdrehte Coenraad van Beuningen dürfen auch mit.

Und wieder ist ein Kind unterwegs, die Frau des jüngsten Sohnes Bas ist schwanger. Am Küchentisch unterhält man sich aufgeregt darüber, die Ultraschallaufnahmen werden herumgereicht, ein zappelndes Etwas auf schwarzem Grund, kommentiert mit lauten »Ohs« und »Ahs«. Ein »Hansel im Keller« des 21. Jahrhunderts kündigt einen neuen Six an.

Ich gehe noch einmal nach oben, das Ticken der Uhren begleitet mich durch alle Flure, doch beim ersten Jan Six ist es still. Das Licht ist heute grau, alles im Zimmer bleibt farblos. Es wird Zeit. Jan schaut mich aufmerksam an, ein kleines bisschen wehmütig, als wollte er mein Bild in seinem Gedächtnis festhalten. Er selbst wird bleiben, wer er war, immer in seinem roten Umhang, immer mit diesen Handschuhen, immer kurz vor dem Abschied.

Amsterdam, Mai 2016

DANK

Dieses Buch hätte nie geschrieben werden können, hätte mir an der Amstel nicht eine Tür offen gestanden, hinter der mich Kaffeeduft, ein herzliches Willkommen und die Inspiration durch ein Haus voll der erstaunlichsten Dinge erwartete, immer wieder, drei Jahre lang. Dieses Projekt durfte in einer einzigartigen Atmosphäre von Offenheit, Gastfreundschaft und gegenseitigem Vertrauen gedeihen, was sich auch im Ton dieses Buches niederschlägt. Dem »Hausherren«, Jonkheer Jan Six van Hillegom, bleibe ich dafür wie auch für seine Ideen und Anregungen zu Dank verpflichtet. Was natürlich ebenso für seine Angehörigen gilt, die Söhne Jan und Bas und die stille Kraft im Hintergrund, Annabelle Six.

Nikki den Dekker und Milou Ulrich haben beide auf ihre Weise zu der gedeihlichen Atmosphäre beigetragen. Niemand findet sich im Archiv so gut zurecht wie Nikki, sie war meine kundige und engagierte Führerin durch dieses Labyrinth. Auch Sebastiaan Dudok van Heel, einem ausgezeichneten Kenner des Amsterdamer Patriziats, habe ich zu danken. Großzügig ließ er mich an seinem umfangreichen historischen Wissen teilhaben, und er bewahrte mich vor allerlei Missverständnissen, kleinen, aber störenden Irrtümern und dem Fehler, jeder Familienerzählung Glauben zu schenken.

Eine ähnliche Rolle spielte mein Freund René van Stipriaan – seiner großartigen Darstellung der Geschichte der niederländischen Republik, *Het volle leven*, verdanke ich ein lebendiges Bild des kulturellen Zusammenhangs, in dem sich das Leben der ersten drei Jan Sixe abspielte. Hilfe und guten Rat bekam ich noch von zahlreichen anderen: von Gary Schwartz, David Rijser, Pieter Vlaardingerbroek und Bianca du Mortier bis Alex Lande, Michiel Verweij, Bea den

Dekker, Veronica Handgraaf, Eveline Sint Nicolaas, Geertje Mak, Cornelia van Spaendonck und Annejet van der Zijl.

Der Verlag Atlas Contact war beim Schreiben dieses Buches meine vertraute Stütze. Auch diesmal war es eine Freude, mit Emile Brugman, Ellen Schalker, Mizzi van der Pluijm, Leonoor Broeder, Marjet Knake und Anita Roeland zusammenzuarbeiten.

Mein eigenes Zuhause war mindestens zwei Jahre lang von den Geistern all der Sixe besetzt. Es ist wahrlich kein Vergnügen, mit einem Mann zusammenzuleben, der monatelang nur eine einzige Sache im Kopf hat, der sich mit nichts anderem als zum Beispiel den Eheproblemen einer gewissen Lucretia Six im Jahre 1833 beschäftigt. Und doch blieb meine Frau Mietsie die ganze Zeit fröhlich, liebevoll und grenzenlos solidarisch. Ich danke allen, aber ihr ganz besonders.

Was die Familie selbst angeht, beruht diese Darstellung auf gründlicher Archivforschung. Hier gebührt besonders Jonkvrouw Catharina Six (»Tante Totie«) große Ehre: Mit einzigartiger Sorgfalt hat sie Ordnung in das einstige Chaos des Familienarchivs gebracht – eine phantastische Leistung, auf der spätere Generationen aufbauen konnten. Aber auch die jeweiligen historischen Zusammenhänge und die Vorstellungswelten, in denen die vielen Sixe gelebt haben, mussten skizziert werden. In dieser Hinsicht stand ich auf den Schultern zahlreicher Vorgänger; dazu zählen Kultur- und Literaturhistoriker, nationale und lokale Geschichtsschreiber, Spezialisten für bestimmte Epochen und Meister der sorgfältigen Quellenforschung. Man findet sie alle in der Literaturliste. Einige Quellen verdienen jedoch besondere Erwähnung.

KOMMENTIERTE BIBLIOGRAPHIE

KAPITEL 1

Im Hinblick auf die Lokalgeschichte Amsterdams stütze ich mich, von zahlreichen Detailstudien abgesehen, auf das monumentale Standardwerk *Geschiedenis van Amsterdam*, das von 2004 bis 2007 von Marijke Carasso-Kok, Willem Vrijhoff und Maarten Prak herausgegeben wurde, eine Gemeinschaftsleistung Amsterdamer Stadthistoriker. Hier und da habe ich außerdem auf das viel ältere Übersichtswerk von Hajo Brugmans, *Geschiedenis van Amsterdam*, und mein eigenes Buch *Amsterdam. Biographie einer Stadt* zurückgegriffen.

Einen ersten Eindruck vom Hause Six bekommt man durch den schön illustrierten, im Selbstverlag herausgegebenen Überblick über die Sammlung, *The House of Six*.

KAPITEL 2

Dankbar habe ich den Stammbaum der frühen Familie Six herangezogen, den Wim Blok auf der Grundlage des *Groot Algemeen Historisch, Geografisch, Genealogisch en Oordeelkundig Woordenboek*, Bd. 9, erstellt hat.

Informationen zur Rolle der Farbe im Mittelalter verdanke ich unter anderem dem aus der Zeit um 1100 stammenden *Liber de coloribus faciendis* von Petrus de Sancto Audemaro, das der Farbenexperte Jaap den Hollander ins Niederländische übersetzt hat.

Die Höhe der Vermögen von Amsterdamer Patriziern früherer Epochen, auch der Sixe, lässt sich schwierig schätzen, da etliche Vermögensbestände nicht versteuert werden mussten. Informationen hierzu habe ich mit der notwendigen Vorsicht unter anderem Kees Zandvliets Studie *De 250 rijksten van de Gouden Eeuw* entnommen.

Einige Autoren sind der Ansicht, Vondels Gedicht beziehe sich auf ein anderes Porträt der Anna Wijmer, nämlich das von Jacob Adriaenszoon Backer, das im Nachlass von Pieter Six entdeckt wurde. Wer mehr über dieses Porträt und vor allem über die Verwandlung Anna Wijmers von einer stehenden in eine sitzende Dame wissen möchte, findet Informationen im Restaurierungsprotokoll von Laurent Sozzani und Eneida Parreira vom 4. Juli 2012, Sammlung Six.

KAPITEL 3

Informationen zum Goldenen Zeitalter der Niederlande verdanke ich einer ganzen Reihe von Autoren, besonders aber René van Stipriaan, Maarten Prak, Willem Frijhoff und Marijke Spies. René van Stipriaans *Het volle leven* habe ich bereits erwähnt. Nach wie vor wertvoll ist auch Praks scharfsinnige Analyse der niederländischen Republik als Vertrauensgesellschaft in seinem Buch *Gouden Eeuw. Het raadsel van de republiek*, von dem es eine englische Übersetzung gibt: *The Dutch Republic in the Seventeenth Century*. Willem Frijhoff und Marijke Spies haben die niederländische Geschichte jener Epoche in ihrer Studie *1650. Bevochten eendracht*, die ebenfalls in englischer Übersetzung vorliegt – *1650: Hard-won Unity* –, auf beeindruckende Weise in den europäischen Kontext eingeordnet. Wichtige Standardwerke bleiben daneben zwei Arbeiten von Jonathan Israel, *De Republiek* und *Radikalaufklärung*.

Die Geschichte der Häuser Kloveniersburgwal 101 und 103 wird in Gee de Wildes im Selbstverlag herausgegebener Monographie dargestellt, die ich dankbar genutzt habe, wie auch Isabella van Eeghens Aufsatz über das Glashuys, »De buurhuizen van het Glashuys«.

Hendrik Battjes hat in *Zuidertoren 400 jaar* detailliert die Geschichte der Zuiderkerk dargestellt. Einen Schatz an Informationen über das Malerleben in jenem Stadtviertel bietet die Dissertation von Sebastiaan Dudok van Heel, *De jonge Rembrandt onder tijdgenoten*. Das explosive Wachstum Amsterdams und den Bau des Grachtengürtels hat Jaap Evert Abrahamse ausführlich in *De grote uitleg van Amsterdam* beschrieben.

Wertvolle Informationen über die Kleidung von Jan Six, die Reitergesellschaften, seine Jagden, die Italienreise und mögliche Interpretationen des berühmten Porträts von Rembrandt finden sich vor allem bei Marieke de Winkel, »A Gentleman in a Grey Riding Coat«. Auch René van Stipriaan und Frank van Westreenen haben über die Italienreise geschrieben.

KAPITEL 4

Eine gute Quelle zu Rembrandts Sammlung war Ben Broos' Aufsatz »Rembrandt en zijn schilderachtig universum«. Die ökonomische Seite der Dichtertätigkeit des Jan Vos hat Nina Geerdink in *Dichters en verdiensten. De sociale verankering van het dichterschap van Jan Vos (1610–1667)* sehr schön beschrieben. Zu Mythos und Wirklichkeit des Muiderkring siehe Strengholt, »Over de Muiderkring«.

Die Geschichte der Amsterdamer Bibliophilen, des Caesar-Codex und Jan Six habe ich zum größten Teil de la Fontaine Verweys Artikel »De geschiedenis van het Amsterdamse Caesar-handschrift« entnommen.

Pieter Jan Six ist in seinem Aufsatz »Nogmaals Omnia Orta Occidunt« ausführlich auf die »Chronosticha« seines Ahnen Jan Six eingegangen. Nikki den Dekker hat in ihrer Examensarbeit *Een opmerkelijk portret van Jan Six door Jan Stolker* dargelegt, dass Baillys Radierung *Junger Herr mit seinem Knecht* auf ein Jagdporträt des jugendlichen Jan Six zurückgehen könnte. Auke van der Woud beschreibt die niederländische Landschaft vergangener Zeiten, einschließlich der Region um Elshout, in der Studie *De nieuwe mens. De culturele revolutie in Nederland rond 1900*.

KAPITEL 5

Das Fenster, vor dem Jan Six in Rembrands Radierung von 1647 posiert, ist von den heutigen Bewohnern des Blauwe Arend genau lokalisiert worden. In den beiden Vorstudien ist neben dem rechten Ärmel gerade noch ein Eckchen vom steinernen Geländer einer Vortreppe zu erkennen – wobei man berücksichtigen muss, dass die Radierung seitenverkehrt ist –, und genau dieses Eckchen sieht man noch aus einem Vorderzimmer des jetzigen Hauses Kloveniersburgwal 103.

Bei der Beschreibung der *Pandora* hat mir H.C. Sterkenburgs Leidener Examensarbeit *Over Pandora van Jan Six* sehr geholfen.

Die düsteren Prophezeiungen zum Lebensende von Coenraad van Beuningen – »oder eine Hure heiraten« – wurden von Hans Bontemantel aufgezeichnet. Zu Jan Vos und dem Neubau des Amsterdamer Stadttheaters im Jahr 1665 siehe Timothy De Paepe, »›Een heerlijk Toneel‹. De Amsterdamse Schouwburg (1637–1774)«.

Über Rembrandt ist so viel geschrieben worden, dass es Bibliotheken füllt. Bei diesem Projekt haben mir vor allem die Studien zu den familiären Beziehungsnetzen um den Maler sehr geholfen: Sebastiaan Dudok van Heel, *De jonge Rembrandt onder tijdgenoten*, und Gary Schwartz, *Rembrandt. Sämtliche Gemälde in Farbe*, eine Kombination von Biographie und Bildband.

Zur Versteigerung der Besitztümer von Gerrit van Uylenburgh siehe Jonkheer Dr. Jan Six, »De Pandora van Jan Six«.

Ein genaueres Bild vom Verhältnis zwischen Jan Six und Rembrandt entwirft Caroline Rhodius in ihrer Examensarbeit »*Rembrandt aen Ionnus Sicx*«, *Een overzicht van de kunstwerken die Rembrandt voor Jan Six heeft gemaakt en een beschouwing over de relatie tussen deze schilder en zijn mecenas*. Über Jan Six' besondere Einstellung zur Gestalt der Medea finden sich Informationen in Gary Schwartz' Essay »›Though deficient in beauty‹. A documentary history and interpretation of Rembrandt's 1654 painting of Bathsheba«.

Constantijn Huygens' Worte über Rembrandt, im Original lateinisch, sind nach René van Stipriaan in *Ooggetuigen van de Gouden Eeuw* zitiert. Siehe auch Gary Schwartz, *Rembrandt. Sämtliche Gemälde in Farbe*.

KAPITEL 6

Die wichtigste Quelle für den Abschnitt über Nicolaes Tulp war natürlich die Serie von tiefschürfenden biographischen Essays, die 1991 in dem von Tim Beijer herausgegebenen Band *Nicolaes Tulp. Leven en werk van een Amsterdams geneesheer en magistraat* veröffentlicht wurden; dieses Buch gibt es auch in einer englischen Übersetzung: *Nicolaes Tulp. The Life and Work of an Amsterdam Physician and Magistrate in the 17th Century.* Über seine politische Laufbahn haben außerdem Tulps Zeitgenosse Hans Bontemantel in *De regeeringe van Amsterdam. Soo in 't civiel als crimineel en militair, 1653–1672* und Sebastiaan Dudok van Heel in »Tulpen uit Amsterdam« geschrieben. Die graphologische Studie zu Tulps Handschrift auf der Grundlage einiger Briefe stammt von Nolthenius de Man.

Auch die zwei großartigen Studien von Luuc Kooijmans haben mir sehr geholfen: *Gevaarlijke kennis. Inzicht en angst in de dagen van Jan Swammerdam* beschreibt die wissenschaftliche Welt, in der sich Tulp bewegte, und die schwierige Lage damaliger Forscher; *Vriendschap en de kunst van het overleven in de zeventiende en achttiende eeuw* untersucht auf spannende Weise Beziehungen innerhalb und zwischen Familien und den Begriff der Freundschaft in der Epoche der niederländischen Republik.

Die anatomischen Vorlesungen im Gebäude De Waag schildert Ernest Kurpershoek in *De Waag op de Nieuwmarkt*. Zur besonderen Bedeutung der Anatomie in jener Zeit siehe Gary Schwartz und Philipp Blom. Der historische Zusammenhang von Tulps anatomischer Vorlesung wird von Frank IJpma und Thomas van Gulik in *Amsterdamse anatomische lessen ontleed* und von Norbert Middelkoop und anderen in *Rembrandt onder het mes. De anatomische les van Dr Nicolaes Tulp ontleed* eingehend dargestellt. Das Zusammentreffen so vieler Chirurgen erklärt William Schupbach in *The Paradox of Rembrandt's Anatomy of Dr. Tulp*. Zum Vesalius-»Zitat« auf dem Gemälde siehe Rudi Fuchs, »Gebaren«.

Gedanken zum besonderen Charakter von Rembrandts Six-Porträt, seinem »groben« oder »rohen« Stil und dem Zusammenhang mit dem Phänomen Sprezzatura finden sich in Jonathan Bikkers und Anna Krekelers Beiträgen zu dem von Bikker und anderen herausgegebenen Band *Der späte Rembrandt*, in Thijs Weststeijns Aufsatz »›Zoo eigenzinnig in zyne verkiezingen‹. Rembrandt in de ogen van tijdgenoten 1630–1730« und bei Ernst van de Wetering in *Rembrandt. The Painter at Work*.

Sehr hilfreich waren Larry Siedentops Ausführungen über die zunehmende Bedeutung von Individualität in jener Epoche in *Die Erfindung des Individuums*. Ebenfalls interessant war Rienk Vermijs Studie *De geest uit de fles. De Verlichting en het verval van de confessionele samenleving*. Die Dame, die sich niemals die Füße wusch, war Lady Dorset, Herrin von Knole – diese Darstellung entnehme ich Vita Sackville-Wests Buch *Knole and the Sackvilles*, auch dies eine Inspirationsquelle.

KAPITEL 7

Die Datierung des berühmten Six-Porträts bleibt zweifelhaft, denn angesichts bestimmter sprachlicher Details ist es gut möglich, dass Jans Chronogramm sich nicht darauf bezieht. »Natürlich ist der Zusammenhang nicht auszuschließen«, stellt der Löwener Latinist Michiel Verwey in einer E-Mail fest, »aber er lässt sich – aus dem Gedicht selbst – nicht herstellen oder nachweisen.« Er erwähnt dabei das letzte Wort »tuli«, eine Verbform im Perfekt: »Das Gedicht sagt nicht: ›Ich sehe so aus‹, sondern: ›Ich habe so ausgesehen‹. Ersteres hätte ›fero‹ sein müssen, was metrisch genauso gut gepasst hätte. Nun könnte es sein, dass Jan Six hier absichtlich gemogelt und um des Zahlenwerts willen das Perfekt gebraucht hat. Eine andere Möglichkeit wäre, dass er 1654 (im Jahr des Chronogramms) ein Chronogramm über ein älteres Bild schreibt: Dann wäre das Perfekt gerechtfertigt. Und ein solches Bild existiert, nämlich das kleine Porträt, das zu dem Porträt von ›Chloris‹ gehört. Chloris ist ein typisch literarischer Name, so dass der Zusammenhang mit dem Epigramm in diesem Fall durch das Bild gestützt würde. Das ist natürlich nur eine Idee, eine Hypothese, die vor allem zeigen soll, dass der Zusammenhang zwischen dem Chronogramm und dem großen Porträt nicht die einzige Möglichkeit ist. Auf jeden Fall würde ich hinter die Jahreszahl 1654 als Datierung des großen Porträts ein Fragezeichen setzen ...«

Ein Argument für 1654 – oder sogar eine noch frühere Datierung – führt jedoch Isabella van Eeghen an, die darauf hinweist, dass Jans Mutter am 21. Juni 1654 starb. »Angesichts der [roten] Farbe des Umhangs halte ich es für plausibel, dass das Gemälde aus der Zeit vor diesem Tag stammt.« Vergleiche Isabella van Eeghen, »De familie Six en Rembrandts portretten«.

Die vorehelichen Manöver Johan de Witts hat Luc Panhuysen in *De ware vrijheid. De levens van Johan en Cornelis de Witt* ausführlich beschrieben. Das Zitat mit dem Ausdruck »Regierungskahn« findet sich bei Bontemantels Herausgeber Gerhard Kernkamp.

Jan Six XI. hat eine interessante, noch unveröffentlichte Studie zum späteren Schicksal von Rembrandts Saskia-Porträt verfasst – tatsächlich deuten Versteigerungsunterlagen darauf hin, dass mindestens drei Generationen Sixe bewusst versucht haben, das Porträt möglichst lange der Familie zu erhalten.

KAPITEL 8

Im Abschnitt über die *Große Pandora* habe ich mich außer auf den Originaltext auch auf die Transkriptionen gestützt, die Dr. Johanna Kuijer in den vierziger Jahren des 20. Jahrhunderts für die Familie erstellt hat. Sehr hilfreich war außerdem George Möllers Examensarbeit *Het album Pandora van Jan Six (1618–1700)*.

Die Donnerpredigten der Pfarrer über das Erdbeben von 1692 habe ich der anonymen Ausgabe *Christelijke Aanmerkingen op de Svare Aardbevinge* entnommen. Maarten Hells Studie »Een veilige metropool. Handhaven en gedogen 1578–1669« (in: *Waakzaam in Amsterdam*) war eine gute Quelle zu Jans täglichen Verpflichtungen als Schöffe.

Wertvolle Informationen zum Fall Koerbagh verdanke ich Bart Leeuwenburghs vorzüglicher Studie *Het noodlot van een ketter. Adriaan Koerbagh 1633–1669*. Auch Adriaan Koerbaghs eigene Darstellung *Een licht dat schijnt in duistere plaatsen* ist in der Übertragung in modernes Niederländisch durch Michiel Wielema lesenswert. Spinoza-Biographien füllen Regale; ich stütze mich hauptsächlich auf Steven Nadler, *Spinoza*.

Zu Adriaan Dortsmans Entwurf des Six-Hauses an der Herengracht siehe Pieter Vlaardingerbroek »Adriaan Dortsman en Jan Six« sowie Isabella van Eeghens gleichlautenden Aufsatz.

KAPITEL 9

Als unschätzbare Quelle zum Phänomen Aristokratisierung hat sich Cornelis Schmidts Familienbiographie *Om de eer van de familie. Het geslacht Teding van Berkhout, 1500–1950* erwiesen. Auch der schon erwähnten Studie von Willem Frijhoff und Marijke Spies verdanke ich hier einiges, besonders im Hinblick auf die Idee der Gleichheit in der niederländischen Gesellschaft des frühen 17. Jahrhunderts und die darauf beruhende Verhandlungskultur. Auch Sebastiaan Dudok van Heels Buch *Van Amsterdamse burgers tot Europese aristocraten. Hun geschiedenis en hun portretten* bietet interessante Einblicke in die Innenwelt der Amsterdamer Elite. Zur Herkunft der Familie Teding van Berkhout siehe neben Cornelis Schmidts Buch auch Hendrick van Lenneps *Genealogie van de familie Teding van Berkhout*.

Von der Modeerscheinung der Gruppenbildnisse von Schützengilden erzählen Maarten Hell und andere in *Hollanders van de Gouden Eeuw*.

Die van Beuningens stammen in Wirklichkeit von Geurt Dirkszoon van Beuningen ab, der im 16. Jahrhundert vom kleinen Milch- und Käsehändler in der Kalverstraat zum erfolgreichen Unternehmer aufstieg. Siehe Cornelia Roldanus, *Coenraad van Beuningen. Staatsman en Libertijn*. Eine schöne Familienbiographie ist Mieke Breijs *Een vigilante familie. Het geslacht Van Beuningen in Amsterdam en Utrecht*.

KAPITEL 10

Angaben zu Klima und Wetterbedingungen werden häufig beiläufigen Bemerkungen in Tagebüchern und Briefen entnommen, und auch ich habe das getan. Eine vorzügliche Darstellung der Klimaentwicklung in den Niederlanden bietet das Buch *Duizend jaar weer, wind en water in de Lage Landen, 1675–1750* von Jan Buisman und Aryan van Engelen. Den Zusammenhang zwischen der Kleinen Eiszeit und der »allgemeinen Krise Europas« zwischen 1618 und 1685 erläutert Geoffrey Parker, *Global Crisis. War, Climate and Catastrophe in the Seventeenth Century*.

Für dieses Kapitel bedeutsame Informationen fand ich immer wieder bei Luc Panhuysen in *De ware vrijheid* und vor allem in seiner meisterhaften Studie *Rampjaar 1672. Hoe de Republiek aan de ondergang ontsnapte*.

KAPITEL 11

Aus dem Jahr 1985 stammen drei wichtige Studien zur Regentenelite holländischer Städte, auf die ich dankbar zurückgegriffen habe: Jacob de Jong, *Met goed fatsoen. De elite van een Hollandse stad. Gouda 1700–1780*, Luuc Kooijmans, *Onder regenten. De elite in een Hollandse stad. Hoorn 1700–1780* und Maarten Prak, *Gezeten burgers. De elite in een Hollandse stad, Leiden 1700–1780*.

Einen guten Überblick über die geschäftlichen Aktivitäten des zweiten Jan bietet Frank Ververlds Bachelorarbeit *Jan Six II. Theorieën over vroegmoderne regentenfamilies getoetst aan een vermogend bestuurder*. Ververld war es auch, der im Stadtarchiv das erwähnte »Geheimprotokoll« entdeckte. Über die Bedeutung des Geldes bei Eheschließungen von Adligen finden sich wertvolle Informationen bei Yme Kuiper.

Von Jacob Bicker Rayes Stadtchronik gibt es eine Neuausgabe in modernem Niederländisch von Machiel Bosman, *Polsslag van de stad. De Asterdamse stadskroniek van Jacob Bicker Raye (1732–1772)*. Siehe auch Frederik Beijerinck und Michael de Boer, *Het dagboek van Jacob Bicker Raye 1732–1772*.

Das Grachtenhaus des zweiten Jan wird detailliert von Paul Spies und anderen in *Het Grachtenboek* beschrieben. Siehe auch den anonymen Artikel »Huis Heerengracht 495« im Jahrbuch *Amstelodamum* Nr. 5.

Der Hillegomer Historiker Alphons Hulkenberg hat in *'t Vermakelijk Hillegom* und *Hillegomse geschiedenissen* ausführlich dargelegt, welch wichtige Rolle der zweite Jan im Dorf spielte. Der Familienüberlieferung zufolge hatte Jan in Amsterdam sogar einen Wochenmarkt speziell für Hillegom begründet, dabei soll es sich wahrscheinlich um den Noordermarkt gehandelt haben. Doch das entspricht nicht den Tatsachen. Der Verkauf von Gemüse konzentrierte sich im 17. und 18. Jahrhundert auf den Abschnitt der Prinsengracht zwischen Egelantiers- und Looiersgracht, außerdem noch den am Westermarkt. Um das Chaos ein wenig einzudämmen, wurden die Verkäufer und ihre Boote nach ihrer Herkunftsregion verteilt. So waren beispielsweise die Gemüsebauern aus Südholland von denen aus Nordholland getrennt, und die vom Bijlmermeer hatten wieder einen anderen Liegeplatz. Um die Boote herum entstanden überall kleine Märkte. Vermutlich hat Jan also lediglich »seinen« Hillegomern ein paar besondere Anlegeplätze verschafft, mehr nicht. Siehe Peter-Paul de Baar, »Schadelijk of gezond?« und Theo Bakker, *Amsterdamse markten door de eeuwen heen gevolgd door de stad*.

Nun noch zu den Perücken. Darauf, dass sie in Amsterdam schon früh in Mode kamen, deutet unter anderem ein Vergleich zweier Kunstwerke hin: Auf einem Porträt aus dem Jahr 1650 ist der Regent Andries de Graeff mit fortgeschrittener Glatze abgebildet, während seine sechs Jahre später von Arthus Quellinus geschaffene Marmorbüste ihn wieder als Mann mit üppigem, langem, lockigem Haar zeigt – offensichtlich also mit einer Perücke.

KAPITEL 12

Die Wiederentdeckung der Korrespondenz zwischen Anna van den Bempden und Cornelis Calkoen ist unter anderem Eveline Sint Nicolaas, Konservatorin der Abteilung Geschichte des Rijksmuseums, zu verdanken, die sich mit Calkoen (1696–1764) und seinem Aufenthalt in Istanbul (1727–1744) beschäftigt.

Das System der Familienclans, die Patronage und Korruption werden von Joost Kloek und Wijnand Mijnhardt in ihrer Studie *1800. Blauwdrukken voor een samenleving* und von Maarten Prak in *Gouden Eeuw* eingehend beschrieben. Zu den Besonderheiten Amsterdams in dieser Hinsicht siehe Johan Elias, *Geschiedenis van het Amsterdamse Regentenpatriciaat* und Maarten Hell, »Revolte, rust en revolutie, 1747–1795«.

Was den Verlauf des Pächteraufstands angeht, habe ich eine ganze Reihe von Darstellungen zurate gezogen: zwei zeitgenössische, nämlich den anonymen Bericht *Het ontroerd Holland* und den Augenzeugenbericht von Abraham Chaim Braatbard, aus dem Jiddischen übersetzt und unter dem Titel *De Zeven Provincien in beroering* herausgegeben von Laijb Fuks; René van Stipriaans *Het volle leven*; Rudolf Dekkers *Oproeren in Holland gezien door tijdgenoten*; mein eigenes Buch *Amsterdam. Biographie einer Stadt*; natürlich auch Jacob Bicker Rayes Stadtchronik. Zum Pächteraufstand als soziale Bewegung siehe Rosa Deen, Jerney Hakkenberg, Annika Meijer und Jan Tervoort, »De revoluties van 1747–1748«.

Das Zitat von Leslie Poles Hartley stammt aus seinem Roman *The Go-Between*.

KAPITEL 13

Was die Kleidungsgewohnheiten der Six angeht, war Bianca du Mortier, Konservatorin im Bereich Kostümkunde am Rijksmuseum, eine vorzügliche Beraterin; auch ihr Buch *Aristocratic attire* war für mich von großem Wert.

Mit der Mentalität der Elite des 18. Jahrhunderts hat sich Cornelis Schmidt in seiner bereits erwähnten Familienbiographie der Teding van Berkhouts eingehend beschäftigt; auch die Angaben zur Tageseinteilung des Coenraad Teding van Berkhout stammen von ihm. Sehr hilfreich waren außerdem die Betrachtungen von Joost Kloek und Wijnand Mijnhardt in *1800*. Andere Aspekte betont

Johan Huizinga in *Holländische Kultur im 17. Jahrhundert*. Arianne Baggerman und Rudolf Dekker beschreiben in ihrem Buch *Kind van de toekomst* (englische Ausgabe: *Child of the Enlightment*) die Entstehung eines aufgeklärten Bürgertums aus einem besonderen, ebenfalls hochinteressanten Blickwinkel.

Das Clavichord, auf dem Mozart bei den Sixen spielte, stammt von dem Hamburger Instrumentenbauer Hieronymus Albrecht Hass (oder Haas); es ist heute Teil der Russell Collection in Edinburgh.

Zum Planetarium im Hause Six und den Vorstellungen seines Schöpfers Jan van den Dam siehe Huib Zuidervaart und Charlotte Rulkens, »De Amsterdamse mathematicus Jan van den Dam (1706–1770) en zijn vernuftige planetaria«.

Mögliche Einflüsse der niederländischen Republik auf die amerikanischen Gründerväter hat Jan Willem Schulte Nordholt schon 1979 in einer außerordentlich interessanten Studie untersucht: »The Example of the Dutch Republic for American Federation«. Ebenso fesselnd ist Janet Polaskys Buch *Revolutions Without Borders. The Call to Liberty in the Atlantic World*.

Eine meisterhafte Darstellung der Lesekultur des 18. Jahrhunderts bieten Inger Leemans und Gert-Jan Johannes mit dem Buch *Worm en donder. Geschiedenis van de Nederlandse literatuur 1700–1800*, in dem sie besonders auf Nicolaas van Winter und Lucretia van Merken eingehen. Wertvolle Informationen über Lucretia van Merken finden sich ebenfalls bei Jan te Winkel in *Geschiedenis der Nederlandsche letterkunde van de Republiek der Vereenigde Nederlanden*. Auch dem Lexikonartikel von Elly van Logchem über Lucretia van Merken habe ich einiges entnommen. Zur Korrespondenz Lucretia van Merkens mit Gerard Vogels, Gilbert de la Fayette und George Washington siehe Bosch Reitz, »An Unpublished Correspondence of George Washington«; außerdem Hendrik Höweler, »Lucretia Wilhelmina van Merken en George Washington«.

KAPITEL 14

Die Analyse des Gemäldes von Esaias van de Velde, das den Jahrmarkt in Rijswijk darstellt, entstammt der Arbeit von Jan Six junior, *Een hondje van Nassau.*

Den Gedanken einer »Brutzeit« der Geschichte in den Jahren zwischen 1770 und 1813 hat Remieg Aerts in »Het eigenlijke begin van Nederland« ausgeführt. Das Zitat aus dem Brief von Cornelis van Lennep an seine Frau stammt aus Frans van Lenneps Buch *Als vorsten*, die Zitate aus der schönen Biographie von Jacob Frederic Serrurier aus Jan Drentjes Artikel »›Oud-Nederlandse hebbelijkheden‹. Twee Zwollenaren tegen de oligarchie, Jacob Frederic Serrurier en Johan Rudolf Thorbecke«.

KAPITEL 15

Wertvolle Informationen über die niederländischen Ehrengardisten finden sich bei Wilhelm Lichtenauer in *De Nederlanders in Napoleons Garde d'Honneur.* Zum französischen Feldzug von 1812 siehe Dominic Lieven, *Russland gegen Napoleon. Die Schlacht um Europa* und Bart Funnekotter, *De hel van 1812. Nederlanders met Napoleon op veldtocht in Rusland.*

Das Porträt auf dem Teetässchen, von dem fälschlicherweise angenommen wurde, dass es Hendriks französische Geliebte darstellte, hat Bianca du Mortier auf etwa 1795 datiert, und zwar aufgrund der Frisur, des Kleidersaums und vor allem des schwarzen Bändchens hoch oben am Hals – angesichts der zahllosen Enthauptungen in der Terrorherrschaft der Französischen Revolution eine sonderbare Mode.

Die demütigende Absetzung des »patriotischen« Jan als *maire* hat J. B. Loenen in *Beschrijving en kleine kroniek van de gemeente Hillegom* lebendig geschildert; es ist denkbar, dass er sich noch auf Augenzeugenberichte stützen konnte.

Die zitierte Charakterisierung der eng begrenzten Lebenswelt großbürgerlicher und adliger Frauen im 18. Jahrhundert stammt von Suzanna von Wolzogen Kühr, der niederländischen Frauenhistorikerin avant la lettre, *De Nederlandsche Vrouw in de eerste helft der 18e eeuw*.

Zum Fall Henriette: Hier habe ich Veronica Handgraaf, die dieser Angelegenheit auf den Grund gegangen ist und sie in ihrem historischen Roman *Het deurtje van Henriette Six* darstellt, viel zu verdanken.

Die Aktivitäten des Casino-Vereins hat zuerst Frans van Lennep in *Als vorsten* ausführlich beschrieben.

KAPITEL 16

»Das große Verkriechen« der Amsterdamer Patrizier und des niederländischen Adels in der ersten Hälfte des 19. Jahrhunderts ist in den letzten Jahren von etlichen Autoren beschrieben worden, deren Erkenntnisse für mich von großem Wert waren. Ich stütze mich vor allem auf folgende Darstellungen: Barbara van Vonderen, *Deftig en ondernemend*; Ileen Montijn, *Hoog geboren, 250 jaar adellijk leven in Nederland*; Kees Bruin, *Een heerenwereld ontleed. Over Amsterdamse oude en nieuwe elites in de tweede helft van de 19^e eeuw*; Ursula den Tex, *Anna baronesse Bentinck, 1902–1989. Een vrouw van stand* sowie *Erfgenamen. Het verhaal van een Nederlandse familie van aanzien en vermogen*.

Älter, aber noch gut lesbar und informativ sind Frans van Lenneps Schilderungen aus der Patrizierpersektive, *Als vorsten* und *Late regenten*. Sehr bedeutsam sind daneben die nüchternen Untersuchungen zu Vermögensverhältnissen und Heiratspolitik der Aristokratie von Jaap Moes, Yme Kuiper und anderen; ich nenne stellvertretend Jaap Moes, *Onder Aristocraten. Over hegemonie, welstand en aanzien van adel, patriciaat en andere notabelen in Nederland, 1848–1914* und Yme Kuiper, *»Adel in Nederland«*.

Wie die Vorstellung des »Volksglücks« im Laufe des 19. Jahrhunderts zu der des häuslichen Glücks verengt wurde und eine Kultur der Behaglichkeit entstand, beschreibt Remieg Aerts überzeugend in »Het ingetogen vaderland: huiselijkheid, maatschappelijke orde en publieke ruimte«. Siehe auch Lotte Jensen, *Verzet tegen Napoleon*.

Den Brief der Frau Croese voller Klatsch über Lucretia habe ich dem Tagebuch von Willem Theodore Bauhauer entnommen.

Zu den Pflanzenjägern siehe Bill Bryson, *Straßen der Erinnerung. Reisen durch das vergessene Amerika*; Peter Zwaal, *Frans Nicolaas Mijer (Frank N. Meijer), plantenjager in Centraal en Oost-Azië*; Maarten Christenhusz und Gerda van Uffelen, »Verwilderde Japanse planten in Nederland, ingevoerd door Von Siebold«.

Über das Daguerre-Gerät von Hendrik Six berichtet A.C. Hofman-Allema in »Het oudste toestel van Daguerre te Amsterdam«.

Von Boudien de Vries und Thimo de Nijs stammt eine interessante Arbeit über das progressive Internat, das Jan und Pieter Six besuchten: *De Droom en de ontvangen werkelijkheid*.

Die Abschnitte über die Jugend von Jan Pieter Six beruhen auf den Lebensbeschreibungen der Maatschappij der Nederlandse Letterkunde und der Koninklijke Academie der Wetenschappen.

KAPITEL 17

Leben und Werk des sechsten Jan Six (1824–1899) werden von H.J. de Dompierre de Chaufepié in »Levensbericht van J.P. Six« ausführlich dargestellt, außerdem von A.E. Holwerda in »Levensbericht van Jan Pieter Six«. Die Beschreibung seines Museums habe ich im Artikel »Museum-Six« von David Mulder gefunden.

Zur Entstehung und Bedeutung der archäologischen Gesellschaften siehe Ad de Jong, »Verzamelen bij volle maan, Oudheidkundige genootschappen en hun museale initiatieven in de 19e en 20^e eeuw«.

KAPITEL 18

Isabella van Eeghen hat die jahrhundertelange Odyssee des Six-Porträts in ihrem Aufsatz »De familie Six en Rembrandts portretten« geschildert. Die Geschichte von Jan Six mit dem Opernglas stammt aus Lodewijk van Deyssels Buch *De wereld van mijn vader*. Jan Six war Nachfolger von Joseph Alberdingk Thijm, des Vaters von van Deyssel (eigentlich Karel Alberdingk Thijm).

Zur Sklaverei in den niederländischen Kolonien und zum niederländischen Sklavenhandel siehe Piet C. Emmer, *De Nederlandse slavenhandel 1500–1850*, in englischer Übersetzung: *The Dutch Slave Trade 1500–1850*; Cynthia McLeod und Carel Haseth, *Slavernij en de memorie. Slaaf en meester*; Leo Balai, *Geschiedenis van de Amsterdamse slavenhandel, Over de belangen van Amsterdamse regenten bij de transatlantische slavenhandel*. Die wirtschaftlichen Folgen des Sklavenhandels beschreiben Matthias van Rossum und Karwan Fatah-Black in »Wat is winst?«.

Leben und Werk des siebten Jan Six, »Professor Jan«, hat Urs Philipp Boissevain in »Levensbericht van Jhr. Dr. Jan Six« ausführlich beschrieben, außerdem G. van Hoorn in seinem Aufsatz mit dem gleichen Titel.

Über den Besuch von Theodore Roosevelt berichten Marius van Melle und Niels Wisman in »Hier gebeurde het ... Weteringschans, 29 april 1910«.

Die Ergebnisse seiner Quellenforschung zur Affäre Blaauw hat Ton Coops in dem großartigen Buch *Het Bos van Blaauw, Gooilust en het Corversbos, biografie van een 's- Gravelandse buitenplaats* dargestellt. Siehe auch Frans van Lenneps *Late regenten* und *De tamme kastanje*.

Eine inspirierende Analyse des kulturellen Wandels in den Niederlanden in der Zeit um 1900 findet man in Auke van der Wouds Buch *De nieuwe mens. De culturele revolutie in Nederland rond 1900*.

KAPITEL 19

Die Geschichte der Amstel-Brauerei erzählen Peter Zwaal und Peter de Brock in *Amstel. Het verhaal van ons bier, 1870 tot heden*.

Zu Kunstraub und Kunsthandel der Nazis siehe Anders Rydell, *Hitlers Bilder. Kunstraub der Nazis – Raubkunst in der Gegenwart*. Die Namenslisten des Ehrenfriedhofs Bloemendaal finden sich in der beeindruckenden Übersicht von Peter Heere und Arnold Vernooij, *De Eerebegraafplaats te Bloemendaal*.

Die Aussagen über Piet Six und den Ordedienst stützen sich auf eine ganze Reihe von Darstellungen: Ursula den Tex, *Erfgenamen*; Jolande Withuis, *Weest manlijk, zijt sterk*, über Pim Boelaard; Cornelis Schulten, *Jonkheer P.J. Six, Amsterdammer en verzetsstrijder*; Johannes Wilhelmus Schulten, *De geschiedenis van de Ordedienst. Mythe en werkelijkheid van een verzetsorganisatie*; Hendrik van Randwijk, *In de schaduw van gisteren. Kroniek van het verzet 1940–1945*; Sytze van der Zee, *Vogelvrij. De jacht op de joodse onderduiker*; Erik Schaap, *Walraven van Hall. Premier van het verzet (1906–1945)*; Annejet van der Zijl, *Bernhard. Een verborgen geschiedenis*.

KAPITEL 20

Einige Gedanken über das Schreiben von Biographien habe ich Richard Holmes' Buch *Footsteps, Adventures of a Romantic Biographer* entnommen, andere den unter dem Titel *Les yeux ouverts* veröffentlichen Interviews, die Marguerite Yourcenar 1980 Matthieu Galey gegeben hat. Viele meiner eigenen Vorstellungen fand ich auch in dem Essay »Een wandeling door de nacht« *von* Annet Mooij bestätigt.

Eine großartige Studie über die Ungleichheit in der Geschichte ist Siep Stuurmans Buch *De uitvinding van de mensheid. Korte wereldgeschiedenis van het denken over gelijkheid en cultuurverschil.*

Für die Überlegungen zum Phänomen des Sammelns war unter anderem Philipp Bloms Buch *Sammelwunder, Sammelwahn. Szenen aus der Geschichte einer Leidenschaft* von großem Wert. Auf die Bedeutung des Faktors Zeit für sozialen Status hat der französische Soziologe Pierre Bourdieu hingewiesen; der Begriff »Multigenerationsprojekt« stammt von dem New Yorker Philosophen Samuel Scheffler. Einige Gedanken über die heutige Familie Six habe ich den Erinnerungen von Jacob Six in *De genen van de kunstverzamelaar* entnommen.

Meine Ausführungen zur heutigen Position »alter« Familien in den Niederlanden beruhen zum größten Teil auf den Befunden von Jaap Dronkers in *De maatschappelijke relevantie van hedendaagse*

Nederlandse adel und von Dronkers, Yme Kuiper und Auke Huistra in »Hoe ›adellijk‹ is de huidige adel in Nederland? Antropologische en sociologische aantekeningen bij de in 2005 gehouden enquête onder de Nederlandse adel«. Siehe auch Gregory Clarks Artikel über die Bedeutung »alter Namen«: »Your fate? Thank your ancestors«.

LITERATUR

Abrahamse, Jaap Evert: *De grote uitleg van Amsterdam*, Bussum 2010.
Aerts, Remieg: »Het ingetogen vaderland: huiselijkheid, maatschappelijke orde en publieke ruimte«, in: *Een nieuwe staat. Het begin van het Koninkrijk Nederland*, hg. von Ido de Haan, Paul Den Hoed und Henk te Velder, Amsterdam 2013.
Aerts, Remieg: »Het eigenlijke begin van Nederland«, in: *De Gids* 177 (2014), Nr. 2.
Alpers, Svetlana: *Rembrandt als Unternehmer. Sein Atelier und der Markt*, Köln 1989.
Anonym (wahrscheinlich Mattheus Tengnagel): *St. Nicolaes milde gaven, aen d'Amstelse jonckheyt*, Amsterdam 1640.
Anonym: *Christelijke Aanmerkingen op de Sware Aardbevinge*, Utrecht 1692.
Anonym: *Groot Algemeen Historisch, Geografisch, Genealogisch en Oordeelkundig Woordenboek*, Bd. 9, Amsterdam/Leiden/Den Haag 1725.
Anonym: »De Weergalooze Amsterdamsche Kiekkas«, in: *Dichtkundig praal-toneel van Neerlands wonderen*, Amsterdam 1748.
Anonym: *Het ontroerd Holland*, Harderwijk o. J. [ca. 1748–1750].
Anonym: *Amsterdam en de Amsterdammers, door een Amsterdammer*, Amsterdam 1875.
Anonym: »Huis Heerengracht 495«, in: *Jaarboek Amstelodamum* 5 (1907), S. 99.
Anonym: *Het Duitsche aanbod tot een beëindiging der feitelijke vijandelijkheden in het nog bezette Nederlandsche gebied van april 1945, Memorandum van de bij besluit van Harer Majestäts Regeering van 2 augustus 1944 aangewezen Vertrouwensmannen, opgesteld in overleg met den commandant der Binnenlandsche Strijdkrachten*, Den Haag 1946.
Baar, Peter-Paul de: »Schadelijk of gezond?«, in: *Ons Amsterdam*, abrufbar unter http://www.onsamsterdam.nl/dossiers/2456-schadelijk-of-gezond.

Baggerman, Arianne/Dekker, Rudolf: *Kind van de toekomst. De wondere wereld van Otto van Eck (1780-1798)*, Amsterdam 2005 (englische Ausgabe: *Child of the Enlightenment. Revolutionary Europe Reflected in a Boyhood Diary*, Leiden 2009).

Bakker, Boudewijn: »De stadsuitleg van 1610 en het ideaal van de ›volcomen stadt‹«, in: *Jaarboek Amstelodamum* 87 (1995), S. 71–96.

Bakker, Theo: *Amsterdamse markten door de eeuwen heen gevolgd door de stad*, abrufbar unter http://www.theobakker.net/pdf/markten.pdf.

Balai, Leo: *Geschiedenis van de Amsterdamse slavenhandel. Over de belangen van Amsterdamse regenten bij de trans-atlantische slavenhandel*, Zutphen 2013.

Battjes, Hendrik: *Zuidertoren 400 jaar. De geschiedenis van de Zuiderkerk en de toren, aangevuld met felicitaties en overpeinzingen van buurtbewoners en een gedicht van Karel Eykman*, Amsterdam 2014.

Beets, Nicolaas: *Camera Obscura*, Haarlem 1839 (Repr. Utrecht 1987).

Beijer, Tim/Dudok van Heel, Sebastien A. C. u. a.: *Nicolaes Tulp. Leven en werk van een Amsterdams geneesheer en magistraat*, Amsterdam 1991 (englische Ausgabe: *Nicolaes Tulp. The Life and Work of an Amsterdam Physician and Magistrate in the 17th Century*, Amsterdam 1998).

Beijerinck, Frederik/Boer, Michael de: *Het dagboek van Jacob Bicker Raye 1732–1772*, Amsterdam 1965.

Bikker, Jonathan/Krekeler, Anna: »Experimentelle Technik: Die Gemälde«, in: *Der späte Rembrandt*, hg. von Jonathan Bikker, Gregor Weber, Marjorie Wieseman und Erik Hinterding, München 2014.

Blom, Philipp: *Sammelwunder, Sammelwahn. Szenen aus der Geschichte einer Leidenschaft*, Frankfurt a. M. 2004.

Boer, M. G. de: »Vergeten leden van een bekend geslacht«, in: *Jaarboek Amstelodamum* 42 (1948), S. 10–32.

Boissevain, Urs Philipp: »Levensbericht van Jhr. Dr. Jan Six«, in: *Jaarboek der Koninklijke Akademie van Wetenschappen 1928/1929*, S. 1–68.

Bontemantel, Hans: *De regeeringe van Amsterdam. Soo in't civiel als crimineel en militair, 1653–1672*, hg. von Gerhard Kernkamp, Den Haag 1897.

Bosch Reitz, Sigisbert Chrétien: »An Unpublished Correspondence of George Washington«, in: *The Journal of American History* 24 (1930/1931), S. 48–58.

Bosman, Machiel: *Polsslag van de stad. De Amsterdamse stadskroniek van Jacob Bicker Raye (1732–1772)*, Amsterdam 2009.

Breij, Mieke: *Een vigilante familie. Het geslacht Van Beuningen in Amsterdam en Utrecht*, Maarsbergen 2013.

Broos, Ben: »Rembrandt en zijn schilderachtig universum«, in: *Rembrandts schatkamer*, hg. von Bob van den Boogert u. a., Amsterdam/Zwolle 1999, S. 91–139.

Brugmans, Hajo: *Geschiedenis van Amsterdam*, Utrecht/Antwerpen 1972.

Bruin, Kees: *Een herenwereld ontleed. Over Amsterdamse oude en nieuwe elites in de tweede helft van de 19^e eeuw*, Amsterdam 1980.

Bryson, Bill: *Straßen der Erinnerung. Reisen durch das vergessene Amerika*, Berlin u. a. 1993.

Bryson, Bill: *Eine kurze Geschichte der alltäglichen Dinge*, München 2011.

Buisman, Jan: *Duizend jaar weer, wind en water in de Lage Landen, 1675–1750*, bearbeitet von Aryan van Engelen, Franeker 2006.

Bush, Vince/Lacey, Robert: *The House of Six*, Amsterdam 2001.

Carasso-Kok, Marijke u.a. (Hg.): *Geschiedenis van Amsterdam tot 1578, Bd. 1: Een stad uit het niets*, Amsterdam 2004.

Charles, J. B. [d.i. Willem Hendrik Nagel]: *Volg het spoor terug*, Amsterdam 1953.

Charpentier, Jean le: *De l'Estat de la Noblesse du Cambresis*, Teil III, Cambray 1664.

Christenhusz, Maaerten J. M./Uffelen, Gerda A. van: »Verwilderde Japanse planten in Nederland, ingevoerd door Von Siebold«, in: *Gorteria* 5 (2001), S. 97–108.

Clark, Gregory: »Your fate? Thank your ancestors«, in: *New York Times*, 22./23. Februar 2014.

Cohen Tervaert, Renske u. a. (Hg.): *Verborgen verhalen. Wijze lessen in de decoratie van het voormalige Stadhuis van Amsterdam*, Amsterdam 2015.

Commelin, Casparus: *Beschryvinge der stadt Amsterdam*, Amsterdam 1693.

Coops, Ton: *Het Bos van Blaauw, Gooilust en het Corversbos, biografie van een 's-Gravelandse buitenplaats*, Warnsveld/Tielt 2003.

Deen, Rosa/Hakkenberg, Jerney/Meijer, Annika/Tervoort, Jan: »De revoluties van 1747–1748«, in: *Skript* 36 (2015), Nr. 2, S. 89–110.

Dekker, Nikki den: *Een opmerkelijk portret van Jan Six door Jan Stolker*, Examensarbeit Universität von Amsterdam, Amsterdam 2013.

Dekker, Rudolf: *Oproeren in Holland gezien door tijdgenoten*, Assen 1979.

Derheims, Jean: *Histoire Civile, Politique, Militaire de La Ville de St. Omer ou Annales Historiques depuis Son Origine Jusqu'à Nos Jours*, St. Omer 1843.

Deyssel, Lodewijk van: *De wereld van mijn vader*, Amsterdam 1893 (Repr. 1986).

Does, Johannes Cornelis van der/Jager, J. de /Nolte, A. H.: *Ons Amsterdam. De historische ontwikkeling van Amsterdam*, Amsterdam [ca. 1950].

Dompierre de Chaufepié, Henri Jean de: »Levensbericht van J. P. Six«, in: *Jaarboek van de Maatschappij der Nederlandse Letterkunde* 1902, S. 183–193.

Drentje, Jan: »›Oud-nederlandsche hebbelijkheden‹. Twee Zwollenaren tegen de oligarchie, Jacob Frederic Serrurier en Johan Rudolf Thorbecke«, in: *Deze lange eeuw. Metamorfosen van het vaderland 1780–1950. Opstellen voor Niek van Sas*, hg. von Franciscus Grijzenhout und Peter G. J. M. Raedts, Amsterdam 2015, S. 81–98.

Dronkers, Jaap/Kuiper, Yme/Huistra, Auke: »Hoe ›adellijk‹ is de huidige adel in Nederland? Antropologische en sociologische aantekeningen bij de in 2005 gehouden enquête onder de Nederlandse adel«, in: *Virtus* 13 (2006), S. 44–61.

Dronkers, Jaap: *De maatschappelijke relevantie van hedendaagse Nederlandse adel*, Amsterdam 2000.

Dudok van Heel, Sebastiaan A. C.: *Van Amsterdamse burgers tot Europese aristocraten. Hun geschiedenis en hun portretten. De Heijnen-maagschap 1400–1800. Hun geschiedenis en hun portretten*, Den Haag 2008.

Dudok van Heel, Sebastiaan A. C.: »Tulpen uit Amsterdam«, in: *Maandblad Amstelodamum* 79 (1992), S. 1–6.

Dudok van Heel, Sebastiaan A. C.: *De jonge Rembrandt onder tijdgenoten. Godsdienst en schilderkunst in Leiden en Amsterdam*, Nijmegen 2006.

Eeghen, Isabella H. van: »Adriaan Dortsman en Jan Six«, in: *Maandblad Amstelodamum* 57 (1970), S. 152–159.

Eeghen, Isabella H. van: »De familie Six en Rembrandts portretten«, in: *Maandblad Amstelodamum* 58 (1971), S. 112–116.

Eeghen, Isabella H. van: »De huizen van Coenraad van Beuningen«, in: *Maandblad Amstelodamum* 58 (1971), S. 98–108.

Eeghen, Isabella H. van: »De buurhuizen van het Glashuys«, in: *Maandblad Amstelodamum* 58 (1971), S. 182–186.

Eeghen, Isabella H. van: »Jan Six en de schutterij«, in: *Maandblad Amstelodamum* 63 (1976), S. 97–101.

Elias, Johan E.: *Geschiedenis van het Amsterdamse Regentenpatriciaat*, Amsterdam 1923.

Emmer, Piet C.: *De Nederlandse slavenhandel 1500–1850*, Amsterdam 2003 (englische Ausgabe: *The Dutch Slave Trade 1500–1850*, New York u. a. 2006).

Fasseur, Cees: *Juliana & Bernhard. Het verhaal van een huwelijk. De jaren 1936–1956*, Amsterdam 2008.

Ferdinandusse, Rinus/Blokland, Ann (Hg.): *Sigisbert Chrétien Bosch Reitz, Schilder en wereldreiziger rond 1900*, Amsterdam 2002.

Fontaine Verwey, Herman de la: »De geschiedenis van het Amsterdamse Caesar-handschrift«, in Ders.: *Uit de wereld van het*, Bd. 3, Amsterdam 1979, S. 227–255.

Frijhoff, Willem/Spies, Marijke: *1650. Bevochten eendracht*, Den Haag 1999 (englische Ausgabe: *1650. Hard-won Unity*. Assen 2004).

Frossard, Charles-Louis: *L'Église sous la Croix pendant la domination Espagnole*, Paris/Lille 1857.

Fuchs, Johannes M./Simons, Willem J.: *Nou hoor je het eens van een ander. Buitenlanders over Amsterdam*, Den Haag 1975.

Fuchs, Rudi: »Gebaren«, in: *De Groene Amsterdammer*, 6. November 2014.

Fuks, Laijb (Hg.): *De zeven provinciën in beroering. Hoofdstukken uit een Jiddische kroniek over de jaren 1740–1752 van Abraham Chaim Braatbard*, Amsterdam 1960.

Funnekotter, Bart: *De hel van 1812. Nederlanders met Napoleon op veldtocht in Rusland*, Amsterdam 2015.

Geerdink, Nina: *Dichters en verdiensten. De sociale verankering van het dichterschap van Jan Vos (1610–1667)*, Hilversum 2012.

Gogh, Vincent van: *Sämtliche Briefe*. 6 Bände, Bände 1 bis 4: An den Bruder Theo. In der Neuübersetzung von Eva Schumann hg. von Fritz Erpel, Zürich 1965.

Grandin, Greg: *Empire of Necessity. Slavery, Freedom and Deception in the New World*, New York 2015.

Groot, Reindert/Meedendorp, Teio: *Vincent van Gogh over Amsterdam. Een stadswandeling rond 1880*, Bussum 2003.

Gueniffrey, Patrice: *Bonaparte. 1769–1802*, Paris 2013.

Guwy, France: *De Hollandse ervaringen van Voltaire en de invloed op zijn denken*, Amsterdam 1995.

Haasse, Hella S./Jackman, Sydney W. (Hg.): *Een vreemdelinge in Den Haag. Uit de brieven van koningin Sophie der Nederlanden aan Lady Malet*, Amsterdam 1988.

Hall, Maurits Cornelis van: *Drie eeuwen. De kroniek van een Nederlandse familie*, Den Haag 1961.

Handgraaf, Veronica: *Het deurtje van Henriëtte Six*, Zoetermeer 2011.

Hartley, Leslie Poles: *The Go-Between*, Zürich 2008.

Hecht, Peter: *Van Gogh en Rembrandt*, Amsterdam/Brüssel/Zwolle 2006.

Heere, Peter H./Vernooij, Arnold Th.: *De Eerebegraafplaats te Bloemendaal*, Den Haag 2005.

Hell, Maarten: »Revolte, rust en revolutie, 1747–1795«, in: *Geschiedenis van Amsterdam. Zelfbewuste stadstaat 1650–1813*, hg. von Willem Frijhoff u. a., Amsterdam 2005, S. 309–375 und 510–512.

Hell, Maarten u. a.: *Hollanders van de Gouden Eeuw*, Amsterdam 2014.

Hell, Maarten/de Rooy, Piet (Hg.): *Waakzaam in Amsterdam. Hooofdstad en politie vanaf 1275*, Amsterdam 2011.

Hofman-Allema, A. C.: »Het oudste toestel van Daguerre te Amsterdam«, in: *Maandblad Genootschap Amstelodamum* 55 (1968), S. 229f.

Holmes, Richard: *Footsteps. Adventures of a Romantic Biographer*, London 1985.

Holwerda, Antonie Ewoud J.: »Levensbericht van Jan Pieter Six«, in: *Jaarboek der Koninklijke Academie van Wetenschappen* (1902), S. 23–81.

Hoorn, Gerard van: »Levensbericht van Prof. Jhr. Dr. J. Six«, in: *Handelingen van de Maatschappij der Nederlandse Letterkunde en Levensberichten harer afgestorven medeleden 1926–1927*, Leiden 1927, S. 129–144.

Horst, Han van der: *Nederland. De vaderlandse geschiedenis vanaf de prehistorie tot nu*, Amsterdam 2007.

Höweler, Hendrik Arnold: »Lucretia Wilhelmina van Merken en George Washington«, in: *Tijdschrift voor Nederlandse taal- en letterkunde* 52 (1933), S. 70–77.

Huizinga, Johan: *Holländische Kultur im 17. Jahrhundert. Eine Skizze*, München 2007.

Hulkenberg, Alphons: *'t Vermakelijk Hillegom*, Alphen aan den Rijn 1972.

Hulkenberg, Alphons: *Hillegomse geschiedenissen*, Hillegom 1985.

IJpma, Frank: *Amsterdamse anatomische lessen ontleed*, hg. von Thomas van Gulik und Marlies Enklaar, Amsterdam 2013.

Israel, Jonathan: *De Republiek, I en II*, Franeker 1996.

Israel, Jonathan: *Revolutionary Ideas. An Intellectual History of the French Revolution from the Rights of Man to Robespierre*, Princeton 2014.

Israel, Jonathan/Muslow, Martin (Hg.): *Radikalaufklärung*, Berlin 2014.

Jansen van Galen, John: *Afscheid van de koloniën*, Amsterdam 2013.

Jensen, Lotte: *Verzet tegen Napoleon*, Nijmegen 2013.

Jong, Ad de: »Verzamelen bij volle maan. Oudheidkundige genootschappen en hun museale initiatieven in de 19e en 20e eeuw«, in: *Zou Huizinga tevreden zijn? Kunst en geschiedenis in één museale presentatie. kruisbestuiving of stoorzender?*, hg. von Charlotte Elisabeth van Rappard-Boon und Miekie Donner, Amsterdam 2014, S. 77–104.

Jong, Jacob de: *Met goed fatsoen. De elite in een Hollandse stad. Gouda 1700–1780*, Amsterdam 1985 (mit englischer Zusammenfassung).

Kattenberg, Lisa/Baars, Rosanne: »›Het leezen van goede boeken ... is al te noodigen zaek‹, Boekenbezit van Amsterdamse kunstenaars, 1650–1800«, in: *Maandblad Amstelodamum* 101 (2014), S. 134–150.

Kloek, Joost J./Mijnhardt, Wijnand W.: *1800. Blauwdrukken voor een samenleving*, Den Haag 2001.

Koch, Jeroen: *Koning Willem I, 1772–1843*, Amsterdam 2013.

Koerbagh, Adriaan: *Een licht dat schijnt in duistere plaatsen. Een verheldering van de voornaamste kwesties van theologie en godsdienst*, Nijmegen 2014.

Kooijmans, Luuc: *Onder regenten. De elite in een Hollandse stad. Hoorn 1700–1780*, Amsterdam 1985.

Kooijmans, Luuc: *Vriendschap en de kunst van het overleven in de zeventiende en achttiende eeuw*, Amsterdam 1997.

Kooijmans, Luuc: *Gevaarlijke kennis. Inzicht en angst in de dagen van Jan Swammerdam*, Amsterdam 2007.

Kuiper, Yme: *Adel in Friesland, 1780–1880*, Groningen 1993.

Kuiper, Yme: »Adel in Nederland«, in: *Edel voor adel*, hg. von Els Ketelaar und Yme Kuiper, Den Haag 2000, S. 77–94.

Kurpershoek, Ernest: *De Waag op de Nieuwmarkt*, Amsterdam 1994.

Leemans, Inger/Johannes, Gert-Jan: *Worm en donder. Geschiedenis van de Nederlandse literatuur 1700–1800*, Amsterdam 2013.

Leeuwen, Boeli van: *De eerste Adam*, Haarlem 1966.

Leeuwenburgh, Bart: *Het noodlot van een ketter. Adriaan Koerbagh 1633–1669*, Nijmegen 2013.

Lennep, Frans J. van: *Herinneringen aan ›Onder Ons‹*, unveröffentlicht [Amsterdam 1951].

Lennep, Frans J. van: *Mensen in 's-Graveland*, unveröffentlichtes Manuskript, [o. O. 1958].

Lennep, Frans J. van: *Late regenten*, Haarlem 1962.

Lennep, Frans J. van: *Als vorsten. Portretten van 18de-eeuwers*, Haarlem 1967.

Lennep, Frans J. van: *De tamme kastanje. De Hartekamp, Berkenrode, Spanderswoud*, Haarlem 1969.

Lennep, Hendrick S. van: *Genealogie van de Familie Teding van Berkhout*, Den Haag 2015.

Lennep, Jacob van: *Der Herr in Karmesinrot*, Berlin 1970.

Lichtenauer, Wilhelm Franz: *De Nederlanders in Napoleons Garde d'Honneur*, Rotterdam/Den Haag 1971.

Lieven, Dominic: *Russland gegen Napoleon. Die Schlacht um Europa*, München 2011.

Loenen, Johannes Bernardus van: *Beschrijving en kleine kroniek van de gemeente Hillegom*, Hillegom 1916.

Logchem, Elly van: »Merken, Lucretia Wilhelmina van«, in: *Digitaal Vrouwenlexicon van Nederland*, abrufbar unter http://resources.huygens.knaw.nl/vrouwenlexicon/lemmata/data/merken.

Mak, Geert: *Het stadspaleis. De geschiedenis van het paleis op de dam*, Amsterdam 1997.

Mak, Geert: *Rembrandt en Jan Six. Contouren van een vriendschap*, Amsterdam 2005.

Mak, Geert: *Amsterdam. Biographie einer Stadt*, München 2006.

Mak, Geert u. a.: *Verleden van Nederland*, Amsterdam 2008.

Mak, Geert/Shorto, Russell: *1609. De vergeten geschiedenis van Hudson, Amsterdam en New York*, Amsterdam 2009.

Mak, Geert/Stipriaan, René van: *Ooggetuigen van de wereldgeschiedenis in meer dan honderd reportages*, Amsterdam 2009.

Mann, Thomas: *Buddenbrooks. Verfall einer Familie*, Frankfurt a. M. 1974.

McLeod, Cynthia/Haseth, Carel: *Slavernij en de memorie. Slaaf en meester*, Schoorl 2002.

Méchoulan, Henry: *Das Geld und die Freiheit. Amsterdam im 17. Jahrhundert*, Stuttgart 1992.

Meerkerk, Erwin van: *De gebroeders van Hogendorp. Botsende idealen in de kraamkamer van het koninkrijk*, Amsterdam 2013.

Melle, Marius van/Wisman, Niels: »Hier gebeurde het ... Weteringschans 6, 29 april 1910«, in: *Ons Amsterdam*, abrufbar unter http://www.onsamsterdam.nl/dossiers/144-hier-gebeurde-het-weteringschans-6-29-april-1910.

Merken, Lucretia Wilhelmina: *Nut der Tegenspoeden. Brieven en andere gedichten*, Amsterdam 1762.

Merken, Lucretia Wilhelmina/van Winter, Nicolaas: *Toneelpoëzij*, Amsterdam 1774, 1786.

Merken, Lucretia Wilhelmina/van Winter, Nicolaas: »Aan de Britten«, in: *De waare geluksbedeeling*, Amsterdam 1792, S. 218–226.

Meulen, Dik van der: *Koning Willem III, 1817–1890*, Amsterdam 2013.

Middelkoop, Norbert E. u. a. (Hg.): *Rembrandt onder het mes. De anatomische les van Dr Nicolaes Tulp ontleed*, Den Haag/Amsterdam 1998.

Moes, Jaap: *Onder aristocraten. Over hegemonie, welstand en aanzien van adel, patriciaat en andere notabelen in Nederland, 1848–1914*, Hilversum 2012 (mit englischer Zusammenfassung).

Möller, George: *Het album Pandora van Jan Six (1618–1700)*, Examensarbeit Universität von Amsterdam, Amsterdam 1983.

Montijn, Ileen: *Leven op stand 1890–1940*, Amsterdam 1998.

Montijn, Ileen: *Hoog geboren. 250 jaar adellijk leven in Nederland*, Amsterdam 2012.

Mooij, Annet: »Een wandeling door de nacht«, in: *De Gids* 6 (2015).

Mortier, Bianca M. du: *Aristocratic attire. The donation of the Six family*, Amsterdam u. a. 2000.

Mortier, Bianca M. du: »Features of Fashion in the Netherlands in the Seventeenth Century«, in: *Netherlandish Fashion in the Seventeenth Century*, hg. von Johannes, Anna Jolly und Sjoukje Colenbrander, Riggisberg 2012, S. 17–40.

Mulder, David: »Museum-Six«, in: *De gouden bocht van Amsterdam*, hg. von Milko den Leeuw und Martin Pruijs, Den Haag 2006, S. 246–255.

Nadler, Steven M.: *Spinoza. A Life*, Cambridge u. a. 1999.

Os, Henk van: *Beeldenstorm. Close-ups van kunst uit Nederlandse musea*, Bd. 3, Amsterdam 1999.

Paepe, Timothy De: »›Een heerlijk Toneel‹. De Amsterdamse Schouwburg (1637–1774), een zoektocht naar het ideale theater«, in: *Amstelodamum* 101 (2014), S. 3–17.

Panhuysen, Luc: *De ware vrijheid. De levens van Johan en Cornelis de Witt*, Amsterdam 2005.

Panhuysen, Luc: *Rampjaar 1672. Hoe de Republiek aan de ondergang ontsnapte*, Amsterdam 2009.

Parker, Geoffrey: *Global Crisis. War, Climate and Catastrophe in the Seventeenth Century*, New Haven/London 2013.

Paustovski, Konstantin: *Een gietijzeren tijd. Het jaar 1920*, Amsterdam 2016.

Piketty, Thomas: *Das Kapital im 21. Jahrhundert*, München 2014.

Pleij, Herman: *Kleuren van de Middeleeuwen*, Bloemendaal 1994.
Polasky, Janet: *Revolutions Without Borders. The Call to Liberty in the Atlantic World*, New Haven 2015.
Poll, Frank van de/Bakker, Sarah: *Schreden naar Parnas. De onderkomens van de Amsterdamse rechtbank van middeleeuwen tot heden*, Amsterdam 1991.
Prak, Maarten Roy: *Gezeten burgers. De elite in een Hollandse stad, Leiden 1700–1780*, Amsterdam 1985.
Prak, Maarten Roy: *Gouden Eeuw. Het raadsel van de republiek*, Nijmegen 2002 (englische Ausgabe: *The Dutch Republic in the Seventeenth Century. The Golden Age*, Cambridge u. a. 2005).
Priem, Ruud: »The ›most excellent collection‹ of Lucretia Johanna van Winter. The years 1809–1822, with a catalogue of the works purchased«, in: *Simiolus* 25 (1997), S. 103–235.
Prus, Bolesław: *Die Puppe*, Berlin 1953.
Randwijk, Hendrik M. van: *In de schaduw van gisteren. Kroniek van het verzet 1940–1945*, Amsterdam 1967.
Reep, Hans van de u. a.: *Six van Hillegom. De bekendste familie van Hillegom*, Hillegom 2008.
Rhodius, Caroline: ›*Rembrandt aen Ionnus Sicx*‹. *Een overzicht van de kunstwerken die Rembrandt voor Jan Six heeft gemaakt en een beschouwing over de relatie tussen deze schilder en zijn mecenas*, Skript der Universität von Amsterdam, Amsterdam 2002.
Roldanus, Cornelia W.: *Coenraad van Beuningen. Staatsman en Libertijn*, Den Haag 1931.
Rooy, Piet de (Hg.): *Geschiedenis van Amsterdam. Tweestrijd om de hoofdstad, 1900–2000*, Amsterdam 2007.
Rooy, Piet de: *Ons stipje op de waereldkaart. De politieke cultuur van modern Nederland*, Amsterdam 2014.
Rossum, Matthias van/Fatah-Black, Karwan: »Wat is winst?«, in: *Tijdschrift voor Economische en Sociale Geschiedenis* 1 (2012), S. 3–29.
Roth, Joseph: *Radetzkymarsch*, in: *Werke*. Bd. 5: *Romane und Erzählungen 1930–1936*, Köln 1989, S. 137–455.
Rotthier, Rudi: *De naakte perenboom. Op reis met Spinoza*, Amsterdam 2013.
Rutgers, Jaco/Rijnders, Mieke (Hg.): *Rembrandt in perspectief. De veranderende visie op de meester en zijn werk*, Zwolle u. a. 2014.
Rydell, Anders: *Hitlers Bilder. Kunstraub der Nazis – Raubkunst in der Gegenwart*, Frankfurt a. M./New York 2014.

Sackville-West, Vita: *Knole and the Sackvilles*, Tonbridge 1922.
Salomons, Arthur Frans: »De rol van de Amsterdamse burgerbeweging in de wetsverzetting van 1672«, in: *BMGN – Low Countries Historical Review* 106 (1991), S. 198–219.
Sas, Nicolaas C. van: *De metamorfose van Nederland. Van oude orde naar moderniteit, 1750–1900*, Amsterdam 2004.
Schaap, Erik: *Walraven van Hall. Premier van het verzet (1906–1945)*, Zaanstad 2006.
Schama, Simon: *Überfluss und schöner Schein. Zur Kultur der Niederlande im Goldenen Zeitalter*, München 1988.
Scheffler, Samuel: *Der Tod und das Leben danach*, Berlin 2015.
Schmidt, Cornelis: *Om de eer van de familie. Het geslacht Teding van Berkhout 1500–1950, een sociologische benadering*, Amsterdam 1986.
Schulte Nordholt, Jan Willem: »The Example of the Dutch Republic for American Federation«, in: *BMGN – Bijdragen en Mededelingen betreffende de Geschiedenis der Nederlanden* 94 (1979), S. 437–449.
Schulten, Cornelis Maria: *Jonkheer P. J. Six. Amsterdammer en verzetsstrijder*, Nijmegen 1987.
Schulten, Johannes Wilhelmus Maria: *De geschiedenis van de Ordedienst. Mythe en werkelijkheid van een verzetsorganisatie*, Den Haag 1998.
Schupbach, William: *The Paradox of Rembrandt's Anatomy of Dr. Tulp*, London 1982.
Schuyt, Kees/Taverne, Ed: *1950. Welvaart in zwart-wit*, Den Haag 2000.
Schwartz, Gary: *Rembrandt. Sämtliche Gemälde in Farbe*, Stuttgart 1987.
Schwartz, Gary: »›Though deficient in beauty‹. A documentary history and interpretation of Rembrandt's 1654 painting of Bathsheba«, in: *Rembrandt's ›Bathsheba reading King David's letter‹*, hg. von Ann Jensen Adams, Cambridge u. a. 1998, S. 176–203.
Schwartz, Gary: *Das Rembrandt-Buch. Leben und Werk eines Genies*, München 2006.
Schwartz, Gary/de Lange, Barbara: *Ontmoet Rembrandt*, Amsterdam 2009 (engl. Ausgabe: *Meet Rembrandt. Life and work of the master painter*, Amsterdam 2009).
Shirer, William L.: *Berliner Tagebuch. Aufzeichnungen 1934–1941*, hg. von Jürgen Schebera, Leipzig/Weimar 1991.
Siedentop, Larry: *Die Erfindung des Individuums. Der Liberalismus und die westliche Welt*, Stuttgart 2016.
Simons, Leo: *Amsterdam in stukken en brokken*, Haarlem 1981.

Six, Jacob: *De genen van de kunstverzamelaar. 50 collecties in de familie Six*, Zwolle 2016.

Six, Jan: »De Pandora van Jan Six«, in: *Haagsch Maandblad* 1 (1924), S. 378–392.

Six, Jan junior: *Een hondje van Nassau*, unveröffentlichte Examensarbeit im Fach Kunstgeschichte an der Universität von Amsterdam [Amsterdam 2000].

Six, Pieter Jan: »Nogmaals Omnia Orta Occidunt«, in: *Maandblad Amstelodamum* 57 (1970), S. 145–151.

Smeets, Hubert: »Waar komt al dat schelden op de grachtengordel vandaan?«, in: *Ons Amsterdam*, Februar 2013.

Spies, Paul u. a.: *Het Grachtenboek*, Den Haag 1991.

Sterkenburg, H. C.: *Over Pandora van Jan Six*, Examensarbeit, Leiden 1988.

Sterre, Jan Pieter van der: *Voltaire en de Republiek. Teksten van Voltaire over Holland en de Hollanders*, Amsterdam/Antwerpen 2006.

Stipriaan, René: *Het volle leven. Nederlandse literatuur en cultuur ten tijde van de Republiek*, Amsterdam 2002.

Stipriaan, René: *Ooggetuigen van de Gouden Eeuw*, Amsterdam 2005.

Stouppe, Jean-Baptiste: *La religion des hollandais*, Paris 1673.

Strengholt, Leendert: »Over de Muiderkring«, in: *Cultuurgeschiedenis in de Nederlanden van de Renaissance naar de Romantiek*, Leuven 1986, S. 265–277.

Stuurman, Siep: *De uitvinding van de mensheid. Korte wereldgeschiedenis van het denken over gelijkheid en cultuurverschil*, Amsterdam 2009.

Tex, Ursula den: *Anna baronesse Bentinck, 1902–1989. Een vrouw van stand*, Amsterdam 2003.

Tex, Ursula den: *Erfgenamen. Het verhaal van een Nederlandse familie van aanzien en vermogen*, Amsterdam 2009.

Thomas, Casper: »Een leven zonder gaten. Napoleon volgens Patrice Gueniffey«, in: *De Groene Amsterdammer*, 3. Juni 2015.

Tocqueville, Alexis de: *Über die Demokratie in Amerika*, hg. von Jacob Mayer, Theodor Eschenburg und Hans Zbinden, München 1976.

Tolstoi, Lew: *Krieg und Frieden*, München 2010.

Tomasi di Lampedusa, Giuseppe: *Der Leopard*, München/Zürich 2016.

Tulp, Nicolaes: *Geneesinsighten*, transkribiert von Cornelis Gerrit L. Apeldoorn und Tiemen Beijer, Amsterdam 1991.

Vermij, Rienk: *De geest uit de fles. De Verlichting en het verval van de confessionele samenleving*, Amsterdam 2014.

Verveld, Frank: *Jan Six II. Theorieën over vroegmoderne regentenfamilies getoetst aan een vermogend bestuurder*, Bachelorarbeit im Fach Geschichte an der Universität von Amsterdam [Amsterdam 2015].

Vis, Dirk: *Rembrandt naderbij*, o.O., o.J.

Vis, Pieter C.: *Andries de Graeff, 1611–1678. 't Gezag is heerelyck, doch vol bekommeringen*, unveröffentlichte Examensarbeit [Rhenen 2010].

Vlaardingenbroek, Pieter: »Adriaan Dortsman en Jan Six. Architectuur en interieurs van Dortsman aan de hand van Herengracht 619«, in: *Bulletin KNOB* 95 (1996), S. 149–169.

Vlaardingenbroek, Pieter: *Adriaan Dortsman 1635–1682. De ideale gracht*, Zwolle 2013.

Vlasblom, Dirk: »De adel trekt nog steeds aan de touwtjes«, in: *NRC/Handelsblad*, 11. Oktober 2014.

Vonderen, Barbara van: *Deftig en ondernemend. Amsterdam 1870–1910*, Amsterdam 2013.

Vries, Boudien de/Nijs, Thimo de: *De Droom en de ontvangen werkelijkheid. Een vergelijking tussen het beschreven ideaal van Petrus de Raadt over zijn kostschool Noorthey en de beschreven beleving van enkele van zijn leerlingen in de periode 1826–1842*, Examensarbeit Universität Leiden [Leiden 1999].

Vries, Jeronimo de: *Proeve eener Geschiedenis der Nederduitsche dichtkunst*, Amsterdam 1810.

Vrijhoff, Willem/Prak, Maarten (Hg.): *Geschiedenis van Amsterdam*, Bd. 2.1: *Centrum van de wereld, 1578–1650*, Bd. 2.2: *Zelfbewuste stadsstaat, 1650–1813*, Amsterdam 2004.

Waugh, Evelyn: *Wiedersehen mit Brideshead. Die heiligen und profanen Erinnerungen des Captain Charles Ryder*, Zürich 2013.

Weststeijn, Thijs: »›Zoo eigenzinnig in zyne verkiezingen‹. Rembrandt in de ogen van tijdgenoten 1630–1730«, in: *Rembrandt in perspectief. De veranderende visie op de meester en zijn werk*, hg. von Jaco Rutgers und Mieke Rijnders, Zwolle 2014, S. 12–39.

Wetering, Ernst van de: *Rembrandt. The Painter at Work*, Amsterdam 1997.

Winkel, Jan te: *De ontwikkelingsgang der Nederlandsche letterkunde*, Bd. 5: *Geschiedenis der Nederlandsche letterkunde van de Republiek der Vereenigde Nederlanden*, Haarlem 1924.

Winkel, Marieke de: »A Gentleman in a Grey Riding Coat«, in: Dies.: *Fashion and Fancy Dress and Meaning in Rembrandt's Paintings*, Amsterdam 2006, S. 93–132.

Withuis, Jolande: *Weest manlijk, zijt sterk. Pim Boelaard (1903–2001), het leven van een verzetsheld*, Amsterdam 2008.
Wolzogen Kühr, Suzanna von: *De Nederlandsche Vrouw in de eerste helft van de 18^e eeuw*, Leiden 1914.
Woolf, Virginia: *Orlando*, Berlin 2012.
Woud, Auke van der: *Koninkrijk vol sloppen. Achterbuurten en vuil in de negentiende eeuw*, Amsterdam 2010.
Woud, Auke van der: *De nieuwe mens. De culturele revolutie in Nederland rond 1900*, Amsterdam 2015.
Yourcenar, Marguerite: *Les yeux ouverts. Entretiens avec Matthieu Galey*, Paris 1980.
Zandvliet, Kees: *De 250 rijksten van de Gouden Eeuw*, Amsterdam 2006.
Zanten, Jeroen: *Koning Willem II, 1792–1849*, Amsterdam 2013.
Zee, Sytze van der: *Vogelvrij. De jacht op de joodse onderduiker*, Amsterdam 2010.
Zee, Sytze van der: *Harer Majesteits loyaalste onderdaan. Francois van 't Sant, 1883–1966*, Amsterdam 2015.
Zijl, Annejet van der: *Bernhard. Een verborgen geschiedenis*, Amsterdam 2010.
Zijl, Annejet van der: *Gerard Heineken. De man, de stad en het bier*, Amsterdam 2014.
Zuidervaart, Huib J./Rulkens, Charlotte C. S.: »De Amsterdamse mathematicus Jan van den Dam (1706–1770) en zijn vernuftige planetaria«, in: *Jaarboek Amstelodamum* 106 (2014), S. 120–163.
Zwaal, Peter: *Frans Nicolaas Meijer (Frank N. Meyer), plantenjager in Centraal en Oost-Azië*, abrufbar unter http://peterzwaal.nl/frans-nicolaas-meijer-frank-n-meyer-plantenjager-in-centraal-en-oost-azie.
Zwaal, Peter/Brock, Peter de: *Amstel. Het verhaal van ons bier, 1870 tot heden*, Amsterdam 2014.

CHARLES SIX ⚭ ALIX DE LATRE
(1535 – 1595) *(1539 – 1602)*

JEAN SIX ⚭ ANNA WIJMER
(1575 – 1617) *(1584 – 1654)*

JAN SIX I. ⚭ MARGARETHA TULP
(1618 – 1700) *(1634 – 1709)*
Herr von Wimmenum und
Vromade, »der erste Jan«

JAN SIX II. ⚭ (1) AGATHA DECQUER
(1668 – 1750) *(1668 – 1693)*
Herr von Hillegom, Wimmenum und
Vromade, »der Jan des 18. Jahrhunderts«
(2) MARIA CALKOEN
(1674 – 1728)

(3) ANNA ELISABETH
VAN DEN BEMPDEN
(1695 – 1773)

JAN SIX III. ⚭ (1) SUSANNA CATHARINA
(1730 – 1779) BORS VAN WAVEREN
Herr von Hillegom, *(1730 – 1760)*
Wimmenum und Vromade,
»der Privatier« (2) JOHANNA CLIFFORD
(1733 – 1779)

JAN SIX IV. ⚭ (1) JOHANNA MARIA HOP
(1756 – 1827) *(1769 – 1809)*
Herr von Hillegom,
Wimmenum und Vromade, (2) ANNA MARGARETHA
»der patriotische Jan« CORNELIA VAN GELÉ TWENT
(1782 – 1861)

JAN SIX V. Jhr. HENDRIK SIX ⚭ LUCRETIA JOHANN
(1788 – 1863) *(1790 – 1847)* VAN WINTER
Herr von Wimmenum und Herr von Hillegom, *(1785 – 1845)*
Vromade, »der alte (bucklige) Jan« »Hendrik«

Jhr. JAN PIETER SIX VI. ⚭ Jkvr. CATHARINA TEDING
(1824 – 1899) VAN BERKHOUT
Herr von Hillegom *(1834 – 1887)*
und Vromade,
»der Jan des 19. Jahrhunderts«